ECONOMIA
MICRO e MACRO
TEORIA, EXERCÍCIOS E CASOS

O GEN | Grupo Editorial Nacional – maior plataforma editorial brasileira no segmento científico, técnico e profissional – publica conteúdos nas áreas de ciências sociais aplicadas, exatas, humanas, jurídicas e da saúde, além de prover serviços direcionados à educação continuada e à preparação para concursos.

As editoras que integram o GEN, das mais respeitadas no mercado editorial, construíram catálogos inigualáveis, com obras decisivas para a formação acadêmica e o aperfeiçoamento de várias gerações de profissionais e estudantes, tendo se tornado sinônimo de qualidade e seriedade.

A missão do GEN e dos núcleos de conteúdo que o compõem é prover a melhor informação científica e distribuí-la de maneira flexível e conveniente, a preços justos, gerando benefícios e servindo a autores, docentes, livreiros, funcionários, colaboradores e acionistas.

Nosso comportamento ético incondicional e nossa responsabilidade social e ambiental são reforçados pela natureza educacional de nossa atividade e dão sustentabilidade ao crescimento contínuo e à rentabilidade do grupo.

Marco Antonio Sandoval de **Vasconcellos** & Marcio Bobik **Braga**

ECONOMIA
MICRO e MACRO

TEORIA, EXERCÍCIOS E CASOS

7ª ed.

REVISTA E ATUALIZADA

- Os autores deste livro e a editora empenharam seus melhores esforços para assegurar que as informações e os procedimentos apresentados no texto estejam em acordo com os padrões aceitos à época da publicação, *e todos os dados foram atualizados pelos autores até a data de fechamento do livro.* Entretanto, tendo em conta a evolução das ciências, as atualizações legislativas, as mudanças regulamentares governamentais e o constante fluxo de novas informações sobre os temas que constam do livro, recomendamos enfaticamente que os leitores consultem sempre outras fontes fidedignas, de modo a se certificarem de que as informações contidas no texto estão corretas e de que não houve alterações nas recomendações ou na legislação regulamentadora.

- Data do fechamento do livro: 10/03/2023

- Os autores e a editora se empenharam para citar adequadamente e dar o devido crédito a todos os detentores de direitos autorais de qualquer material utilizado neste livro, dispondo-se a possíveis acertos posteriores caso, inadvertida e involuntariamente, a identificação de algum deles tenha sido omitida.

- **Atendimento ao cliente: (11) 5080-0751 | faleconosco@grupogen.com.br**

- Direitos exclusivos para a língua portuguesa
  Copyright © 2023 *by*
  Editora Atlas Ltda.
  Uma editora integrante do GEN | Grupo Editorial Nacional
  Travessa do Ouvidor, 11
  Rio de Janeiro – RJ – 20040-040
  www.grupogen.com.br

- Reservados todos os direitos. É proibida a duplicação ou reprodução deste volume, no todo ou em parte, em quaisquer formas ou por quaisquer meios (eletrônico, mecânico, gravação, fotocópia, distribuição pela internet ou outros), sem permissão, por escrito, da Editora Atlas Ltda.

- Capa: Bruno Sales Zorzetto

- Editoração eletrônica: Sílaba Produção Editorial

- Ficha catalográfica

CIP-BRASIL. CATALOGAÇÃO NA PUBLICAÇÃO
SINDICATO NACIONAL DOS EDITORES DE LIVROS, RJ

V451e
7. ed.

Vasconcellos, Marco Antonio Sandoval de
Economia: micro e macro / Marco Antonio Sandoval de Vasconcellos, Marcio Bobik Braga. – 7. ed., rev. atual. – Barueri [SP] : Atlas, 2023.
: il.

"Teoria, exercícios e casos."
Inclui índice
Gabarito e glossário
ISBN 978-65-5977-495-1

1. Economia. 2. Macroeconomia. 3. Microeconomia. I. Braga, Marcio Bobik. II. Título.

23-82503	CDD: 339
	CDU: 330.101.541

Gabriela Faray Ferreira Lopes – Bibliotecária CRB-7/6643

Dedicamos este livro às nossas famílias.

SOBRE OS AUTORES

Marco Antonio Sandoval de Vasconcellos é bacharel, mestre e doutor pela Universidade de São Paulo (USP), professor do Departamento de Economia da Faculdade de Economia, Administração, Contabilidade e Atuária da Universidade de São Paulo (FEA/USP), coordenador de pesquisas e de cursos de extensão e especialização da Fundação Instituto de Pesquisas Econômicas (Fipe), ex-presidente do Conselho Regional de Economia de São Paulo (CORECON-SP) em 2015, ex-conselheiro do Conselho Federal de Economia e ex-membro da Comissão de Especialistas do Ministério da Educação e Cultura (1999-2002), onde participou da elaboração do primeiro Exame Nacional de Cursos (ex-Provão, atual ENADE) de Economia. Coautor dos livros *Economia Brasileira Contemporânea*, *Macroeconomia* e *Manual de Microeconomia*, publicados pelo GEN | Atlas.

Márcio Bobik Braga é mestre e doutor em Economia pela USP e professor livre-docente do Departamento de Economia da USP – *campus* de Ribeirão Preto (FEA-RP/USP). É pesquisador e professor do Programa Interdisciplinar de Pós-Graduação em Integração da América Latina (PROLAM/USP), onde orienta dissertações de mestrado e teses de doutorado. Como pesquisador, possui vários artigos publicados em revistas científicas sobre temas de macroeconomia e história econômica da América Latina. É também coautor e coordenador de importantes livros de Economia, com destaque para *Macroeconomia: teoria e aplicações de política econômica*, da Equipe dos Professores da USP, publicado pelo GEN | Atlas. Atualmente, ministra as disciplinas Introdução à Economia, Macroeconomia e Economia Brasileira, não apenas para os cursos de Economia, mas também para Administração, Contabilidade e Direito. Tem como área de pesquisa a Economia e o pensamento econômico da América Latina numa abordagem interdisciplinar.

PREFÁCIO

Economia: micro e macro é uma publicação dirigida a estudantes e profissionais interessados em entender as principais questões econômicas de nosso tempo.

Talvez o principal diferencial desta obra, relativamente às inúmeras já existentes no mercado, seja o estilo mais condensado e direto na apresentação dos conceitos, mas sem deixar de cobrir todos os temas pertinentes a um curso de micro e macroeconomia básico. O texto está desenvolvido de forma, inclusive, a propiciar o aprendizado ativo e autodidata do leitor.

Os capítulos seguem a sequência tradicional dos cursos de Introdução à Microeconomia e à Macroeconomia ministrados nas principais escolas de Economia. Eles contêm questões de revisão e perguntas com alternativas para serem escolhidas, retiradas de alguns dos principais concursos públicos do país, como Receita Federal, Tesouro Nacional, Banco Central etc., que envolvem a área de Economia. O gabarito das questões de múltipla escolha encontra-se ao final do livro. Nesse sentido, disponibilizamos, gratuitamente, mediante cadastro no *site* da editora (www.grupogen.com.br), a solução das questões de múltipla escolha e questões adicionais com respostas para os professores adotantes.

A partir desta edição, a atualização do livro passa a contar com a coautoria de Márcio Bobik Braga, Professor Associado da Faculdade de Economia, Administração e Contabilidade da USP de Ribeirão Preto (FEA-RP/USP).

Nesta sétima edição, foi feita uma revisão completa da edição anterior, sendo mantidas a sequência e a estrutura básica do livro. A modificação mais significativa foi a inclusão de leituras complementares, com exemplos de aplicações práticas ("Entenda na Prática") e extensões teóricas ("Saiba Mais"), agora na forma de boxes, adicionando àquelas já existentes nas edições anteriores. Nessa linha, mantivemos das edições anteriores os tópicos sobre o Plano Real e sua importância para a estabilidade econômica do país (Capítulo 13), e sobre os impactos da crise financeira internacional de 2008/2009 (Capítulo 14). Introduzimos, ainda, temas atuais, como os efeitos econômicos da pandemia do novo coronavírus (Capítulo 14), o mercado de criptomoedas (Capítulo 11), e uma discussão sobre a contribuição da corrente institucionalista no estudo da teoria econômica (Capítulo 16).

Alguns capítulos foram reorganizados e atualizamos tabelas estatísticas. Como já apresentado na edição anterior, devemos destacar a alteração na forma de apresentação do Balanço de pagamentos, feita a partir de 2015 pelo Banco Central, seguindo a mais recente metodologia do Fundo Monetário Internacional, denominada BPM6.

Isso posto, o livro está dividido em três partes, contendo 16 capítulos. A Parte I, Introdução à Economia, contém apenas um capítulo, onde se apresenta o escopo do estudo econômico, e no apêndice um breve retrospecto da evolução da Ciência Econômica.

A Parte II, Microeconomia, tem seis capítulos. O Capítulo 2 apresenta os conceitos básicos de demanda, oferta e equilíbrio de mercado. No Capítulo 3, desenvolvemos o importante conceito de Elasticidade. No Capítulo 4, apresentamos algumas das principais aplicações da análise microeconômica em políticas públicas, como os efeitos dos imposto, fixação de preços mínimos na agricultura, a questão das externalidades e uma breve discussão sobre bens públicos. Os dois capítulos seguintes contêm a chamada teoria da firma, dividida em produção (Capítulo 5) e custos de produção (Capítulo 6). O Capítulo 7, Estruturas de Mercado, completa e consolida a parte de Microeconomia.

A Parte III, Macroeconomia, contém nove capítulos. No Capítulo 8, apresentamos os principais fundamentos da teoria e política macroeconômica, discutindo seus principais objetivos e os conflitos que podem se estabelecer na escolha do objetivo, os instrumentos de política econômica e a estrutura básica do estudo macroeconômico. Colocamos em apêndice um breve retrospecto da teoria macroeconômica ao longo do tempo. A seguir, no Capítulo 9, analisamos o ramo da Macroeconomia conhecido como Contabilidade Social, onde são definidos os principais agregados macroeconômicos. A teoria de determinação da renda e do produto nacional encontra-se nos Capítulos 10 (Mercado de bens e serviços), 11 (Lado monetário da economia) e 12 (Interligação entre o lado real e o lado monetário-Análise *IS-LM*). O Capítulo 13 detalha mais a questão inflacionária, e o Capítulo 14 completa o modelo macroeconômico básico, introduzindo o setor externo da economia. No Capítulo 15, especificamos um pouco mais o papel da política fiscal e o papel do setor público na atividade econômica. Finalmente, no Capítulo 16, são apresentadas noções fundamentais acerca do crescimento e desenvolvimento econômico. Todos os dados das tabelas da parte de Macroeconomia (Produto Interno Bruto, Balanço de Pagamentos, Agregados Monetários, *Déficit* e Dívida Pública, Índice de Desenvolvimento Humano (IDH), etc.) foram atualizados até 2020.

Este livro é resultado de muitos anos de experiência acadêmica dos autores nas seguintes escolas: FEA/USP, Fundação Armando Alvares Penteado (FAAP), Instituto Municipal de Ensino de São Caetano do Sul (IMES) (pós-graduação), Fundação Getulio Vargas (mestrado) e nos cursos de MBAs da Fundação Instituto de Administração (FIA), Fundação Instituto de Pesquisas Econômicas (Fipe) e Fundação para Pesquisa e Desenvolvimento da Administração, Contabilidade e Economia (Fundace).

Não poderíamos deixar de registrar nossos agradecimentos aos professores Amaury Patrick Gremaud, Roberto Guena de Oliveira, Rudinei Toneto Jr., todos da FEA/USP, *campus* Ribeirão Preto, Ulisses Ruiz de Gamboa, do Insper e da Universidade Mackenzie, André Luiz Squarize Chagas, da FEA/USP, Francisco Carlos Barbosa dos Santos, da USP Leste (EACH), Roberto Name Ribeiro, da Universidade Paulista (UNIP) de Brasília, e de Cleveland Prates, da GV-Law, da FGV-SP. Mas gostaríamos de destacar especialmente a contribuição do professor Roberto Luiz Troster, ex-professor da USP e da PUC de São Paulo, que foi coautor de uma primeira versão deste livro, denominada *Economia básica*, também da Editora Atlas.

Evidentemente, os erros que porventura tenham ocorrido são de inteira responsabilidade dos autores.

Agradecemos a todos os estudantes que assistiram a nossas aulas, que nos proporcionaram a experiência e a motivação para a elaboração deste livro. Somos gratos, também, à Patrícia Pereira, da Fipe, pelos serviços de digitação.

Finalizamos com um agradecimento às nossas famílias, em especial às nossas esposas, pela paciência que demonstraram nas inúmeras ocasiões nas quais nos isolamos para concluir este trabalho.

Os Autores

Material Suplementar

Este livro conta com os seguintes materiais suplementares:

- *Slides* (exclusivo para professores).
- Solução das questões de múltipla escolha e questões adicionais com respostas (exclusivo para professores).
- Questões de revisão (exclusivo para professores).

O acesso ao material suplementar é gratuito. Basta que o leitor se cadastre e faça seu *login* em nosso *site* (www.grupogen.com.br), clicando em Ambiente de aprendizagem, no *menu* superior do lado direito.

O acesso ao material suplementar online fica disponível até seis meses após a edição do livro ser retirada do mercado.

Caso haja alguma mudança no sistema ou dificuldade de acesso, entre em contato conosco (gendigital@grupogen.com.br).

SUMÁRIO

PARTE I
INTRODUÇÃO À ECONOMIA

1 Introdução à Economia 3

1 Conceito de Economia 3

2 A questão da escassez e os problemas econômicos fundamentais 3

3 A questão da organização econômica: sistemas econômicos 4

    3.1 Funcionamento de uma economia de mercado: sistema capitalista 4

        3.1.1 Sistema de concorrência pura (mercado perfeitamente competitivo) 4

        3.1.2 Sistema de mercado misto: o papel econômico do governo 6

    3.2 Funcionamento de uma economia de planejamento central ou economia centralizada 7

    3.3 Sistemas econômicos: síntese 7

4 Curva (ou fronteira) de possibilidades de produção – o conceito de custos de oportunidade 8

    4.1 Conceito de custos de oportunidade 8

    4.2 Formato da curva CPP 9

5 Análise positiva e análise normativa 10

6 A relação da economia com as demais ciências 10

7 Divisão do estudo econômico 12

Saiba Mais 13

Questões de Múltipla Escolha 13

Apêndice: Um breve retrospecto da evolução da teoria econômica 15

Notas 19

PARTE II
MICROECONOMIA

2 Demanda, Oferta e Equilíbrio de Mercado 23

1 Fundamentos de Microeconomia 23

2 Divisão dos tópicos de Microeconomia 23

xiv   Economia: micro e macro • *Vasconcellos / Braga*

3	Análise da demanda de mercado	24
	3.1 Definição de demanda	24
	3.2 Fundamentos da Teoria da Demanda: noções sobre a Teoria do Consumidor	25
	3.3 Variáveis que afetam a demanda de mercado	27
	3.3.1 Relação entre a quantidade demandada e o preço do próprio bem	28
	3.3.2 Relação entre quantidade demandada e preços de outros bens e serviços	29
	3.3.3 Relação entre demanda de um bem e renda dos consumidores (R)	30
	3.3.4 Relação entre demanda de um bem e hábitos e preferências dos consumidores (G)	31
	3.3.5 Resumo	32
	3.4 Curva de demanda de mercado de um bem ou serviço	32
	3.5 Observações adicionais sobre a demanda	32
	3.6 Exercícios sobre demanda de mercado	34
4	Análise da oferta de mercado	35
	4.1 Definição de oferta	35
	4.2 Variáveis que afetam a oferta de um bem ou serviço	35
	4.2.1 Relação entre a quantidade ofertada e o preço do próprio bem	35
	4.2.2 Relação entre oferta e o preço dos fatores e insumos de produção	36
	4.2.3 Relação entre oferta e preço de bens substitutos na produção	36
	4.2.4 Relação entre oferta e tecnologia	36
	4.2.5 Relação entre oferta e objetivos dos proprietários da empresa	37
	4.2.6 Outros fatores que afetam a curva de oferta	37
	4.3 Curva de oferta de mercado de um bem ou serviço	37
	4.4 Observações adicionais sobre a oferta de um bem ou serviço	38
5	O equilíbrio de mercado	38
	5.1 O equilíbrio de mercado de um bem ou serviço	38
	5.2 Mudanças no ponto de equilíbrio, em virtude de deslocamentos da oferta e da demanda	39
	5.3 Exercícios sobre equilíbrio de mercado	40
	5.4 Considerações finais do capítulo	41
	Saiba Mais	42
	Questões de Múltipla Escolha	43
	Notas	44

3	**ELASTICIDADES**	**45**
1	Conceito	45
2	Elasticidade-preço da demanda	46
	2.1 Conceito	46
	2.2 Classificação da demanda, de acordo com a elasticidade-preço	46
	2.3 Fatores que afetam a elasticidade-preço da demanda	46
	2.3.1 Disponibilidade de bens substitutos	46
	2.3.2 Essencialidade do bem	47
	2.3.3 Importância relativa do bem no orçamento do consumidor	47
	2.3.4 Horizonte de tempo	47

Sumário **xv**

2.4 Formas de cálculo 47

2.5 Interpretação geométrica da elasticidade-preço da demanda 49

2.6 Relação entre receita total do vendedor (ou dispêndio total do consumidor) e elasticidade-preço da demanda 50

2.7 Observações adicionais sobre elasticidade-preço da demanda 51

3 Elasticidade-preço cruzada da demanda 52

4 Elasticidade-renda da demanda 52

5 Elasticidade-preço da oferta 53

6 Exercício sobre elasticidades 53

Saiba Mais 54

Entenda na Prática 55

Questões de Múltipla Escolha 55

Apêndice Matemático 57

4 Aplicações da Análise Microeconômica em Políticas Públicas 59

1 Introdução 59

2 Incidência de um imposto sobre vendas 59

2.1 Introdução 59

2.2 Efeito de um imposto de vendas sobre o equilíbrio de mercado 60

2.2.1 Imposto específico 60

2.2.2 Imposto *ad valorem* 61

2.3 Incidência do imposto 62

2.4 Exercício completo 62

2.5 O "peso morto" do imposto 64

2.6 Incidência do imposto e as elasticidades-preço da oferta e da demanda 64

3 Fixação de preços mínimos na agricultura 65

4 Externalidades 67

4.1 Introdução 67

4.2 Externalidades no consumo 67

4.3 Externalidades na produção 68

4.4 Teorema de Coase 69

5 Bens públicos e recursos comuns 69

5.1 Bens públicos 69

5.2 Bens ou recursos comuns 70

Saiba Mais 70

Entenda na Prática 71

Questões de Múltipla Escolha 71

Apêndice Matemático 73

Notas 74

5 Teoria da Firma: Produção 75

1 Introdução 75

2 Conceitos básicos 75

2.1	A escolha do processo de produção	75
2.2	Distinção entre fatores de produção fixos e fatores de produção variáveis	76
2.3	Função de produção	76
3	Análise da produção a curto prazo	77
3.1	Conceitos de produto total, produtividade média e produtividade marginal	77
3.2	Lei dos rendimentos decrescentes do fator	79
4	Análise da produção a longo prazo	79
4.1	Isoquantas de produção	79
4.2	Conceito de economia de escala	80
	Saiba Mais	81
	Questões de Múltipla Escolha	82
	Notas	83

6 Teoria da Firma: Custos de Produção — 85

1	Introdução	85
2	Diferenças entre a visão econômica e a visão contábil-financeira dos custos de produção	85
3	Custos a curto prazo	86
4	Custos a longo prazo	88
4.1	Introdução	88
4.2	Linha de isocusto	90
5	Equilíbrio da firma: maximização da produção *versus* minimização dos custos	90
5.1	Trajetória ou caminho de expansão	91
	Entenda na Prática	92
	Questões de Múltipla Escolha	92
	Notas	93

7 Estruturas de Mercado — 95

1	Introdução	95
2	Hipótese da maximização do lucro	95
3	Mercado em concorrência perfeita	96
3.1	Hipóteses do modelo	96
3.2	Funcionamento do modelo de concorrência perfeita a curto prazo	97
3.2.1	Curvas de demanda de mercado e da demanda da firma individual	97
3.2.2	Curvas de receita da firma em concorrência perfeita	98
3.2.3	Curvas de custos a curto prazo	99
3.2.4	Equilíbrio de curto prazo de uma firma em concorrência perfeita	99
3.3	Curva de oferta da firma em concorrência perfeita	101
3.4	Equilíbrio de longo prazo de uma firma em concorrência perfeita	103
3.5	O conceito de *break-even point*	104
3.6	Exercícios de concorrência perfeita	104
4	Monopólio	107
4.1	Hipóteses do modelo	107
4.2	Funcionamento de um mercado em monopólio	107

	4.2.1	Curva de demanda do monopolista	107
	4.2.2	Curvas de receita média e receita marginal	107
	4.2.3	Relação entre *RT* e elasticidade-preço da demanda no monopólio	108
	4.2.4	Custos de produção do monopolista	109
4.3	Equilíbrio de curto prazo de uma empresa monopolista		109
4.4	Curva de oferta de uma firma monopolista		110
4.5	Equilíbrio de longo prazo de uma firma monopolista		110
4.6	Exercício		111
4.7	Monopólio e concorrência: o custo social do monopólio		111
4.8	Discriminação de preços no monopólio (*"pricing"*)		112
5 Outras estruturas de mercado			112
5.1	Concorrência monopolística		112
5.2	Oligopólio		113
	5.2.1	Formas de atuação das empresas oligopolistas	114
	5.2.2	Modelo de *mark-up*	114
5.3	Estruturas no mercado de insumos e fatores de produção		115
5.4	Algumas estruturas de mercado particulares		115
	5.4.1	Monopsônio/oligopsônio	115
	5.4.2	Monopólio bilateral	115
6 Tópicos especiais: teoria dos jogos, economia da informação e teoria da organização industrial			115
6.1	Teoria dos Jogos		115
6.2	Economia da Informação		118
6.3	Teoria da Organização Industrial		119
7 Índice de concentração econômica			120
8 Síntese das estruturas de mercado			121
Saiba Mais			122
Entenda na Prática			122
Saiba Mais			122
Questões de Múltipla Escolha			123
Apêndice Matemático			125
Notas			125

PARTE III
MACROECONOMIA

8 Fundamentos de Teoria e Política Macroeconômica		**129**
1 Introdução		129
2 Objetivos da teoria e política Macroeconômica		129
2.1	Crescimento contínuo da produção e do emprego	130
2.2	Distribuição equitativa de renda	130
2.3	Estabilidade de preços	130
2.4	Equilíbrio externo	130
3 Estrutura da análise Macroeconômica		132

xviii Economia: micro e macro • *Vasconcellos / Braga*

4 Instrumentos de política Macroeconômica 133

    4.1 Política fiscal...... 133

    4.2 Política monetária 133

    4.3 Política cambial e comercial...... 133

    4.4 Política de rendas (controle de preços e salários) 134

Apêndice: Desenvolvimento da macroeconomia: breve retrospecto...... 134

Entenda na Prática 136

Questões de Múltipla Escolha 137

Notas...... 137

9 Contabilidade Social 139

1 Introdução 139

2 Principais agregados macroeconômicos: o fluxo circular de renda...... 140

    2.1 Economia a dois setores sem formação de capital 140

        2.1.1 Três óticas de mensuração: produto, despesa e renda...... 142

        2.1.2 Conceito de valor adicionado 143

        2.1.3 Resumo...... 144

    2.2 Economia a dois setores, com formação de capital...... 144

    2.3 Economia a três setores: o setor público 146

    2.4 Economia a quatro setores: o setor externo 148

    2.5 A fórmula completa da Despesa Nacional (*DN*)...... 150

    2.6 Identidades básicas da Contabilidade Nacional 150

    2.7 Exercício de Contas Nacionais 151

3 PIB nominal e PIB real 152

4 Comparações Internacionais: o conceito de PIB^{PPP}...... 154

5 Aspectos conceituais e problemas de mensuração nas estimativas do produto nacional...... 154

    5.1 O Produto nacional como medida do padrão de bem-estar 154

    5.2 Atividades produtivas (econômicas) × atividades gerais do cotidiano 156

    5.3 Transações que aparecem no mercado, mas excluídas do Produto Nacional...... 156

    5.4 Atividades que não aparecem no mercado, mas são computadas no Produto Nacional...... 156

    5.5 Distinção entre produto final e produto intermediário 157

    5.6 Consumo de bens duráveis 157

    5.7 Medição do produto numa economia de planejamento central 157

    5.8 Presença da economia informal 158

6 Sistemas de contabilidade social...... 158

    6.1 O Sistema de Contas Nacionais 158

    6.2 Noções sobre a matriz insumo-produto...... 160

        6.2.1 Exercício sobre Matriz Insumo-Produto 162

Entenda na Prática 164

Questões de Múltipla Escolha 165

Apêndice: Noções sobre números-índices 167

Notas...... 172

Sumário   **xix**

10   Determinação do Nível de Renda e Produto Nacionais: O Mercado de Bens e Serviços 173

    1   Introdução 173

    2   Da Contabilidade Nacional para a Teoria Econômica 173

    3   Modelo keynesiano básico (lado real) 174

        3.1   Curva de demanda agregada de bens e serviços (DA) 174

        3.2   Curva de oferta agregada de bens e serviços (OA) 175

        3.3   Hipóteses do modelo keynesiano básico 176

    4   Comportamento das variáveis determinantes da demanda agregada de bens e serviços 177

        4.1   Função consumo 177

        4.2   Função poupança 178

        4.3   Função investimento 179

        4.4   Função gastos do governo 180

        4.5   Função impostos (ou tributação) 180

        4.6   Função exportação 180

        4.7   Função importação 180

        4.8   Demanda agregada completa 180

    5   Equilíbrio agregativo de curto prazo no modelo keynesiano básico 180

        5.1   Determinação da renda nacional de equilíbrio, igualando $OA = DA$ de bens e serviços 181

        5.2   Determinação da renda nacional de equilíbrio, igualando vazamentos com injeções 182

        5.3   Síntese da análise gráfica 183

    6   Modelo básico supondo investimentos, impostos e importações induzidos pela renda nacional 184

    7   Multiplicador keynesiano de gastos 184

        7.1   Hipóteses de multiplicador keynesiano 185

        7.2   Determinação do multiplicador no modelo simplificado 186

        7.3   Teorema do orçamento equilibrado (ou teorema de Haavelmo) 187

    8   Hiatos inflacionário e recessivo e a política fiscal 187

    9   Observações adicionais sobre o modelo keynesiano básico 189

    10   Função demanda de investimentos 189

        10.1   Relação entre investimento e taxas de juros 190

        10.2   Princípio do acelerador 191

    11   Teorias modernas sobre a função consumo 192

    Saiba Mais 193

    Entenda na Prática 194

    Questões de Múltipla Escolha 194

    Notas 196

11   O Lado Monetário da Economia 197

    1   Moeda: conceito e funções 197

    2   Oferta de moeda 198

        2.1   Conceito e composição dos meios de pagamento 198

        2.2   Oferta de moeda pelo Banco Central 200

        2.3   Oferta de moeda pelos bancos comerciais 201

Economia: micro e macro • *Vasconcellos / Braga*

3   Demanda de moeda 204

     3.1   Demanda de moeda por motivo de transações 204

     3.2   Demanda de moeda por motivo de precaução 205

     3.3   Demanda de moeda por motivo de especulação (ou motivo portfólio) 205

     3.4   Função demanda de moeda total 205

4   Equilíbrio do lado monetário da economia 206

     4.1   Equilíbrio do lado monetário pela teoria clássica: a teoria quantitativa da moeda 206

     4.2   Equilíbrio do lado monetário na visão keynesiana 207

5   Efeitos da política monetária sobre nível de renda e de preços 207

     5.1   Teoria quantitativa da moeda clássica 208

     5.2   O Efeito Keynes 208

6   A importância da taxa de juros 210

7   Regras, discricionariedade e consistência dinâmica da política monetária 211

8   Eficácia das políticas monetária e fiscal 212

Saiba Mais 213

Entenda na Prática 214

Questões de Múltipla Escolha 214

Apêndice: Estrutura do sistema financeiro nacional 216

Notas 219

12   Interligação entre o Lado Real e o Lado Monetário – Análise *IS-LM* 221

1   Introdução 221

2   A análise *IS-LM*: uma visão geral 221

3   Equilíbrio do lado real (mercado de bens e serviços) 222

     3.1   Fatores que afetam a inclinação da curva *IS* 223

     3.2   Fatores que deslocam a curva *IS* 223

4   Equilíbrio do lado monetário: a curva *LM* 224

     4.1   Fatores que afetam a inclinação da curva *LM* 225

     4.2   Fatores que deslocam a curva *LM* 226

5   Interligação entre o lado real e o lado monetário 226

     5.1   Efeito de alterações na política fiscal sobre o equilíbrio 227

     5.2   Efeito de alterações de política monetária sobre o equilíbrio 227

6   Eficácia da política monetária e da política fiscal 227

7   Eficácia das políticas econômicas e formas da oferta agregada 228

Saiba Mais 229

Questões de Múltipla Escolha 230

Notas 231

13   Inflação 233

1   Conceito de inflação 233

2   Tipos de inflação 233

     2.1   Inflação de demanda 233

     2.2   Inflação de oferta 234

     2.3   Inflação de custos 234

2.4	Inflação inercial e inflação de expectativas	235
2.5	A visão estruturalista da inflação	235
3	Consequências da inflação	236
3.1	Efeito sobre a distribuição de renda	236
3.2	Efeito sobre o balanço de pagamentos	236
3.3	Efeito sobre os investimentos empresariais	236
3.4	Efeito sobre o mercado de capitais	236
4	Política monetária e inflação: o conceito de núcleo de inflação	237
4.1	Sistemas de metas de inflação	237
4.2	Núcleo de inflação	237
5	Inflação e desemprego: a curva de Phillips	237
6	Inflação e as correntes de pensamento econômico no Brasil	240
Entenda na Prática		241
Entenda na Prática		243
Questões de Múltipla Escolha		244
Notas		245

14 O Setor Externo — 247

1	Introdução	247
2	Fundamentos do comércio internacional: a teoria das vantagens comparativas	247
3	Taxa de câmbio	249
3.1	Conceito	249
3.2	Regimes cambiais: taxas de câmbio fixas e taxas de câmbio flutuantes (flexíveis)	249
3.3	Efeito das variações na taxa de câmbio sobre exportações e importações	251
3.4	Efeito das variações na taxa de câmbio sobre a taxa de inflação	251
3.5	Variação nominal e variação real do câmbio	251
3.6	Efeito das variações na taxa de câmbio sobre a dívida externa do país	252
3.7	Relações entre taxa de câmbio, taxa de juros e inflação	252
4	Variáveis que afetam as exportações e as importações agregadas	253
4.1	Exportações	253
4.2	Importações	254
5	Políticas externas	254
6	Balanço de pagamentos	255
6.1	Conceito	255
6.2	estrutura do balanço de pagamentos	255
7	Exercícios sobre balanço de pagamentos	258
8	O balanço de pagamentos no Brasil	260
9	Organismos financeiros internacionais	262
9.1	Sistema de Bretton Woods	262
9.2	Fundo Monetário Internacional (FMI)	263
9.3	Banco Mundial	263
9.4	Acordo Geral de Tarifas e Comércio (GATT), atual Organização Mundial do Comércio (OMC)	263
10	A internacionalização da economia: globalização produtiva e financeira	264

Questões de Múltipla Escolha	265
Saiba Mais	266
Entenda na Prática	267
Entenda na Prática	269
Apêndice: Modelo Mundell-Fleming	269
Notas	272

15 Política Fiscal e Setor Público — 273

1	Introdução	273
2	O crescimento da participação do setor público na atividade econômica	273
3	Funções econômicas do Setor Público	274
	3.1 Função alocativa	274
	3.2 Função distributiva	274
	3.3 Função estabilizadora	274
4	Estrutura tributária	274
	4.1 Princípios de tributação	274
	4.2 Efeitos da política tributária sobre a atividade econômica	275
5	*Déficit* e dívida pública	276
	5.1 Conceitos de *déficit* ou *superávit* público	277
	5.2 Financiamento do *déficit*	277
	5.3 Sustentabilidade da dívida pública: equivalência ricardiana	277
	Saiba Mais	278
	Entenda na Prática	278
	Questões de Múltipla Escolha	280
	Notas	281

16 Noções de Crescimento e Desenvolvimento Econômico — 283

1	Crescimento e desenvolvimento	283
2	Fontes de crescimento	283
	2.1 Capital humano	284
	2.2 Capital físico	284
3	Financiamento do desenvolvimento econômico	284
4	Modelos de crescimento e desenvolvimento econômico	285
	4.1 Modelo de etapas de crescimento de Rostow	285
	4.2 Modelo Harrod-Domar	286
	4.3 Modelo de Solow	287
	Entenda na Prática	289
	Saiba Mais	290
	Questões de Múltipla Escolha	291
	Apêndice Matemático	292
	Notas	294
	Gabarito das Questões de Múltipla Escolha	295
	Glossário	297
	Índice Alfabético	311

PARTE I

INTRODUÇÃO À ECONOMIA

INTRODUÇÃO À ECONOMIA

1 CONCEITO DE ECONOMIA

Em nosso dia a dia, seja nos noticiários do rádio e da TV, seja nos jornais, na internet, lidamos com frequência com informações sobre questões econômicas, tais como inflação, emprego/desemprego, taxas de juros, taxa de câmbio, dívida pública etc. Também é muito comum encontrarmos análises sobre crises econômicas, ou sobre períodos de grande crescimento econômico, tanto em nível nacional como internacional.

Enfim, todos esses assuntos fazem parte das inúmeras questões estudadas pela ciência econômica, ou simplesmente Economia, que é importante por si só, mas também por interagir com outras áreas do conhecimento, como Direito, Ciência Política, Ciências Sociais, Administração, Comunicação etc., e para termos maior compreensão sobre muitos problemas e fatos ocorridos ao longo da história, no Brasil e no mundo.

De forma bem geral, podemos definir **Economia**[1] como a ciência social que estuda como o indivíduo e a sociedade decidem utilizar recursos produtivos limitados na produção de bens e serviços, de modo a distribuí-los entre as várias pessoas e grupos da sociedade, com a finalidade de satisfazer às necessidades humanas.

Como repousa sobre decisões humanas, insere-se no campo das **Ciências Sociais**, e seu principal objeto de estudo é a questão da escassez de recursos.

A **escassez** surge em virtude de que, em qualquer sociedade, os recursos produtivos – o número de trabalhadores, a disponibilidade de terras e matérias-primas, a energia, ou mesmo o meio ambiente limpo, entre outros – são limitados. Já as necessidades humanas tendem a aumentar continuamente. Afinal, o crescimento populacional renova as necessidades básicas; o contínuo desejo de elevação do padrão de vida (que poderíamos classificar como uma necessidade "social" de melhoria de *status*) e a evolução tecnológica fazem com que surjam "novas" necessidades (computador, *freezer*, celular etc.). Nenhum país, mesmo os países ricos, é autossuficiente, em termos de disponibilidade de recursos produtivos, para satisfazer a todas as necessidades da sua população.

Nesse sentido, também podemos definir **Economia** *como a ciência social que estuda como administrar a escassez de recursos, de forma a atender da melhor forma possível as necessidades humanas.*

Se hipoteticamente não houvesse escassez de recursos, ou seja, se todos os bens fossem abundantes (bens livres), não haveria necessidade de estudarmos questões como inflação, crescimento econômico, *déficit* no balanço de pagamentos, desemprego, concentração de renda etc. Esses problemas provavelmente não existiriam e, obviamente, nem a Ciência Econômica e a necessidade de se estudar Economia.

2 A QUESTÃO DA ESCASSEZ E OS PROBLEMAS ECONÔMICOS FUNDAMENTAIS

Todas as sociedades, qualquer que seja seu tipo de organização econômica ou regime político, são obrigadas a fazer opções, escolhas entre alternativas, uma vez que os recursos não são abundantes. Elas são obrigadas a fazer escolhas sobre O QUE E QUANTO, COMO e PARA QUEM produzir:

O QUE E QUANTO produzir: a sociedade deve decidir se produz mais bens de consumo ou bens de capital, ou, como num exemplo clássico: quer produzir mais canhões ou mais manteiga? Em que quantidade? Os recursos disponíveis devem ser mais dirigidos para a produção de mais bens de consumo, ou mais bens de capital?

COMO produzir: trata-se de uma questão de eficiência produtiva: serão utilizados métodos de produção capital-intensivos? Ou mão de obra-intensivos? Ou terra-intensivos? Essa decisão depende da disponibilidade de recursos de cada país.

PARA QUEM produzir: a sociedade deve decidir quais os setores que serão beneficiados na distribuição do produto: trabalhadores, capitalistas ou proprietários da terra? Agricultura ou indústria? Mercado interno ou mercado externo? Região sul ou norte? Ou seja, trata-se de decidir como será distribuída a renda gerada pela atividade econômica.

Resumindo:

$$
\left.\begin{array}{c}
\text{Necessidades}\\
\text{humanas ilimitadas}\\
\times\\
\text{Recursos produtivos}\\
\text{escassos}
\end{array}\right\} \text{Escassez} \rightarrow \text{Escolha} \rightarrow \left\{\begin{array}{l}
\text{– } \textbf{O que e quanto}\\
\quad\text{produzir}\\
\text{– } \textbf{Como} \text{ produzir}\\
\text{– } \textbf{Para quem}\\
\quad\text{produzir}
\end{array}\right.
$$

Portanto, a Economia ajuda a solucionar tais problemas, mostrando os custos e os benefícios associados a cada escolha. Evidentemente, a escolha racional, do ponto de vista econômico, será aquela que apresente a melhor relação custo/benefício. Nesse sentido, o enfoque econômico nada mais é do que uma **análise custo/benefício** entre alternativas.

3   A QUESTÃO DA ORGANIZAÇÃO ECONÔMICA: SISTEMAS ECONÔMICOS

Como as sociedades resolvem os problemas econômicos fundamentais: o que e quanto, como e para quem produzir? A resposta a essas questões depende da forma de organização econômica, ou de sistema econômico, com base na qual se organizam a produção, a distribuição e o consumo de bens e serviços.

De modo geral, o que acaba definindo a forma de organização econômica é o **grau de intervenção do go-**verno na economia. Os sistemas econômicos podem ser classificados a partir de dois grandes grupos:

- **sistema capitalista** (ou economia de mercado);
- **sistema socialista** (ou economia de planejamento central ou centralizada).

A organização econômica da grande maioria dos países é realizada a partir de algum sistema intermediário entre essas duas formas, seja privilegiando mais a economia de mercado, ou então alguma forma de intervenção do governo. Embora predomine no mundo a economia de mercado (sistema capitalista), é interessante, do ponto de vista conceitual, apresentarmos as características básicas desses dois sistemas polares.

3.1   Funcionamento de uma economia de mercado: sistema capitalista

As economias de mercado podem ser analisadas a partir de dois sistemas:

- sistema de concorrência pura (sem interferência do governo);
- sistema de economia mista (com interferência governamental).

3.1.1   Sistema de concorrência pura (mercado perfeitamente competitivo)

Num sistema de concorrência pura ou perfeitamente competitiva, predomina o *laissez-faire*: inúmeros produtores e consumidores interagem e encontram soluções para resolver os problemas econômicos fundamentais (o que e quanto, como e para quem produzir), como que guiados por uma **"mão invisível"**. Isso sem a necessidade de intervenções diretas do Estado na atividade econômica.

Isso se torna possível mediante o chamado **mecanismo de preços**, que resolve os problemas econômicos fundamentais e promove o equilíbrio nos vários mercados, da seguinte forma:

- se houver **excesso de oferta (ou escassez de demanda)**, formar-se-ão estoques nas empresas, que serão obrigadas a diminuir seus preços para escoar a produção, até que se atinja um preço no qual os estoques estejam satisfatórios. Existirá concorrência entre empresas para vender os bens ao número limitado de consumidores;
- se houver **excesso de demanda (ou escassez de oferta)**, formar-se-ão filas, com concorrência entre consumidores pelos escassos bens dis-

poníveis. O preço tende a aumentar, até que se atinja um nível de equilíbrio em que as filas não mais existirão.

Os problemas econômicos fundamentais são resolvidos, no sistema de concorrência pura, da seguinte forma:

- **o que e quanto produzir**: os produtores decidirão o que e quanto produzir de acordo com o preço dos bens e serviços. Assim, aquele bem ou serviço cujo preço (rentabilidade) for maior será aquele cuja produção aumentará;
- **como produzir**: é resolvido no âmbito das empresas; envolve a escolha da tecnologia e dos recursos adequados, que também é realizada a partir da comparação com os preços de tecnologias e recursos alternativos;
- **para quem produzir**: decidido no mercado de fatores de produção, pelo encontro da demanda com a oferta dos serviços dos fatores de produção, determinando a remuneração dos proprietários dos fatores de produção.

O diagrama apresentado na Figura 1.1 ilustra o que ocorre numa economia de mercado, sem interferência do governo e sem transações com o exterior (ou seja, **economia fechada**). Os agentes econômicos são as famílias e as empresas, que exercem duplo papel: no mercado de bens e serviços, as famílias demandam, e as empresas oferecem bens e serviços: no mercado de fatores de produção, as famílias, que são as proprietárias dos fatores de produção, oferecem esses serviços, e as empresas demandam os serviços dos fatores de produção. Os fatores de produção básicos são a mão de obra, a terra e o capital.[2]

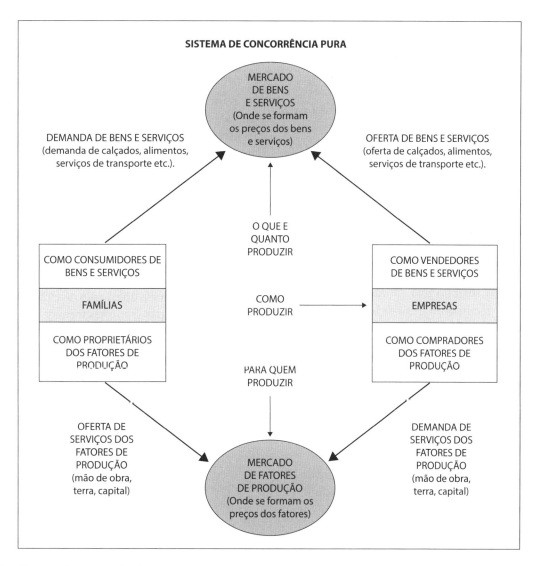

Figura 1.1 Sistema de concorrência pura.

É a base da filosofia do **liberalismo econômico**, que advoga a soberania do mercado. Nesse modelo, o governo deve preocupar-se fundamentalmente em manter a **estabilidade monetária** (o Estado como **guardião da moeda**) e com a regulação da atividade econômica, e deixar o mercado (leia-se: setor privado) resolver as questões econômicas fundamentais.

Imperfeições do Sistema de Concorrência Pura

As principais críticas a esse modelo de sistema econômico são as seguintes:

a. trata-se de uma grande simplificação da realidade;

b. os preços nem sempre flutuam livremente, ao sabor do mercado, em virtude de fatores como:

- força dos sindicatos sobre a formação de salários (os salários também são preços, que remuneram os serviços da mão de obra);

- poder dos monopólios e oligopólios sobre a formação de preços no mercado;

- intervenções do governo, via:

  - impostos, subsídios, tarifas e preços públicos (sobre água, energia etc.);
  - política salarial (fixação de salário mínimo, regulamentação de reajustes e prazos de dissídios etc.);
  - fixação de preços mínimos;
  - congelamento e tabelamento de preços;
  - impostos e subsídios;
  - política cambial;

c. o mercado sozinho não promove perfeita alocação de recursos. A produção e/ou consumo de determinado bem ou serviço pode produzir efeitos colaterais (**externalidades**) positivos ou negativos que não são internalizados nos preços de mercado. Além disso, existem **bens públicos**, como justiça, segurança, defesa nacional etc., que só podem ser oferecidos pelo Estado. São fatores que distorcem a alocação de recursos a partir do sistema de preços;

d. o mercado sozinho não promove perfeita distribuição de renda, pois favorece os indivíduos que possuem maior qualificação e renda suficiente para pagar o preço de mercado.

São todas críticas pertinentes, que justificam inclusive a atuação do governo para complementar a iniciativa privada e regular alguns mercados, fixar salário mínimo, preços mínimos na agricultura etc. Entretanto, muitos mercados comportam-se mais ou menos num sistema de concorrência quase perfeitamente competitivo. Afinal, centenas de milhares de mercadorias são produzidas e consumidas por milhões de pessoas, mais ou menos por sua livre iniciativa e sem uma direção central. O mercado hortifrutigranjeiro, por exemplo, talvez seja o que mais se aproxima desse modelo.

3.1.2 Sistema de mercado misto: o papel econômico do governo

Por pelo menos 100 anos, do final do século XVIII, com a Revolução Industrial, até a metade do século XIX, predominava um sistema de mercado muito próximo da concorrência pura. Já a partir do final do século XIX e início do século XX, a economia tornou-se mais complexa, quando começou a se tornar mais presente a força dos sindicatos e dos monopólios e oligopólios, associada a outros fatores, como ao desenvolvimento do mercado de capitais e do comércio internacional.

A ocorrência de uma grande crise econômica, qual seja, os altos índices de desemprego e de queda do nível de atividade produtiva nos anos 1930, mostrou que o mercado, sozinho, não garante que a economia opere sempre com pleno emprego de seus recursos, evidenciando a necessidade de uma atuação mais ativa do setor público nos rumos da atividade econômica.

Basicamente, a atuação do governo justifica-se com o objetivo de eliminar as chamadas distorções alocativas (isto é, na alocação de recursos) e distributivas e de promover a melhoria do padrão de vida da coletividade. Isso pode dar-se das seguintes formas:

- **atuação sobre a formação de preços**: nível de salários, taxa de juros e taxa de câmbio, impostos, subsídios, tabelamentos, fixação de salário mínimo, estabelecimento de preços mínimos;

- **complemento da iniciativa privada**, principalmente de investimentos em infraestrutura básica (energia, rodovias, ferrovias etc.), onde eventualmente o setor privado não apresente condições financeiras de assumir sozinho, seja pelo elevado montante de recursos necessários, seja em virtude do longo tempo de maturação do investimento, até que venha a propiciar retorno sobre o capital investido;

- **fornecimento de serviços públicos**: iluminação, água, saneamento básico etc.;
- **fornecimento de bens públicos**: fornecidos pelo Estado, que não são vendidos no mercado;
- **compra de bens e serviços do setor privado**: o governo é, isoladamente, o maior agente do sistema e, portanto, o maior comprador de bens e serviços.

3.2 Funcionamento de uma economia de planejamento central ou economia centralizada

No sistema de economia planificada ou centralizada, a forma de resolver os problemas econômicos fundamentais (ou seja, a escolha da melhor alternativa) é decidida por uma Agência ou Órgão Central de Planejamento, e não pelo mercado.

A propriedade dos recursos (chamados de **meios de produção**, nesses sistemas) é do Estado (ou seja, os recursos são de **propriedade pública**). Os meios de produção incluem máquinas, edifícios, residências, terra, entidades financeiras, matérias-primas. Os **meios de sobrevivência** pertencem aos indivíduos (roupas, carros, televisores etc.). Na economia de mercado, como vimos, prevalece a propriedade privada dos fatores de produção.

A Agência ou Bureau Central (na antiga URSS, a Gosplan) realiza um inventário dos recursos disponíveis e das necessidades da sociedade e faz uma seleção das prioridades de produção, isto é, estabelece metas de planejamento, chamados na antiga URSS e atualmente na China comunista de Planos Quinquenais. Esse órgão respeita, em parte, as necessidades do mercado, mas está sujeito às prioridades políticas dos governantes.

Uma economia centralizada apresenta ainda as seguintes características:

- **papel dos preços no processo produtivo**: os preços representam apenas recursos contábeis que permitem o controle da eficiência das empresas. Ou seja, os preços são apenas escriturados contabilmente: as empresas têm quotas físicas de matérias-primas, por exemplo, mas não fazem nenhum desembolso monetário, apenas registram o valor da aquisição como custos de produção;
- **papel dos preços na distribuição do produto**: os preços dos bens de consumo são determinados pelo governo. Normalmente, o governo subsidia fortemente os bens essenciais e taxa os bens considerados supérfluos;
- **repartição do lucro**: uma parte do lucro vai para o governo. Outra parte é usada para investimentos na empresa, dentro das metas estabelecidas pelo governo. A terceira parte é dividida entre os administradores (os burocratas) e os trabalhadores, como prêmio pela eficiência. Se o governo considera que determinada indústria é vital para o país, esse setor será subsidiado, mesmo que apresente ineficiência na produção ou prejuízos.

Esse sistema surgiu a partir da teoria elaborada pelos alemães Karl Marx (1818-1883) e Friedrich Engels (1820-1895), foi adotado pela ex-União Soviética, desde a Revolução de 1917, e serviu de modelo posteriormente para Cuba, China (República Popular da China), Vietnã e Coreia do Norte.

3.3 Sistemas econômicos: síntese

As diferenças entre o sistema capitalista ou economia de mercado e o sistema socialista, de planejamento central, podem ser resumidas em dois aspectos:

- propriedade pública × propriedade privada dos meios de produção;
- os problemas econômicos fundamentais (o que e quanto, como e para quem produzir) são resolvidos ou pelo mercado, ou por um órgão central de planejamento.

Atualmente, o país que parece se aproximar mais de um sistema de economia de mercado nos moldes apresentados seriam os Estados Unidos, e de um sistema de economia planificada, Cuba e, principalmente, Coreia do Norte.

Entretanto, como já observamos, muitos países incorporam características de ambos os sistemas. A China, por exemplo, que é um sistema socialista centralizado, tem ao longo das últimas décadas adotado uma série de medidas de estímulos ao setor privado, sendo, por isso, chamada "**socialismo de mercado**" ou "**capitalismo de Estado**". Por outro lado, países europeus, como Inglaterra, França e principalmente os países nórdicos Suécia, Dinamarca, Noruega, onde predomina a economia de mercado, e que são considerados países capitalistas, apresentam grande participação do Estado na prestação de serviços públicos, subsidiando principalmente as áreas de educação e saúde.

4 CURVA (OU FRONTEIRA) DE POSSIBILIDADES DE PRODUÇÃO – O CONCEITO DE CUSTOS DE OPORTUNIDADE

Para ilustrar a questão da escassez de recursos e as alternativas que as sociedades dispõem para resolver seus problemas econômicos fundamentais (o que, quanto, como e para quem produzir), a teoria econômica apresenta dois importantes conceitos: curva de possibilidades de produção e custos de oportunidade.

A **Fronteira ou Curva de Possibilidades de Produção (CPP)**, também chamada de **Curva de Transformação**, é a fronteira máxima que a economia pode produzir, dados os recursos produtivos limitados e a tecnologia disponível. Mostra as alternativas de produção da sociedade, supondo os recursos plenamente empregados.

Trata-se de um conceito eminentemente teórico, que permite ilustrar como a limitação de recursos leva à necessidade de a sociedade fazer opções ou escolhas entre alternativas de produção.

Suponhamos que a economia produza apenas dois bens: canhões e manteiga,[3] nos quais são empregados todos os recursos produtivos (mão de obra, capital, terra, matérias-primas, recursos naturais). As alternativas de produção são as seguintes:

	ALTERNATIVAS DE PRODUÇÃO					
	A	B	C	D	E	F
Manteiga (em mil toneladas)	0	3	6	8	9	10
Canhões (em mil unidades)	15	14	12	10	7	0

Colocando as informações num diagrama, e unindo os pontos, temos a Figura 1.2.

Ou seja, a CPP é o limite máximo de produção, com os recursos de que a sociedade dispõe, num dado momento. Como esses recursos são escassos, a sociedade deve decidir qual ponto da curva escolherá: A, B, C, D, E ou F. No ponto A, decidiu-se alocar todos os recursos na produção de canhões; no ponto F, aloca-se tudo para produzir manteiga.

Evidentemente, **pontos além da fronteira** não poderão ser atingidos com os recursos disponíveis. **Pontos internos à curva** representam situações nas quais a economia não está empregando todos os recursos de que dispõe (ou seja, há desemprego de recursos).

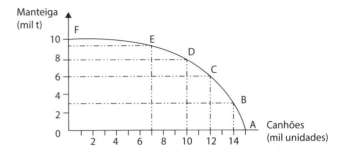

Figura 1.2 Curva de possibilidades de produção.

De qualquer forma, todo ponto em cima da curva (A, B, C, D, E, F) representa um uso igualmente eficiente de todos os recursos, com a tecnologia disponível, em dado momento do tempo.

4.1 Conceito de custos de oportunidade

Custo de oportunidade é o valor econômico da melhor alternativa sacrificada, ao se optar pela produção de determinado bem ou serviço. Assim, no exemplo anterior:

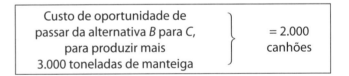

ou então:

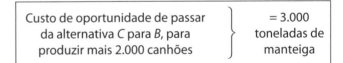

O custo de oportunidade também é chamado de **custo alternativo** ou, ainda, **custo implícito** (pois não implica dispêndio monetário). Mediante esse conceito, com ampla aplicação na teoria econômica, procura-se mostrar que, dada a escassez de recursos, tudo tem um custo em economia, mesmo não envolvendo dispêndio financeiro. Como coloca o Prêmio Nobel norte-americano de 1976 Milton Friedman (1912-2006), da Universidade de Chicago, "**não existe almoço grátis**".

Esse conceito é aplicado ao nível de pleno emprego, em cima da curva de possibilidades de produção; ou seja, ao nível do produto potencial da economia. Para pontos internos à CPP, os recursos não estão em pleno emprego, e, nesse caso, o custo de oportunidade é zero, pois não é necessário o sacrifício de recursos produtivos para aumentar a produção de um bem, ou mesmo dos dois bens. Assim, no gráfico da Figura 1.3, a sociedade pode passar do ponto X para o ponto Y, aumentando a produção de ambos, já que havia recursos ociosos na alternativa X.

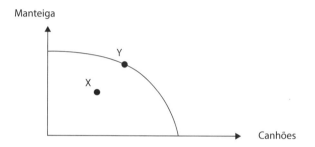

Figura 1.3   Caso de custo de oportunidade zero.

Neste item, estamos discutindo o chamado custo de oportunidade por uma **ótica social**, ou seja, para a sociedade como um todo, de um ponto de vista mais teórico; posteriormente, na parte de Microeconomia, veremos como esse conceito pode ter aplicação prática para a avaliação de projetos e para o planejamento de políticas públicas e empresariais de empresas privadas.

4.2   Formato da curva CPP

O que justifica o formato da curva de possibilidades de produção, isto é, por que a CPP é decrescente e côncava em relação à origem? Ela é **decrescente** em virtude do sacrifício que tem de ser feito ao optar-se pela produção de um bem quando os recursos estão plenamente empregados (o aumento da produção de um bem implica a queda da produção do outro, em qualquer ponto em cima da CPP); e a CPP é **côncava em relação à origem** em virtude da chamada **Lei dos custos crescentes** (também chamada **Lei dos rendimentos decrescentes**): por exemplo, para atrair trabalhadores que estão empregados no setor de manteiga e deslocá-los para canhões, deverão ser oferecidos salários maiores, e vice-versa. Portanto, os custos serão gradativamente crescentes. Os primeiros trabalhadores transferidos, menos especializados e qualificados, não trarão grandes acréscimos nos custos, mas, à medida que forem se transferindo mais trabalhadores de outra atividade, estes terão que ser necessariamente cada vez mais qualificados, com salários mais elevados, o que leva a um aumento de custos daquela atividade que teve sua produção aumentada.

No gráfico da Figura 1.4, supondo acréscimos iguais na produção de manteiga (2.000 toneladas de cada vez), observa-se que o sacrifício da produção de canhões é cada vez maior, o que torna a CPP côncava.

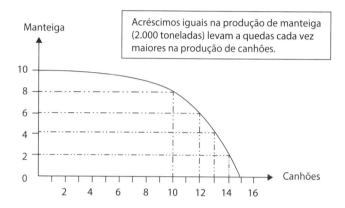

Figura 1.4   Formato da curva de possibilidades de produção.

Parece evidente que, teoricamente, se os custos de oportunidade fossem constantes, a CPP seria uma reta decrescente; se os custos fossem decrescentes (que é apenas uma possibilidade teórica no caso de dois bens), a CPP seria convexa em relação à origem.

Mudanças na CPP

A CPP é um conceito estático, já que se refere aos recursos disponíveis em dado momento do tempo. Evidentemente, se houver aumento na disponibilidade de recursos produtivos, ou desenvolvimento tecnológico (ou seja, métodos que levem à melhoria na eficiência da utilização dos recursos já existentes), a curva desloca-se para a direita, como apresentado na Figura 1.5.

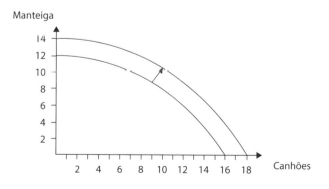

Figura 1.5   Deslocamento da CPP: aumento dos recursos ou melhoria tecnológica nos dois produtos.

Se, por exemplo, ocorrer uma melhoria tecnológica apenas na produção de manteiga, teremos um deslocamento da curva, como na Figura 1.6, pois se irá produzir cada vez mais manteiga, relativamente a canhões, em cada ponto da curva.

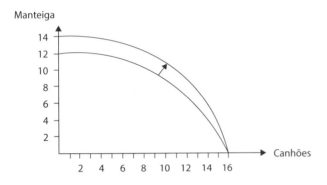

Figura 1.6 Deslocamento da CPP: aumento de recursos ou melhoria tecnológica apenas na produção de manteiga.

5 ANÁLISE POSITIVA E ANÁLISE NORMATIVA

A teoria econômica, como toda teoria, deve respeitar alguns critérios que a tornam aceitável pela comunidade científica, e ser composta de variáveis e hipóteses que ajudam a explicar e a prever alguns fenômenos. A teoria econômica tem apresentado desenvolvimento ímpar nos últimos dois séculos e nas primeiras décadas do século XXI. As ferramentas de análise têm evoluído grandemente, e muitos de seus conceitos são utilizados em outras áreas. Seu escopo tem aumentado significativamente, dispondo atualmente de recursos que permitem processar uma quantidade de informações e situações inimagináveis há algumas décadas. Apesar de realmente toda a análise econômica estar permeada de questões subjetivas, uma vez que seu objeto de estudo é o próprio sujeito que a estuda, ou seja, o homem, a teoria econômica apresenta alto grau de objetividade.

A teoria econômica utiliza-se de **argumentos positivos** e **argumentos normativos**. Os **argumentos normativos** referem-se às coisas como deveriam ser, contendo um juízo de valor, subjetivo, e os **argumentos positivos** referem-se a proposições objetivas, que pressupõem a capacidade de observar e mensurar o que se afirma, e não contêm juízo de valor. Os argumentos normativos referem-se ao que deveria ser, e os argumentos positivos ao que efetivamente é.

Por exemplo, quando dizemos que desejamos uma melhoria na distribuição de renda (argumento normativo), expressamos um juízo de valor em que acreditamos, isto é, se é uma coisa boa ou má. Já os argumentos positivos referem-se à escolha objetiva dos instrumentos de política econômica mais adequados para diminuir a concentração de renda (aumentar salários, combater a inflação, criar empregos etc.), procurando avaliar quais os aspectos positivos e negativos (impacto sobre gastos públicos etc.). A análise positiva ajudará as autoridades econômicas a escolher o instrumento de política econômica mais adequado.

O principal instrumento que a economia utiliza para analisar a realidade são os modelos. Os **modelos** representam proposições objetivas que procuram simplificar a realidade. Os modelos têm que ser logicamente consistentes e podem ser apresentados de muitas formas: verbais, algébricos, por representação gráfica etc. Os modelos procuram captar os aspectos mais relevantes da realidade, buscando captar sua essência. Um exemplo é o modelo macroeconômico apresentado neste livro. Ele é representado por poucas equações. Essas equações resumem alguns aspectos essenciais do comportamento de todos os agentes da sociedade, abstraindo uma infinidade de detalhes.

Como em qualquer ciência, esses modelos podem ser testados. O ramo da Economia que está voltado para quantificar os modelos é chamado de **Econometria**, que combina teoria econômica, matemática e estatística. Os modelos também podem ter uma formulação verbal, como, por exemplo, a explicação marxista para a evolução histórica da economia. Nesse caso, utilizam-se exemplos históricos para fundamentar empiricamente a análise econômica.

Como os modelos privilegiam apenas alguns aspectos da realidade, eles podem mostrar-se muito adequados em algumas situações e impróprios em outras. A adequação de modelos à realidade é uma tarefa importante. A teoria econômica avança pelo aprimoramento dos modelos utilizados, seja porque a base econômica muda, seja porque surgem novos problemas econômicos que devem ser resolvidos.

6 A RELAÇÃO DA ECONOMIA COM AS DEMAIS CIÊNCIAS

Nesta seção, procuraremos estabelecer os pontos de contato entre a Teoria Econômica e outras áreas do conhecimento.

Na chamada pré-Economia, antes da Revolução Industrial do século XVIII, que corresponde ao período da Idade Média, a atividade econômica era vista como parte integrante da **Filosofia, Moral e Ética**. A Economia era orientada por princípios morais e de justiça.

Não existia ainda um estudo sistemático das leis econômicas, predominando princípios como Lei da usura, lucro justo (discutidos, entre outros filósofos, por São Tomás de Aquino, no século XIII). Ainda hoje, as encíclicas papais refletem a aplicação da filosofia moral e cristã às relações econômicas entre homens e nações.

O início do estudo sistemático da Economia coincidiu com os grandes avanços na área de **Física** e **Biologia** nos séculos XVIII e XIX. A construção do núcleo científico inicial da Economia foi desenvolvida com base nas chamadas concepções organicistas (biológicas) e mecanicistas (físicas). Segundo o **Grupo Organicista**, a Economia se comportaria como um órgão vivo, daí se utilizarem termos como **funções**, **circulação**, **fluxos**, na Teoria Econômica. Segundo o **Grupo Mecanicista**, as leis da Economia se comportariam como determinadas leis da Física. Daí advêm os termos **estática**, **dinâmica**, **aceleração**, **velocidade** etc.

Com o passar do tempo, destacou-se a **concepção humanística**, que coloca em plano superior os móveis psicológicos da atividade humana. Afinal, a Economia repousa sobre os atos humanos, e é por excelência uma **ciência social**, pois objetiva a satisfação das necessidades humanas.

A relação entre a **Economia** e a **Sociologia** é direta, pois a Economia insere-se no campo das Ciências Sociais, que objetivam a melhoria do bem-estar social, ou seja, das condições socioeconômicas da coletividade. A Sociologia estuda a dinâmica da mobilidade social entre as diversas classes de renda. As políticas econômicas governamentais (políticas salariais, políticas assistencialistas, gastos com educação etc.) influenciam direta e indiretamente na mobilidade social.

Muitos dos avanços obtidos na Teoria Econômica advieram da pesquisa histórica, pois a **História** facilita a compreensão do presente, e ajuda nas previsões para o futuro, com base nos fatos do passado. As guerras e as revoluções, por exemplo, alteraram o comportamento e a evolução da Economia. Contudo, também os fatos econômicos afetam o desenrolar da história. Alguns importantes períodos da história são associados a fatores econômicos, como, por exemplo, o ciclo do ouro e o ciclo do açúcar, na História do Brasil, a Revolução Industrial, a quebra da Bolsa de Nova York (1929), a crise do petróleo, a crise financeira de 2008 e 2009 etc., os quais alteraram profundamente a História Mundial. Em última análise, as próprias guerras e revoluções têm, implícitas, motivações econômicas.

Quanto à relação entre **Economia** e **Política**, também aqui torna-se difícil estabelecer um nexo de causa-

lidade (causa e efeito) entre essas duas áreas do conhecimento. A Política fixa as instituições sobre as quais se desenvolvem as atividades econômicas. Nesse sentido, a atividade econômica subordina-se à estrutura e ao regime político do país. Entretanto, por outro lado, a estrutura política encontra-se, muitas vezes, subordinada ao poder econômico. Por exemplo, a política do "café com leite", antes de 1930, quando Minas Gerais e São Paulo dominavam o cenário político do país, o poder dos grandes grupos econômicos, o poder de sindicatos etc.

No que se refere à intercorrência com o **Direito**, as normas jurídicas estão subjacentes à Teoria Econômica, assim como os problemas econômicos podem modificar o quadro existente de normas jurídicas. Alguns exemplos ilustram essa relação:

- leis de defesa da concorrência, leis antitruste, que atuam sobre as estruturas de mercado, assim como sobre o comportamento das empresas;
- a ação das Agências Reguladoras, que dão os parâmetros de atuação em áreas de infraestrutura básica, petróleo, telefonia, gás etc.;
- a importância da Constituição Federal, na qual se determina a competência para a execução de políticas econômicas e se estabelecem os direitos e deveres dos agentes econômicos.

Há também grande conexão entre **Economia** e **Geografia**. A Geografia, além do registro de acidentes geográficos e climáticos, permite avaliar também questões como as condições geoeconômicas dos mercados regionais, a concentração espacial dos fatores produtivos, a localização de empresas, a composição setorial da atividade econômica, muito úteis à análise econômica. Inclusive, algumas áreas de estudo econômico são relacionadas diretamente com a Geografia, como a **Economia Regional**, a **Economia Urbana** e a **Teoria da Localização Industrial**.

Finalmente, cabe destacar como a **Economia**, a **Matemática** e a **Estatística** estão correlacionadas. Apesar de ser uma ciência social, a Economia depende de limitações do meio físico, dado que os recursos são escassos, e ocupa-se de relações entre quantidades físicas, como a que se estabelece entre a produção de bens e serviços e os fatores de produção utilizados no processo produtivo.

Daí surge a necessidade da utilização da Matemática e da Estatística, como ferramentas úteis para estabelecer relações entre variáveis econômicas, bem como para previsões econômicas.

A Matemática permite escrever, de forma resumida, importantes conceitos e relações de Economia, permitindo a análise econômica sob a forma de **modelos** analíticos, com poucas variáveis estratégicas, que resumem os aspectos essenciais da questão em estudo. Tomemos como exemplo uma importante relação econômica, a chamada **função consumo**, que estabelece uma correspondência entre o consumo global da coletividade e a renda nacional, que pode ser representada da seguinte forma:

$$C = f(RN) \quad e \quad \frac{\Delta C}{\Delta RN} > 0$$

A primeira expressão diz que o consumo é uma função (f) da Renda Nacional (RN). A segunda informa que, dada uma variação na Renda Nacional (ΔRN), tem-se uma variação diretamente proporcional (na mesma direção) do Consumo Agregado (ΔC).

Para calcular numericamente essa relação, útil para previsões macroeconômicas, é preciso coletar uma série de dados de consumo e de renda nacional, e recorrer ao cálculo estatístico, ou seja, à **Estatística Econômica** e à **Econometria**, que é a área da Economia voltada para a quantificação de modelos.

Deve ser observado que, em Economia, tratamos com **leis probabilísticas**, não **leis exatas**. Por exemplo, na relação vista anteriormente ($C = f(RN)$), conhecendo o valor da Renda Nacional num dado ano, não se obtém o valor exato do consumo, mas, sim, uma estimativa, já que o consumo não depende só de renda nacional, mas de outros fatores (condições de crédito, juros, patrimônio etc.). Supõe-se que, para efeito de previsão econômica, a renda nacional seja suficiente para obter-se boa aproximação do consumo esperado da coletividade.

Evidentemente, se a Economia fosse baseada em relações matemáticas, tudo seria previsível. Entretanto, não existem no mundo econômico regularidades como, por exemplo, a de que o comprimento da circunferência é igual a dois π (pi) radianos ($C = 2\pi r$). Na Economia, o átomo aprende, pensa, reage, projeta, finge. Imagine como seriam a Física e a Química se o átomo aprendesse: aquelas belas regularidades desapareceriam. Os átomos pensantes logo se agrupariam em classes, para defenderem seus interesses; teríamos uma "Física dos átomos proletários", "Física dos átomos burgueses", "Química neoliberal", "Química desenvolvimentista" etc.[4]

Entretanto, a Economia apresenta muitas regularidades, que podem ser econometricamente identificadas.

Além da relação entre consumo e renda nacional, mostraremos ao longo do livro que há relações estáveis e regulares entre a quantidade demandada de um bem, seu preço e a renda dos consumidores, entre exportações e importações com a taxa de câmbio, e inúmeras outras relações, que podem ser calculadas estatisticamente.

A Matemática e a Estatística são ferramentas de análise necessárias tanto para previsões como para confrontar as proposições teóricas com os dados da realidade. Permitem colocar à prova as hipóteses da Teoria Econômica. São instrumentos das ciências exatas úteis para analisarmos os fatos econômicos, que afetam relações humanas.

7 DIVISÃO DO ESTUDO ECONÔMICO

A Teoria Econômica representa um só corpo de conhecimento, mas, como os objetivos e métodos de abordagem podem diferir de acordo com a área de interesse do estudo, costuma-se dividi-la da forma a seguir:

- **Microeconomia ou Teoria Microeconômica**: estuda o comportamento das unidades econômicas básicas: consumidores e produtores e o mercado no qual interagem. Preocupa-se com a determinação dos preços e das quantidades em mercados específicos. Também chamada de **Teoria de Preços**.

- **Macroeconomia ou Teoria Macroeconômica**: estuda a determinação e o comportamento dos grandes agregados, como PIB, consumo nacional, investimento agregado, exportação, nível geral dos preços etc., com o objetivo de delinear uma política econômica. Por um lado, tem um **enfoque conjuntural**, isto é, preocupa-se com a resolução de questões como inflação e desemprego a **curto prazo**. Por outro, trata de **questões estruturais**, de longo prazo, estudando modelos de desenvolvimento que levem à elevação do padrão de vida (bem-estar) da coletividade. Esse enfoque de longo prazo é denominado **Teoria de Desenvolvimento Econômico**.

O instrumental básico desenvolvido na Micro e na Macroeconomia permite analisar as grandes questões econômicas de nosso tempo, como, por exemplo, os fluxos comerciais e financeiros entre os países (**Economia Internacional**), as relações entre capital e trabalho (**Economia do Trabalho**), o comportamento dos vários setores de atividade (**Economia Industrial**, **Economia Agrícola**), das várias regiões (**Economia Regional**, **Economia Urbana**), o impacto de fatores como o meio ambiente (**Economia do Meio Ambiente**) e o desenvolvimento tecnológico (**Economia da Tecnologia**). Mais recentemente, tem ganhado destaque a influência de fatores psicológicos e sociais nas decisões econômicas (a chamada **Economia Comportamental**), bem como a aplicação de métodos econômicos à área do Direito (***Law and Economics***) etc.

SAIBA MAIS

A abordagem econômica do custo-benefício e suas implicações práticas

Como vimos, a Economia parte do princípio de que os recursos são escassos diante do conjunto de necessidades a satisfazer, que é sempre crescente. Sendo assim, como essa ciência poderia ajudar a sociedade a escolher os melhores usos para esses recursos? Como resposta, podemos considerar que o papel da Economia é mostrar-nos quais são os custos e benefícios associados a cada escolha. Em outras palavras, podemos afirmar que a chamada **abordagem econômica** não é outra coisa senão uma análise de **custo-benefício** aplicada às decisões da sociedade quanto às suas escolhas em **o que, como e para quem produzir**.

Desse modo, por exemplo, uma empresa, diante da escolha se deve ou não lançar um produto novo, deverá avaliar quais serão os custos adicionais associados a esse projeto, posto que precisará contratar mão de obra, comprar mais insumos, mais matérias-primas etc. Além disso, a empresa deverá garantir que seu proprietário receba pelo menos o rendimento equivalente à melhor aplicação que poderia realizar com os recursos financeiros que estaria investindo no lançamento desse produto novo. Concluímos, então, que, além dos custos explícitos ou contábeis, a empresa deverá incluir como despesa, ainda que implícita, o custo de oportunidade de seu proprietário ou acionista.

Por sua vez, também será importante estimar o aumento de receitas (benefícios) que a venda desse produto significará para a empresa. Assim, se os custos superam os benefícios adicionais, sua decisão deverá ser não lançar o produto. Esse tipo de abordagem configura o que se chama de **análise de viabilidade econômica de um projeto**, uma das principais aplicações práticas no âmbito da Ciência Econômica.

Deve-se destacar que a análise aqui proposta não se restringe às decisões individuais no âmbito da Microeconomia. A avaliação custo-benefício pode e deve ser utilizada no âmbito da Macroeconomia, particularmente em relação aos efeitos de determinadas políticas econômicas. Nesse sentido, o aumento das transferências de renda, como o Bolsa Escola, Bolsa Família, aumentos reais do salário mínimo, benefícios da Previdência Social, dentre outros benefícios praticados durante os governos de Fernando Henrique e Luiz Inácio Lula da Silva, ajudaram a reduzir a desigualdade na distribuição de renda brasileira, uma das mais perversas do mundo. Isso certamente poderia ser considerado um benefício para a sociedade brasileira, tanto em termos éticos como no tocante à estabilidade política e social. Todavia, essas transferências fazem parte dos gastos do governo, o que leva o setor público a aumentar impostos e/ou a se endividar para poder financiá-las. O aumento de impostos reduz a capacidade de compra das famílias, inclusive no caso daquelas que recebem as transferências; e o maior endividamento público diminui o crédito disponível para famílias e empresas, elevando a taxa de juros, constituindo-se, portanto, em importantes custos para a sociedade.

Em síntese, qualquer decisão, seja ela individual (microeconômica) ou coletiva (macroeconômica), implicará custos e benefícios para a sociedade. Nesse sentido, podemos considerar como certa a observação feita por Milton Friedman de que, na Economia, **não existe almoço grátis.**

QUESTÕES DE MÚLTIPLA ESCOLHA

1. **O problema fundamental com o qual a Economia se preocupa é:**
   a) A pobreza.
   b) O controle dos bens produzidos.
   c) A escassez.
   d) A taxação daqueles que recebem toda e qualquer espécie de renda.
   e) A estrutura de mercado de uma economia.

2. Os problemas econômicos relativos a "o que e quanto", "como" e "para quem" produzir existem:
   a) Apenas nas sociedades de planejamento centralizado.
   b) Apenas nas sociedades de "livre empresa" ou capitalistas, nas quais o problema da escolha é mais agudo.
   c) Em todas as sociedades, não importando seu grau de desenvolvimento ou sua forma de organização política.
   d) Apenas nas sociedades "subdesenvolvidas", uma vez que desenvolvimento é, em grande parte, enfrentar esses três problemas.
   e) Todas as respostas anteriores estão corretas.

3. Em um sistema de livre iniciativa privada, o sistema de preços restabelece a posição de equilíbrio:
   a) Por meio da concorrência entre compradores, quando houver excesso de oferta.
   b) Por meio da concorrência entre vendedores, quando houver excesso de demanda.
   c) Por pressões para baixo e para cima nos preços, tais que acabem, respectivamente, com o excesso de demanda e com o excesso de oferta.
   d) Por meio de pressões sobre os preços que aumentam a quantidade demandada e diminuem a quantidade ofertada, quando há excesso de oferta, e que aumentam a quantidade ofertada e diminuem a demandada, quando há excesso de demanda.
   e) Todas as alternativas anteriores são falsas.

4. A "Curva de Possibilidades de Produção" é utilizada nos manuais de Economia para ilustrar um dos problemas fundamentais do sistema econômico: por um lado, os recursos são limitados (escassez) e não podem satisfazer a todas as necessidades ou desejos. Por outro, é necessário realizar escolhas. Essa curva, quando construída para dois bens, mostra:
   a) Os desejos dos indivíduos perante a produção total desses dois bens.
   b) A quantidade total produzida desses dois bens em função do emprego total da mão de obra.
   c) A quantidade disponível desses dois bens em função das necessidades dos indivíduos dessa sociedade.
   d) Quanto se pode produzir dos bens com as quantidades de trabalho, capital e terra existentes e com determinada tecnologia.
   e) A impossibilidade de atender às necessidades dessa sociedade, visto que os recursos são escassos.

5. Dada a curva de possibilidades de produção, aponte a alternativa errada:

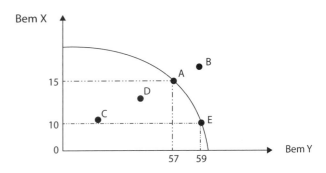

   a) A economia não pode atingir B, com os recursos de que dispõe.
   b) O custo de oportunidade de passar de C para D é zero.
   c) O custo de oportunidade de aumentar a produção de X em 5 unidades, a partir do ponto E, é igual a 2 unidades de Y.
   d) Nos pontos C e D, a economia apresenta recursos produtivos desempregados.
   e) Somente as alternativas a, b e d estão corretas.

6. Assinale a afirmação falsa:
   a) Um modelo simplificado da economia classifica as unidades econômicas em "famílias" e "empresas", que interagem em dois tipos de mercado: mercados de bens de consumo e serviços e mercado de fatores de produção.
   b) Os serviços dos fatores de produção fluem das famílias para as empresas, enquanto o fluxo contrário, de moeda, destina-se ao pagamento de salários, aluguéis, dividendos e juros.
   c) Os mercados desempenham cinco funções principais: I. estabelecem valores ou preços; II. organizam a produção; III. distribuem a produção; IV. racionam os bens, limitando o consumo à produção; e V. prognosticam o futuro, indicando como manter e expandir a capacidade produtiva.
   d) A curva de possibilidade de produção dos bens X e Y mostra a quantidade mínima de X que deve ser produzida, para um dado nível de produção de Y, utilizando-se plenamente os recursos existentes.
   e) A inclinação da curva de possibilidades de produção dos bens X e Y mostra quantas unidades do bem X podem ser produzidas a mais, mediante uma redução do bem Y.

APÊNDICE

UM BREVE RETROSPECTO DA EVOLUÇÃO DA TEORIA ECONÔMICA

A periodização da história de qualquer teoria depende muito do aspecto que se está privilegiando, bem como tem embutido certo grau de arbitrariedade. Entretanto, existe consenso de que o início da Teoria Econômica, de forma sistematizada, deu-se no ano de 1776, quando foi publicada a obra de Adam Smith, *A riqueza das nações*. No período anterior, encontram-se apenas referências ou aspectos parciais de embriões de Teoria Econômica, embora a preocupação com a Economia esteja sempre presente desde tempos remotos.

Na Grécia Antiga, encontramos muitas referências à Economia. Destacamos o trabalho de Xenofonte (430-354 a.C.), que, aparentemente, foi quem cunhou o termo *economia* ("*oikos nomos*"), em seus trabalhos sobre aspectos de administração privada e sobre finanças públicas. A moeda metálica já circulava naquela época e a sociedade grega tinha preocupações políticas e morais muito desenvolvidas. Os dois maiores legados que temos daquela época são os escritos de Platão (427-347 a.C.) e de seu discípulo Aristóteles (384-322 a.C.), nos quais encontramos algumas considerações de ordem econômica.

Roma não deixou nenhum escrito notável na área da Economia. Nos séculos seguintes, até a época dos descobrimentos, encontramos poucos trabalhos de destaque, os quais não apresentam um padrão homogêneo e estão permeados de questões morais. Um exemplo é a **Lei da Usura**, um tema antigo que discute a moralidade de juros altos e o que deveria ser um lucro justo.

A partir do século XVI, observamos o nascimento do primeiro conjunto de ideias mais sistematizadas sobre o comportamento econômico: o **mercantilismo**. Apesar de não representar um conjunto homogêneo, o mercantilismo tinha algumas preocupações explícitas sobre a acumulação de riquezas de uma nação. Continha princípios de como fomentar o comércio exterior e entesourar riquezas. O acúmulo de metais adquire grande importância, e aparecem relatos mais elaborados sobre a moeda. Para esses pensadores, a riqueza de uma nação era diretamente proporcional à quantidade de ouro e pedras preciosas que possuía tal nação.

Os clássicos

No século XVIII, uma escola de pensamento francesa, a **fisiocracia**, elaborou alguns trabalhos dignos de destaque. Dividiu a sociedade em classes sociais, e teve a preocupação de justificar os rendimentos da classe proprietária de terras. Diferentemente dos mercantilistas, os fisiocratas consideram a riqueza de um país não medida pelo estoque de metais preciosos, mas por tudo aquilo que era retirado da terra (o chamado "produto líquido"). O trabalho de maior destaque foi o de François Quesnay (1694-1774), um médico da corte de Luís XV. Ele escreveu *Tableau economique*, em que divide a economia em setores, mostrando a relação entre eles. Apesar de o trabalho dos fisiocratas estar permeado de considerações éticas, sua contribuição à análise econômica representou grande avanço.

Além disso, ao enaltecer a relação do homem com a natureza, os fisiocratas não eram partidários da intervenção do Estado na economia, criando o termo "*laissez-faire*", que posteriormente se converteria no símbolo das ideias liberais.

Adam Smith (1723-1790) é o autor da obra considerada como o primeiro tratado de Teoria Econômica, entendida como um conjunto científico sistematizado, com um corpo teórico próprio. Em 1776, publicou *A riqueza das nações*, um estudo abrangente sobre questões econômicas que englobam desde aspectos monetários e de preços até distribuição do rendimento da terra. Sua contribuição mais conhecida foi a **hipótese da mão invisível**. Para Adam Smith, todos os agentes, em sua busca de lucrar o máximo, acabam promovendo o bem-estar de toda a comunidade. É como se uma mão invisível orientasse todas as decisões da economia. A defesa do mercado, como regulador das decisões econômicas de uma nação, traria muitos benefícios para a coletividade, independentemente da ação do Estado. É o princípio do **liberalismo**.

Adam Smith ainda tem outra importante contribuição à teoria econômica, ao destacar o papel do trabalho humano como fonte de riqueza, introduzindo a noção de **produtividade** como determinante da riqueza.

O período clássico teve contribuições de economistas notáveis, além de Adam Smith: Thomas Robert Malthus, Jean Baptiste Say, Frédéric Bastiat, David Ricardo e John Stuart Mill, entre outros. A Economia passa a formar um corpo teórico próprio e a desenvolver um ferramental de análise específico para as questões econômicas. Foram elaborados muitos modelos acerca do funcionamento da economia em geral. A análise de questões monetárias teve lugar de destaque, e contribuiu para o desenho de algumas instituições econômicas importantes, tais como os Bancos Centrais.

O economista britânico David Ricardo (1772-1823) é um dos grandes expoentes desse período. Desenvolveu alguns modelos econômicos com um potencial de análise muito poderoso. Sua análise de distribuição do rendimento da terra foi um trabalho seminal de muitas das ideias do chamado período **neoclássico**. Basicamente, Ricardo coloca que a distribuição do rendimento da terra é determinada pela produtividade das terras mais pobres, ou marginais.

John Stuart Mill (1806-1873), filósofo e economista, também britânico, foi o grande sintetizador do pensamento clássico. Seu trabalho foi o principal texto utilizado para o ensino de economia no fim do período clássico e no início do período neoclássico. A obra de John Stuart Mill consolida o exposto por seus antecessores e avança ao incorporar mais elementos institucionais e ao definir melhor as restrições, vantagens e funcionamento de uma economia de mercado.

Destaque-se, ainda, o trabalho do inglês Thomas Robert Malthus (1766-1834), que foi o primeiro economista a relacionar a economia com a demografia. É famosa sua teoria, conhecida como **malthusianismo**, segundo a qual seria impossível produzir alimentos suficientes para alimentar o grande número de pessoas no planeta, dado que a população crescia em progressão geométrica e a produção de alimentos, em progressão aritmética. Não previu, evidentemente, o desenvolvimento da produtividade agrícola, chegando, inclusive, a advogar a limitação de nascimentos das famílias pobres, e até a aceitar as guerras como uma solução para interromper o crescimento populacional.

A partir da contribuição dos economistas clássicos, a Teoria Econômica passou a formar um corpo teórico próprio, e a desenvolver um instrumental de análise específico para as questões econômicas.

A teoria neoclássica

O período neoclássico inicia-se na década de 1870, com as obras de William Stanley Jevons, Carl Menger e León Walras, depois desenvolvidas por seus seguidores, como Eugen Böhm-Bawerk, Joseph Alois Schumpeter, Vilfredo Pareto, Arthur C. Pigou e Francis Edgeworth. Nesse período, privilegiam-se os aspectos microeconômicos da teoria, pois a crença na economia de mercado fez com que não se preocupasse tanto com a política e o planejamento macroeconômicos.

A obra de maior repercussão dessa época foi *Princípios de economia*, de Alfred Marshall (1842-1924), publicada pela primeira vez em 1890, e que serviu como livro-texto básico até as primeiras décadas do século XX.

Nesse período, a formalização da análise econômica evoluiu muito. O comportamento do consumidor foi analisado em profundidade. O desejo do consumidor de maximizar sua utilidade (satisfação no consumo) e do produtor em maximizar o lucro são a base para a elaboração de um sofisticado aparato teórico. Por meio do estudo de funções ou curvas de utilidade e de produção, considerando restrições de fatores e restrições orçamentárias, é possível deduzir o equilíbrio de mercado. Como o resultado depende basicamente dos conceitos marginais ou adicionais (receita marginal, custo marginal etc.), a teoria neoclássica é também chamada de **teoria marginalista.**

A análise marginalista é muito rica e variada. Alguns economistas privilegiaram alguns aspectos como a interação de muitos mercados simultaneamente – o equilíbrio geral de Walras, do economista e matemático francês Léon Walras (1834-1910), é um caso –, outros privilegiaram aspectos de equilíbrio parcial, usando um instrumental gráfico – a Caixa de Edgeworth, por exemplo.

Apesar de questões microeconômicas ocuparem o centro das atenções, houve paralelamente uma produção rica em outros aspectos da Teoria Econômica, como a teoria do desenvolvimento econômico, do austríaco Joseph Alois Schumpeter (1883-1950), a teoria do capital e dos juros, do também austríaco Eugen von Böhm-Bawerk (1851-1914). Observou-se ainda um desenvolvimento da análise monetária, com a discussão sobre a **teoria quantitativa da moeda**. Enquanto a abordagem microeconômica dos marginalistas preocupava-se com as estruturas e os preços relativos dos mercados específicos, na área macroeconômica procuram-se respostas para a determinação do nível geral de preços, interligando o lado real e o monetário da economia, por meio da teoria quantitativa da moeda. Alguns outros autores, como o economista sueco Knut Wicksell (1851-1926), também analisaram os mecanismos de interligação entre os dois setores.

A teoria keynesiana

A teoria keynesiana iniciou-se com a publicação de *A teoria geral do emprego, do juro e da moeda*, do economista inglês John Maynard Keynes (1883-1946), na Páscoa de 1936. Muitos autores descrevem que a partir daí iniciou-se a Revolução Keynesiana, tamanho o impacto da obra, e Keynes seria o pai da moderna macroeconomia.

John Maynard Keynes era um economista de destaque, que ocupava a cátedra que havia sido de Alfred Marshall na Universidade de Cambridge. Embora fosse um acadêmico respeitado, Keynes tinha preocupações com as implicações práticas da Teoria Econômica.

Para entender o impacto da obra de Keynes, é necessário considerar a época. A economia mundial atravessava, em 1930, uma recessão prolongada (depressão), e a teoria econômica vigente acreditava que se tratava de um problema temporário, apesar de a crise estar durando alguns anos. Predominavam o liberalismo e a crença de que o mercado sozinho permitiria recuperar o nível de atividade e emprego. A *Teoria geral* procurou mostrar por que a combinação das políticas econômicas até então adotadas não funcionava adequadamente, e apontou para soluções que poderiam tirar o mundo da recessão. As prescrições apontadas, baseadas na maior intervenção do Estado na condução da economia, via gasto público, foram implementadas, e o resultado obtido aumentou de maneira meteórica as possibilidades da utilização da teoria econômica, para ajudar de maneira efetiva a melhoria do padrão de vida e do bem-estar da coletividade.

Destaque-se a obra do norte-americano Alvin Hansen (1887-1945) e do britânico John Richard Hicks (1904-1989), este Prêmio Nobel de 1972, que realizaram uma síntese entre o modelo neoclássico e o modelo keynesiano, por meio da chamada Análise *IS-LM* (*Investment Saving – Liquidity Money*), ao final dos anos 1940.

A teoria keynesiana foi rica em contribuições para todos os campos da Economia, bem como para a ampliação dos horizontes de estudo. Nos anos seguintes, houve desenvolvimento muito grande da Teoria Econômica, com a incorporação do ferramental estatístico e matemático, que ajudou a formalizar ainda mais a Ciência Econômica.

O restabelecimento das teorias monetárias

Como será visto na Parte III deste livro, a teoria keynesiana representou uma crítica às teorias monetaristas que predominavam anteriormente, e que, de certa forma, seriam responsáveis pela inação do Governo no combate ao desemprego provocado após a quebra da Bolsa de Nova York em 1929. Keynes mostrou que a política fiscal de gastos públicos seria a mais adequada para tirar a economia mais rapidamente da recessão.

Pode-se dizer que a importância das teorias monetárias só seria restabelecida a partir do trabalho do economista norte-americano Milton Friedman da Universidade de Chicago, considerado o economista mais influente da segunda metade do século passado. Além de suas contribuições sobre o comportamento do consumo, da relação entre taxa de inflação e taxa de desemprego, Friedman consolidou o chamado pensamento **neoclássico** ou **monetarista**, contrapondo-se ao intervencionismo keynesiano no comportamento do mercado, dando origem a um intenso debate em especial entre os anos 1960 e 1980.

Abordagens alternativas

A teoria econômica tem tido muitas críticas e abordagens alternativas, que fogem do denominado *mainstream*, ou corrente principal. Muitas das críticas foram e são absorvidas, e algumas abordagens alternativas foram e são incorporadas. O espectro dessas abordagens é muito amplo e disperso e, evidentemente, é muito heterogêneo. Destacamos a contribuição dos marxistas e dos institucionalistas e alguns desenvolvimentos relativamente recentes na área de organização industrial e da macroeconomia.

Os **marxistas** têm como pilar de seu trabalho a obra de Karl Marx (1818-1883), um filósofo, sociólogo, historiador e economista alemão que desenvolveu quase todo seu trabalho com o empresário também alemão Friedrich Engels (1820-1895), na Inglaterra, na segunda metade do século passado. O marxismo desenvolve uma **teoria de valor – trabalho** e consegue analisar muitos aspectos da economia com seu referencial teórico. Um exemplo é a abordagem marxista da história. A apropriação do excedente produtivo pode explicar o processo de acumulação e a evolução das relações entre classes sociais. Karl Marx enfatizou muito o aspecto político em seu trabalho, que teve impacto ímpar não só na Ciência Econômica, como também em outras áreas do conhecimento.

As contribuições dos marxistas para a teoria econômica foram muitas e variadas. Entretanto, a maioria ocorreu à margem dos grandes centros de estudos ocidentais. Consequentemente, a produção teórica dessa corrente foi pouco divulgada. Um exemplo é o trabalho de Michal Kalecki (1889-1970), um economista polonês que antecipou uma análise parecida com a da Teoria geral de John Maynard Keynes. Contudo, o reconhecimento de seu trabalho inovador só ocorreu muito tempo depois, quando sua obra foi traduzida para a língua inglesa.

Os **institucionalistas**, que têm como grandes expoentes os americanos Thornstein Veblen (1857-1929) e John Kenneth Galbraith (1908-2006), dirigem suas críticas ao alto grau de abstração da Teoria Econômica e ao fato de ela não incorporar em sua análise as instituições sociais, daí o nome de institucionalistas.

No campo da Microeconomia, as correntes alternativas podem ser associadas às **teorias de organização industrial**, que consideram que as hipóteses da Microeconomia tradicional, como empresa tomadora de preços, maximização de lucros, concorrência perfeita e racionalidade dos agentes, dificilmente caracterizam o mundo econômico real. Isso seria particularmente verdadeiro no estudo de mercados em concorrência imperfeita, pois empresas de grande porte não são tomadoras de preços no mercado, mas têm poder para determinar seu preço, observando apenas seus custos de produção, sobre os quais colocam uma margem denominada *mark up*.

A contribuição das abordagens alternativas tem sido fundamental para corrigir as falhas existentes na teoria tradicional, bem como para apontar novos caminhos para a evolução da ciência econômica.

Desdobramentos recentes

O debate sobre aspectos do trabalho de Keynes dura até hoje, destacando-se quatro grupos: os novos clássicos, os economistas do lado da oferta, os novos keynesianos e os pós-keynesianos. Apesar de nenhum dos grupos ter um pensamento homogêneo e todos terem pequenas divergências, é possível fazer algumas generalizações.

Os **novos clássicos** estão associados principalmente à Universidade de Chicago e têm como economistas de maior destaque os norte-americanos Thomas Sargent (1943) e Robert Lucas (1937). De maneira geral, seguem o **monetarismo**, ao privilegiar o controle da moeda e um baixo grau de intervencionismo do Estado. Contudo, a grande diferença com o modelo monetarista é a suposição de que os agentes formam **expectativas racionais**. Isso quer dizer que os indivíduos são capazes de aprender da experiência, o que pode permitir que, em certos casos, sejam capazes de antecipar as alterações de política monetária, anulando seus impactos negativos.

Os **novos keynesianos** têm seu maior expoente em James Tobin (1918-2002), da Universidade Yale, Prêmio Nobel de 1981. De maneira geral, recomendam o uso de políticas fiscais ativas e maior grau de intervenção do governo, em virtude da rigidez em alguns pontos do sistema econômico, que impediriam que o mercado se autorregulasse, amplificando os efeitos das flutuações da atividade econômica.

Os **pós-keynesianos** têm um trabalho que explora outras implicações da obra de Keynes, enfatizando o papel da moeda e da especulação financeira, e pode-se associar a este grupo a economista Joan Robinson, que era muito ligada a John Maynard Keynes. Na realidade, os pós-keynesianos retornam à obra básica de Keynes, pois julgam que a interpretação que foi dada com base na sistematização da Análise *IS-LM* não é a leitura correta de Keynes, em particular no tocante à questão da incerteza, pouco enfatizada naquela análise.

Os **economistas do lado da oferta**, ou da **teoria dos ciclos econômicos reais**, entre os quais se destaca o ganhador do prêmio Nobel de Economia de 2004, Edward Prescott (1940), enfatizam o papel dos choques de oferta na explicação das flutuações econômicas.

No fundo, o debate na área macroeconômica, em sua essência, não difere muito daquele inaugurado, praticamente, por Keynes, sobre a necessidade ou não da intervenção do governo na economia, ou seja, se o sistema capitalista pode ou não ser autorregulável.

No campo da Microeconomia, como será discutido no Capítulo 6, os desenvolvimentos teóricos vêm-se dando em duas vertentes, ambas procurando aproximá-la da economia real dos mercados. Por um lado, uma continuidade da linha tradicional neoclássica, na área de **Teoria dos Jogos e Economia da Informação**, onde, diferentemente do modelo tradicional de concorrência perfeita, em que as empresas são tomadoras de preço no mercado, a firma pode afetar variáveis relevantes para sua decisão, e tem um comportamento mais estratégico. Por outro lado, numa direção mais crítica dos pressupostos da teoria tradicional, há as **teorias de organização industrial**, que, como já observamos, contestam a hipótese de que as empresas são tomadoras de preços e que maximizam lucros, pilares do modelo neoclássico.

O período mais recente está marcado por três características principais. Em primeiro lugar, existe consciência maior das limitações e possibilidades de aplicações da teoria. O segundo ponto é o avanço no conteúdo empírico da Economia. Finalmente, observamos avanço da incorporação, pela Economia, de fatores não econômicos no comportamento dos agentes de mercado.

O desenvolvimento da informática permitiu um processamento de informações em volumes e precisão sem precedentes. A Teoria Econômica passou a ter um conteúdo empírico que lhe conferiu uma aplicação prática maior. É possível acessar de qualquer ponto do planeta uma infinidade de bancos de dados, que são atualizados constantemente. Por um lado, isso permite um aprimoramento constante da teoria existente e, por outro, abre novas frentes importantes. Um exemplo é a área de **finanças empresariais**. Até alguns anos atrás, a teoria de finanças era basicamente descritiva, com baixo conteúdo empírico. A incorporação de algumas técnicas econométricas, de conceitos de equilíbrio de mercados e de hipóteses sobre o comportamento dos agentes econômicos revolucionou a teoria de finanças. Essa revolução refletiu-se também nos mercados financeiros, com a explosão dos chamados mercados futuros e de derivativos.

Nos últimos anos, cabe destacar o grande avanço da chamada **Economia Comportamental**, em particular a partir das contribuições do economista norte-americano Herbert Simon (1916-2001), Prêmio Nobel de 1978, do psicólogo israelense Daniel Kahneman (1934), Prêmio Nobel de Economia de 2002, e do economista norte-americano Richard Thaler (1945), Prêmio Nobel em 2017, criador da expressão **finanças comportamentais**. A Economia Comportamental procura incorporar aos modelos econômicos os desenvolvimentos teóricos e empíricos na área de Psicologia e da Neurociência, tais como fatores psicológicos, sociais, cognitivos e ao comportamento dos agentes econômicos, e como esses fatores afetam o ser humano em suas escolhas. Enquanto a Teoria Econômica tradicional considera que os seres humanos são seres racionais, capazes de tomar as decisões mais eficientes com as informações disponíveis, a Economia Comportamental, em contraposição, sugere que as pessoas têm dificuldade em equilibrar interesses de curto e longo prazo, são fortemente influenciadas por fatores emocionais e pelo comportamento dos demais, com o que tendem a cometer erros sistemáticos. Quando as pessoas cometem os mesmos erros, influenciadas pelas mesmas informações e vieses, os mercados deixam de ser eficientes e não conseguem corrigir-se, como

apregoa a teoria tradicional. O método experimental é a ferramenta mais utilizada pelos economistas dessa corrente em sua investigação empírica sobre os desvios dos agentes econômicos, em relação à ação racional.

Como podemos observar, todo o corpo teórico da Economia continua avançando consideravelmente. Hoje, a análise econômica engloba quase todos os aspectos da vida humana, e é considerável o impacto desses estudos na melhoria do padrão de vida e do bem-estar de nossa sociedade.

Notas

1   Etimologicamente, a palavra **economia** vem do grego *oikos* (casa) e *nomos* (norma, lei), atribuído ao grego Xenofonte (430-354 a.C.). No sentido original, seria a "administração da casa", que foi generalizada para "administração da coisa pública".

2   Há uma diferença entre insumos e fatores de produção. **Insumos** (*inputs*) são os itens consumidos durante o processo de produção e referem-se às transações entre as próprias empresas (energia, matérias-primas); **fatores de produção** são os elementos necessários para a transformação de insumos em produtos ou serviços finais (*outputs*), e envolvem remuneração aos seus proprietários (as famílias) pela sua utilização: a remuneração da mão de obra é o **salário**, da terra é a **renda da terra (aluguel)**, do capital financeiro os **juros**, e do capital físico são os **lucros e dividendos** aos proprietários das empresas.

3   Exemplo clássico, elaborado pelo grande economista norte-americano Paul Samuelson (1915-2009), Prêmio Nobel de 1970, em seu famoso livro *Economics*, escrito em 1948, em tempos de guerra fria entre Estados Unidos e União Soviética, em que insinua que os países democráticos priorizariam bens de consumo (manteiga), e países comunistas priorizariam a indústria bélica (canhões).

4   Exemplo baseado em DELFIM NETTO, A. *Moscou, Friburg, Brasília*. Rio de Janeiro: Topbooks, 1994.

PARTE II

MICROECONOMIA

DEMANDA, OFERTA E EQUILÍBRIO DE MERCADO

1 FUNDAMENTOS DE MICROECONOMIA

A Microeconomia, ou Teoria de Preços, é a parte da teoria econômica que estuda o comportamento das famílias e das empresas e os mercados nos quais operam.

O enfoque da análise microeconômica é **parcial**, **individual**, concentrando-se no comportamento de consumidores, empresas e atuação do governo em mercados específicos, diferentemente da Macroeconomia, na qual são estudados os grandes agregados (produto nacional, nível de emprego, nível geral de preços etc.), dentro de um enfoque de análise **nacional**, **global**.

A Microeconomia analisa a formação de preços no mercado. Como vimos no Capítulo 1, os preços formam-se com base em dois mercados:

- mercado de bens e serviços (preços de bens e serviços);
- mercado dos serviços dos fatores de produção (salários, juros, aluguéis e lucros).

A Microeconomia não tem seu foco no estudo de empresas específicas. Esse é o campo da **Administração de Empresas** (temas como gestão de pessoal, marketing, liderança e motivação, finanças corporativas etc.). Embora a Microeconomia forneça ferramentas e conceitos para estudo e planejamento estratégico de empresas, o foco dela está voltado ao estudo do mercado como um todo. Por exemplo, como milhões de consumidores de determinado tipo de automóvel (demanda de mercado) interagem com o total de empresas que produzem o automóvel (oferta de mercado), formando o preço de mercado desse automóvel.

A condição coeteris paribus

Trata-se de uma expressão em latim que significa **tudo o mais constante**.

A análise microeconômica básica, para poder analisar um mercado isoladamente, supõe todos os demais mercados constantes. Ou seja, supõe que o mercado em estudo não afeta nem é afetado pelos demais.

Essa condição serve também para verificarmos o efeito de variáveis isoladas, independentemente dos efeitos de outras variáveis, sendo aplicada tanto na análise micro como na macroeconômica. Por exemplo, ela permite avaliar o efeito isolado de uma variação de preço sobre a procura de determinado bem, independentemente do efeito de outras variáveis que afetam a procura, como a renda, preços dos concorrentes, hábitos e preferências do consumidor.

2 DIVISÃO DOS TÓPICOS DE MICROECONOMIA

Os grandes tópicos abordados na análise microeconômica são os seguintes:

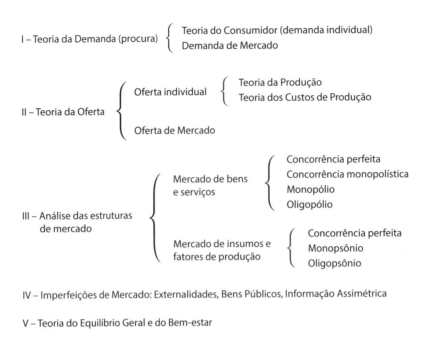

Figura 2.1 Tópicos da análise microeconômica.

A **Teoria da Demanda ou Teoria da Procura** estuda as diferentes formas que a demanda pode assumir e os fatores que a influenciam.

A **Teoria da Oferta** abrange a **Teoria da Produção**, que estuda o processo de produção em uma perspectiva econômica, e a **Teoria dos Custos de Produção**, que classifica e analisa os custos. A Teoria da Produção envolve apenas relações físicas entre o produto e os fatores e insumos de produção, enquanto a Teoria dos Custos já envolve preços dos fatores e insumos de produção.

A **Análise das estruturas de mercado** aborda a maneira como estão organizados os mercados e como são determinados o preço e a quantidade de equilíbrio nesses mercados. É dividida na análise da estrutura dos **mercados de bens e serviços** e dos **mercados de fatores de produção** (cuja procura é chamada **demanda derivada**, dado que os mercados de insumos derivam, em última análise, de como se comporta o mercado de bens e serviços).

O estudo das **Imperfeições de Mercado** destaca as situações nas quais o mercado não promove perfeita alocação de recursos.

A **Teoria do Equilíbrio Geral e do Bem-estar** ("*Welfare Economics*") estuda a interação de todos os mercados simultaneamente e seu impacto no bem-estar social. Esses tópicos não serão apresentados neste texto e são desenvolvidos em livros específicos de Microeconomia.

Neste capítulo, apresentaremos o funcionamento de uma economia de mercado, analisando as variáveis determinantes da demanda e da oferta, e como se processa o equilíbrio no mercado de uma mercadoria ou um serviço. Ainda neste capítulo, apresentaremos noções sobre a demanda individual, a chamada Teoria do Consumidor. Já a análise da oferta individual será feita nos Capítulos 5 e 6.

3 ANÁLISE DA DEMANDA DE MERCADO

3.1 Definição de demanda

A evolução da teoria microeconômica teve início basicamente com a análise da demanda de bens e serviços. Antes de analisar a demanda de mercado, cabe apresentar os fatores ou variáveis que influenciam a demanda do consumidor individual.

Demanda (ou procura) individual é a quantidade de determinado bem ou serviço que os consumidores desejam adquirir, em determinado período, dados sua renda, seus hábitos e o preço de mercado. Representa um **desejo**, um plano: o máximo a que o consumidor pode aspirar, conforme sua renda, seus hábitos e o preço no mercado. Nesse sentido, *a demanda não representa a compra efetiva, mas a intenção de comprar, a dados preços.* Deve-se destacar também que a demanda é um **fluxo**, pois é expressa em determinado período de tempo (por mês, por ano).

3.2 Fundamentos da Teoria da Demanda: noções sobre a Teoria do Consumidor[1]

Antes de estudarmos a demanda ou procura de mercado, ou seja, da demanda de todos os consumidores, vamos apresentar alguns fundamentos básicos para explicar o que motiva o comportamento do consumidor individual para a compra de uma mercadoria ou um serviço. É normalmente denominada **Teoria do Consumidor**.

Teorias do Valor Utilidade e do Valor Trabalho

A análise da demanda ou procura é alicerçada no conceito subjetivo de utilidade. A **utilidade** representa o grau de satisfação ou **bem-estar** que os consumidores atribuem a bens e serviços que podem adquirir no mercado.

A **Teoria do Valor Utilidade** pressupõe que o valor de um bem se forma por sua demanda, isto é, pela satisfação que o bem representa para o consumidor. Ela é, portanto, subjetiva, e representa a chamada **visão utilitarista**, em que prepondera a **soberania do consumidor**, pilar do sistema capitalista.

A Teoria do Valor Utilidade contrapõe-se à chamada Teoria do Valor Trabalho, desenvolvida pelos economistas clássicos (Malthus, Smith, Ricardo, Marx). A **Teoria do Valor Trabalho**, que antecedeu a Teoria do Valor Utilidade, considera que o valor de um bem se forma do lado da oferta, pelos custos de produção. Os custos de produção eram representados, basicamente, pelo fator mão de obra, em que a terra era abundante e o capital, pouco significativo. Pela Teoria do Valor Trabalho, o valor do bem depende do tempo produtivo que é incorporado ao bem. Nesse sentido, contrariamente à Teoria do Valor Utilidade, que é **subjetiva** (depende da satisfação do consumidor), a Teoria do Valor Trabalho é **objetiva** (medida pelo custo da mão de obra).

Na realidade, a Teoria do Valor Utilidade veio complementar a Teoria do Valor Trabalho, pois já não era possível predizer o comportamento dos preços dos bens apenas com base nos custos, sem considerar o lado da demanda (renda e hábitos dos consumidores).

Ademais, a Teoria do Valor Utilidade permitiu distinguir claramente o que vêm a ser o valor de uso e o valor de troca de um bem. O **valor de uso** é a utilidade ou satisfação que o bem representa para o consumidor. O **valor de troca** forma-se pelo preço no mercado, pelo encontro da oferta e da demanda do bem ou serviço. Se o bem A vale $ 10 e o bem B $ 5, isso significa que o bem A pode ser trocado por duas unidades de B, ou que B pode ser trocado por meia unidade de A.

A **Teoria da Demanda**, objeto deste capítulo, baseia-se na Teoria do Valor Utilidade. Supõe-se que, dada a renda e dados os preços de mercado, o consumidor, ao demandar um bem ou serviço, procura maximizar a utilidade ou satisfação que ele atribui ao bem ou serviço.

Conceitos de Utilidade Total e Utilidade Marginal

No final do século XIX, alguns economistas elaboraram o conceito de utilidade marginal, e dele derivaram a curva da demanda e suas propriedades. A **Utilidade Marginal** é a satisfação adicional ("na margem") obtida pelo consumo de mais uma unidade do bem. Por sua vez, a **Utilidade Total** aumenta quanto maior o consumo, ou seja, é **crescente**, a Utilidade Marginal é **decrescente**, porque o consumidor vai saturando-se desse bem quanto mais o consome. É a chamada **Lei da Utilidade Marginal Decrescente**. Matematicamente:

$$Umg = \frac{\Delta Ut}{\Delta q}$$

sendo q a quantidade que o consumidor deseja consumir.[2]

Graficamente, temos o apresentado na Figura 2.2.

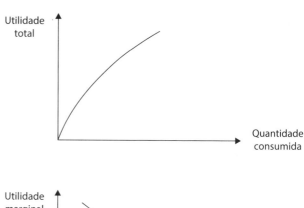

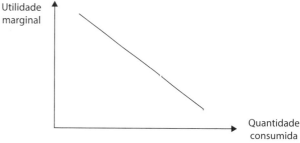

Figura 2.2 Utilidade total e utilidade marginal.

Para ilustrar a importância do conceito de Utilidade Marginal para a formação dos preços dos bens, é interessante apresentar o **paradoxo da água e do diamante ou paradoxo do valor**: por que a água, mais necessária, é tão barata e o diamante, supérfluo, tem preço tão elevado? Ocorre que a água tem grande utilidade total, por ser necessária, mas, como é encontrada em abundância, tem baixa utilidade marginal, enquanto o diamante, por ser raro e com alto custo de produção, tem grande utilidade marginal.

Portanto, os preços das mercadorias e serviços estão relacionados com a Utilidade Marginal, e não com a Utilidade Total.

Posto isso, estamos vendo, então, que a Teoria da Demanda tem como hipótese básica a de que o consumidor está maximizando sua utilidade ou bem-estar, limitado por seu nível de renda e pelos preços de bens e serviços que pretende adquirir no mercado. Para ilustrarmos esse ponto, vamos introduzir os conceitos de curva de indiferença e de restrição orçamentária.

Curva de indiferença

A **curva de indiferença** (*CI*) é um instrumental gráfico que serve para ilustrar as preferências do consumidor. É o lugar geométrico de pontos que representam diferentes combinações de bens que dão ao consumidor o mesmo nível de satisfação (utilidade); ou seja, os pontos representam diferentes cestas de bens que o consumidor está disposto a adquirir, dado um determinado nível de utilidade ou bem-estar.

Supondo apenas dois bens, carne e batatas, a curva de indiferença apresenta o formato apresentado na Figura 2.3.

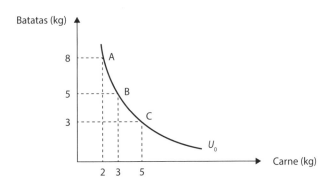

Figura 2.3 Curva de indiferença.

Assim, temos um *menu* de opções de cestas de bens que um consumidor está disposto a comprar, de acordo com suas preferências, de forma a maximizar sua satisfação.

A curva de indiferença apresenta **duas características básicas**:

- **Inclinação negativa**: supondo-se um dado nível de bem-estar, ao aumentar o consumo de um bem X, é necessário reduzir o consumo de outro (bem Y), ou seja, substituir parte de X por Y, para manter-se na mesma curva. Por isso, a inclinação da curva de indiferença recebe o nome de **Taxa Marginal de Substituição** (TMS) e representa a taxa de intercâmbio de um bem por outro que mantém o mesmo nível de satisfação e bem-estar do consumidor.

- **Convexidade em relação à origem**: a taxa marginal de substituição vai diminuindo à medida que aumenta a quantidade de um bem e reduzimos a quantidade do outro. No gráfico da Figura 2.3, quanto mais se consome de batata, pelo princípio da utilidade marginal decrescente, a satisfação pelo consumo de batata vai diminuindo, e o consumidor estará cada vez menos disposto a sacrificar o consumo de carne.

Todos os pontos da curva representam situações que proporcionam idêntica satisfação (U_0): ou seja, é "indiferente" para o consumidor consumir 2 kg de carne e 8 de batatas (ponto A), ou então 3kg de carne e 5 kg de batatas (ponto B) etc.

Cada curva representa determinado nível de utilidade. Quanto mais alta a *CI*, maior a satisfação que o consumidor pode obter no consumo dos dois bens. Existe, assim, um **mapa de indiferença**, com diferentes curvas de indiferença, conforme apresentado na Figura 2.4.

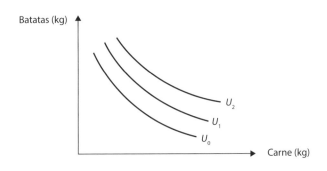

Figura 2.4 Mapa de indiferença.

Restrição orçamentária

A curva de indiferença baseia-se em **fatores subjetivos**, acerca das preferências do consumidor. Mas há **fatores objetivos** que vão condicionar suas escolhas, como sua renda e os preços de mercado.

A **restrição orçamentária** é o montante de renda disponível do consumidor, em dado período de tempo. Portanto, ela limita as possibilidades de consumo, condicionando quanto ele pode gastar.

Ou seja, enquanto a curva de indiferença refere-se ao conjunto de bens e serviços que o consumidor **deseja** adquirir, considerando apenas as preferências subjetivas do consumidor, a restrição orçamentária condicionará o conjunto possível de bens e serviços que o consumidor **pode adquirir**.

Define-se **linha de preços** ou **reta orçamentária** como as combinações máximas possíveis de bens que podem ser adquiridos, dados a renda do consumidor e os preços dos bens. Representa um *menu* de opções que o consumidor poderá comprar.

Continuando com o exemplo de dois bens, carne e batatas, temos o gráfico da Figura 2.5.

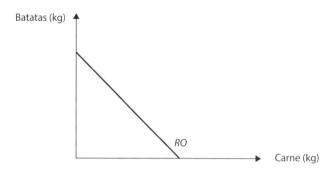

Figura 2.5 Reta orçamentária.

Portanto, a reta orçamentária (*RO*) representa pontos em que o consumidor gasta toda a sua renda na compra dos dois bens. Abaixo da reta, ele está gastando menos do que poderia: acima da reta, o consumidor não tem condições de adquirir os bens, com a renda de que dispõe e dados os preços de mercado.

O equilíbrio do consumidor

Pode-se concluir, assim, que se o consumidor deseja maximizar seu nível de utilidade, deverá procurar alcançar, dada sua restrição orçamentária, a curva de indiferença mais alta que for possível (que representa o maior nível de bem-estar que pode ser alcançado). Ou seja, o consumidor estará maximizando sua utilidade quando sua reta orçamentária tangenciar sua curva de indiferença, como na Figura 2.6.

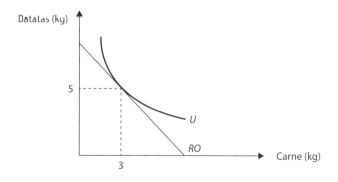

Figura 2.6 Equilíbrio do consumidor.

Desse modo, o ponto (5,3) representa o **equilíbrio do consumidor**, no sentido de que, uma vez alcançado esse ponto, não haverá incentivos para que ele realize uma realocação de sua renda gasta no consumo dos dois bens. Em outras palavras, se o consumidor realocasse sua renda, reduzindo o consumo de um dos bens e aumentando o consumo do outro, o aumento de bem-estar gerado pelo maior consumo seria exatamente compensado pela redução do bem-estar decorrente da diminuição do consumo do primeiro bem.

Se a renda do consumidor aumenta, ou, alternativamente, os preços dos bens e serviços que ele deseja adquirir reduzem, a reta orçamentária eleva-se e permite que ele atinja níveis maiores de satisfação (isto é, uma curva de indiferença (*CI*) mais elevada), podendo adquirir mais produtos.

Portanto, na análise que se segue, está suposto que o consumidor sempre busca situações que maximizem sua satisfação, dados sua renda e os preços dos bens e serviços que deseja adquirir.

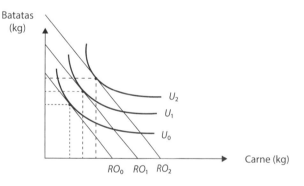

Figura 2.7 Situações alternativas de equilíbrio do consumidor.

3.3 Variáveis que afetam a demanda de mercado

Analisados os fatores objetivos e subjetivos que condicionam a decisão do consumidor individual, vamos agora analisar a demanda de mercado, ou seja, a soma da demanda de todos os consumidores.

A demanda ou procura de mercado por um dado bem ou serviço pode ser afetada por muitos fatores, tais como:

- preço do bem ou serviço;
- preços de outros bens ou serviços;
- renda (e sua distribuição);
- riqueza ou patrimônio (e sua distribuição);
- fatores climáticos e sazonais;

- localização;
- propaganda;
- hábitos, gostos, preferências dos consumidores;
- expectativas sobre o futuro;
- facilidades de crédito (disponibilidade, taxa de juros, prazos).

Tradicionalmente, a função demanda é colocada como dependente das seguintes variáveis, consideradas as mais relevantes e gerais, pois costumam ser observadas na grande maioria dos mercados de bens e serviços:

$q_i^d = f(p_i, p_s, p_c, R, G)$ **Função Geral da Demanda**

onde:

q_i^d = quantidade procurada (demandada) do bem i/t (t significa num dado período: semana, mês, ano)

p_i = preço do bem i/t

p_s = preço dos bens substitutos ou concorrentes/t

p_c = preço dos bens complementares/t

R = renda do consumidor/t

G = gostos, hábitos e preferências do consumidor/t

São as variáveis mais frequentes para explicar a demanda de qualquer bem ou serviço. Agora, o mercado de cada bem tem suas particularidades, e algumas dessas variáveis podem não afetar a demanda; ou, ainda, a demanda pode ser afetada por variáveis não incluídas nessa expressão (por exemplo, localização dos consumidores, fatores sazonais).

Para estudar o efeito individual de cada uma dessas variáveis sobre a procura de determinado bem ou serviço, recorremos à hipótese de *coeteris paribus* (todas as demais variáveis permanecem constantes).

3.3.1 Relação entre a quantidade demandada e o preço do próprio bem

É a curva de demanda:

$q_i^d = f(p_i)$ supondo p_s, p_c, R e G constantes

sendo

$\dfrac{\Delta q_i^d}{\Delta p_i} < 0$, qt, que é a chamada **Lei Geral da Demanda**: a quantidade demandada de um bem ou serviço varia na relação inversa de seu preço, *coeteris paribus*.

Por que ocorre essa **relação inversa** entre o preço e a quantidade demandada de um bem ou serviço?

A resposta está na ocorrência dos chamados efeito substituição e efeito renda, que agem conjuntamente (**efeito preço total**). Suponhamos uma queda do preço do bem. Podemos dividir o efeito dessa queda de preço sobre a quantidade demandada da seguinte forma:

- **efeito substituição**: com a queda do preço, *coeteris paribus*, o bem fica mais barato relativamente aos concorrentes, com o que a quantidade demandada aumenta;
- **efeito renda**: com a queda de preço, *coeteris paribus*, o poder aquisitivo dos consumidores aumenta, e a quantidade demandada do bem tende, normalmente, a aumentar. Isto é, ao cair o preço de um bem, mesmo com sua renda não variando, os consumidores podem comprar mais mercadorias.

Assim, a **curva de demanda** é negativamente inclinada.[3] Ela expressa qual a **escala de procura** para os consumidores, ou seja, dados os preços, quanto os consumidores desejam adquirir. Por exemplo:

Preço ($)	Quantidade demandada (unidades)
1,00	30
2,00	25
3,00	20
4,00	15
5,00	10

Graficamente, temos o apresentado na Figura 2.8.

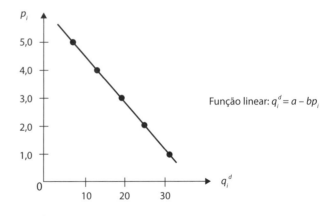

Figura 2.8 Curva de demanda com formato linear.

Essa função indica qual a intenção de procura dos consumidores quando os preços variam, com tudo o mais permanecendo constante. **Ou seja, ela revela o desejo, a intenção de compra dos consumidores, mas não a compra efetiva**. A compra efetiva é um único ponto da escala apresentada.

Podemos conceber a curva de demanda de duas formas alternativas: dado o preço, qual é a quantidade máxima que os consumidores estão dispostos a comprar, ou dada a quantidade, qual é a disposição máxima a pagar por parte dos consumidores.

No gráfico da Figura 2.8, supusemos, por simplificação, que a relação matemática entre quantidade demandada e preço seja uma *função linear*, do tipo $q_i^d = a - bp_i$ (por exemplo, $q_i^d = 20 - 2p_i$). Entretanto, dependendo das informações coletadas, ela pode assumir outros formatos, como, por exemplo, uma *função potência*, do tipo $q_i^d = ap_i^{-b}$, como na Figura 2.9.

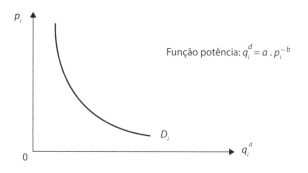

Figura 2.9 Curva de demanda com formato de função potência.

3.3.2 Relação entre quantidade demandada e preços de outros bens e serviços

A relação da quantidade demandada de um bem ou serviço com os preços de outros bens ou serviços dá origem a dois importantes conceitos: bens substitutos e bens complementares.

a) **Bens substitutos ou concorrentes**: situação em que o consumo de um bem substitui o consumo do outro.

$q_i^d = f(p_s)$, supondo p_i, p_c, R e G constantes,

$$\frac{\Delta q_i^d}{\Delta p_s} > 0$$

ou seja, há uma relação direta entre, por exemplo, uma variação no consumo de Coca-Cola e uma variação no preço do guaraná, *coeteris paribus*. Supondo um aumento no preço do guaraná, *coeteris paribus*, deverá ocorrer um aumento no consumo de Coca-Cola. Como mostra a Figura 2.10, considerando o mercado da Coca-Cola, a curva de demanda deslocar-se-á para a direita: aos mesmos preços de Coca-Cola ($ 1,00), serão consumidas mais Coca-Colas (2.000), porque o guaraná ficou mais caro.

Outros exemplos de bens substitutos entre si:

- carne de vaca, frango, peixe;
- cerveja Skol e cerveja Brahma;
- viagem de trem ou de ônibus;
- manteiga e margarina.

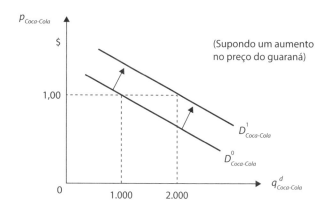

Figura 2.10 Deslocamento da demanda, supondo um aumento no preço de um bem substituto concorrente.

b) **Bens complementares**: são bens consumidos em conjunto.

$q_i^d = f(p_c)$ com p_i, p_s, R e G constantes

$$\frac{\Delta q_i^d}{\Delta p_c} < 0$$

Por exemplo, um aumento no preço dos automóveis deverá diminuir a procura de gasolina, *coeteris paribus*: cai a demanda por automóveis, cai o consumo de gasolina. Graficamente, a tendência é que o mercado da gasolina tenha o movimento apresentado na Figura 2.11.

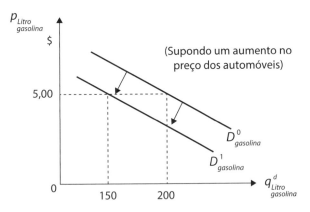

Figura 2.11 Deslocamento da demanda, supondo um aumento no preço de um bem complementar.

Outros exemplos de bens complementares:
- camisa social e gravata;
- pão e manteiga;
- sapato e meia.

3.3.3 Relação entre demanda de um bem e renda dos consumidores (R)

$q_i^d = f(R)$ com p_i, p_s, p_c e G constantes

Em relação à renda dos consumidores, podemos ter três situações distintas:

a)

$\dfrac{\Delta q_i^d}{\Delta R} > 0$: **bem normal**: aumentos da renda levam ao aumento da demanda do bem. Ocorre com a grande maioria dos bens e serviços;

b)

$\dfrac{\Delta q_i^d}{\Delta R} < 0$: **bem inferior**: aumentos da renda dos consumidores levam à queda de demanda do bem: carne de segunda, roupas rústicas etc. Os consumidores procurarão consumir bens e serviços de melhor qualidade, quanto maior a sua renda;

c)

$\dfrac{\Delta q_i^d}{\Delta R} = 0$: **bem de consumo saciado ou neutro**: se aumentar a renda dos consumidores, não aumentará a demanda do bem. Basicamente, é o caso da demanda de alimentos básicos, como açúcar, sal, arroz, que tendem a ter uma participação cada vez menor no orçamento do consumidor, quanto maior a renda dos consumidores. Isso também ocorre em qualquer outro tipo de bem ou serviço no qual o consumo não é afetado (é neutro) quando a renda dos consumidores se altera. Ou seja, trata-se de um mercado em que a variável renda não é significante para influenciar a demanda do produto.

Vale ressaltar que essa classificação da demanda em relação à renda depende da classe de renda à qual pertencem os consumidores. Parece claro que, para os consumidores de baixa renda, praticamente não existem bens inferiores. Quanto mais elevada a renda dos consumidores, maior número de produtos passa a ser classificado como bem inferior; passa-se a consumir produtos de melhor qualidade e abandona-se o consumo daqueles de qualidade inferior.

Feitas essas colocações, verificamos, no gráfico da Figura 2.12, o que ocorre com a curva de demanda, supondo um aumento da renda dos consumidores, nos três casos assinalados e considerando a carne de 1ª um bem normal, a carne de 2ª um bem inferior e o arroz um produto de consumo saciado ou neutro.

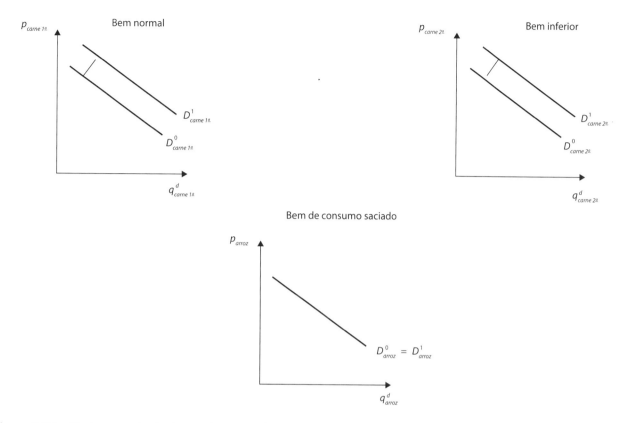

Figura 2.12 Deslocamento da demanda, supondo um aumento na renda dos consumidores.

3.3.4 Relação entre demanda de um bem e hábitos e preferências dos consumidores (G)

$q_i^d = f(G)$ com p_i, p_s, p_c e R constantes

Os hábitos, preferências ou gostos (G) podem ser alterados, "manipulados" por propaganda e campanhas promocionais. Podemos ter campanhas para estimular o consumo ou para diminuir o consumo de bens ou serviços, como nos exemplos da Figura 2.13.

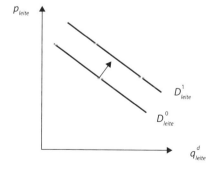
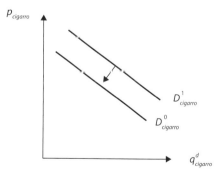

Figura 2.13 Deslocamento da demanda, supondo uma alteração dos hábitos dos consumidores.

3.3.5 Resumo

As principais variáveis determinantes da função demanda, bem como as relações entre essas variáveis e a demanda do consumidor, podem ser assim resumidas:

$$q_i^d = f(p_i, p_s, p_c, R, G)[4]$$

$$\frac{\Delta q_i^d}{\Delta p_i} < 0 \quad \frac{\Delta q_i^d}{\Delta p_s} > 0 \quad \frac{\Delta q_i^d}{\Delta p_c} < 0 \quad \frac{\Delta q_i^d}{\Delta R} \gtreqless 0 \quad \frac{\Delta q_i^d}{\Delta G} \gtreqless 0$$

3.4 Curva de demanda de mercado de um bem ou serviço

A demanda de mercado é igual ao somatório horizontal (de quantidades) das demandas individuais, por determinado produto ou serviço.

$$D_{mercado} = \sum_{i=1}^{n} d_{consumidores\ individuais}$$

sendo $i = 1, 2... n$ consumidores.

Assim, a cada preço, a demanda de mercado é a soma das demandas dos consumidores individuais, conforme Quadro 2.1.

Quadro 2.1 Demanda de mercado de guaraná (quantidade de latas do refrigerante)

Preço $	(consumidor A)	(consumidor B)	(consumidor C)	Demanda de mercado de guaraná
2,00	14	10	22	46
1,50	24	15	32	71
1,00	34	20	42	96
0,50	44	25	52	121

Graficamente, teremos que a curva de demanda de mercado é a soma horizontal das curvas de demanda dos consumidores individuais, como na Figura 2.14.

Alterações na condição *coeteris paribus*, como na renda ou na preferência dos consumidores, nos preços de outros bens, concorrentes ou complementares, e nos hábitos dos consumidores provocam deslocamentos das curvas de demanda individuais e na demanda de mercado.

3.5 Observações adicionais sobre a demanda

Uma vez definidos os conceitos básicos, cabe agora discutir algumas questões complementares associadas à teoria da demanda: diferenças entre demanda e quantidade demandada, preços relativos e preços absolutos, o conceito de excedente do consumidor, o paradoxo de Giffen e os formatos empíricos que a curva de demanda pode apresentar.

Variações da demanda e variações na quantidade demandada

As **variações da demanda** dizem respeito ao **deslocamento da curva da demanda**, em virtude de alterações em p_s, p_c, R ou G (ou seja, mudanças na condição

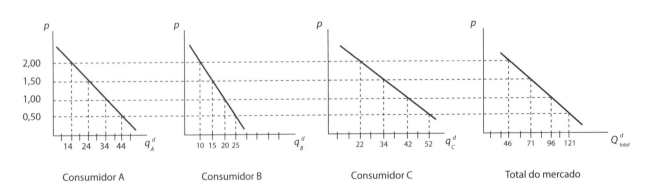

Figura 2.14 Demanda de mercado de um bem ou serviço.

coeteris paribus). Por exemplo, supondo um aumento da renda do consumidor, sendo um bem normal, ocorrerá um aumento da demanda (aos mesmos preços anteriores, o consumidor poderá comprar mais do que comprava antes), como mostra a Figura 2.15.

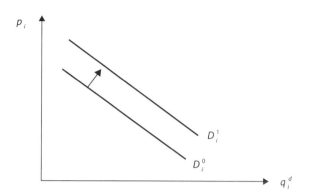

Figura 2.15 Variação da demanda.

Variação na quantidade demandada refere-se ao **movimento ao longo da própria curva de demanda**, em virtude da variação do preço do próprio bem p_i, mantendo as demais variáveis constantes (*coeteris paribus*), como mostra a Figura 2.16.

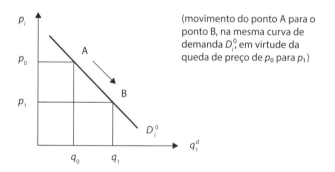

Figura 2.16 Variação da quantidade demandada.

Em resumo:

- **variação da demanda**: deslocamento da curva, em virtude de mudanças em R, p_s, p_c, G (alterações da condição *coeteris paribus*);
- **variação da quantidade demandada**: movimentos específicos ao longo própria curva, devido a mudanças no preço do próprio bem p_i.

Nesse exemplo, em linguagem matemática, dizemos que o preço do bem é uma **variável endógena**, enquanto R, p_s, p_c, G são **variáveis autônomas ou exógenas**.

Preços relativos × Preços absolutos

Na Microeconomia, são relevantes os **preços relativos**, isto é, a relação entre os preços dos vários bens, mais do que os **preços absolutos (específicos)** das mercadorias e serviços.

Por exemplo, se o preço da margarina cair em 10%, mas o preço da manteiga também cair em 10%, nada deve acontecer com a demanda dos dois bens (supondo também queda da renda em 10%). Agora, se apenas cai o preço da margarina, e o preço da manteiga permanece constante, evidentemente aumenta a quantidade demandada de margarina, e cai a demanda de manteiga, sem que o preço absoluto da manteiga tenha se alterado.

O conceito de excedente do consumidor

O **excedente do consumidor** é o benefício líquido que o consumidor ganha por ser capaz de comprar um bem ou serviço. É a diferença entre a disposição máxima a pagar por parte do consumidor e o que ele efetivamente paga.

No diagrama da Figura 2.17, dado um preço de mercado de $ 120, o consumidor estaria disposto a pagar até $ 200 pela primeira unidade, até $ 180 pela segunda unidade, até 160 pela terceira unidade, e assim por diante. No entanto, ele precisa pagar apenas o preço fixado pelo mercado. Em outras palavras, está auferindo um benefício (uma utilidade marginal ou adicional), acima do custo efetivo do produto, ganhando um "**excedente de utilidade**", que pode ser medido pela área hachurada no diagrama da Figura 2.17.

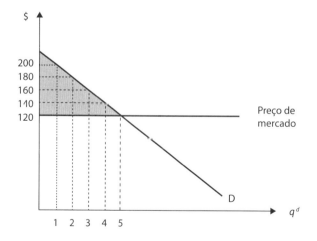

Figura 2.17 Excedente do consumidor.

Veremos uma aplicação desse conceito mais adiante, que é particularmente útil na área de tributação, para avaliar a capacidade de pagamento dos contribuintes.

Paradoxo de Giffen

O Paradoxo ou Bem de Giffen é uma exceção à Lei Geral da Demanda, em que a curva de demanda é positivamente inclinada, ou seja, há uma relação direta, e não inversa, como usual, entre a quantidade demandada e o preço do bem. O bem de Giffen (nome do economista que observou esse fenômeno) é um caso especial de bem inferior, no qual, dada uma mudança nos preços, o efeito renda supera o efeito substituição sobre a quantidade demandada.

O exemplo frequentemente utilizado seria o de uma comunidade irlandesa, no século XVIII, muito pobre e que consumia basicamente batatas. Ocorreu uma grande queda no preço do produto. Como a população gastava a maior parte de sua renda no consumo de batatas, essa queda de preço levou a um aumento do poder aquisitivo da população (um forte efeito renda). Contudo, como já estavam saturados de batatas, eles puderam substituir parte do consumo de batatas por outros produtos, como carne, por exemplo (efeito substituição). Portanto, o preço da batata caiu, bem como a quantidade demandada de batata; ou seja, nesse caso a curva de demanda é positivamente inclinada, como mostra a Figura 2.18.

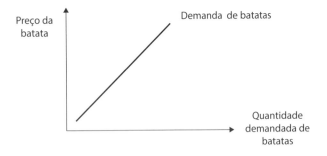

Figura 2.18 Paradoxo de Giffen.

Saliente-se que o paradoxo de Giffen aplica-se a um tipo de bem inferior, quando uma redução no preço faz com que seu efeito sobre a renda do consumidor ocasione redução no consumo desse bem, ao invés de aumentá-lo, e o substitua por outros bens. No caso comum de um bem inferior, continua válida a lei geral da demanda: uma queda de preço do bem leva, *coeteris paribus*, a um aumento no consumo do bem.

Como se pode observar, trata-se de uma situação de exceção, de ocorrência pouco provável. Mas pode ser eventualmente o caso do arroz em algumas regiões mais pobres da Ásia e da farinha de mandioca no sertão nordestino no século passado.[5]

Formato da curva de demanda

A curva de demanda pode ser calculada empiricamente, baseada nas informações estatísticas coletadas. Dependendo da configuração dos dados, podemos ter funções de tipos linear, potência, hiperbólica etc.

Exemplos:

Função Linear: $q_i^d = 3 - 0{,}5p_i + 0{,}2p_s - 0{,}1p_c + 0{,}9R$

Função Potência: $q_i^d = 5p_i^{-0{,}2} \cdot p_s^{0{,}3} \cdot p_c^{-0{,}1} \cdot R^{1{,}2}$

Os **sinais dos coeficientes (dos valores numéricos dessas funções)** indicam se a relação entre q_i^d e a variável é direta ou inversamente proporcional. Por essa razão, no cálculo estatístico da função de demanda, o coeficiente do preço p_i deve ser sempre negativo, o coeficiente de p_s deve ser sempre positivo, o coeficiente de p_c deve ser sempre negativo e o da renda R deve ser positivo, quando o bem é normal, e negativo, no caso de bem inferior.

Por não ser observável empiricamente, a variável G (hábitos e preferências do consumidor) não comparece diretamente nas estimativas estatísticas. Entretanto, podem-se colocar como variável, na função demanda, os gastos com propaganda e publicidade, para avaliar como esses gastos afetam a demanda.

A discussão sobre qual função matemática melhor expressa a relação entre quantidade demandada e as variáveis que a afetam, bem como sobre outras relações entre variáveis econômicas, pertence ao campo da Estatística Econômica e da Econometria. A Teoria Econômica estabelece hipóteses sobre o sentido esperado dos coeficientes, ou seja, se as variáveis são direta (sinal positivo) ou inversamente (sinal negativo) relacionadas com a quantidade demandada, mas os valores numéricos das funções são obtidos com base em dados estatísticos observados, mediante técnicas econométricas.

3.6 Exercícios sobre demanda de mercado

1. Dados

$$q_x = 30 - 1{,}5p_x + 0{,}8p_y + 10R,$$

pede-se:

a) O bem y é complementar ou substituto de x? Por quê?

Trata-se de um bem substituto: isso é indicado pelo sinal positivo do coeficiente de p_y (+ 0,8). Indica que, se p_y aumentar, q_x também aumentará, *coeteris paribus*.

b) O bem x é normal ou inferior? Por quê?

É um bem normal: o sinal do coeficiente da variável renda é positivo (+ 10).

c) Supondo

$p_x = 1$

$p_y = 2$

$R = 100$,

qual a quantidade procurada de x?

Basta substituir os valores de p_x, p_y e R na equação dada:

$$q_x = 30 - 1{,}5 \,(1) + 0{,}8 \,(2) + 10 \,(100) \Rightarrow \boxed{q_x = 1.030{,}1}$$

2. Dados

$q_x = 300 - 1{,}2p_x - 0{,}9p_y - 0{,}1R$

pede-se:

a) O bem x é normal ou inferior?

É um bem inferior: o sinal do coeficiente da variável renda é negativo (– 0,1).

b) O bem y é complementar ou substituto a x? Por quê?

É complementar: isso é indicado pelo sinal negativo do coeficiente de p_y (– 0,9).

c) O bem x seria um bem de Giffen? Por quê?

Não é um bem de Giffen, pois o sinal do coeficiente de variável p_x é negativo. Para ser um bem de Giffen, é necessário que, simultaneamente, o sinal do coeficiente de p_x seja positivo (indicando curva de demanda positivamente inclinada) e o sinal do coeficiente R, negativo (indicando bem inferior).

d) Supondo

$p_x = 2$

$p_y = 1$

$R = 100$,

qual a quantidade demandada de x?

$$q_x = 300 - 1{,}2 \,(2) + 0{,}9 \,(1) - 0{,}1 \,(100) \Rightarrow \boxed{q_x = 286{,}7}$$

e) Se a renda aumentar 50%, *coeteris paribus*, qual a quantidade demandada de x?

$R = 150$ (50% sobre $R = 100$)

$$q_x = 300 - 1{,}2 \,(2) + 0{,}9 \,(1) - 0{,}1 \,(150) \Rightarrow \boxed{q_x = 281{,}7}$$

4 ANÁLISE DA OFERTA DE MERCADO

4.1 Definição de oferta

Oferta é a quantidade de determinado bem ou serviço que os produtores e vendedores desejam vender em determinado período.

Como na demanda, a oferta representa um **plano ou intenção**, neste caso dos produtores ou vendedores, e não a venda efetiva, realizada. Trata-se também de um fluxo, por ser expressa num dado período de tempo (mês, ano).

Como veremos mais adiante, no Capítulo 6 (Teoria da Firma: Custos de Produção), supõe-se que as quantidades ofertadas (a curva de oferta) representam pontos em que os vendedores estão **maximizando seus lucros**.

4.2 Variáveis que afetam a oferta de um bem ou serviço

A função geral da oferta de um bem ou serviço é determinada pelas seguintes variáveis:

$$q_i^s = f(p_i,\, p_m,\, p_n,\, T,\, A,\, O)$$

onde:

q_i^s = quantidade ofertada do bem i/t

p_i = preço do bem i/t

p_m = preço dos fatores e insumos de produção m (mão de obra, matérias-primas etc.)

p_n = preço de outros n bens, substitutos na produção

T = tecnologia

O = objetivos dos proprietários da empresa

sendo o sobrescrito s derivado do inglês *supply* (oferta).

De forma análoga à análise anterior da demanda, para estudar o efeito individual de cada uma das variáveis sobre a oferta de determinado bem ou serviço, recorremos à hipótese do *coeteris paribus*: na análise individual de cada variável, supõe-se que as demais variáveis permaneçam constantes.

4.2.1 Relação entre a quantidade ofertada e o preço do próprio bem

É a chamada **função geral da oferta**, onde

$\dfrac{\Delta q_i^s}{\Delta p_i} > 0$: se o preço do bem aumenta, estimula as empresas a produzirem mais, *coeteris paribus*, pois a receita de vendas aumenta.

Assim, como definimos uma escala de procura, tem-se também uma **escala de oferta**, que mostra como os empresários reagem quando se altera o preço do bem ou serviço, *coeteris paribus*. Por exemplo:

Preço ($)	Quantidade ofertada (unidades)
1,00	10
2,00	15
3,00	20
4,00	25
5,00	30

Graficamente, temos o apresentado na Figura 2.19.

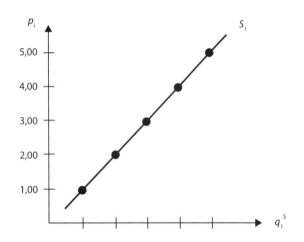

Figura 2.19 Curva de oferta de um bem ou serviço.

Tal como a demanda, a curva de oferta pode ser interpretada sob duas perspectivas: **dado o preço**, a **quantidade máxima** que o produtor estará disposto a **ofertar**, ou, alternativamente, **dada a quantidade**, o **preço mínimo** que o produtor estará disposto a **receber** por essa quantidade.

4.2.2 Relação entre oferta e o preço dos fatores e insumos de produção

$\dfrac{\Delta q_i^s}{\Delta p_m} < 0$: se, por exemplo, o preço do fator terra aumenta, diminui a oferta de café, *coeteris paribus* (desloca-se em virtude do aumento de preço da terra), como mostra a Figura 2.20. O mesmo vale para os demais fatores de produção, como mão de obra, matérias-primas, energia etc.

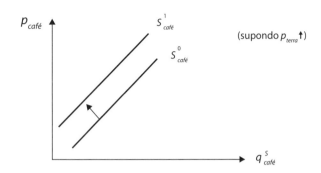

Figura 2.20 Deslocamento da oferta, dado um aumento no preço de um fator de produção.

Ou seja, aos mesmos preços de mercado anteriores, aumentaram os custos, retraindo a produção.

4.2.3 Relação entre oferta e preço de bens substitutos na produção

$\dfrac{\Delta q_i^s}{\Delta p_n} < 0$: supondo dois bens, cana-de-açúcar e arroz. Se, por exemplo, o preço da cana-de-açúcar aumentar, e dado o preço do arroz, os produtores diminuirão a produção de arroz para produzir mais cana-de-açúcar, *coeteris paribus*, como mostra a Figura 2.21. Arroz e cana-de-açúcar são **bens substitutos na produção**.

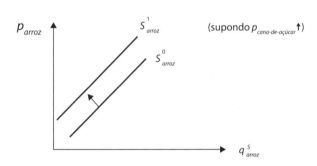

Figura 2.21 Deslocamento da oferta, dado um aumento no preço de um bem substituto na produção.

4.2.4 Relação entre oferta e tecnologia

$\dfrac{\Delta q_i^s}{\Delta T} > 0$: se, por exemplo, ocorre um avanço da tecnologia na produção de um dado bem ou serviço, diminuem os custos de produção, aumentando a oferta, como mostra a Figura 2.22.

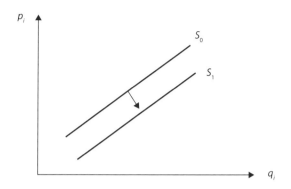

Figura 2.22 Deslocamento da oferta, dado um avanço na tecnologia.

4.2.5 Relação entre oferta e objetivos dos proprietários da empresa

$\dfrac{\Delta q_i^s}{\Delta O} \gtreqless 0$: a função oferta depende dos objetivos e metas estabelecidos pelos empresários. Por exemplo, podem ocorrer ocasiões em que a empresa prefere lucrar menos a curto prazo e ganhar participação no mercado (o que pode redundar em lucros menores no curto prazo, se os custos aumentarem mais que as receitas, com o aumento da produção), para lucrar mais a longo prazo.

Veremos, no Capítulo 3, que, em mercados concentrados, com pouca concorrência, há situações em que é vantajoso para o empresário reduzir sua produção, pois, ao restringir a oferta, pode ser beneficiado por um aumento de preços que compense a queda da produção, elevando seu faturamento total.

4.2.6 Outros fatores que afetam a curva de oferta

Especificamente para o caso da oferta de produtos agrícolas, vale destacar o efeito de alterações nas condições climáticas e ambientais, como secas, geadas, chuvas etc.

$\dfrac{\Delta q_i^s}{\Delta T} > 0$: se, por exemplo, ocorre uma mudança favorável no clima ou nas condições ambientais, aumenta a oferta e vice-versa, *coeteris paribus*, como mostra a Figura 2.23a. O contrário ocorre, por exemplo, no caso de uma geada (Figura 2.23b).

Como veremos no Capítulo 13 (Inflação), as curvas de oferta de bens e serviços foram bastante afetadas no mundo todo devido à recente pandemia do coronavírus, com a quebra no fornecimento de matérias-primas e paralização das cadeias produtivas mundiais.

Conflitos mundiais também podem provocar restrições no fornecimento de insumos, como no caso da invasão da Ucrânia pela Rússia, afetando a oferta de fertilizantes, grãos e petróleo fornecidos por esses países.

4.3 Curva de oferta de mercado de um bem ou serviço

É a soma horizontal (de quantidades) das curvas de oferta das firmas individuais, que produzem um dado bem ou serviço:

$$Q_j = \sum_{j=1}^{m} q_j$$

sendo $j = 1, 2, ..., m$ firmas produzindo um bem i, e q_j as ofertas das firmas individuais.

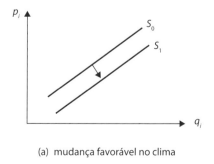

(a) mudança favorável no clima

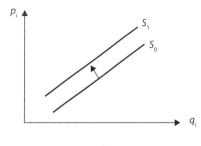

(b) mudança desfavorável no clima

Figura 2.23 Deslocamento da oferta, dada uma mudança nas condições climáticas.

4.4 Observações adicionais sobre a oferta de um bem ou serviço

Complementando a análise da oferta de um dado produto, cabe destacar a diferença entre oferta e quantidade ofertada, o formato da curva de oferta e o conceito de excedente do produtor.

Variação da oferta × variação da quantidade ofertada

De forma similar à função demanda, também há diferença entre uma variação da oferta e uma variação da quantidade ofertada:

- **variação da oferta**: deslocamento da curva (quando altera a condição *coeteris paribus*, ou seja, quando se alteram p_n, π_m, 0, T ou A);
- **variação da quantidade ofertada**: movimento ao longo da curva (quando se altera o preço do próprio bem p_i, mantendo-se as demais variáveis constantes).

Em termos matemáticos, o preço do produto é uma variável endógena na explicação do comportamento da oferta, e as demais variáveis constituem-se em variáveis exógenas ou autônomas, no exemplo apresentado.

Formato da curva de oferta

Também como a demanda, a curva de oferta pode ter um formato linear, ou potencial, ou exponencial, dependendo de como os dados estatísticos se apresentarem.

Estatisticamente, as variáveis que compareçam com mais regularidade nas estimativas de funções oferta são o preço do próprio bem (p_i) e o custo dos fatores de produção π_m.[6]

Na maior parte dos estudos empíricos, observamos que a oferta depende mais do preço no período anterior (p_{t-1}), do que do preço no próprio período, dado que as decisões de alterar a produção não são tomadas de imediato, demandando um certo período de tempo para as empresas ajustarem sua planta de produção aos novos preços.

O conceito de excedente do produtor

O **excedente do produtor** é o **ganho** em **bem-estar** pelo fato de o produtor receber no mercado um preço **maior** que aquele **mínimo** que viabilizaria sua produção.

Como pode ser visualizado na Figura 2.24, dado um preço de mercado de $ 120, o produtor estaria disposto a receber, para produzir a primeira unidade, um preço mínimo de $ 60, $ 70 pela segunda etc. Contudo, na prática, ele recebe o preço de mercado, ganhando a diferença entre o preço de mercado e sua disposição mínima a receber, para cobrir seus custos. O excedente do produtor está representado pela área hachurada, na Figura 2.24.

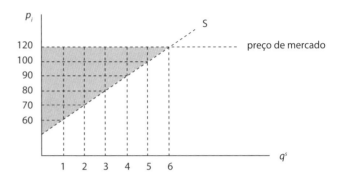

Figura 2.24 Excedente do produtor.

5 O EQUILÍBRIO DE MERCADO

5.1 O equilíbrio de mercado de um bem ou serviço

Vimos que, *coeteris paribus*, a função demanda representa a quantidade de um bem que os consumidores estão dispostos a adquirir por vários preços, e a função oferta representa as quantidades que as firmas estão dispostas a vender e ofertar no mercado, também a diferentes preços. A interação entre as funções demanda e oferta determina o preço e a quantidade de equilíbrio a serem transacionados no mercado de um bem. O preço de equilíbrio será o valor a ser pago pelos consumidores, e será também o valor a ser recebido pelos vendedores. A quantidade de equilíbrio, por sua vez, definirá quanto as empresas produzirão e o que será consumido pelos agentes.

Colocando em um único gráfico (Figura 2.25) as curvas de oferta e de procura de um bem ou serviço qualquer, a intersecção das curvas é dada pelo **ponto de equilíbrio E**, ao qual correspondem o preço p_0 e a quantidade q_0.

Este ponto é **único**: a quantidade que os consumidores desejam comprar é exatamente igual à quantidade que os produtores desejam vender. Ou seja, não há excesso ou escassez de oferta ou de demanda. Existe **coincidência de desejos dos vendedores e dos consumidores**.

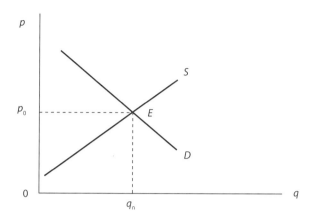

Figura 2.25 Equilíbrio de mercado de um bem ou serviço.

Tendência ao nível de equilíbrio: lei da oferta e da procura

No gráfico da Figura 2.26, para qualquer preço superior a p_0, (como p'), a quantidade que os ofertantes desejam vender é muito maior do que a que os consumidores desejam comprar. Existe um **excesso de oferta** ($q^{s'} - q^{d'}$). De outra parte, com qualquer preço inferior a p_0, surgirá um **excesso de demanda** ($q^{d''} - q^{s''}$). Em qualquer dessas situações, não existe compatibilidade de desejos entre ofertantes e consumidores.

Entretanto, supondo um mercado perfeitamente competitivo ou de concorrência perfeita, como comentado rapidamente no Capítulo 1, há uma tendência natural que leva automaticamente ao nível de equilíbrio, chamado de **mecanismo de preços**. Quando ocorre **excesso de oferta**, os vendedores acumularão estoques não planejados, com o que terão que diminuir seus preços, concorrendo entre si pelos escassos consumidores: no caso de **excesso de demanda**, os consumidores estarão dispostos a pagar mais pelos produtos escassos. No primeiro caso, a diminuição dos preços aumenta a quantidade demandada e reduz a quantidade ofertada, eliminado o excesso de oferta. No segundo caso, o aumento do preço diminui a quantidade demandada e eleva a quantidade ofertada, eliminando o excesso de demanda.

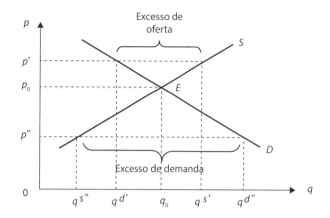

Figura 2.26 Tendência ao nível de equilíbrio.

Assim, há uma **tendência natural ao equilíbrio**: no ponto E (p_0, q_0), onde não existem pressões para alterar preços, pois os planos dos compradores são consistentes com os planos dos vendedores, e não existem filas e estoques não planejados pelas empresas.

Isso significa, então, que os agentes de mercado, consumidores e empresas, se não ocorrer qualquer interferência externa, por exemplo, do governo ou de sindicatos, num mercado perfeitamente competitivo, tendem a encontrar uma posição de equilíbrio entre ambos, por meio do mecanismo de preços (**lei da oferta e da procura**).

5.2 Mudanças no ponto de equilíbrio, em virtude de deslocamentos da oferta e da demanda

Como vimos, existem vários fatores que podem provocar deslocamento das curvas de oferta e demanda, que evidentemente provocarão mudanças do ponto de equilíbrio. Suponhamos, por exemplo, que o mercado do bem x esteja em equilíbrio, e o bem x seja um bem normal (não inferior). O preço de equilíbrio inicial é p_0 e a quantidade, q_0 (ponto A no gráfico da Figura 2.27).

Suponhamos agora que os consumidores tenham um aumento de renda real (aumento do poder aquisitivo). Consequentemente, *coeteris paribus*, a demanda do bem x, a um mesmo preço, será maior.

Isso significa um deslocamento da curva de demanda para a direita, para D_1, como mostra a Figura 2.27. Assim, ao preço p_0, teremos um excesso de demanda, que provocará gradativamente um aumento de preços. Com os preços aumentando, o excesso de demanda vai diminuindo, até acabar, no novo equilíbrio, ao preço p_1 e à quantidade q_1 (ponto B).

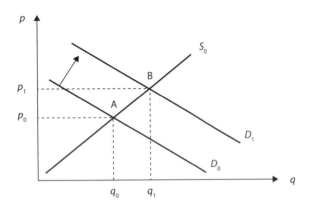

Figura 2.27 Mudança no ponto de equilíbrio devido a deslocamentos da demanda.

Da mesma forma, um deslocamento da curva de oferta afeta a quantidade e os preços de equilíbrio.

Suponhamos, para exemplificar, uma diminuição dos preços das matérias-primas usadas na produção do bem x. Consequentemente, a curva de oferta desse bem se desloca para a direita. Por um raciocínio análogo ao anterior, podemos perceber que o preço de equilíbrio se tornará menor e a quantidade, maior.

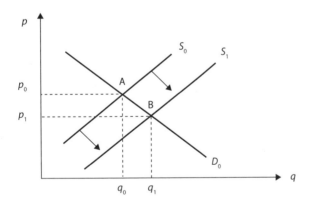

Figura 2.28 Mudança no ponto de equilíbrio devido a deslocamentos da oferta.

Também podemos combinar, num mesmo diagrama, os dois deslocamentos anteriores. Como pode ser visto na Figura 2.29, a quantidade de equilíbrio aumenta tanto pela variação positiva da demanda quanto pela variação positiva da oferta. Com relação ao preço, porém o efeito final dependerá da magnitude do deslocamento das duas curvas.

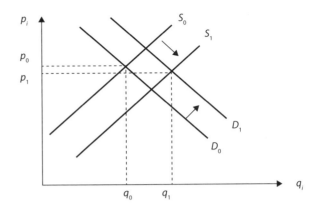

Figura 2.29 Deslocamento conjunto da demanda e da oferta.

5.3 Exercícios sobre equilíbrio de mercado

1. Dados: $D = 22 - 3p$ (função demanda)
   $S = 10 + 1p$ (função oferta)

   a) Determinar o preço de equilíbrio e a respectiva quantidade.

   b) Se o preço for $ 4,00, existe excesso de oferta ou de demanda? Qual a magnitude desse excesso?

   Resolução:

   a)
   $$D = 22 - 3p$$
   $$S = 10 + 1p$$

   no equilíbrio, $D = S$
   $$22 - 3p = 10 + 1p$$
   $$4p = 12$$

   portanto, $\boxed{p_0 = 3}$

   Para determinar q_0, basta substituir o valor de $p_0 = 3$ em qualquer das funções acima (D ou S).

   $$D = 22 - 3 \cdot 3 = 22 - 9$$

   $$\boxed{q_0 = 13}$$

   b) Para $p = 4$, a quantidade demandada é:
   $$D = 22 - 3p = 22 - 3(4) = 10 = q^d$$

   a quantidade ofertada é:
   $$S = 10 + 1p = 10 + 1(4) = 14 = q^s$$

   Portanto, $q^s > q^d$, e existe um excesso de oferta de 4 (isto é, $14 - 10$).

2. Dados:
$$q_x^d = 2 - 0,2p_x + 0,03\,R$$
$$q_x^s = 2 + 0,1p_x$$

e supondo a renda $R = 100$,

pede-se:

a) Preço e quantidade de equilíbrio do bem x.

b) Supondo um aumento de 20% da renda, determinar o novo preço e a quantidade de equilíbrio do bem x.

Resolução:

a)
$$q_x^d = q_x^s$$
$$2 - 0,2p_x + 0,03\,(100) = 2 + 0,1p_x$$

Resolvendo, chegamos a

$$\boxed{p_x^0 = 10}$$

e

$$\boxed{q_x^0 = 3}$$

b) como a renda passou de 100 para 120, a função demanda fica

$$q_x^d = 2 - 0,2p_x + 0,03\,(120)$$
$$q_x^d = 5,6 - 0,2p_x$$

Igualando com a função oferta, que não se alterou, chega-se a

$$\boxed{p_x^1 = 12} \quad \text{e} \quad \boxed{q_x^1 = 3,2}$$

3. Em um mercado, a oferta e a procura de um produto são dadas, respectivamente, pelas seguintes equações:

$$Q^s = 48 + 10P$$
$$Q^d = 300 - 8P$$

onde Q^s, Q^d e P representam, na ordem, a quantidade ofertada, a quantidade procurada e o preço do produto. Qual será a quantidade transacionada nesse mercado, quando ele estiver em equilíbrio?

Resolução: O preço e a quantidade de equilíbrio são obtidos igualando-se a quantidade ofertada (Q^s) com a quantidade procurada (Q^d). Temos, então:

$$Q^s = Q^d$$
$$48 + 10P = 300 - 8P$$
$$18P = 252$$

$$\boxed{P_0 = 14}$$

A quantidade transacionada pode ser obtida substituindo-se o valor de P na equação de Q^s ou de Q^d.

$$Q^s = 48 + 10P = 48 + 10(14) = 188$$

$$\boxed{Q_0 = 188}$$

5.4 Considerações finais do capítulo

Apresentamos neste capítulo os conceitos básicos de oferta, demanda de uma dada mercadoria ou serviço, as principais variáveis que os afetam, e como se determinam o preço e a quantidade que equilibram o mercado.

Temos, assim, o instrumental básico para maiores aprofundamentos, especialmente para mostrar algumas de suas aplicações práticas, o que será feito nos capítulos seguintes desta Parte II, Microeconomia. No Capítulo 3, discutiremos o importante conceito econômico de elasticidade, útil para calcular numericamente a resposta, a reação de uma dada variável, em face de mudanças em outras variáveis com as quais se relaciona. No Capítulo 4, veremos algumas aplicações da análise microeconômica em políticas públicas, com ênfase no efeito da tributação sobre o equilíbrio de mercado. Nesse capítulo, definiremos os importantes conceitos de externalidades (ou economias externas) e bens públicos. Nos Capítulos 5 (Teoria da Firma: Produção) e 6 (Teoria da Firma: Custos de Produção), aprofundaremos o estudo dos determinantes da oferta da empresa individual e do mercado na qual se insere, e definiremos os conceitos de rendimentos crescentes e decrescentes, economias de escala e economias de escopo. Finalizando a parte de Microeconomia, apresentaremos as várias formas de mercado (concorrência perfeita, monopólio, oligopólio) e uma síntese de alguns desenvolvimentos recentes, como a Teoria dos Jogos, Economia da Informação e Organização Industrial.

SAIBA MAIS

O custo de oportunidade e o planejamento estratégico das empresas

Como vimos, os custos de oportunidade são custos implícitos que, apesar de não necessariamente envolverem desembolso monetário, devem ser considerados como estratégia de planejamento da atividade empresarial.

Tomemos como exemplo a decisão em torno da aquisição, por parte de um empresário, de um bem de capital. Define-se bem de capital como aqueles bens destinados à produção de outros bens ou serviços, como prédios, máquinas e equipamentos. Vamos tomar como exemplo uma máquina destinada à fabricação de tecidos ou de equipamentos para aulas virtuais por uma instituição de ensino superior. Como fator de produção, os bens de capital têm como remuneração os denominados aluguéis. Essa remuneração pode levar o estudante a considerá-la apenas quando se aluga a máquina ou o equipamento para a utilização na fábrica. Entretanto, mesmo que o bem de capital seja de propriedade do empresário, ainda assim ele deve considerar os aluguéis como custo de oportunidade. Isso porque o empresário poderia alugá-lo e receber assim a renda proveniente desse aluguel (este também é o caso da terra como fator de produção, que pode ser utilizada para a produção do seu proprietário ou ser arrendada para outros produzirem). Trata-se de um custo implícito que, apesar de não envolver desembolso monetário, deve ser considerado como parte do planejamento estratégico da empresa em relação à utilização ou não dos fatores de produção.

Ainda no contexto da aquisição dos bens de capital, podemos considerar outro exemplo: o caso de um empreendedor que deseja construir uma fábrica. Para tal ação, deverá destinar recursos financeiros que, mesmo sendo de sua propriedade, poderiam ser aplicados em um fundo de renda fixa que rende taxa de juros. Em outras palavras, em sua decisão de investir, o empreendedor deverá considerar não apenas o que ele espera ganhar com o seu empreendimento, mas também o que ele deixa de receber em termos de taxa de juros. Nesse sentido, ele deve estar atento ao comportamento das taxas de juros da economia quando deseja ampliar sua capacidade de produção.

Considerar o custo de oportunidade demonstra que as decisões empresariais são mais complexas, cujo desafio consiste em compreender as inúmeras variáveis que podem influir no desempenho da atividade produtiva. Nesse sentido, conhecer os vários conceitos e modelos em economia, e aqui consideramos apenas o custo de oportunidade, pode contribuir para as melhores decisões.

A formação de preços do aplicativo de transporte Uber

Até o passado recente, o transporte público urbano por automóveis era exclusividade dos táxis. Essa exclusividade, entretanto, começou a mudar a partir de 2009, com a criação do transporte por aplicativos conhecido como Uber, a partir da iniciativa da empresa norte-americana *Uber Technologies Inc.* Hoje, o Uber é uma realidade mundial, tendo estimulado, inclusive, o surgimento de outros aplicativos em diversos países. No Brasil, o serviço existe desde 2014 e faz parte do dia a dia de milhões de brasileiras e brasileiros.

Do ponto de vista da análise de mercado, o surgimento do serviço de Uber resultou em maior concorrência nos transportes públicos por automóveis nas grandes cidades, permitindo aos consumidores maiores opções em termos de preço e qualidade. Além disso, o serviço, por ser relativamente livre à entrada de motoristas ofertantes e tendo em vista a demanda, que varia ao longo do dia, criou uma dinâmica de preços que pode ser avaliada a partir de uma estrutura de livre mercado, ou seja, de acordo com as livres forças de oferta e procura. Em momentos de baixa procura, por exemplo, o preço tende a ser menor do que o do táxi. Porém, em horários de pico ou de chuva, quando a demanda pelo serviço cresce significativamente, o preço se eleva, podendo ser vantajoso ao consumidor optar pelo substituto próximo. O preço também é influenciado pelo número de ofertantes do serviço: quanto maior for o número de carros Uber, menor será o preço do serviço. Ou seja, a todo momento, o preço segue uma dinâmica que resulta no equilíbrio entre oferta e demanda em todos os momentos do dia. Este exemplo mostra que a concorrência pode ser uma grande aliada ao consumidor, inclusive contribuindo para maior eficiência nos transportes públicos.

QUESTÕES DE MÚLTIPLA ESCOLHA

1. **Assinale a alternativa correta:**
   a) A Macroeconomia analisa mercados específicos, enquanto a Microeconomia analisa os grandes agregados.
   b) A hipótese *coeteris paribus* é fundamental para o entendimento da Macroeconomia.
   c) No mercado de bens e serviços, são determinados os preços dos fatores de produção.
   d) A questão "como produzir" é decidida no mercado de fatores de produção.
   e) Todas as alternativas estão erradas.

2. **Se o produto *A* é um bem normal e o produto *B* é um bem inferior, um aumento da renda do consumidor provavelmente:**
   a) Aumentará a quantidade demandada de *A*, enquanto a de *B* permanecerá constante.
   b) Aumentará simultaneamente os preços de *A* e *B*.
   c) Fará o consumo de *B* diminuir e o de *A* crescer.
   d) Aumentará o consumo dos dois bens.
   e) Nenhuma das alternativas é correta.

3. **Assinale os fatores mais importantes que afetam as quantidades procuradas:**
   a) Preço e durabilidade do bem.
   b) Preço do bem, renda do consumidor, custos de produção.
   c) Preço do bem, preços dos bens substitutos e complementares, renda e preferência do consumidor.
   d) Renda do consumidor, custos de produção.
   e) Preço do bem, preços dos bens substitutos e complementares, custos de produção, preferência dos consumidores.

4. **O efeito total de uma variação no preço é a soma de:**
   a) Efeito substituição e efeito preço.
   b) Efeito substituição e efeito renda.
   c) Efeito renda e efeito preço.
   d) Efeito preço, efeito renda e efeito substituição.
   e) N.r.a.

5. **O leite torna-se mais barato e seu consumo aumenta. Paralelamente, o consumidor diminui sua demanda de chá. Leite e chá são bens:**
   a) Complementares.
   b) Substitutos.
   c) Independentes.
   d) Inferiores.
   e) De Giffen.

6. **Dada a função demanda de *x*:**

   $D_x = 30 - 0{,}3\,p_x + 0{,}7\,p_y + 1{,}3R$

   sendo p_x e p_y os preços dos bens *x* e *y*, e *R* a renda dos consumidores, assinale a alternativa correta:
   a) O bem *x* é um bem inferior, e *x* e *y* são bens complementares.
   b) O bem *y* é um bem normal, e *x* e *y* são bens substitutos.
   c) Os bens *x* e *y* são complementares, e *x* é um bem normal.
   d) Os bens *x* e *y* são substitutos, e *x* é um bem normal.
   e) Os bens *x* e *y* são substitutos, e *x* é um bem inferior.

7. **Supondo o preço do bem no eixo vertical e a quantidade ofertada no eixo horizontal, podemos afirmar que, *coeteris paribus*:**
   a) A curva de oferta desloca-se para a direita quando o preço do bem aumenta.
   b) A curva de oferta desloca-se para a esquerda quando o preço do bem cai.
   c) A curva de oferta desloca-se para a direita quando aumentam os custos de produção.
   d) A quantidade ofertada aumenta quando o preço do bem aumenta, *coeteris paribus*.
   e) Todas as alternativas estão corretas.

8. **Para fazermos distinção entre oferta e quantidade ofertada, sabemos que:**
   a) A oferta refere-se a alterações no preço do bem, e a quantidade ofertada, a alterações nas demais variáveis que afetam a oferta.
   b) A oferta refere-se a variações a longo prazo, e a quantidade ofertada, a mudanças de curto prazo.
   c) A quantidade ofertada só varia em função de mudanças no preço do próprio bem, enquanto a oferta varia quando ocorrem mudanças nas demais variáveis que afetam a oferta do bem.
   d) Não há diferença entre alterações na oferta e na quantidade ofertada.
   e) Nenhuma das respostas anteriores é correta.

9. **Assinale a alternativa correta, *coeteris paribus*:**
   a) Um aumento da oferta diminui o preço e aumenta a quantidade demandada do bem.
   b) Uma diminuição da demanda aumenta o preço e diminui a quantidade ofertada e demandada do bem.
   c) Um aumento da demanda aumenta o preço e diminui a oferta do bem.
   d) Um aumento da demanda aumenta o preço, a quantidade demandada e a oferta do bem.
   e) Todas as respostas anteriores estão erradas.

10. O aumento do poder aquisitivo, basicamente determinado pelo crescimento da renda disponível da coletividade, poderá provocar a expansão da procura de determinado produto. Evidentemente, o preço de equilíbrio:

   a) Deslocar-se-á da posição de equilíbrio inicial para um nível mais alto, se não houver possibilidade da expansão da oferta do produto.
   b) Cairá do ponto inicial para uma posição mais baixa, se a oferta do produto permanecer inalterada.
   c) Permanecerá inalterado, pois as variações de quantidades procuradas se realizam ao longo da curva inicialmente definida.
   d) Permanecerá inalterado, pois as variações de quantidades ofertadas se realizam ao longo da curva inicialmente definida.
   e) Nenhuma das alternativas anteriores.

11. Dado o diagrama a seguir, representativo do equilíbrio no mercado do bem X, assinale a alternativa correta.

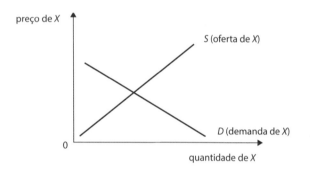

   a) X é um bem de Giffen.
   b) Tudo o mais constante, o ingresso de empresas produtoras no mercado do bem X provocaria elevação do preço de equilíbrio desse bem.
   c) O mercado do bem X é caracterizado por concorrência perfeita.
   d) Tudo o mais constante, um aumento da renda dos consumidores provocará um aumento no preço de equilíbrio do bem X, se este for inferior.
   e) Tudo o mais constante, a diminuição do preço do bem Y, substituto do bem X, levará a um aumento do preço de equilíbrio de X.

12. Dadas as funções oferta e demanda do bem 1,

   $D_1 = 20 - 0,2p_1 - p_2 + 0,1 R$
   $S_1 = 0,8p_1$

   e a renda do consumidor $R = 1.000$, o preço do bem 2 $p_2 = 20$, assinale a alternativa errada:

   a) O preço de equilíbrio do bem 1 é 100.
   b) A quantidade de equilíbrio do bem 1 é 80.
   c) Os bens 1 e 2 são bens complementares.
   d) O bem 2 é um bem normal.
   e) O bem 1 não é um bem inferior.

Notas

1 Para uma análise mais completa da Teoria do Consumidor, ver VASCONCELLOS, M. A. S.; OLIVEIRA, R. G.; e BARBIERI, F. *Manual de microeconomia*. 3. ed. São Paulo: Atlas, 2011. cap. 2-8.

2 Supondo curvas contínuas e diferenciáveis (ou seja, sem intervalos e "bicos"), a Utilidade Marginal pode ser expressa, em vez de acréscimos finitos (Δ), por derivadas (acréscimos infinitesimais); assim, e utilizando cálculo diferencial: $Umg = \Delta Ut/\Delta q$.

3 Existe rara exceção à lei geral da demanda, conhecida como **Paradoxo de Giffen**, em que a curva de demanda é positivamente inclinada. Ela será abordada na Seção 3.5 deste capítulo.

4 Supondo curvas contínuas e diferenciáveis, os acréscimos finitos (Δ) podem ser substituídos pela derivada simples (d), em funções com duas variáveis, ou pela derivada parcial (∂), em funções com mais de duas variáveis.

5 Exemplo citado pelo economista Samuel Pessoa, em artigo na *Folha de S.Paulo*, de 12 de maio de 2013. O Paradoxo de Giffen pode ocorrer quando, em populações muito pobres, onde a maior parcela do orçamento familiar é composta por bens baratos, de baixo conteúdo proteico. Quando ocorre uma queda em seu preço, sobra uma parcela do orçamento do consumidor que lhe permitirá consumir bens de maior valor proteico, como carne.

6 Como é mostrado em cursos de Estatística Econômica e Econometria, é possível captar o efeito de variáveis qualitativas, não numéricas, como mudanças climáticas, alterações em função de alguma mudança significativa na tecnologia de produção ou outros fatores não mensuráveis, por meio das chamadas **variáveis** *dummy*, que são variáveis binárias (0 ou 1). Por exemplo, considerando uma série temporal com dados mensais, para captar o efeito estatístico de uma grande seca na oferta do produto agrícola, os meses em que ocorreram as secas podem ser associados ao valor 1, e os meses normais ao valor 0. As variáveis *dummy* têm ampla aplicação em estudos estatísticos em várias áreas de conhecimento.

ELASTICIDADES

1 CONCEITO

A teoria desenvolvida no Capítulo 2 revelou que, quando aumenta o preço de um bem, a quantidade demandada deve cair, *coeteris paribus*. Ou seja, conhecemos apenas a direção, o sentido, mas não a magnitude numérica: por exemplo, se o preço aumenta em 10%, quanto cairá a quantidade demandada? Para mensurar essa resposta da demanda, um conceito muito utilizado em Economia é o de elasticidade.

Elasticidade, em sentido genérico, é a alteração percentual em uma variável, dada uma variação percentual em outra, *coeteris paribus*.

Assim, elasticidade é sinônimo de sensibilidade, resposta, reação de uma variável, em face de mudanças em outras variáveis, medida numericamente.

Trata-se de um conceito de ampla aplicação prática, útil tanto para empresas como para a administração pública. Alguns exemplos ilustram isso.

Aplicações em Microeconomia, que veremos neste capítulo:

- **elasticidade-preço da demanda**: é a variação percentual na quantidade demandada, dada a variação percentual no preço do bem, *coeteris paribus*;
- **elasticidade-renda da demanda**: é a variação percentual na quantidade demandada, dada uma variação percentual na renda, *coeteris paribus*;
- **elasticidade-preço cruzada da demanda**: é a variação percentual na quantidade demandada de um bem, dada a variação percentual no preço de outro bem, *coeteris paribus*;
- **elasticidade-preço da oferta**: é a variação percentual na quantidade ofertada, dada a variação percentual no preço do bem, *coeteris paribus*.

Aplicações na Macroeconomia e na Economia Internacional:

- **elasticidade das exportações em relação à taxa de câmbio**: é a variação percentual nas exportações, dada a variação percentual da taxa de câmbio, *coeteris paribus*;
- **elasticidade da demanda de moeda em relação à taxa de juros**: é a variação percentual da procura de moeda, dada a variação percentual da taxa de juros, *coeteris paribus*.

Para o planejamento empresarial, o conceito de elasticidade permite, por exemplo, avaliar estatisticamente como os consumidores poderão se comportar, caso essa empresa promova aumentos ou descontos de preços, ou, então, qual a provável variação de suas vendas, face a alterações na renda dos consumidores. Para a previsão de políticas públicas, o conhecimento da sensibilidade da demanda pode ser útil, por exemplo, se o governo quiser aferir o impacto de um aumento ou de criação de um novo imposto sobre a venda de determinado produto, dado que, ao aumentar o preço, o imposto pode gerar queda do consumo desse bem.

Interessante também observar que, como as variações são representadas como porcentagens, a elasticidade é um **número puro**, que independe da unidade de medida utilizada (reais ou dólares, mil ou milhões etc.). Permite também comparar as elasticidades de produtos diferentes, como, por exemplo, a elasticidade de produtos agrícolas, com a elasticidade de produtos industrializados, tanto em relação a variações de preços como da renda dos consumidores, e outras comparações.

Neste capítulo, vamos detalhar como são medidos diferentes tipos de elasticidade no campo da Microeconomia. Outras aplicações serão apresentadas ao longo do livro.

2 ELASTICIDADE-PREÇO DA DEMANDA

2.1 Conceito

É a variação percentual na quantidade demandada, dada uma variação percentual no preço do bem, *coeteris paribus*. Mede a sensibilidade, a resposta dos consumidores, quando ocorre variação no preço de um bem ou serviço.

$$E_{pp} = \frac{\text{variação percentual } q^d}{\text{variação percentual } p} = \frac{\dfrac{q_1 - q_0}{q_0}}{\dfrac{p_1 - p_0}{p_0}} = \frac{\dfrac{\Delta q^d}{q^d}}{\dfrac{\Delta p}{p}}$$

e

$$E_{pp} = \frac{P}{q^d} \cdot \frac{\Delta q^d}{\Delta p}$$

Como $\dfrac{\Delta q^d}{\Delta p}$ é negativa (pela lei geral da demanda),

e p e q são valores positivos, segue que a **elasticidade-preço da demanda é sempre negativa**. Por essa razão, seu valor é usualmente expresso em módulo (por exemplo, $|E_{pp}| = 1{,}2$, que equivale a $E_{pp} = -1{,}2$).

2.2 Classificação da demanda, de acordo com a elasticidade-preço

De acordo com a elasticidade-preço, a demanda pode ser classificada como elástica, inelástica ou de elasticidade-preço unitária.

a) Demanda elástica: $|E_{pp}| > 1$

Por exemplo: $|E_{pp}| = 1{,}5$ ou $E_{pp} = -1{,}5$

Isso significa que, dada uma variação percentual, por exemplo, de 10% no preço, a quantidade demandada varia, em sentido contrário, em 15%, *coeteris paribus*. Isso revela que a quantidade é bastante sensível à variação de seu preço.

b) Demanda inelástica: $|E_{pp}| < 1$

Exemplo: $|E_{pp}| = 0{,}4$ ou $E_{pp} = -0{,}4$

Nesse caso, os consumidores são pouco sensíveis a variações de preço: uma variação de, por exemplo, 10% no preço leva a uma variação na demanda desse bem de apenas 4% (em sentido contrário).

c) Demanda de elasticidade unitária: $|E_{pp}| = 1$ ou $E_{pp} = -1$

Se o preço aumenta em 10%, a quantidade cai também em 10%, *coeteris paribus*.

Suponhamos, por exemplo, que são calculados os valores das elasticidades-preço da demanda dos bens A e B, $E_{pp}^A = -2$ e $E_{pp}^B = -0{,}8$. Nesse caso, e supondo que o consumo dos dois bens é independente, o bem A apresenta uma demanda mais elástica que o bem B, pois um aumento de 10% no preço de ambos levaria a uma queda de 20% na quantidade demandada do bem A, e de apenas 8% na do bem B, *coeteris paribus*. Os consumidores são relativamente mais sensíveis, reagem mais a variações de preços no bem A do que no bem B.

2.3 Fatores que afetam a elasticidade-preço da demanda

São quatro os fatores que explicam o valor numérico da elasticidade-preço da demanda, a saber: disponibilidade de bens substitutos, essencialidade do bem, importância relativa do bem no orçamento do consumidor e o horizonte de tempo.

2.3.1 Disponibilidade de bens substitutos

Quanto mais substitutos, mais elástica a demanda, pois, dado um aumento de preços, o consumidor tem mais opções para "fugir" do consumo desse produto. Ou seja, trata-se de um produto cujos consumidores são bastante sensíveis à variação de preços.

Como a elasticidade depende da quantidade de bens substitutos, observa-se que, **quanto mais específico o mercado, maior a elasticidade**. Por exemplo, a elasticidade-preço da demanda de guaraná deve ser maior que a de refrigerantes em geral, pois há mais substitutos para o guaraná do que para refrigerantes em geral. Portanto,

$$|E_{pp}|_{\text{guaraná}} > |E_{pp}|_{\text{refrigerantes}}$$

Da mesma forma:

$$|E_{pp}|_{\text{pasta de dentes}} > |E_{pp}|_{\text{pasta de dentes de mentol}}$$

2.3.2 Essencialidade do bem

Quanto mais essencial o bem para o consumidor, mais inelástica sua procura. Esse tipo de bem não traz muitas opções para o consumidor "fugir" do aumento de preços. Exemplos clássicos: sal e açúcar.

2.3.3 Importância relativa do bem no orçamento do consumidor

A importância relativa, ou peso do bem no orçamento, é dada pela proporção de quanto o consumidor gasta no bem, em relação a sua despesa total.

Quanto maior o peso no orçamento do consumidor, maior a elasticidade-preço da procura. O consumidor é muito afetado, por alterações nos preços, quanto mais gasta com o produto, dentro de sua cesta de consumo. Nesse sentido, a carne apresenta uma elasticidade-preço da procura relativamente muito mais alta que a de fósforo, porque a carne tem um peso muito maior no orçamento do consumidor do que o fósforo.

2.3.4 Horizonte de tempo

Dependendo do horizonte de tempo de análise, um intervalo de tempo maior permite que os consumidores de determinada mercadoria descubram mais formas de substituí-la, quando seu preço aumenta. Ou seja, a elasticidade-preço da procura tende a aumentar ao longo do tempo. Significa que **as elasticidades-preço calculadas a longo prazo tendem a ser maiores que as de curto prazo**.

2.4 Formas de cálculo

O cálculo do valor numérico da elasticidade dependerá do conhecimento estatístico ou não da função demanda, e se se deseja calculá-la num ponto específico da demanda, ou em determinado trecho da curva. Vejamos as várias alternativas.

a) *Elasticidade no ponto*: calculada num ponto específico da demanda, a dado preço e quantidade.

1. Por acréscimos finitos (Δ)

$$|E_{pp}| = \frac{p}{q^d} \cdot \frac{\Delta q^d}{\Delta p}$$

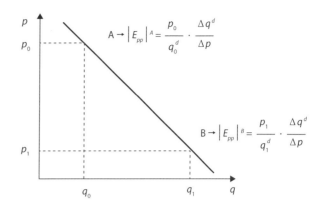

Figura 3.1 Elasticidade em pontos específicos da curva de demanda.

Exemplo: Dados $p_0 = 10,00$; $p_1 = 15,00$; $q_0 = 120$; $q_1 = 100$, calcular a elasticidade-preço da demanda, no ponto inicial (0). Os pontos p_0 e p_1 podem ser relativos a diferentes meses (por exemplo: 0 = janeiro e 1 = fevereiro).

Basta substituir na fórmula, assim:

$$E_{pp} = \frac{p_0}{q_0} \cdot \frac{\Delta q^d}{\Delta p} = \frac{10}{120} \cdot \frac{(100-120)}{(15-10)} = \frac{10}{120} \cdot \frac{(-20)}{5} = -\frac{1}{30}$$

portanto, demanda inelástica no ponto inicial (p_0, q_0).

2. Por derivada

Utilizam-se derivadas quando se tem uma estimativa estatística da função demanda.

Quando a demanda é apresentada apenas em função do preço do bem, utilizam-se derivadas simples (d):

$$|E_{pp}| = \frac{p}{q^d} \cdot \frac{dq^d}{dp}$$

Exemplo: dada a função demanda de um bem i,

$$q_i^d = 40 - 2p_i,$$

calcular a elasticidade-preço da demanda no ponto $p = 2,00$.

Para calcular a elasticidade, precisamos antes conhecer o valor da quantidade demandada, ao preço de 2,00. Basta substituir $ 2,00 na fórmula:

$$q_i^d = 40 - 2(2) = 36$$

A derivada de q_i^d em relação a p_i é igual a -2 $\left(\frac{dq_i^d}{dp} = 2\right)$

Substituindo esses valores na fórmula da elasticidade-preço da demanda, vem:

$$E_{pp} = \frac{2}{36}(-2) = -\frac{4}{36} = -\frac{1}{9} \text{ ou } |E_{pp}| = \frac{1}{9}$$

Ou seja, a demanda é inelástica ao preço de $ 2,00.

Se a função demanda contiver outras variáveis, além do preço, como a renda dos consumidores, preços de outros bens etc., utilizam-se derivadas parciais (∂):

$$\boxed{|E_{pp}| = \frac{p}{q^d} \cdot \frac{\partial q^d}{\partial p}}$$

Exemplo: Dada a equação de demanda
$$q_i^d = 20 - 4\,p_i + 0,4\,R,$$
calcular a elasticidade-preço da demanda ao nível de preço $p_0 = \$\,5,00$ e de renda $R_0 = \$\,1.000,00$.

Como no exemplo anterior, o primeiro passo é determinar qual a quantidade demandada ao preço $ 5,00 e nível de renda $ 1.000,00, o que é feito substituindo esses valores na função demanda:

$$q_i^d = 20 - 4(5) + 0,4\,(1.000) = 400$$

A elasticidade-preço da demanda é igual a:

$$E_{pp} = \frac{5}{400}(-4) = -0,05 \text{ ou } |E_{pp}| = 0,05 \text{ (demanda inelástica).}$$

Como já observamos no Capítulo 2, os valores numéricos das funções dos exemplos apresentados (e de outras funções econômicas) são obtidos mediante métodos econométricos, baseados em séries de dados normalmente mensais de preços, quantidades, e outras variáveis que afetam a demanda.

b) *Elasticidade no ponto médio (ou no arco)*

Se quisermos a elasticidade num trecho da curva da demanda, em vez de um ponto específico, tomamos a média dos preços e a média das quantidades.

$$|E_{pp}|^{AB} = \frac{\dfrac{p_0 + p_1}{2}}{\dfrac{q_0 + q_1}{2}} \cdot \frac{\Delta q}{\Delta p}$$

que é igual a

$$|E_{pp}|^{AB} = \frac{p_0 + p_1}{q_0 + q_1} \cdot \frac{\Delta q}{\Delta p}$$

ou, aplicando derivada

$$|E_{pp}|^{AB} = \frac{p_0 + p_1}{q_0 + q_1} \cdot \frac{dq}{dp}$$

Supondo o mesmo exemplo de elasticidade por acréscimos finitos visto anteriormente, teremos

$$E_{pp}^{AB} = \frac{10 + 15}{120 + 100} \cdot \frac{(-20)}{5} = -0,45$$

significando que a demanda é inelástica nesse trecho da curva (entre os preços 10,00 e 15,00).

Exercício: Dada a função demanda $q^d = 10 - 2p$, calcular:

a) Elasticidade no ponto onde $p_0 = 2$, por acréscimo finito.

b) Elasticidade no ponto onde $p_1 = 3$, por acréscimo finito.

c) Elasticidade no ponto onde $p_0 = 2$, por derivada.

d) Elasticidade no ponto onde $p_1 = 3$, por derivada.

e) Elasticidade no arco, entre os pontos $p_0 = 2$ e $p_1 = 3$ por acréscimo.

f) Elasticidade no ponto médio, entre os pontos $p_0 = 2$ e $p_1 = 3$, por derivada.

Resolução: Antes de tudo, precisamos calcular os valores de q_0 e q_1, que não foram dados. Para obtermos esses valores, basta substituirmos os valores dados de p_0 e p_1, na equação:

$$q^d = 10 - 2p$$
$$q_0 = 10 - 2 \cdot (2) = 6$$
$$q_1 = 10 - 2 \cdot (3) = 4$$

a)

$$E_{pp} = \frac{p_0}{q_0} \cdot \frac{\Delta q}{\Delta p}$$

$$\Delta q = q_1 - q_0$$
$$\Delta p = p_1 - p_0 = 1$$

$$\left. \right\} \quad E_{pp} = \frac{2}{6}\left(\frac{-2}{1}\right) - \frac{2}{3} \quad \text{(demanda inelástica no ponto } p_0 = 2)$$

b)

$$E_{pp} = \frac{p_1}{q_1} \cdot \frac{\Delta q}{\Delta p} = \frac{3}{4} \cdot \frac{-2}{1} - \frac{3}{2} \quad \text{(demanda elástica no ponto } p_1 = 3)$$

c)

$$E_{pp} = \frac{p_0}{q_0} \cdot \frac{\Delta q}{\Delta p} = \frac{2}{6}(-2) = -\frac{2}{3}$$

(demanda inelástica no ponto $p_0 = 2$)

(Observamos que

$$\frac{\Delta q}{\Delta p} = -2 = \frac{dq}{dp}$$

isso porque a demanda é uma reta, e, nesse caso, tanto faz calcularmos por derivada ou por acréscimos finitos).

d)

$$E_{pp} = \frac{p_1}{q_1} \cdot \frac{dq}{dp} = \frac{3}{4} \cdot (-2) = -\frac{3}{2}$$

e)

$$E_{pp} = \frac{p_0 + p_1}{q_0 + q_1} \cdot \frac{\Delta q}{\Delta p} = \frac{2+3}{4+6} \cdot (-2) = \frac{5}{10}(-2) = -1$$

Assim, entre os pontos $p_0 = 2$ e $p_1 = 3$, a demanda desse produto apresenta elasticidade unitária.

f)

$$E_{pp} = \frac{p_0 + p_1}{q_0 + q_1} \cdot \frac{dq}{dp} = \frac{2+3}{4+6} \cdot (-2) = \frac{5}{10}(-2) = -1$$

2.5 Interpretação geométrica da elasticidade-preço da demanda

Mostraremos que, ao longo de uma mesma curva de demanda, os valores da elasticidade-preço da demanda devem variar. Intuitivamente, significa que, quanto maior o preço do bem, maior a elasticidade, pois aumenta a sensibilidade do consumidor, quanto mais caro o produto, dado que aumenta o peso relativo do bem no seu orçamento. Vamos mostrar isso graficamente, a partir da Figura 3.2.

Pode-se provar que o valor da elasticidade-preço da demanda, na Figura 3.2, é dado por

$$|E_{pp}| = \frac{AC}{BA} = \frac{\text{segmento abaixo de A}}{\text{segmento acima de A}}$$

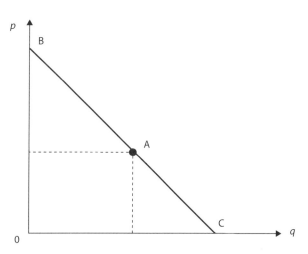

Figura 3.2 Interpretação geométrica da elasticidade-preço da demanda.

A prova encontra-se no Apêndice Matemático deste capítulo.

Isto posto, a Figura 3.3 mostra as seguintes possibilidades:

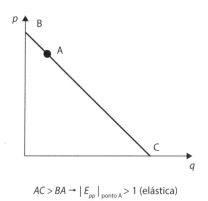

$AC > BA \rightarrow |E_{pp}|_{\text{ponto A}} > 1$ (elástica)

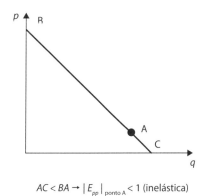

$AC < BA \rightarrow |E_{pp}|_{\text{ponto A}} < 1$ (inelástica)

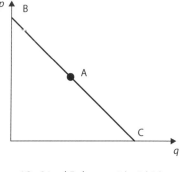

$AC = BA \rightarrow |E_{pp}|_{\text{ponto A}} = 1$ (unitária)

Figura 3.3 Interpretação geométrica da elasticidade-preço da demanda: três situações alternativas.

Observando o ponto A nos três gráficos, percebe-se que, quanto maior o preço de um bem, *coeteris paribus*, maior a elasticidade-preço da demanda.

A Figura 3.4 resume as três situações.

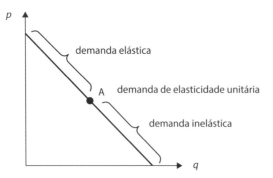

Figura 3.4 Interpretação geométrica da elasticidade-preço da demanda: resumo.

O consumidor torna-se mais sensível (procura torna-se mais "elástica") quanto mais caro o produto, que passa a pesar mais em seu bolso. Produtos com preços já elevados, se estes aumentarem mais ainda, provocarão diminuição muito acentuada em seu consumo.

Essa interpretação geométrica também vale para curvas, não apenas retas. Basta traçar uma tangente ao ponto desejado. Por exemplo, no diagrama da Figura 3.5, a demanda é inelástica no ponto A, porque ele se situa na parte inferior da curva (onde o "segmento" acima do ponto é maior que o "segmento abaixo" do ponto referido).

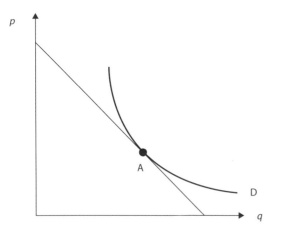

Figura 3.5 Interpretação geométrica da elasticidade-preço da demanda, no caso de curva não linear.

Exercício: No diagrama a seguir, em que ponto a elasticidade é relativamente mais elevada?

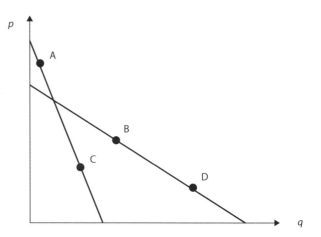

Resposta: No ponto A, onde a relação entre o segmento abaixo dele e o segmento acima é maior, quando comparado com os demais pontos.

2.6 Relação entre receita total do vendedor (ou dispêndio total do consumidor) e elasticidade-preço da demanda

A receita total do vendedor (RT), que corresponde ao próprio dispêndio ou gasto total dos consumidores, é dada por:

RT = preço unitário · quantidade comprada do bem

$$RT = p \cdot q$$

Seria possível conhecermos, *a priori*, o que deve acontecer com a receita total RT, quando varia o preço de um bem? A RT aumenta, diminui ou permanece constante?

A resposta vai depender da elasticidade-preço da demanda.

a) se E_{pp} for *elástica* ⇒ |variação percentual da quantidade demandada| > |variação percentual do preço|, a RT segue o sentido da quantidade, isto é, prepondera a variação da quantidade sobre a variação do preço:

– se p aumentar, q^d cairá, e a RT diminuirá;
– se p cair, q^d aumentará, e a RT aumentará.

b) se E_{pp} for *inelástica* ⇒ |variação percentual q^d| < |variação percentual p|, prepondera o sinal do preço:
   - se p aumentar, q^d cairá, e a *RT* aumentará;
   - se p cair, q^d aumentará, e a *RT* cairá.

c) se E_{pp} for unitária ⇒ |variação percentual q^d| = |variação percentual p|, tanto faz p aumentar ou cair, pois a receita total permanece constante.

Podemos concluir que, com demanda inelástica, é vantajoso aumentar o preço (ou diminuir a produção), até onde $E_{pp} = -1$ (na produção q_1). Embora a quantidade caia, o aumento de preço mais que compensa a queda na quantidade, e a *RT* aumenta.

Um exemplo desse fato encontra-se na maior parte dos produtos agrícolas, principalmente alimentos, bem como o barril de petróleo, que apresentam demanda normalmente inelástica, por serem em sua maioria produtos essenciais. Contudo, há um limite para o aumento do preço, pois, se esse aumento for muito elevado, pode acabar caindo no ramo elástico da demanda, e o consumidor tenta substituir o produto, ou reduz seu consumo, o que redundaria em queda da Receita Total dos produtores.

2.7 Observações adicionais sobre elasticidade-preço da demanda

a) *Casos extremos de elasticidade-preço da procura*
   - *demanda totalmente inelástica:* $E_{pp} = 0$

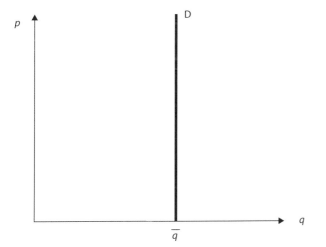

Figura 3.6 Demanda totalmente inelástica.

Dada a variação do preço, a quantidade demandada permanece constante. Os bens essenciais aproximam-se bastante desse caso, já que, mesmo com aumento do preço, o consumidor continuará consumindo praticamente a mesma quantidade do produto, já que não encontra um produto substituto, como mostrado na Figura 3.6.

- *demanda infinitamente elástica:* $E_{pp} = \infty$

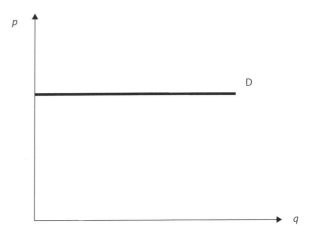

Figura 3.7 Demanda infinitamente elástica.

Dada uma variação de preços, a quantidade demandada é indeterminada, podendo variar até o infinito (Figura 3.7). Como veremos no Capítulo 7 (Estruturas de Mercado), isso ocorre em mercados perfeitamente competitivos ou concorrenciais, nos quais as empresas se defrontam com uma demanda infinitamente elástica, com preços fixados pela oferta e demanda do mercado, sobre os quais ela não tem nenhuma influência. Se a empresa, porventura, quiser cobrar um preço maior pela mercadoria, não encontrará compradores, já que tem muita concorrência: se cobrar um preço mais baixo, não estará sendo racional, visto que pode vender a mercadoria a um preço maior e aumentar seu lucro.

b) *Caso em que a elasticidade é constante em todos os pontos da demanda*

Frequentemente, os economistas utilizam a expressão "a demanda do bem x é elástica", o que é impreciso. Como a elasticidade assume valores diferentes numa mesma curva de demanda, o mais correto seria dizer que "a demanda do bem x é elástica entre os preços, digamos, dez e vinte reais".

Em apenas um caso, quando a fórmula matemática for uma *função potência*, tipo $q^d = a \cdot p^b$ (ver Figura 2.3, Capítulo 2), **a elasticidade-preço da demanda é constante ao longo da curva e é igual ao próprio**

coeficiente b. Assim, se a função potência for $q^d = 3p^{1,2}$, a elasticidade-preço da demanda é constante e igual a –1,2 (demanda elástica). Dada uma variação de, digamos, + 10% no preço do bem, qualquer que seja o ponto ou trecho da curva de demanda, a quantidade demandada varia em –12%, *coeteris paribus*. Ver a prova no Apêndice Matemático deste capítulo.

3 ELASTICIDADE-PREÇO CRUZADA DA DEMANDA

É a variação percentual da quantidade demandada do bem x, dada uma variação percentual no preço do bem y, *coeteris paribus*.

$$E_{pp}^{xy} = \frac{\text{variação percentual } q_x}{\text{variação percentual } p_y} = \frac{\dfrac{\Delta q_x}{q_x}}{\dfrac{\Delta p_y}{p_y}}$$

e

$$\boxed{E_{pp}^{xy} = \frac{p_y}{q_x} \cdot \frac{\Delta q_x}{\Delta p_y}}$$

ou, em termos de derivada,

$$E_{pp}^{xy} = \frac{p_y}{q_x} \cdot \frac{dq_x}{dp_y} \quad \text{(derivada simples)}$$

$$E_{pp}^{xy} = \frac{p_y}{q_x} \cdot \frac{\partial q_x}{\partial p_y} \quad \text{(derivada parcial)}$$

Se $E_{pp}^{xy} > 0$, os bens x e y são **substitutos ou concorrentes** (o aumento do preço de y aumenta o consumo de x, *coeteris paribus*). Exemplo: Cerveja Skol × cerveja Brahma.

$E_{pp}^{xy} < 0$: os bens x e y são **complementares** (o aumento do preço de y diminui a demanda de x, *coeteris paribus*). Exemplo: aumento do preço da gasolina pode diminuir a demanda por automóveis.

4 ELASTICIDADE-RENDA DA DEMANDA

É a variação percentual da quantidade demandada, dada uma variação percentual da renda do consumidor, *coeteris paribus*.

Ao lado da elasticidade-preço da demanda, a elasticidade-renda é o conceito de elasticidade mais difundido.

$$E_{RP} = \frac{\text{variação percentual } q}{\text{variação percentual } R} = \frac{\dfrac{\Delta q}{q}}{\dfrac{\Delta R}{R}}$$

e

$$\boxed{E_{RP} = \frac{R}{q} \cdot \frac{\Delta q}{\Delta R}}$$

ou $\quad E_{Rp} = \dfrac{R}{q} \cdot \dfrac{dq}{dR} \quad$ ou $E_{Rp} = \dfrac{R}{q} \cdot \dfrac{\partial q}{\partial R}$

Se $E_{Rp} > 1$: **bem superior (ou bem de luxo)**: dada uma variação da renda, o consumo varia mais que proporcionalmente;

$E_{Rp} > 0$: **bem normal**: o consumo aumenta quando a renda aumenta;

$E_{Rp} < 0$: **bem inferior**: a demanda cai quando a renda aumenta;

$E_{Rp} = 0$: **bem de consumo saciado**: variações na renda não alteram o consumo do bem. Ou seja, a variável renda não é importante para explicar o comportamento da demanda desse bem.

Normalmente, a elasticidade-renda da demanda de produtos manufaturados é superior à elasticidade-renda de produtos básicos, como alimentos. Isso porque, quanto mais elevada a renda, a tendência é aumentar mais o consumo de produtos, como, por exemplo, eletrônicos, automóveis, relativamente aos alimentos (cujo consumo tem um limite fisiológico). Como veremos na Parte III, Macroeconomia, esse fato é a base para justificar a tese de que os países mais pobres, que normalmente exportam produtos primários e importam produtos manufaturados, tendem a apresentar *déficits* crônicos em seu balanço de pagamentos.

A elasticidade-renda é muito importante para o planejamento empresarial, pois é um importante parâmetro para projetar suas vendas, de acordo com o crescimento da renda do país.

5 ELASTICIDADE-PREÇO DA OFERTA

A aplicação do conceito de elasticidade da oferta é menos frequente, comparativamente à elasticidade da demanda.

A elasticidade preço da oferta mede a variação percentual da quantidade ofertada, dada uma variação percentual no preço do bem, *coeteris paribus*.

$$E_{ps} = \frac{\text{variação percentual } q^s}{\text{variação percentual } p} = \frac{\frac{\Delta q^s}{q^s}}{\frac{\Delta p}{p}}$$

e

$$\boxed{E_{ps} = \frac{p}{q^s} \cdot \frac{\Delta q^s}{\Delta p}}$$

ou, em termos de derivada, $E_{ps} = \dfrac{p}{q^s} \cdot \dfrac{dq^s}{dp}$

ou $E_{ps} = \dfrac{p}{q^s} \cdot \dfrac{\partial q^s}{\partial p}$

Podemos ter as seguintes situações:

$E_{ps} > 1$: **bem de oferta elástica;**
$E_{ps} < 1$: **bem de oferta inelástica;**
$E_{ps} = 1$: **elasticidade-preço da oferta unitária.**

Como no caso da demanda, a elasticidade-preço da oferta também pode ser calculada no ponto ou no arco.

Graficamente, há relação entre o valor do intercepto da curva de oferta e sua elasticidade-preço, conforme a Figura 3.8 (a prova está no Apêndice Matemático, ao final deste capítulo). No eixo vertical: intercepto positivo, a oferta é elástica; intercepto nulo, a oferta é unitária; intercepto negativo, a oferta é inelástica.

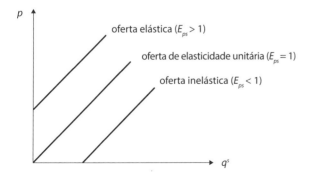

Figura 3.8 Elasticidade-preço da oferta.

Uma das teses da chamada **corrente estruturalista da inflação** era que a oferta de produtos agrícolas seria inelástica a estímulos de preços, em virtude da baixa produtividade da agricultura, provocada pela estrutura agrária. A agricultura, dominada por latifúndios improdutivos, ao lado de uma grande parcela de agricultores pobres, que se preocupam apenas em produzir alimentos para sua própria subsistência, não responderia ao aumento da demanda de alimentos provocado pela industrialização e consequente urbanização das economias em crescimento, provocando então aumentos de preços dos alimentos. Detalharemos mais essa questão no Capítulo 13 (Inflação).

6 EXERCÍCIO SOBRE ELASTICIDADES

1. Dados: $D_x = 30 - p_x - 2p_y - R$

    $S_x = 5p_x$
    $p_y^0 = 1{,}00$
    $R_0 = 10{,}00$

    Pede-se:

    a) Calcular o preço e a quantidade de equilíbrio.
    b) Calcular a elasticidade-preço da demanda, ao nível de preços de equilíbrio. Classifique a demanda, de acordo com a elasticidade nesse ponto.
    c) Calcular a elasticidade-preço da oferta, ao mesmo nível de preços. Classifique a oferta, de acordo com a elasticidade nesse ponto.
    d) Calcular a elasticidade-preço cruzada entre os bens x e y. Classifique a demanda, de acordo com essa elasticidade.
    e) Calcular a elasticidade-renda da demanda. Classifique a demanda, de acordo com essa elasticidade.

    Resolução:

    a) $D_x = S_x \Rightarrow 30 - p_x - 2p_y - R = 5p_x$

    Substituindo $p_y = 1$ e $R = 10$
    $30 - p_x - 2(1) - 10 = 5p_x$

    $$\boxed{p_x = 3{,}00}$$

    Para obter q_x, basta substituir $p_x = 3$ ou na função D_x ou em S_x:

    $$\boxed{q_x = 15}$$

b)

$$E_{pp} = \frac{p_x}{q_x^d} \cdot \frac{\partial_x^d}{\partial p_x}$$

Usamos derivada parcial (∂), porque a função demanda tem mais de duas variáveis.

Como $p_x = 3$, $q_x = 15$ e $\dfrac{\partial q_x^d}{\partial p_x} = -1$

$\Rightarrow E_{pp} = \dfrac{3}{15} (-1) = -0{,}2$ ou $|E_{pp}| = 0{,}2$

Portanto, a demanda é inelástica, no ponto $p_x = 3{,}00$ e $q_x = 15$.

c)

$$E_{ps} = \frac{p_x}{q_x^s} \cdot \frac{dq_x^s}{dp_x}$$

Como $p_x^s = 3$, $q_x^s = 15$ e $\dfrac{dq_x^s}{dp_x} = 5 \Rightarrow E_{ps} = \dfrac{3}{15}(5) = 1$

Portanto, a oferta tem elasticidade unitária no ponto de equilíbrio.

d)

$$E_{pp}^{xy} = \frac{p_y}{q_x^s} \cdot \frac{\partial_x^d}{\partial p_x}$$

$\left.\begin{array}{l} p_y = 1 \\ q_x^d = 15 \\ \dfrac{\partial q_x^d}{\partial p_y} = -2 \end{array}\right\} E_{pp}^{xy} = \dfrac{1}{15}(-2) = -0{,}133$

Os bens x e y são complementares ($E_{pp}^{xy} < 0$): um aumento de, por exemplo, 10% em p_y leva a uma queda na demanda de x de 1,33%, *coeteris paribus*.

e)

$$E_{Rp} = \frac{R}{q_x^d} \cdot \frac{q_x^d}{\partial R}$$

$\left.\begin{array}{l} R = 10 \\ q_x^d = 15 \\ \dfrac{\partial q_x^d}{\partial R} = -1 \end{array}\right\} E_{Rp} = \dfrac{10}{15}(-1) = -0{,}666$

O bem x é um bem inferior. Um aumento da renda dos consumidores de, digamos, 10%, leva a uma queda na demanda de x de 6,66%, *coeteris paribus*.

SAIBA MAIS

A oferta inelástica dos imóveis no curto prazo

Um exemplo interessante que envolve o conceito de elasticidade-preço da oferta pode ser encontrado no mercado de imóveis. Podemos considerar que, nesse mercado, a oferta no setor imobiliário é inelástica em relação ao preço no curto prazo, já que ela depende de novas construções, o que leva vários meses ou mesmo anos. Nesse sentido, elevações na demanda tendem a impactar fortemente no preço dos imóveis. Esta situação pode ser visualizada pela Figura 3.9.

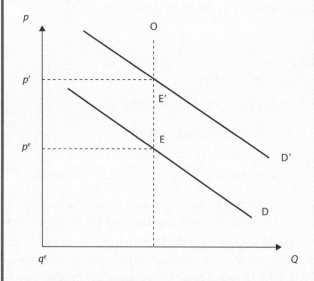

Figura 3.9 Impacto no preço de imóveis de elevações na demanda.

No gráfico da Figura 3.9, a curva de oferta O de curto prazo é vertical e traduz a ideia de que, qualquer que seja o preço, a oferta de imóveis será a mesma (oferta totalmente inelástica). Supondo inicialmente o equilíbrio E, considere o deslocamento da curva de demanda de D para D′ em decorrência do aumento na renda dos consumidores. Como a oferta de imóveis é fixa e representada pela reta horizontal O, o resultado final será apenas a elevação dos preços dos imóveis de p^e para p' (equilíbrio E′). Preços mais altos, entretanto, estimularão novas construções e, com o tempo, a curva de oferta se deslocará para a direita, resultando em novo equilíbrio de mercado. O resultado final dependerá da intensidade do deslocamento da curva de oferta. As evidências empíricas apontam, entretanto, que a tendência será de elevação nos preços, principalmente nas grandes cidades, onde a expansão imobiliária é limitada pelo espaço físico (já o crescimento populacional parece não ter qualquer limite).

ENTENDA NA PRÁTICA

A elasticidade-preço da demanda e as políticas de combate às drogas

As drogas constituem-se num dos grandes problemas nas sociedades contemporâneas. Além de prejudicar a saúde dos usuários dependentes, impõem altos custos para os sistemas de saúde, prisional e de justiça dos países. A persistência do problema, mesmo com forte repressão policial, sugere a necessidade de outras abordagens.

Na grande maioria dos países, existem duras leis contra a venda e o consumo de substâncias ilícitas. A questão é saber se somente a proibição e a repressão são suficientes para combater a venda e o consumo das drogas. Isso porque os problemas das drogas também refletem questões econômicas. Devemos considerar que, em decorrência do vício, a demanda por drogas possui baixa elasticidade-preço da demanda. Nesse sentido, mesmo com a forte repressão e a consequente elevação nos preços, a demanda continua existindo. Essa evidência sugere que a solução para o problema deve considerar políticas que busquem reduzir a demanda. Ações de conscientização acerca dos efeitos prejudiciais das substâncias proibidas, em todos os níveis educacionais e classes sociais, além da criação de tratamentos e medicamentos que reduzam o vício, podem contribuir para reduzir a demanda.

Ainda que não se tenha a certeza acerca da eficácia dessas medidas, que podem ser complementares às ações judiciais, o debate demonstra que conceitos econômicos podem ser úteis na elaboração de políticas públicas que busquem soluções para problemas sociais que atingem o mundo contemporâneo.

QUESTÕES DE MÚLTIPLA ESCOLHA

1. Considerando-se os pontos A $(p_1, q_1) = (12,8)$ e B $(p_2, q_2) = (14,6)$, a elasticidade-preço da demanda no ponto médio é igual a:
   a) $-7/13$.
   b) $+7/13$.
   c) $-13/7$.
   d) $+13/7$.
   e) N.r.a.

2. Uma curva de procura exprime-se por $p = 10 - 0,2q$, onde p representa o preço e q a quantidade. O mercado encontra-se em equilíbrio ao preço $p = 2$. O preço varia para $p = 2,04$, e, tudo o mais mantido constante, a quantidade equilibra-se em $q = 39,8$.

   A elasticidade-preço da demanda ao preço inicial de mercado é:
   a) 0,02.
   b) 0,05.
   c) $-0,48$.
   d) $-0,25$.
   e) 0,25.

3. Uma curva de demanda retilínea possui elasticidade-preço da procura igual a 1:
   a) Em todos os pontos.
   b) Na intersecção com o eixo dos preços.
   c) Na intersecção com o eixo das quantidades.
   d) No ponto médio do segmento.
   e) N.r.a.

4. Aponte a alternativa correta:
   a) Quando o preço aumenta, a receita total aumenta, se a demanda for elástica, *coeteris paribus*.
   b) Quando o preço aumenta, a receita total diminui, se a demanda for inelástica, *coeteris paribus*.
   c) Quedas de preço de um bem redundarão em quedas da receita dos produtores desse bem, se a demanda for elástica, *coeteris paribus*.
   d) Quedas de preço de um bem redundarão em aumentos de receita dos produtores desse bem, se a demanda for inelástica, *coeteris paribus*.
   e) Todas as alternativas anteriores são falsas.

5. Quanto à função demanda, é correto afirmar:

a) Um aumento no preço do bem deixará inalterada a quantidade demandada do bem, a menos que também seja aumentada a renda nominal do consumidor.

b) Um aumento no preço do bem, tudo o mais constante, implicará aumento no dispêndio do consumidor com o bem, se a demanda for elástica com relação a variações no preço desse bem.

c) Se essa equação for representada por uma linha reta negativamente inclinada, o coeficiente de elasticidade-preço será constante ao longo de toda essa reta.

d) Se essa função for representada por uma linha reta paralela ao eixo dos preços, a elasticidade-preço da demanda será infinita.

e) Se a demanda for absolutamente inelástica com relação a modificações no preço do bem, a função demanda será representada por uma reta paralela ao eixo dos preços.

6. Indique a afirmação correta:

a) Um aumento na renda dos consumidores resultará em demanda mais alta de x, qualquer que seja o bem.

b) Uma queda no preço de x, tudo o mais permanecendo constante, deixará inalterado o gasto dos consumidores com o bem, se a elasticidade-preço da demanda for igual a 1.

c) O gasto total do consumidor atinge um máximo na faixa da curva de demanda pelo bem em que a elasticidade-preço é igual a zero.

d) A elasticidade-preço da demanda pelo bem x independe da variedade de bens substitutos existentes no mercado.

e) Um aumento no preço do bem y, substituto, deslocará a curva de demanda de x para a esquerda.

7. A curva de procura por determinado bem é expressa pela função $Q = 1.000/P^3$. Pode-se afirmar que:

a) Se o preço de mercado aumentar, os consumidores gastarão menos renda na aquisição desse mercado.

b) Se o preço de mercado diminuir, os consumidores gastarão menos renda na aquisição desse produto.

c) Se o preço de mercado aumentar, os consumidores gastarão mais renda na aquisição desse produto.

d) Se o preço de mercado diminuir, os consumidores gastarão o mesmo volume de renda na aquisição do produto.

e) O dispêndio total dos consumidores na aquisição do produto aumenta na mesma proporção do aumento do preço de mercado.

8. Se uma curva de procura é unitariamente elástica em todos os seus pontos, isso significa, com relação (a) à aparência gráfica da curva de procura e (b) aos gastos totais dos compradores para aquisição da mercadoria, que:

a) A curva de procura é uma reta, e as despesas totais dos compradores são as mesmas em todos os níveis de preços.

b) A curva de procura não é uma reta, e a despesa total dos compradores diminui quando o preço cai.

c) A curva de procura é uma reta e, quando o preço cai, os gastos totais dos compradores aumentam primeiro e depois caem.

d) A curva de procura não é uma reta e as despesas totais dos compradores aumentam quando o preço cai.

e) N.r.a.

9. Calcular o coeficiente de elasticidade cruzada entre a procura dos produtos A e B, em certa localidade, sabendo-se que toda vez que há um acréscimo de 10% no preço de um, sua quantidade procurada diminui 8%, enquanto a quantidade procurada do outro, se seu preço permanece constante, aumenta 10%. O coeficiente será igual a:

a) 10%.

b) 1.

c) 2.

d) 1/2.

e) 11%.

10. Aponte a alternativa correta:

a) Se o preço variar em $ 2 e a quantidade demandada em 10 unidades, concluímos que a demanda é elástica.

b) A elasticidade-preço cruzada entre dois bens é sempre positiva.

c) A elasticidade-preço da demanda de sal é relativamente baixa.

d) A elasticidade-preço da demanda de alimentos é, em geral, bastante elevada.

e) A elasticidade-renda da demanda de manufaturados é relativamente baixa.

APÊNDICE MATEMÁTICO

1. Dado o diagrama a seguir:

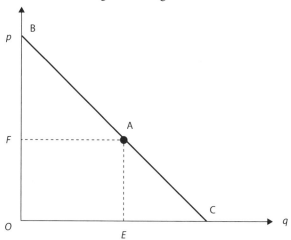

queremos provar que

$$E_{pp} = \frac{AC}{BA}$$

Partamos da definição de elasticidade-preço da procura:

$$E_{pp} = \frac{p}{q} \cdot \frac{\Delta q}{\Delta p}$$

Observando o diagrama, vemos que, no ponto A, o preço e a quantidade são equivalentes a

$$p = OF = AE, q = AF = OE,$$
$$\text{e que } \Delta q = EC, \Delta p = OF = AE$$

Tem-se, portanto, que

$$E_{pp} = \frac{AE}{OE} \cdot \frac{EC}{AE} = \frac{EC}{OE} \quad (1)$$

Por semelhança de triângulos, AEC ≃ ABF, e então:

$$\frac{AC}{EC} = \frac{BA}{AF}$$

Como $AF = OE$, segue que:

$$\frac{AC}{EC} = \frac{BA}{OE}$$

Multiplicando-se ambos os lados por EC/BA, vem:

$$\frac{AC}{EC} \cdot \frac{EC}{BA} = \frac{BA}{OE} \cdot \frac{EC}{BA} \therefore \frac{AC}{BA} = \frac{EC}{OE}$$

Como, por (1),

$$E_{pp} = \frac{EC}{OE}, \text{ segue que:}$$

$$\boldsymbol{E_{pp} = \frac{AC}{BA}}$$

2. Em funções potência, do tipo $q^d = a \cdot p^{-b}$, a elasticidade-preço da demanda é constante ao longo de toda a curva e é igual ao próprio coeficiente $-b$.

A fórmula da elasticidade-preço da demanda é:

$$E_{pp} = \frac{p}{q} \cdot \frac{dq^d}{dp} \quad (1)$$

Por outro lado, a função potência é

$$q^d = a \cdot p^{-b}$$

Derivando q^d em relação ao preço p, vem:

$$\frac{dq^d}{dp} = a \cdot \frac{d(p^{-b})}{dp} + p^{-b} \cdot \frac{da}{dp} = a \cdot \frac{dp^{-b}}{dp}$$

$$= a \cdot (-b) \cdot p^{-b-1} = -a \cdot b \cdot \frac{p^{-b}}{p}$$

Rearranjando, vem:

$$\frac{dq^d}{dp} = \frac{-b}{p} + a \cdot p^{-b}$$

Como $a \cdot p^{-b} = q^d$,

$$\frac{dq^d}{dp} = \frac{-bq^d}{p} \quad (2)$$

Substituindo (2) em (1), vem:

$$E_{pp} = \frac{p}{q^d} \cdot \frac{dq^d}{dp} = \frac{p}{q^d} \cdot \frac{(-b \cdot q^d)}{p} = -b$$

e

$$\boldsymbol{E_{pp} = -b}$$

Em qualquer função potência, do tipo $y = a \cdot x^b$, ou $y = a \cdot x_1^{b1} \cdot x_2^{b2}$, sempre o expoente de x (ou x_1, x_2 etc.) representa a elasticidade da variável y em relação à variável x, *coeteris paribus*.

3. Interpretação gráfica da elasticidade-preço da oferta.

No diagrama

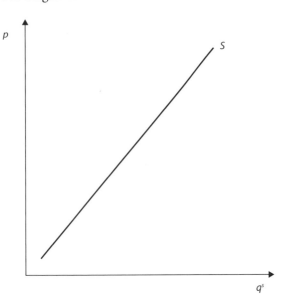

mostraremos que:

- intercepto positivo: $E_{pss} > 1$ (oferta elástica)
- intercepto negativo: $E_{ps} < 1$ (oferta inelástica)
- intercepto nulo: $E_{ps} = 1$ (elasticidade unitária)

Retomemos o diagrama da função oferta:

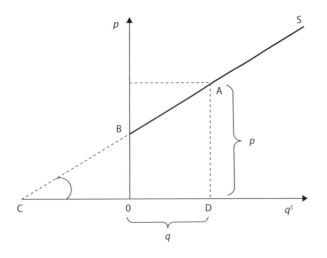

Por definição,

$$E_{ps} = \frac{p}{q^s} \cdot \frac{\Delta q^s}{\Delta p} = \frac{AD}{OD} \cdot \frac{CD}{AD}$$

e, portanto:

$$E_{pp} = \frac{CD}{OD}$$

Temos, então, que:

- oferta elástica: $E_{ps} > 1 \Rightarrow CD > OD \Rightarrow$ (intercepto positivo)
- oferta inelástica: $E_{ps} < 1 \Rightarrow CD < OD \Rightarrow$ (intercepto negativo)
- elasticidade unitária: $E_{ps} = 1 \Rightarrow CD = OD \Rightarrow$ (intercepto na origem)

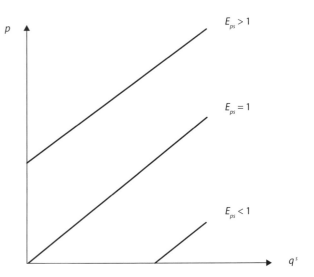

APLICAÇÕES DA ANÁLISE MICROECONÔMICA EM POLÍTICAS PÚBLICAS

1 INTRODUÇÃO

Vimos anteriormente que a livre interação entre consumidores e vendedores apresenta uma tendência natural ao equilíbrio de mercado. Qualquer excesso de oferta ou de demanda tende a se ajustar naturalmente, pelo mecanismo de preços. Entretanto, no mundo real, dificilmente o mercado funciona de forma totalmente livre, pois existe uma série de intervenções que alteram esse equilíbrio, principalmente as realizadas pelo governo, por meio de vários mecanismos.

Neste capítulo, vamos destacar algumas dessas intervenções, ao nível microeconômico,[1] como o estabelecimento de impostos sobre vendas e a fixação de preços mínimos na agricultura, e a interferência do governo na correção das chamadas "falhas de mercado", discutindo a questão das externalidades e dos chamados bens públicos e recursos comuns.

2 INCIDÊNCIA DE UM IMPOSTO SOBRE VENDAS

2.1 Introdução

O conhecimento da incidência de um imposto (isto é, sobre quem efetivamente recai o ônus do imposto, se sobre consumidores ou vendedores), é importante para determinar os aspectos econômicos e sociais da tributação. Veremos como o instrumental simples de oferta e demanda e o conceito de elasticidade são adequados para essa análise.

Antes, cabe estabelecer a diferença entre impostos diretos e impostos indiretos. Os impostos sobre vendas, de que trataremos neste capítulo, são **impostos indiretos**, pois incidem sobre o preço das mercadorias e serviços, enquanto os **impostos diretos** incidem diretamente sobre a renda das pessoas. Os impostos indiretos (ICMS, IPI) são **regressivos** em relação à renda, pois representam uma parcela maior da renda das classes menos favorecidas, relativamente aos mais ricos, pois ambos pagam o mesmo valor do imposto incluído no preço de todo tipo de mercadoria. Por exemplo, na compra de uma mesma marca de geladeira, ou num quilo de feijão, ambos pagam o mesmo valor do ICMS e IPI, o que representa um peso relativamente maior no orçamento do consumidor de renda mais baixa. Os impostos diretos (Imposto de Renda) são **progressivos** (quem ganha mais paga proporcionalmente mais). Uma estrutura tributária é considerada **proporcional ou neutra** quando todos despendem uma parcela (%) igual de sua renda no pagamento de impostos.

Temos dois tipos de **impostos sobre vendas**:

- **imposto específico**: representa um valor em $ fixo por unidade vendida, independentemente do valor da mercadoria. Por exemplo, se o imposto for $ 1.000,00, esse será o valor fixo cobrado sobre qualquer mercadoria, não importa se ela custa $ 5.000,00 ou $ 50.000,00;

- **imposto *ad valorem***: aplica-se uma alíquota (percentual) fixa sobre o valor em $ de cada unidade vendida. Ou seja, a alíquota é fixa (como no ICMS e IPI), mas o valor em $ do imposto aumenta, conforme aumenta o preço do bem. Assim, supondo uma alíquota de 20%, se a mercadoria custar $ 50.000,00, o valor em $ do imposto será $ 10.000,00; se a mercadoria custar $ 100.000,00, o valor em $ do imposto será $ 20.000,00.

2.2 Efeito de um imposto de vendas sobre o equilíbrio de mercado

Um imposto sobre vendas representa um ônus tanto para os produtores ou vendedores, como para os consumidores. Como veremos adiante, o estabelecimento de um imposto sobre vendas funciona como um custo adicional para o produtor, o que desloca a curva de oferta para trás. Ou seja, para oferecer a mesma quantidade que oferecia anteriormente, o produtor tem que aumentar o preço, ou, se quiser manter o preço, deve oferecer menor quantidade, pois encareceu a mercadoria. Pelo lado dos consumidores, um imposto sobre vendas faz com que paguem mais caro para consumir a mesma quantidade que consumiam antes, o que reduz a curva de demanda.

Como no Brasil o recolhimento é feito pelas empresas, consideraremos, para efeito de análise, que o imposto sobre vendas afeta a oferta.[2] Isto posto, podemos definir duas curvas de oferta: uma sem imposto e outra com imposto:

$$S = f(p) \text{ sem o imposto}$$

$$S' = f(p_R) \text{ com o imposto}$$

sendo p **o preço de mercado, pago pelo consumidor**, e p_R **o preço relevante para o produtor ou vendedor** (que é o preço de mercado menos o valor do imposto T), isto é,

$$p_R = p - T$$

O preço para o produtor p_R é o que lhe resta após receber p do mercado e recolher o imposto T aos cofres públicos.

2.2.1 Imposto específico

Suponhamos que:

curva de oferta sem o imposto: $\quad S = -20 + 2p$

valor do imposto específico: $\quad T = \$ 10,00$

A curva de oferta com imposto, então, fica:

$$S' = -20 + 2(p - 10)$$

sendo $p - 10 = p_R$, onde p **é o preço de mercado**, e p_R o **preço relevante para o produtor**. Ou seja, o produtor vende a mercadoria por $\$ p$ e fica com $\$ (p - 10)$.

$$S' = -20 + 2p - 20$$

$$S' = -40 + 2p$$

Comparando a curva de oferta com e sem o imposto, observamos que a declividade é a mesma, alterando-se apenas o intercepto, indicando um deslocamento paralelo da curva. Graficamente, temos o apresentado na Figura 4.1.

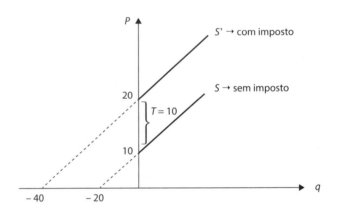

Figura 4.1 Efeito de um imposto específico sobre a curva de oferta de mercado.

Observe-se que o imposto diminui o valor recebido pelo produtor, mas aumenta o valor pago pelo consumidor, porque o preço de equilíbrio de mercado, que é o preço pago pelo consumidor, deve ser maior, como mostra o gráfico da Figura 4.2.

O preço de equilíbrio de mercado só não aumentará no caso de a curva de demanda ser totalmente elástica, como veremos na Seção 2.3, logo adiante.

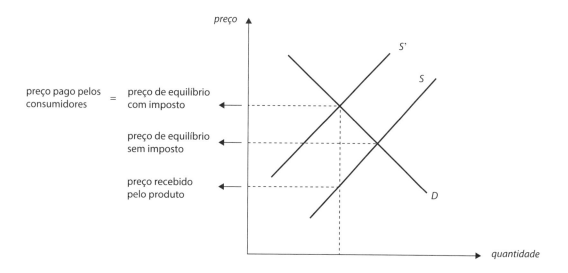

Figura 4.2 Efeito de um imposto específico sobre o equilíbrio de mercado.

2.2.2 Imposto ad valorem

Chamando ainda

p = preço pago pelo consumidor
(ou preço de mercado)

p_R = preço recebido pelo produtor ou vendedor

temos, no caso de um imposto *ad valorem*, que

$$p_R = p - tp = p(1 - t)$$

sendo t a alíquota ou percentual do imposto.

Ou seja, se $p = 10,00$ e $t = 20\%$ ou $0,2$, então:

$$p_R = 10 - 0,2 \cdot 10 = 8,00$$

O preço de mercado é $\$ 10,00$, mas o preço recebido pelo produtor é $\$ 8,00$. Como a alíquota do imposto é 20%, o valor do imposto é $\$ 2,00$, quando o preço é $\$ 10,00$.

Se o preço fosse $p = 30,00$, então:

$$p_R = 30 - 0,2 \cdot 30 = 24,00$$

a alíquota continuaria 20%, mas o valor do imposto aumentaria para $\$ 6,00$.

Temos, portanto:

curva de oferta sem imposto: $\quad S = f(p)$
curva de oferta com imposto *ad valorem*: $\quad S' = f(p_R)$
sendo $\quad p_R = p - pt$
ou $\quad p_R = p(1 - t)$

Exemplo:

curva de oferta sem imposto: $S = -20 + 2p$

curva de oferta com imposto *ad valorem*, supondo $t = 0,1$

$$S' = -20 + 2p(1 - 0,1)$$

$$S' = -20 + 2p(0,9)$$

$$S' = -20 + 1,8p$$

Notamos que, ao contrário do imposto específico, o que se altera agora é a declividade, e não o intercepto.

Graficamente, temos o apresentado na Figura 4.3.

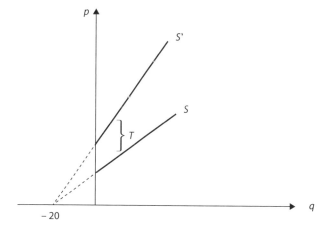

Figura 4.3 Efeito de um imposto *ad valorem* sobre a curva de oferta de mercado.

A distância entre S e S', na vertical, é o valor em $ do imposto (T), que aumenta quando o preço aumenta, no caso do imposto *ad valorem*. No caso do imposto específico, como vimos, o deslocamento da curva de oferta é paralelo, pois o valor do imposto é o mesmo, qualquer que seja o valor da mercadoria ou serviço.

2.3 Incidência do imposto[3]

Vejamos, agora, quem arca efetivamente com o ônus do imposto. Para tanto, suporemos o caso de um imposto específico (a análise a seguir também vale, *mutatis mutandis*, para o caso de um imposto *ad valorem*).

Chamemos:

p_0 = preço de equilíbrio, sem imposto

p_C = preço pago pelo consumidor, em T = preço de equilíbrio, após o imposto

p_R = preço recebido pelo produtor, após T ($p_R = p_C - T$)

e q_0 e q_1, as quantidades de equilíbrio, antes e depois do imposto.

Segue-se, então, que:

I. a parcela, em $, do imposto paga pelo consumidor é a diferença entre o que paga com o imposto (p_C) e o que pagaria sem o imposto (p_0), vezes a quantidade comprada, ou seja:

$$(p_C - p_0) \cdot q_1$$

II. a parcela, em $, do imposto paga pelo vendedor é a diferença entre o que receberia sem o imposto (p_0) e o que recebe após o imposto (p_R), vezes a quantidade vendida, ou seja:

$$(p_0 - p_R) \cdot q_1$$

III. a arrecadação do governo nesse mercado é a soma das duas parcelas anteriores, ou o valor do imposto vezes a quantidade vendida, ou seja:

$$A = T \cdot q_1$$

Graficamente, temos o apresentado na Figura 4.4.

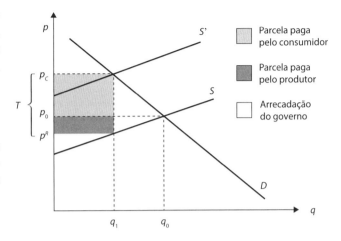

Figura 4.4 Incidência de um imposto específico.

2.4 Exercício completo

As curvas de oferta e demanda de mercado de um bem são:

$$S = -500 + 500p$$

$$D = 4.000 - 400p$$

pede-se:

a) p e q de equilíbrio (p_0 e q_0).
b) Dada a alíquota de um imposto específico $T = 0,9$ centavos por produto, os novos p e q de equilíbrio (p_C e q_1).
c) Qual o preço pago pelos consumidores?
d) Qual o preço recebido pelos vendedores?
e) Qual o valor da arrecadação do governo nesse mercado?
f) Qual a parcela (em $) da arrecadação arcada pelos compradores?
g) Qual a parcela (em $) da arrecadação arcada pelos vendedores?
h) Ilustrar graficamente.

Resolução:

a) Equilíbrio:

$$S = D$$
$$-500 + 500p = 4.000 - 400p$$
$$900p = 4.500$$
$$p_0 = 5 \quad e \quad q_0 = 2.000$$

b) Com a introdução do imposto, a curva de demanda de mercado não se altera. Por exemplo, a $ 5,00 os consumidores estarão dispostos a comprar as mesmas 2.000 unidades.

A curva de oferta cai, porque, a cada preço, os vendedores irão oferecer menos, em virtude do imposto. Então:

$$S' = -500 + 500(p - 0,9)$$
$$S' = -950 + 500p$$

A declividade é idêntica à oferta antes de T, diferindo apenas no intercepto. Se o exercício se referisse ao imposto *ad valorem*, alteraria a declividade, pois o valor do imposto (T) se alteraria, a cada preço, embora a alíquota t permaneça fixada.

O novo equilíbrio passa a ser determinado baseado nas funções:

$$S = -950 + 500p$$
$$D = 4.000 - 400p$$

Igualando $S = D$, chega-se a $p_1 = 5,5$ e $q_1 = 1.800$.

c) O preço pago pelos consumidores é o novo preço de equilíbrio:

$$p_1 = p_C = 5,5$$

d) O preço recebido pelos vendedores é o preço pago pelo consumidor menos o valor do imposto. Assim:

$$p_R = 5,5 - 0,9 = 4,6$$

e) A arrecadação do governo é o imposto cobrado por unidade vendida, vezes a quantidade vendida:

$$AT = T \cdot q_1 = 0,9 \cdot 1.800 = 1.620,00$$

f) A parcela arcada pelos consumidores é a diferença entre o preço que os consumidores pagam após o imposto e o que pagavam antes do imposto, multiplicada pela quantidade vendida. Isto é:

$$(5,5 - 5,0) \cdot 1.800 = 900,00$$

g) Evidentemente, se a arrecadação do governo é 1.620,00, e a parcela arcada pelos consumidores é 900,00, o restante (720,00) representa a parcela dos vendedores, correspondente à diferença entre o preço que os vendedores recebiam antes e o que recebem após o imposto, vezes a quantidade vendida:

$$(5,0 - 4,6) \cdot 1.800 = 720,00$$

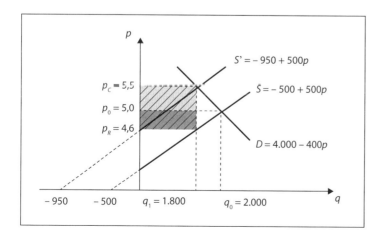

2.5 O "peso morto" do imposto

Do ponto de vista da sociedade, a aplicação de um imposto sobre vendas ou consumo em um mercado concorrencial causa uma distorção na alocação de recursos. Isso pode ser visto a partir da análise dos excedentes do consumidor e do produtor, vista no Capítulo 2 e apresentada na Figura 4.5.

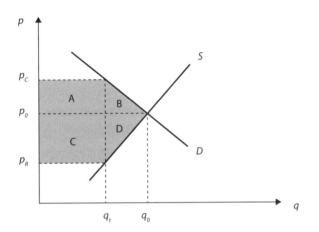

Figura 4.5 O "peso morto" do imposto.

Supondo um aumento de preço de p_0 para p_C, podemos ver que, por um lado, o aumento do preço reduz o excedente do consumidor na área preenchida A-B. Por outra parte, o menor preço líquido recebido pelo produtor (p_R) provoca uma redução do seu bem-estar, que é medida pela área preenchida C-D. Supondo que a arrecadação fiscal seja utilizada em benefício tanto dos consumidores quanto dos produtores, poderíamos dizer que as perdas ficariam parcialmente compensadas pela devolução da área de arrecadação A-C. Assim, podemos ver que o efeito líquido dos impostos sobre a sociedade é a geração de uma **perda social líquida**. Essa perda corresponde à área B-D e reflete a má alocação de recursos que é gerada quando o governo "impõe", ao aplicar um imposto, que a quantidade transacionada seja q_T.

Essa perda social é chamada de **peso morto do imposto**. Genericamente, "peso morto" é o custo social devido à redução da quantidade produzida, quando o preço de mercado fica acima do que seria cobrado em um mercado perfeitamente competitivo.[4] Veremos que isso ocorre também em mercados menos competitivos (monopólios, oligopólios), e pela cobrança de impostos e tarifas pelo governo, visto neste capítulo.

Portanto, o "peso morto" representa uma perda de bem-estar para a sociedade.

2.6 Incidência do imposto e as elasticidades-preço da oferta e da demanda

Parece claro que a incidência do imposto, e, portanto, quem realmente "pagará" o "peso morto", dependerá das elasticidades das curvas de oferta e demanda da mercadoria.

Supondo uma mesma curva de oferta, podemos analisar graficamente, na Figura 4.6, a incidência para curvas de demanda com diferentes elasticidades.[5]

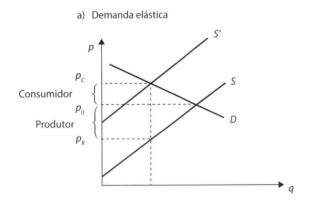
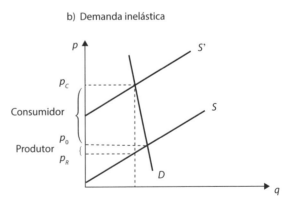

Figura 4.6 Incidência do imposto específico, e as elasticidades-preço da oferta e da demanda.

Se a demanda for bastante elástica, supondo dada a curva de oferta (Figura 4.6 (a)), a maior parcela do imposto e do "peso morto" incidirá sobre os vendedores ou produtores, pois os consumidores conseguem diminuir bastante o consumo do bem, dada uma elevação de preços provocada pelo imposto. Quanto mais inelástica a demanda (Figura 4.6 (b)), dada a curva de oferta, maior a parcela do imposto e do "peso morto" a ser paga pelos consumidores, que, nesse caso, têm mais dificuldade de "fugir" do aumento de preços.[6]

3 FIXAÇÃO DE PREÇOS MÍNIMOS NA AGRICULTURA

A política de preços mínimos visa dar uma garantia de renda aos agricultores. O governo anuncia, antes da época de plantio, um preço mínimo pelo qual ele garante que compra a safra após a colheita. Se o preço de mercado na época da colheita for maior que o preço mínimo, o agricultor venderá no mercado; se o preço de mercado for menor que o preço mínimo garantido, o agricultor venderá ao governo.

Supondo que o preço mínimo seja maior que o de mercado (ver Figura 4.7), o governo pode encetar dois tipos de política:

- compra o excedente (diferença entre a quantidade produzida e a quantidade que os consumidores desejam comprar ao preço mínimo). No gráfico, $q^s - q^d$. Isso se chama **Política de Compras**;

- deixa os agricultores venderem toda a produção no mercado, o que fará o preço cair para p_C. O governo paga ao agricultor a diferença entre o preço mínimo prometido (p_m) e o que o consumidor pagou no mercado (p_C). Esta é a chamada **Política de Subsídios**.

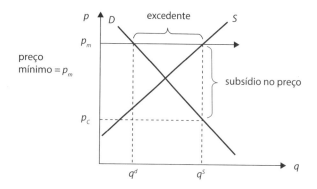

Figura 4.7 Políticas de preços mínimos na agricultura.

Estritamente do ponto de vista do governo, ele escolherá, entre essas duas políticas, aquela na qual gastará menos. Nos gráficos da Figura 4.8, as regiões preenchidas representam os gastos do governo em cada política.

Certamente, a adoção de uma das duas políticas dependerá das elasticidades-preço da demanda e da oferta. Supondo que a curva de oferta seja fixada, podemos mostrar isso graficamente, na Figura 4.9, imaginando uma mesma curva de oferta e duas de demanda: uma bastante inelástica e outra elástica.

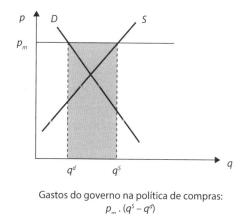

Gastos do governo na política de compras:
$p_m \cdot (q^s - q^d)$

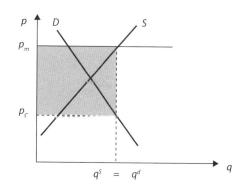

Gastos do governo na política de subsídios:
$(p_m - p_C) \cdot q^d$

Figura 4.8 Gastos do governo nas políticas de preços mínimos na agricultura.

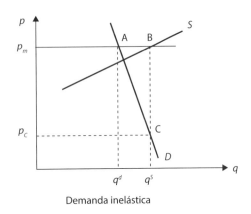 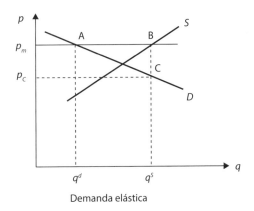

Demanda inelástica — Demanda elástica

Figura 4.9 Políticas de preços mínimos, e as elasticidades-preço da demanda e da oferta.

Considerando que o gasto do governo com a política de compras é dado pela área ABq^dq^s, e com a política de subsídios, pela área $p_m BC p_C$, podemos notar que, quanto mais elástica a demanda de um produto agrícola,[7] o governo tenderá a adotar uma política de subsídios, que sairá mais barata aos cofres públicos que uma política de compras (quanto mais elástica a demanda, a área ABq^dq^s vai se tornando cada vez maior que a área $p_m BC p_C$).

Exemplo: Dadas as funções:

$$\text{demanda: } q^d = 19.000 - 20p$$

$$\text{oferta: } q^s = 10.000 + 10p$$

de um produto agrícola, e supondo que o governo fixou um preço mínimo de $ 400,00, qual política que o governo deve adotar, de forma a minimizar seus gastos?

Resolução: É necessário calcular os custos de cada política. Graficamente:

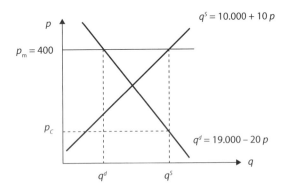

Antes de qualquer coisa, precisamos achar o valor das três incógnitas: p_C, q^d e q^s. As variáveis q^d e q^s são obtidas substituindo o valor de $p_m = 400$ nas funções demanda e oferta, assim:

$$q^d = 19.000 - 20p = 19.000 - 20(400) = 11.000$$

$$q^s = 10.000 + 10p = 10.000 + 10(400) = 14.000$$

A diferença $q^d - q^s = 3.000$ é o excesso de oferta (excedente).

Para determinar p_C, que é o preço que o consumidor pagará, se toda a produção for colocada no mercado (que é de 14.000), substituímos esse valor (14.000) na função demanda, assim:

$$q^d = 19.000 - 20p$$

$$14.000 = 19.000 - 20p$$

Portanto, $p_C = 250,00$

Assim, o subsídio que o governo banca para cada unidade vendida no mercado é a diferença entre o preço que ele pagou ao agricultor (o preço mínimo $p_m = 400,00$) e o preço pago pelo consumidor ($p_C = 250,00$), ou seja, $ 150,00 por unidade.

Para sabermos qual o gasto total do governo na política de subsídios, basta multiplicarmos $ 150,00 pelas 14.000 unidades vendidas. Teremos o valor de $ 2.100.000,00. Ou seja:

$$\text{gasto com política de subsídios} = (p_m - p_C) q^d =$$
$$= 150,00 \cdot 14.000 = \$ 2.100.000,00$$

O gasto total do governo na política de compras é obtido pela multiplicação do preço mínimo que o governo pagou ao agricultor (400,00) pelo excedente que não foi comprado pelo consumidor, ficando com o governo ($q^s - q^d$ = 3.000), isto é, $ 1.200.000,00, ou seja:

gasto com política de compras: = $p_m (q^s - q^d)$ =
= 400,00 . 3.000 = $ 1.200.000,00

Dessa forma, o governo adotará a política de compras, com a qual gastará relativamente menos.

Cabe observar que não se pretendeu neste tópico explorar todos os aspectos relativos a tais políticas, como custos administrativos, custos de armazenagem etc., uma vez que o objetivo aqui é apenas ilustrar um tipo de atuação do governo na formação de preços de mercado, e como o conceito de elasticidade pode ser útil nesse caso.

4 EXTERNALIDADES

4.1 Introdução

Em certas ocasiões, o consumo ou a produção de determinado bem ou serviço pode produzir efeitos colaterais, positivos ou negativos, que são chamados de **externalidades ou economias externas**. Trata-se de uma "**falha de mercado**" muito comum, quando a decisão tomada por um agente impacta em outros agentes, não diretamente envolvidos nas decisões do primeiro. Um exemplo clássico é a poluição provocada pelos automóveis ou por uma fábrica, que tem efeitos externos sobre a saúde humana e o meio ambiente.

Quais são as consequências das externalidades para a alocação de recursos? O sistema de preços perde a capacidade de orientar a sociedade na alocação dos recursos escassos, pois os **benefícios e os custos privados** passam a diferir dos **benefícios e custos sociais**, que são os "verdadeiros", do ponto de vista da coletividade. Justamente essa diferença é que deixa de ser considerada ou "internalizada" pelos preços de mercado, daí o nome **externalidade**. Assim, a sociedade sofrerá uma perda, um "peso morto", posto que os custos sociais associados à quantidade transacionada pelo mercado serão maiores que os benefícios sociais derivados do consumo dessa quantidade.

Nesse caso, o governo deve intervir, cobrando impostos ou concedendo subsídios, que "forcem" o sistema de preços a igualar os custos e os benefícios privados e sociais associados ao consumo ou produção de determinado bem ou serviço, levando sua quantidade transacionada a um nível compatível com a máxima satisfação (utilidade) da sociedade.

Os impostos utilizados na correção de externalidades são também chamados de **impostos "pigouvianos" ou impostos de Pigou**, em homenagem ao economista inglês A. C. Pigou (1877-1959), um dos primeiros a abordar esse tema.

4.2 Externalidades no consumo

Vejamos com mais detalhe os efeitos da presença de externalidades e de que forma o governo pode intervir para corrigir as distorções provocadas na alocação de recursos. Primeiramente, suponhamos que exista uma **externalidade negativa no consumo** (exemplo: um fumante inveterado fumando num recinto fechado com outro indivíduo que não fuma). A Figura 4.10 mostra a situação descrita, em que podemos ver que a "verdadeira" curva que reflete o bem-estar social derivado do consumo desse bem é D_s (demanda social), que é menor que a demanda de mercado (privada) D. Ou seja, a demanda desejada pela sociedade é menor do que a demanda efetiva de mercado.

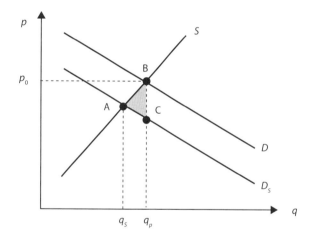

Figura 4.10 Externalidade negativa no consumo.

Na ausência de qualquer tipo de intervenção, como o sistema de preços não considera os efeitos colaterais negativos derivados do consumo desse bem, a sociedade terminaria consumindo uma quantidade superior (q_p) daquela que estaria disposta a consumir (q_s). Em outras palavras, como pode ser visto no mesmo gráfico, os custos sociais associados ao consumo dessa quantidade adicional superam os benefícios sociais (benefícios sociais = benefícios privados – externalidade), representados por D_s. Justamente, o "peso morto", ou seja, a perda social gerada por esse consumo corresponde à área hachurada do triângulo ABC.

A solução, portanto, é fazer com que o sistema de preços "internalize" o custo adicional provocado, mediante a aplicação de um imposto, ao consumo ou à produção, que reduza a quantidade transacionada a q_s. Convém notar que a alíquota do imposto (imposto de Pigou) deveria ser exatamente igual à diferença entre o bem-estar privado (D) e o social (D_s) decorrente do consumo de q_p, que está representada pelo segmento BC.

Ocorreria exatamente o inverso no caso de uma **externalidade positiva no consumo** (exemplo: a educação de uma pessoa a beneficia e termina tendo um efeito multiplicador para o resto da sociedade). Assim, como pode ser visto na figura 4.11, a sociedade também incorre num "peso morto", pois estaria disposta a consumir uma quantidade superior (q_s) àquela que é transacionada no equilíbrio de mercado, sem intervenção do governo (q_p). Nesse caso, a distorção na alocação de recursos se soluciona se o governo concede um subsídio, ao consumo ou à produção, que "ajude" o sistema de preços a "internalizar" o maior benefício que a sociedade obtém por consumir q_p, representado pelo segmento EF. Novamente, a alíquota do subsídio deveria ser exatamente igual a EF.

Dessa forma, na ausência de intervenção do governo, como o sistema de preços não leva em consideração esse maior custo social provocado pela externalidade, no equilíbrio de mercado haverá uma perda social ao produzir-se uma quantidade (q_p) superior à quantidade socialmente ótima (q_s). Ou seja, novamente os custos sociais de produzir a quantidade de equilíbrio do mercado superam os benefícios sociais derivados do seu consumo.

Assim, tal como ocorre no caso da externalidade negativa no consumo, a solução será aplicar um imposto, ao consumo ou à produção, com o intuito de fazer com que os produtores privados "internalizem" o "verdadeiro" custo de produzir o referido bem ou serviço. Dessa forma, a quantidade transacionada se reduziria ao nível compatível com o máximo bem-estar social, q_s, ao aplicar-se um imposto de alíquota equivalente à diferença entre o custo social e o custo privado (segmento HI, o imposto de Pigou).

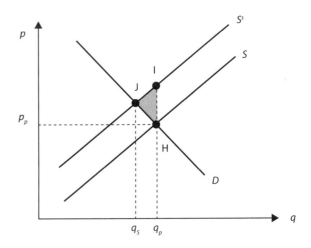

Figura 4.12 Externalidade negativa na produção.

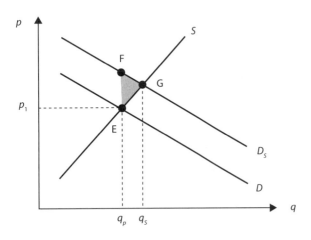

Figura 4.11 Externalidade positiva no consumo.

4.3 Externalidades na produção

A análise é similar à anterior, no caso das externalidades que ocorrem na produção. Nesse sentido, se existe uma **externalidade negativa na produção** (exemplo: uma fábrica de cerveja que polui um riacho), o "verdadeiro" custo social de produzir determinado bem ou serviço (custos sociais = custos de produção + externalidade), representado por S_s, é maior que o custo privado (custos de produção), representado pela oferta de mercado S. Essa situação pode ser visualizada na Figura 4.12.

Finalmente, no caso de uma **externalidade positiva na produção** de algum bem ou serviço (exemplo: uma criação de abelhas próxima a uma plantação de laranjas), a análise é o inverso do caso anterior, devendo-se aplicar um subsídio à sua produção ou consumo, eliminando o "peso morto" representado pela área hachurada do triângulo JKL, tal como pode ser visto na Figura 4.13. Novamente, a alíquota do subsídio deveria ser exatamente igual à discrepância entre o custo privado (custo de produção) e o custo social (custo de produção + ganho por externalidade) de produzir tal bem ou serviço (segmento KL).

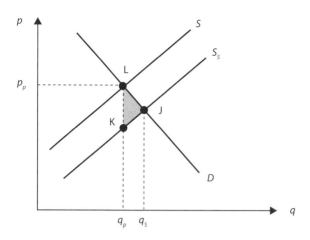

Figura 4.13 Externalidade positiva na produção.

4.4 Teorema de Coase

A solução tradicional ("pigouviana"), de internalizar as externalidades por meio de impostos e subsídios, é relativamente simples, embora apresente dois inconvenientes. O primeiro deles é de natureza prática, pois exige conhecer ampla extensão das curvas de demanda e oferta, o que dificilmente é possível.

O segundo foi observado pelo economista britânico Ronald Coase (1910-2013), Prêmio Nobel de 1991. A observação de Coase baseia-se na ideia de que, na presença de externalidades negativas, os impostos "pigouvianos" podem não ser a melhor solução, do ponto de vista social. Isso ocorreria porque a solução "pigouviana" estaria impossibilitando que as partes envolvidas possam negociar, minimizando as possíveis perdas para ambas, decorrentes da aplicação de um imposto pelo governo.

Podemos pensar no seguinte exemplo: imaginemos uma fábrica que polui um rio próximo a um pequeno povoado. A solução tradicional consistiria em aplicar um imposto, por exemplo, à produção da fábrica. Com isso, a fábrica reduziria a poluição do rio, o que tornaria o povoado mais habitável. Desse modo, a tendência seria que a população desse povoado aumentasse, o que faria com que, mesmo com a redução da produção da fábrica, mais pessoas fossem afetadas pela externalidade negativa. Assim, poderia ser justificável aumentar a alíquota do imposto à produção, o que reduziria ainda mais a produção e o consumo do bem ou serviço em questão. Como se vê, a aplicação do imposto "pigouviano" pode terminar reduzindo fortemente a produção e o consumo de um bem valorizado pela sociedade.

Nesse sentido, pode ser mais eficiente permitir que as partes envolvidas estabeleçam algum tipo de contrato ou acordo (a fábrica poderia indenizar os habitantes do povoado, por exemplo, e continuar produzindo) que implique um menor custo para todos. Obviamente, isso será correto na medida em que os custos de realizar essa negociação não sejam muito elevados.

Assim, podemos estabelecer o que ficou conhecido como "**Teorema de Coase**": *Em ausência de custos de transação, e independentemente da distribuição dos direitos de propriedade, o resultado da negociação será eficiente.*

Evidentemente, não é necessária a inexistência de custos associados à negociação, bastando que não sejam muito expressivos. Dessa forma, e se os direitos de propriedade estão claramente definidos, a negociação será mais eficiente, do ponto de vista social, que a solução "pigouviana" tradicional.

5 BENS PÚBLICOS E RECURSOS COMUNS

Outra justificativa para a intervenção econômica do governo é a existência dos chamados bens públicos e bens (recursos) comuns, bens cuja oferta pelo setor privado não seria viável sem a ação do Estado.

5.1 Bens públicos

Os **bens públicos** são caracterizados pelo fato de seu consumo ser não excludente e não rival, isto é, o consumo de uma pessoa não reduz a disponibilidade do bem, e não impede (não exclui) o consumo de outra. A mesma quantidade do bem estará disponível independentemente de quantos o consomem.

Nessa situação, os indivíduos não revelam quanto estariam dispostos a pagar por esses bens. Exemplos disso são os casos da segurança nacional, da justiça, iluminação pública etc. Assim, a oferta desses bens e serviços precisa ser feita pelo setor público, e seus custos devem ser repartidos de forma compulsória entre toda a sociedade.[8]

Todos os **bens privados**, como automóveis, alimentos, vestuário, serviços pessoais, são rivais e excludentes. Um bem é **rival** ou **não disputável** quando o seu consumo por um agente impede o consumo por outros agentes.

Por exemplo, quando alguém come um prato de comida, há um prato de comida a menos para alimentar outras pessoas. Por outro lado, um bem é **exclusivo** ou **excludente** quando se pode impedir que alguém que não tenha pagado por ele tenha acesso ao seu consumo. O dono de uma loja, por exemplo, pode impedir que alguém que não tenha pagado por ele tenha acesso ao seu consumo.

Os bens públicos podem ser considerados um caso extremo de externalidade positiva, pois beneficiam toda a coletividade, independentemente de as pessoas desejarem comprá-los.

Pelo fato de os bens públicos serem não excludentes, é economicamente inviável excluir qualquer pessoa de desfrutar do consumo desses bens. Ninguém estaria disposto a declarar sua real disposição a pagar pelo benefício, pois outros indivíduos se beneficiariam, ainda que não pague por isso. Esse é o chamado **problema do carona** (*"free rider"*), relativo a pessoas que recebem o benefício de um bem público, mas não se dispõem a pagar por ele.

Por esse motivo, uma das principais tarefas do Estado é a provisão de bens públicos. O governo financia sua produção por meio da cobrança de impostos e tarifas, evitando o problema de revelação de preferências por parte dos consumidores, o que impede que seja oferecido pelo setor privado.

5.2 Bens ou recursos comuns

Bens ou recursos comuns são bens que apresentam consumo rival, mas são excludentes. A atividade pesqueira é um exemplo. São utilizados por todos, mas não são propriedade de nenhum indivíduo. Esses bens não são providos por mercados competitivos simplesmente porque os seus produtores não teriam, por definição, como impedir que aqueles que não pagaram por eles tenham acesso aos mesmos. Como os indivíduos ignoram os custos de sua própria utilização, cria-se um problema conhecido como **tragédia dos comuns**, que pode levar ao consumo predatório do bem. Cada consumidor irá consumir o mais rápido quanto possível cada unidade desse bem, antes que outro o faça. Ou seja, é utilizado mais do que o desejável, o que pode ser caracterizado como uma externalidade negativa.

A atuação do Estado, nesses casos, é no sentido de reduzir o uso desses recursos comuns mediante a regulação ou imposição de tarifas, pedágios e impostos.

SAIBA MAIS

A incidência do imposto sobre cigarros

O consumo de cigarros, assim como as drogas ilícitas, constitui-se em um dos grandes problemas de saúde pública nos dias atuais. Ainda que se considerem os males do cigarro, o vício faz com que a demanda seja persistente, mesmo com a alta de preços do produto. No Brasil, assim como na maioria dos países, os cigarros sofrem com altos impostos. Inicialmente, poder-se-ia pensar que essa alta poderia inibir a demanda tendo em vista a elevação no preço do produto. Além disso, considerando a baixa elasticidade-preço da demanda, a introdução de uma alíquota de impostos sobre os cigarros acaba refletindo em uma alta receita tributária para o Governo. A questão que se coloca nesta ação é se os impostos, por elevarem o preço dos cigarros, podem ser considerados como uma política de redução da demanda. Diante do vício, a resposta é "em termos". Inicialmente, tem-se a dependência, que impede que a demanda caia. Além disso, particularmente em países em desenvolvimento, como o Brasil, têm surgido os cigarros falsificados como substitutos aos que pagam impostos. Tal evidência agrava o problema, uma vez que as falsificações podem causar danos ainda maiores aos consumidores, já que não possuem qualquer fiscalização sobre o processo produtivo.

Considerando que a proibição não se constitui em opção, pois criaria mais distorções, deve-se pensar em alternativas para a redução do problema. No Brasil, têm sido adotadas medidas nesse sentido. A proibição de propagandas e consumo de cigarros em ambientes fechados, além dos alertas acerca dos males que o tabaco faz à saúde, são exemplos de ações que podem ser tomadas. Entretanto, o surgimento dos cigarros falsificados ainda é um desafio no país, principalmente por ser destinado a suprir consumidores de baixa renda, os quais, no Brasil, são os maiores consumidores do produto. Nessa população, pode-se considerar a existência de alta elasticidade-substituição da demanda de cigarros legais por ilegais. De qualquer jeito, é importante manter as políticas de combate à falsificação, combinadas com a intensificação na disponibilização de informações sobre os males do consumo de tabaco, e a busca de alternativas para o tratamento da dependência. Ou seja, assim como no caso das drogas ilícitas, trata-se de um problema cujas soluções demandam abordagens interdisciplinares, podendo a análise econômica contribuir para a busca de soluções para este e outros problemas de saúde pública.

ENTENDA NA PRÁTICA

As externalidades e a legislação ambiental: o caso das sacolas de plástico na cidade de São Paulo

No passado, as sacolas utilizadas nas compras de supermercados eram feitas de papel. Com o barateamento dos derivados do petróleo, elas foram substituídas por sacolas de plástico. Com o tempo, a sociedade conscientizou-se dos danos ambientais provocados por essas sacolas. Estima-se que elas levem até 400 anos para se decompor na natureza e, enquanto isso, lá permanecem, poluindo rios e mares. Em vários países, essas sacolas têm sofrido restrições ou mesmo proibições, particularmente nos países da União Europeia.

No Brasil, a utilização das sacolas de plástico ainda é regra no comércio. Entretanto, algumas iniciativas vêm contribuindo para minimizar os problemas ambientais decorrentes. Podemos citar, por exemplo, as ações da Prefeitura de São Paulo a partir da Lei nº 15.374, de 2011, que limitou o uso e a venda das sacolas de plásticos pelos estabelecimentos comerciais. A Lei gerou grande polêmica no início de sua implantação e foi questionada por inúmeros empresários. Com o intuito de resolver os conflitos, a Autoridade Municipal de Limpeza Urbana, órgão vinculado à Prefeitura da cidade, publicou, em 2015, resolução regulamentando a Lei (Resolução 55/UMLURB/2015). A Resolução criou os conceitos de coleta seletiva, dividindo os resíduos sólidos secos em dois conceitos: os recicláveis e os indiferenciados/rejeitos, que incluem os orgânicos e não recicláveis. Para o descarte desses resíduos, a Resolução criou ainda dois tipos de sacolas: as verdes, para os produtos recicláveis, e as cinzas, para os não recicláveis. Essas sacolas deveriam ter, em sua composição "51% (cinquenta e um por cento) de matéria-prima proveniente de tecnologias sustentáveis: bioplásticos, de fontes renováveis ou naturais de recomposição". A norma foi finalmente acatada pelo comércio, e hoje os donos dos estabelecimentos arcam com parte dos custos das sacolas, que não podem ter qualquer propaganda promocional. Os consumidores também fazem a sua parte, reutilizando-as para o descarte dos resíduos domésticos. Esse exemplo mostra como uma externalidade negativa pode ter seus custos sociais reduzidos e mais bem divididos com a implementação de políticas públicas e regras inteligentes. Ou seja, a Economia pode ajudar na busca de formas eficientes de solução para determinadas imperfeições de mercado.

QUESTÕES DE MÚLTIPLA ESCOLHA

1. **Quando falamos em incidência de um imposto, estamos:**
   a) Referindo-nos ao grupo que realmente paga o imposto ao governo, independentemente de o ônus ser, ou não, transferido para outro grupo qualquer.
   b) Medindo o ponto até o qual o imposto tende a reduzir os incentivos entre o grupo que o paga.
   c) Referindo-nos ao grupo que realmente paga a conta fiscal, não importando se é ele, ou não, que recolhe o dinheiro aos cofres públicos.
   d) Perguntando se o imposto em questão é progressivo ou regressivo.
   e) Perguntando se o imposto em questão é direto ou indireto.

2. **Num mercado competitivo, o governo estabeleceu um imposto específico sobre determinado produto. A incidência do imposto se dará, simultaneamente, sobre produtores e consumidores, se:**
   a) As curvas de oferta e demanda forem absolutamente inelásticas.
   b) A curva de demanda for absolutamente inelástica e a de oferta, algo elástica.
   c) A curva de demanda for infinitamente elástica e a de oferta, absolutamente inelástica.
   d) As curvas de oferta e demanda forem algo elásticas.
   e) As curvas de oferta e demanda forem infinitamente elásticas.

3. **O governo lança um imposto de vendas de $ 5 por unidade vendida, numa indústria competitiva. As curvas de oferta e procura têm alguma elasticidade no preço. Esse imposto faz com que, no diagrama de oferta e procura:**
   a) Toda a curva de oferta desloque-se para a esquerda, num movimento que indique $ 5, mas (a menos que a procura seja perfeitamente elástica) o preço não aumente.
   b) Toda a curva de oferta tenha um deslocamento para cima, que indique menos do que $ 5, mas (a menos que a procura seja altamente elástica) o preço terá um aumento de $ 5.
   c) Toda a curva de oferta tenha um deslocamento para a esquerda que indique menos do que $ 5, mas (a menos que a procura seja altamente inelástica) o preço aumente de mais que $ 5.

d) Toda a curva de oferta tenha um deslocamento que indique $ 5, mas (a menos que a oferta seja perfeitamente elástica) qualquer aumento de preço seja menor do que $ 5.

e) Toda a curva de procura tenha um deslocamento que indique $ 5, e o preço suba $ 5.

4. Dadas as curvas de oferta e demanda

   $S = p$

   $D = 300 - 2p$,

   o preço de equilíbrio, após um imposto específico de $ 15 por unidade, é igual a:
   a) 100.
   b) 90.
   c) 105.
   d) 110.
   e) N.r.a.

5. Com os dados da questão anterior, a arrecadação total do governo, após o imposto, é igual a:
   a) 10.000.
   b) 1.350.
   c) 9.000.
   d) 8.000.
   e) N.r.a.

6. Ainda com os dados da questão 3, a parcela da arrecadação paga pelo consumidor é igual a:
   a) 450.
   b) 1.350.
   c) 900.
   d) 90.
   e) N.r.a.

7. Quanto maior a elasticidade-preço da demanda:
   a) Maior a receita total do governo, com a fixação de um imposto *ad valorem*.
   b) Menor a receita total do governo, com a fixação de um imposto específico.
   c) Maior a parcela do imposto paga pelos consumidores.
   d) Os produtores transferem todo o ônus do imposto aos consumidores.
   e) Maior a parcela do imposto paga pelos vendedores.

8. Suponha que a demanda seja dada por $D = 130 - 10p$ e a oferta por $S = 10 + 2p$. Com o objetivo de defender o produtor, é estabelecido um preço mínimo de 12 reais por unidade. Aponte a alternativa correta:
   a) A política de subsídios é mais econômica para o governo que a política de comprar o excedente.
   b) A política de compras é mais econômica para o governo que a política de subsídios.
   c) O preço de equilíbrio é de $ 9,6.
   d) Ao preço mínimo, a quantidade ofertada é 10.
   e) Ao preço mínimo, a quantidade demandada é 34.

9. O diagrama a seguir representa o mercado do bem *x*.

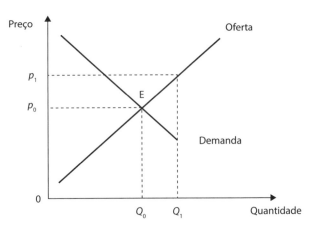

   Podemos afirmar corretamente que:
   a) A cobrança de um imposto específico sobre o bem *x* incidiria integralmente sobre os produtores.
   b) *x* é um bem "inferior".
   c) Um aumento da renda dos consumidores deslocará a curva de oferta para a direita, elevando a quantidade produzida.
   d) A fixação de um preço mínimo, p_1, elevaria a quantidade de equilíbrio para q_1.
   e) A cobrança de um imposto *ad valorem* incidiria em parte sobre os produtores e em parte sobre os consumidores.

APÊNDICE MATEMÁTICO

INCIDÊNCIA DE UM IMPOSTO SOBRE VENDAS

Provaremos que as parcelas do imposto pagas pelo consumidor e pelo vendedor são, respectivamente, iguais a:

$$\frac{\Delta p}{T} = \frac{E_{ps}}{E_{pp} + E_{ps}} \quad \text{e} \quad \frac{\Delta p'}{T} = \frac{E_{pp}}{E_{pp} + E_{ps}}$$

sendo T = imposto de vendas

$$\Delta p = p_1 - p_0$$
$$\Delta p' = p_0 - p'$$

$\dfrac{\Delta p}{T}$ = parcela do imposto paga pelo consumidor

$\dfrac{\Delta p'}{T}$ = parcela do imposto paga pelo vendedor

E_{ps} = elasticidade-preço da oferta

E_{pp} = elasticidade-preço da procura

Considerando (p_0, q_0) o ponto de equilíbrio inicial, antes do imposto, e (p_1, q_1) o ponto de equilíbrio após o imposto, temos que:

$$\Delta p = p_1 - p_0 \quad \text{e} \quad \Delta p' = p_0 - p'$$
$$\text{sendo: } \Delta p + \Delta p' = T \quad (1)$$

Graficamente:

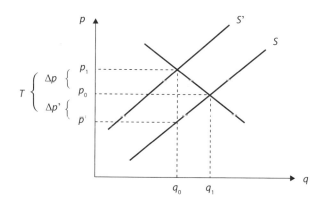

A partir da elasticidade-preço da procura,

$$E_{pp} = \frac{p_0}{q_0} \cdot \frac{\Delta q^d}{\Delta p}$$

temos

$$\Delta p = \frac{p_0}{q_0} \cdot \Delta q^d \cdot \frac{1}{E_{pp}} \quad (2)$$

e da elasticidade-preço da oferta,

$$E_{ps} = \frac{p_0}{q_0} \cdot \frac{\Delta q^s}{\Delta p}$$

vem

$$\Delta p' = \frac{p_0}{q_0} \cdot \Delta q^s \cdot \frac{1}{E_{ps}} \quad (3)$$

Considerando a parcela do imposto paga pelo consumidor, temos:

$$\frac{\Delta p'}{\Delta p' + \Delta p} = \frac{\dfrac{p_0}{q_0} \cdot \Delta q^d \cdot \dfrac{1}{E_{pp}}}{\dfrac{p_0}{q_0} \Delta q^d \cdot \dfrac{1}{E_{pp}} + \dfrac{p_0}{q_0} \cdot \Delta q^s \cdot \dfrac{1}{E_{ps}}}$$

$$\frac{\Delta p'}{\Delta p' + \Delta p} = \frac{\dfrac{1}{E_{pp}}}{\dfrac{1}{E_{pp}} + \dfrac{1}{E_{ps}}} = \frac{\dfrac{1}{E_{pp}}}{\dfrac{E_{pp}}{E_{ps}} + \dfrac{E_{ps}}{E_{pp}}} =$$

$$= \frac{1}{E_{ps}} + \frac{E_{ps} \cdot E_{pp}}{(E_{pp} + E_{ps})}$$

$$\frac{\Delta p}{\Delta p' + \Delta p} = \frac{E_{ps}}{E_{pp} + E_{ps}}$$

Como, por (1), $\Delta p' + \Delta p = T$, vem:

$$\frac{\Delta p}{T} = \frac{E_{ps}}{E_{pp} + E_{ps}}$$

A participação do vendedor no total da arrecadação pode ser obtida por processo análogo, e é igual a:

$$\frac{\Delta p'}{T} = \frac{E_{pp}}{E_{pp} + E_{ps}}$$

Notas

1 No Capítulo 15, na Parte III deste livro, discutiremos outras questões pertinentes à atuação do estado, mas pelo enfoque macroeconômico.

2 Ou seja, a demanda permanece constante, reduzindo-se apenas a curva de oferta. Em algumas análises, é considerando o impacto sobre a curva de demanda, com a oferta permanecendo constante. O resultado final é o mesmo.

3 O conceito de incidência neste capítulo é o de **incidência no sentido econômico**, que é diferente do conceito de **incidência no sentido legal**. A incidência econômica diz respeito sobre em quem efetivamente recai o ônus, enquanto a incidência legal refere-se a quem recolhe o imposto aos cofres públicos. No caso do imposto sobre vendas, quem recolhe é a empresa, mas ela tem condições de transferir parte do ônus aos consumidores, via aumento do preço do produto.

4 No Capítulo 7, Seção 4.7, "Custo social do monopólio", mostramos o peso morto existente em mercados concentrados.

5 Conforme mostramos no Capítulo 3 (Elasticidades), a elasticidade-preço da demanda varia ao longo da curva. Em curvas mais horizontais, podemos supor que provavelmente o trecho relevante da curva de demanda que está sendo analisado pertence ao segmento elástico da demanda (no ramo acima do ponto médio da curva de demanda); mais vertical a curva, provavelmente o trecho relevante para análise apresenta demanda inelástica (no ramo abaixo do ponto médio).

6 Provamos, no *Apêndice Matemático*, ao final deste capítulo, que as parcelas do imposto pagas pelos consumidores e pelos vendedores são iguais a:

- parcela do imposto paga pelo consumidor $= \dfrac{E_{ps}}{E_{pp} + E_{ps}}$

- parcela do imposto paga pelo vendedor $= \dfrac{E_{pp}}{E_{pp} + E_{ps}}$

sendo E_{pp} e E_{ps} as elasticidades-preço da procura e da oferta, respectivamente.

7 Ver observação na Nota 3 deste capítulo.

8 No cálculo do Produto Nacional, que veremos no Capítulo 10, os bens públicos, por não terem um preço de mercado, são avaliados pelo seu custo de produção. Isso faz com que a participação do setor público, nas contas nacionais, seja medida pelos seus gastos.

TEORIA DA FIRMA: PRODUÇÃO

1 INTRODUÇÃO

No Capítulo 2, sobre o funcionamento do mercado, apresentamos uma síntese dos fundamentos da Teoria da Demanda do Consumidor, ou simplesmente Teoria do Consumidor. Cabe agora estudar um pouco mais o lado da oferta da empresa, a chamada Teoria da Firma, que trata das decisões das empresas quanto à produção de algum bem ou serviço.

Na Teoria do Consumidor, vimos que o objetivo era entender como um indivíduo racional maximiza sua satisfação ou utilidade, condicionado à sua restrição orçamentária. Num raciocínio equivalente, o principal objetivo da firma que opera no setor privado é a **maximização de seus lucros,** condicionada aos recursos que dispõe para arcar com os custos de produção.

Do ponto de vista econômico, o Lucro Total (LT) é a diferença entre a Receita Total (RT) e o Custo Total (CT):

$$LT = RT - CT$$

A receita total, por sua parte, define-se pelo produto entre o preço de venda (p) e a quantidade produzida (q), e o custo total é dado pelo preço dos insumos e fatores de produção e a quantidade dos insumos e fatores utilizados na produção. Cabe, então, analisar cada um dos elementos componentes do lucro.

Iniciaremos, neste capítulo, com a Teoria da Produção, que trata de relações físicas, tecnológicas, entre a quantidade física do produto e a quantidade física de insumos utilizados na produção. A **Teoria dos Custos de Produção**, que apresentaremos no Capítulo 6, relaciona a quantidade física do produto com os preços dos fatores de produção. Determinaremos as situações nas quais as empresas estão otimizando seus resultados, o que corresponde ao chamado **equilíbrio da firma**.

Com a apresentação dos componentes da receita total no Capítulo 7, chegaremos à determinação dos preços que maximizam os lucros da empresa na venda de seus produtos, o que dependerá das diferentes formas ou estruturas do mercado no qual ela opera: mercado perfeitamente competitivo, monopólio, concorrência monopolística ou oligopólio, como veremos, ao final desta Parte II.

2 CONCEITOS BÁSICOS

2.1 A escolha do processo de produção

Em Economia, define-se **Produção** como o processo pelo qual uma firma transforma os fatores de produção adquiridos pela empresa em produtos ou serviços para a venda no mercado. A firma é uma intermediária: compra insumos (*inputs,* como energia, combustíveis, matérias-primas) *e* fatores de produção (mão de obra, terra, capital), combina-os segundo um processo de produção escolhido e vende produtos (*outputs*) no mercado.

O processo de produção pode ser ou mão de obra-intensivo, ou capital-intensivo, ou terra-intensivo (Figura 5.1), dependendo do fator de produção utilizado em maior quantidade, relativamente aos demais.

Figura 5.1 O processo de produção.

A escolha do processo de produção depende de sua **eficiência**. O conceito de eficiência pode ser avaliado pelo ponto de vista tecnológico ou pelo ponto de vista econômico.

- **eficiência técnica (ou tecnológica)**: entre dois ou mais processos de produção, é aquele processo que permite produzir uma mesma quantidade de produto, utilizando menor quantidade física de fatores de produção;
- **eficiência econômica**: entre dois ou mais processos de produção, é aquele processo que permite produzir uma mesma quantidade de produto, com menor custo de produção.

São conceitos relativos: diz-se que A é mais eficiente **relativamente** a B (e não que A ou B são eficientes). Esses conceitos também podem ser aplicados para comparação entre firmas assemelhadas, ou ainda entre setores (por exemplo, diferenças de eficiência no setor têxtil entre os vários Estados).

Na Teoria Microeconômica, consideramos como dada ou determinada a eficiência tecnológica, que é uma questão mais pertinente à área de engenharia, e preocupamo-nos mais em analisar a questão de eficiência econômica. Ou seja, na Teoria da Produção, ao analisarmos relações físicas entre insumos e produtos, estaremos assumindo, implicitamente, que o processo de produção é eficiente do ponto de vista tecnológico.

É interessante observar que existe diferença entre os conceitos de tecnologia e de métodos de produção. **Tecnologia** é um inventário dos métodos de produção conhecidos. É o estado das artes. Nessa análise, supõe-se tecnologia dada. **Método ou Processo de Produção** diz respeito a diferentes possibilidades de combinações entre os fatores de produção, para produzir uma dada quantidade de um bem ou serviço.

Na análise que se segue, supõe-se que podemos escolher entre processos alternativos de produção, a um dado nível de conhecimento tecnológico.

2.2 Distinção entre fatores de produção fixos e fatores de produção variáveis

Na Teoria da Produção, é fundamental distinguirmos o que vêm a ser fatores de produção fixos e fatores de produção variáveis, o que dependerá do período de tempo em que esses fatores estejam disponíveis, enquanto o processo de produção se desenrola.

São chamados de **fatores de produção fixos** aqueles que permanecem inalterados, quando a produção varia, enquanto os **fatores de produção variáveis** se alteram com a variação da quantidade produzida.

Considera-se como **curto prazo** o período no qual existe pelo menos um fator de produção fixo, enquanto no **longo prazo** todos os fatores variam. Normalmente, na análise microeconômica, considera-se que, no curto prazo, o capital físico e as instalações da empresa são considerados fixos, e são fatores variáveis a mão de obra e as matérias-primas utilizadas. No longo prazo, todos os fatores de produção são variáveis, inclusive o capital físico e as instalações.

Dessa forma, por exemplo, o curto prazo para uma metalúrgica ou uma usina hidroelétrica é maior do que o de uma padaria, de um consultório médico, ou mesmo de uma fábrica de biscoitos, dado que as alterações de equipamentos ou instalações de empresas de grande porte demandam um prazo mais longo do que empresas de menor porte.

2.3 Função de produção

Um dos conceitos mais relevantes, dentro da Teoria da Produção, é o de **função de produção**. É a relação técnica entre a quantidade física de fatores de produção e a quantidade física do produto em determinado período de tempo.

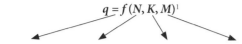

sendo *t* a unidade de tempo (mês, ano etc.).

A função de produção supõe implicitamente que o empresário utiliza a maneira mais eficiente de combinar os fatores de produção (ou seja, supõe-se válida a eficiência técnica), obtendo a máxima produção possível, com os níveis de mão de obra, capital, matérias-primas e tecnologia disponíveis.

O conceito de função de produção não deve ser confundido com a função oferta, que vimos anteriormente. A **função oferta** é um conceito "econômico", de eficiência econômica, pois relaciona a produção com os preços dos fatores de produção (custos), enquanto a **função de produção** é um conceito mais "físico" ou "tecnológico", de eficiência técnica, pois se refere à relação entre quantidades físicas de produto e fatores de produção.

3 ANÁLISE DA PRODUÇÃO A CURTO PRAZO

Na Teoria da Produção, costuma-se desenvolver a análise considerando-se dois grupos básicos de fatores de produção: mão de obra (*N*) e capital (*K*). A função de produção fica, então:

$$q = f(N, K)$$

Na análise de curto prazo, supõe-se que o fator capital (*K*), que corresponde a equipamentos e instalações, permanecem fixos, com o que o nível de produto varia apenas em função de alterações da mão de obra (*N*). A função produção fica, então:

$$q = f(N)$$

3.1 Conceitos de produto total, produtividade média e produtividade marginal

Produto total (PT)

É a quantidade total produzida, que se obtém com o emprego dos fatores de produção, em determinado período de tempo.

$$PT = q$$

Produtividade média (PMe)

É a relação entre o nível do produto e a quantidade do fator de produção, em determinado período de tempo. Representa a contribuição de cada fator de produção por unidade produzida.

Produtividade Média da Mão de obra:
(é o produto por trabalhador)

$$PMe_N = \frac{PT}{N}$$

Produtividade Média do Capital:

$$PMe_K = \frac{PT}{N}$$

Produtividade marginal (PMg)

É a variação do produto, dada uma variação de uma unidade na quantidade do fator de produção, em determinado período de tempo. Representa a contribuição marginal ou adicional de cada fator de produção. Ela pode ser representada em termos de variações discretas (Δ) ou em termos de derivadas $(d)^2$, assim:

Produtividade Marginal da Mão de obra:

$$PMg_N = \frac{\Delta PT}{\Delta N} = \frac{\Delta q}{\Delta N} \text{ ou } \frac{dq}{dN}$$

Produtividade Marginal do Capital:

$$PMg_K = \frac{\Delta PT}{\Delta K} = \frac{\Delta q}{\Delta K} \text{ ou } \frac{dq}{dK}$$

sendo $\frac{dq}{dN}$ e $\frac{dq}{dK}$ as derivadas do produto em relação aos insumos, mão de obra e capital.

Como estamos interessados, por enquanto, na análise de curto prazo, vamos nos deter no fator variável, a mão de obra. Os conceitos de produto total e produtividades média e marginal da mão de obra são ilustrados na Tabela 5.1.

Tabela 5.1 Produto total, produtividade média e marginal da mão de obra

K^3 (fator fixo)	N (fator variável)	$PT = q$	$PMe_N = \dfrac{PT}{N}$	$PMg_N = \dfrac{\Delta PT}{\Delta N}$
10	0	0	–	–
10	1	3	3	3
10	2	8	4	5
10	3	12	4	4
10	4	15	3,75	3
10	5	17	3,4	2
10	6	17	2,8	0
10	7	16	2,3	– 1
10	8	13	1,6	– 3

A curto prazo, o capital mantém-se fixo (10 unidades), com o que as variações do produto são devidas exclusivamente às alterações na quantidade de trabalhadores alocados.

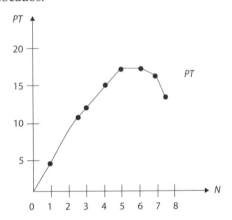

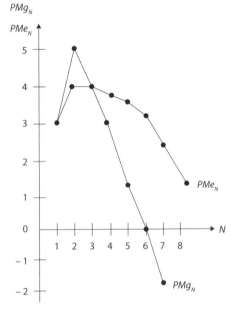

Figura 5.2 Curvas de produto total, produtivibade média e marginal da mão de obra.

Para efeito didático, podemos considerar curvas contínuas, e as curvas de produto total, marginal e médio da mão de obra como na Figura 5.3.

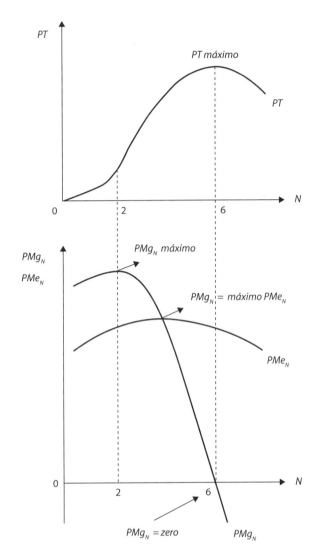

Figura 5.3 Curvas de produto total, produtividade média e marginal da mão de obra.

Observamos que, nas fases iniciais de produção, pode ocorrer que, com a absorção de mais trabalhadores, o produto cresça primeiro a taxas crescentes,[4] depois continue crescendo, mas a taxas decrescentes, até atingir o ponto máximo do produto total (PT). Se continuar aumentando a aquisição de mais mão de obra, o produto total começa a cair, podendo, pelo menos teoricamente, até zerar. Antes desse ponto, a produtividade marginal da mão de obra é positiva e crescente, ou seja, aumentos na absorção de mão de obra elevam o produto total. Após o ponto máximo do PT, a produtividade marginal permanece positiva, mas começa a decrescer: acréscimos de mão de obra diminuirão o produto.[5] Isso ocorre em virtude da chamada Lei dos rendimentos decrescentes do fator, que veremos a seguir.

3.2 Lei dos rendimentos decrescentes do fator

O formato das curvas PMg_N e PMe_N dá-se em virtude da Lei dos rendimentos decrescentes do fator, também chamada de Lei da produtividade marginal decrescente, cujo enunciado é:

> Ao aumentar o fator variável (N), sendo dada a quantidade de um fator fixo, a PMg do fator variável cresce até certo ponto e, a partir daí, decresce, até tornar-se negativa.

Essa lei só é válida se for mantido um fator fixo (portanto, só vale no curto prazo). A contratação de cada unidade adicional de certo fator de produção, no caso a mão de obra, eleva a produção total, inicialmente a taxas crescentes, mas, após atingir um ponto máximo de produção, os acréscimos do produto serão cada vez menores, ou seja, a taxas decrescentes. Como vimos no Capítulo 2, na Seção 3.2, sobre Teoria do Consumidor, esse raciocínio, *mutatis mutandis*, é semelhante à lei da utilidade marginal decrescente.

Para ilustrarmos essa questão, consideremos a atividade agrícola, tendo como fator fixo a área cultivada e como fator variável a mão de obra. Com o aumento da produção, no início ela cresce substancialmente, porque há poucos trabalhadores para muita terra. Aumentando o número de trabalhadores, e se a área permanece a mesma, chega-se a um ponto em que a produção continua crescendo, mas a taxas decrescentes, em virtude do excesso de trabalhadores, em relação à área cultivada, mantida fixa. Teoricamente, pode-se chegar a um ponto em que a absorção de mais um trabalhador provocará queda na produção (PMg_N negativa).[6]

O economista britânico Arthur Lewis (1915-1991), Prêmio Nobel de 1979, mostrou uma situação na qual a produtividade marginal da mão de obra seria nula. Em países subdesenvolvidos, que praticam a chamada agricultura de subsistência (os agricultores só cultivam para o seu próprio consumo), os filhos de agricultores permanecem na região, ajudando na roça, sem que isso represente aumento do produto agrícola. É a chamada tese do **desemprego disfarçado** na agricultura, segundo a qual essas pessoas teriam produtividade marginal nula. Essa observação levou Lewis a formular uma estratégia para o crescimento econômico desses países, em processo de industrialização: o deslocamento de mão de obra da agricultura para a indústria nas cidades não diminui o produto agrícola, ao mesmo tempo que permite abastecer de trabalhadores a indústria, inicialmente em funções de menor qualificação, como na construção civil, limpeza urbana etc., aumentando o produto industrial.

4 ANÁLISE DA PRODUÇÃO A LONGO PRAZO

A análise da produção a longo prazo considera que todos os fatores de produção (mão de obra, capital, instalações, matérias-primas) variam. Ou seja, a longo prazo, não existem fatores fixos de produção.

Como vimos, supondo apenas dois fatores de produção, a mão de obra (N) e o capital (K), temos a função produção

$$q = f(N, K)$$

com ambos os fatores variáveis.

Graficamente, num diagrama em duas dimensões, podemos representar a função de produção, com o fator capital assumindo vários valores ($K = 10, K = 11, K = 12$ etc.), como na Figura 5.4.

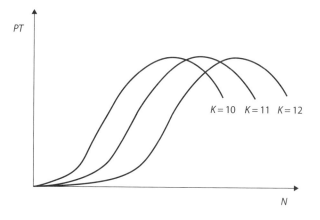

Figura 5.4 Curvas de produto total a longo prazo, com mão de obra e capital variando.

A forma mais usual de representar graficamente uma função de produção com todos os fatores variáveis (ou, seja, supondo longo prazo) é **por meio** de uma curva denominada isoquanta, que veremos a seguir.

4.1 Isoquantas de produção

Isoquanta (*iso* = **igual** e *quanta* = **quantidade**) pode ser definida como um lugar geométrico no qual todos os pontos representam infinitas combinações de fatores, que indicam a mesma quantidade produzida. Em outras palavras, a isoquanta expressa diferentes combinações possíveis entre capital e trabalho, capazes de produzir a mesma quantidade do produto ou serviço final. Na Teoria da Produção, supõe-se que essas combinações expressam um **menu** de processos produtivos igualmente eficientes, (eficiência técnica) determinado pela tecnologia disponível, todos capazes de produzir a mesma quantidade do bem ou serviço final.

Como vemos, é um conceito que tem certa analogia com o de curva de indiferença visto na Teoria da Demanda, aplicado à Teoria da Produção.

Graficamente, a isoquanta pode ser representada como na Figura 5.5.

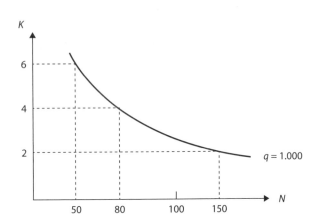

Figura 5.5 Isoquanta de produção.

O formato da **isoquanta** deve-se a duas características básicas:

1. **Inclinação negativa**: na Figura 5.5, 1.000 unidades do produto podem ser obtidas por infinitas combinações de insumos: 2 de K com 150 de N, 4 de K com 80 de N, 6 de K com 50 de N etc. A declividade negativa revela que, para uma mesma quantidade produzida, se aumentar a quantidade de um fator de produção, a quantidade do outro fator tem que ser reduzida. Sua declividade denomina-se **Taxa Marginal de Substituição Técnica (TMST)**, e representa a taxa de intercâmbio de um fator pelo outro, que mantém o mesmo nível de produção.

2. **Convexa em relação à origem**: como pode ser visto na Figura 5.5, à medida que aumentamos a quantidade de trabalhadores e reduzimos a de capital, a TMST diminui. Isso reflete a **dificuldade** crescente de **substituir** um fator pelo outro, devido aos **rendimentos decrescentes do fator**. Assim, se a quantidade de N aumenta em relação à quantidade de K, teremos trabalhadores menos produtivos (**menor Pmg_N**) e máquinas mais produtivas (**maior Pmg_K**).

Um conjunto de isoquantas, cada qual mostrando um nível de produção, representa uma **família de isoquantas**, ou **mapa de produção**. Graficamente, temos a Figura 5.6.

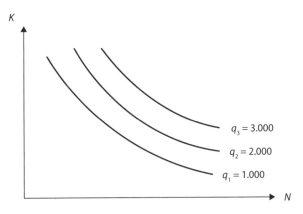

Figura 5.6 Mapa de isoquantas.

A escolha de uma particular isoquanta, que corresponde à escolha da quantidade que o empresário deseja produzir, dependerá dos custos de produção e da demanda pelo produto da firma, como veremos nos próximos capítulos.

4.2 Conceito de economia de escala

A longo prazo, interessa analisar as vantagens e desvantagens de a empresa aumentar sua dimensão, seu tamanho, o que implica demandar mais fatores de produção. Isso introduz o conceito de **rendimentos ou economias de escala**.

O que acontece com a produção quando variamos igualmente todos os insumos? Ou seja, o que acontece quando aumentamos o tamanho ou escala da empresa?

Podemos definir economias de escala tanto do ponto de vista tecnológico como dos custos (conceito mais "econômico"):

- **economia de escala técnica ou tecnológica**: quando a produtividade física varia com a variação de todos os fatores de produção;
- **economia de escala pecuniária**: quando os custos por unidade produzida variam com a variação de todos os fatores de produção.

Podemos ter rendimentos crescentes, decrescentes ou constantes de escala.

a) Rendimentos crescentes de escala ou economias de escala

Se todos os fatores de produção crescerem numa mesma proporção, a produção cresce numa proporção maior. Por exemplo, supondo um aumento de 10% na quantidade de mão de obra e de capital, a produção aumenta em mais de 10%. Significa que as produtividades médias dos fatores de produção aumentaram.

Do ponto de vista tecnológico, as economias de escala acontecem em virtude das indivisibilidades de produção e da divisão do trabalho.

As **indivisibilidades na produção** referem-se ao fato de que certas unidades de produção só podem ser operadas em condições econômicas se possuírem uma escala ou tamanho mínimo. Aumentando a escala de operações, a produção pode aumentar mais que proporcionalmente. Empresas siderúrgicas ou do setor automobilístico são mais produtivas quanto maior a escala de operações. À medida que a escala aumenta, surge, por exemplo, a possibilidade de operar por meio de linhas de montagem, aproveitando-se das vantagens de especialização do trabalho (**divisão do trabalho**): é mais eficiente e produtivo cada trabalhador realizar uma tarefa apenas, na qual ele se especialize, do que realizar uma série de tarefas).

Do ponto de vista pecuniário, certas operações de pesquisa e "marketing" só são possíveis com base em determinado nível mínimo de produção, quando então não devem implicar aumentos significativos de custos. Por outro lado, grandes empresas têm maiores facilidades de obter empréstimos em condições mais vantajosas junto aos bancos e de recorrer ao mercado de capitais. Além disso, empresas maiores, comprando fatores de produção em maior quantidade, têm poder de barganha para obtê-los a preços mais baixos.

b) Rendimentos decrescentes de escala ou deseconomias de escala

Ocorrem quando todos os fatores de produção crescem numa mesma proporção, e a produção cresce numa proporção menor. Por exemplo, supondo um aumento de 10% na quantidade de mão de obra e de capital, a produção aumenta em 5%. Significa que as produtividades médias dos fatores de produção caíram.

Um provável motivo para que ocorram rendimentos decrescentes de escala reside no fato de que a expansão da empresa pode provocar uma descentralização nas decisões que faça com que o aumento de produção não compense o investimento feito na ampliação da empresa.

O conceito de rendimento decrescente de escala não deve ser confundido com a Lei dos rendimentos decrescentes, vista anteriormente. Neste último, supõe-se sempre algum fator de produção fixado no processo de produção, alterando-se apenas um fator de produção (portanto, curto prazo), enquanto os rendimentos de escala representam um conceito de longo prazo, em que não há fatores de produção fixos, sendo possível aumentar a utilização de todos os fatores de produção.

c) Rendimentos constantes de escala

Se todos os fatores crescem em dada proporção, a produção cresce na mesma proporção. As produtividades médias dos fatores de produção permanecem constantes, não ocorrendo economias ou deseconomias de escala.

SAIBA MAIS

A função de produção e o crescimento de longo prazo: da Microeconomia para a Macroeconomia

A função de produção ocupa posição central na Microeconomia. Conforme estudamos neste capítulo, dela decorrem importantes conceitos no âmbito da Teoria da Produção, como os de produtividade total, média e marginal, além de ser fundamental na compreensão da Lei dos rendimentos decrescentes. Sua importância, entretanto, não se restringe à Microeconomia. Também na Macroeconomia ela ocupa posição de destaque, particularmente nas teorias de crescimento econômico. Para exemplificar brevemente esse destaque, suponha a função de produção dada por:

$$Y = f(N,K)$$

onde Y = Produto Nacional (PIB – Produto Interno Bruto), N = força de trabalho disponível, e K = estoque de capital da economia.

Supondo esta função homogênea de grau 1, podemos dividir q por N, obtendo:[7]

$$Y/N = f(N/N, K/N)$$

ou

$$Y/N = f(1, K/N)$$

Chamando $Y/N = y$ do produto por trabalhador e $K/N = k$ o estoque de capital por trabalhador, (ou relação capital-trabalho), vem

$$y = f(k).$$

Esta última equação nos mostra algumas importantes implicações sobre o ponto de vista do crescimento econômico de longo prazo. Supondo que o crescimento de y possa representar o crescimento do PIB *per capita*, então o crescimento econômico poderá ocorrer a partir do aumento do estoque de capital por trabalhador. Aqui devemos considerar como estoques de capital não apenas as máquinas, equipamentos e edificações, mas também a infraestrutura do país. É justamente nesse ponto que entra a análise macroeconômica, ao considerar a elevação do estoque de capitais como investimentos produtivos e que dependem da taxa de poupança da economia. No Capítulo 16, estudaremos com mais detalhe a importância da função de produção na Macroeconomia no contexto do crescimento e desenvolvimento econômico de longo prazo.

QUESTÕES DE MÚLTIPLA ESCOLHA

1. **Quando o produto total cai (*PT*):**
   a) A produtividade média do trabalho é nula.
   b) A produtividade marginal do trabalho é nula.
   c) A produtividade média do trabalho é negativa.
   d) A produtividade marginal do trabalho é negativa.
   e) A produtividade marginal é maior que a produtividade marginal do trabalho.

2. **Assinale a alternativa correta:**
   a) Produtividade média é a variação do produto sobre a variação da quantidade de um fator de produção.
   b) Produtividade marginal é a relação entre o produto e a quantidade de um fator de produção.
   c) No máximo do produto total, a produtividade média é máxima.
   d) No máximo do produto total, a produtividade marginal é zero.

   e) A produtividade média pode tornar-se negativa, após atingir o máximo do produto total.

3. **A função produção de uma firma alterar-se-á sempre que:**
   a) Os preços dos fatores de produção se alterem.
   b) A empresa empregar mais de qualquer fator de produção variável.
   c) A tecnologia predominante sofrer modificações.
   d) A firma elevar seu nível de produção.
   e) A demanda elevar-se.

4. **A Lei dos rendimentos decrescentes:**
   a) Descreve o sentido geral e a taxa de mudança na produção da firma, quando é fixada a quantidade de recursos.
   b) Refere-se a produtos extras sucessivamente mais abundantes, obtidos pela adição de medidas iguais de um fator variável a uma quantidade constante de um fator fixo.
   c) Refere-se a produtos extras sucessivamente mais reduzidos, obtidos pela adição de medidas iguais de um fator variável a uma quantidade constante de um fator fixo.
   d) É constante, com a observação de que há limites à produção atingível, quando quantidades crescentes de um só fator são aplicadas a quantidades constantes de outros.
   e) Explica o formato da curva de custo médio de longo prazo.

5. **Assinale a alternativa errada:**
   a) A lei dos rendimentos decrescentes prevalece quando temos pelo menos um fator de produção fixo.
   b) Temos rendimentos decrescentes de escala quando, ao aumentarmos todos os fatores de produção, a produtividade média dos fatores se reduz.
   c) A lei dos rendimentos decrescentes é igual à dos rendimentos decrescentes de escala.
   d) Rendimentos de escala supõem que nenhum fator de produção se mantém fixado.
   e) A lei dos rendimentos decrescentes diz que, se tivermos um fator de produção fixo, ao aumentarmos a quantidade do fator variável, a produção crescerá inicialmente a taxas crescentes, depois decrescentes, para finalmente cair.

Notas

1 Nas estimativas empíricas, dependendo do objetivo do estudo, a mão de obra pode ser separada de acordo com qualificação, experiência, sexo etc. Para medir o estoque de capital, costuma ser utilizado como aproximação (*proxy*) o consumo de energia elétrica. Em função de produção para produtos agrícolas, costuma ser incorporada como capital a área cultivada.

2 Da Matemática, como já observado anteriormente, sabemos que o conceito de derivada só pode ser aplicado quando as funções são contínuas e diferenciáveis, sem "bicos", quebras ou interrupções.

3 Ver Nota 1 deste capítulo, acerca da medição do fator capital.

4 Em tese, pode ocorrer que, nas fases iniciais, uma empresa tenha instalado todas as máquinas e equipamentos, mas ainda com pouca mão de obra contratada. Nessa primeira fase, os trabalhadores poderão apresentar aumentos mais que proporcionais da produção. Todavia, seria uma fase passageira: à medida que forem acrescidos mais trabalhadores, a produtividade marginal, embora positiva, crescerá cada vez menos. No diagrama, corresponde ao ponto de inflexão do PT, e ao máximo da PMg_N.

5 Matematicamente, como mostra a Figura 5.3, a PMg_N corta a PMe_N no máximo da PMe_N. Quando o produto médio cresce, o produto adicional é maior que o produto médio; quando o produto adicional é menor que o médio, o produto médio se reduz.

6 Na prática, espera-se que o empresário racional não deixe chegar a esse ponto, dado que o mercado para seu produto está crescendo, e deve aumentar a área cultivada, como na Figura 5.4 mostrada no item seguinte.

7 Considerando a função de produção, ela será homogênea de grau 1 se, ao multiplicarmos o capital e trabalho por um valor n, então a produção será multiplicada pelo mesmo valor n. Considerando a análise aqui realizada, se multiplicarmos K e N por $(1/K)$, então a produção será multiplicada por $1/K$. Essa condição é necessária para o procedimento aqui adotado. Seu entendimento, entretanto, não compromete a análise do capítulo.

6 TEORIA DA FIRMA: CUSTOS DE PRODUÇÃO

1 INTRODUÇÃO

No Capítulo 5, discutimos a Teoria da Produção, que, como vimos, prende-se exclusivamente à relação técnica, tecnológica, entre as quantidades físicas do produto e quantidades físicas dos insumos utilizados na produção. Vamos incorporar agora à Teoria da Firma os custos com a aquisição de insumos e fatores de produção que determinarão a chamada **curva de oferta da firma**.

2 DIFERENÇAS ENTRE A VISÃO ECONÔMICA E A VISÃO CONTÁBIL-FINANCEIRA DOS CUSTOS DE PRODUÇÃO

Existem muitas diferenças entre o ponto de vista utilizado pelo economista e a ótica utilizada nas empresas, por contadores e administradores. Em linhas gerais, pode-se dizer que a visão econômica é mais global, estratégica, focando mais em como as decisões de preço e produção das empresas afetam a alocação de recursos no mercado, enquanto a ótica contábil-financeira é mais específica, não menos importante, centrando-se na contabilização e detalhamento do fluxo financeiro de uma determinada empresa.

As principais diferenças de abordagem estão nos seguintes conceitos:

- custos de oportunidade e custos contábeis;
- externalidades (custos privados e custos sociais);
- custos e despesas.

Custos de oportunidade versus *custos contábeis*

Já tivemos a oportunidade de apresentar o conceito de custo de oportunidade no capítulo introdutório. Numa abordagem mais genérica, vimos que os custos de oportunidade representam o sacrifício que se faz, em termos do que se deixa de produzir, quando a sociedade opta por uma dada produção. Ao nível das empresas, na análise econômica consideram-se, além dos custos contábeis, os custos de oportunidade.

Custos contábeis são aqueles normalmente lançados na contabilidade privada, ou seja, são **custos explícitos**, que sempre envolvem um dispêndio monetário, tais como a folha de pagamentos, gastos com matériasprimas etc. São os gastos financeiros contabilizados no balanço da empresa.

Custos de oportunidade são **custos implícitos**, relativos aos insumos que pertencem à empresa e que não envolvem desembolso monetário. Esses custos são estimados a partir do que poderia ser ganho em outra alternativa (por isso, são também chamados **custos alternativos**), e não do ganho com o que foi aplicado na produção da empresa.

Embora os custos de oportunidade não sejam contabilizados no balanço, trata-se de um conceito útil para planejamento estratégico da empresa. Os exemplos a seguir ilustram a sua utilidade:

- o capital financeiro não aplicado pela empresa: o custo de oportunidade é o que a empresa poderia estar ganhando se aplicasse esse capital no mercado financeiro;

- quando a empresa tem prédio próprio, ela deve imputar um custo de oportunidade correspondente ao que ganharia se alugasse um imóvel e utilizasse o valor correspondente ao do prédio em outra aplicação (em outro negócio, ou no mercado financeiro);

- quanto os proprietários ou acionistas ganhariam se aplicassem em outra atividade. É o **custo de oportunidade do capital**, também chamado de **lucro normal;**[1]

- qual o menor valor do salário que pode ser pago aos assalariados para mantê-los empregados na empresa, ou seja, correspondente ao salário potencial em outra atividade. Trata-se do **custo de oportunidade da mão de obra.**

Ou seja, os custos de oportunidade envolvem decisões estratégicas da empresa a médio e longo prazo. Permitem avaliar algumas possibilidades futuras para a empresa, e que podem alterar a rentabilidade do negócio.

Por essas razões, para o economista, as curvas de custos das firmas devem considerar, além dos custos contábeis, os custos de oportunidade, pois assim estão sendo refletidos os custos de todos os fatores de produção envolvidos em uma dada atividade, inclusive a capacidade empresarial (cuja remuneração é o lucro). Como todos os recursos produtivos são limitados, o conceito de custo de oportunidade permite captar a verdadeira escassez relativa do recurso utilizado. Ou seja, qual o custo para a sociedade da alocação de recursos (o custo social).

Custos privados versus custos sociais: externalidades

Como vimos no Capítulo 4, ocorrem **externalidades** (ou **economias externas**) quando uma unidade econômica cria benefícios para outras, sem receber pagamento por isso (externalidade positiva), ou quando uma unidade econômica cria custos para outras, sem pagar por isso. Ou seja, na teoria da firma, as externalidades são as alterações de custos e receitas da empresa devidas a fatores externos à empresa.

O conceito de externalidade ressalta a diferença entre custos privados e custos sociais. Os **custos privados** são os desembolsos financeiros da empresa, enquanto os **custos sociais** são os custos para toda a sociedade, derivados da atividade produtiva da empresa (ou seja, inclui as externalidades negativas).

Essa distinção é particularmente importante para a **avaliação social** e **avaliação privada de projetos de investimentos**. Por exemplo, numa obra pública, como a construção de estradas, para a construtora (ou seja, na

ótica privada) importa os custos efetivos, como mão de obra, materiais etc. Já na ótica social, devem-se avaliar quais as externalidades provocadas pelo empreendimento, que poderão ser positivas (aumento do emprego e do comércio na região) ou negativas (problemas ambientais, poluição, congestionamentos). Essas definições são utilizadas principalmente em obras públicas, onde costuma-se exigir os chamados Estudos de Impacto Ambiental (EIA/Rima), onde devem constar os pontos favoráveis e negativos dos meios físico e socioeconômico das localidades que vão abrigar a futura obra.

Conceito de custos versus conceito de despesas

Na teoria microeconômica tradicional, como a desenvolvida neste livro, não é feita distinção clara entre os conceitos de custos e despesas, como se faz na contabilidade privada.

Na definição contábil, **custos** são os gastos associados ao processo de fabricação de produtos, enquanto **despesas** são associadas ao exercício social, e alocadas para o resultado geral do período (como despesas financeiras, comerciais e administrativas).

Na contabilidade privada, os custos são normalmente divididos em **custos diretos** (que correspondem aos custos variáveis, vistos mais adiante) e **custos indiretos** (que se referem aos custos fixos). Os **custos diretos** são os salários da mão de obra, custo das matérias-primas e componentes e gastos correntes com o estoque de capital, tais como energia, manutenção e reparação. Os **custos indiretos** referem-se aos salários da administração, aluguel do prédio, depreciação do equipamento e das instalações, retorno sobre capital fixo e provisão para risco.

Na quase totalidade dos manuais de Microeconomia, o conceito de **custo fixo** engloba também as despesas financeiras, comerciais e administrativas. Em alguns desenvolvimentos mais recentes, particularmente dentro da chamada Teoria da Organização Industrial, as definições de custos e despesas são tratadas de forma mais detalhada, mais próxima da contabilidade empresarial.

3 CUSTOS A CURTO PRAZO

Uma vez estabelecidas as diferenças entre a ótica econômica e a ótica contábil (contabilidade privada), vamos nos deter na teoria econômica nos custos de produção.

Como vimos anteriormente, a curto prazo, alguns fatores são fixos, qualquer que seja o nível de produção. Normalmente, consideramos como fatores fixos a planta da empresa e os equipamentos de capital. Assim, os fatores fixos geram custos fixos, enquanto os fatores variáveis geram custos variáveis.

Conceitos de custo total, custo variável total e custo fixo total

Custo Variável Total (*CVT*): parcela do custo que varia quando a produção varia. É a parcela dos custos da empresa que depende da quantidade produzida.

$$CVT = f(q)$$

Ou seja, são os gastos com fatores variáveis de produção, como folha de pagamentos, despesas com matérias-primas etc.

Custo Fixo Total (*CFT*): parcela do custo que se mantém fixa quando a produção varia, ou seja, são os gastos com fatores fixos de produção, como aluguéis, depreciação etc.

Custo Total (*CT*): é a soma do *CVT* com o *CFT*:

$$CT = CVT + CFT$$

Graficamente, temos o apresentado na Figura 6.1.

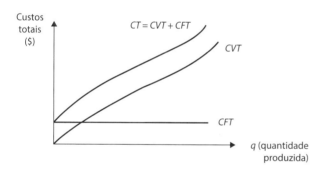

Figura 6.1 Custos totais.

O *CT* só varia com o *CVT*, que depende da quantidade produzida.

Notamos que, até certo ponto, as curvas *CT* e *CVT* crescem, mas a taxas decrescentes, para depois crescer a taxas crescentes. Significa que, dada certa instalação fixa, no início, o aumento de produção dá-se a custos declinantes. Contudo, um aumento maior de produção começa a "saturar" o equipamento de capital (suposto fixo a curto prazo) e os custos crescem a taxas crescentes. No fundo, é a lei dos rendimentos decrescentes do lado dos custos (aqui, mais apropriadamente chamada de **lei dos custos crescentes**).

Isso ocorre, justamente, pelo fato de os custos serem um "reflexo no espelho" da produção. Assim, produtividades crescentes estão associadas com custos decrescentes, e vice-versa.

Conceitos de custo total médio, custo variável médio e custo fixo médio

São conceitos de custos por unidade de produção:

$$\text{Custo Médio } (CMe \text{ ou } CTMe) = \frac{\text{custos totais}}{\text{quantidade produzida}} = \frac{CT}{q}$$
(ou **custo unitário**)

$$\text{Custo Variável Médio } (CVMe) = \frac{CVT}{q}$$

$$\text{Custo Fixo Médio } (CFMe) = \frac{CFT}{q}$$

$$CTMe = CVMe + CFMe$$

Graficamente, temos o apresentado na Figura 6.2.

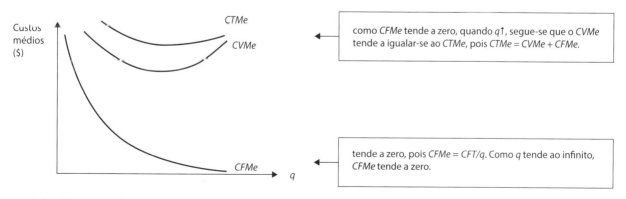

Figura 6.2 Custos médios.

O formato em *U* das curvas de *CTMe* e *CVMe* a curto prazo também se deve à lei dos rendimentos decrescentes, ou lei dos custos crescentes. Inicialmente, os custos médios são declinantes, pois tem-se pouca mão de obra para um relativamente grande equipamento de capital. Até certo ponto, é vantajoso absorver mais trabalhadores e aumentar a produção, pois o custo médio cai. No entanto, chega-se a certo ponto em que satura a utilização de capital (que está fixado) e a admissão de mais trabalhadores não trará aumentos proporcionais de produção (ou seja, os custos médios ou unitários começam a elevar-se).

Conceito de custo marginal

Diferentemente dos custos médios, os custos marginais referem-se às variações de custo, quando se altera a produção. Como veremos mais adiante, a regra de maximização de lucro de uma empresa dependerá mais dos custos (e receitas) marginais do que dos custos (e receitas) médios.

$$\text{Custo Marginal (CMg)} = \frac{\text{variação do } CT}{\text{variação do } q} = \frac{\Delta CT}{\Delta q} \text{ (ou } \frac{dCT}{dq} \text{ em termos de derivada)}$$

é o custo de se produzir uma unidade extra do produto. Em termos matemáticos, é também definido como a primeira derivada da curva de custo total.

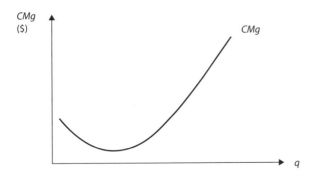

Figura 6.3 Custo marginal.

Como $\Delta CFT = 0$, segue que

$$CMg = \frac{\Delta CVT + \Delta CFT}{\Delta q} = \frac{\Delta CVT}{\Delta q}$$

ou seja, os custos marginais não são influenciados pelos custos fixos, que são invariáveis a curto prazo.

Relações entre custo marginal, custo total médio e custo variável médio

No diagrama da Figura 6.4, observamos que a curva de custo marginal corta as curvas de custo total médio e custo variável médio no ponto de mínimo destas.

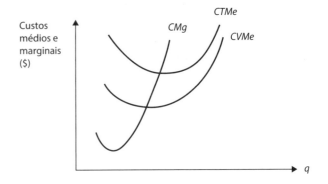

Figura 6.4 Relação entre os custos médios e o custo marginal.

Intuitivamente, se o custo marginal (ou seja, o custo adicional) supera o médio, é evidente que o custo médio crescerá; assim, quando o custo marginal supera o custo médio (total ou variável), significa que o custo médio estará crescendo. Analogamente, se o custo marginal for inferior ao médio, o médio só poderá cair. Conclui-se que, quando o custo marginal for igual ao custo médio (total ou variável), o marginal estará cortando o médio no ponto de mínimo do custo médio.

Exemplo: Suponhamos que, com 10 unidades produzidas, o custo total seja de $ 5.000,00; portanto, o custo médio de se produzirem 10 unidades será de $ 500,00. Se, ao produzirmos a 11ª unidade, o custo adicional (marginal) for de $ 400,00, o custo total passará para $ 5.400,00, e o custo médio de 11 unidades cairá para aproximadamente $ 490,91. Analogamente, se o custo marginal da 11ª unidade fosse de $ 600,00, o custo médio da 11ª unidade seria de aproximadamente $ 509,09. Fica, então, claro que, enquanto o custo marginal for inferior ao custo médio, o médio estará caindo e, quando o marginal superar o médio, o custo médio estará crescendo.

4 CUSTOS A LONGO PRAZO

4.1 Introdução

Como foi visto, o longo prazo é um período de tempo no qual todos os insumos são variáveis. Não existem custos fixos: todos os custos são variáveis.

Deve ser observado que o **longo prazo é um horizonte de planejamento** e não o que está sendo efetivamente realizado. Na verdade, é uma sequência de situações prováveis de curtos prazos: os empresários têm em mãos um estudo com um elenco de possibilidades de produção de curto prazo, com diferentes escalas de produção (tamanhos), que eles podem escolher, dentro do planejamento estratégico da empresa. Assim, antes de fazer um investimento, a empresa pode selecionar qualquer uma das alternativas. Portanto, **um agente econômico opera a curto prazo e planeja a longo prazo**.

Nesta seção, vamos retomar os conceitos de economias e deseconomias de escala, ou rendimentos crescentes e decrescentes de escala, que vimos no Capítulo 5, agora ilustrados graficamente.

Curva de custo médio de longo prazo (CMeL)

Suponhamos três tamanhos ou escalas de produção: 10, 15 ou 20 máquinas e as seguintes curvas de Custo Médio de Curto Prazo (*CMeC*), como mostra a Figura 6.5.

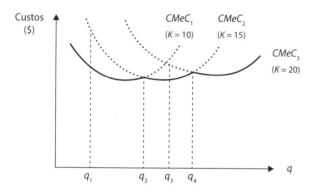

Figura 6.5 Custo médio de longo prazo.

A empresa defronta-se com as seguintes situações hipotéticas, em seu planejamento de longo prazo:

- se a empresa planeja produzir no nível de produção q_1, não há dúvidas: escolhe a estrutura dada pelos custos $CMeC_1$ (10 máquinas); pois os custos médios serão menores do que na estrutura dada por $CMeC_2$ (15 máquinas);
- se planeja produzir q_3, a melhor instalação é dada por $CMeC_2$, pois gastaria menos. Ela pode, se quiser, produzir com $CMeC_1$, mas os custos seriam maiores;
- se planeja produzir q_2 ou q_4, existem duas alternativas. Esses pontos ficam justamente na intersecção das plantas. No entanto, em um planejamento de longo prazo, prevendo-se aumentos futuros de demanda, o empresário deve escolher a planta de instalação maior (em q_2, escolheria $CMeC_2$; em q_4, $CMeC_3$).

A curva "cheia" é a curva de Custo Médio de Longo Prazo (*CMeL*), também chamada **"curva envoltória"**, e mostra o menor custo unitário (*CMe*) para produzir, a cada tamanho da planta da empresa. Também é chamada de **curva de planejamento de custos de longo prazo**.

Supondo um número maior de plantas possíveis, uma curva envoltória deve ter o formato da Figura 6.6.

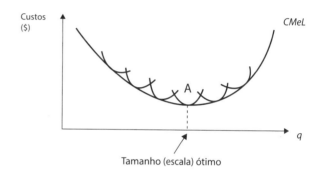

Figura 6.6 Curva envoltória de longo prazo.

Como se observa, a curva de custo médio de longo prazo também tem um formato em *U*, como as curvas de *CMe* de curto prazo. Mas o formato da curva a curto prazo, como vimos, deve-se à lei dos rendimentos decrescentes, resultante da existência de insumos fixos a curto prazo. Como a longo prazo, por definição, não existem insumos fixos, **o formato em *U* da curva de *CMe* de longo prazo (*CMeL*) é determinado pelas economias ou deseconomias de escala**.

No início, à medida que a produção se expande, a partir de níveis muito baixos, os rendimentos crescentes (economias) de escala causam o declínio da curva *CMeL*. No entanto, à medida que a produção se torna maior, as deseconomias de escala passam a prevalecer, provocando o crescimento da curva.

O ponto A representa a **combinação de custo mínimo**, ou **escala ótima da empresa**, que seria o tamanho ideal do ponto de vista dos custos para a empresa. Até esse ponto, existem rendimentos crescentes de escala; após o ponto A, temos rendimentos decrescentes (deseconomias de escala). Então, **a escala ótima da empresa, do ponto de vista de seus custos, é o ponto onde o *CMe* de longo prazo é mínimo**.[2]

Na realidade, do ponto de vista empírico, a maioria dos estudos estatísticos tem mostrado que o formato mais frequente, tanto em termos de empresas como de setores de atividade, é o apresentado na Figura 6.7.

Ou seja, empiricamente observa-se que, nas plantas iniciais, é frequente o surgimento de economias de escala, mas, à medida que a empresa (ou setor) expande-se, a tendência é observarem-se rendimentos constantes de escala. Efetivamente, são raros os casos do surgimento de deseconomias de escala.

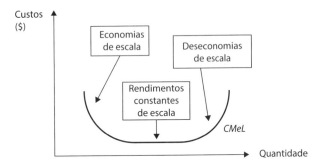

Figura 6.7 Formato usual da curva de custo médio de longo prazo.

Economias de escopo

Outro conceito associado à expansão de empresas são as chamadas **economias de escopo**. Enquanto as economias de escala têm relação com a **redução dos custos unitários** (médios) de uma empresa à medida que aumenta sua produção, as economias de escopo vinculam-se à **redução dos custos totais** quando **aumenta** a **variedade** de bens ou serviços produzidos. Assim, por exemplo, pode ser mais barato (eficiente) que determinada empresa fabrique televisões e aparelhos de DVD, do que produzi-los em duas empresas separadas. O *know-how* adquirido na produção de televisões pode ser utilizado na produção de aparelhos de DVD.

O conceito de economias de escala aplica-se à empresa que produz um único produto, enquanto o conceito de economias de escopo supõe que a empresa produz mais de um produto (**produção múltipla**).

4.2 Linha de isocusto

Na análise da teoria da firma, um importante conceito associado aos custos de longo prazo é o de linha de isocusto (igual custo). Da mesma forma que o consumidor, *coeteris paribus*, deve obedecer a uma restrição orçamentária, dada pela renda disponível para consumo, a empresa também costuma ter um orçamento definido,

que será utilizado na aquisição dos fatores produtivos. Assumindo que existem dois fatores de produção, a mão de obra e o capital, eles precisam ser remunerados pelas suas respectivas rendas. A remuneração da mão de obra são os salários, que simbolizaremos por w (salário pago por mês), e a remuneração do capital será dada por uma taxa de rendimento r (% ao mês).[3]

Desse modo, dado o orçamento (custo total) de que a firma dispõe (CT), e dados os preços da mão de obra (salários w) e remuneração do capital (r), podemos definir a **linha de isocusto** como o conjunto de todas as combinações possíveis de mão de obra N e capital K que mantém constante esse orçamento (custo total), que pode ser representado pela expressão

$$CT = rK + wN$$

A linha de isocusto está representada na Figura 6.8, que mostra o *menu* de opções quanto à contratação de fatores de produção, de acordo com as possibilidades impostas pelos preços de mercado. Como os preços dos fatores de produção estão dados, a declividade da linha de isocusto será negativa: se a empresa deseja aumentar a contratação de um dos fatores de produção, deverá reduzir a quantidade utilizada do outro fator, para desse modo manter constante o orçamento total disponível.

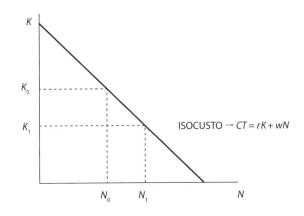

Figura 6.8 Linha de isocusto.

5 EQUILÍBRIO DA FIRMA: MAXIMIZAÇÃO DA PRODUÇÃO *VERSUS* MINIMIZAÇÃO DOS CUSTOS

Do ponto de vista da eficiência econômica, uma firma deve produzir de forma a "compatibilizar" o *menu* de alternativas dado pela tecnologia, mostrado com o conceito de isoquantas, com o *menu* dado pelos preços dos fatores de produção (isocustos).

A questão da eficiência da empresa pode ser vista de duas formas, o que se conhece como "dualidade do problema da firma":

- maximização da produção, dados os custos;
- minimização dos custos, dada a produção.

a) Maximização da produção, dados os custos

No primeiro caso, dado seu orçamento, a empresa deverá escolher a combinação de fatores de produção compatível com a **isoquanta** mais alta possível, que, como nos mostra a Figura 6.9, é a que tangencia a linha de isocusto.

Esse é o ponto de equilíbrio do produtor. Nesse ponto, a **Taxa Marginal de Substituição Técnica (TMST)**, que é a inclinação da isoquanta, iguala a inclinação da linha de isocusto. Isso significa, justamente, que, no ponto de equilíbrio, a firma está compatibilizando a taxa de intercâmbio permitida pela tecnologia com a permitida pelo mercado. Temos, assim, uma **combinação ótima de fatores produtivos**, no sentido de que, dados os custos, é a combinação que permite que a empresa maximize a quantidade produzida e, portanto, a receita total, o que a levará a maximizar o lucro de seus acionistas.

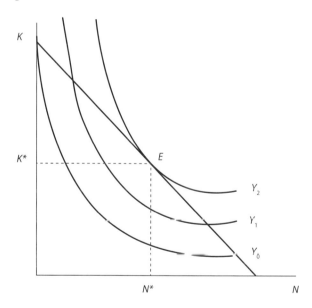

Figura 6.9 Equilíbrio do produtor: maximização da produção.

b) Minimização dos custos, dada a produção

Alternativamente, o equilíbrio do produtor também pode ser visto em termos da minimização de custos.

Dado determinado nível de produção e, portanto, dada determinada isoquanta, a firma buscará a combinação de fatores de produção de menor custo total possível. Esse menor nível de custo total ou orçamento se encontrará no ponto em que a linha de isocusto tangencia a referida isoquanta. Como, novamente, a TMST é igual à inclinação da linha de isocusto, teremos, dados os preços dos fatores e a função de produção, o mesmo resultado anterior em termos de contratação de fatores. Assim, podemos utilizar a Figura 6.10, para refletir essa situação.

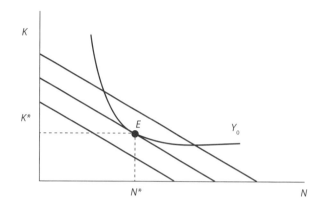

Figura 6.10 Equilíbrio do produtor: minimização dos custos.

Portanto, apresentamos duas possibilidades de equilíbrio para uma empresa. Mas a análise não está completa, pois o equilíbrio final da empresa e o preço que poderá cobrar pela venda do seu produto ou serviço dependerão da demanda pelo seu produto, e das condições de mercado em que opera, ou seja, das estruturas do mercado, se mais concorrencial ou mais concentrado. Esse é o assunto do Capítulo 7.

5.1 Trajetória ou caminho de expansão

Por último, também vale mencionar que, se aumentamos o orçamento da firma, mantendo os preços dos fatores de produção, podemos visualizar os vários pontos de tangência e, portanto, de equilíbrio que se formam, como vemos na Figura 6.11. O lugar geométrico que une todos os pontos de tangência anteriores chama-se **"trajetória ou caminho de expansão" da firma**. Assim, o "caminho de expansão" relaciona aumentos de orçamento ou custo total com aumentos de produção total, representando, assim, pontos possíveis de equilíbrio da firma, quando a produção se expande.

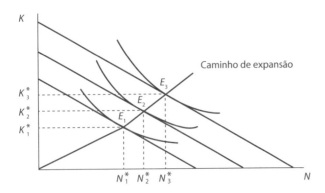

Figura 6.11 "Trajetória de expansão" da firma.

A trajetória de expansão descreve assim as combinações de capital e trabalho que devem ser usadas por uma firma racional a longo prazo. Qualquer combinação fora dessa trajetória será ineficiente, do ponto de vista econômico.

ENTENDA NA PRÁTICA

Economias de escala e os problemas em torno da industrialização da América Latina no Pós-Guerra

A exploração das economias de escala por parte das grandes firmas industriais depende não apenas do processo produtivo adotado, mas também do tamanho do mercado a que se destina a produção. Essa possibilidade permite a utilização desse conceito para avaliar os desequilíbrios ocorridos na industrialização substitutiva de importações adotada por vários países da América Latina no período do Pós-Guerra.

A partir dos anos 1950, muitos países latino-americanos, a exemplo do Brasil, adotaram políticas protecionistas no sentido de promover a industrialização como forma de superação da dependência das exportações primárias. Atualmente, existe a percepção, compartilhada por vários economistas, de que tais políticas não foram bem-sucedidas. Isso porque a produção industrial, ao se destinar aos limitados mercados internos (industrialização **voltada para dentro**), privaram as firmas industriais de explorar as economias de escala em seus processos produtivos. Com consequência, países como o Brasil ou Argentina não conseguiram desenvolver indústrias competitivas a ponto de concorrerem como as manufaturas produzidas nos EUA, na Europa, no Japão ou na China, somente para citar alguns exemplos. No caso do Brasil, o fato de o país ainda estar na condição histórica de exportador de bens primários reforça tais críticas.

Existem algumas formas de superação do problema. Uma alternativa seria a ampliação dos mercados internos a partir da criação de uma área de livre comércio regional, como existe hoje entre os países que formam a União Europeia. Além de permitir que as firmas possam explorar melhor as economias de escala, o acordo regional poderia criar um sistema de divisão da produção mais eficiente entre os países de acordo com as características produtivas estruturais de cada país da região integrada. Outra alternativa seria adotar estratégias de industrialização **voltada para fora**, ou seja, para o grande mercado internacional, como aquelas seguidas pelos países asiáticos. Nesse caso, o problema estaria na defasagem na tecnologia da produção industrial interna, particularmente em relação à qualificação do fator trabalho e da escassez relativa de capital físico. Por fim, podem-se considerar políticas de distribuição de renda que, além dos impactos sociais positivos, possibilitam a ampliação do mercado consumidor interno. Entretanto, muitos economistas argumentam que, dadas as características das funções de produção industrial dos países latino-americanos *vis-à-vis* àquelas presentes nas economias desenvolvidas, países como o Brasil deveriam manter a condição de produtores e exportadores primários.

QUESTÕES DE MÚLTIPLA ESCOLHA

1. Se conhecemos a função produção, o que mais precisamos saber a fim de conhecer a função custos?
   a) A relação entre a quantidade produzida e a quantidade de fatores necessária para obtê-la.
   b) O custo dos fatores e como se pode esperar que esses custos variem.
   c) Que fatores são variáveis.
   d) Todas as alternativas acima.
   e) N.r.a.

2. Dividindo-se os custos totais de uma firma em fixos e variáveis e considerando-se que:
   I – os primeiros estão associados ao uso invariável de um fator de produção, logo não variam com o nível de produção;
   II – os últimos variam com o volume de fatores e alteram-se com o nível de produção;
   pode-se afirmar, então, que, quando opera a lei dos rendimentos decrescentes:
   a) Os custos totais médios sempre crescem com o aumento da produção.

b) Os custos fixos médios e os custos variáveis médios sempre aumentam com a expansão da produção.

c) Os custos fixos médios declinam com o aumento da produção e as variáveis médias primeiro declinam e depois aumentam com a expansão da produção.

d) Os custos fixos médios não se alteram com a expansão da produção, somente as variáveis médias diminuem.

e) Os custos totais médios são sempre declinantes com o aumento da produção.

3. **Aponte a alternativa errada. A curva de custo marginal:**

a) É o valor tangente da curva de custo total em cada ponto desta.

b) Sempre cruza a curva de custo médio em seu ponto de mínimo.

c) Sempre cruza a curva de custo variável médio em seu ponto de mínimo.

d) As alternativas *a*, *b* e *c* estão corretas.

e) Todas as alternativas anteriores estão erradas.

4. **Um aumento da produção a curto prazo sempre diminuirá:**

a) O custo variável médio.

b) O custo total médio.

c) O custo fixo médio.

d) O custo marginal.

e) O número de trabalhadores empregados.

5. **Se o custo fixo for nulo:**

a) O custo total é igual ao custo médio.

b) O custo médio será maior que o custo marginal.

c) O custo marginal será maior que o custo médio.

d) O custo médio variável é igual ao custo total.

e) O custo total é igual ao custo variável.

6. **Quando o custo médio está declinando:**

a) O custo marginal deve estar declinando.

b) O custo marginal deve estar acima do custo médio.

c) O custo marginal deve estar abaixo do custo médio.

d) O custo marginal deve estar crescendo.

e) Alternativas *a* e *b* conjuntamente.

7. **A "Lei dos custos crescentes" refere-se ao seguinte fato:**

a) Quando a população crescer, a cota *per capita* de A (na ausência de uma mudança tecnológica) tenderá a cair.

b) Quando a produção de A crescer, o custo monetário total para a produção também crescerá.

c) Os custos totais crescem sempre a taxas crescentes.

d) Os custos médios e marginais primeiro caem, para depois crescerem, quando existem fatores fixos.

e) Os custos totais crescem a taxas decrescentes.

8. **Aponte a alternativa errada:**

a) O custo marginal corta o custo médio no mínimo do custo médio.

b) O custo fixo médio é constante a curto prazo.

c) Com o aumento da produção, o custo total médio tende a igualar o custo variável médio.

d) A longo prazo não existem custos fixos.

e) As alternativas *a*, *c* e *d* estão corretas.

9. **Quando uma empresa provoca deseconomias externas:**

a) Os custos privados são maiores que os custos sociais.

b) Os custos sociais são maiores que os custos privados.

c) Não há diferença entre custos privados e sociais.

d) Está provocando externalidades positivas.

e) N.r.a.

10. **Aponte a alternativa correta:**

a) As economias de escala são os ganhos da empresa, quando utiliza insumos na produção de mercadorias diferentes.

b) As economias de escala representam redução dos custos médios (unitários), quando a empresa se expande.

c) As economias de escopo representam os ganhos da empresa, quando amplia a produção de determinado produto.

d) Ocorrem rendimentos decrescentes de escala, quando a empresa aumenta sua produção mais que proporcionalmente ao aumento na quantidade de insumos.

e) N.r.a.

Notas

1 Veremos, no Capítulo 7, os diferentes conceitos de lucro considerado pelos economistas: lucro econômico (ou extraordinário), lucro contábil e lucro normal.

2 Nesse ponto, o custo médio é cortado pelo custo marginal de longo prazo, como ocorre também com o curto prazo. Ou seja: $CMgC = CMeC = CMgL = CMeL$.

3 Como os custos econômicos envolvem os custos de oportunidade, o empresário proprietário do capital precisa levar em conta o retorno que receberia caso utilizasse seus recursos em um negócio alternativo. Assim, estamos assumindo que, caso ele os colocasse em uma aplicação financeira qualquer, receberia uma taxa de juros igual a r, ou seja, r é a medida do custo de oportunidade para o empresário.

ESTRUTURAS DE MERCADO

1 INTRODUÇÃO

Exploramos, nos capítulos anteriores, os fatores básicos determinantes da oferta e da demanda dos agentes individuais e do mercado. Mostramos como os consumidores decidem quanto consumir de certo bem, e como as empresas decidem quanto produzir. Entretanto, no caso das empresas, existem diferentes condições do mercado que incidem sobre suas decisões de produção e do preço a cobrar pelo produto que oferecem. Neste capítulo, passaremos a examinar a determinação de preços e produção, sob diferentes estruturas de mercado.

Em linhas gerais, as diferentes estruturas de mercado estão condicionadas por três variáveis principais:

- número de firmas produtoras no mercado;
- diferenciação do produto;
- existência de barreiras à entrada de novas empresas.

No **mercado de bens e serviços**, as formas de mercado, segundo essas três características, são as seguintes:

- **concorrência perfeita**: número infinito de firmas, produto homogêneo, e não existem barreiras à entrada de firmas e consumidores;
- **monopólio**: uma única empresa, produto sem substitutos próximos, com barreiras à entrada de novas firmas;
- **concorrência monopolística (ou imperfeita)**: inúmeras empresas, produto diferenciado, livre acesso de firmas ao mercado;
- **oligopólio**: pequeno número de empresas que dominam o mercado, os produtos podem ser homogêneos ou diferenciados, com barreiras à entrada de novas empresas.

Similarmente, no **mercado de fatores de produção**, também definimos as formas de mercado em concorrência perfeita, concorrência imperfeita, monopsônio e oligopsônio no fornecimento de insumos.

Na sequência, detalharemos essas diferentes formas de mercado.

2 HIPÓTESE DA MAXIMIZAÇÃO DO LUCRO

Vamos qualificar mais precisamente o conceito de lucro como abordado na Teoria Microeconômica.

Conceitos de lucro econômico, lucro contábil e lucro normal

Como vimos no Capítulo 6, os economistas consideram como custos não apenas os custos contábeis, que são explícitos, envolvendo desembolso financeiro, mas também os custos de oportunidade, implícitos, representando as melhores alternativas que estariam sendo sacrificadas, quando a empresa aplica seus recursos no próprio negócio.

Isso leva à diferenciação entre os conceitos de lucro contábil e lucro no sentido econômico. O **lucro contábil** é explícito, sendo a diferença entre a receita (faturamento) total da empresa e os custos contábeis, efetivamente lançados na contabilidade da empresa.

Foi visto ainda que o custo de oportunidade do capital empregado na atividade empresarial é chamado de **lucro normal**, que é o valor que o mantém na atividade:

se ele fosse mais baixo, o empresário sairia do mercado, porque deveria ter maiores ganhos em outro ramo.

O que exceder o lucro normal é chamado de **lucro econômico** ou **lucro extraordinário**: o empresário recebe mais do que deveria receber, de acordo com seu custo de oportunidade; ou seja, o lucro econômico incorpora, além dos custos contábeis, os custos de oportunidade. Portanto, o lucro econômico ou extraordinário é a diferença entre a receita total e os custos totais (a soma dos custos contábeis e custos de oportunidade.

Resumindo, temos então três conceitos de lucro:

- **lucro contábil** = receita total menos custos contábeis;
- **lucro normal** = custo de oportunidade do capital;
- **lucro econômico ou extraordinário** = receita total menos custos totais (custos contábeis mais custos de oportunidade).

Conceitos de receita total, receita média e receita marginal

Isto posto, sabemos que

$$LT = RT - CT$$

Os custos totais já foram apresentados nos Capítulos 5 e 6. Vamos agora explorar a receita obtida pelas firmas na venda do seu produto no mercado.

A **Receita Total (RT)** é o faturamento total e é expressa como:

RT = preço unitário de venda . quantidade vendida.

$$RT = pq$$

A **Receita Média (RMe)** é a receita por unidade de produto vendida, ou **Receita Unitária**.

$$RMe = \frac{RT}{q}$$

$$RMe = \frac{p \cdot q}{q} = p$$

Assim,

$$RMe = p$$

Portanto, a receita média é o próprio preço unitário de venda. Ou seja, a RMe mostra o que o consumidor compra, a diferentes preços; portanto, a **RMe reflete a própria curva de demanda para a firma individual.**

Maximização do lucro total

De acordo com a teoria marginalista, a maximização do lucro total da empresa corresponde ao nível de produção, onde:

Receita Marginal (RMg) = Custo Marginal (CMg)

ou

$$\frac{\Delta RT}{\Delta q} = \frac{\Delta CT}{\Delta q}$$

Parece claro que, se a empresa aumenta a produção e a receita adicional (RMg) for maior que o custo adicional (CMg), o lucro estará aumentando (ou o prejuízo diminuindo), indicando que a empresa ainda não encontrou seu ponto ideal de equilíbrio; se a receita adicional for menor que o custo adicional, o lucro estará caindo (ou o prejuízo aumentando). Dessa forma, o produto de equilíbrio da firma, em que o lucro será máximo, dar-se-á apenas no ponto em que a RMg se iguala ao CMg.[1]

Resumindo:

$RMg > CMg \rightarrow$ o lucro aumentará com o aumento da produção

$RMg < CMg \rightarrow$ o lucro diminuirá com o aumento da produção

$RMg = CMg \rightarrow$ lucro máximo

Uma restrição à aplicação prática da regra de maximização do lucro é que exige que a firma tenha informações detalhadas não só sobre seus custos, mas também sobre as receitas previstas (portanto, sobre a demanda por seu produto). Veremos que, na realidade, essa regra só seria válida em mercados perfeitamente competitivos, ou seja, no modelo de concorrência perfeita apresentado logo a seguir.

3 MERCADO EM CONCORRÊNCIA PERFEITA

3.1 Hipóteses do modelo

As hipóteses de uma estrutura de mercado em concorrência perfeita, ou mercado perfeitamente competitivo, refletem o funcionamento de um mercado completamente livre, sem barreiras e totalmente transparente:

a) **hipótese da atomicidade (mercado atomizado)**: é um mercado com infinitos vendedores e compradores (como "átomos"), de forma que um agente isolado não tem condições de afetar o preço de mercado. Assim, o preço de mercado é um dado fixado para empresas e consumidores (são *price-takers*, isto é, tomadores de preços determinados pelo mercado);

b) **hipótese da homogeneidade (produto homogêneo)**: todas as firmas oferecem um produto semelhante, homogêneo. Não há diferenças de embalagem e de qualidade nesse mercado;

c) **hipótese da mobilidade de firmas (livre entrada e saída de firmas e compradores no mercado)**: mercado sem barreiras à entrada e saída, tanto de compradores como de vendedores;

d) **hipótese da racionalidade**: os empresários sempre maximizam lucro e os consumidores maximizam satisfação ou utilidade derivada do consumo de um bem, ou seja, os agentes agem racionalmente (é o chamado **Princípio da Racionalidade** ou *Homo Economicus*);

e) **transparência de mercado**: consumidores e vendedores têm acesso a toda informação relevante, sem custos, isto é, conhecem os preços, a qualidade, os custos, as receitas e os lucros dos concorrentes;

f) **hipótese da mobilidade de bens (não existem custos de transporte)**: existe completa mobilidade de produtos entre regiões, ou seja, não existem custos de transporte: o consumidor de Matão paga a mesma coisa que o da Capital. Enfim, não considera a localização espacial de vendedores e consumidores;

g) **inexistência de externalidades**: como vimos anteriormente, externalidades (ou economias externas) representam influências de fatores externos nos custos das firmas e na satisfação dos consumidores. No modelo de concorrência perfeita, supõe-se que não existam externalidades, ou seja, nenhuma firma influi no custo das demais e nenhum consumidor afeta o consumo dos demais;

h) **mercado de fatores de produção também em concorrência perfeita**: todas as hipóteses anteriores, de *a* a *g*, também valem para o mercado de fatores de produção. Equivale a dizer que os preços dos fatores de produção são fixados, dados. Ou seja, **as curvas de custos de produção são idênticas para todas as firmas do mercado de bens e serviços**;

i) **hipótese da divisibilidade**: é uma hipótese matemática, não essencial, que objetiva auxiliar a compreensão do funcionamento do modelo. Corresponde a trabalharmos com curvas contínuas e diferenciáveis, que comportam a aplicação de derivadas, facilitando assim a utilização dos conceitos marginalistas (Receita Marginal, Custo Marginal, Produtividade Marginal, Utilidade Marginal).

Como podemos observar, são hipóteses "ideais", refletindo um mercado sem barreiras, sem interferências, onde todos os agentes têm informação completa sobre o comportamento dos demais; enfim, pouco realista. No entanto, essas hipóteses representam uma base, um referencial para a construção de modelos mais próximos da realidade. Do ponto de vista metodológico, é mais útil construir inicialmente modelos simples e depois preencher os detalhes do que construir diretamente modelos com todos os detalhes da realidade, que é muito complexa e que pode encobrir algumas tendências mais gerais.

3.2 Funcionamento do modelo de concorrência perfeita a curto prazo

Para determinarmos o ponto de produção ideal para uma empresa em concorrência perfeita, isto é, o ponto da produção ou venda em que o lucro é máximo, no curto prazo, precisamos determinar como se comporta a demanda desse mercado, que permitirá uma previsão das receitas da firma, e como se comportam seus custos.

3.2.1 Curvas de demanda de mercado e da demanda da firma individual

O **preço de mercado** é determinado pelo encontro da **demanda de mercado** (soma de todos os consumidores de um dado bem ou serviço) com a **oferta de mercado** (soma de todas as empresas que produzem ou vendem esse bem ou serviço). Vamos, então, analisar como se comportam a oferta e demanda de mercado e a oferta e demanda da firma individual, no modelo de concorrência perfeita.

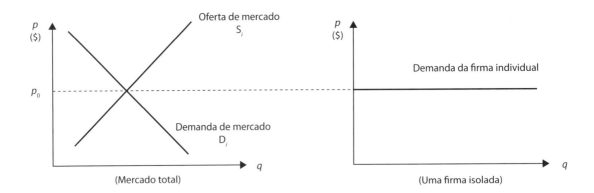

Figura 7.1 Curvas de demanda de mercado e demanda da firma individual em concorrência perfeita.

Graficamente, temos o apresentado na Figura 7.1.

Determinado o preço pelo mercado, dada a hipótese da atomicidade no modelo de concorrência perfeita, uma firma isolada não consegue alterar esse preço. Sua saída, por exemplo, traria uma alteração apenas infinitesimal na curva de oferta de mercado S_i, não afetando o preço p_0.

Portanto, como p_0 é preço de venda para a firma, então a curva de demanda é dada, fixada, para a firma; ou seja, é horizontal. A firma só pode vender a esse preço, pois:

- se quiser vender a um preço mais alto, não venderá nada (como os produtos são homogêneos, os consumidores comprarão mais barato das outras empresas desse mercado);
- não venderá a um preço mais baixo. Fere o princípio da racionalidade: se ao preço p_0 vende quanto quer, por que vender mais barato?

Portanto, ao preço p_0, que é a própria demanda para a firma individual, ela pode vender quanto puder, dependendo apenas de seu tamanho e de sua estrutura de custos.

Em resumo, a curva de demanda de mercado (com a qual se defrontam todas as firmas) é negativamente inclinada, mas a curva de procura para a firma individual é horizontal. A firma é uma tomadora de preços: se ocorrer variação de preço de mercado, a firma deve ajustar a quantidade, pois não consegue fixar preços. Como visto no Capítulo 3 (Elasticidades), a curva de demanda para a firma em concorrência perfeita é **infinitamente elástica ou perfeitamente elástica**.

3.2.2 Curvas de receita da firma em concorrência perfeita

Vimos que a Receita Média (RMe) é sempre igual ao preço unitário de venda. Como em concorrência perfeita o preço p_0 de venda é constante, segue que a RMe **é fixa**.

Como já havíamos definido anteriormente, a Receita Marginal (RMg) é a receita adicional, ou a variação da RT, quando varia a quantidade vendida.

Em concorrência perfeita, a receita marginal é o preço recebido pela unidade adicional vendida. Então, como o preço é fixado, a RMg é fixada, pois o que se ganha de receita adicional é constante.

$$RMg = \frac{\Delta pq}{\Delta q} \cong \frac{dpq}{dq} = p \cdot \frac{dp}{dq} = 1 + q\frac{dp}{dq} = 0 = p$$

Portanto,

$$\left(\frac{dp}{dq} = 0, \text{ porque } p \text{ é constante, e sabemos que a derivada de uma constante é zero} \right)$$

Segue, então, o apresentado na Figura 7.2.

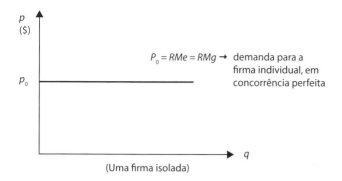

Figura 7.2 Curva de demanda de uma firma em concorrência perfeita.

3.2.3 Curvas de custos a curto prazo

As curvas de custos (Figura 7.3) são as mesmas já vistas anteriormente na Teoria dos Custos de Produção. Lembrar que o *CMg* corta as curvas de *CTMe* e *CVMe* no ponto mínimo de ambas.

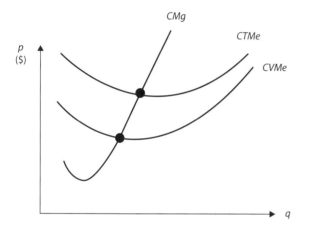

Figura 7.3 Curvas de custos de uma firma em concorrência perfeita.

3.2.4 Equilíbrio de curto prazo de uma firma em concorrência perfeita

Supoe-se, dentro desta teoria marginalista, pelo princípio da racionalidade, que o empresário tenha sempre por objetivo último maximizar lucros. Vejamos, então, uma vez fixado o preço pelo mercado, qual a produção ótima para a firma, ou seja, a quantidade produzida que maximiza o lucro da empresa, àquele preço.

Mostraremos que a regra para a firma maximizar lucros é dada por:

$$RMg = CMg, \text{ sendo } CMg \text{ crescente}$$

Corresponde ao ponto X do gráfico da Figura 7.4, ou seja, no nível de produção q_0.

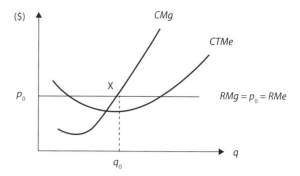

Figura 7.4 Determinação da produção de máximo lucro.

Vamos à prova. Sabemos que o empresário racional sempre aumentará a produção quando isso significar maior lucro.

Então, como já tínhamos visto, se a receita marginal *RMg* for maior que o custo marginal *CMg*, o lucro marginal aumenta e a quantidade deve ser aumentada, pois o lucro aumentará; se o *CMg* for maior que a *RMg*, a quantidade q não será aumentada, pois o lucro cairá (ou o prejuízo aumentará).

Portanto, no equilíbrio

$$RMg = CMg$$

temos a quantidade ótima, ou a produção ótima que maximiza o lucro da firma.

Como em concorrência perfeita a receita marginal é igual ao preço de mercado, esta condição é frequentemente mostrada como

$$p = CMg$$

Entretanto, como teoricamente a curva de *CMg* deve ter um formato em *U*, podem existir dois pontos em que $RMg = CMg$ (X e Y, no gráfico da Figura 7.5).

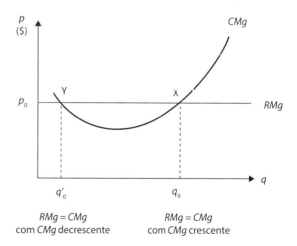

Figura 7.5 Os dois pontos onde $RMg = CMg$ em uma firma em concorrência perfeita.

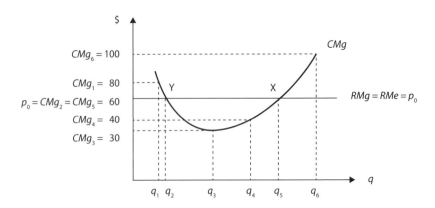

Figura 7.6 A produção ótima da firma em concorrência perfeita.

Falta provar que a maximização de lucros se dá no ponto X, **com CMg crescente**. Vamos mostrar isso a partir da Figura 7.6.

Analisemos as várias situações em que a empresa pode estar situada:

- q_1: $RMg = 60$, $CMg = 80$
- q_2: $RMg = 60$, $CMg = 60$
- q_3: $RMg = 60$, $CMg = 30$

Nestes três pontos, com custo marginal decrescente, é vantajoso aumentar a produção, pois a RMg é constante, mas os custos são decrescentes (então os lucros marginais são crescentes). Por isso, o ponto q_2, embora $RMg = CMg$, ainda não é o máximo lucro.

- q_4: $RMg = 60$, $CMg = 40$

O CMg é crescente, mas ainda é possível aumentar o lucro aumentando um pouco mais a produção até $CMg = RMg$.

- q_5: $RMg = 60$, $CMg = 60$

Na produção q_5, tem-se o máximo lucro.

- q_6: $RMg = 60$, $CMg = 100$

Não deve aumentar mais a produção, pois o CMg é crescente (e RMg fixa), o que significa lucros menores, se a empresa produzir acima de q_5.

Portanto, a produção ótima para a firma ocorre no ponto q_5, onde $RMg = CMg$, com CMg crescente:

$RMg = CMg$, sendo CMg crescente

No ponto q_2, também $RMg = CMg$, mas o CMg é decrescente. Mostraremos mais adiante que esse é um ponto de prejuízo máximo.

Áreas de lucro total, receita total e custo total

Como a receita média e os custos médios são a receita e os custos por unidade, multiplicando ambos pelas unidades produzidas, teremos a receita e os custos totais (e, portanto, o lucro ou prejuízo total), como pode ser visualizado na Figura 7.7.

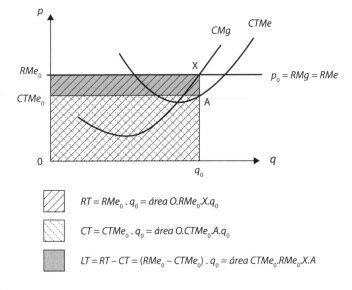

$RT = RMe_0 \cdot q_0 = $ área $O.RMe_0.X.q_0$

$CT = CTMe_0 \cdot q_0 = $ área $O.CTMe_0.A.q_0$

$LT = RT - CT = (RMe_0 - CTMe_0) \cdot q_0 = $ área $CTMe_0.RMe_0.X.A$

Figura 7.7 Área de máximo lucro de uma firma em concorrência perfeita, em termos de curvas médias e marginais.

O gráfico da Figura 7.7 mostra as áreas de *LT*, *RT* e *CT* em termos de curvas médias e marginais. Essas áreas também podem ser visualizadas em termos de curvas totais, como na Figura 7.8.

A curva de Receita Total (*RT*) é uma reta que parte da origem, no modelo de concorrência perfeita. Sua declividade é constante e é a própria receita marginal (*RMg*),[2] que é o próprio preço p_0.

Notamos que, nos níveis de produção q_2 e q_3, o lucro total é zero, pois nos dois pontos *RMe* = *CTMe*, e portanto *RT* = *CT*.

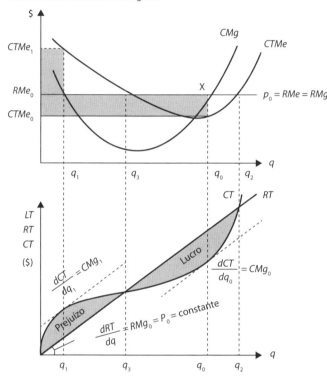

Figura 7.8 Curvas de máximo lucro e máximo prejuízo de uma firma em concorrência perfeita, em termos de curvas totais.

3.3 Curva de oferta da firma em concorrência perfeita

Provaremos que **a curva de oferta da firma em concorrência perfeita é o ramo crescente da curva de custo marginal, a partir do ponto em que o custo marginal é maior do que o custo variável médio mínimo**. Ou seja, observando no gráfico da Figura 7.9, a curva da oferta da firma é a própria curva do *CMg*, a partir do ponto A, onde o custo variável médio *CVMe* é mínimo.

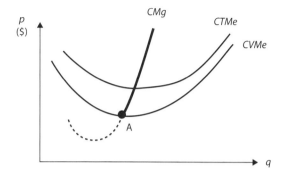

Figura 7.9 Curva de oferta de uma firma em concorrência perfeita.

A prova será feita passo a passo:

- a curva de oferta é a própria curva do *CMg*;
- a curva de oferta é apenas o ramo crescente do *CMg*;
- a curva de oferta é o ramo crescente do *CMg*, acima do *CVMe* mínimo.

Por que é a curva de *CMg*? A resposta é que essa curva reflete a resposta das firmas quando o preço de mercado aumenta, ou seja, reflete o aumento de q quando p varia (isso é a definição de oferta: variação da quantidade produzida q quando p aumenta), conforme podemos ver na Figura 7.10.

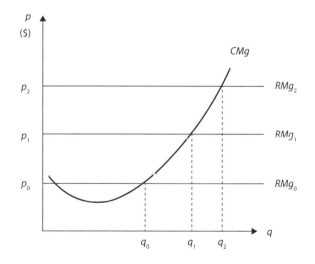

Figura 7.10 Alterações da quantidade ofertada, dadas variações no preço de mercado, para uma firma em concorrência perfeita.

- quando o preço é p_0, a firma oferece q_0 (que maximiza seu lucro a p_0);
- quando o preço é p_1, a firma oferece q_1 (que maximiza seu lucro a p_1);
- quando o preço é p_2, a firma oferece q_2 (que maximiza seu lucro a p_2).

Como a firma maximiza lucros apenas no ramo crescente do *CMg*, então a curva de oferta da firma em concorrência perfeita é o ramo crescente da curva de *CMg*, dado que as reações da firma, em relação a variações de preços, dão-se nesse trecho da curva.

Por que apenas após o *CVMe* mínimo? Para essa prova, para melhor entendimento, é interessante convertermos as curvas médias em valores totais, multiplicando-as pela quantidade produzida, assim:

$RT =$	$CT =$	$CVT =$	$CFT =$
$p \cdot q$	$CTMe \cdot q$	$CVMe \cdot q$	$CFMe \cdot q$

Posto isso, vamos supor quatro situações distintas, com quatro preços de mercado diferentes.

a) $p > CTMe$ ($RT > CT$) (Figura 7.11).

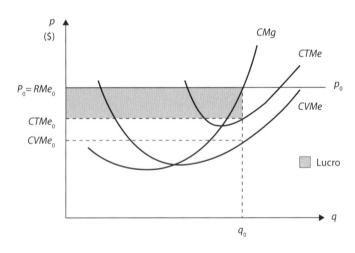

Figura 7.11 Curva de oferta de uma firma em concorrência perfeita: $p > CTMe$.

É a situação normal, com lucros extraordinários (região preenchida).

b) $p < CTMe$, mas $p > CVMe$ ($RT < CT$, mas $RT > CVT$). A firma consegue pagar todos os custos variáveis e parte dos custos fixos (Figura 7.12).

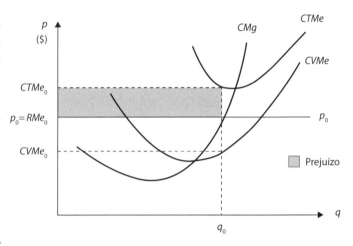

Figura 7.12 Curva de oferta de uma firma em concorrência perfeita: $p > CVMe$ e $p < CTMe$.

Lembrando que a diferença entre o custo total médio *CTMe* e o custo variável médio *CVMe* é o custo fixo médio *CFMe*, a firma apresenta nessa situação um prejuízo (área preenchida), mas ela não deve paralisar a produção, pois assim teria que pagar todos os custos fixos (aluguel, parcelas de compra do equipamento etc.).[3] Dessa forma, se a firma para, tem que pagar todo o custo fixo. Se continuar no mercado, a receita auferida permitirá pagar todos os custos variáveis (salários, matérias-primas) e uma parte dos custos fixos. Como é uma situação de curto prazo, a firma pode esperar por uma melhoria futura do mercado, e uma elevação de preços que a faria sair do prejuízo, e auferir lucro ($RT > CT$, como no primeiro caso).

c) $p = CVMe$ mínimo ($RT = CVT$) (Figura 7.13).

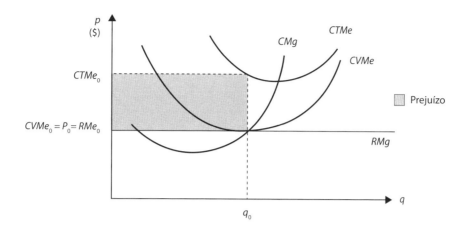

Figura 7.13 Curva de oferta de uma firma em concorrência perfeita: $p = CVMe$.

Nesse caso, o prejuízo é o mesmo, paralisando a produção ou continuando a operar. No entanto, como já investiu no ramo (custos fixos já incorridos), deve ter clientes estabelecidos etc., pode continuar a operar, se a firma julgar essa situação transitória, e houver a possibilidade de melhoria nesse mercado.

d) $p < CVMe$ mínimo ($RT < CVT$) (Figura 7.14).

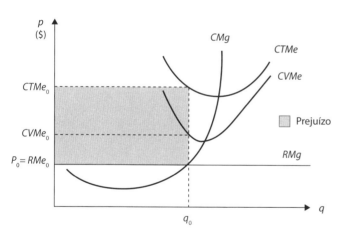

Figura 7.14 Curva de oferta de uma firma em concorrência perfeita: $p < CVMe$.

Nessa situação, se continuar operando, o prejuízo (área preenchida) indica que a firma não está conseguindo pagar nem os custos variáveis (salários, matérias-primas, energia). O empresário perderá menos parando a produção, pois, se continuar operando, é obrigado a pagar os custos variáveis; se parar, pagará apenas os custos fixos já incorridos. Se a previsão é de que essa situação perdure, a empresa deve paralisar a produção.

Assim, uma firma em concorrência perfeita deve operar apenas quando o preço de mercado supera pelo menos os custos variáveis.

Conclui-se, então, que **a curva de oferta da firma em concorrência perfeita é o ramo crescente da curva de *CMg*, acima do *CVMe* mínimo** (como mostrado na Figura 7.9).

Até aqui, tratamos de uma análise a curto prazo. A decisão de fechar ou não as portas dependerá das expectativas do empresário quanto ao futuro dos seus negócios. Ou seja, **a decisão de uma firma sair do mercado é uma decisão de longo prazo**.

3.4 Equilíbrio de longo prazo de uma firma em concorrência perfeita

Como sabemos, a longo prazo não existem custos fixos, ou seja, todos os custos são variáveis (salários, aluguéis etc.). Portanto:

$$CT = CVT \quad e \quad CTMe = CVMe$$

Vimos que as curvas de custos embutem o **lucro normal**, que é o custo de oportunidade do capital, ou seja, o que ele receberia se tivesse empregado seus recursos em outra atividade.

Em concorrência perfeita, supõe-se que os lucros extraordinários a curto prazo atraem novas empresas para esse mercado (pelas hipóteses de transparência de mercado – todos sabem que o mercado apresenta lucros extraordinários – e livre acesso de firmas). Dessa forma, em concorrência perfeita, a longo prazo, com a atração de novas firmas, a oferta de mercado aumenta, e a tendência é de que chegar-se-á a uma situação em que os lucros extraordinários tendam a zero, quando então existirão apenas lucros normais.

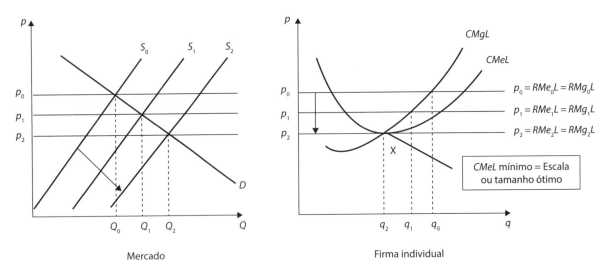

Figura 7.15 Equilíbrio de longo prazo em concorrência perfeita.

Graficamente, temos o apresentado na Figura 7.15.

No gráfico, a entrada de mais firmas desloca a curva de oferta gradativamente para a direita, de S_0 para S_2, provocando uma queda no preço de mercado (p_0 para p_2).

Quando o preço chega a p_2, cessam os lucros extraordinários, pois no ponto (p_2, q_2), $RT = CT$ ($RMe = CTMe$) e $LT = 0$. Esse ponto corresponde ao mínimo da curva de custo médio de longo prazo (escala ou tamanho ótimo da empresa), que vimos no Capítulo 6.

Resumindo: **a longo prazo, em concorrência perfeita, só existem lucros normais.**

3.5 O conceito de *break-even point*

É interessante apontar outra diferença entre o enfoque econômico e o contábil-financeiro. Neste último, é muito utilizado um conceito denominado **break-even point**, que corresponde ao nível de produção em que a RT iguala o custo total e a partir do qual a empresa passa a auferir lucro, ou seja, $RT > CT$. Trata-se de um conceito contábil, e não econômico, pois não inclui no custo total os custos de oportunidade.

3.6 Exercícios de concorrência perfeita

1. Dada a tabela

Produção e vendas (por dia)	Custo Total (*CT*) $	Preço unitário de mercado (*P*) $
(1)	(2)	(3)
0	10,00	5,00
1	15,00	5,00
2	18,00	5,00
3	20,00	5,00
4	21,00	5,00
5	23,00	5,00
6	26,00	5,00
7	30,00	5,00
8	35,00	5,00
9	41,00	5,00
10	48,00	5,00
11	56,00	5,00

pede-se:

a) Completar a Tabela, com os valores da Receita Total, do Lucro Total, do Custo Marginal e da Receita.

b) Em qual produção o lucro é máximo?

Resolução:

a)

Produção e vendas	Receita Total (RT) $	Lucro Total (LT) = RT – CT $	Custo Marginal (CMg) $	Receita Marginal (RMg) $
(1)	(4) = (3) × (1)	(5) = (4) – (2)	(6) = $\dfrac{\text{variação em (2)}}{\text{variação em (1)}}$	(7) = $\dfrac{\text{variação em (4)}}{\text{variação em (1)}}$
0	0	– 10,00	–	–
1	5,00	– 10,00	5,00	5,00
2	10,00	– 8,00	3,00	5,00
3	15,00	– 5,00	2,00	5,00
4	20,00	– 1,00	1,00	5,00
5	25,00	2,00	2,00	5,00
6	30,00	4,00	3,00	5,00
7	35,00	5,00	4,00	5,00
8	40,00	5,00	5,00	5,00
9	45,00	4,00	6,00	5,00
10	50,00	2,00	7,00	5,00
11	55,00	– 1,00	8,00	5,00

b) o lucro é máximo no nível de produção de 8 unidades, em que $CMg = RMg = 5,00$.

2. Dados

$$CT = 1 + 2q + 3q^2$$
$$p = 20$$

pede-se:

a) Qual a quantidade que maximiza o lucro?

b) Qual a magnitude desse lucro?

Resolução:

a) Sabemos que o lucro é máximo quando $CMg = RMg$.

- $RMg = p = 20$
- $CMg = \dfrac{dCT}{dq} = 2 + 6q$

$\left.\right\}$ $20 = 2 + 6q$
$\therefore q_0 = 3$

b) $LT = RT - CT$

- $RT = p_0 q_0 = 20 \cdot 3 = 60$
- $CT = 1 + 2q + 3q^2 = 1 + 2(3) + 3(3)^2 = 34$

$\left.\right\}$ $\therefore LT = 26$

3. Dados $CT = 0,04q^3 - 0,9q^2 + 10q + 5$

$RT = 4q$

pede-se:

a) Qual o ponto de equilíbrio da firma?

b) Qual a magnitude do lucro (prejuízo)?

c) Supondo uma situação de curto prazo, a firma deve paralisar temporariamente a produção, continuar operando, ou fechar as portas?

Resolução:

a) $RMg = CMg$

- $RMg = \dfrac{dRT}{dq} = \dfrac{d(4q)}{dq} = 4$

- $CMg = \dfrac{dCT}{dq} = \dfrac{d(0{,}04q^3 - 0{,}9q^2 + 10q + 5)}{dq} = 0{,}12\,q^2 - 1{,}8q + 10$

Igualando, $RMg = CMg$, $\quad 0{,}12q^2 - 1{,}8q + 10 = 4$
$\qquad\qquad\qquad\qquad\qquad 0{,}12q^2 - 1{,}8q + 6 = 0.$

Como se trata de uma equação de 2º grau, determinamos suas raízes:[4]

$q_0 = 10 \quad$ máximo lucro; e
$q_1 = 5 \quad$ máximo prejuízo.

Lembrando que o CMg pode cortar a RMg em dois pontos, o máximo lucro ocorre no nível de produção mais elevado. Portanto,

$$\boxed{q_0 = 10}$$

b) $LT = RT - CT$

- $RT = 4q = 40$

- $CT = 0{,}04q^3 - 0{,}9q^2 + 10q + 5$
  $= 0{,}04\,(10)^3 - 0{,}9\,(10)^2 + 10\,(10) + 5 = 55$

  $LT = 40 - 55 = -15$ (portanto, prejuízo, mesmo no ponto de produção maior).

c) A firma paralisa a produção quando $p < CVMe$ mínimo (ou $RT < CVT$). Precisamos saber quanto é o $CVMe$, no ponto $q_0 = 10$, e verificar se o $CVMe$ é menor que o preço (igual a 4), nesse ponto.

O $CVMe$ pode ser calculado a partir da curva de custo total CT.

$CT = \underbrace{0{,}04q^3 - 0{,}9q^2 + 10q}_{CVT\ (\text{varia com } q)} + \underset{CFT\ (\text{não varia com } q)}{5}$

$CVT = 0{,}04q^3 - 0{,}9q^2 + 10q$

$CVMe = \dfrac{CVT}{q} = 0{,}04q^2 - 0{,}9q + 10$

Substituindo $q_0 = 10$ no $CVMe$, verificamos que $CVMe = 5$.

Dado que $p = 4$, então $CVMe > p$, e $CVT > RT$. Como se trata de uma situação de curto prazo, a empresa deve paralisar temporariamente a produção, e aguardar por uma melhoria do mercado. Se for uma situação de longo prazo, a empresa deve encerrar suas atividades.

Graficamente:

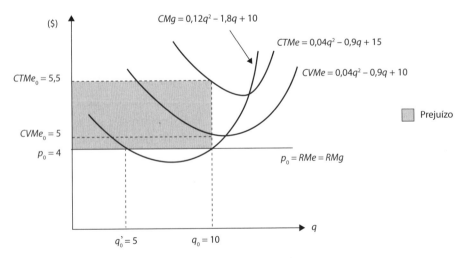

sendo a área preenchida o prejuízo total.

4 MONOPÓLIO

4.1 Hipóteses do modelo

Uma estrutura de mercado monopolista apresenta três características principais:

a) uma única empresa produtora do bem ou serviço;
b) não há produtos substitutos próximos;
c) existem barreiras à entrada de firmas concorrentes.

As barreiras ao acesso de novas empresas nesse mercado podem ocorrer de várias formas:

- **monopólio puro ou natural**, devido à alta escala de produção requerida, exigindo um elevado montante de investimentos. A empresa monopolista já está estabelecida em grandes dimensões e tem condições de operar com baixos custos. Torna-se muito difícil alguma empresa conseguir oferecer o produto a um preço equivalente ao da firma monopolista. O monopólio natural é associado a serviços de utilidade pública, como água e esgotos, energia elétrica etc.;
- **proteção de patentes** (direito único de produzir o bem). Exemplo: xerox;
- **controle sobre o fornecimento de matérias-primas-chave**. Exemplo: a Alcoa detinha quase todas as minas de bauxita nos EUA (matéria-prima do alumínio);
- **tradição no mercado**. Exemplo: mercado de relógios; os japoneses precisaram investir muito dinheiro, durante muito tempo, para concorrer com a tradição dos relógios suíços.

Uma hipótese implícita no comportamento do monopolista é que ele não acredita que os lucros elevados que obtém a curto prazo possam atrair concorrentes, ou que os preços elevados possam afugentar os consumidores; ou seja, acredita que, mesmo a longo prazo, permanecerá como monopolista. Evidentemente, para que essa estratégia se viabilize, deve ser um tipo de mercadoria ou serviço que não tenha substitutos próximos.

Uma categoria diferenciada de monopólio é o **monopólio estatal ou institucional**, protegido pela legislação, normalmente em setores estratégicos ou de infraestrutura. Neste capítulo, discutimos o monopólio que aparece no mercado, sem intervenção do Estado.[5]

4.2 Funcionamento de um mercado em monopólio

4.2.1 Curva de demanda do monopolista

Como se trata de uma única firma, tem-se que:

Demanda total do mercado	=	Demanda para a empresa

Graficamente, temos o apresentado na Figura 7.16.

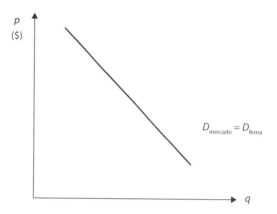

Figura 7.16 Curvas de demanda no monopólio.

Assim, se o monopolista quiser vender mais, o preço cairá; se produzir menos, o preço subirá. Nesse sentido, o monopolista tem o controle do preço de mercado, que depende de quanto ele resolve produzir.

Isso é completamente diferente do que ocorre com a firma em um mercado em concorrência perfeita, que não tem condições de, isoladamente, afetar o preço determinado por esse mercado.

4.2.2 Curvas de receita média e receita marginal

$$\text{Receita Média } (RMe) = \frac{\text{Receita Total}}{\text{quantidade produzida}} = \frac{RT}{q} = \frac{p \cdot q}{q} = p \quad \boxed{RMe = p}$$

ou seja, a RMe é o próprio preço de mercado: é o que o consumidor paga em cada unidade do produto. Então, é a própria demanda de mercado.

$$\text{Receita Marginal } (RMg) = \frac{\Delta \text{ Receita Total}}{\Delta \text{ quantidade produzida}} = \frac{\Delta RT}{\Delta q} \quad \boxed{RMg = \frac{\Delta RT}{\Delta q}}$$

$$\left(\text{ou } RMg = \frac{dRT}{dq}\right)$$

Em concorrência perfeita, vimos que $RMg = RMe = p$. Ou seja, a receita pela venda adicional é o próprio preço de mercado.

Em monopólio, a RMg é diferente da RMe. Isso porque, se o monopolista quiser aumentar a produção, a quantidade adicional será vendida a um preço mais baixo que as quantidades anteriores. Como a demanda do monopolista é a própria demanda de mercado, para vender uma quantidade maior do que vendia anteriormente, o monopolista precisa reduzir o preço, o que significa que a receita por unidade será reduzida, quando comparada com a venda anterior. O exemplo numérico da Figura 7.17 deixa mais claro esse ponto.

Quando a quantidade vendida aumenta de 10 para 11, a RMe é igual ao preço p_1. Isto é, quando $q = 11$,

$$RMe = \frac{RT}{q} = \frac{1.275 \cdot 11}{11} = 1.275$$

A receita marginal RMg fica igual a

$$RMg = \Delta RT = RT_1 - RT_0 = 14.025 - 13.500 = 525$$

e, portanto, $RMe > RMg$ no monopólio.

Prova-se ainda que **a RMg corta o eixo das abscissas na metade do corte da RMe** (ver Apêndice Matemático).

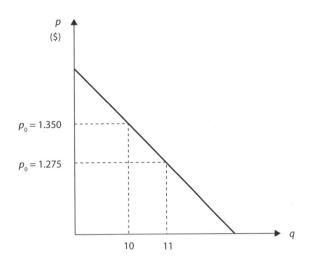

Figura 7.17 Receita Média e Receita Marginal para uma firma monopolista.

Graficamente, temos o apresentado na Figura 7.18.

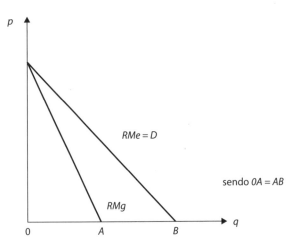

Figura 7.18 Receita Média e Receita Marginal para uma firma monopolista: análise gráfica.

4.2.3 Relação entre RT e elasticidade-preço da demanda no monopólio

Vimos no Capítulo 3 (Elasticidades) que há relação entre a RT e a elasticidade-preço da demanda (E_{pp}), como se segue:

- demanda elástica: se $p \uparrow$ $q \downarrow$ $RT \downarrow$
  se $p \downarrow$ $q \uparrow$ $RT \uparrow$
- demanda inelástica: se $p \uparrow$ $q \downarrow$ $RT \uparrow$
  se $p \downarrow$ $q \uparrow$ $RT \downarrow$

Sabendo-se, ainda, que:

- RMg é a derivada primeira da curva de

$$RT = \left(\frac{dRT}{da} \right);$$

- no máximo da RT, $RMg = 0$ (da matemática, sabemos que no ponto de máximo ou de mínimo de uma função, a derivada primeira é sempre igual a zero);
- RMg corta o eixo das abscissas na metade do corte da RMe, e podemos sintetizar essas informações graficamente conforme apresentado na Figura 7.19.

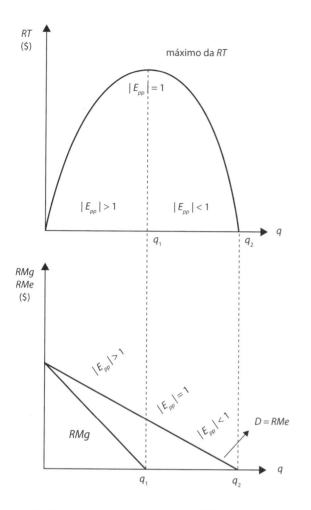

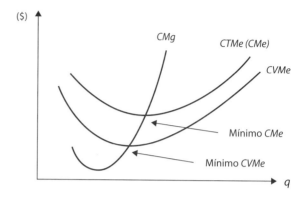

Figura 7.20 Custos de produção de uma firma monopolista.

no modelo de concorrência perfeita, conforme podemos verificar na Figura 7.20.

Embora o formato seja em U, bem como as relações entre as curvas devem ser válidas para as duas formas de mercados, há diferenças quanto à magnitude dos custos. Para alguns autores, a situação monopólica poderia reduzir o incentivo à eficiência, o que faria com que os custos unitários do monopolista fossem maiores do que os que seriam teoricamente obtidos em concorrência perfeita. Outros consideram que os monopolistas têm mais condições para investir em tecnologia, o que levaria a menores custos por unidade produzida.

4.3 Equilíbrio de curto prazo de uma empresa monopolista

De acordo com os princípios da teoria marginalista, como em concorrência perfeita, o ponto de equilíbrio do monopolista, ou seja, no qual ele maximiza o lucro, também ocorre quando $RMg = CMg$, como mostrado no gráfico da Figura 7.21.

Figura 7.19 Relação entre as curvas RT, RMe e RMg para uma firma monopolista.

4.2.4 Custos de produção do monopolista

Podemos considerar que a estrutura de custos do monopolista não difere em essência daquela observada

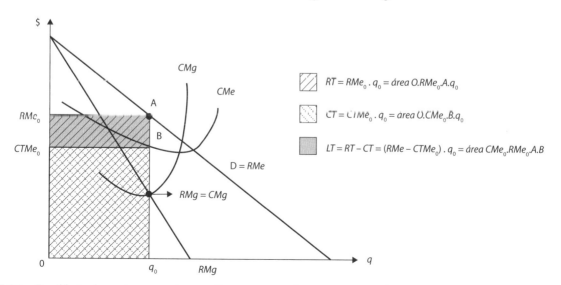

Figura 7.21 Equilíbrio de curto prazo de uma firma monopolista, em termos de curvas médias e marginais.

Se a curva de CMg cortar duas vezes a curva de RMg, a produção maior será aquela que maximiza o lucro.[6]

Primeiro, determinamos o ponto onde $RMg = CMg$, que é a produção que maximiza o lucro (q_0). Depois, vemos qual o custo de produção para produzir q_0 na curva CMe e qual a receita quando se vende q_0, na curva RMe, que é a curva de demanda. O lucro é igual à área dada pelo retângulo $CMe_0 \cdot RMe_0 \cdot A \cdot B$.

Em termos de curvas totais, o diagrama fica conforme mostrado na Figura 7.22.

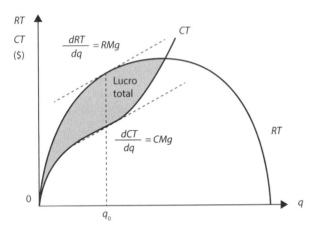

Figura 7.22 Equilíbrio de curto prazo de uma firma monopolista, em termos de curvas totais.

Interessante observar que **nunca a posição de máximo lucro do monopolista pode estar na faixa inelástica da demanda**. Isso porque o ponto de máximo lucro ocorre quando $RMg = CMg$. Como CMg é sempre positivo, a RMg que se iguala ao CMg também é positiva. E a RMg é positiva apenas na faixa elástica da demanda (ver novamente o gráfico da Seção 4.2.3).

4.4 Curva de oferta de uma firma monopolista

Na Figura 7.21 (em termos de curvas médias e marginais), notamos que não há relação biunívoca entre quantidade produzida e preço de venda do produto. Para uma dada produção, podemos ter diferentes preços, dependendo da curva de demanda; ou seja, determinado q_0, temos apenas um ponto em cima da curva de demanda correspondente ao preço de venda p_0. Se a demanda fosse maior, o preço seria maior, para a mesma quantidade q_0.

Então, **a firma monopolista não tem curva de oferta**. Não tem uma curva que mostre uma relação estável entre determinados preços de venda correspondentes a determinadas quantidades produzidas, pois podemos ter vários preços para apenas uma quantidade vendida. Na realidade, **a oferta é um ponto único sobre a curva de demanda**.

O gráfico da Figura 7.23 deixa esse ponto mais claro. O CMg intercepta RMg no mesmo ponto A, supondo duas curvas de demanda diferentes. Se a demanda for D_0, o lucro é máximo no ponto A, onde $RMg_0 = CMg$, e o preço de mercado é p_0; se a demanda for D_1, também em A temos o equilíbrio, onde $RMg_1 = CMg$, e o preço é p_1. Assim, temos uma quantidade q_0 igual nas duas situações, mas dois preços (p_0 e p_1). Então, não é possível estabelecermos uma relação bem definida entre preços e quantidades ofertadas pelo monopolista, como em concorrência perfeita.

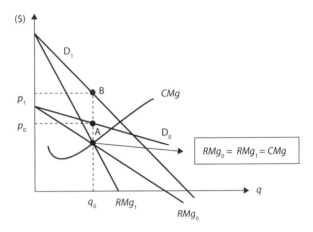

Figura 7.23 A curva de oferta do monopolista é apenas um ponto em cima da curva de demanda.

4.5 Equilíbrio de longo prazo de uma firma monopolista

A existência de barreiras à entrada de novas firmas permitirá a persistência de lucros extraordinários também a longo prazo (área preenchida da Figura 7.24); diferentemente de um mercado em concorrência perfeita, não existem lucros extraordinários a longo prazo. Ou seja, supõe-se que a empresa monopolista consiga permanecer como tal também a longo prazo.

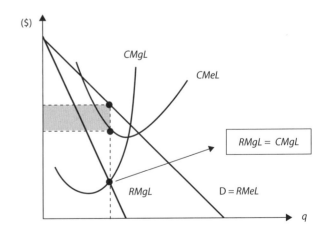

Figura 7.24 Equilíbrio de longo prazo de uma firma monopolista.

4.6 Exercício

Dados $\quad CT = 2q^3 - 40q^2 + 220q$

$$p = RMe = 45 - \frac{q}{2}$$

Pede-se:

a) a quantidade ótima para a empresa;
b) a magnitude do Lucro Total.

Observação: a função demanda é

$$p = RMe = 45 - \frac{q}{2},$$

o que mostra que é um modelo de monopólio. Se tivéssemos, por exemplo, $p = RMe = 10$ (constante), denotaria concorrência perfeita, com demanda infinitamente elástica.

Resolução:

a) $RMg = CMg$

$$RMg = \frac{dRT}{dq}$$

Como temos

$$RMe = \frac{RT}{q},$$

podemos achar a curva da RT.

$$RT = RMe \cdot q = (45 - q/2) \cdot q$$

$$RT = 45q - q^2/2;$$

portanto,

$$CMg = \frac{dCT}{dq} = \frac{d(2q^3 - 40q^2 + 220q)}{dq} = 6q^2 - 80q + 220$$

fazendo $RMg = CMg$

vem $45 - q = 6q^2 - 80q + 220$

$6q^2 - 79q + 175 = 0$.

Resolvendo, vem $q_1 = 10{,}33$ (máximo lucro), e $q_2 = 2{,}83$.

b) $LT = RT - CT$

$RT = 45q - q^2/2$

$CT = 2q^3 - 40q^2 + 220q$

$LT = (45q - q^2/2) - (2q^3 - 40q^2 + 220q)$

como $q_1 = 10{,}33$, vem $LT = 202{,}70$

Se substituíssemos $q_2 = 2{,}83$, verificaríamos que $LT = -133{,}56$, que é o prejuízo máximo.

c) Graficamente

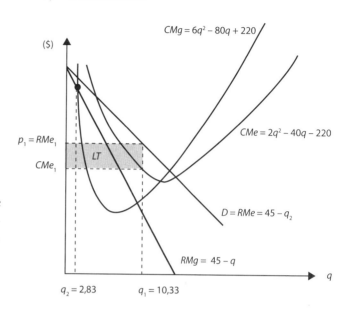

4.7 Monopólio e concorrência: o custo social do monopólio

Um monopólio pode impor à sociedade um custo social, ou uma perda de eficiência, quando comparado a um mercado perfeitamente competitivo. A Figura 7.25 ilustra essa questão.

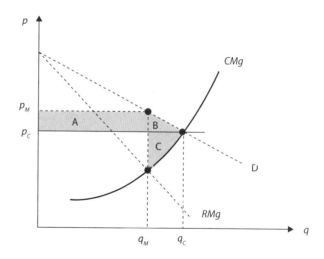

Figura 7.25 O custo social do monopólio.

Em concorrência perfeita, o preço de equilíbrio seria p_C, e a quantidade q_C, enquanto em monopólio, a quantidade seria q_M e o preço p_M. Ou seja, a passagem da concorrência perfeita para o monopólio elevaria os preços e reduziria a quantidade disponível, representando um custo para a sociedade. Esse custo pode ser medido utilizando-se os conceitos de **excedente do consumidor** e **produtor**, vistos anteriormente. O excedente do consumidor se reduz, conforme a área preenchida (A + B). Por sua vez, a diminuição na quantidade produzida também reduz o excedente do produtor de acordo com o triângulo C. Como o maior preço cobrado pelo monopolista aumenta o excedente do produtor no montante representado pela área A, temos que tal área termina sendo "transferida" do consumidor para o produtor. Logo, a sociedade sofre uma perda de bem-estar irrecuperável, um "**peso morto**" igual à área dos triângulos B e C, devido à distorção na alocação de recursos imposta pelo monopolista.

4.8 Discriminação de preços no monopólio ("*pricing*")

Até o presente momento, analisamos o equilíbrio da empresa com poder monopólico do ponto de vista de sua escolha do nível de produção. Não obstante isso, a empresa com poder de mercado também pode determinar o preço que maximiza seu lucro, deixando à demanda a tarefa de determinar a quantidade consumida. Todavia, como vimos acima que o monopolista pode "transferir" para si mesmo parte do excedente do consumidor, essa empresa poderá aumentar ainda mais seu lucro se desenhar uma estratégia de precificação que seja capaz de extrair o máximo possível desse excedente.

Existem diferentes **estratégias de precificação** ("*pricing*") que podem ser utilizadas pelo monopolista. Vejamos alguns exemplos:[7]

- **Discriminação de preços**: se o monopolista puder dividir o mercado em dois segmentos, de acordo com a elasticidade-preço da demanda, deverá cobrar mais dos consumidores, cuja demanda é menos elástica, e menos dos consumidores, cuja demanda é mais elástica (exemplo: tarifas aéreas, tarifas telefônicas etc.). Essa prática é conhecida como discriminação de preços, ou seja, cobrar preços diferenciados pelo mesmo produto, sem que haja diferenças relevantes nos custos de produção.

- **Tarifa em duas partes**: a compra de alguns produtos e serviços pode ser separada em dois tipos de preços: cobra-se um **preço de entrada** (T) e um **preço de utilização** (P). Essa estratégia costuma ser utilizada nos parques de diversão. Por isso, dizemos que a empresa enfrenta

o "**dilema de Mickey Mouse**": deverá cobrar um preço de entrada relativamente reduzido, garantindo grande afluência de consumidores e, logo após, um preço de utilização elevado; ou um preço de entrada alto e um preço de utilização baixo? A resposta dependerá da heterogeneidade da demanda. Assim, para demandas mais homogêneas, como ocorre no caso do parque de diversões, a segunda alternativa seria a mais adequada. Por sua vez, no caso de demandas mais heterogêneas, como a de impressoras, a primeira alternativa é a mais lucrativa: cobra-se um preço elevado pela impressora, e um preço relativamente barato pelos cartuchos.

- **Venda em pacotes**: quando não é possível separar os mercados para discriminar preços, outra estratégia adotada pelos produtores com poder de mercado é a venda em pacotes. Dessa forma, podemos vender produtos em forma conjunta, extraindo as máximas disposições a pagar por parte dos consumidores, o que é chamado de "**pacote puro**" (exemplo: almoço executivo, pacotes de férias etc.). Outra possibilidade é combinar o "pacote" anterior com a alternativa de adquirir os produtos separadamente, o que é chamado de "**pacote misto**" (exemplo: automóvel com elementos adicionais, TV a cabo com canais adicionais etc.).

- **Vendas casadas (atacado)**: refere-se aos casos em que o varejista é obrigado a comprar certa quantidade de um produto com pouca saída no mercado, para obter o de maior saída. Por exemplo, tem que adquirir cervejas, pouco aceitas no mercado, para receber o refrigerante de grande aceitação.

5 OUTRAS ESTRUTURAS DE MERCADO

5.1 Concorrência monopolística

Trata-se de uma estrutura de mercado com as seguintes características principais:

- muitas empresas, produzindo dado bem ou serviço;

- cada empresa produz um produto diferenciado, mas com substitutos próximos;

- cada empresa tem certo poder sobre preços, dado que os produtos são diferenciados, e o consumidor tem opções de escolha, de acordo com sua preferência. Ou seja, a demanda é negativamente inclinada (se bem que bastante elástica, sensível, porque tem substitutos próximos).

Como exemplos desse tipo de mercado, temos os mercados de aspirinas, sabonetes, serviços médicos, odontológicos etc. Portanto, é um modelo mais realista que o de concorrência perfeita, que supõe produtos completamente homogêneos, idênticos, sem diferenciação.

A **diferenciação de produtos** dá-se via:

- características físicas: – composição química;
                            – potência (hp);
- embalagem;
- promoção de vendas: – propaganda;
                        – atendimento;
                        – brindes;

manutenção, atendimento pós-venda etc.

Como não existem barreiras para a entrada de firmas, a longo prazo há tendência apenas para lucros normais ($RT = CT$), como em concorrência perfeita, ou seja, os lucros extraordinários a curto prazo atraem novas firmas para o mercado, aumentando a oferta do produto, até chegar-se a um ponto em que persistirão lucros normais, quando, então, cessa a entrada de concorrentes.

O equilíbrio a longo prazo numa estrutura de concorrência monopolística pode ser representado como se segue:

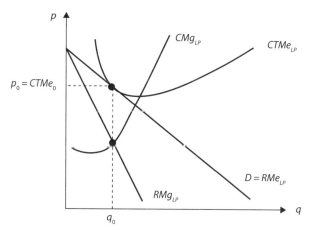

Como $p_0 = CTMe_0$, multiplicados por q_0, temos

$$p_0 \cdot q_0 = CTMe_0 \cdot q_0$$

$$RT_0 = CT_0$$

Portanto, o lucro econômico (extraordinário) é zero, permanecendo apenas lucros normais, incluídos na curva de custos.

5.2 Oligopólio

É um tipo de estrutura de mercado que pode ser definido de duas formas:

- **oligopólio concentrado**: pequeno número de empresas no setor. Exemplo: indústria automobilística;
- **oligopólio competitivo**: ou um pequeno número de empresas domina um setor com muitas empresas. Exemplo: Nestlé, Ambev, Parmalat no setor de alimentos, Brahma, Antarctica e Coca-Cola no setor de bebidas, Pão de Açúcar e Carrefour no setor de supermercados etc.

Devido à existência de **empresas dominantes**, elas têm o poder de fixar os preços de venda em seus termos, defrontando-se normalmente com demandas relativamente inelásticas, em que os consumidores têm baixo poder de reação a alterações de preços.

O oligopólio, assim como o monopólio, ocorre basicamente devido à existência de barreiras à entrada de novas empresas no setor. Como vimos em monopólio, essas barreiras são devidas aos seguintes fatores:

- proteção de patentes;
- controle de matérias-primas-chave;
- tradição;
- oligopólio puro ou natural.

Alguns produtos, por razões tecnológicas, só podem ser produzidos por empresas de grande porte (automóveis, extração de petróleo). Assim, nesses mercados, é normal um pequeno número de empresas.

Podemos caracterizar dois **tipos de oligopólio**:

- oligopólio com produto homogêneo (alumínio, cimento);
- oligopólio com produto diferenciado (automóveis).

Diferentemente da estrutura concorrencial, e de forma semelhante ao monopólio, **a longo prazo os lucros extraordinários permanecem**, pois as barreiras à entrada de novas firmas persistirão, principalmente no oligopólio natural, em que a alta escala de operações propicia uma produção a custos relativamente baixos, dificultando a entrada de firmas concorrentes.

5.2.1 Formas de atuação das empresas oligopolistas

No oligopólio, podemos encontrar duas formas de atuação das empresas:

- **comportamento não cooperativo**: concorrem entre si, via guerra de preços ou de quantidades;

- **comportamento cooperativo**: formam cartéis (conluios, trustes). **Cartel** é uma organização (formal ou informal) de produtores dentro de um setor, que determina a política para todas as empresas do cartel. O cartel fixa preços e a repartição (cota) do mercado entre empresas. Outra forma de comportamento cooperativo pode surgir a partir da fusão entre empresas ou da tomada de controle acionário (*take over*) de uma empresa por outra.

As cotas podem ser:

a) perfeitas (**cartel perfeito**): todas as empresas têm a mesma participação. A administração do cartel fixa um preço comum e divide igualmente o mercado, agindo como um bloco monopolista. É a chamada "**solução de monopólio**";

b) imperfeitas (**cartel imperfeito**): existem empresas líderes (que têm maior tamanho ou custos menores) e que fixam os preços, ficando com a maior cota. As demais empresas concordam em seguir os preços da líder. O governo, por meio de leis antitrustes, não permite que a líder fixe um preço que seja muito baixo, que poderia eliminar as demais empresas. É o chamado **Modelo de Liderança de Preços**, em que a empresa (ou empresas) líder fixa um preço que lhe garanta um lucro de monopólio, e as demais consideram esse preço dado (como em concorrência perfeita). Em todo caso, a disputa pela repartição de cotas pode enfraquecer o cartel, aumentando a probabilidade de que alguma empresa "traia" os acordos estabelecidos, principalmente no caso em que estes sejam implícitos.

Uma abordagem mais adequada para analisar o comportamento oligopólico é dada por meio da Teoria dos Jogos, tema que será discutido na Seção 6.1.

5.2.2 Modelo de mark-up

Como já observamos no início deste capítulo, não existe um modelo ou teoria geral dos oligopólios, porque eles são muito diferentes entre si (os produtos podem ser homogêneos ou diferenciados, podem ter um pequeno ou grande número de empresas, podem concorrer ferozmente ou formar cartéis etc.). Cada caso é um caso, tornando impossível criar uma teoria geral do oligopólio.

O modelo mais tradicional ainda é o modelo neoclássico, em que o objetivo da empresa é a maximização de lucros ($RMg = CMg$). Como pudemos verificar, essa hipótese exige que as empresas tenham um conhecimento adequado de suas receitas (portanto, da demanda por seu produto), bem como de seus custos.

O modelo baseado na hipótese de maximização do *mark-up* surgiu após estudos empíricos desenvolvidos a partir de 1930, que mostraram que as grandes empresas determinam o preço de seu produto a partir de seus próprios custos, sem ater-se ao comportamento da demanda, já que elas conhecem menos da demanda do que seus custos. Por isso, sua política de preços é calcada em seus custos: em outras palavras, *o preço é determinado apenas pela oferta*, enquanto na teoria marginalista o preço é determinado pela intersecção entre demanda e oferta do mercado.

O *mark-up* é definido como

> *Mark-up* = **Receita de Vendas – Custos Diretos de Produção**

O conceito de **custo direto**, comumente utilizado em Contabilidade e Administração, é equivalente ao conceito de custo variável médio.

O preço é calculado da seguinte forma:

$$p = C\,(1 + m)$$

onde:

p = preço do produto

C = custo unitário direto ou variável

m = taxa (%) de *mark-up*

A taxa de *mark-up* deve ser suficiente para cobrir os custos fixos e a margem de rentabilidade desejada pela empresa. O conceito de *mark-up* é muito semelhante ao conceito de **margem de contribuição** da contabilidade privada.

O nível de *mark-up* depende da força dos oligopolistas de impedir a entrada de novas firmas, o que depende do grau de monopólio do setor. Quanto mais alto o poder de monopólio, mais limitado o acesso de novas empresas e, portanto, maior a taxa de *mark-up* que as empresas oligopolistas podem aferir. Assim, quanto menor for a elasticidade-preço da demanda e, portanto, quanto maior o poder de mercado do monopolista, maior será o *mark-up*.

5.3 Estruturas no mercado de insumos e fatores de produção

A demanda de uma empresa pelos insumos e fatores de produção (matérias-primas, mão de obra, capitais, imóveis) é uma **demanda derivada**, ou seja, depende da demanda pelo produto dessa empresa. Por exemplo, a demanda de autopeças, por parte da indústria automobilística, depende da demanda de automóveis.

O mercado de fatores de produção também pode operar em concorrência perfeita, concorrência monopolista, monopólio ou oligopólio, como o mercado de bens e serviços finais.

A **regra geral**, válida para qualquer tipo de estrutura de mercado, para a empresa demandar fatores de produção, é que a receita marginal (adicional) propiciada pela aquisição de mais fatores seja igual ao custo marginal de obter esses fatores, isto é:

$$RMg \text{ do fator} = CMg \text{ do fator}$$

Por exemplo, se considerarmos o fator mão de obra, o custo marginal seria dado pelo salário dos trabalhadores.

Em textos mais específicos de Microeconomia, são desenvolvidas as várias possibilidades de equilíbrio conjunto no mercado de bens e serviços e de fatores de produção: concorrência perfeita em bens e serviços e no mercado de fatores; monopólio no mercado de bens e serviços; concorrência perfeita no mercado de fatores etc.

5.4 Algumas estruturas de mercado particulares

5.4.1 Monopsônio/oligopsônio

É o monopólio/oligopólio na compra de fatores de produção. Por exemplo, a indústria automobilística, na compra de autopeças; a Companhia do Metrô, na compra de peças específicas etc.

5.4.2 Monopólio bilateral

Trata-se do mercado em que um monopsonista, na compra de um insumo, defronta-se com um monopolista na venda desse insumo. Ou seja, o único comprador defronta-se com o único vendedor do insumo no mercado. Exemplo clássico: uma única fábrica numa cidade do interior, que se defronta com um único sindicato (monopolista "na venda" do fator mão de obra). Ambos teriam poder, isoladamente, de fixar os preços em seus termos, desde que o outro fosse concorrente perfeito. Então, chega-se a uma situação de indeterminação do ponto de equilíbrio, isto é, do preço e da quantidade que devem prevalecer, com o monopsonista querendo pagar o mínimo de salário e o sindicato monopolista querendo receber o máximo de salário. Nesse caso, foge-se do âmbito estritamente econômico e a solução dependerá do poder de barganha de cada uma das partes.

6 TÓPICOS ESPECIAIS: TEORIA DOS JOGOS, ECONOMIA DA INFORMAÇÃO E TEORIA DA ORGANIZAÇÃO INDUSTRIAL[8]

Assim como a Macroeconomia, a Microeconomia também vem passando por algumas revoluções nas últimas décadas, com destaque para as abordagens baseadas na **Teoria dos Jogos**, na **Economia da Informação**, e na **Teoria da Organização Industrial**. Nesta seção, apresentamos uma noção de cada uma delas.[9]

6.1 Teoria dos Jogos

A **Teoria dos Jogos** é um ramo da Matemática Aplicada que estuda situações estratégicas, nas quais os jogadores escolhem diferentes ações com o objetivo de melhorar seus ganhos. Por levar em conta elementos racionais e emocionais, ela se aplica à Economia, às Ciências Políticas, à Filosofia e a outras ciências.

Especificamente, a **Teoria dos Jogos** tem como objetivo a análise de problemas em que existe uma interação dos agentes, na qual as decisões de um indivíduo, firma ou governo afetam e são afetadas pelas decisões dos demais agentes ou jogadores; ou seja, é o estudo das decisões em situação interativa. No modelo tradicional de concorrência perfeita, as informações que uma firma precisa para tomar adequadamente suas decisões estão contidas nos preços de mercado de seus produtos e de seus insumos, preços esses que são tomados pela firma como dados. Chamamos tais preços de **parâmetros** para a tomada de decisão por parte da firma e dizemos que, por isso, a firma em concorrência perfeita apresenta um comportamento paramétrico. De modo mais geral, um agente apresenta **comportamento paramétrico** quando trata as variáveis relevantes para sua tomada de decisões como dados que ele não pode alterar.

Isso não ocorre nos modelos de concorrência imperfeita, em que a firma não apenas tem consciência de que pode afetar o preço de seu produto, como também percebe que este é afetado pelas decisões de seus concorrentes. Dizemos que, nesse caso, a firma apresenta **comportamento estratégico**, isto é, quando o comportamento é estratégico, o agente percebe que é capaz de afetar variáveis relevantes para sua decisão e que essas variáveis também podem ser afetadas pelas decisões de outros agentes.

Uma série de situações estudadas em Economia pode ser analisada ou "modelada" como um verdadeiro jogo, tal como o xadrez, o futebol, o pôquer etc. São situações em que os agentes econômicos, interagindo uns com os outros, têm que escolher entre diferentes estratégias, dentro de regras estabelecidas (sistema jurídico, contratos, regulação pública etc.) visando a um resultado desejado. Como exemplo, podemos citar o caso de uma empresa que deseja lançar um novo produto no mercado. Na decisão de qual estratégia adotar – lançar ou não o novo produto –, a empresa deve levar em conta também as estratégias dos concorrentes. Isso porque o lucro com o lançamento do novo produto, ou os resultados do jogo, pode ser alterado de acordo com a resposta dos concorrentes, que também podem lançar um produto similar. Outro exemplo pode ser encontrado nas denominadas guerras comerciais entre os países. Determinado país, digamos o país A, pode decidir pela estratégia de elevar as alíquotas de importação de determinado produto proveniente do país B com vista em, por exemplo, melhorar seu desempenho na balança comercial. Essa estratégia, entretanto, pode ser seguida pelo país B. Este pode retaliar a estratégia do país A, também elevando as alíquotas de importação provenientes deste país, impedindo a esperada melhora na balança comercial. Essas e outras situações que envolvem problemas econômicos ou mesmo de outras áreas das ciências sociais podem ser adequadamente analisadas pela Teoria dos Jogos.

Podemos caracterizar um jogo como um conjunto de regras em que estão presentes os seguintes elementos: (i) os jogadores ou os agentes econômicos; (ii) o conjunto de ações disponíveis para cada jogador; (iii) as informações disponíveis que são relevantes aos resultados dos jogos; e, finalmente, (iv) os possíveis resultados do jogo, comumente denominados *payoffs*.

Tomando como exemplo a empresa que deseja lançar um produto no mercado, os jogadores são a empresa e os concorrentes. As ações disponíveis são lançar ou não o novo produto no mercado. As informações dizem respeito, por exemplo, ao fato de os concorrentes saberem ou não das intenções da empresa em lançar o novo produto. Por fim, os resultados representam os possíveis níveis de lucro com o lançamento do novo produto.

Um dos problemas mais interessantes quando se trabalha com um jogo diz respeito à identificação dos prováveis resultados. Existe uma série de conceitos de solução de um jogo. Trataremos aqui de um dos conceitos mais utilizados em Teoria dos Jogos: o "**equilíbrio de Nash**".[10] Para entendermos esse conceito, podemos inicialmente nos utilizar de um jogo "clássico" denominado "**dilema dos prisioneiros**".

Considere dois prisioneiros capturados, Fernandinho e Marcola, que cometeram muitos crimes juntos. A justiça dispõe de provas que os condenam por um crime menor, com pena de um ano para cada um. Mas há também a suspeita (fundamentada) de que eles cometeram um crime muito maior.

Para obter a confissão (sem violência, como todo bom policial), o policial separa os dois prisioneiros, tornando-os incomunicáveis, propondo as seguintes alternativas para cada um: se um dos prisioneiros confessar e o outro não, o que confessou é beneficiado pela delação premiada, ganhando a liberdade, e o outro fica preso por 30 anos (claro que com bom comportamento essa pena poderá ser reduzida no futuro). Se ambos confessarem, no entanto, nenhum se beneficia da delação premiada, e os dois ficam presos por 10 anos. Se ambos não confessarem, cada um será condenado pelo crime menor, ficando apenas um ano na prisão.

Essas possibilidades podem ser representadas em uma matriz de ganhos, como no quadro a seguir.

Dilema dos prisioneiros			
		Fernandinho	
		Não confessa	Confessa
Marcola	Não confessa	Fernandinho: 1 ano Marcola: 1 ano	Fernandinho: imune Marcola: 30 anos
	Confessa	Fernandinho: 30 anos Marcola: imune	Fernandinho: 10 anos Marcola: 10 anos

A questão é saber qual a estratégia que deverá ser seguida por cada prisioneiro. A estratégia "não confessa/não confessa" é, sem dúvida, a melhor para ambos os prisioneiros; mas esse não é o resultado do jogo (e talvez seja isso o que torna tal jogo bastante interessante). Dado que os prisioneiros estão incomunicáveis, é bastante razoável supor o seguinte raciocínio sob o ponto de vista do Fernandinho: se o Marcola confessa, a melhor estratégia do Fernandinho é confessar, pois ele pega apenas 10 anos de prisão em vez de 30; por outro lado, se o Marcola não confessar, a melhor estratégia para Fernandinho também é confessar, pois assim ele ficaria livre em vez de pegar um ano de prisão; logo, confessar é uma **estratégia dominante** para Fernandinho, pois é a melhor alternativa, independentemente do que faça o outro prisioneiro. Se utilizarmos o mesmo raciocínio para o Marcola, concluiremos que confessar é também uma estratégia dominante para ele. Portanto, o resultado do jogo é que ambos confessam.

O interessante do "dilema dos prisioneiros" é que ele é capaz de exemplificar os conceitos mais relevantes para a Teoria dos Jogos. No mesmo resultado do "jogo" anterior, temos também o que é chamado de **Equilíbrio de Estratégias Maximim**. Esse equilíbrio ocorre quando os jogadores desejam **"maximizar a probabilidade de perda mínima" (daí o nome) ou, simplesmente, minimizar a perda esperada**.

Assim, mesmo que os prisioneiros pudessem se comunicar, eles prefeririam confessar (**equilíbrio não cooperativo**), apesar de, para ambos os jogadores considerados em conjunto, a melhor estratégia seria não confessar (**equilíbrio cooperativo**). Por que, então, no final, eles terminam confessando? Porque nenhum deles estaria disposto a se arriscar a pegar dez anos de prisão, o pior resultado possível, que justamente ocorre se o prisioneiro em questão não confessa, enquanto seu colega "trai" o acordo e confessa.

Dessa forma, o resultado do jogo é, simultaneamente, um **Equilíbrio de Estratégias Dominantes**, um **Equilíbrio de Nash** e um **Equilíbrio de Estratégias Maximin**. Todavia, nem sempre temos essa coincidência de tipos de equilíbrio no resultado final do jogo.

No mundo empresarial, principalmente no caso do oligopólio, o "dilema" anterior também constitui um paradigma relevante. Assim, tal como no caso dos prisioneiros, o comportamento cooperativo é sempre mais rentável para o conjunto de empresas que forma o cartel. Por que, então, não observamos unicamente resultados cooperativos e as empresas frequentemente entram em guerra de preços (ex.: celulares) ou de quantidades (ex.: Walmart compra Bompreço)?

Pelos mesmos motivos já expostos, quase sempre existirá um **forte incentivo a trair o acordo**. Desse modo, poderíamos dizer que o **equilíbrio cooperativo** é um resultado possível, ainda que menos provável, devido a essa fragilidade inerente.

Portanto, a ocorrência de um equilíbrio cooperativo dependerá dos seguintes fatores: rentabilidade relativa de trair o acordo; possibilidade de monitorar o comportamento das empresas pertencentes ao cartel; possibilidade de que a empresa líder "castigue" o desvio de conduta das seguidoras.

Com relação ao último fator, é crucial que a ameaça de castigo seja crível, o que implica que a empresa líder deve criar uma "reputação" de que está realmente disposta a punir o descumprimento dos "contratos".

Vamos considerar agora o exemplo de uma empresa que deseja lançar um novo produto no mercado. Digamos que uma empresa de cerveja deseja lançar uma cerveja de qualidade superior, a qual denominaremos empresa A, cuja concorrente é a empresa B, que também pode lançar sua cerveja especial (qualquer semelhança com as iniciais dessas empresas é mera coincidência). A situação pode ser descrita pela matriz de resultados a seguir, em que os números entre parênteses representam os lucros das empresas A e B, respectivamente:

		Empresa B	
		Lança	Não lança
Empresa A	Lança	(500, 500)	(1000, 0)
	Não lança	(0, 1000)	(0 0)

Se utilizarmos o mesmo raciocínio do dilema dos prisioneiros, teremos como resultado a adoção da estratégia "lança/lança", e cada empresa obtém 500 de lucro com o lançamento da cerveja. Existe também o consumidor que lucra com a cerveja de melhor qualidade, mas esse agente não está presente no jogo.

O dilema dos prisioneiros entre Fernandinho e Marcola é um exemplo de um **jogo de lance único**. Eles têm apenas uma oportunidade para decidir se confessam ou não seus crimes. No entanto, a maior parte dos jogos no mercado, com os quais as empresas oligopolistas se defrontam, são **jogos repetitivos**, envolvendo os mesmos jogadores.

A decisão de uma empresa não cooperar hoje não apenas terá consequências de curto prazo, mas afetará também a decisão das demais empresas no futuro. Então, a decisão de cooperar ou não será pensada não apenas em termos de efeitos imediatos, mas também do lucro de longo prazo.

Se as empresas esperam ficar no mercado em que atuam por muitos anos, provavelmente decidirão cooperar. Caso uma delas não coopere em alguma jogada, incentivará a outra a que faça o mesmo na jogada seguinte. Essa estratégia é conhecida como "**olho por olho**". Trata-se de comportamento em que um jogador recompensa (ou pune) o outro pelo comportamento na jogada anterior.

O ganho de cada empresa dependerá de qual estratégia cada uma vai escolher:

- As duas empresas jogam "olho por olho". Se ambas começarem o jogo cooperando, as duas receberão sempre $ 625/ano.

- A Empresa 1 joga "não coopera sempre" e a Empresa 2, "olho por olho". A Empresa 1 recebe $ 700 no 1º ano, mas somente $ 525 nos demais anos.

- A Empresa 1 joga "olho por olho" e a Empresa 2, "não coopera sempre". A Empresa 1 recebe $ 500 no 1º ano, e $ 525 nos demais anos.

- As duas empresas jogam "não coopera sempre", e recebem sempre $ 525/ano.

O quadro a seguir resume essas estratégias:

		Empresa 1	
		Olho por olho	Não coopera sempre
Empresa 2	Olho por olho	Empresa 1: 625/ano Empresa 2: 625/ano	Empresa 1: 700 1 vez e 525/ano Empresa 2: 500 1 vez e 525/ano
	Não coopera sempre	Empresa 1: 500 1 vez e 525/ano Empresa 2: 700 1 vez e 525/ano	Empresa 1: 525/ano Empresa 2: 525/ano

Qual é a melhor estratégia? Do ponto de vista da Empresa 1, se ela inicia jogando "não coopera sempre", seu ganho no 1º ano será de $ 700 ou $ 525 (dependendo se a Empresa 2 joga "olho por olho" ou "não coopera sempre"). Isso é mais do que ela ganharia jogando "olho por olho" ($ 625 ou $ 500). Mas, do 2º ano em diante, "não coopera sempre" significa um ganho de $ 525/ano. Isso é menos do que jogar "olho por olho". Nessa outra estratégia, ela nunca ganhará menos que $ 525/ano e poderá ganhar $ 625/ano, caso a Empresa 2 também jogue "olho por olho". Assim, a melhor estratégia para a Empresa 1 depende de quantos anos espera permanecer no negócio e da estratégia da rival.

Caso as empresas em oligopólio esperem permanecer no mercado por muitos anos, poderão concluir que a melhor estratégia para elas é cooperar, entrando em uma **colusão tácita**.

Outros resultados para os jogos podem ser obtidos mudando-se a estrutura do jogo, como nos **jogos sequenciais**, em que os jogadores jogam um após o outro. Existem ainda os jogos dinâmicos, cooperativos, de informação imperfeita, com vários jogadores etc. Em cada caso, a interação estratégica dos agentes altera seus ganhos possíveis, o que não se verifica no caso de mercados perfeitamente competitivos.

6.2 Economia da Informação

A **Teoria ou Economia da Informação** trabalha com a possibilidade de que alguns agentes detêm mais informação que outros, conferindo-lhes uma posição diferenciada no mercado, o que pode fazer com que não seja possível encontrar uma situação de equilíbrio (ou de ótimo) como nos modelos microeconômicos convencionais. Em todas as estruturas de mercado que vimos até aqui, foi suposto que o produto negociado era bem conhecido tanto por seu comprador quanto por seu vendedor. Ou seja, ambos têm informação perfeita e simétrica, hipótese esta que nem sempre se aplica à realidade.

Cada vez mais, os problemas de informação assimétrica têm sido levados em conta nas análises das transações econômicas e desempenho dos mercados. Essa é uma linha de pesquisa relativamente recente em economia, cujo desenvolvimento deve-se aos trabalhos pioneiros de George Akerloff, Michael Spence e Joseph Stiglitz, entre outros, nas décadas de 1970 e 1980. A seguir, apresentamos uma síntese dos problemas de informação nas transações econômicas.

Todas as transações econômicas são realizadas, de uma forma ou de outra, por meio de contratos. Isso é verdade para operações de empréstimos, aluguéis, relações de trabalho etc. Um **contrato**, seja **formal** ou **informal**, tem como objetivo garantir que a transação ocorra de forma que os benefícios esperados sejam usufruídos por ambas as partes contratantes. Existem situações, entretanto, em que, numa relação contratual, uma das partes possui informação privilegiada, ou seja, não observada pela outra parte, a não ser mediante custo e tempo, sendo essa informação importante para o resultado da transação.

Tomemos como exemplo um contrato de empréstimo em que o credor disponibiliza certa quantia de dinheiro para o devedor, que promete devolvê-la a partir de certa data, acrescida de juros e demais encargos estabelecidos no contrato. O grande problema dessa relação é que o credor não necessariamente conhece o risco ou "caráter" do devedor a ser selecionado. Também pode não ter condições de monitorar se o empréstimo está ou não sendo aplicado de forma adequada. O devedor, entretanto, conhece seu próprio caráter e disposição de pagar o empréstimo.

Exemplos como esse são tratados na literatura como problemas de "**informação assimétrica**" ou **assimetria de informação**. Tais problemas surgem quando, numa relação contratual, uma das partes detém informação não disponível para a outra, tirando proveito dessa informação em detrimento dos resultados da transação. Em geral, os modelos que consideram a existência de informação assimétrica denominam a parte que detém a informação privilegiada de **agente** e a parte menos informada de **principal**. Tais modelos também são conhecidos como **modelos agente/principal**.

Os problemas decorrentes da existência de informação assimétrica nas relações econômicas são conhecidos como de "**seleção adversa**" e de "**risco moral**" (*moral hazard*). Uma das formas de compreendermos os aspectos gerais desses dois problemas consiste em tomar como referência o contrato.

O problema de **seleção adversa** pode ser considerado um problema "pré-contratual" ou *ex ante*. Tomemos como exemplo mais uma vez o mercado de crédito. Determinado indivíduo (principal) deseja disponibilizar determinada quantia de dinheiro para empréstimo. Ofertando o contrato de empréstimo, o potencial credor pode estar selecionando maus pagadores, uma vez que ele pode não estar conseguindo diferenciar os bons dos maus. Outro exemplo diz respeito ao contrato de trabalho. O empregador (principal) deseja contratar um trabalhador (agente), mas não consegue diferenciar a qualidade do candidato, podendo estar selecionando uma pessoa não apta para o trabalho.

Já o problema de **risco moral** (*moral hazard*) pode ser considerado como um problema "pós-contratual". Uma vez formalizado o contrato, uma das partes passa a tomar ações indesejáveis sob o ponto de vista contratual, ações essas que não são observadas pela outra parte. Mais uma vez, citamos o exemplo do contrato de empréstimo, em que o devedor (agente) passa a tomar ações não desejadas e não observadas pelo credor (principal), ações essas que comprometem o pagamento do empréstimo (desvio de recursos, não utilização adequada do empréstimo no projeto financiado etc.).

As implicações acerca da existência de assimetria de informação são inúmeras. No mercado de crédito, por exemplo, os contratos passam a exigir garantias reais, penalizando devedores que não possuem tais garantias. De forma geral, podemos afirmar que os problemas de assimetria de informação geram custos adicionais às transações (**custos de transação**) a ponto de, em alguns casos, inviabilizá-las.

Deve-se destacar que tanto a Teoria dos Jogos como a Economia da Informação mantêm alguns dos pressupostos básicos da Teoria Neoclássica, principalmente o do comportamento maximizador, ou seja, o agente toma as decisões procurando maximizar seus objetivos, e o do princípio da racionalidade, no sentido de que as ações tomadas pelos agentes são consistentes com a busca desses objetivos. Entretanto, tais ramos da Economia, ao incorporar determinadas imperfeições de mercado nas estratégias dos agentes, contribuem para tornar a microeconomia ainda mais aplicada à realidade.

6.3 Teoria da Organização Industrial

A **Teoria da Organização Industrial** parte de pressupostos diferentes da teoria tradicional, particularmente no que se refere aos mercados concentrados, como oligopólios. Como já pudemos observar anteriormente, estudos empíricos mostram que a hipótese de maximização de lucro, fundamental no modelo neoclássico, está distante do que ocorre no mundo real, não explicando o comportamento empresarial num mercado oligopolizado. As empresas de grande porte têm políticas de determinação de seu preço com base em seus custos de produção, e não são tomadoras de preço no mercado, como supõe o modelo neoclássico.

A Teoria da Organização Industrial parte também desse princípio empírico, mas agrupa teorias diversas, acrescentando ao modelo neoclássico uma metodologia reunindo teoria aos fatos observados, destacando as realidades históricas e institucionais, como informação limitada, intervenções do governo, barreiras à entrada de novas empresas e os custos de transação (por exemplo, aumento dos custos burocráticos com a expansão da empresa, até um ponto que justifique a terceirização).

As principais contribuições dessa teoria podem ser sintetizadas na chamada **Teoria Estrutura-Conduta-Desempenho**, onde se sugere que há um encadeamento causal da estrutura do mercado para a conduta das empresas, e desta para o desempenho econômico. Em linhas gerais, procura analisar em que medida as imperfeições de mercado limitam a capacidade deste em atender a aspirações e demandas da sociedade por bens e serviços. Especificamente, seus pressupostos são:

- a **estrutura** depende de condições básicas, como disponibilidade de matérias-primas, tecnologia disponível ao setor, especialização e organização da força de trabalho, grau de similaridade entre produtos substitutos, condições de volatilidade da demanda etc., além dos fatores institucionais vigentes;

- a **conduta** depende da estrutura de mercado (número de agentes, grau de diferenciação entre produtos, barreiras à entrada de novas empresas, curvas de custos, grau de integração vertical das empresas etc.);

- o **desempenho** depende da estratégia dos agentes (vendedores e compradores) em diversos assuntos, como políticas de preço, inovação tecnológica etc.

É um dos principais instrumentos de análise das políticas de defesa da concorrência. Uma vez identificados os elementos da estrutura de mercado ou práticas das empresas que são danosos à concorrência, o Estado pode fazer uso da legislação antitruste.

Um ponto a ser destacado nas teorias de organização industrial é a **existência ou não de barreiras à entrada de novas empresas no setor**. Se não existirem barreiras efetivas à entrada (se o **mercado é "disputável" ou "contestável"**), com o passar do tempo os lucros extras atrairão novas empresas. Dessa forma, os lucros e o grau de concentração tenderiam a diminuir através do tempo, o que não é captado por indicadores estáticos como os de grau de concentração. Esse ponto é tratado pela chamada **Teoria dos Mercados Contestáveis**, que mostra, entre outros aspectos, que o potencial de concorrência do setor seria determinado não somente pelas estratégias das empresas já instaladas, como também pelos potenciais concorrentes que possam entrar no mercado a qualquer momento.

Como pôde ser observado, tanto a Teoria da Organização Industrial, como a Teoria de Jogos e a Economia da Informação, são estudos que buscam sistematizar uma forma de explicar e prever o comportamento estratégico de empresas sob intensa competição, pautados em novas metodologias que procuram incorporar à teoria neoclássica tradicional fatores empíricos e históricos.

7 ÍNDICE DE CONCENTRAÇÃO ECONÔMICA

Uma medida comumente utilizada para verificar o grau de concentração econômica no mercado é calcular a proporção do valor do faturamento das quatro maiores empresas de cada ramo de atividade sobre o total faturado no ramo respectivo. Em termos percentuais, quanto mais próximo de 100%, significa que o setor tem alto grau de concentração (as quatro maiores respondem pela quase totalidade do faturamento); quanto mais próximo de 0%, menor o grau de concentração (e, portanto, maior o grau de concorrência) do setor.

A Tabela 7.1 apresenta esse indicador de concentração econômica para os ramos da indústria e do comércio no Brasil, para o ano de 1988. Observa-se que os setores mais concentrados são o de material de transporte, o de bebidas e o de fumo; e os setores de menor índice de concentração são o têxtil, o de alimentos, o de construção civil e o da química.

Tabela 7.1 Grau de concentração na indústria e comércio por setores (segundo o faturamento dos quatro maiores grupos econômicos) – 1988

Indústria	Grau de concentração média do setor (%)
1. Alimentos	54
2. Bebidas e fumo	85
3. Eletroeletrônico	66
4. Borracha (pneus e artefatos)	75
5. Material de transporte	94
6. Mecânica	67
7. Metalurgia	72
8. Química	49
9. Papel e celulose	56
10. Têxtil	29
11. Minerais não metálicos	73
12. Mineração	76
13. Construção civil (pesada)	47
MÉDIA GERAL DA INDÚSTRIA	**63**

Comércio	Grau de concentração média do setor (%)
1. Supermercados varejistas (redes)	55
2. Distribuição de gás	66
3. Distribuição de derivados de petróleo	79
MÉDIA GERAL DA COMÉRCIO	**71**
MÉDIA DE CONCENTRAÇÃO GERAL	**64,35**

Fonte: PIH, Lawrence. O desafio brasileiro. *Folha de S. Paulo*, 2 dez. 1990.

8 SÍNTESE DAS ESTRUTURAS DE MERCADO

No Quadro 7.1, apresentamos um resumo das estruturas de mercado.

Quadro 7.1 Síntese das estruturas de mercado

Estrutura	Objetivo da empresa	Número de firmas	Tipo de produto	Acesso de novas empresas ao mercado	Lucros a longo prazo	Exemplos (aproximados)
Concorrência Perfeita	Maximização de lucros(1)	Infinitas	Homogêneo	Não existem barreiras	Lucros normais	Hortifruti-granjeiros
Monopólio	Maximização de lucros(1)	Uma	Único	barreiras(4)	Lucros extraordinários	Palhas de aço (Bombril)
Concorrência Monopolística	Maximização de lucros(1)	Muitas	Diferenciado (3)	Não existem barreiras	Lucros normais	Restaurantes, lojas de móveis
Oligopólio	Maximização de lucro(1) Maximização *Mark-up*(2)	Oligopólio concentrado: poucas empresas	Homogêneo ou Diferenciado (3)	Barreiras(4)	Lucros extraordinários	Homogêneo: Alumínio (CBA, Alcan, Alcoa) Diferenciado: Automóveis
Modelo Clássico		Oligopólio competitivo: poucas dominam o setor				
Modelo de *Mark-up*						

1. Maximização de lucro: $RMg = CMg$
2. *Mark-up* = receita de vendas – custos diretos
3. Diferenciação devido a:
– características físicas (potência, composição química)
– promoção de vendas (propaganda, atendimentos, brindes)
– embalagem
– manutenção
4. Barreiras à entrada:
– monopólio/oligopólio puro ou natural, devido à grande escala de produção
– reserva de patentes
– controle de matérias-primas básicas
– tradição

SAIBA MAIS

O mercado de *commodities*

Muito se tem falado da importância da demanda da China sobre o preço das *commodities* no mercado internacional. Essa demanda tem favorecido, nas últimas décadas, os países produtores primários, dentre eles o Brasil. Mas o que é uma *commodity* e como se forma o seu preço?

Define-se *commodity* como um bem que possui características físicas homogêneas e cujo preço é determinado no mercado internacional (ou seja, oferta e demanda mundial pelo bem). As *commodities* são, em geral, produtos primários, como a soja, o café, o trigo, o açúcar, o ouro e o petróleo. Considerando que no mercado internacional existem inúmeros ofertantes e demandantes, nenhum produtor ou consumidor individual consegue exercer influência significativa sobre o preço de uma *commodity*. Trata-se de um mercado que muito se aproxima da concorrência perfeita estudada neste capítulo. Nesse sentido, as *commodities*, mesmo sendo produzidas no mercado interno, têm seus preços formados no mercado internacional. No caso da soja ou do açúcar, por exemplo, muitos produtores brasileiros acompanham diariamente o preço dos produtos nas principais bolsas de mercadorias internacionais, como as bolsas de Chicago e New York. Também monitoram os estoques mundiais dos produtos e as condições climáticas dos principais países produtores. Essa monitoração constitui-se em uma das formas de se realizarem previsões acerca do comportamento de preços que são determinados em um mercado mais amplo e concorrencial, que é o mercado internacional.

ENTENDA NA PRÁTICA

A concorrência monopolística e o comércio internacional

Em geral, o comércio internacional é estudado a partir do princípio das vantagens comparativas, que será apresentado no Capítulo 14. Segundo esse princípio, os países devem exportar aqueles produtos em que apresentam custos relativos menores. Como resultado, o país que possui abundância de terra e mão de obra de baixa qualificação tende a exportar alimentos e importar manufaturas de países que possuem abundância relativa de capital físico e mão de obra qualificada. Esse padrão de comércio também é denominado **interindustrial**.

Muitos países exportam e importam a mesma mercadoria. Os EUA e o Japão, por exemplo, comercializam automóveis entre si. Esse padrão de comércio, pelo qual os países comercializam a mesma categoria de produtos, é denominado **intraindustrial**, cuja explicação não é dada pelo princípio das vantagens comparativas, mas pela estratégia das grandes firmas em ampliar o mercado para a venda dos seus produtos. Nesse padrão, a diferenciação do bem comercializado surge como característica importante do mercado e remete a análise ao **modelo de concorrência monopolística**. Este é o caso do automóvel, no qual as firmas possuem o monopólio da marca que, por sua vez, apresenta alguma diferenciação em termos não apenas do preço, mas também de qualidade e funcionalidade, durabilidade etc., não presente no bem produzido internamente. Essa prática, além de ampliar as possibilidades para o consumidor, aumenta a concorrência interna.

SAIBA MAIS

O Cartel da OPEP: uma aplicação da teoria dos jogos

Conforme estudado na Seção 6.1, o equilíbrio de Nash no jogo "o dilema dos prisioneiros" não necessariamente implica o melhor resultado para os jogadores. Esse resultado pode ser adaptado para o caso em que existe a possibilidade de acordo entre duas firmas (duopólio) em suas decisões de combinar o preço para o bem ofertado. Cada jogador pode ser considerado uma firma oligopolista. As estratégias "confessar e não confessar" podem ser substituídas pela definição de "preço baixo e preço alto" (ou "produção alta e produção baixa"). Nesse caso, o preço alto é estabelecido pela prática de cartel e resulta em lucros mais altos para ambas as firmas. Entretanto, existe a ameaça do não cumprimento do acordo. Se as firmas se comportam como em um jogo não cooperativo, é possível, então, que o acordo seja descumprido por alguma firma individual. No caso dos suspeitos na delegacia, a falta de comunicação entre os presos impossibilitou a cooperação entre ambos. No caso das firmas, apesar de existir alguma comunicação, ela não ocorre de forma sistemática, já que elas são concorrentes. Nesse sentido, alguns economistas defendem que os cartéis possuem vida curta; e um dos exemplos mais utilizados é o da Organização dos Países Exportadores de Petróleo – OPEP (ou a sigla OPEC, em inglês).

A OPEP foi criada em1960, por Arábia Saudita, Irã, Iraque, Kuwait e Venezuela, principais produtores de petróleo do mundo. O cartel tinha como objetivo elevar o preço do petróleo pago pelas principais empresas compradoras do combustível fóssil. Em 1973, o acordo foi ampliado pela entrada de mais alguns países produtores. A OPEP teve uma vida bemsucedida ao elevar o preço de pouco mais de US$ 2 em 1972 para mais de US$ 35 em 1981 em ações coordenadas em torno da redução da produção. Porém, a alta nos preços não se sustentou ao longo dos anos. As frequentes trapaças de seus membros, aliadas à redução gradual da demanda por gasolina no mundo, além do surgimento das alternativas do biocombustível, minaram o poder do cartel no controle dos preços internacionais. Ou seja, a OPEP apostou na baixa elasticidade-preço da demanda como forma de sustentar a alta dos preços do petróleo. Essa elasticidade, entretanto, elevou-se ao longo do tempo. Mais do que isso, o caso demonstrou que determinadas estratégias de mercado no sentido de elevar artificialmente o preço podem levar a equilíbrios instáveis.

A Teoria dos Jogos possui inúmeros instrumentos de análise e aplicações em Economia. Aqui, percorremos apenas um dos muitos caminhos oferecidos por ela e dentro do contexto dos denominados **jogos não cooperativos** aplicados à formação de cartéis. No caso dos jogadores, entretanto, podemos considerar não apenas as firmas, mas também consumidores ou mesmos países. No contexto do dilema dos prisioneiros, não se trata de considerar esses agentes como "suspeitos", mas demonstrar que práticas de mercado desleais também são consideradas pela Economia, podendo, inclusive, auxiliar nos debates acerca da regulação dos mercados.

QUESTÕES DE MÚLTIPLA ESCOLHA

1. **Se o custo marginal exceder a receita marginal, no intervalo em que o custo marginal é crescente, a firma deve:**
   a) Expandir a produção até que o custo marginal iguale a receita marginal.
   b) Contrair a produção até que o custo marginal iguale a receita marginal.
   c) Contrair a produção até que a receita marginal iguale o lucro marginal.
   d) Contrair a produção até que o custo marginal iguale o lucro marginal.
   e) N.r.a.

2. **Não é característica da "concorrência pura":**
   a) Os preços podem subir ou baixar, sem qualquer restrição.
   b) O produto de cada vendedor é idêntico ao dos demais.
   c) Há substancial mobilidade dos recursos na economia.
   d) Os produtos de diferentes vendedores são diferenciados.
   e) N.r.a.

3. **Em concorrência perfeita, uma firma estará em equilíbrio de curto prazo no nível de produção em que:**
   a) O custo médio mínimo for igual ao preço.
   b) O custo marginal for igual ao preço.
   c) A receita média for igual à receita marginal.
   d) O custo variável médio for igual à receita marginal.
   e) O custo fixo médio for igual ao preço.

4. **Em concorrência perfeita, a curto prazo, a firma não produz abaixo do ponto mínimo da curva:**
   a) Custo médio.
   b) Custo marginal.
   c) Custo variável médio.
   d) Custo fixo médio.
   e) Custo variável total.

5. **Em concorrência perfeita, a curva de oferta da firma será dada:**
   a) Pela curva de custo variável médio.
   b) Pela curva de custo marginal, acima do custo variável médio mínimo.
   c) Pela curva de custo médio, acima do custo marginal.
   d) Pela curva de receita marginal.
   e) Pela curva de custo marginal, acima do custo fixo médio.

6. **No modelo de concorrência perfeita, indique a proposição falsa:**
   a) A receita marginal é igual à receita média.
   b) A curva de demanda tem elasticidade-preço nula.
   c) A firma produz acima do ponto mínimo da curva de custo variável médio.
   d) As firmas são tomadoras de preço no mercado.
   e) A longo prazo, existem apenas lucros normais.

7. A quantidade que uma firma deverá produzir para maximizar seus lucros:

a) Pode comumente ser determinada pelo estudo de sua escala de procura ou de receita.

b) Deve ser estabelecida procurando-se a produção que acarrete o custo total mais baixo.

c) Deve ser estabelecida procurando-se a produção com o menor custo marginal.

d) Depende de uma comparação dos custos fixos com os custos variáveis.

e) Encontra-se no ponto em que a curva do custo total estará a maior distância vertical, abaixo da curva de receita total.

8. No longo prazo, uma firma obtém lucro máximo vendendo a quantidade de um bem ou serviço que iguala o custo marginal à receita marginal. Em concorrência perfeita, essa quantidade:

a) Promove lucro superior ao normal.

b) Promove lucros extraordinários para a firma, tornando-a, a longo prazo, monopolista.

c) Não pode ser produzida, pois na concorrência perfeita não existe lucro.

d) Promove apenas lucro normal.

e) Corresponde ao máximo que a firma pode produzir.

9. Em monopólio, a curva de oferta será dada:

a) Pela curva de custo variável médio.

b) Pela curva de custo marginal, acima do custo variável médio.

c) Pela curva de custo marginal, acima do custo fixo médio.

d) Pela curva de receita marginal.

e) Em monopólio, não existe uma curva de oferta.

10. Não é característica do monopólio:

a) Barreiras à entrada de novas firmas.

b) Transparência de mercado.

c) Produto sem substitutos próximos.

d) Lucros extraordinários a longo prazo.

e) Lucros extraordinários a curto prazo.

11. De acordo com a Teoria Microeconômica, a diferença básica entre firmas que operam em concorrência perfeita e firmas que operam em monopólio (monopolistas) é que:

a) O monopolista não pode cobrar um preço que lhe proporcione lucro substancial, ao passo que o concorrente perfeito sempre pode ter um lucro desse tipo.

b) O concorrente perfeito pode vender quanto quiser a determinado preço, enquanto o monopolista tem que reduzir seu preço, sempre que quiser qualquer aumento de suas vendas.

c) A elasticidade da procura diante do monopolista tem valor maior do que a elasticidade da procura ante o concorrente perfeito.

d) O monopolista procura maximizar lucros, enquanto o concorrente perfeito procura igualar o preço ao custo médio.

e) O monopolista apresenta uma curva de custo médio sempre decrescente, enquanto o concorrente perfeito não apresenta nenhuma curva de custos.

12. "Oligopólio" significa:

a) O mesmo que concorrência imperfeita.

b) Uma situação em que o número de firmas no mercado é grande, mas os produtos não são homogêneos.

c) Uma situação em que o número de firmas concorrentes é pequeno, ou uma situação em que, mesmo com grande número de firmas, poucas dominam o mercado.

d) A condição especial da concorrência perfeita que se acha próxima do monopólio.

e) Que as firmas são monopolistas entre si.

13. Aponte a alternativa incorreta:

a) A principal diferença entre um mercado em concorrência monopolista e um mercado em concorrência perfeita é que o primeiro refere-se a produtos diferenciados, enquanto o segundo diz respeito a produtos homogêneos.

b) A longo prazo, os mercados monopolistas e oligopolistas apresentam lucros extraordinários.

c) Nos modelos clássicos de oligopólio, o objetivo das empresas é a maximização do *mark-up*.

d) Em concorrência perfeita, a demanda para a firma é infinitamente elástica.

e) As barreiras à entrada de novas firmas em mercados concentrados (monopólio, oligopólio) permitem a existência de lucros extraordinários a longo prazo.

14. Aponte a alternativa errada:

a) Em monopólio, existem barreiras à entrada de novas empresas no mercado.

b) Em concorrência perfeita, os produtos são homogêneos.

c) Em oligopólio, a curva de demanda é infinitamente elástica.

d) A curva de oferta em concorrência perfeita é o ramo crescente da curva de custo marginal, acima do custo variável médio.

e) Em concorrência monopolística, os produtos são diferenciados.

APÊNDICE MATEMÁTICO

No modelo de monopólio, conforme o diagrama a seguir,

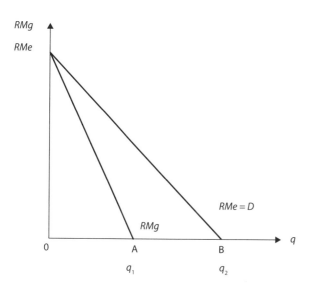

prova-se que

$$\frac{0B}{2},$$

ou seja, a receita marginal (*RMg*) corta o eixo da quantidade (abscissa) na metade do corte da receita média (*RMe*).

Supondo uma curva de demanda linear, temos:

$$RMe = p = a - bq$$

$$RT = p \cdot q = (a - bq) \cdot q = aq - bq_2$$

$$RMg = \frac{dRT}{dq} = a - 2bq$$

Sabendo que, no diagrama anterior, no eixo das abscissas, o preço é igual a zero, temos que:

- intercepto da *RMe* no eixo das abscissas

$$0 = a - bq_2 \quad a = bq_2 \quad \text{ou} \quad q_2 = \frac{a}{b}$$

- intercepto da *RMg* no eixo das abscissas

$$0 = a - 2bq_1 \quad a = 2bq_1 \quad \text{ou} \quad q_1 = \frac{a}{2b}$$

Assim:

$$q_1 = \frac{q_2}{2} \quad \text{ou} \quad 0A = \frac{0B}{2}$$

Notas

1. Na Seção 3.2.4 deste capítulo, veremos que, se a curva de custo marginal tiver formato em *U*, teremos dois pontos em que *RMg* = *CMg*. O lucro total máximo corresponde ao ponto onde a quantidade produzida for a maior.

2. Matematicamente, a derivada primeira é a tangente trigonométrica da declividade (ou coeficiente angular). Então, a receita marginal e o custo marginal podem ser medidos pela declividade das curvas de receita total e custo total.

3. Um tipo de custo fixo é o chamado **custo irrecuperável ou irreversível** (do inglês **sunk cost**, cuja tradução literal seria "custo afundado"). É o custo já realizado no passado, como instalações ou compra de terras, e que não pode ser recuperado a curto prazo. Nesse sentido, é irrelevante para as decisões de produzir ou paralisar a produção no curto prazo, pois tem que conviver com esse custo durante algum tempo.

4. Fórmula de Bhaskara: $\frac{-b \pm \sqrt{b^2 - 4ac}}{2a}$

5. Um campo de estudo relativamente recente é o de **Economia da Regulação**, dedicado ao estudo do papel e da forma de atuação das Agências Reguladoras e de Defesa da Concorrência em mercados estratégicos, dominados por monopólios e oligopólios públicos e privados. Como incorpora muitos aspectos jurídicos, faz parte do campo denominado genericamente "*Law and Economics*".

6. Diferentemente do modelo de concorrência perfeita, em monopólio não necessariamente a *RMg* corta o *CMg* no ramo crescente do *CMg*. A receita marginal pode cortar duas vezes a curva de custo marginal em seu ramo descendente, e mesmo assim o monopolista aufere lucro, bastando para isso que o ponto onde *RMg* = *CMg* esteja acima do custo total médio *CTMe*. Fica como exercício para o leitor mostrar graficamente essa situação.

7. Uma discussão mais aprofundada sobre discriminação de preços pode ser encontrada em VASCONCELLOS, M. A. S.; OLIVEIRA, R. G.; BARBIERI, F. *Manual de microeconomia*. 3. ed. São Paulo: Atlas, 2011. cap. 14, item 14.5.

8. Neste tópico, agradeço a colaboração e comentários do Prof. Márcio Bobik Braga, da FEA-USP, *campus* de Ribeirao Preto, e do Prof. Cleveland Prates Teixeira, da FGV-SP (GV- Law).

9. Para uma visão mais detalhada, veja VASCONCELLOS; GUENA e BARBIERI, *op. cit.*, Capítulo 16, sobre Teoria dos Jogos, e Capítulo 22, sobre Economia da Informação. Uma síntese da Teoria da Organização Industrial pode ser encontrada em LUCINDA, R. L.; e AZEVEDO, P. F. Organização industrial. *In*: PINHO, O. B.; VASCONCELLOS, M. A. S.; e TONETO JR., R. *Manual de economia*. 7. ed. São Paulo: Saraiva, 2017. cap. 9.

10. Em homenagem a seu formulador, o matemático John Nash (1928-2015), Prêmio Nobel de Economia, cujos estudos datam da década de 1950.

PARTE III

MACROECONOMIA

8 FUNDAMENTOS DE TEORIA E POLÍTICA MACROECONÔMICA[1]

1 INTRODUÇÃO

A Macroeconomia é o ramo da teoria econômica que trata da evolução da economia como um todo, analisando a determinação e o comportamento dos grandes agregados, como renda e produto nacionais, investimento, poupança e consumo agregados, nível geral de preços, emprego e desemprego, estoque de moeda e taxas de juros, balanço de pagamentos e taxa de câmbio.

Ao estudar e procurar relacionar os grandes agregados, a Macroeconomia não analisa o comportamento específico de grupos de agentes, tais como famílias e firmas, os efeitos de monopólios e oligopólios em mercados individuais etc. Essas são preocupações da Microeconomia. A Macroeconomia trata os mercados de forma global. Por exemplo, no mercado de bens e serviços, o conceito de Produto Nacional é um agregado de mercados agrícolas, industriais e de serviços; no mercado de trabalho, a Macroeconomia preocupa-se com a oferta e a demanda de mão de obra e com a determinação dos salários e nível de emprego, mas não considera diferenças por categorias profissionais específicas, por sexo, idade etc.

O custo dessa abstração é que os pormenores omitidos são muitas vezes importantes. A abstração, porém, tem a vantagem de permitir estabelecer relações entre grandes agregados e proporcionar melhor compreensão de algumas das interações mais relevantes da economia, que se estabelecem entre os mercados de bens e serviços, de trabalho e de ativos financeiros e não financeiros.

Apesar do aparente contraste, não há um conflito básico entre a Micro e a Macroeconomia, dado que o conjunto da economia é a soma de seus mercados individuais. Discutidas separadamente mais por motivos pedagógicos, ou por questões de ênfase.

Como na Microeconomia, também na Macroeconomia há distinção entre as **abordagens de curto prazo e de longo prazo**. Nesse sentido, a teoria macroeconômica, propriamente dita, preocupa-se mais com **questões conjunturais, de curto prazo**. São considerados como questões de curto prazo o **desemprego** (entendido como a diferença entre a produção efetivamente realizada e a produção potencial da economia, quando todos os recursos estejam totalmente empregados) e a **inflação** (aumento contínuo do nível geral de preços). As políticas voltadas especificamente para as questões do desemprego e inflação são chamadas de **políticas de estabilização**.

A parte da Teoria Econômica que estuda o comportamento dos grandes agregados ao longo do tempo (longo prazo) é denominada **teoria do crescimento e desenvolvimento econômico**. Seu enfoque é diferenciado, preocupando-se fundamentalmente com **questões estruturais**, como distribuição de renda,[2] progresso tecnológico, qualificação da mão de obra, meio ambiente etc., e que envolvem uma análise de **médio e longo prazo**.

2 OBJETIVOS DA TEORIA E POLÍTICA MACROECONÔMICA

Em linhas gerais, o objetivo fundamental da teoria e política macroeconômica é a melhoria do padrão de vida e bem-estar da coletividade. Especificamente, isso significa:

a) crescimento contínuo da produção e do emprego;

b) distribuição de renda socialmente justa;

c) estabilidade de preços;

d) equilíbrio externo.

2.1 Crescimento contínuo da produção e do emprego

Pode-se dizer que a questão do desemprego, que eclodiu principalmente a partir dos anos 1930, é que permitiu um aprofundamento da análise da política econômica com o objetivo de fazer a economia recuperar o nível potencial de produção e emprego. Para se ter uma ideia, o produto nacional dos Estados Unidos caiu, entre 1929 e 1933, 30% e a taxa de desemprego chegou a 25% da força de trabalho em 1933.

Se existe desemprego e capacidade ociosa, pode-se aumentar o produto nacional por meio de políticas econômicas que estimulem a atividade produtiva. No entanto, feito isso, há um limite à quantidade que se pode produzir com os recursos disponíveis. Aumentar o produto além do seu potencial exigirá:

- ou aumento nos recursos disponíveis;
- ou avanço tecnológico (ou seja, tecnologia mais avançada, novas maneiras de organizar a produção).

Quando falamos em crescimento econômico, estamos pensando no crescimento da renda nacional *per capita*, isto é, de que seja colocada à disposição da coletividade uma quantidade de mercadorias e serviços que supere o crescimento populacional. A renda *per capita* é considerada um indicador, o mais operacional, para se aferir a melhoria do bem-estar, do padrão de vida da população.

Entretanto, o fato de o país estar aumentando sua renda real *per capita* não necessariamente significa que está tendo uma melhoria do seu padrão de vida. Nesse sentido, há uma diferença entre os conceitos de crescimento e de desenvolvimento econômico. O conceito de **crescimento econômico** capta apenas o crescimento da renda *per capita*. Um país está realmente melhorando seu nível de **desenvolvimento econômico e social** se, juntamente com o aumento da renda *per capita*, estiverem também melhorando os indicadores sociais (educação, saúde, diminuição da pobreza, meio ambiente, moradia etc.).

2.2 Distribuição equitativa de renda

Além do crescimento da renda e do emprego do país, a política econômica deve considerar de que forma a renda gerada é distribuída entre a população, pois, se a renda for mal distribuída, a qualidade de vida da maior parte da população pode ser comprometida. Ao longo do processo de crescimento econômico, constitui-se em importante objetivo de política econômica a busca da equidade distributiva, para possibilitar à maioria da população elevar seu padrão de vida material, obter melhores condições de saúde e dispor de maiores oportunidades de aperfeiçoamento pessoal.

2.3 Estabilidade de preços

Define-se **inflação** como um aumento contínuo e generalizado do nível geral de preços. A inflação é um processo, e não altas esporádicas de preços.

Como mostraremos com mais detalhes no Capítulo 13, elevadas taxas de inflação acarretam distorções sobre a distribuição de renda, as expectativas empresariais, o mercado de capitais e as contas externas.

O processo inflacionário afeta principalmente a classe trabalhadora, que perde poder aquisitivo ao longo do tempo, que só poderá ser recuperado por ocasião dos dissídios coletivos, o que normalmente leva um ano. Por outro lado, Governo e empresas têm mais condições de "defender-se" da alta de preços: o Governo reajustando tarifas e preços públicos, acima de seus gastos, e as empresas repassando os aumentos de custos aos consumidores. Por essas razões, costuma-se dizer que "**a inflação é um imposto sobre o pobre**".

Evidentemente, com a redução do poder de compra dos trabalhadores, as empresas veem diminuída sua margem de lucros, e assim ficam desestimuladas para fazerem investimentos em projetos de expansão, criadores de empregos. Por seu turno, o governo arrecadará menos de empresas e trabalhadores, o que limitará os investimentos em infraestrutura e em gastos sociais.

Portanto, a estabilidade de preços é uma **condição necessária** para um crescimento econômico contínuo e estável, com melhor distribuição de renda.

2.4 Equilíbrio externo

O equilíbrio das contas externas, ou seja, o equilíbrio no balanço de pagamentos, é condição fundamental para a estabilidade econômica de um país. Se um país tem *déficits* permanentes em suas contas externas, pode esgotar suas reservas cambiais, ficando impossibilitado de honrar seus compromissos. Por outro lado, *superávits* persistentes nas contas externas tendem a provocar uma entrada de dólares que pode ser excessiva, forçando o Banco Central a emitir moeda nacional, em troca da moeda (divisa) estrangeira. Veremos mais adiante que a emissão de moeda em excesso pode levar ao aumento da procura de bens e serviços acima da capacidade produtiva do país, e com isso pressionar a taxa de inflação.

Ressalta-se na busca do equilíbrio externo e na estabilidade econômica o papel da **taxa de câmbio**, que é o preço da moeda estrangeira. A taxa de câmbio impacta não apenas sobre o balanço de pagamentos (exportações e importações, movimento de capitais financeiros internacionais etc.), e consequentemente sobre o nível de produção e emprego, mas também impacta diretamente na taxa de inflação. Portanto, é um importante objetivo de política econômica a manutenção de um nível adequado de taxa de câmbio para a estabilidade econômica de um país.

Inter-relações e conflitos de objetivos: dilemas de política econômica

Os objetivos não são independentes uns dos outros, podendo, inclusive, ser conflitantes. Atingir uma meta pode ajudar a alcançar outras. Por exemplo, o crescimento pode facilitar a solução dos problemas de pobreza, uma vez que torna possível abrandar conflitos sociais sobre a divisão da renda, se a renda aumentar. Entretanto, particularmente em países em desenvolvimento, as metas de crescimento e equidade distributiva têm se mostrado conflitantes. Foi o que ocorreu no Brasil.

Particularmente durante o regime militar, o debate em torno dessa questão ganhou intensidade. Entre 1967 e 1973, o Brasil cresceu em média mais de 10% ao ano, chegando a atingir 14% em 1973. Esse período ficou conhecido como o do "**milagre econômico**". Os críticos argumentam que o país de fato cresceu, mas com grande piora da concentração de renda, devido a uma política deliberada do governo, a chamada "**Teoria do Bolo**": primeiro fazer crescer o "bolo" (ou seja, o volume de bens e serviços produzidos a cada ano), para depois pensar em repartição da renda.

A posição oficial era a de que certo grau de aumento de concentração de renda seria um mal necessário, na medida em que representaria uma estratégia para elevar o nível de poupança para viabilizar os investimentos necessários ao processo de crescimento. Ademais, seria um fenômeno inerente ao próprio desenvolvimento capitalista, que traz transformações estruturais (êxodo rural, com trabalhadores de pequena qualificação, aumento da proporção de jovens etc.). O economista Carlos Geraldo Langoni, da Fundação Getulio Vargas do Rio de Janeiro, defendeu a tese de que, no desenvolvimento capitalista, gera-se uma demanda por mão de obra qualificada, a qual, por ser escassa, obtém ganhos extras. Assim, o fator educacional seria a principal causa da piora distributiva. Mário Henrique Simonsen argumentava que, no processo de crescimento, há "desigualdade com mobilidade", isto é, o indivíduo permanece pouco na mesma faixa salarial e tem facilidade de ascensão. Isso seria um fator importante para a convivência com a piora da distribuição de renda, quando o país cresce.

É interessante observar que, naquele período, ocorreu maior concentração de renda, mas a renda média de todas as classes aumentou. O problema é que, embora os menos qualificados tenham melhorado seu padrão de vida, os mais qualificados melhoraram relativamente mais. Ou seja, houve um aumento geral do padrão de vida, com todos melhorando, mas com os mais especializados melhorando proporcionalmente mais.

Outro conflito pode estabelecer-se entre as metas de redução de desemprego e estabilidade de preços. Por exemplo, se essa redução de desemprego é obtida pelo aumento das compras, isso pode aumentar a inflação. O aumento das compras (por exemplo, de automóveis) reduz o desemprego, porque pessoas que estão desempregadas serão contratadas para trabalhar nas fábricas de automóveis; quando as famílias compram mais casas, os operários da construção encontram trabalho com mais facilidade. No entanto, à medida que a economia se aproxima do pleno emprego de recursos, estes passam a escassear, provocando um aumento dos custos de produção, e o aumento das compras tende a agravar a inflação, porque é muito provável que os produtores repassem o aumento de custos de produção para os preços de seus produtos. Isso só não ocorrerá se, ao mesmo tempo, estiver ocorrendo significativo aumento de produtividade que compense a elevação dos custos.

Por outro lado, políticas de estabilização da inflação podem levar ao aumento da taxa de desemprego, dado que tais políticas retraem a demanda de bens e serviços, podendo produzir queda da atividade econômica e, portanto, do emprego. Essas relações inversas entre taxas de inflação e taxas de desemprego, nos dois exemplos citados, são denominadas *trade off*.

Um claro exemplo de *trade-off* ocorreu em 2003, no primeiro ano do Governo Lula, quando a necessidade de conter o aumento crescente de preços obrigou as autoridades a adotar medidas anti-inflacionárias, como elevação dos juros, redução do crédito e dos gastos públicos, o que acabou provocando um aumento da taxa de desemprego naquele ano para 10% da força de trabalho. Se o governo não tivesse adotado essa postura, dificilmente o Brasil apresentaria as taxas de crescimento que obteve nos anos seguintes.

Outro exemplo bastante claro desses dilemas de política econômica ocorreu com o Plano Real, iniciado em 1993 no Governo Itamar Franco, tendo como Ministro da Fazenda o futuro presidente Fernando Henrique Cardoso. A meta buscada pelo plano de redução da inflação e de estabilização de preços foi plenamente atingida (de taxas de inflação de dois dígitos mensais, passou-se a taxas em torno de 5% a 6% ao ano). Entre os instrumentos utilizados, recorreu-se à valorização da moeda nacional perante o dólar, o que promoveu um aumento das importações e da concorrência dos produtos estrangeiros com os nacionais, e o consequente barateamento dos preços internos. Entretanto, houve uma redução do ritmo das exportações (os produtos brasileiros ficaram mais caros em relação ao dólar), a balança comercial tornou-se deficitária e aumentou a vulnerabilidade externa da economia brasileira. Mas o objetivo básico, que foi a estabilização dos preços, foi plenamente atingido, sendo fator importante para uma melhoria no poder aquisitivo das classes trabalhadoras.

Feitas essas considerações sobre os conflitos que podem ser estabelecidos entre os objetivos de política econômica, é importante assinalar que a escolha do objetivo de política econômica é decidida no âmbito do **poder político**. As políticas econômicas afetam diferentes grupos na sociedade de diferentes maneiras, e qualquer escolha estará sujeita à objeção política pelos representantes dos grupos para os quais a escolha alternativa é pior. Na maioria dos países, é geralmente possível prever a alternativa de política econômica a ser escolhida a partir do conhecimento prévio de que partido político deve assumir o poder.

O papel dos economistas que prestam serviço ao Governo é o de levar a cabo a orientação geral decidida pelo poder político, utilizando os instrumentos de política econômica da forma a mais eficiente possível, maximizando os benefícios e minimizando os custos da meta escolhida.

3 ESTRUTURA DA ANÁLISE MACROECONÔMICA

A Macroeconomia enfoca a economia como se ela fosse constituída por uma parte real e uma parte monetária, divididas em quatro mercados: o mercado de bens e serviços, o mercado de trabalho, o mercado financeiro (monetário e de títulos) e o mercado cambial, conforme vemos no Quadro 8.1.

Assim, ao tentar responder como tem se comportado o **mercado de bens e serviços**, efetua-se uma agregação de todos os bens produzidos pela economia durante certo período de tempo e define-se o chamado produto ou renda nacional. Esse produto representa a agregação de todos os bens produzidos pela economia. Como veremos no Capítulo 9, inclui o consumo agregado, o investimento agregado, gastos do governo, exportações e importações. A média de todos os preços que compõem o produto nacional é o nível geral de preços.

De maneira semelhante, o **mercado de trabalho** também representa uma agregação de todos os tipos de trabalhos existentes na economia. Nesse mercado, determinamos a taxa salarial e o nível de emprego.

Adicionalmente, discute-se o **mercado monetário**, pois a análise será desenvolvida numa economia cujas trocas são efetuadas utilizando-se sempre um elemento comum. Esse elemento comum é que se conhece por moeda. No mercado monetário, determinam-se as taxas de juros e a quantidade de moeda necessária para efetuar as transações econômicas.

Numa economia, existem agentes econômicos superavitários e agentes deficitários. Agentes superavitários são aqueles que possuem um nível de renda superior a seus gastos e deficitários aqueles que possuem um nível de gastos superior ao de renda. Existe um mercado no qual os agentes superavitários emprestam para os deficitários. Em qualquer economia, há uma série de títulos

Quadro 8.1 Estrutura da análise macroeconômica

	Mercados	Variáveis determinadas
Parte real da economia	Mercado de bens e serviços	Produto/Renda nacional Nível geral de preços
	Mercado de trabalho	Nível de emprego Salários nominais
Parte monetária da economia	Mercado financeiro (monetário e títulos)	Taxa de juros Estoque de moeda
	Mercado de dívidas	Taxa de câmbio Nível de reservas cambiais

que fazem essa função (títulos do governo, ações, debêntures, duplicatas etc.). A Macroeconomia, mais uma vez, agrega todos esses títulos e define um título (tradicionalmente é representado por algum título do governo), e no **mercado de títulos** procura-se determinar o preço e a quantidade de títulos.

Como a taxa de juros é determinada na realidade tanto no mercado monetário como no mercado de títulos, é bastante frequente analisar esses dois mercados conjuntamente, constituindo o **mercado financeiro**.

Finalmente, um país realiza uma série de transações com o resto do mundo, que se constituem em mercadorias, serviços e transações financeiras. Para torná-las viáveis, os preços dos diferentes países devem ser comparados e sua moeda deve ser convertida na moeda dos outros. A taxa de câmbio permite calcular a relação de troca, ou seja, o preço relativo entre diferentes moedas. Incorpora-se, então, no estudo macroeconômico o **mercado cambial**.

As variáveis **gastos do governo** e **oferta da moeda**, na análise macroeconômica, não são determinadas nesses mercados, mas, sim, **institucionalmente, pelas autoridades**. Ou seja, essas duas variáveis dependem das prioridades de política econômica do governo, o que dependerá da corrente de pensamento econômico predominante nesse governo. Elas são **variáveis exógenas**: não são determinadas pelo mercado, mas determinam o comportamento das demais variáveis do mercado.

4 INSTRUMENTOS DE POLÍTICA MACROECONÔMICA

A política macroeconômica envolve a atuação do governo sobre a capacidade produtiva (produção agregada) e despesas planejadas (demanda agregada), com o objetivo de permitir à economia operar a pleno emprego, com baixas taxas de inflação e distribuição justa de renda. Os principais instrumentos são:

- política fiscal;
- política monetária;
- política cambial e comercial;
- política de rendas (controle de preços e salários).

4.1 Política fiscal

Refere-se a todos os instrumentos de que o governo dispõe para a arrecadação de tributos (**política tributária**) e controle de suas despesas (**política de gastos**). Além de atuar sobre o nível de tributação, a política tributária, por meio da manipulação da estrutura e alíquotas de impostos, é utilizada para estimular (ou inibir) os gastos do setor privado em consumo e em investimento.

De todos os instrumentos de política econômica, a política fiscal é a de maior impacto sobre a estrutura econômica do país, por apresentar efeitos mais prolongados de médio e longo prazos. Também é de maior impacto distributivo, afetando diretamente a renda das pessoas, setores e regiões do país.

Justamente em função das alterações profundas que provoca sobre a atividade econômica e a distribuição de renda, seu processo decisório é mais lento, porque precisa ser aprovada pelo poder legislativo, em suas várias instâncias (federal, estadual e municipal).

A política fiscal será apresentada com detalhes no Capítulo 10 (Determinação do Nível de Renda e Produto Nacionais: o Mercado de Bens e Serviços) e no Capítulo 15 (Política Fiscal e Setor Público).

4.2 Política monetária

Refere-se à atuação do governo sobre a quantidade de moeda, de crédito e das taxas de juros. Os instrumentos disponíveis para tal são:

- emissões de moeda;
- reservas compulsórias (percentual sobre os depósitos que os bancos comerciais devem reter junto ao Banco Central);
- *open market* (compra e venda de títulos públicos);
- redescontos (empréstimos do Banco Central aos bancos comerciais);
- regulamentação sobre crédito e taxa de juros.

A política monetária tem mais foco na conjuntura macroeconômica de curto prazo, principalmente nível de atividade, emprego e inflação. Comparativamente à política fiscal, apresenta a vantagem de ter implementação imediata, por meio de decisões das autoridades monetárias.

No Capítulo 11 (O Lado Monetário da Economia) discutiremos detalhadamente esses instrumentos.

4.3 Política cambial e comercial

São políticas que atuam sobre as variáveis relacionadas com o setor externo da economia.

A **política cambial** refere-se ao controle do Governo sobre a taxa de câmbio (câmbio fixo, flutuante etc.). A **política comercial** diz respeito aos instrumentos de incentivo às exportações e/ou estímulo/desestímulo às importações, sejam fiscais, creditícios, estabelecimento de cotas, etc.

Os instrumentos de políticas externas serão discutidos no Capítulo 14 (O Setor Externo).

4.4 Política de rendas (controle de preços e salários)

Alguns tipos de controle exercidos pelas autoridades econômicas podem ser considerados dentro do âmbito das políticas monetárias, fiscal ou cambial (por exemplo, o controle das taxas de juros e da taxa de câmbio). No entanto, os **controles sobre preços e salários** situam-se em categoria própria de política econômica. A característica especial é a de que, nesses controles, os agentes econômicos ficam impedidos de levar a cabo o que fariam, em resposta a influências econômicas normais do mercado.

Normalmente, esses controles são utilizados como política de combate à inflação, como ocorreu em vários planos de estabilização no Brasil (Planos Cruzado, Collor, Bresser). Esses controles também são denominados "**políticas de rendas**" no sentido de que influem diretamente sobre as rendas (salários, lucros, juros, aluguel).

Ressalte-se que a denominação de política de rendas exclui as **políticas assistencialistas**, como o Bolsa Escola (depois denominado Bolsa Família), que são consideradas uma decisão de política fiscal, enquadradas nas despesas correntes ou de custeio do Governo.

As políticas de rendas serão destacadas no Capítulo 13 (Inflação).

APÊNDICE

DESENVOLVIMENTO DA MACROECONOMIA: BREVE RETROSPECTO

No apêndice ao Capítulo 1, já foi apresentada a evolução da Teoria Econômica como um todo. Neste novo apêndice, vamos destacar o desenvolvimento especificamente da Teoria Macroeconômica, cuja evolução foi mais acentuada a partir do século XX. Vamos nos fixar no chamado *mainstream*, que é o núcleo básico da Macroeconomia, cujo foco principal é o estudo de economias de mercado do tipo capitalista.

Por uma série de crenças, como "mão invisível", flexibilidade de preços e salários, bem como a **Lei de Say**, pela qual "a oferta cria sua própria procura", os economistas clássicos acreditavam que o pleno emprego da

economia estivesse garantido automaticamente.[3] Era a filosofia do liberalismo econômico, que acreditava que o mercado sozinho, sem intervenção do Estado, levaria ao pleno emprego.

Entretanto, com a Grande Depressão, que sucedeu ao *crack* da Bolsa de Nova York, em 1929, houve como que uma perplexidade dos economistas da época, que não dispunham de uma teoria que explicasse o fenômeno e propusesse soluções. Afinal, de acordo com a teoria que prevalecia na época, não deveria existir desemprego, a não ser a chamada **taxa natural de desemprego** que se prende à rotatividade da mão de obra, isto é, indivíduos estão mudando de cidade ou setor e passam um pequeno período desempregados.

Justamente nesse ambiente ganham destaque as ideias do economista inglês John Maynard Keynes (1883-1946)[4] e as bases da moderna análise macroeconômica, que passam a incorporar uma atuação mais intervencionista do Estado na economia de mercado, na busca de soluções para os problemas de flutuações do nível de renda e emprego a curto prazo.

O desenvolvimento teórico da Macroeconomia desde então tornou possível que tais situações fossem prevenidas e forneceu instrumentos para colocar a economia perto do pleno emprego, bem como controlar a inflação.

Em 1937, John R. Hicks (1904-1989) lança o artigo "Mr. Keynes and the classics: a suggested interpretation", que se tornou por muito tempo a versão oficial do livro de Keynes, de tal sorte que muitas das teorias desenvolvidas posteriormente tomaram como base esse trabalho. A partir desse artigo, que introduz o aparato conhecido como *IS-LM* (ou modelo Hicks-Hansen), vai-se estruturando a chamada **síntese neoclássica-keynesiana** (ou, simplesmente, **síntese neoclássica**), que leva esse nome por permitir analisar o comportamento da economia ao incorporar tanto a hipótese de pleno emprego (visão clássica ou neoclássica) como a de desemprego (visão keynesiana).

A síntese neoclássica, representada pela Análise *IS-LM*, gera resultados razoáveis, mas apresentava uma dicotomia entre uma economia a pleno emprego e uma economia abaixo do pleno emprego. Como ficará claro no Capítulo 10, supõe-se que, abaixo do pleno emprego, os preços permaneçam constantes, variando o produto e o emprego, enquanto, no pleno emprego, apenas os preços variam, permanecendo constante o produto. Outro ponto a destacar, que também será mostrado no Capítulo 10, é a ênfase dada à demanda ou procura agregada, conhecida como **Princípio da Demanda Efetiva**, pelo qual são os movimentos da demanda que respondem pelas alterações da produção, e não o contrário, como preconiza a Lei de Say.

Uma lacuna no modelo *IS-LM* é que ele negligencia o papel que as expectativas têm no comportamento dos agentes econômicos, e como isso se reflete no próprio desempenho da economia, tal como fora enfatizado por Keynes.

Surge, nos anos 1950, a **Curva de Phillips**, criada pelo neozelandês William Phillips (1914-1975), que procura incorporar movimentos da oferta agregada, pouco enfatizada em Keynes, prevendo situações em que havia movimentos conjuntos de preços e salários e produção e emprego, ou seja, um *trade-off* (relação inversa) entre taxas de inflação e taxas de desemprego. Como existe uma relação direta entre nível de atividade (produção) e nível de emprego, a Curva de Phillips corresponde a uma oferta agregada (que relaciona preços e produto) positivamente inclinada. Assim, aumentos de preços (inflação) estão associados a variações positivas da produção agregada e, portanto, do emprego.

Até os anos 1960, tinha-se todo o instrumental *IS-LM* analisando os componentes da demanda agregada acoplado à Curva de Phillips, que retratava as condições da oferta agregada. No entanto, numa herança keynesiana, a ênfase da política econômica ainda era calcada nos instrumentos de política fiscal, negligenciando-se a política monetária (que era associada aos clássicos ou aos neoclássicos).

A Teoria Monetária ressurgiu a partir da segunda metade dos anos 1950, liderada por Milton Friedman (1912-2006), da Universidade de Chicago. Friedman também teve uma importante função na ênfase ao papel das expectativas inflacionárias (taxa de inflação esperada), sobre a produção e o emprego e com isso também, como Phillips, recuperou o papel da oferta agregada na Teoria Macroeconômica.

Com isso, os economistas voltam a dar ênfase ao **papel das expectativas** dos agentes sobre a atividade econômica. Começa a desenrolar-se a noção de que os agentes econômicos não podem ser ludibriados sistematicamente, ou seja, que cometam erros sistemáticos de previsão. E é justamente essa ideia que se constitui na base da Escola de Expectativas Racionais, que viria a dar sustentação a toda uma revolução pela qual passou a macroeconomia durante as décadas de 1970 e 1980.

A **Escola das Expectativas Racionais**, que passou a ser conhecida como os **novos clássicos** (*new classical economics*), defendia que os agentes econômicos, ao formarem suas expectativas sobre alguma variável

econômica, acabariam por tentar verificar como aquela variável comportava-se no tempo. Admitindo que existe uma teoria econômica que explica o comportamento da variável, os agentes acabariam por formar suas expectativas com base na própria teoria explicativa. Assim, evitar-se-iam os erros sistemáticos.

À luz de todos esses movimentos, vão configurando-se quatro escolas principais no pensamento macroeconômico, o chamado *mainstream*: a dos keynesianos, a dos neoclássicos, a dos novos clássicos e a dos pós-keynesianos. Frequentemente, tanto os neoclássicos como os novos clássicos são denominados **monetaristas**.

A diferença fundamental entre os keynesianos e os neoclássicos, originária desde o livro de Keynes, refletiria o fato de que os neoclássicos acreditavam que as economias de mercado tendem a gerar equilíbrios em nível de pleno emprego. Por outro lado, os keynesianos procuravam mostrar que a característica fundamental das economias capitalistas era essa incapacidade do setor privado de alcançar o nível de pleno emprego, em face de falhas estruturais do sistema de mercado.

Os keynesianos também acabaram incorporando em parte a hipótese das expectativas racionais, surgindo uma corrente denominada **novos keynesianos**, que procura justificar por que existem certos preços e salários rígidos na economia, que amplificam os efeitos das flutuações da demanda agregada sobre a produção e o emprego.

Outro grupo de economistas, denominados **pós-keynesianos**, seguiu uma trajetória teórica distinta. Igualmente insatisfeitos com os resultados que a Macroeconomia vinha apresentando, procuraram, a partir da década de 1970, superar essas dificuldades com uma volta ao pensamento de Keynes e outros autores do passado. O suporte para essa releitura de Keynes era a convicção de que deficiências de demanda agregada constituem a questão mais importante das economias capitalistas e são responsáveis pelos níveis de desemprego verificados em muitos países, pela redução da atividade econômica e desaceleração das taxas de crescimento do produto. Voltam, assim, a privilegiar o papel da demanda agregada, que vem sendo um tanto obscurecido pelo debate em torno do comportamento da oferta, a partir dos anos 1970.

Outra escola de pensamento relevante é a chamada **teoria real do ciclo econômico**, que surgiu no começo dos anos 1980, propondo que o ciclo econômico é explicado fundamentalmente pelas flutuações da oferta agregada. Por isso essa escola é também conhecida como "**Economia do Lado da Oferta**" (*Supply-side Economics*).

Temos ainda os **institucionalistas**, que procuram incorporar na análise macroeconômica a influência da estrutura das instituições do país. Mais recentemente, vem ganhando destaque, tanto no campo da Microeconomia como da Macroeconomia, a chamada **Economia Comportamental**, que, como vimos anteriormente, procura incorporar aos modelos econômicos fatores psicológicos, sociais e cognitivos nas decisões e escolhas dos agentes econômicos.

Particularmente na América Latina, cabe destacar a contribuição da **corrente estruturalista ou cepalina**, nome devido à Comissão Econômica para a América Latina e o Caribe (Cepal), organismo da ONU sediado no Chile, fundada pelo economista argentino Raul Prebisch (1901-1986), com grande contribuição do economista brasileiro Celso Furtado (1920-2004). Tem como foco a análise de questões estruturais que explicariam as causas da inflação, do grau de dependência e da industrialização tardia América Latina, contribuindo significativamente para a formulação do modelo de substituição de importações adotado no Brasil e outros países do continente. Como os novos desenvolvimentistas, seguem os fundamentos keynesianos, mas, como são radicalmente contra políticas monetaristas ou ortodoxas, daí se autodenominarem **heterodoxos**. Nos Capítulos 13 (Inflação) e 14 (Setor Externo), apresentaremos mais detalhes sobre essa corrente, muito presente no país.

ENTENDA NA PRÁTICA

Dilemas de política econômica: o caso do Governo Lula

Durante o Governo de Luiz Inácio Lula da Silva (2004-2010), e com exceção de 2009, o Brasil atingiu as quatro metas desejadas do ponto de vista macroeconômico: o crescimento econômico, a estabilidade de preços, a melhoria distributiva e o equilíbrio externo. Essa simultaneidade ainda não havia sido alcançada no Brasil. Nos períodos do Governo de Juscelino Kubitschek (1956-1960) e do milagre econômico (1968-1973), por exemplo, tivemos altas taxas de crescimento econômico, porém com taxas de inflação crescentes e piora na distribuição de renda. Já no governo de Fernando Henrique Cardoso (1995-2002), foram atingidos, com o Plano Real e os

programas de transferências de rendas, os objetivos da estabilidade de preços e de melhoria distributiva.[5] Entretanto, o país não conseguiu manter altas taxas de crescimento econômico, em parte como decorrência das crises cambiais internacionais (México 1994, Ásia 1997 e Rússia 1998).

Por ocasião das eleições presidenciais em 2002, o Brasil passa a sofrer com a possibilidade do retorno do fantasma da inflação. O quadro é agravado pelas pesquisas eleitorais, que apontavam para a vitória do Partido dos Trabalhadores,[6] situação que acabou resultando em fuga de dólares do país e forte desvalorização cambial. Embora essa desvalorização tenha beneficiado os exportadores, elevou o custo dos produtos importados, impactando nos custos de produção e, consequentemente, nas taxas de inflação. Havia, naquele momento, dúvidas em relação à capacidade do Governo Lula em manter as conquistas do Plano Real, ou seja, o controle da inflação e as reformas de mercado implementadas por FHC.

Para a surpresa de muitos, os temores em relação ao Governo Lula não se concretizaram. A nova equipe econômica, conduzida pelo Ministro Antônio Palocci, além de manter o controle sobre as contas públicas, implementou uma política monetária restritiva a partir da elevação das taxas de juros com o objetivo de controlar a inflação. Entretanto, tais ações acabaram por elevar a taxa de desemprego no primeiro ano de um governo cujas bases situavam-se no sindicalismo trabalhista.

Mas as políticas econômicas de ajuste "ortodoxos" (ou neoliberais para muitos) adotadas pelo PT realmente estariam equivocadas? Para responder a essa pergunta, devemos observar que, em seu primeiro ano de mandato, o Governo Lula cumpriu o que havia prometido na *Carta ao Povo Brasileiro* assinada em junho de 2002. O objetivo da carta era desfazer as preocupações do mercado com as ações do futuro governo de esquerda em um momento de crise cambial e de grandes incertezas quanto aos rumos da economia brasileira. Nela, e apesar das críticas de Lula às políticas econômicas do Governo de FHC (chamando-as de "herança maldita"), havia o comprometimento em relação à preservação dos contratos (incluindo as dívidas interna e externa), além das conquistas do governo anterior em relação ao controle da inflação e reformas estruturais (como a privatização, abertura comercial e desregulamentação dos mercados). Em outras palavras, a carta aos brasileiros indicava a manutenção do **tripé macroe-**

conômico e da Lei de Responsabilidade Fiscal defendidos pelo Governo de FHC, que veremos mais adiante, no Capítulo 13 (Inflação).

Lula cumpriu sua palavra nos oito anos de governo, o que contribuiu para que, nos anos seguintes, pudesse colher os benefícios do sacrifício enfrentados em seu primeiro ano de governo, já que, a partir de 2004, a economia volta a crescer sem risco de inflação. Ou seja, o sacrifício econômico inicial possibilitou ao novo governo colher os frutos das necessárias políticas de ajuste (a despeito dos impactos negativos dessas políticas no curto prazo). Isso demonstra que, independentemente da ideologia de um governo, os problemas e os dilemas econômicos são os mesmos.

QUESTÕES DE MÚLTIPLA ESCOLHA

1. **Assinale a alternativa errada:**
   a) A política de rendas corresponde basicamente aos controles de preços e salários.
   b) A política monetária tem aplicação mais imediata que a política fiscal.
   c) A política tributária é um tipo de política fiscal.
   d) A política cambial, no setor externo, refere-se a alterações na taxa de câmbio.
   e) Todas as alternativas anteriores estão erradas.

2. **A "política fiscal" de um governo pode ser definida como sua política relativa a:**
   a) Relação entre o total de suas compras de bens e serviços e o total de seus pagamentos de pensões.
   b) Regulamentação de atividades bancárias e de crédito.
   c) Total e aos tipos de despesas e à maneira de financiar essas despesas (tributação, levantamento de empréstimos etc.).
   d) Serviços de educação, saúde e segurança nacional.
   e) Regulamentação de impostos.

3. **A política monetária e a política fiscal diferem, essencialmente, pelo seguinte fato:**
   a) A política monetária trata dos recursos totais arrecadados e dos gastos pelo governo, enquanto a política fiscal trata das taxas de juros.
   b) A política fiscal procura estimular ou desestimular as despesas de investimento e de consumo, por parte das empresas e das pessoas, influenciando as taxas de juros e a disponibilidade de crédito, en-

quanto a política monetária funciona diretamente sobre as rendas por meio da tributação e dos gastos públicos.
   c) A política monetária procura estimular ou desestimular as despesas de consumo e de investimento, por parte das empresas e das pessoas, influenciando as taxas de juros e a disponibilidade de crédito, enquanto a política fiscal funciona diretamente sobre as rendas mediante a tributação e os gastos públicos.
   d) Não há, essencialmente, diferença entre as duas, uma vez que os objetivos e as técnicas de operações são os mesmos.
   e) N.r.a.

4. **No mercado de trabalho, são determinadas quais das seguintes variáveis macroeconômicas?**
   a) Nível de emprego e salário real.
   b) Nível de emprego e salário monetário.
   c) Nível geral de preços e salário real.
   d) Salário real e salário monetário.
   e) Nível de emprego e nível geral de preços.

Notas

1 O autor beneficiou-se muito neste capítulo das observações e comentários do Prof. Dr. Carlos Antonio Luque, da FEA/USP.

2 Na análise macroeconômica tradicional (denominada "**ortodoxa**"), a distribuição de renda é considerada uma questão estrutural, que demanda políticas de médio e longo prazos. Já para as chamadas correntes "**heterodoxas**", com muita presença na América Latina e particularmente no Brasil, o tema da desigualdade de renda tem que ser objeto de políticas focalizadas a curto prazo.

3 Um dos maiores pilares da teoria clássica, criada pelo francês Jean Baptiste Say (1767-1832), essa lei preconizava que tudo que fosse produzido seria automaticamente demandado. Como não existiam outras alternativas de aplicação financeira no modelo clássico, a produção gerava renda (salários, lucros), que, por falta de alternativas, deveria ser toda gasta com bens e serviços. A esse respeito, ver LOPES, L. M.; BRAGA, M. B.; VASCONCELLOS, M. A. S. de; JUNIOR, R. T. *Macroeconomia*: teoria e aplicações de política econômica. 4. ed. São Paulo: Atlas, 2018. cap. 3.

4 KEYNES, J. M. *Teoria geral do emprego, do juro e da moeda*. São Paulo: Atlas, 1992.

5 O Governo de FHC foi responsável pela Bolsa Escola, Auxílio Gás, Bolsa Alimentação, agregados e rebatizados posteriormente no Governo Lula como Bolsa Família.

6 Seguindo as teses estabelecidas no **Congresso do PT de novembro de 2001**, Lula defendia: a) a moratória da dívida externa; b) renegociação da dívida interna (também uma moratória); c) reestatização de empresas privatizadas no Governo FHC (Telebras, Vale, Embraer, ferrovias, siderurgia); d) controle de preços, juros, e câmbio; e e) restrição ao capital estrangeiro e à remessa de lucros.

CONTABILIDADE SOCIAL

1 INTRODUÇÃO

Observamos anteriormente que a Macroeconomia trata da evolução de toda a Economia. O que distingue a Macroeconomia da Microeconomia é o fato de a Macroeconomia analisar fundamentalmente o comportamento dos grandes agregados, sem preocupar-se com questões específicas dos mercados e agentes que compõem esses agregados. Rigorosamente, para avaliar o resultado da atividade econômica global e aferir a riqueza de uma nação, deveríamos explicitar o quanto foi produzido de cada uma das milhões de mercadorias, o que seria não operacional e não ilustrativo para uma análise mais abrangente. Desse modo, devemos buscar medidas que permitam, de forma simplificada, mostrar o quanto a economia produziu, consumiu, poupou, exportou etc.

A necessidade de obter cifras ordenadas que permitissem uma visão agregada dos fenômenos econômicos ficou mais patente a partir da Grande Depressão dos anos 1930, quando se evidenciou a necessidade da intervenção do governo para recuperar o nível de atividade e de emprego. Foi necessário o desenvolvimento da chamada **Contabilidade Social** ou **Contabilidade Nacional**, ou seja, um instrumental que permitisse mensurar a totalidade das atividades econômicas. Os sistemas que mais se popularizaram foram o Sistema de Contas Nacionais e a Matriz Insumo-Produto.

O **Sistema de Contas Nacionais**[1] adota o sistema contábil de partidas dobradas, e foi estruturado pelo economista inglês Richard Stone (1913-1991), Prêmio Nobel de 1984. A **Matriz Insumo-Produto**, também chamada de **Matriz de Relações Intersetoriais**, ou ainda **Matriz de Leontief**, criada pelo economista russo naturalizado norte-americano Wassily W. Leontief (1906-1999), Prêmio Nobel de 1973, é um sistema de dupla entrada, onde cada setor é relacionado duas vezes: em linha (o que cada setor vende) e em coluna (o que cada setor compra). Ao final do capítulo, apresentaremos uma síntese dos dois sistemas.

Vale observar que a Contabilidade Social trata da medição das variáveis macroeconômicas já realizadas, efetivadas, como ocorre na Contabilidade Privada. Dizemos que são **valores *ex post***, ou seja, *a posteriori*, após realizados. Nos modelos teóricos, ou seja, na teoria macroeconômica propriamente dita, que se refere ao comportamento dos agregados macroeconômicos, e como são afetados pela política econômica, trataremos de variáveis planejadas, desejadas, chamadas de **valores *ex ante***, *a priori*, previstos ao início de um dado período e que se espera que ocorram ao final desse período.

Pressupostos básicos da Contabilidade Social

São quatro os pressupostos básicos no sistema de Contabilidade Social:

a) **Os agregados medem a produção corrente**. Assim, não são considerados bens de segunda mão, produzidos em período anterior. Nas transações com esses bens, só se considera como parte da renda nacional a remuneração do vendedor (que é remuneração a um serviço corrente, o que independe de o produto ser novo ou de segunda mão), e não o valor da mercadoria vendida.

b) **Os agregados referem-se a fluxos**, mensais, trimestrais ou anuais. As **variáveis fluxo** correspondem a valores considerados ao longo de um período, isto é, têm dimensão temporal. Por exemplo: Valor das Exportações em junho de 2021, Consumo e Investimentos Agregados em 2021, Produto Nacional do primeiro trimestre de 2021. Elas diferem das chamadas **variáveis estoque**, que se referem a valores tomados em determinado ponto de tempo, ao final de um dado mês ou ano, como o nível de emprego, a dívida pública, a dívida externa, o estoque de moeda. O sistema de Contabilidade Social só trabalha com fluxos, não apresentando um balanço patrimonial, de estoques, como aparece na Contabilidade Privada.

c) **A moeda é neutra, no sentido de que é considerada apenas como unidade de medida** (padrão para agregação de bens e serviços fisicamente diferentes) **e instrumento de trocas**. A moeda tem o papel de servir de padrão para a medição de diferentes bens e serviços, a partir de seus preços, e assim agregar produtos medidos em diferentes unidades.

d) **A Contabilidade Social não registra diretamente transações puramente financeiras**. Variáveis macroeconômicas, como empréstimos, depósitos, aplicações financeiras etc., não representam diretamente acréscimos do produto real, mas transferências financeiras, entre aplicadores e tomadores no mercado financeiro e cambial. Nesse sentido, também as variáveis taxa de juros e taxa de câmbio não são apresentadas no sistema de contas nacionais. Serão considerados apenas os **agregados reais**, que representam diretamente alterações da produção e da renda. As transações financeiras são registradas à parte no balanço do Sistema Monetário pelo Banco Central, e serão discutidas no Capítulo 11.

2 PRINCIPAIS AGREGADOS MACROECONÔMICOS: O FLUXO CIRCULAR DE RENDA

O objetivo da Teoria Macroeconômica é a análise da formação e da distribuição de produto e renda gerados pela atividade econômica, por meio de um fluxo contínuo entre os agentes macroeconômicos, chamado de **fluxo circular de renda**, a partir do qual são estabelecidos os agregados macroeconômicos. Para a definição dos agregados macroeconômicos, suporemos inicialmente uma economia simplificada, tendo como agentes apenas famílias e empresas. A seguir, serão introduzidas as variáveis relativas ao setor público e o setor externo, na seguinte sequência:

- economia a dois setores, sem formação de capital, fechada e sem governo;
- economia a dois setores, com formação de capital, fechada e sem governo;
- economia a três setores, incluindo o governo;
- economia a quatro setores, incluindo o setor externo (Economia Aberta).

2.1 Economia a dois setores sem formação de capital

Nessa Economia simplificada, supõe-se que os únicos agentes são as empresas (que produzem bens e serviços) e as famílias (que auferem rendimentos pela prestação de serviços). Todas as decisões partem das famílias. As empresas, que são de propriedade de seus acionistas (pessoas físicas, portanto do setor família), são abstrações jurídicas, representando o local onde se organiza a produção.

Suporemos uma economia estacionária, que não se expande nem se contrai. Isso corresponde a supor que não existe o setor de formação de capital (poupança, investimentos e depreciação). Também não consideramos por enquanto os setores governo e resto do mundo.

Para a definição dos agregados macroeconômicos, tomaremos por base o sistema adotado pelo IBGE, o Sistema de Contas Nacionais, em que são considerados apenas os **bens e serviços finais**, que são aqueles vendidos aos compradores finais. Os **bens e serviços intermediários**, que são insumos que entram no processamento de outros bens, como matérias-primas, peças, energia, combustíveis, transportes, são transações entre as próprias empresas, que acabam se compensando (se "anulando") quando se agregam as unidades produtoras. Com isso, como os custos de produção das empresas, no sistema agregado, não incluem o custo dos insumos intermediários, tem-se que **os custos de produção das empresas constituem-se apenas da remuneração aos fatores de produção: salários (w, do inglês *wages*), juros (j), aluguéis (a) e lucros (l)**:

Salário = remuneração dos serviços do fator mão de obra

Aluguel = remuneração dos serviços do fator terra (ou Recursos Naturais), também chamado simplesmente **renda**.

Lucro = remuneração dos serviços do fator capital físico (prédio e instalações).[2]

Juro = remuneração dos serviços do fator capital monetário.[3]

Assim, pelo ângulo das famílias, proprietárias dos fatores de produção, esses gastos são vistos como rendimentos; pelo ângulo das empresas, representam custos de produção.

Famílias e empresas exercem duplo papel: no mercado de bens e serviços, as famílias são compradoras, e as empresas são vendedoras de bens e serviços: no mercado de fatores de produção, invertem-se os papéis: as famílias são fornecedoras de serviços dos fatores de produção, e as empresas são compradoras desses serviços.

O fluxo circular da renda, para uma economia a dois setores, pode ser ilustrado como na Figura 9.1. O **fluxo monetário** representa a contrapartida do **fluxo real**, pelo fornecimento de bens e serviços e dos serviços dos fatores de produção.

Tem-se, então, um **fluxo circular**, no sentido de que a moeda gira pelo circuito, criando renda: firmas recebem das famílias pela venda de bens e serviços produtivos; firmas remuneram as famílias; famílias compram das firmas etc.; ou seja, o produto gera renda, que gera consumo, que gera produto, que gera renda etc. O "lado de cima" do diagrama corresponde ao mercado de bens e serviços, é o **fluxo de produção**, enquanto o "lado de baixo", mercado de fatores de produção, é o **fluxo de rendimentos**.

Papel do lucro

Na Contabilidade Privada, os lucros e dividendos são considerados remuneração aos proprietários das empresas (que fazem parte do grupo famílias), enquanto na Teoria Econômica são considerados também uma parcela dos custos de produção das empresas. Como o lucro econômico também é um custo, ele é incluído na "parte inferior" do fluxo, o que acaba igualando os fluxos do produto/renda e o dos rendimentos. Um exemplo numérico torna esse ponto mais claro:

a. Vendas de bens e serviços = $ 1.000.000
b. Despesas com salários, aluguéis e juros = $ 650.000
c. Lucro = a − b = $ 350.000

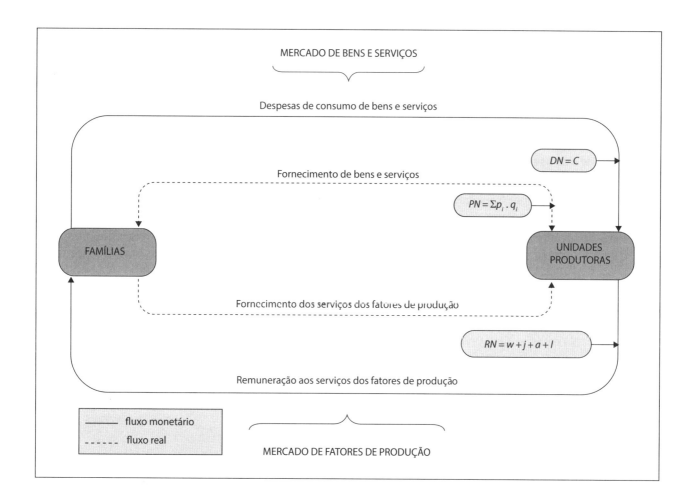

Figura 9.1 Fluxo circular de renda para uma economia a dois setores, sem formação de capital.

Como lucro também é considerado custo de produção, temos que

$$\text{Vendas} = \text{Custos} = \$ \ 1.000.000 \text{ ou}$$

$$\begin{array}{ccc} \textbf{Fluxo de} & & \textbf{Fluxo de} \\ \textbf{produção} & = & \textbf{rendimentos} \end{array} = \$ \ 1.000.000$$

2.1.1 Três óticas de mensuração: produto, despesa e renda

O fluxo de produção e o fluxo de rendimentos propiciam três óticas pelas quais pode ser medida a atividade econômica e que chegam ao mesmo resultado numérico. A partir delas, podemos definir os conceitos de Produto Nacional, Despesa Nacional e Renda Nacional.

Conceito de Produto Nacional (PN)

O Produto Nacional é o valor de todos os bens e serviços finais produzidos em determinado período de tempo.

> **Valor**: os preços permitem agregar bens diferentes (produção de maçãs, com fogões, com serviços de transporte etc.). Assim, o PN é avaliado em termos monetários, e a moeda é a unidade-padrão de agregação.
>
> **Bens e serviços finais**: não se consideram os bens e serviços intermediários, como matérias-primas e componentes, que entraram na elaboração de outros produtos.[4]
>
> Isso evita **dupla contagem**, como, por exemplo, somar como Produto Nacional o trigo, a farinha e o pão ao mesmo tempo.
>
> **Período de tempo**: é um fluxo, definido em dado período de tempo (mês, ano).

Conceito de Despesa Nacional (DN)

O Produto Nacional é uma medida do fluxo de produção, ou seja, pela ótica da produção de bens e serviços das empresas. Mas o Produto Nacional também pode ser medido pela ótica das despesas realizadas pelos agentes de despesa, ou seja, consumidores, empresas, governo e estrangeiros. Nesse caso, é também chamado Despesa Nacional (DN), que é a despesa com o Produto Nacional.

Assim, a DN é o valor das despesas dos vários agentes na compra de bens e serviços finais. Neste modelo simplificado,

$$\boxed{DN = \textbf{Despesas de consumo } (C)}$$

Demonstraremos mais adiante que, considerando os demais agentes, a Despesa Nacional é a soma das despesas das famílias com bens de consumo, despesas com investimentos das empresas, gastos do governo e gastos do setor externo com o Produto Nacional.

Portanto, temos até agora duas formas para aferir o valor do Produto Nacional, ambas a partir do fluxo de produção (mercado de bens e serviços):

- a partir de quem vende o produto ("**por ramo de origem**"), que é o Produto Nacional propriamente dito;
- a partir dos agentes de despesa ("**por ramo de destino**"), que é a Despesa Nacional.

Conceito de Renda Nacional (RN)

Existe ainda uma terceira ótica que também possibilita medir a atividade econômica total do país, que é a Renda Nacional.

A Renda Nacional é a soma dos rendimentos pagos às famílias pela utilização de seus serviços produtivos,

Portanto:

$$PN = \sum_{i=1}^{n} p_i \cdot q_i = p_{sacas\ café} \cdot q_{sacas} + \cdots + p_{fogão} \cdot q_{fogões} + \cdots + p_{bilhete\ metrô} \cdot q_{viagens}$$

setor primário	**setor secundário**	**setor terciário**
(agricultura, pecuária, pesca, extração vegetal)	(indústria, extração mineral)	(serviços, comércio, transportes, comunicações)

sendo $i = 1, 2, 3 \ldots n$ bens e serviços finais.

em determinado período de tempo. A *RN* é medida a partir de pesquisa junto às famílias, que são as proprietárias dos fatores de produção.

Renda Nacional (*RN*) = salários (*w*) + juros (*j*) + aluguéis (*a*) + lucros (*l*)

$$RN = w + j + a + l$$

Portanto, a medida é feita pelo fluxo de rendimento (mercado de fatores de produção), na parte inferior do diagrama anterior. O conceito de *RN* mostra como a renda é distribuída entre os proprietários dos fatores de produção (que pertencem ao setor "famílias").

Identidade básica das contas nacionais:
$PN = DN = RN$

Observamos, então, que existem três óticas que permitem medir o resultado econômico agregado de um país. São óticas conceitualmente diferentes, mas que chegam ao mesmo valor numérico, fazendo com que $PN = DN = RN$. Vamos demonstrar esse ponto.

Nesse modelo simplificado, não existem estoques, ou seja, a empresa vende tudo o que produz. Então,

Produção (*PN*) = Vendas (*DN*)

Como no agregado são excluídas as compras de bens intermediários, a empresa gasta com pagamentos a fatores de produção tudo o que recebe pela venda de bens e serviços (*PN* = *DN*), que são os salários, juros, aluguéis e lucros. Como os gastos das empresas com fatores de produção é a própria Renda Nacional, segue que:

$$PN = DN = RN$$

Ou seja, são três óticas conceitualmente diferentes para medir a atividade econômica, mas conduzindo ao mesmo resultado numérico.

Veremos que, mesmo removendo as hipóteses simplificadoras que fizemos, tal identidade básica manter se á com o modelo completo.

2.1.2 *Conceito de valor adicionado*

Por problemas de medição, costuma-se, na prática, medir o *PN* pelo valor adicionado (ou valor agregado) por setor. Consiste em calcular o que cada ramo de atividade adicionou ao valor do produto final, em cada etapa do processo produtivo.

Valor Adicionado	=	**Valor Bruto de Produção**	−	**Consumo Intermediário**

O **Valor Bruto de Produção (*VBP*)** é o faturamento, a receita de vendas, de cada setor produtivo. É a renda gerada por cada setor de atividade na cadeia de produção. Retirando da receita de vendas os gastos com a compra de bens intermediários, como matérias-primas, componentes, energia, combustíveis (**Consumo Intermediário**), o que sobra é a remuneração dos fatores de produção de cada setor, pelo seu valor total, isto é, sem discriminar quanto foi pago em salários, ou juros, ou aluguéis, ou lucros.

O conceito de Valor Adicionado é uma forma alternativa e a mais operacional para medir o produto e a renda nacional do que diretamente pela soma de produtos finais, seja pela ótica do produto (*PN*), da despesa (*DN*) ou renda (*RN*), pelo fato de que a conceituação de bem final não é muito simples, pois depende do uso que se fará posteriormente, sendo difícil aferi-lo a partir das vendas dos fabricantes. Por exemplo, a gasolina vendida nos postos pode ser utilizada tanto como bem final para o consumidor, como bem intermediário para uma empresa. Por outro lado, para obter o resultado da atividade econômica do país pela ótica da renda nacional (*RN*), seria necessário ter informações completas sobre as declarações de imposto de renda elaboradas pelas próprias pessoas físicas e jurídicas, o que ainda não é factível na quase totalidade dos países.

Vamos considerar um exemplo bastante simples, a produção de pães. Por simplificação, suporemos que os custos de produção de trigo sejam zero.

	Trigo	Farinha	Pão	
a) Receita de Vendas (*VBP*)	100.000	400.000	1.000.000	$\rightarrow$ $PN = DN = 1.000.000$
b) Compras Intermediárias	0	100.000	400.000	
Valor adicionado (*a – b*)	100.000 +	300.000 +	600.000	= 1.000.000 = RN
	renda paga pelo setor de trigo aos fatores de produção (*VA* trigo)	renda paga pelo setor de farinha aos fatores de produção (*VA* farinha)	renda paga pelo setor de panificação aos fatores de produção (*VA* pão)	

Portanto:

$$PN = DN = RN = VA = 1.000.000$$

Observamos que, no fundo, o valor adicionado é medido na prática pela ótica do produto, pois é medido no mercado de bens e serviços.

2.1.3 Resumo

Observamos, assim, que existem quatro formas diferentes de medir o resultado econômico de um país, todas conduzindo a um mesmo valor numérico:

- soma dos produtos finais das empresas produtoras (*PN*);
- soma das despesas dos agentes com o Produto Nacional (*DN*);
- soma de rendimentos de salários, juros, aluguéis e lucros (*RN*);
- soma de valores adicionados dos setores de atividade (*RN*).

Assim, os órgãos responsáveis pela medição da atividade econômica (no Brasil, o IBGE) têm à sua disposição quatro formas alternativas de aferir o resultado econômico dos vários setores produtivos.

2.2 Economia a dois setores, com formação de capital

No item anterior, supusemos que:

- as famílias apenas consomem;
- as firmas só produzem bens que são consumidos pelas famílias (bens de consumo).

Trata-se de uma economia em estado estacionário, em que apenas se reproduzem ano a ano as condições de sobrevivência. Entretanto, as famílias também poupam, e as empresas também produzem e investem em bens de capital. Ou seja, as famílias e empresas preocupam-se também com o consumo futuro (e não só com o consumo corrente). Com isso, o fluxo de renda pode ampliar-se, ou diminuir, não permanecendo estacionado. Introduziremos, ainda supondo uma economia com dois setores, os conceitos de poupança, investimento e depreciação em nível agregado.

Conceito de Poupança Agregada (S)

A **Poupança Agregada** é a parcela da *RN* não consumida no período, isto é, da renda recebida pelas famílias (salários, juros, aluguéis e lucros), parte não é gasta em bens de consumo.

$$\boxed{S = RN - C}$$

(*C* = Consumo Agregado)

sendo *S* a notação internacional derivada do inglês *Saving*.

Assim, as famílias não gastam toda a renda que recebem no consumo do período. Como é uma medição contábil, não importa aqui como a poupança será utilizada pelas famílias.

Conceito de investimento (I)

O Produto Nacional é composto por dois tipos de bens:

a) **bens de consumo**: consumidos como um fim em si mesmo;

b) **bens de investimento**: não são consumidos, e têm como objetivo aumentar a riqueza da nação, isto é, sua capacidade produtiva.

Nessa linha, podemos definir investimento nas contas nacionais de duas formas:

- investimento é o gasto em bens que representam aumento da capacidade produtiva da economia, isto é, da capacidade de gerar rendas futuras; é também chamado de **Taxa de Acumulação de Capital**;
- investimento é o gasto em bens produzidos, que não foram consumidos no próprio período e que serão utilizados para consumo futuro, ou seja:

$$I = PN - C$$

Quais bens são produzidos e não consumidos no período?

1. máquinas e equipamentos;
2. imóveis; } Investimento em Bens de Capital → (*Ibk*)

3. variação de estoques (produtos acabados e intermediários) → ΔE

Portanto, os **componentes do investimento** são:

$$I = Ibk + \Delta E$$

Dessa forma, o investimento agregado tem dois componentes básicos: bens de capital e variação de estoques.[5] Nas Contas Nacionais, o investimento em bens de capital é chamado de **Formação Bruta de Capital Fixo** (*FBKF*). A **Variação de Estoques** é a diferença entre os estoques ao final do ano corrente (E_t) e os estoques observados ao final do ano anterior (E_{t-1}):

$$\Delta E = E_t - E_{t-1}$$

isto é, considera-se o *fluxo* no ano.[6]

Não devemos confundir **investimento no sentido leigo** com **investimento no sentido econômico**. Assim, por exemplo, "investir em ações" não representa aumento da capacidade produtiva, tratando-se apenas de uma transferência financeira, que não redunda em aumento da capacidade de produção. Entretanto, se a firma que colocou suas ações usar parte do dinheiro para investir em instalações, essa transação é outro ato contábil, sendo, nesse caso, contabilizada como investimento. A esse respeito, uma observação importante: apenas os dividendos das ações são considerados parte da Renda Nacional (como lucro), bem como os salários ou comissões dos vendedores das Bolsas de Valores, mas não o volume de ações.

Como foi observado no início deste capítulo, nas contas nacionais só são consideradas as transações correntes. Com isso, o **investimento em ativos de segunda mão** (máquinas, equipamentos, imóveis) não é contabilizado como investimento agregado, pois, no fundo, é uma transferência de ativos, que se compensa: alguém "desinvestiu". Esses bens já foram computados como investimento no passado, quando foram produzidos.

Uma questão relativamente em aberto, dentro da Contabilidade Social, é o tratamento dos **bens de consumo duráveis**, como automóveis, televisores, refrigeradores etc. Afinal, como os bens de capital, são produtos que não são consumidos no período corrente, mas não são considerados investimento nas contas nacionais. O problema está na dificuldade operacional de se calcular o fluxo de serviços gerados por esses bens. No caso de investimentos em máquinas, eles geram um fluxo físico de produtos, e no de investimento em imóveis geram aluguéis, enquanto uma TV gera um fluxo de benefícios não mensuráveis. Ou seja, a base de cálculo é complicada, e a convenção internacional estabelecida pelas Nações Unidas (*System of National Accounts*) é considerá-los como bens de consumo, se forem adquiridos pelas famílias, e bens de capital (investimento), se forem adquiridos por empresas.

Conceito de depreciação (d)

A **depreciação** é o desgaste do estoque de capital físico, ao longo de um dado período. Ou seja, o bem de capital também é "consumido", no sentido de que sofre um desgaste, só que, diferentemente dos bens de consumo, é consumido em parcelas, até que vire sucata, ou se torne obsoleto. A depreciação também é chamada de **investimento de reposição**.

No entanto, a depreciação é outro conceito complicado para ser medido, porque máquinas e equipamentos têm diferentes tipos e tempo de duração. Por essa razão, o IBGE não apresenta estimativas para a depreciação do ativo fixo.

Conceitos de investimento bruto e líquido, produto nacional bruto e líquido

O **investimento líquido**, chamado também de **formação líquida ou acumulação líquida de capital**, é a diferença entre os novos investimentos (investimentos brutos Ib) e a depreciação do estoque de capital, num dado período:

$$IL = Ib - d$$

O investimento bruto é sempre positivo, mas o investimento líquido pode ser negativo, se a taxa de depreciação do estoque de capital superar os novos investimentos em determinado ano.

O conceito de depreciação permite fazer uma primeira diferenciação no conceito de Produto Nacional, que pode ser definido em termos brutos ou líquidos, assim:

$$PNL = PNB - d$$

sendo PNL o Produto Nacional Líquido e PNB o Produto Nacional Bruto.

Ou seja, pode-se considerar no produto apenas o aumento da capacidade produtiva, em termos brutos, ou, então, considerar seu desgaste (depreciação), em termos líquidos. Como o IBGE não calcula a depreciação, as contas nacionais do Brasil não apresentam os conceitos de investimento e produto nacional em termos líquidos.

A identidade S = I ex post

Definimos $S = RN - C$ e $I = PN - C$ como fluxo de produção = fluxo de rendimentos (visto anteriormente), segue-se que:

$$PN = RN$$

Conclui-se, portanto, que:

$$S = I$$

Em termos contábeis, isso sempre ocorre. As identidades contábeis são ditas *ex post*, significando *a posteriori*, "após ocorridas", "realizadas". Essas identidades são diferentes das igualdades teóricas chamadas *ex ante* (planejadas, desejadas, antecipadas, "antes de ocorrer").

Agora, dizer que $S = I$ não significa que toda a poupança do período se destina ao investimento do mesmo período. O investimento do período pode ser financiado por poupanças passadas, empréstimos etc., assim como a poupança do período pode ir "para baixo do colchão", ficar depositada no banco etc., sem ser investida.

No entanto, então, como é que conceitos diferentes, poupança e investimento apresentam o mesmo resultado? Para explicar essa aparente contradição, vamos dar dois exemplos:

a) Suponha-se que $PN = RN = 100$. Com a venda do produto (PN), as empresas remuneram as famílias (RN). Se as famílias decidem consumir apenas 80 ($C = 80$), sobra uma poupança de 20 ($S = RN - C = 20$). Então, parte do $PN = 100$ não foi comprada, porque as famílias não gastaram tudo. Sobram, então, estoques de 20. Mas os estoques (a variação) também são investimentos. Então,

$$I = \Delta E = 20 \text{ e}$$

$$S = I = 20;$$

b) Alternativamente, considere-se $PN = 100$, supondo produção de bens de consumo = 70 e produção de bens de capital = 30 (investimento).

A remuneração aos fatores de produção (RN) é igual a 100. As famílias ligadas aos setores de bens de consumo e de capital receberam 100. Então, da $RN = 100$, 30 sobrarão na mão das famílias (pois podem consumir só 70, que é o total disponível de bens de consumo produzidos). Esses 30 correspondem à poupança, $S = 30$ e $S = I = 30$.

Portanto, o ato de produzir bens de capital cria, por definição contábil, uma poupança no mesmo montante.

Veremos, no Capítulo 10, que essa identidade ocorre sempre nas Contas Nacionais (*ex post*). Nos modelos da Teoria Econômica, em que os agregados são planejados (ou *ex ante*, antes de ocorrerem), essa identidade só ocorrerá no ponto de equilíbrio macroeconômico.

Essa identidade permanece, como veremos, com a inclusão do governo e do setor externo.

2.3 Economia a três setores: o setor público

O setor público refere-se às três esferas de governo: União, Estados e Municípios e inclui as transações realizadas pelos respectivos Tesouros. Não inclui as operações financeiras do Banco Central (depósitos, empréstimos) e mesmo a taxa de juros e a taxa de câmbio, que são consideradas à parte, dentro do Sistema Monetário.

Receita fiscal do governo

A arrecadação fiscal do governo constitui-se nas seguintes receitas:

- **impostos indiretos** (*Ti*): incidem sobre bens e serviços. Exemplos: ICMS, IPI;

- **impostos diretos** (*Td*): incidem sobre as pessoas (físicas e jurídicas). Exemplos: Imposto de Renda, IPTU;

- **contribuições à Previdência Social**: encargos trabalhistas recolhidos de empregados e empregadores;

- **outras receitas do governo**: taxas (por exemplo, pedágios), multas, aluguéis etc.

Gastos do governo

Nas contas Nacionais, são considerados os seguintes gastos governamentais:

1. **Gastos dos ministérios, secretarias e autarquias**: as receitas provêm de dotações orçamentárias. São os gastos do governo propriamente ditos, que aparecem nas Contas Nacionais e na Teoria Macroeconômica. Como os serviços do governo (bens públicos, como justiça, segurança, diplomacia, planejamento) não têm preço de venda, o produto gerado pelo governo é medido por suas **despesas correntes ou de custeio** (salários, compras de materiais) para a manutenção da máquina administrativa). Nesse caso, o governo está agindo como consumidor de bens e serviços para manter a máquina pública, sendo chamadas, no Sistema de Contas Nacionais, de **Consumo do Governo**. No caso das **despesas de capital** (gastos com infraestrutura, como a aquisição de equipamentos, construção de estradas, hospitais, escolas, prisões), o governo está agindo como investidor, não consumidor, sendo considerado nas contas nacionais como empresa.

2. **Gastos com transferências e subsídios**: não são incluídas no produto nacional as transferências financeiras do setor público ao setor privado, pois não têm correspondência com a renda corrente (não são uma remuneração a fator de produção). São os pagamentos a aposentados, a ex-pracinhas, bolsas de estudos às famílias, além dos **subsídios ao setor privado**, com o objetivo de baratear o preço de algum produto básico (trigo, leite) ao consumidor final.

3. **Gastos das empresas públicas e sociedades de economia mista**: suas receitas provêm da venda de bens e serviços no mercado, pelos quais cobram um preço ou tarifa. Atuam, portanto, como empresas privadas, razão pela qual são contabilizadas no Sistema de Contas Nacionais, que veremos mais adiante, dentro do chamado Setor de Produção. Isso porque as contas nacionais consideram o tipo de atuação no mercado, a origem do faturamento, e não a propriedade da empresa, se pública ou privada. Exemplos: Petrobras, Eletropaulo, companhias de saneamento básico etc.

Conceitos de Produto Nacional a preços de mercado e Produto Nacional a custo dos fatores

Vamos apresentar agora uma nova distinção no conceito de Produto Nacional: *PN* a preços de mercado e *PN* a custo de fatores:

> ***PN* a preços de mercado** (*PNpm*): é o *PN* medido a partir dos valores transacionados no mercado (ou seja, medido pelo preço pago pelo consumidor final);

> ***PN* a custo de fatores** (*PNcf*): *PN* medido a partir dos valores que refletem os custos de produção, a remuneração aos fatores $(w + j + a + l)$. É um preço de fábrica, antes dos impostos, e, no agregado, excluindo preços dos insumos intermediários (que se compensam entre as empresas). Como é medido pela ótica dos rendimentos, rigorosamente é a Renda Nacional a custo de fatores (*RNcf*).

A diferença entre ambos está nos **impostos indiretos** (*Ti*) e nos **subsídios** (*Sub*), assim:

$$PNpm = RNcf + Ti - Sub$$

Nessa diferenciação, **consideramos apenas os impostos indiretos (*Ti*)**, uma vez que os impostos diretos (*Td*) serão descontados dos proprietários dos fatores de produção (e não pelas empresas), após receberem a remuneração. Os impostos diretos não são encargos das empresas, mas, sim, das famílias, e, portanto, nada têm a ver com a diferença entre custos dos fatores e preços praticados no mercado. Por exemplo, a empresa paga os salários aos seus funcionários – é o custo para a empresa, e os funcionários que devem recolher o imposto de renda é um custo para o empregado, não para a empresa.

Quanto aos subsídios, representam uma redução do preço pago pelos consumidores. Por exemplo: se o governo subsidiar o preço do leite em 30%, com o objetivo de diminuir o custo para os consumidores, e supondo que o custo efetivo para os produtores (custo dos fatores) é 100, o preço de mercado será 70, sendo 30 o montante de subsídio pago pelo governo aos produtores.

Genericamente, é usual associar-se o "**Produto Nacional**" ao *PNpm* e a "**Renda Nacional**" à *RNcf*, dado que "custo de fatores" está associado à ótica de renda (*RN*) e "preços de mercado", à ótica de produção (*PN*).

Conceito de carga tributária bruta e carga tributária líquida

A **carga tributária bruta** refere-se ao total da arrecadação fiscal do governo, que corresponde à soma dos impostos diretos e indiretos e outras receitas correntes. A **carga tributária líquida** é a diferença entre a carga tributária bruta e as transferências e subsídios ao setor privado.

2.4 Economia a quatro setores: o setor externo

Finalizando, vamos incluir nas Contas Nacionais as variáveis relativas a uma economia "aberta" para o resto do mundo.

Conceitos de exportações (X) e importações (M)[7]

- **exportações** (*X*): são as compras por estrangeiros de nossos bens e serviços; ou seja, os gastos do setor externo com nossas empresas;
- **importações** (*M*): são nossas compras com bens do exterior, quanto gastamos com o resto do mundo. Parte da renda gerada no país que "vaza" para fora.

Sendo *X* e *M* as notações utilizadas internacionalmente.

Conceitos de Renda Líquida de Fatores Externos (RLFE), Produto Nacional Bruto (PNB) e Produto Interno Bruto (PIB)

Precisamos incluir, nas Contas Nacionais, a renda recebida da atividade de nossas empresas no estrangeiro; da mesma forma, para termos uma ideia do que efetivamente nos pertence, devemos excluir a renda remetida às matrizes das multinacionais aqui localizadas. Isso leva aos conceitos de *PNB* e *PIB* (ou *RNB* e *RIB*).[8]

Produto Interno Bruto (*PIB*): é a renda devida à produção dentro dos limites territoriais do país.

Renda Líquida de Fatores Externos (*RLFE*): é a remuneração dos ativos pertencentes a estrangeiros. Divide-se em:

- **Renda Enviada ao Exterior (*RE*)**: parte do que foi produzido internamente não pertence aos nacionais, principalmente o capital e a tecnologia. A remuneração desses fatores vai para fora do país, na forma de remessa de lucros, *royalties*, juros, assistência técnica.[9]
- **Renda Recebida do Exterior (*RR*)**: recebemos renda devido à produção de nossas empresas operando no exterior. Assim:

$$RLFE = RR - RE$$

Com base no *PIB* e na *RLFE*, temos o conceito de:

Produto Nacional Bruto (*PNB*): renda que pertence efetivamente aos nacionais, incluindo a renda recebida de nossas empresas no exterior, e excluindo a renda enviada para o exterior pelas empresas estrangeiras localizadas no Brasil. Portanto:

$$PNB = PIB + RLFE$$

Se: $RE > RR \Rightarrow RLFE < 0 \Rightarrow PNB < PIB$
$RE < RR \Rightarrow RLFE > 0 \Rightarrow PNB > PIB$

O Brasil, bem como a quase totalidade dos países emergentes, inclui-se no primeiro caso, em que o *PIB* supera o *PNB*, devido a altas remessas de juros, lucros e *royalties* aos estrangeiros. Aqui, como a *RLFE* é negativa, ela é chamada de **Renda Líquida Enviada ao Exterior**.

A *RLFE* não deve ser confundida com a diferença entre Exportações (*X*) e Importações (*M*). Os lucros recebidos pela Petrobras do exterior não representam importações; a remessa de lucros da Fiat não constitui exportações. A *RLFE* representa parte da renda gerada por essas empresas, e não suas vendas ou compras.

Fluxo circular de renda para uma economia a quatro setores

Uma vez apresentados os quatro agentes macroeconômicos, o processo de formação de renda pode ser sintetizado no diagrama a seguir.

Cap. 9 • Contabilidade Social 149

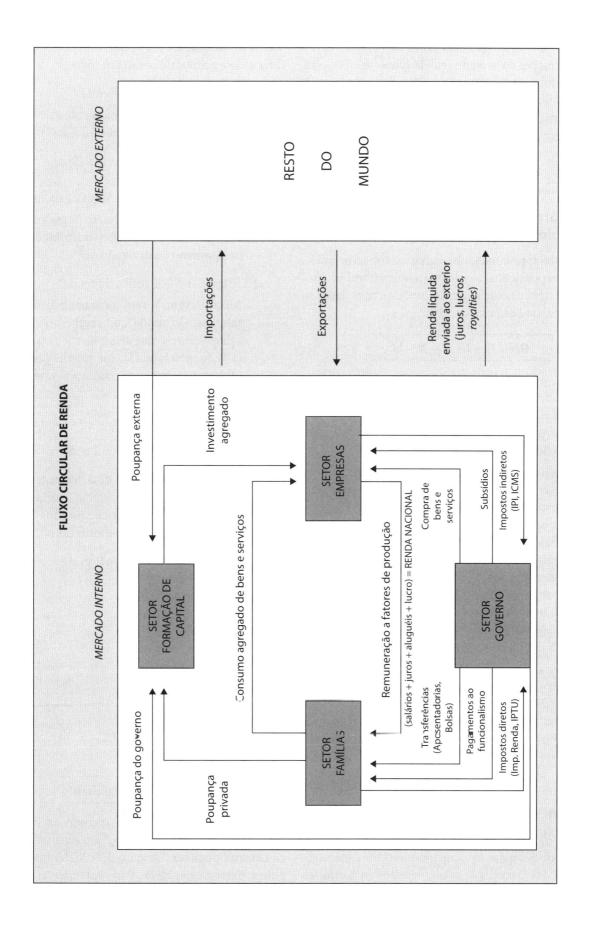

Vale lembrar novamente que o sistema de contas nacionais refere-se às **variáveis reais**, isto é, que representam alterações no produto real da economia. Por essa razão, não foram explicitadas no Setor de Formação de Capital, na ilustração anterior, as transações que envolvem o Sistema Financeiro (depósitos, empréstimos, ações etc.), que têm como principal função captar recursos dos poupadores para transferi-los aos investidores. Como já observamos, as transações relativas ao setor financeiro são detalhadas à parte do sistema de contas nacionais.

2.5 A fórmula completa da Despesa Nacional (*DN*)

Uma vez apresentados os agregados macroeconômicos correspondentes aos quatro setores (família, empresas, governo e setor externo), pode-se apresentar a fórmula final da Despesa Nacional:

$$DN = C + I + G + X - M$$

onde: C é a despesa das famílias com bens de consumo, I é a despesa com bens de capital e a variação de estoques, G os gastos em consumo do governo, X as exportações e M as importações (sendo a diferença $X - M$ as despesas líquidas do setor externo).

Rigorosamente, com relação ao setor externo, deveriam aparecer como componente da despesa agregada apenas as exportações. Deduzem-se, entretanto, as importações, pois elas estão embutidas nas demais despesas agregadas (C, I, G, X), devido à dificuldade de separar na prática o componente importado incluído em cada um desses agregados. Por isso, corrige-se a fórmula, deduzindo-se as importações pelo seu total global, para então obtemos a despesa nacional.

O conceito de despesa agregada, assim como o de produto, é apresentado a preços de mercado, já que são valores pagos por compradores finais. Como no Brasil utiliza-se mais o conceito de Despesa Interna e não o de Despesa Nacional, e não é calculada a depreciação – com o que são utilizados os conceitos agregados em termos brutos –, tem-se, então:

$$DIBpm = C + I + G + X - M$$

2.6 Identidades Básicas da Contabilidade Nacional

Uma vez definidas as principais variáveis macroeconômicas das contas nacionais, vejamos as fórmulas completas de algumas identidades básicas da Contabilidade Nacional, úteis para a análise econômica. Vamos complementar as identidades que vimos com uma economia simplificada, com apenas dois setores, agora considerando a economia como um todo.

a) Produto = Despesa = Renda

   Essa identidade normalmente é colocada em termos de preços de mercado, assim

$$PIBpm = DIBpm = RIBpm$$

b) $DIB = C + I + G + X - M$ (ótica da despesa)

   Mostra como se distribuem os gastos pelos quatro agentes de despesas (consumidores, empresas, governo e estrangeiros).[10]

c) $RIB = C + S + T$ (ótica da renda)

   Mostra como a renda gerada é utilizada pelas famílias. Da renda que recebem (na forma de salários, juros, aluguéis e lucros), ou consomem (C), ou poupam (S), ou pagam impostos (T). Observe-se que no consumo C estão incluídas as importações M.

d) Substituindo as expressões *b* e *c* em *a*, vem:

$$I + G + X = S + T + M$$

Na Contabilidade Social, essa fórmula representa uma identidade contábil, *ex post*. Na Teoria Macroeconômica, veremos que ela representa uma posição de determinação da renda de equilíbrio (*ex ante*).[11]

e) a identidade anterior (*d*) pode ser rearranjada assim:

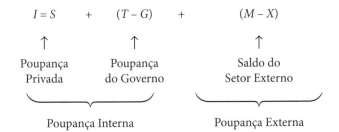

ou

$$Iglobal = Sglobal$$

Deve ser observado que, quando as importações (M) superam as exportações (X), temos uma **poupança externa positiva**. Quando $X > M$, temos **uma poupança externa negativa**. Para entender esse ponto, é interessante distinguir **transferência de recursos reais e transferência de recursos financeiros**. Do ponto de vista real, as exportações representam parte de nosso produto real que foi para o exterior; as importações significam entrada de recursos reais (máquinas etc.). Nesse sentido, as importações representam aumento de nossa capacidade de produção (a economia nacional absorveu uma massa de recursos reais do exterior para complementar o financiamento da formação de capital e aumentar a disponibilidade de bens de consumo do país).

Do ponto de vista financeiro, as exportações representam evidentemente uma entrada de divisas para o país, um aumento de nossas reservas, enquanto as importações significam saída de divisas.

Nesse sentido, o conceito de poupança externa na Contabilidade Social é considerado em termos reais, não financeiros.

f) Fórmula final do *PIB* e *DIB*:

$$PIB = C + I + G + X - M$$

Novamente, cabe ressaltar que essa fórmula representa, nas contas nacionais, uma identidade contábil *ex post*. Veremos, na parte da teoria, que ela que ela representa uma posição de equilíbrio entre a oferta e a demanda agregadas de bens e serviços.

g) Se rearranjarmos a expressão (*f*) acima como

$$PIB + M = C + I + G + X$$

o termo *PIB* + *M* também é chamado de **oferta global**, representando todos os bens disponíveis para a coletividade, inclusive os importados, que estão embutidos em *C, I, G* e *X*.

h) Partindo novamente da fórmula do *PIB* do item (*f*)

$$PIB = C + I + G + X - M$$

podemos chamar *C + I + G = E* de **absorção interna de bens e serviços**, ou **despesa doméstica** com o *PIB*, e *X – M* de **despesa líquida externa** com o *PIB*.

Assim:

$$PIB = (C + I + G) + X - M$$

$$PIB = E + X - M$$

$$PIB - E = X - M$$

Dessa forma, se *PIB* > *E*, significa *X* > *M*, ou seja, a produção interna (*PIB*) superou a despesa doméstica (*E*), gerando um *superávit* comercial no setor externo.

2.7 Exercício de Contas Nacionais

Dados, em bilhões de reais:

Salários pagos às famílias (*w*)	300
Juros, aluguéis e lucros pagos (*j* + *a* + *l*)	450
Depreciação de ativos fixos (*d*)	25
Impostos indiretos (*Ti*)	100
Impostos diretos (*Td*)	88
Subsídios do governo a empresas privadas (*Sub*)	10
Outras receitas correntes do governo (*ORec*)	20
Renda enviada ao exterior (*RE*)	7
Renda recebida do exterior (*RR*)	2
Pagamentos de aposentadoria (*Tr*)	40

e sabendo-se que os valores dos salários, juros, aluguéis e lucros são brutos, no sentido de que ainda não foram descontados os impostos diretos, a depreciação e a renda enviada do exterior, e não incluída a renda recebida do exterior, pede-se:

a) A Renda Interna Bruta a custo de fatores (*RIBcf*).

b) A Renda Interna Líquida a custo de fatores (*RILcf*).

c) A Renda Nacional Líquida a custo de fatores (*RNLcf*).

d) O Produto Nacional Bruto a preços de mercado (*PNBpm*).

e) O Produto Interno Bruto a preços de mercado (*PIBpm*).

f) O Índice de Carga Tributária Bruta.

g) O Índice de Carga Tributária Líquida.

Resoluções:

a) Como os salários, juros, aluguéis e lucros estão em termos brutos, a soma desses itens já é a própria *RIBcf*. Portanto:

$RIBcf = w + j + a + l = 300 + 450 = 750$

b) $RILcf = RIBcf$ – depreciação = $RIBcf - d = 750 - 25$ $= 725$

c) $RNLcf = RILcf$ + Renda Líquida de fatores externos $= RILcf + RR - RE$

$RNLcf = 725 + 2 - 7 = 720$

d) $PNBpm = RNLcf$ + depreciação + Impostos Indiretos – Subsídios = $RNLcf + d + Ti - Sub$

$PNBpm = 720 + 25 + 100 - 10 = 835$

e) $PIBpm = PNBpm - RLFE = 835 - (2 - 7) = 840$

f) $ICTL = \dfrac{Ti + Td}{PIBpm} \cdot 100 = \dfrac{100 + 88}{840} \cdot 100$

$ICTB \cong 22{,}38\%$

g) $ICTL = \dfrac{Ti + Td - Tr - Sub}{PIBpm} \cdot 100 = \dfrac{100 + 88 - 40 - 10}{840} \cdot 100$

$ICTL \cong 16{,}43\%$

3 *PIB* NOMINAL E *PIB* REAL

O *PIB* que acabamos de definir é o *PIB* nominal, que é **medido a preços correntes do período**, multiplicado pela quantidade de bens e serviços desse período. Então, quando comparamos o *PIB* nominal em períodos diferentes, eles incorporam o aumento da inflação. Tomemos, por exemplo, o *PIB* do Brasil em 2018 e 2019, os últimos anos disponibilizados pelo IBGE:

$$PIB_{2019} = R\$ 7.389{,}1 \text{ bilhões}$$

$$PIB_{2020} = R\$ 7.609{,}6 \text{ bilhões}$$

Ou seja, o *PIB* cresceu 3,0% entre esses dois anos. Mas isso não significa que a economia brasileira cresceu no período, pois que está incluído nesse cálculo o crescimento dos preços "p_i", além do crescimento do produto "q_i", que é o crescimento econômico real de bens e serviços do país.

Isso leva à distinção entre os conceitos de *PIB* Nominal e *PIB* Real:

PIB Nominal (ou *PIB* Corrente):
PIB a preços correntes do ano. Assim,

$PIB_{2019} = p_i^{2019} \cdot q_i^{2019}$ – produto de 2019, avaliado a preços de 2019

$PIB_{2020} = p_i^{2020} \cdot q_i^{2020}$ – produto de 2020, avaliado a preços de 2020

$PIB_{2021} = p_i^{2021} \cdot q_i^{2021}$ – produto de 2021, avaliado a preços de 2021

PIB Real (ou *PIB* deflacionado): *PIB* a preços constantes de determinado ano (chamado ano-base). Considerando, por exemplo, 2019 como ano-base, vem:

$$PIB_{REAL2019} = \Sigma p^{2019} \cdot q^{2019}$$

$$PIB_{REAL2020} = \Sigma p^{2020} \cdot q^{2020}$$

$$PIB_{REAL2021} = \Sigma p^{2021} \cdot q^{2021}$$

Os preços permaneceram constantes em 2019, ou seja, a taxa de inflação é suposta igual a zero enquanto as quantidades variaram, nos três anos. Com isso, teremos apenas o crescimento real entre anos (taxa de crescimento do produto real).

No exemplo, consideramos 2019 como **ano-base**, que é o ano cujos preços supomos que permaneçam nos demais anos. Qualquer ano da série pode ser considerado o ano-base. Ou seja, os preços ficam fixados em 2019, como se a inflação fosse zerada. Evidentemente, no ano-base, 2019, o *PIB* real é igual ao *PIB* nominal.

Como o *PIB* real supõe inflação zero, a taxa de crescimento do *PIB* real reflete o crescimento efetivo da economia nos três anos, ou seja, a quantidade real de bens e serviços colocados à disposição da coletividade nesse período.

Evidentemente, apenas instituições de pesquisa, como o IBGE, têm condições de calcular o *PIB* real a partir da soma de preços e quantidades de milhares de bens e serviços transacionados a cada ano. Em termos práticos, a forma de determinar o *PIB* real, a partir do *PIB* nominal, é o chamado deflacionamento.

O **deflacionamento**, ou seja, a transformação de valores nominais para valores reais, retirando o efeito da variação de preços, consiste em dividir a série nominal por um índice de preços, chamado de **deflator**, que represente o crescimento dos preços no período. No caso do *PIB*, teríamos

$$PIB_{real} = \frac{PIB \text{ nominal}}{\textbf{Índice Geral de Preços}^{12}} \cdot \textbf{100}$$

Por convenção estatística internacional, os índices de preços são multiplicados por 100 (denominador), com o que eles precisam ser compensados multiplicando-se também o numerador (no caso, *PIB* nominal) por 100 (não se trata de porcentagem).[13]

O procedimento do deflacionamento é o mesmo para qualquer série monetária, como faturamento, custos de produção, depósitos bancários etc. Evidentemente, cada série exige um índice deflator específico. Por exemplo, o valor da produção agrícola deve ser deflacionado por um índice de preços agrícolas; os custos de produção de uma fábrica de automóveis devem ser deflacionados por um índice de preços da indústria de transporte. Os trabalhadores devem obter seu salário real (que refletirá o verdadeiro poder aquisitivo de seu salário) a partir do Índice de Preços ao Consumidor (também chamado Índice de Custo de Vida), que leva em conta apenas os bens e serviços que são diretamente utilizados pelos trabalhadores (alimentos, habitação, despesas de saúde, educação, lazer etc.).

Como a discussão sobre índices de preços não faz parte diretamente do sistema de Contas Nacionais, ela é mais detalhada no Apêndice a este capítulo.

Isto posto, a Tabela 9.1 apresenta o comportamento do PIB brasileiro desde 2000.

Tabela 9.1 *PIB* nominal e *PIB* real total e *per capita*

Período	PIB nominal (preços correntes) R$ trilhões	PIB real (preços constantes) do último ano) R$ trilhões	Taxa de crescimento do PIB real %	População residente(1) (2) 1.000 hab.	PIB per capita		
					Nominal (preços correntes) R$	Real (preços constantes do último ano) R$	Taxa de crescimento do PIB real per capita) %
2000	1.119,1	1.135,4	4,4	173.766	6.900,6	6.534,3	2,7
2001	1.315,8	1.215,8	1,4	176.209	7.467,0	6.899,5	– 0,0
2002	1.488,8	1.355,9	3,1	178.499	8.340,6	7.596,3	1,7
2003	1.718,0	1.505,8	1,1	180.708	9.506,8	8.332,6	– 0,1
2004	1.957,8	1.816,9	5,8	182.865	10.706,0	9.935,8	4,5
2005	2.170,6	2.020,4	3,2	184.991	11.733,5	10.921,8	2,0
2006	2.409,5	2.256,6	4,0	187.062	12.880,5	12.063,3	2,8
2007	2.720,3	2.555,7	6,1	189.038	14.390,0	13.519,5	5,0
2008	3.109,8	2.858,8	5,1	191.010	16.280,8	14.966,9	4,0
2009	3.333,0	3.105,9	– 0,1	192.981	17.271,3	16.094,3	– 1,1
2010	3.885,8	3.584,0	7,5	194.891	19.938,6	18.389,6	6.5
2011	4.376,4	4.040,3	4,0	196.604	22.259,9	20.550,4	3,1
2012	4.814,8	4.460,5	1,9	198.315	24.278,4	22.491,8	1,0
2013	5.331,6	4.959,4	3,0	200.004	26.657,5	24.796,7	2,1
2014	5.779,0	5.358,5	0,5	201.718	28.648,7	26.564,3	– 0,3
2015	5.995,8	5.574,0	–3,5	203.476	29.466,9	27.394,2	– 4,4
2016	6.269,3	5.799,4	–3,3	205.157	30.558.8	28.268,0	– 4,1
2017	6.585,5	6.352,3	1,3	206.805	31.844,0	30.716,2	0,5
2018	7.004,1	6.702,9	1,8	208.495	33.593,8	32.149,2	1,0
2019	7.389,1	7.089,6	1,2	210.147	35.161,7	33.736,6	0,4
2020	7.609,6	7.147,0	– 3,3	211.758	35.935,7	33.751,2	– 4,0

Fonte: IBGE-Diretoria de Pesquisas, Coordenação de Contas Nacionais e Coordenação de População e Indicadores Sociais.

1/2010-2019. População projetada para 1º de julho.
2/2000-2009. Retroprojeção da População do Brasil, para o período 1980-2010.

4 COMPARAÇÕES INTERNACIONAIS: O CONCEITO DE PIB^{PPP}

Para comparações internacionais, costumamos utilizar o *PIB* em dólares de todos os países, mas não o *PIB* em dólares correntes, porque ele é muito afetado pela política cambial de cada país, e normalmente não reflete o real poder de compra do dólar, na comparação entre os países. Uma desvalorização cambial, por exemplo, reduz o *PIB* em dólares de imediato, não significando que o país ficou repentinamente mais pobre.[14] Com a desvalorização do real, importamos menos, viajamos menos, mas não perdemos poder de compra internamente (nossos rendimentos não se alteraram), e, sim, poder de compra externo, devido à alteração da política cambial.

Para sanar esse problema, exclusivamente para comparações internacionais, a ONU criou o conceito de **PIB^{PPP}** (***Purchasing Power Parity***) ou **PIB^{PPC}, Paridade do Poder de Compra**), inspirado no Índice Big Mac criado pela revista *The Economist*, que coleta o preço do Big Mac em mais de 100 países. No *PIB^{PPP}*, todos os países têm a mesma base de referência, que são os preços em dólares de todas as mercadorias e serviços nos Estados Unidos. Os preços das mercadorias do Estados Unidos são multiplicados pelas diferentes quantidades produzidas de cada país, da seguinte forma:

$$PIB_{\text{USA}}^{PPP} = \Sigma p_{\text{USA}}^{\text{U\$}} \cdot q_{\text{USA}}$$

$$PIB_{\text{BRASIL}}^{PPP} = \Sigma p_{\text{USA}}^{\text{U\$}} \cdot q_{\text{BRASIL}}$$

$$PIB_{\text{CHINA}}^{PPP} = \Sigma p_{\text{USA}}^{\text{U\$}} \cdot q_{\text{CHINA}}$$

Ou seja, tomam-se as quantidades produzidas por cada país, mas não a preços desses países, mas aos preços dos Estados Unidos. Como os preços das mercadorias são os mesmos em todos os países (uma "cesta internacional de bens e serviços"), as diferenças entre países se darão apenas pela produção de bens e serviços produzidas dos países. Dessa forma, o *PIB^{PPP}* representa uma estimativa da variação real da atividade econômica dos países, em termos de poder de compra de sua população, independentemente de variações da política cambial de cada país. É o *PIB* convertido a dólar internacional, que tem o mesmo poder de compra em todos os países, como tem nos Estados Unidos.

Embora ainda seja incompleto, pois só são incluídos na cesta bens e serviços comuns em todos os países, isto é, produzidos e consumidos em todos os países, a ONU prefere utilizar o *PIB^{PPP}* como indicador do crescimento econômico dos países a utilizar o *PIB* em dólares correntes, que sofre muita influência das interferências dos governos no câmbio. Na Tabela 9.5, apresentamos a classificação dos países, sob esses dois critérios.

Dessa forma, para compararmos o tamanho das economias dos países, o *PIB^{PPP}* é o indicador mais apropriado. Evidentemente, nas transações internacionais, são relevantes os dólares correntes, que é como investidores auferem os resultados das aplicações financeiras e os lucros de seus investimentos.

Uma última observação: é recomendável, para comparar no tempo a evolução econômica do próprio país, utilizar o *PIB* real, na própria moeda nacional.

5 ASPECTOS CONCEITUAIS E PROBLEMAS DE MENSURAÇÃO NAS ESTIMATIVAS DO PRODUTO NACIONAL

O objetivo de calcular-se o Produto Nacional é obter uma medida da atividade produtiva, pressupondo que a medida do *PN* represente o padrão de vida, o bem-estar da população do país.

Veremos que, na realidade, essa medida apresenta alguns problemas, tanto para aferir adequadamente a atividade produtiva ou econômica, bem como o real padrão de vida. Embora praticamente todos os países sigam um padrão determinado, conforme o Manual de Contas Nacionais da ONU, cada país pode optar pelas formas de cálculo que mais se ajustem à sua base de dados.

5.1 O produto nacional como medida do padrão de bem-estar

A medida do produto nacional procura captar alterações de bem-estar, medido pela quantidade de mercadorias e serviços colocados à disposição da população. Entretanto, bem-estar é um conceito mais amplo, que envolve questões como as condições de saúde, educação, distribuição de renda, bem como, num sentido mais amplo, igualdade de oportunidades, não violência urbana.

Por esse motivo, devemos diferenciar o conceito de **Bem-estar Social** (mais amplo) de **Bem-estar Econômico**, que tem como um indicador o *PIB* do país, que é mensurado pelo mercado, tem um preço de mercado.[15] O crescimento do produto agregado, em termos gerais, indica que a sociedade que produz maior quantidade de bens e serviços, como alimentação, moradia, hospitais e escolas, tem mais condições de gerar bem-estar à sua população.

Especificamente, a medida utilizada é o **PIB ou renda *per capita***, que é a produção agregada do país dividida pelo número de habitantes. De fato, países que exibem elevada renda *per capita* geralmente apresentam bons indicadores de qualidade de vida para a população.

Entretanto, para avaliar mais amplamente o padrão de vida e o grau de desenvolvimento socioeconômico de um país, a ONU criou o **Índice de Desenvolvimento Humano (IDH)**. Trata-se de um índice calculado a partir de uma média aritmética de indicadores sociais (saúde e educação) e econômico (renda real *per capita*):

- índice da expectativa de vida: esperança de vida ao nascer (anos);
- índice da educação:
  - média de anos de escolaridade de adultos
  - anos de escolaridade esperados
- índice de crescimento econômico: renda per capita (Renda Nacional Bruta (RNB em dólares *PPP per capita*).

É uma média aritmética desses três indicadores, e varia de 0 a 1: quanto mais próximo de 1, maior o padrão de desenvolvimento humano do país. O índice de expectativa de vida (anos de esperança de vida ao nascer) indica indiretamente as condições de saúde e saneamento do país. O índice de educação é uma média composta pela média de anos de estudo da população adulta (25 anos ou mais) e anos de escolaridade esperada (expectativa de vida escolar, ou tempo que uma criança ficará matriculada, se os padrões atuais se mantiverem ao longo de sua vida escolar).

Os países são divididos em quatro grupos: desenvolvimento humano muito elevado (25% maiores IDH), desenvolvimento humano elevado (25% IDHs seguintes), desenvolvimento humano médio (25% seguintes) e desenvolvimento humano baixo (25% últimos IDH).

Há nações com diferenças notáveis entre o indicador socioeconômico (IDH) e o puramente econômico (RNB), principalmente os países árabes, que apresentam alta renda *per capita*, mas padrão social mais baixo, quando comparado com a classificação econômica. Para mais detalhes, ver Tabela 9.6.

Nas Tabelas 9.2 e 9.3, apresentam-se dados mais detalhados para o Brasil.

Tabela 9.2   IDH Brasil-2021

Índice de Desenvolvimento Humano (IDH)	0,754
Esperança de vida ao nascer (anos)	72,8 anos
Média de anos de escolaridade	8,1 anos
Anos de escolaridade esperada	15,6 anos
Classificação do IDH (entre 191 países)	87º
RNB PPP *per capita* (US$) CLASSIFICAÇÃO RNB PPP *per capita* (entre 191 países)	14.270 82º

Fonte: PNUD – Programa das Nações Unidas para o Desenvolvimento Humano – Relatório 2021/22.

Disponível em: www.pnud.org.br.

Tabela 9.3   IDH Brasil – 1980-2021

Índice de Desenvolvimento Humano (IDH)	0,754
Esperança de vida ao nascer (anos)	72,8 anos
Média de anos de escolaridade	8,1 anos
Anos de escolaridade esperada	15,6 anos
Classificação do IDH (entre 191 países)	87º
RNB PPP *per capita* (US$) CLASSIFICAÇÃO RNB PPP *per capita* (entre 191 países)	14.270 82º

Fonte: PNUD – Programa das Nações Unidas para o Desenvolvimento Humano – Relatório 2021/22.

Disponível em: www.pnud.org.br.

Tabela 9.4   IDH Brasil – 1980-2021

Ano	IDH Brasil
1980	0,545
1990	0,610
2000	0,679
2010	0,723
2011	0,730
2012	0,736
2013	0,747
2014	0,752
2015	0,753
2016	0,758
2017	0,759
2018	0,764
2019	0,765
2020	0,758
2021	0,754

Fonte: PNUD – Programa das Nações Unidas para o Desenvolvimento Humano – Relatório 2021/22.

Disponível em: www.pnud.org.br.

A Tabela 9.3 revela que houve crescimento significativo do IDH desde 1980 nas quatro últimas décadas, de cerca de 40%. Nesse mesmo período, a renda nacional *per capita* cresceu apenas 26% nesses 40 anos. Pode-se concluir, portanto, que, apesar do crescimento econômico relativamente baixo, o país pelo menos conseguiu apresentar razoável desempenho em seus indicadores sociais. Isso significa que, entre os componentes do IDH, o baixo crescimento do indicador de renda *per capita* foi superado pelo comportamento dos índices de educação e de expectativa de vida, que compõem o IDH.

5.2 Atividades produtivas (econômicas) × atividades gerais do cotidiano

Para efeito de medição na Contabilidade Nacional, há uma diferenciação importante entre atividade econômica e atividade geral do cotidiano:

- **atividades econômicas**: aparecem no mercado, têm uma remuneração (um preço de mercado);
- **atividade do cotidiano**: não aparece no mercado, não é remunerada.

O Produto Nacional representa o valor do produto corrente da atividade econômica, que aparece no mercado. Então:

- barbear-se em casa: não é computado no *PN*;
- barbear-se na barbearia: é computado no *PN*;
- refeição em casa: não é computada no *PN*;
- refeição no restaurante: é computada no *PN*.

Esse fato dá origem ao chamado **Paradoxo de Pigou**: se o patrão resolve casar com a empregada, diminui o *PN*, embora não altere o bem-estar da coletividade. Isso representa um viés na comparação de países com diferentes estruturas de mercado. Por exemplo, na Índia, o pão é produzido mais em residências do que em padarias, e não é computado no *PN* da Índia.

Com esse viés, o *PN* pode elevar-se simplesmente pela ampliação do setor de mercado, que não necessariamente reflita aumento do bem-estar. Assim, embora provavelmente esse fato não represente um viés muito significativo, as diferenças no *PN*, numa comparação internacional, não estariam refletindo da forma mais adequada o padrão de vida.

5.3 Transações que aparecem no mercado, mas excluídas do Produto Nacional

Embora o *PN* vise medir a atividade econômica, que aparece no mercado, existe uma série de transações que, conquanto apareçam no mercado, não são consideradas renda ou produto nacional.

Pagamentos de transferência

São transações que não alteram o produto e a renda nacionais. Por exemplo, pagamentos a aposentados e ex-pracinhas, bolsas de estudo, subsídios, não são computados no *PN* por não representarem remuneração a fatores de produção. Trata-se apenas de transferências do governo ao setor privado. Também são consideradas transferências as transações financeiras, bem como o valor das transações com bens de segunda mão, como máquinas, carros e casas usados (embora, como já observamos anteriormente, as comissões recebidas pelos vendedores sejam incluídas no *PN*, como parte do setor terciário).

Valorização e desvalorização de ativos

A valorização do estoque de imóveis ou de ações e títulos não é considerada na medição do *PN*, pois não se associa à produção de bens e serviços, representando apenas uma modificação no sistema de preços. Já a renda gerada por esses ativos (aluguéis e dividendos) entra no cômputo do *PN* (considera-se o fluxo gerado de renda, não o estoque patrimonial).

Atividades ilegais

Como o Produto Nacional procura medir a atividade econômica socialmente útil, atividades de contrabando e o tráfico de drogas, por exemplo, não são computadas.[16]

5.4 Atividades que não aparecem no mercado, mas são computadas no Produto Nacional

Referem-se às estimativas e imputações, que são consideradas no *PN*, embora não sejam pagamentos em moeda. As principais são as seguintes:

Pagamentos em espécie (em mercadorias ou serviços)

Para os caseiros, por exemplo, que trabalham e moram numa fazenda, é imputado um aluguel. Da mesma forma, os militares também têm imputado um valor para a moradia, alimentação e vestuário a que têm direito.

Autoconsumo pelo próprio produtor

É o caso de fazendeiros que consomem parte dos bens que produzem. Houve remuneração a trabalhadores, capital investido etc., o que faz com que esses bens devam ser considerados no *PN*.

Imóveis ocupados pelos próprios proprietários

Todos os serviços dos fatores de produção (terra, capital, mão de obra) devem ser computados no fluxo do Produto Nacional. Então, além do aluguel pago pelos locatários, também deve ser considerado um "aluguel" do próprio proprietário, quando mora em sua propriedade, ou a empresa que ocupa um prédio próprio. Se assim não fosse feito, não estaríamos computando convenientemente a renda implícita do proprietário, pelo patrimônio que possui e pelo padrão de vida que daí advém. Ademais, se não fosse adotado esse procedimento, o *PN* cairia quando o proprietário decidisse morar em seu próprio imóvel, e não mais alugá-lo.

5.5 Distinção entre produto final e produto intermediário

Trata-se de uma distinção nem sempre muito clara e ainda motivo de controvérsias no âmbito da Contabilidade Nacional. Por exemplo, a escada dos pintores, macacão dos trabalhadores, carro de propriedade dos vendedores não deveriam ser classificados como bens intermediários, pois seriam produtos necessários às famílias, para que produzam bens e serviços finais? A atividade do governo (construção de estradas, corpo de bombeiros, polícia etc.) não seria uma atividade intermediária para fornecer a infraestrutura necessária para o funcionamento dos demais setores econômicos?

Observa-se, assim, como é difícil traçar a linha divisória entre bens finais e bens intermediários. No limite, até o consumo de alimentos poderia ser considerado como produto intermediário, por dar condições para que exerçamos nossas atividades.

Além disso, há uma série de dificuldades práticas de medição para distinguir se um bem ou serviço é intermediário ou final. Se uma empresa fornece matérias-primas para outra empresa produzir um produto acabado, se essa matéria-prima não for utilizada até o fim de um período, deixa de ser classificada como bem intermediário e passa a ser considerada como bem final. Como já citamos antes, não é possível distinguir se a gasolina vendida num posto foi fornecida para consumo final das famílias ou para o consumo intermediário de empresas.

Por essa razão, a ONU recomenda como norma geral que *tudo o que for comprado pelas famílias, pelo governo, mesmo que sejam matérias-primas ou componentes, deve ser considerado produto final nas Contas Nacionais*, já

que esses agentes não processam, não manufaturam nenhum bem. Também são considerados bens finais todas as exportações e os estoques, não importando que sejam de produtos finais ou intermediários.

5.6 Consumo de bens duráveis

Como vimos anteriormente, o consumo de bens duráveis em rigor devia ser incluído como investimento (e não consumo). Assim como é imputado um aluguel para os imóveis, poder-se-ia pensar em calcular o fluxo de serviços (de bem-estar) gerado pelo carro, pela TV. Mas seria complicado, pois, além de propiciarem um benefício não tangível, medido fisicamente, teríamos que descontar os gastos com eletricidade, consertos etc. Por isso, convencionou-se considerá-los como bens de consumo, quando comprados por pessoas físicas, e bens de capital, quando adquiridos por empresas.

5.7 Medição do produto numa economia de planejamento central

Nesse tipo de economia, considerava-se, numa herança marxista, que o produto econômico relevante seria o produto material, físico. Quanto aos serviços, só entrariam aqueles empregados na produção e distribuição de bens materiais, como serviços de reparação, transporte de carga, por exemplo.

Assim, não entrariam no cálculo do produto os seguintes serviços:

- governo (justiça, polícia etc.);
- diversões (lazer);
- serviços pessoais (cabeleireiros, médicos);
- transporte de passageiros.

Enfim, é uma interpretação baseada na teoria marxista, no sentido de que tais atividades não são produtivas. O que gera riqueza é o bem material. Por essa razão, os países comunistas utilizavam até recentemente o conceito de **Produto Material Bruto**, e não Produto Nacional Bruto.

Claramente, o Produto Material era subestimado em relação ao PNB, por não considerar serviços não produtivos. Com as transformações políticas e econômicas que ocorreram desde o final dos anos 1990, após a *perestroika* (reestruturação) da antiga União Soviética, os países comunistas, incluindo China e Cuba, já adaptaram sua Contabilidade Nacional ao sistema da ONU. Não temos informações se a Coreia do Norte ainda mantém essa metodologia de cálculo.

5.8 Presença da economia informal

Define-se **economia informal** a desobediência civil de atividades econômicas regulares de mercado. Por exemplo:

- trabalhadores sem registro em Carteira do Trabalho;
- sonegação de impostos;
- vendas sem notas;
- serviços de autônomos sem recibo.

Se incluirmos as atividades ilegais, como contrabando, tráfico de drogas, jogo do bicho etc., temos o conceito mais amplo de **economia subterrânea** ou **economia marginal.**[17]

Evidentemente, a não inclusão desse tipo de transação no cálculo do produto nacional pode representar um viés razoável, dependendo do país. No Brasil, a única estatística oficial, calculada pelo IBGE para o Rio de Janeiro, é que a economia informal seria de 18% do *PIB* carioca.[18]

6 SISTEMAS DE CONTABILIDADE SOCIAL

Como vimos no início deste capítulo, os Agregados macroeconômicos que discutimos aqui são calculados com base em dois sistemas principais de Contabilidade Social: o Sistema de Contas Nacionais e a Matriz Insumo-Produto. O **Sistema de Contas Nacionais** baseia-se no método contábil das **partidas dobradas**, e tem como característica não considerar as transações com bens e serviços intermediários (que são absorvidos na produção de outros produtos), enquanto a **Matriz Insumo-Produto** ou **Matriz de Relações Intersetoriais**, desenvolvida pelo russo Wassily Leontief, baseia-se numa **matriz de dupla entrada**, e considera tanto as transações com bens e serviços finais como intermediários.

6.1 O Sistema de Contas Nacionais

O Sistema de Contas Nacionais, desenvolvido pela primeira vez em 1953, apresentou profunda alteração em 1998 e posteriormente em 2008, conforme orientação da ONU, sendo, inclusive, compatibilizado com a Matriz Insumo-Produto. O sistema atual, embora seja bem mais rico e completo do que a versão original de Stone, tornou-se extremamente complexo.

Como se trata mais de uma questão contábil, e como as principais definições dos agregados macroeconômicos são mantidas no sistema atual da forma como apresentamos neste capítulo, resolvemos manter a versão original, e apresentar um breve resumo da nova metodologia adotada no Brasil. Em seguida, sintetizamos a Matriz Insumo-Produto.

O Sistema de Contas Nacionais da ONU, em sua versão original, é baseado em quatro contas, relativas a produção, apropriação (ou utilização) da renda e acumulação (ou formação de capital) dos agentes econômicos (famílias, empresas, setor público e setor externo):

- Conta Produto Interno Bruto (produção);
- Conta Renda Nacional Disponível Líquida (apropriação);
- Conta Transações Correntes com o resto do mundo;
- Conta de Capital (acumulação).

Os lançamentos das transações são feitos de acordo com o tradicional método das partidas dobradas.

Como complemento, apresenta-se também a **Conta-Corrente das Administrações Públicas**. Essa conta discrimina um pouco mais as contas do governo, que estão incluídas nas quatro contas anteriores. A seguir, apresentamos as quatro contas básicas.

i) CONTA PRODUTO INTERNO BRUTO

Essa conta apresenta, no lado do débito, o pagamento das unidades produtivas aos fatores de produção, incluindo os impostos indiretos (menos os subsídios) e, no lado do crédito, o que as empresas receberam dos agentes que adquiriram os bens e serviços finais. A partir dessa conta, tem-se o conceito de *PIB* a preços de mercado e de Dispêndio Interno Bruto a preços de mercado.

No razonete a seguir, a numeração das transações permite verificar a contrapartida contábil delas nas outras contas do Sistema.[19]

CONTA PRODUTO INTERNO BRUTO (unidades produtoras)	
Débitos	**Créditos**
7. Salários 8. Excedente operacional bruto 9. Impostos indiretos 10. (–) subsídios	1. Consumo das famílias (ou consumo pessoal) 2. Consumo do governo 3. Investimentos em bens de capital (ou Formação bruta de capital fixo) 4. Variação de estoques 5. Exportações CIF13 6. (–) Importações CIF13
PIB a preços de mercado	Despesa Interna Bruta a preços de mercado

Nessa conta, o **Excedente Operacional Bruto** é definido como a diferença entre o Produto Interno Bruto a custo de fatores menos o total de salários, ou seja, é o total de juros, aluguéis e lucros. Na prática, é obtido por diferença: calcula-se o *PIB* a custo de fatores, a partir do valor adicionado por setor, e depois subtrai-se o total de salários.

Cabe destacar que as empresas estatais são consideradas na conta de produção, pois vendem bens e serviços no mercado, como as empresas privadas.

Tudo que é atividade produtiva entra nessa conta, o que inclui também empresas familiares (padarias, pequeno comércio etc.), bem como a atividade de autônomos.

Todo o investimento das famílias em moradias, bem como os investimentos do governo (despesas de capital), também é contabilizado nessa conta, pois representa uma atividade de produção.

ii) CONTA RENDA NACIONAL DISPONÍVEL LÍQUIDA

Essa conta descreve, no lado do débito, como as famílias e o governo utilizam a renda recebida (destinada ao consumo ou à poupança) e, no lado do crédito, as rendas recebidas pelas famílias e pelo governo mais o resultado líquido dos recebimentos e das transferências com o exterior. Os subsídios e a depreciação entram como crédito, mas com o sinal negativo. A partir dessa conta, podemos mensurar a utilização da Renda Nacional Disponível Líquida, bem como sua apropriação.[20]

CONTA RENDA NACIONAL DISPONÍVEL LÍQUIDA (apropriação da renda)	
Débitos	**Créditos**
1. Consumo das famílias 2. Consumo do governo 14. **Saldo**: poupança interna	7. Salários 8. Excedente operacional bruto 9. Impostos indiretos 10. (–) Subsídios 11. (–) Depreciação 12. (=) Renda enviada ao exterior 13. Renda recebida do exterior
Utilização da Renda Nacional Disponível Líquida	Apropriação da Renda Nacional Disponível Líquida

O governo e as famílias são setores usuários e não produtores de bens e serviços para o mundo. A atividade do governo como produtor, tanto pelos investimentos diretos em infraestrutura como por meio das empresas estatais, é considerada dentro do setor de produção, como já mencionamos anteriormente (Seção 2.3 – Economia a três setores: o Setor Público).

iii) CONTA TRANSAÇÕES CORRENTES COM O RESTO DO MUNDO

Nessa conta, registram-se, no lado dos débitos, os gastos dos não residentes com os bens produzidos internamente (exportações CIF), os rendimentos e as transferências recebidos do resto do mundo (rendas e donativos), bem como a poupança externa. No lado dos créditos, registram-se as compras realizadas por residentes de bens e serviços produzidos no exterior (importações CIF) e os pagamentos e as transferências pagas aos não residentes (rendas e donativos enviados ao exterior).

CONTA TRANSAÇÕES CORRENTES COM O RESTO DO MUNDO	
Débitos	**Créditos**
5. Exportações CIF 13. Renda recebida do exterior 15. **Saldo**: Poupança externa	6. Importações CIF 12. Renda enviada ao exterior
Utilização dos Recebimentos Correntes	Recebimentos Correntes

Os recebimentos e pagamentos indicados são considerados do ponto de vista do resto do mundo. Assim, as importações, por exemplo, representam pagamentos aos países fornecedores, a crédito destes. Como a poupança externa é considerada em termos reais (não financeiros), nas Contas Nacionais uma **poupança externa negativa** significa que saíram do país mais bens e serviços do que entraram. O país teve um saldo negativo com o resto do mundo, em termos de bens e serviços. Em termos financeiros, trata-se de um saldo positivo (entraram mais divisas do que saíram). Uma **poupança externa positiva** significa que entraram no país mais bens e serviços do que saíram.

No Capítulo 14, mostraremos com mais detalhes que o conceito de Poupança Externa corresponde ao saldo em conta-corrente do Balanço de Pagamentos.

iv) CONTA DE CAPITAL

A conta de capital tem como objetivo consolidar o sistema de contas. Nessa conta, são lançadas as contrapartidas de investimento e as poupanças das outras contas. Assim, no lado do débito, são lançados os gastos com a formação de capital, incluindo a depreciação (lançada com o sinal negativo), e, no lado do crédito, a fonte dos recursos para os investimentos, ou seja, a poupança dos agentes econômicos (famílias, governo, empresas e setor externo), representando o saldo das contas anteriores.

CONTA DE CAPITAL	
Débitos	**Créditos**
3. Investimentos em bens de capital (ou Formação bruta de capital fixo) 4. Variação de estoques 11. (–) Depreciação	14. Poupança interna 15. Poupança externa
Total da Formação de Capital	Financiamento da Formação de Capital

Conceitos de Renda Disponível do Setor Privado e Renda Disponível do Setor Público

Renda Disponível do Setor Privado[21]

A **Renda Disponível do setor privado** é o que sobra efetivamente para o setor privado gastar (ou poupar).

$RDpriv =$ **Renda Disponível Total + Transferências do Governo ao Setor Privado + Subsídios – Impostos Diretos – Impostos Indiretos – Outras Receitas Correntes do Governo**

A **Renda Disponível Total** é o total da conta Renda Nacional Disponível Líquida, que equivale ao Produto Nacional Líquido a preços de mercado. As transferências do governo referem-se principalmente aos pagamentos de aposentadoria.

Renda Disponível do Setor Público

É a renda que o setor público dispõe efetivamente para gastar (ou poupar).

$RDpubl =$ **Impostos Diretos + Impostos Indiretos + Outras Receitas Correntes do Governo – Subsídios – Transferências do Governo ao Setor Privado**

ou simplesmente

$RDpubl =$ **Arrecadação Fiscal – Transferências e Subsídios do Governo ao Setor Privado**

Ou seja, corresponde à diferença entre a Renda Disponível Total e a Renda Disponível do Setor Privado.

Contas Nacionais no Brasil: formato atual

A partir de 1998, o IBGE passou a adotar o novo sistema da ONU, elaborado em 1993 (SNA 1993).

Como já observamos, a nova metodologia de Contas Nacionais é bastante rica e completa, sendo introduzida uma série de alterações na forma de apresentação das contas. Apesar das diferenças entre o novo sistema e o anterior, com uma riqueza maior de informações, seus fundamentos e as definições dos agregados são os mesmos. Para os objetivos deste livro, apresentaremos resumidamente as diferenças com o sistema anterior.[22]

O novo sistema é composto pelas **Contas Econômicas Integradas (CEI)** e **Tabelas de Recursos e Usos de Bens e Serviços (TRU)**.

As CEIs mantêm essencialmente as quatro contas vistas anteriormente (produção, renda, capital e resto do mundo), chamadas de **Contas Consolidadas da Nação**.

As TRUs, em sua estrutura básica na Matriz Insumo-Produto, investiga a unidade de produção. Todas as suas informações são desagregadas por setor de atividade (entidades financeiras, administrações públicas, agricultura, indústria e serviços), mostrando as compras intermediárias que os setores efetuam entre si, numa forma semelhante à que apresentamos resumidamente na Seção 6.1.

Importante observar que, como no Brasil não pode ser calculada a depreciação, por dificuldade prática de mensuração, a conta renda é denominada **Renda Nacional Disponível Bruta**, e não Líquida, como é apresentada na metodologia original da ONU.

6.2 Noções sobre a matriz insumo-produto

A Matriz Insumo-Produto, ou Matriz de Relações Intersetoriais é o outro sistema mais difundido para medir a atividade econômica agregada de um país. Representa uma radiografia da estrutura da economia, pois mostra toda a cadeia produtiva, o que cada setor de atividade compra e vende para outros setores (por exemplo, o que o ramo de calçados vende para outros setores e consumidores, e o que compra); ou seja, mostra as transações com bens e serviços intermediários. O sistema tradicional, que vimos anteriormente, não traz esse tipo de informação, pois considera apenas as transações com bens e serviços finais.

Cada setor é relacionado duas vezes:

- em linha (o que cada setor vende);
- em coluna (o que cada setor compra).

A matriz permite estabelecer **coeficientes técnicos de produção** a_{ij}, isto é, quando o setor j necessita do produto i (em \$). Exemplo: se o setor farinha produz \$ 100.000 e compra \$ 40.000 de trigo, o coeficiente técnico será:

$$a_{ij} = \frac{X_{ij}}{X_j} = \frac{\text{quanto setor } j \text{ compra do setor } i}{\text{valor da produção do setor } j} = \frac{40.000}{100.000} = 0,4$$

Assim, se houver uma expansão de, digamos, \$ 60.000 na produção de farinha, é de se esperar que esse setor demande \$ 24.000 de trigo (0,4 de 60.000).

O conhecimento desses coeficientes permite fazer previsões de produção de cada setor, fixadas algumas metas de demanda. Possibilita visão imediata dos prováveis resultados de diversas alternativas de política econômica sobre a atividade produtiva. Por exemplo, se as autoridades resolverem incentivar a produção agrícola, é possível estimar o impacto desse incentivo sobre os setores que demandam produtos agrícolas como insumo e como produto final (efeitos para a frente, ou *forward linkages*), bem como sobre os setores dos quais a agricultura compra insumos (efeitos para trás, ou *backward linkages*). Ou seja, o cálculo desses coeficientes técnicos permite razoável previsão do impacto de alterações na produção de um setor, sobre salários, lucros, importações etc. do próprio setor e dos demais setores com os quais esse setor se relaciona.

Tais coeficientes refletem a estrutura da economia e não apresentam grandes variações a curto e médio prazos, o que os torna um importante indicador para previsões e, portanto, para o planejamento econômico.

Esses coeficientes são também chamados **coeficientes de uso**. Nos países socialistas, são denominados **normas técnicas de produção** e, como tal, constituem importantes elementos de informação na planificação econômica.

Infelizmente, a exigência de dados mais desagregados que o sistema de Contas Nacionais torna difícil sua elaboração ano a ano. No Brasil, temos a matriz calculada para 1960, 1970, 1975, 1980 e 1985. Em sua última versão, foi calculada para 123 setores e para mais de 1.200 produtos. O IBGE está desenvolvendo um sistema que permitirá a elaboração parcial da matriz ano a ano. As informações completas sobre a matriz podem ser obtidas no Anuário Estatístico do IBGE.

Com o desenvolvimento crescente da Informática e da Econometria, pode-se esperar que os sistemas de contabilidade social caminhem para uma matriz desse tipo, que fornecem, ano a ano, informações mais completas que o sistema de Contas Nacionais.

Esquematização simplificada da matriz insumo-produto

Dividimos a economia nacional em n setores de produção. Representamos por X_j o valor da produção anual do setor j. Uma parte desse produto é demandada por vários setores da economia nacional como meios de produção (demandas intersetoriais), sendo representada por X_{i1}, X_{i2}, X_{in}; a outra parte da produção é destinada diretamente ao consumo final (demanda final) D_j.

Supondo três setores de atividade, a matriz é disposta como no Quadro 9.1.

Quadro 9.1 Matriz insumo-produto

Origem da Produção / Destino da Produção		DEMANDAS INTERMEDIÁRIAS (OU INTERSETORIAIS)			DEMANDA FINAL $(C + I + G + X)$*	VALOR BRUTO DA PRODUÇÃO
		Agricultura (Setor 1)	Indústria (Setor 2)	Serviços (Setor 3)		
Agricultura	(Setor 1)	X_{11}	X_{12}	X_{13}	D_1	X_1
Indústria	(Setor 2)	X_{21}	X_{22}	X_{23}	D_2	X_2
Serviços	(Setor 3)	X_{31}	X_{32}	X_{33}	D_3	X_3
IMPORTAÇÕES		M_1	M_2	M_3		
VALOR ADICIONADO		VA_1	VA_2	VA_3		
VALOR BRUTO DA PRODUÇÃO		X_1	X_2	X_3		

(*) No Brasil, os gastos com consumo pessoal C são divididos por classes de renda; o consumo do governo G é dividido por funções (transportes, saúde, educação, energia etc.); e os investimentos I são divididos em formação bruta de capital fixo do governo, das empresas e das unidades familiares, e em variação de estoques. Não é calculada a depreciação.

Cálculo do produto interno e da renda interna bruta

Para calcularmos o produto/renda nacional, a partir da matriz, temos duas alternativas:[23]

a) soma dos valores adicionados:

Renda Interna Bruta (RIB) = $SVAj$

b) soma das demandas finais, menos a soma das importações:

Produto Interno Bruto (PIB) = $C + I + G + X - M = SDj - SMj$

Cálculo dos coeficientes técnicos

Coeficientes intersetoriais a_{ij}

Como vimos:

$$a_{ij} = \frac{X_{ij}}{X_j} = \frac{\text{quanto setor } j \text{ compra do setor } i}{\text{valor da produção do setor } j}$$

Como esses coeficientes se referem aos gastos de cada setor, eles são calculados por coluna, na vertical, assim:

$$a_{11} = \frac{X_{11}}{X_1} \qquad a_{12} = \frac{X_{12}}{X_2} \qquad a_{13} = \frac{X_{13}}{X_3}$$

$$a_{21} = \frac{X_{21}}{X_1} \qquad a_{22} = \frac{X_{22}}{X_2} \qquad a_{23} = \frac{X_{23}}{X_3}$$

$$a_{31} = \frac{X_{31}}{X_1} \qquad a_{32} = \frac{X_{32}}{X_2} \qquad a_{33} = \frac{X_{33}}{X_3}$$

Essa é a chamada **Matriz dos Coeficientes Técnicos de Produção**.

Os coeficientes técnicos permitem calcular os efeitos diretos (o primeiro impacto) de alterações na demanda sobre o produto de cada setor. Entretanto, quando, por exemplo, a agricultura gasta mais com produtos industriais, a indústria, num segundo momento, também gastará com insumos de outros se-

tores e assim por diante, detonando um processo de multiplicação a partir do impacto inicial. Para calcular também esses efeitos totais (primários e secundários), é necessário processar matematicamente a matriz, o que foge aos objetivos de um texto básico de Economia, como este.

Coeficiente de importação m_j

Podemos também calcular os coeficientes de importação de cada setor, ou seja, qual a parcela de importações do setor sobre o valor total da produção desse setor.

Supondo três setores, temos:

$$m_1 = \frac{M_1}{X_1} \qquad m_2 = \frac{M_2}{X_2} \qquad m_3 = \frac{M_3}{X_3}$$

6.2.1 Exercício sobre Matriz Insumo-Produto

Supondo dois setores de atividade (setor A e setor B), e dados (em R$ bilhões)

vendas de A para B	100
vendas de B para A	80
vendas de A para A	90
vendas de B para B	50
Importações de A	10
Importações de B	20
Demanda Final de A	200
Demanda Final de B	300

pede-se:

a) Montar a matriz insumo-produto.

b) Calcular o PIB.

c) Calcular a matriz de coeficientes técnicos e os coeficientes de importação.

d) Se houver um aumento das vendas de B em R$ 20 milhões, quanto este setor deve demandar de A, numa primeira etapa? E quanto B deve importar?

Resolução

a)

(em R$ milhões)

Origem da Produção \ Destino da Produção	DEMANDA INTERMEDIÁRIA		DEMANDA FINAL	VALOR BRUTO DA PRODUÇÃO (*VBP*)
	A	*B*		
A	90	100	200	390
B	80	50	300	430
IMPORTAÇÕES	10	20		
VALOR ADICIONADO	210	260		
VALOR BRUTO DA PRODUÇÃO	390	430		

Primeiro, calculamos o *VBP* na horizontal (390 e 430). Depois, repetimos esses valores na soma vertical para então calcularmos o valor adicionado, que é igual ao *VBP* menos as compras intermediárias e as importações de cada setor.

b) O *PIB* pode ser calculado de duas formas:

1. Simplesmente somando o valor adicionado (ótica da renda):

$$PIB = RIB = \Sigma VA = 210 + 260 = 470$$

$$\boxed{\textbf{\textit{PIB} = 470}}$$

2. Pela óptica do produto:

$$PIB = \Sigma \text{ Demandas finais} - \Sigma \text{ Importações}$$

$$PIB = (200 + 300) - (10 + 20)$$

$$\boxed{\textbf{\textit{PIB} = 470}}$$

c) Matriz dos coeficientes técnicos:

$$a_{AA} = \frac{90}{390} = 0{,}2308 \qquad a_{AB} = \frac{100}{430} = 0{,}2326$$

$$a_{BA} = \frac{80}{390} = 0{,}2051 \qquad a_{BB} = \frac{50}{430} = 0{,}1163$$

coeficientes de importação:

$$m_A = \frac{10}{390} = 0{,}026$$

$$m_B = \frac{20}{430} = 0{,}047$$

d) Como o coeficiente técnico relativo às compras que *B* faz em *A* é igual a $a_{AB} = 0{,}2326$, concluímos que, dado um aumento nas vendas de *B* de R$ 20 milhões, *B* deve comprar de *A*, numa primeira etapa, o correspondente a

$$0{,}2326 \; . \; \text{R\$ } 20 \text{ milhões} = \text{R\$ } 4{,}652 \text{ milhões}$$

e, como o coeficiente de importação de *B* é 0,047, *B* deve importar numa primeira etapa

$$0{,}047 \; . \; \text{R\$ } 20 \text{ milhões} = \text{R\$ } 940 \text{ mil}$$

Isso apenas numa primeira etapa, pois o setor *A*, ao receber uma injeção de R$ 4.652, também vai demandar insumos de outros setores, que demandarão de outros setores etc.

Para sabermos o resultado final desse processo, devemos resolver o exercício aplicando álgebra matricial.

ENTENDA NA PRÁTICA

As maiores economias do Planeta, segundo o critério do PIB

A Tabela 9.5 apresenta as 20 maiores economias do mundo, considerando o ano de 2020, tanto em dólares correntes, como em dólares em termos *PPP* (paridade do poder de compra).

Tabela 9.5 *PIB* em dólares correntes e em dólares *PPP* em 2020

PAÍSES	PIB dólares correntes		PIB^{PPP}	
	US$ bilhões	Rank	US$ bilhões	Rank
Estados Unidos	20.807	1	20.807	2
China	14.861	2	24.162	1
Japão	4.911	3	5.236	4
Alemanha	3.781	4	4.454	5
Reino Unido	2.638	5	2.979	9
Índia	2.593	6	8.681	3
França	2.551	7	2.954	10
Itália	1.848	8	2.415	12
Canadá	1.600	9	1.807	15
Coreia do Sul	1.587	10	2.293	14
Rússia	1.464	11	4.022	6
BRASIL	*1.364*	*12*	*3.079*	*8*
Austrália	1.335	13	1.308	18
Espanha	1.247	14	1.773	16
Indonésia	1.089	15	3.328	7
México	1.040	16	2.425	11
Holanda	886	17	987	26
Suíça	708	18	591	34
Arábia Saudita	681	19	1.609	17
Turquia	649	20	2.384	13

(*) Estimativas

Países com uma posição melhor no *PIB^{PPP}*, relativamente à sua posição em dólares correntes, têm o poder de compra do dólar mais elevado. Como mostra a tabela, é o caso principalmente da China, da Índia, mas também da Rússia, do Brasil e da Indonésia. Isso mostra que esses países têm suas moedas desvalorizadas ou depreciadas em relação ao dólar, o que os beneficia particularmente em termos de exportações. Por essa razão, o Brasil apresenta uma posição melhor em termos *PPP* (8º do mundo) do que em dólares correntes (12º).

Desde 2016, a China assumiu o primeiro posto em termos de *PIB^{PPP}*, superando os Estados Unidos. Isso em termos totais, pois em termos *per capita*, como veremos na Tabela 9.6, a China, os Estados Unidos, a Índia e o Japão constituem-se nas maiores economias do planeta. Esses países possuem algumas características em comum: altas taxas de poupança e produtividade do trabalho. Também são economias abertas ao comércio internacional. Mas o que chama a atenção é a existência de indústrias de alta tecnologia nesses países. A posição da China constitui-se num caso excepcional. Isso porque até a década de 1970 ela era um país considerado pobre e estava longe de figurar nesse *ranking*. Já o Brasil é um caso à parte, uma vez que não se pode afirmar que ele é uma das economias mais desenvolvidas do planeta. Sua posição se deve mais ao tamanho do seu *PIB*, que não é o único critério para a avaliação do desempenho econômico. O mesmo vale para a China e a Índia, que apresentam alguns indicadores que os colocam ainda distantes de países como os Estados Unidos e o Japão.

Conforme estudamos neste capítulo, apesar da importância do *PIB*, existem outros indicadores importantes como medida de desenvolvimento econômico. Podemos considerar, por exemplo, o Índice de Desenvolvimento Humano e a renda *per capita*, como mostramos no Entenda na Prática, a seguir.

ENTENDA NA PRÁTICA

Comparação entre o Índice de Desenvolvimento e o *PIB^{PPP} per capita*

A Tabela 9.6 mostra a classificação dos países em termos de IDH e em termos de *PIB per capita*.

Tabela 9.6 Classificação IDH × Classificação *PIB*^{PPP} em uma amostra de países selecionados – 2019

PAÍS	IDH	CLASSI-FICAÇÃO IDH	CLASSIFICA-ÇÃO *PIB*^{PPP} *PER CAPITA*
Noruega	0,957	1	8
Estados Unidos	0,926	17	10
China	0,761	85	74
Índia	0,645	131	126
Federação Russa	0,824	52	54
Polônia	0,880	35	43
República Tcheca	0,900	27	36
Ucrânia	0,779	74	93
Geórgia	0,812	61	83
Cuba	0,783	70	115
Portugal	0,864	38	40
Grécia	0,888	32	46
Turquia	0,820	54	50
Arabia Saudita	0,854	40	24
Irã	0,783	70	96
Emirados Árabes Unidos	0,890	31	7
Qatar	0,848	45	2
Omã	0,813	60	55
Kwait	0,806	64	13
México	0,779	74	66
Argentina	0,845	46	62
Uruguai	0,817	55	64
Chile	0,851	43	59
Colômbia	0,767	83	86
BRASIL	*0,765*	*84*	*85*

Fonte: Human Development Report 2019 – www.undp.org

Como revela a tabela, países produtores de petróleo, com exceção do Irã, têm posição pior no IDH, e melhor em termos de renda *per capita*. Esses países estão mais bem classificados em termos do indicador "econômico", do que do indicador "social". Por outro lado, com exceção da China, os países comunistas (Cuba), ou ex-comunistas (Rússia, Polônia, Ucrânia, Geórgia), têm uma posição melhor no IDH do que na renda *per capita;* ou seja, a classificação pelo indicador "social" é melhor que a do indicador "econômico".

O IDH do Brasil em 2019, igual a 0,765, é o 84º entre 189 países, o que situa o país entre os 53 países de desenvolvimento humano elevado, de acordo com o critério adotado pela ONU (entre as classificações 67º e 119º). Comparando-se o IDH do Brasil com os principais países da América Latina (Argentina, Chile, México, Costa Rica, Uruguai), bem como com alguns dos países menos desenvolvidos da Europa (Portugal, Grécia, Turquia), também temos, além de uma menor renda *per capita*, o pior IDH.

Interessante observar, comparando-se com os dados apresentados na Tabela 9.5, percebem-se algumas alterações no desempenho econômico dos países em comparação aos dados do *PIB*. A maioria dos países apresenta elevados níveis de *PIB per capita*, com os Estados Unidos na liderança do *ranking*. Porém, Brasil, China e Índia apresentam baixos valores no novo critério. A Índia, aliás, fica atrás do Brasil.

Concluindo, apesar de algumas limitações, a medida do *PIB* é um indicador útil tanto para comparações internacionais como para medir o crescimento do país ao longo dos anos, captando razoavelmente o grau de desenvolvimento social e econômico. Entretanto, é sempre oportuno considerar também outros indicadores, como o IDH (que inclui o grau de educação e expectativa de vida), assim como o grau de distribuição de renda, consumo de calorias e proteínas *per capita* etc., para que se tenha uma avaliação mais completa da real condição socioeconômica de um país.

QUESTÕES DE MÚLTIPLA ESCOLHA

1. **Em Economia, "formação de capital" significa especificamente:**
   a) A compra de qualquer mercadoria nova.
   b) Investimento líquido.
   c) A tomada de dinheiro emprestado.
   d) A venda ao público de qualquer nova emissão de ações.
   e) Poupança.

166 Economia: micro e macro • *Vasconcellos / Braga*

2. **O produto interno bruto, a preço de mercado, equivale a:**
   a) Produto interno bruto a custo de fatores + renda líquida enviada ao exterior.
   b) Produto interno líquido a custo de fatores + impostos indiretos + depreciação – subsídios.
   c) Produto interno líquido a preço de mercado + amortização de empréstimos externos.
   d) Produto nacional líquido a preço de mercado + dívida externa bruta.
   e) Produto nacional bruto a preço de mercado + impostos indiretos – subsídios.

3. **Considerando-se os dois grandes agregados macroeconômicos: Produto Interno Bruto (a preços de mercado) e Produto Nacional Bruto (a preços de mercado), em um sistema econômico aberto como, por exemplo, o brasileiro, se o país remete mais renda para o exterior do que dele recebe, temos:**
   a) *PIBpm > PNBpm*.
   b) *PIBpm < PNBpm*.
   c) *PIBpm = PNBpm*.
   d) As transações com o exterior não afetam nem o *PIB* nem o *PNB*.
   e) Importações > exportações.

4. **Suponha uma economia em que não exista governo nem transações com o exterior. Então:**
   a) *PIBpm > PIBcf > RNB*.
   b) *PIBpm < PIBcf < RNB*.
   c) *PIBpm = PIBcf> RNB*.
   d) *PIBpm = PIBcf < RNB*.
   e) *PIBpm = PIBcf = RNB*.

   Sendo: *PIBpm* – produto interno bruto a preço de mercado.

   PIBcf – produto interno bruto a custo de fatores.

   RNB – renda nacional bruta.

5. **O Produto Nacional de um país, medido a preços correntes, aumentou consideravelmente entre dois anos. Isso significa que:**
   a) Ocorreu um incremento real na produção.
   b) O investimento real entre os dois anos não se alterou.
   c) O país está atravessando um período inflacionário.
   d) O país apresenta taxas significativas de crescimento do produto real.
   e) Nada se pode concluir, pois é necessário ter informações sobre o comportamento dos preços nesses dois anos.

6. **As Contas Nacionais do Brasil fornecem os seguintes dados (valores hipotéticos, em milhões de reais):**
   I – Renda Nacional Líquida a custo de fatores: 5.000
   II – Impostos Indiretos: 1.000
   III – Impostos Diretos: 500
   IV – Subsídios: 100
   V – Transferências: 200
   VI – Depreciação: 400
   VII – Renda Líquida enviada ao exterior: 0

   Os índices de carga tributária bruta e líquida serão, respectivamente (desprezando-se os algarismos a partir da terceira casa decimal):
   a) 30,00 e 25,24.
   b) 19,04 e 14,29.
   c) 24,00 e 19,05.
   d) 27,77 e 23,02.
   e) 23,80 e 19,04.

7. **Em uma economia, a renda enviada para o exterior é maior que a renda recebida do exterior. Então:**
   a) O produto interno bruto é maior que o produto nacional bruto.
   b) O produto interno bruto é menor que o produto nacional bruto.
   c) O produto interno bruto é igual ao produto nacional bruto.
   d) O produto interno bruto a custo de fatores é maior que o produto interno bruto a preços de mercado.
   e) O produto nacional bruto a custo de fatores é menor que o produto nacional bruto a preços de mercado.

8. **Com os dados a seguir, para uma economia hipotética, responda às questões 8a e 8b.**

PIB a preços de mercado	2.000
Tributos indiretos	500
Subsídios	250
Consumo final das famílias	400
Formação bruta de capital fixo	400
Variação de estoques	100
Exportações de bens e serviços de não fatores	500
Importações de bens e serviços de não fatores	100
Depreciação	100
Impostos diretos	200
Transferências de assistência e previdência	150
Outras receitas correntes líquidas do governo	600
Juros da dívida pública interna	100
Poupança corrente do governo (*superávit*)	100

Cap. 9 • Contabilidade Social **167**

8a. O consumo final das administrações públicas é igual a:

a) 1.100 unidades monetárias.

b) 650 unidades monetárias.

c) 600 unidades monetárias.

d) 550 unidades monetárias.

e) 700 unidades monetárias.

8b. O total das receitas correntes do governo é:

a) 1.950 unidades monetárias.

b) 1.700 unidades monetárias.

c) 1.300 unidades monetárias.

d) 1.150 unidades monetárias.

e) 800 unidades monetárias.

9. Em determinada economia (valores hipotéticos), o Produto Nacional Líquido a custo dos fatores é 200. Sabendo-se que:

– Renda líquida enviada ao exterior: 50.

Impostos indiretos: 80.

– Subsídios: 20.

– Depreciação: 80.

calcule o valor do Produto Interno Bruto a preços de mercado:

a) 310.

b) 290.

c) 230.

d) 390.

e) 270.

10. A diferença entre Renda Nacional Bruta e Renda Interna Bruta é que a segunda não inclui:

a) O valor das importações.

b) O valor da renda líquida de fatores externos.

c) O valor dos investimentos realizados no país por empresas estrangeiras.

d) O valor das exportações.

e) O saldo da balança comercial do país.

11. O salário mensal de determinada categoria de trabalhadores era de $ 70.000,00 em 1990 e $ 144.000,00 em 1991. Os índices de custo de vida correspondentes são 100 para 1990 e 240 para 1991. Logo, o salário real em 1991, em valores constantes de 1990, é:

a) $ 70.000,00.

b) $ 40.000,00.

c) $ 60.000,00.

d) $ 100.000,00.

e) $ 144.000,00.

12. Não é considerada uma transação da economia informal:

a) Mercado paralelo do dólar.

b) Empregado não registrado em carteira.

c) Autônomos que não fornecem recibo pelo pagamento de seu serviço.

d) Aluguel estimado do caseiro de uma fazenda.

e) Guardadores de automóveis não registrados.

13. Para fins de contabilidade social, qual das despesas governamentais abaixo é considerada transferência:

a) Cursos de alfabetização de adultos.

b) Manutenção de aeroportos.

c) Manutenção de estradas.

d) Salários de funcionários aposentados.

e) Vacinação em massa.

14. Se compararmos a matriz insumo-produto com o sistema de contas nacionais de um país, num mesmo período, veremos que:

a) Não há relação alguma entre a matriz e o sistema.

b) Ambos incluem os fluxos financeiros da economia.

c) A matriz inclui as transações intermediárias, e o sistema não.

d) A matriz é elaborada em termos de estoques, e o sistema, em termos de fluxos.

e) A matriz permite calcular o estoque de capital nacional, e o sistema, o produto nacional.

APÊNDICE

NOÇÕES SOBRE NÚMEROS-ÍNDICES

1 Conceito de número-índice

Número-índice é uma estatística da variação de um conjunto composto por bens fisicamente diferentes.

Não haveria dificuldades se a questão fosse conhecer a variação de preços de um único bem. A necessidade da construção de índices aparece quando precisamos saber a variação conjunta de bens que são fisicamente diferentes e/ou que variam a taxas diferentes.

Existem **índices de preços** e **índices de quantidade**. Os índices de preços são mais difundidos, dada sua utilidade para deflacionar (tirar o efeito da inflação) séries econômicas e para o acompanhamento da taxa de inflação. Os índices de quantidade (ou de *quantum*) são úteis para determinar a variação física de séries compostas por produtos diferentes (por exemplo, o produto real).

Neste apêndice, nos concentraremos em aspectos relativos à utilização desse indicador, sendo que os aspectos metodológicos são desenvolvidos nos cursos de Estatística Econômica.

2 Índices de preços

Temos **índice de preços por atacado** (indústria e agricultura) e **índice de preços de varejo** (consumidor e construção civil). Neste apêndice, estamos considerando como principal base de referência os índices de preços ao consumidor, também chamados índices de custo de vida.

Suponha cinco tipos de bens e serviços na economia e a respectiva variação de preços entre dois meses:

	Variação de preços	Participação no gasto total do consumidor
Açúcar	20%	10%
Carne	10%	20%
Arroz	10%	40%
Fósforo	100%	5%
Passagens de ônibus	10%	25%
Soma		**100%**

No conjunto, quanto variou a taxa de inflação?

MÉDIA ARITMÉTICA PONDERADA:

$$= 0,2 . 0,1 + 0,1 . 0,2 + 0,1 . 0,4 + 1 . 0,05 + 0,1 . 0,25$$

$$= 0,02 + 0,02 + 0,04 + 0,05 + 0,025 = 0,155 \text{ ou } 15,5\%$$

Se, erroneamente, tivéssemos calculado uma média aritmética simples, teríamos uma variação conjunta de 30% (150% divididos por 5). Estaríamos dando idêntica importância para os cinco produtos, superestimando evidentemente a variação do preço do fósforo e subestimando os demais produtos.

Componentes para o cálculo do número-índice

O exemplo anterior revela que, para o cálculo do número-índice, precisamos de três componentes: a variação de preços no período, a importância relativa do produto no gasto total do consumidor e a fórmula de cálculo. As diferenças entre os vários índices no Brasil são explicadas pela forma adotada por instituto de pesquisa sobre esses componentes.

a) **Variação de preços no período**

- *escolha do período no qual os preços devem ser coletados*. Normalmente, a tomada de preços é feita do 1º ao último dia do mês. No Brasil, as altas taxas de inflação levaram à necessidade de ter-se uma estimativa da inflação no primeiro dia do mês seguinte, para correção das cadernetas de poupança, aluguéis, impostos etc. Por essa razão, em alguns índices, em vez do 1º ao último dia do mês, a tomada de preços é feita, por exemplo, do dia 21 do mês anterior ao 20º do mês de referência, o que dá tempo às instituições especializadas de processar os cálculos e divulgar uma estimativa da inflação logo no início do mês seguinte. É o caso do Índice Geral de Preços do Mercado (IGP-M).

- *escolha dos produtos que devem constar da amostra (qual a cesta de consumo a ser considerada)*. Essa cesta varia entre regiões, de acordo com os hábitos de consumo de cada localidade pesquisada.

b) **Importância relativa (peso) de cada bem**

Trata-se de verificar quanto os consumidores gastam com cada bem ou serviço. Deve ser feita uma pesquisa, chamada de Pesquisa de Orçamentos Familiares, ao longo de todo o ano, para termos uma média da participação que não seja afetada pelas diferenças sazonais. Dois aspectos são importantes:

- *classes de renda a serem abrangidas*: podemos ter índices que captam melhor as variações do poder aquisitivo das classes de renda mais baixa, considerando na amostra apenas famílias que auferem, por exemplo, até três salários mínimos; outros índices consideram um espectro maior de renda;

- *época de pesquisa básica do padrão de consumo*: como se trata de uma pesquisa cara e trabalhosa, as instituições mantêm os mesmos pesos relativos durante aproximadamente dez anos. Por essa razão, a Pesquisa de Orçamentos Familiares deve ser realizada num ano-padrão, em que não tenha havido grandes alterações no padrão de consumo (por exemplo, congelamento de preços, crises econômicas etc.).

c) **Fórmula de cálculo**

Existem várias fórmulas de números-índices (por exemplo, considerando média aritmética, harmônica ou geométrica ponderada) que são mais apropriadamente discutidas nos cursos de Estatística Econômica.

A fórmula mais utilizada, devido a sua operacionalidade, é o **Índice de Laspeyres**, que é dado pela média aritmética ponderada, com pesos na época-base, criada pelo francês Etiènne Laspeyres, cuja fórmula é:

$$LP = \sum \left(\frac{p_t^i}{p_0^i} \right) \cdot \frac{p_0^i \cdot q_0^i}{\Sigma p_0^i \cdot q_0^i} \quad i = \text{bens}$$

FÓRMULA ORIGINAL

variação de preços

participação relativa do bem i no total

$$LP = \sum_i^n \frac{p_t^i}{p_0^i} \cdot \frac{p_0^i \cdot q_0^i}{\Sigma p_0^i \cdot q_0^i} = \frac{\Sigma p_0^i \cdot q_0^i}{\Sigma p_0^i \cdot q_0^i}$$

FÓRMULA REDUZIDA

3 Principais índices de preços no Brasil

A tabela a seguir sintetiza as características dos principais índices divulgados no país.

A necessidade de se dispor de um índice de inflação nos primeiros dias do mês, para reajuste de contratos financeiros e de aluguéis, levou à criação de índices cujo período de coleta de preços não é do dia 1º ao último dia do mês (que só são divulgados cerca de dez dias após o levantamento das informações), o que cria um fato curioso. Por exemplo, o IGP e IGP-M só se diferenciam justamente no período de coleta (o IGP-M é levantado de 21 de um mês a 20 do outro, e o IGP é levantado do 1º ao último dia do mês completo). Se a inflação for crescente nos últimos dez dias do mês (digamos abril), a inflação de abril medida pelo IGP será maior que a inflação de abril medida pelo IGP-M, já que o IGP captou a inflação desse final de mês, e o IGP-M não. O mesmo ocorre entre o IPCA e o IPCA especial, todos do IBGE.

Notamos que os índices diferem também na região considerada. Por exemplo, o IPC-Fipe refere-se apenas ao município de São Paulo, o ICV-Dieese cobre a região metropolitana de São Paulo, enquanto os demais índices são mais abrangentes, considerando dez capitais mais o Distrito Federal.

Outra diferenciação reside nas classes de renda consideradas, que é uma informação necessária para o cálculo da importância relativa dos bens e serviços no orçamento do consumidor. Assim, por exemplo, o INPC considera, em sua amostra, os preços dos bens e serviços relevantes para famílias que têm renda de um a oito salários mínimos, enquanto o IPCA (IPC Amplo) considera famílias com renda de um a 40 salários mínimos. Obviamente, a escolha das classes de renda da amostra fará com que os pesos relativos dos itens componentes do índice sejam significativamente diferentes. Por exemplo, o item "alimentação" tem peso maior, quanto menores as classes de renda consideradas.

Índice/ entidade	Período de coleta de preços	Local de pesquisa	Orçamento familiar em salários mínimos	Utilização
IPCA (IBGE)	Mês completo	10 regiões metropolitanas + DF + 6 municípios [1]	1 a 40 SM	Índice oficial de inflação Meta de inflação
INPC (IBGE)	Mês completo	10 regiões metropolitanas + DF + 6 municípios [1]	1 a 8 SM	Reajuste do salário mínimo e referência para acordos salariais
IGP-DI(FGV)	Mês completo	7 capitais: DF, BH, SP, RJ, Porto Alegre e Salvador	IPC: 1 A 33 SM (inclui preços por atacado e construção civil)	Contratos
IGP-M(FGV) [2]	Dia 21 a 20	7 capitais: DF, BH, SP, RJ, Porto Alegre e Salvador	IPC: 1 a 33 SM (inclui preços no atacado e construção civil)	Aluguéis e tarifas de energia elétrica
IPC-Fipe [3]	Quadrissemanal	Município de São Paulo	1 a 10 SM	Reajustes de projetos e impostos estaduais e municipais em São Paulo
ICV-Dieese [4]	Mês completo	Região Metropolitana de São Paulo	1 a 30 SM	Referência para acordos salariais

(1) Município: Distrito Federal, Goiânia, Campo Grande, Rio Branco, São Luís e Aracajú.
(2) Divulga prévias de 10 em 10 dias.
(3) Divulga taxas quadrissemanais dos últimos 30 dias a cada semana.

Pesquisa também para famílias com renda de 1 a 3 salários míni- mos e de 1 a 5 salários mínimos	Índices	Instituições
IPCA INPC	Índice de Preços ao Consumidor Amplo Índice Nacional de Preços ao Consumidor	IBGE – Instituto Brasileiro de Geografia e Estatística
IGP-DI IGP-M	Índice Geral de Preços – Disponibilidade Interna Índice Geral de Preços do Mercado	FGV – Fundação Getulio Vargas
IPC	Índice de Preços ao Consumidor	FIPE – Fundação Instituto de Pesquisas Econômicas
ICV	Índice de Custo de Vida	DIEESE – Departamento Intersindical de Estatística e Estudos Socioeconômicos

4 Deflacionamento de Séries Monetárias (A Preços Correntes)

Vimos, neste capítulo, que qualquer série monetária, a preços correntes, pode ser deflacionada para preços constantes de um dado período, e assim obtermos o comportamento real da série, livre do efeito da inflação. Enfatizamos também que cada série deve ter um índice deflator específico. A Fundação Getulio Vargas do Rio de Janeiro é a instituição que apresenta índices por atacado para a grande maioria dos setores e ramos de atividade específicos. Esses índices podem ser encontrados na revista *Conjuntura Econômica*. Algumas entidades patronais também têm calculado índices específicos para o seu setor de atividade.

Vamos exemplificar supondo uma empresa do setor químico, que apresenta o faturamento mensal, a preços de venda correntes, mas queremos saber qual o crescimento real do faturamento da empresa, descontado o efeito da inflação. Vamos supor também que o índice de preços por atacado do setor químico, publicado pela FGV-RJ, tenha por base o mês de janeiro. Temos, então:

Meses	Faturamento (em R$ mil) (1)	Índice de preços por atacado do setor químico (base: jan. = 100) (2)
Janeiro	10.000	100
Fevereiro	10.600	102
Março	11.200	103
Abril	11.300	105
Maio	12.000	108

Com esses dados, vamos calcular

a) A série do faturamento real do setor químico, a preços de janeiro.

b) A série do faturamento real do setor químico, a preços de abril.

c) As taxas de crescimento reais mensais do faturamento do setor.

a) Para obter o faturamento real, basta aplicar a fórmula

$$\text{Faturamento real} = \frac{\text{Faturamento nominal}}{\text{Índice de preços do setor químico}} \cdot 100$$

Como estamos considerando o faturamento com base no mês de janeiro, que é o período-base do índice da tabela, basta, então, dividir a coluna (1) pela coluna (2) e multiplicar por 100, com o que se obtém o faturamento real, a preços constantes de janeiro:

Meses	Faturamento real (a preços correntes de janeiro)
Janeiro	10.000,0
Fevereiro	10.392,2
Março	10.873,8
Abril	10.761,9
Maio	11.111,1

b) Mas vamos supor que a empresa iniciou suas atividades em abril. Precisamos, então, mudar a base do número para abril. Ou seja, precisamos mudar a base do índice de janeiro para abril. Trata-se de uma simples aplicação da "regra de três", dando o valor 100 para o valor do índice no mês de abril (105). Por exemplo, em fevereiro: 102 está para X assim como 105 está para 100. Posto isso, basta dividir a série monetária original do faturamento pelo índice com nova base e multiplicar os resultados por 100:

Meses	Índice de preços por atacado do setor químico (base: abril = 100)	Faturamento real do setor químico a preços constantes de abril
Janeiro	95,24	10.499,8
Fevereiro	97,14	10.912,1
Março	98,10	11.416,9
Abril	100,00	11.300,0
Maio	102,86	11.666,3

c) Para calcular a taxa de crescimento real mês a mês, podemos usar qualquer das duas séries de faturamento real, pois a alteração da base de comparação não modifica as variações reais mensais. Como não temos o dado de dezembro do ano anterior, não é possível calcular a taxa de crescimento para janeiro.

As taxas de crescimento mensais, em termos percentuais, são calculadas da seguinte forma:

$$\left(\frac{\text{Valor em } t}{\text{Valor em } t - 1} - 1 \right) \cdot 100 \ (\%)$$

Temos, então:

Meses	Taxa de crescimento de faturamento real
Janeiro	–
Fevereiro	3,9%
Março	4,6%
Abril	– 1,0%
Maio	3,2%

Notas

1 A metodologia é apresentada na publicação da ONU, *System of National Accounts*, adotada pelos 193 países-membros. No Brasil, era apresentada desde os anos 1940 pela Fundação Getulio Vargas do Rio de Janeiro, passando, a partir de 1986, para a Fundação Instituto Brasileiro de Geografia e Estatística (IBGE).

2 O lucro também pode ser entendido como remuneração da capacidade gerencial, ou seja, seria a rentabilidade dos empresários pela organização produtiva da empresa.

3 Mais precisamente, **juros** são a renda do capital monetário aplicado na produção, pagos pelas empresas aos capitalistas privados. Os juros pagos pelas empresas aos bancos não são considerados remuneração a fator de produção, mas pagamentos de um serviço intermediário, semelhante a luz, água etc. Ou seja, eles anulam-se na consolidação das contas agregadas das empresas.

4 Os conceitos de bens intermediários e bens finais dependem da utilização que se faz do bem ou serviço, mais do que de uma característica física. Tudo que é vendido diretamente a famílias, governo e setor externo é considerado um bem final. Nesse sentido, a reposição de peças ou a exportação de matérias-primas também são consideradas como bens finais. Também são bens finais as matérias-primas que permaneceram em estoque, já que não foram utilizadas na elaboração de outros produtos no período.

5 Do ponto de vista da análise (teoria) econômica, a distinção entre bens de capital e estoques é necessária, dado que o investimento em bens de capital costuma ser resultado do planejamento da empresa, deliberado antecipadamente, enquanto a variação de estoques pode não ser planejada, porque depende das oscilações do mercado, fugindo ao controle da empresa.

6 Como observamos anteriormente, a maioria das variáveis econômicas é medida em termos de fluxos, ao longo de um dado período, e não de saldos (estoques) num dado instante do tempo. Variáveis como nível de emprego, dívida pública, são medidas à parte dos sistemas de Contabilidade Social.

7 No Sistema de Contas Nacionais, exportações e importações incluem o custo de fretes e seguros, daí serem consideradas em termos *CIF* (***Cost, Insurance and Freight***). Como veremos no Balanço de Pagamentos, no Capítulo 14 (Setor Externo), elaborado pelo Banco Central, exportações e importações são medidas excluindo-se esses custos, sendo consideradas em termos *FOB* (***Free on Board***).

8 Embora tenha-se popularizado a dicotomia *PIB* × *PNB*, o mais correto seria considerar em termos de renda (*RIB* × *RNB*). Embora o valor numérico seja o mesmo, essa diferença (nacional × interno) está associada ao conceito de renda, não do produto.

9 Juros, lucros, *royalties*, assistência técnica, rendas do trabalho e aluguel de equipamentos são chamados de **serviços de fatores**, pois representam remuneração aos fatores de produção. Fretes, seguros, turismo, serviços de embaixadas e representações no exterior são **serviços não fatores**, por se constituírem em pagamentos a empresas ou órgãos prestadores de serviços, e não a pessoas físicas proprietárias dos fatores de produção. Retornaremos a esses conceitos no Capítulo 14 (Setor Externo).

10 A identidade já está corrigida pelas importações, conforme mostrado no tópico 2.4.3 deste capítulo.

11 No Capítulo 10, sobre a determinação do nível de renda – portanto, em termos *ex ante*, teóricos –, $I + G + X$, são definidos como **injeções** ao fluxo de renda, que são recursos não originados da venda de bens e consumo, enquanto $S + T + M$ representam **vazamentos**, que correspondem à parcela da renda das famílias que não é gasta em bens de consumo. Veremos que, quando os vazamentos são iguais às injeções, determina-se a renda nacional de equilíbrio.

12 Especificamente, o Índice deflator do PIB é chamado de **Deflator Implícito da Renda**.

13 Em todo número índice, o ano ou mês-base é sempre igual a 100. Rigorosamente, o ano ou mês-base deveria ser igual a 1 (um) (nesse ano ou mês, valores reais = valores correntes), mas aí teríamos, nos demais meses, números muito "quebrados" como 1,03, 3,11, 6,53 etc. Multiplicando por 100, temos números 'inteiros" como 103, 311, 653.

14 Vamos considerar o *PIB* corrente de R\$ 6 trilhões. Se a taxa de câmbio for de US\$ 1,00 = R\$ 5,00, o *PIB* em dólares correntes (*PIB* nominal) é de US\$ 1,2 trilhão. Supondo uma desvalorização do real (uma valorização do dólar), com a taxa de câmbio subindo para US\$ 1,00 = R\$ 5,50, o *PIB* em dólares correntes cai para US\$ 1,09 trilhão. No caso de uma valorização do real (uma desvalorização do dólar), com a taxa de câmbio caindo para US\$ 1,00 = R\$ 4,50, o *PIB* em dólares correntes sobe para US\$ 1,33 trilhão!

15 Nesse sentido, alguns economistas sugerem que, para aproximar mais o cálculo do *PIB* ao conceito de bem-estar social, deveria ser retirado do cálculo do *PIB* o custo social causado pelo crescimento econômico (as chamadas externalidades negativas, como poluição ambiental, custos de congestionamentos urbanos etc.). Na mesma linha, poderiam ser acrescidos os benefícios advindos do aumento do lazer, refletido no fato de que as horas trabalhadas têm diminuído ao longo dos anos, enquanto o *PIB* tem aumentado (equivale a dizer que a produtividade média do trabalho tem aumentado).

16 Pelo Manual da ONU, o Produto Nacional deve medir apenas as atividades legais. Entretanto, países como Holanda, Finlândia, Suécia, Noruega, Áustria, Reino Unido e Itália agregam ao cálculo do Produto Nacional estimativas de atividades ilegais, como sonegação, contrabando, prostituição, tráfico de drogas, lavagem de dinheiro, jogos ilegais etc.

17 Ver nota anterior.

18 Nas estatísticas relativas ao mercado de trabalho no Brasil, produzidas pelo IBGE, por meio da Pesquisa Nacional por Amostra de Domicílios (PNAD Contínua), é calculada uma **taxa de informalidade sobre a população ocupada**, composta por trabalhadores sem carteira de trabalho e empregadores autônomos, sem registro como pessoa jurídica. Normalmente, tem se situado na faixa de 40% da população ocupada.

19 Exportações e Importações *CIF* (*cost, insurance and freight*): incluem fretes e seguros. Exportações e Importações *FOB* (*free and board*): custo da mercadoria, isento de fretes e seguros.

20 No Brasil, como não tem sido calculada a depreciação, essa conta denomina-se Conta Renda Nacional Disponível Bruta.

21 A Renda Disponível do Setor Privado também costuma ser definida com base na Renda Interna Bruta a custo de fatores, e não com base na Renda Disponível Total. Nesse caso, temos que especificar a depreciação (d) e a renda líquida de fatores externos ($RR - RE$), assim: $RD_{Priv} = RIB_{cf} + T_R + Sub - Ti - Td$ – Outras receitas do governo – $d + RR - RE$.

22 Para mais detalhes sobre as contas nacionais no Brasil, ver PAULANI, L.; BRAGA, M. B. *A nova contabilidade social*. 5. ed. São Paulo: Saraiva, 2020.

23 Todos os valores estão a preços de mercado, ou seja, incluem impostos indiretos e subsídios. Incluem ainda os custos de comercialização dos produtos (basicamente custos de transportes). Com isso, o valor bruto da Produção X_j corresponde ao próprio faturamento ou receita de vendas de cada setor.

DETERMINAÇÃO DO NÍVEL DE RENDA E PRODUTO NACIONAIS: O MERCADO DE BENS E SERVIÇOS

10

1 INTRODUÇÃO

Como vimos anteriormente, até a Grande Depressão dos anos 1930, a teoria econômica predominante acreditava que as forças de mercado, como que guiadas por uma "mão invisível, baseada em hipóteses como a flexibilidade de preços e salários, "mão invisível", lei de Say ("a oferta cria sua própria procura"),[1] conduziriam automaticamente ao crescimento econômico, com pleno emprego de recursos. Entretanto, com a Grande Depressão, que redundou numa enorme queda do nível de atividade e na elevação do desemprego e da capacidade ociosa das empresas, mostrou-se que o mercado sozinho não teria condições de tirar a economia da depressão.

A partir desse marco histórico, ganham destaque as ideias do economista inglês John Maynard Keynes (1883-1946), consolidadas no livro *Teoria geral do emprego, do juro e da moeda,* que lançam as bases da moderna análise macroeconômica, que passa a incorporar uma atuação mais intervencionista do Estado, na busca de soluções para os problemas de flutuações do nível de renda e emprego a curto prazo. O desenvolvimento teórico da macroeconomia desde então tornou possível que tais situações fossem prevenidas e forneceu instrumentos para colocar a economia perto do seu produto potencial de pleno emprego, bem como controlar a inflação a curto prazo. Embora o trabalho de Keynes enfatize uma economia em situação de desemprego no curto prazo, que era o problema central a ser enfrentado naquele período, o instrumental desenvolvido por ele permitiu avaliar e propor medidas para as grandes questões macroeconômicas, como inflação, distribuição de renda e crescimento econômico.

Posto isso, apresentaremos neste capítulo o chamado **modelo keynesiano básico**. Iniciaremos com o estudo do lado real da economia, apresentando as variáveis determinantes da renda e do produto nacionais a curto prazo. No Capítulo 11, será introduzido o lado monetário.

2 DA CONTABILIDADE NACIONAL PARA A TEORIA ECONÔMICA

Como vimos no Capítulo 9, a **Contabilidade Nacional** refere-se à medição do produto efetivamente realizado. Trata de relações contábeis ou de identidades, por meio de uma **análise *ex post*** (*a posteriori*, após ocorrer); ou seja, o que foi feito, após passarmos em revista o período, ao seu término.

A **Teoria Macroeconômica** refere-se ao produto desejado, planejado. Trabalha com relações funcionais ou de comportamento, por meio de uma **análise *ex ante*** (antes de ocorrer, *a priori*); ou seja, aquilo que todos desejam fazer, quando examinam a situação no início de um período. Diz respeito às expectativas teóricas, com base nos dados disponíveis.

Portanto, quando definimos na Contabilidade Social os conceitos de Consumo, Investimento, PIB etc., são valores *ex post*, já realizados. A partir deste capítulo, essas mesmas variáveis passam a serem consideradas em termos *ex ante,* em valores planejados.

Embora a Contabilidade Nacional forneça a base de dados, o referencial estatístico para a Análise Macroeconômica, ela não se preocupa, por exemplo, em discutir se o produto obtido está abaixo ou acima do produto potencial da economia, e que alternativas de política econômica estão disponíveis para levá-lo ao pleno emprego. Isso é tarefa da Teoria Macroeconômica, que passamos a apresentar.

3 MODELO KEYNESIANO BÁSICO (LADO REAL)

3.1 Curva de demanda agregada de bens e serviços (DA)

As variáveis que determinam a renda nacional, o nível de emprego e o nível geral de preços podem ser agrupadas em duas grandes categorias: as que afetam a demanda agregada e as que afetam a oferta agregada de Bens e Serviços. Vamos analisar primeiro os componentes da demanda agregada.

A **Demanda Agregada de Bens e Serviços** diz respeito à quantidade total que os agentes macroeconômicos estão dispostos a gastar, durante determinado período de tempo. Esses agentes são os consumidores, as empresas, o governo e o setor externo:[2]

$DA =$	Consumo das famílias (C)
	+ Demanda de investimentos (I)
	+ Consumo do Governo (G)
	+ Demanda líquida do setor externo (Exportações X – Importações M)

$$DA = C + I + G + X - M$$

Na análise microeconômica, utilizamos o diagrama preço-quantidade para determinarmos o preço e a quantidade de equilíbrio de um dado bem ou serviço.; na teoria macroeconômica, os valores são agregados: nível geral de preços e produto ou renda real.

Chamando P de nível geral de preços, Y a renda nacional nominal, e y a renda real,[3] dada por:

$$y = \text{Renda Real} = \frac{\text{Renda Nominal } (Y)}{\text{Nível de Preços } (P)} = \frac{Y}{P}$$

a curva de demanda agregada é negativamente inclinada, como mostra a Figura 10.1.

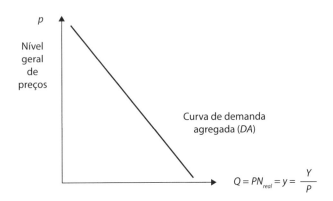

Figura 10.1 Curva de Demanda Agregada (DA).

Supondo dada a Renda Nominal Y, quando o nível de preços p se eleva, a renda real y reduz-se; ou seja, há relação inversa entre P e y.

Na microeconomia, a relação inversa entre preços e quantidades de dado bem é facilmente explicada pelo efeito-renda e pelo efeito-substituição: pela lei geral da procura, supondo um aumento do preço, com renda e preços de outros bens constantes (*coeteris paribus*), os consumidores reduzirão o consumo do bem: perdem poder aquisitivo (efeito renda), e tendem a consumir mais de um bem concorrente, que não tenha tido seu preço aumentado (efeito substituição).

No nível agregado, essa relação inversa é um pouco mais complexa, já que concorrem paralelamente três tipos de efeitos: efeito-riqueza, efeito taxa de juros e efeito taxa de câmbio. Embora a influência dessas três variáveis seja discutida mais pormenorizadamente na sequência do livro, é oportuno antecipar o efeito delas sobre a Demanda Agregada, para justificar a relação inversa entre P e y, a nível agregado. Para tanto, vamos supor uma **queda do nível geral de preços**. Temos, então:

a) **Efeito-Riqueza Real (ou Efeito-Pigou)**: dada uma queda do nível de preços, com renda nominal constante, leva ao aumento do valor real da riqueza dos consumidores, estimulando-os a gastar mais. Portanto, a queda da inflação deve elevar o consumo agregado, que é um dos componentes da demanda agregada.

b) **Efeito Taxa de Juros**: quando o nível de preços cai a um dado nível de renda, entende-se que é necessário menos dinheiro para comprar bens e serviços. Como veremos no Capítulo 11, com o aumento do poder aquisitivo das famílias, elas poderão aumentar suas aplicações financeiras, aumentando a procura de títulos e outros ativos financeiros, o que tende a provocar queda da taxa de juros de mercado.⁴ Essa queda da taxa de juros, além de baratear os empréstimos bancários, e, portanto, estimular o consumo de muitas famílias, poderá viabilizar muitos projetos de investimentos, já que muitos empresários, em vez de aplicarem seus recursos no mercado financeiro, tendem a aplicá-los em investimentos produtivos, como na ampliação de sua empresa, na modernização de equipamentos etc. Ou seja, a queda do nível geral de preços tende a provocar uma queda da taxa de juros, que deve levar ao aumento tanto do consumo como do investimento agregado, dois dos elementos da demanda agregada de bens e serviços.

c) **Efeito Taxa de Câmbio**: como veremos no Capítulo 14, uma queda do nível geral de preços internos torna nossos produtos mais competitivos, relativamente aos preços dos produtos importados. Esse efeito estimula as exportações (X) e desestimula as importações agregadas (M), elevando a demanda agregada.

3.2 Curva de oferta agregada de bens e serviços (OA)

A **oferta agregada** corresponde à quantidade total de produtos e serviços disponíveis para o consumo dos agentes. Corresponde à produção interna e às importações de bens e serviços. Portanto, a Oferta Agregada é o próprio produto real.

OA = Renda Nacional Real = Produto Nacional Real = y

A relação entre a oferta agregada e o nível geral de preços pode ser representada graficamente por meio da Figura 10.2.⁵

Supondo um aumento da Demanda Agregada (DA), as empresas (e, portanto, a OA) podem reagir de três maneiras:

- aumentar a produção física (Q), mantendo preços (P) constantes, se houver *desemprego de recursos* (mão de obra desempregada, capacidade ociosa) (trecho horizontal no gráfico da Figura 10.2);
- aumentar os preços (P), sem aumentar a produção física (Q), se os recursos estiverem plenamente empregados (*pleno emprego de recursos*) (trecho vertical no gráfico);
- aumentar tanto P como Q (*situação intermediária*, em que alguns setores da economia estariam em pleno emprego e outros com desemprego).

Com a finalidade de mostrar mais claramente a diferença entre a contribuição keynesiana e a teoria que prevalecia anteriormente, o chamado modelo clássico, vamos considerar apenas os casos extremos, conforme a Figura 10.3.

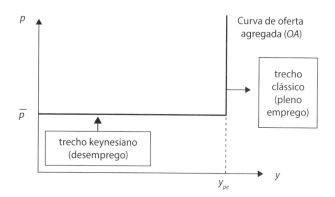

Figura 10.3 Curva de oferta agregada (OA) simplificada.

De acordo com o modelo clássico, a economia estaria sempre numa posição de pleno-emprego (oferta agregada vertical). Acreditava-se em postulados como a Lei de Say, pela qual a oferta agregada determinaria a demanda agregada. Ou seja, tudo que fosse produzido geraria demanda suficiente para absorver a produção. Essa hipótese, somada à tese do liberalismo, segundo a qual o mercado, por meio do mecanismo de preços (tendência natural de o mercado levar ao equilíbrio entre oferta e procura), garantiria que a economia, como que guiada por mão invisível, sempre estaria a pleno emprego.⁶

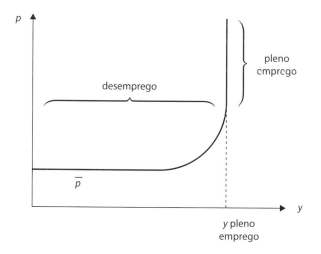

Figura 10.2 Curva de oferta agregada (OA).

Veremos a seguir como Keynes inverte esses postulados. Antes, cabe alertar que, neste capítulo, o desemprego a que nos referimos é o **desemprego keynesiano ou conjuntural**, que ocorre pela insuficiência da demanda agregada para absorver a produção agregada de pleno emprego.[7]

3.3 Hipóteses do modelo keynesiano básico

O modelo keynesiano básico possui quatro hipóteses principais:

a) **Desemprego de recursos (mão de obra, capacidade ociosa).**

A DA situa-se abaixo da OA de pleno emprego. Isso implica, no modelo simplificado, que os **preços sejam mantidos constantes e as variáveis consideradas em valores reais (deflacionados).**[8]

b) **Curto prazo.**

A curto prazo, o nível tecnológico, o estoque de capital e o estoque de mão de obra são considerados constantes. Embora os estoques sejam constantes, o nível de utilização da mão de obra e do capital são variáveis (ou seja, a força de trabalho e a capacidade instalada são fixas, mas sua utilização varia).

c) (Decorrência da hipótese b) **A curva de oferta agregada é fixada.**

Considerando a Oferta Agregada (OA) como sendo afetada principalmente pelo estoque de mão de obra (N) e de capital (K) e pelo nível de conhecimento tecnológico (Tec), assim:

$$OA = f(N, K, Tec)$$

e dada a hipótese de que esses fatores são relativamente constantes a curto prazo, segue que a OA permanece fixada.

No gráfico da Figura 10.4, de y_0 para y_1, a curva de OA permanece fixa, e a quantidade produzida (o nível de renda) varia, devido à maior utilização do estoque de fatores de produção; ou seja, não há deslocamento da curva de oferta, mas movimentos ao longo da curva de OA. Ou seja, **o estoque de mão de obra e de capital é fixado, mas seu nível de utilização varia ao longo da curva.**

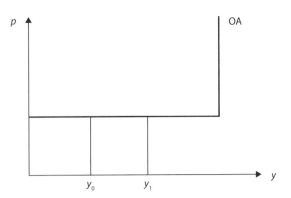

Figura 10.4 Curva de oferta agregada fixada a curto prazo.

d) (Corolário das hipóteses anteriores) **A curto prazo, apenas a demanda agregada provoca variações no nível de equilíbrio da renda nacional.**

A oferta agregada é passiva, fixada, a curto prazo, e as variações na renda nacional dão-se apenas por variações na DA. Isso ressalta o papel da Demanda Agregada dentro da Teoria Keynesiana. Para tirar a economia de uma situação de desemprego, a curto prazo, a política econômica deve procurar elevar a DA (de y_0 para y_{pe}, no gráfico a seguir).

A DA é mais maleável, mais sensível a curto prazo, enquanto a OA é mais rígida, mais suscetível a políticas de longo prazo, quando o estoque de recursos produtivos pode variar, como mostra a Figura 10.5.

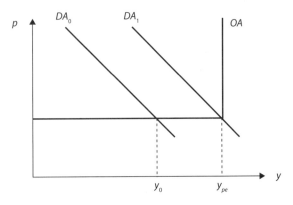

Figura 10.5 Equilíbrio macroeconômico de curto prazo.

Esse é, de forma simplificada, o chamado **Princípio da Demanda Efetiva** pelo qual a demanda determina a produção. Inverte, assim, um dos principais postulados da Teoria Clássica, a Lei de Say, que preconizava o contrário: a produção (oferta) é que determinaria a demanda.

4 COMPORTAMENTO DAS VARIÁVEIS DETERMINANTES DA DEMANDA AGREGADA DE BENS E SERVIÇOS

Estabelecidos os pressupostos do modelo keynesiano básico, em que foi enfatizado o princípio da demanda efetiva na determinação da renda nacional, cabe analisar especificamente o comportamento das variáveis que afetam a demanda agregada: consumo, poupança, investimento, gastos do governo, impostos, exportações e importações.

O objetivo nesta parte é determinar relações funcionais que afetam essas variáveis, em nível agregado, e analisar como se pode atuar sobre o seu comportamento, aplicando os instrumentos de política econômica. Essas relações funcionais devem ser previsíveis e relativamente estáveis e regulares, fornecendo uma ferramenta importante para a tomada de decisões de política econômica.

Já foi observado inicialmente que neste capítulo será dada ênfase aos instrumentos de política fiscal, quais sejam, os gastos públicos e a arrecadação fiscal, e os demais instrumentos de política econômica serão apresentados nos capítulos seguintes.

Como se trata de um modelo básico, cujo objetivo é mostrar como se chega à determinação do nível de equilíbrio da renda nacional, algumas relações são simplificadas, de forma que o modelo seja matematicamente determinado ou consistente (ou seja, que contenha um mesmo número de equações e de variáveis a serem determinadas). Essas hipóteses não prejudicam a compreensão de como as variáveis macroeconômicas operam no mundo real.

4.1 Função consumo

Uma das principais contribuições de Keynes foi estabelecer que o Consumo Agregado (C) é uma função crescente no nível de renda nacional (y).

$$C = f(y)$$

Por simplificação didática, supõe-se que o consumo seja uma função linear da renda nacional (Figura 10.6).

$$C = a + by$$

onde:

- a = **Consumo Autônomo**, independente da renda (é o intercepto na Figura 10.6);
- b = **Propensão Marginal a Consumir** (é o coeficiente angular, declividade).

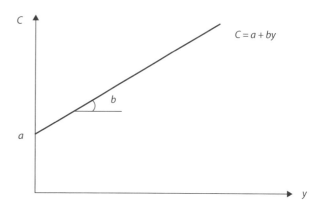

Figura 10.6 Função consumo agregado.

O intercepto a (**consumo autônomo**) representa a parcela do consumo que não depende da renda, mas de outros fatores (riqueza, renda futura etc.). Ou seja, mesmo quando $y = 0$, então $C = a$. Teoricamente, seria uma situação em que as pessoas não deixarão de consumir, mesmo sem renda, devendo lançar mão da sua poupança, empréstimos etc., para sobreviverem.

A **Propensão Marginal a Consumir (*PMgC*)** é a variação do consumo agregado, dada uma variação na renda nacional:

$$PMgC = b = \frac{\Delta C}{\Delta y}$$

Segundo a chamada **Lei psicológica fundamental de Keynes**, a *PMgC* é positiva, mas inferior a um:

$$0 < PMgC < 1$$

Isso significa que, dado, por exemplo, um aumento de renda (Δy), as pessoas reservam certa parcela para poupança, de forma que o aumento de consumo (ΔC) é sempre menor do que o aumento de renda, em termos agregados.

O conceito de propensão marginal a consumir é calculado com base em **variações** da renda e do consumo. Já a chamada **Propensão Média a Consumir (*PMeC*)**, é o *nível* de consumo sobre o *nível* de renda:

$$PMeC = \frac{C}{y}$$

Como estamos supondo que a função consumo agregado seja linear, a propensão marginal a consumir é sempre constante, enquanto a propensão média a consumir varia para cada nível de renda. Isso ficará mais claro no exemplo numérico, mais adiante.

4.2 Função poupança

Como vimos em Contabilidade Nacional, a Poupança S é a parcela da renda nacional não consumida, em dado período de tempo:

$$S = y - C$$

Como $C = a + by$, segue que:

$$S = y - (a + by) = y - a - by$$

$$S = -a + (1 - b)y$$

onde $(1 - b)$ = **Propensão Marginal a Poupar**, que é a variação da poupança agregada, dada uma variação na renda nacional, isto é:

$$PMgS = 1 - b = \frac{\Delta S}{\Delta y}$$

Graficamente, temos o apresentado na Figura 10.7.

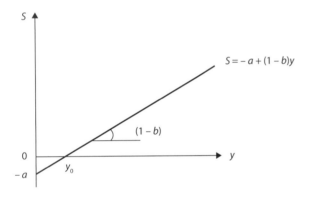

Figura 10.7 Função poupança agregada.

Como $PMgS = 1 - PMgC$, segue que:

$$PMgS + PMgC = 1$$

Uma poupança negativa, abaixo do nível de renda y_0, indica teoricamente uma despoupança: as famílias estão gastando mais do que recebem de renda.

Analogamente ao conceito de propensão média a consumir, temos também o conceito de **Propensão Média a Poupar**, que é medido com base em um dado nível de poupança, sobre um dado nível de renda:

Como $S = y - C$,

$$PMeS = \frac{y - C}{y} = \frac{y}{y} \cdot \frac{C}{y} = 1 - \frac{C}{y}$$

Assim, $PMeS = 1 - PMeC$

e

$$PMeS + PMeC = 1$$

Um exemplo numérico ilustra esses conceitos. Suponhamos que a função consumo seja dada por

$$C = 10 + 0,8y$$

Sabemos que a função poupança é o complemento da função consumo

$$S = -10 + 0,2y$$

e, portanto,

$$PMgC = 0,8 \text{ e } PMgS = 1 - 0,8 = 0,2$$

Graficamente, temos o apresentado na Figura 10.8.

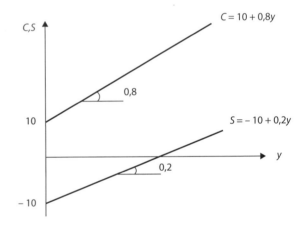

Figura 10.8 Função consumo e função poupança agregadas.

Enquanto $PMgC$ e $PMgS$ no presente modelo são constantes em relação à renda (supondo funções lineares), $PMeC$ e $PMeS$ dependem do particular nível de renda. Por exemplo:

- no nível de renda $y = 100$, segue que

$$C = 10 + 0,8 (100) = 90$$
$$S = -10 + 0,2 (100) = 10$$

$$PMeC = \frac{90}{100} = 0,9 \text{ e } PMeS = \frac{10}{100} = 0,1$$

- no nível de renda $y = 200$,

  $C = 10 + 0,8\ (200) = 170$

e

  $S = y - C = 200 - 170 = 30$

Neste caso,

$PMeC = \dfrac{170}{200} = 0,85$ e $PMeS = \dfrac{30}{200} = 0,15$

Estudos empíricos revelam que países mais pobres apresentam propensões médias e marginais a consumir maiores que os países mais ricos; o contrário ocorre com as propensões a poupar, pelo fato de que, dado o nível de renda mais baixo, a maior parcela é gasta com consumo pela população, restando uma pequena proporção para poupança.

4.3 Função investimento

O Investimento Agregado, além de aumentar o grau de utilização da capacidade ociosa a curto prazo, em caso de desemprego, como no modelo keynesiano, eleva a própria capacidade produtiva, ao aumentar o estoque de capital da economia. Assim, ele desempenha **duplo papel** na teoria macroeconômica, que deve ser claramente entendido:

a) **investimento visto como elemento da demanda agregada**: é a fase em que apenas se gasta com instalações, equipamentos etc., antes de o investimento maturar e resultar em acréscimos da capacidade produtiva; ou seja, nos referimos ao **curto prazo;**

b) **investimento visto como elemento de oferta agregada**: ocorre quando aumenta a capacidade produtiva, após a maturação do investimento; ou seja, quando redunda em aumentos da produção a **longo prazo.**

Hipóteses sobre o Investimento, no modelo keynesiano básico de determinação da renda

  1ª **hipótese:** *a curto prazo, o investimento afeta apenas a demanda agregada.*

O investimento como elemento de oferta agregada só comparece na teoria macroeconômica, em modelos de crescimento econômico de longo prazo, em que a oferta agregada também varia, com o aumento da capacidade produtiva, após completada a maturação dos gastos. A curto prazo, a curva da oferta agregada é fixada.

  2ª **hipótese:** *o investimento é autônomo ou independente da renda nacional.*

$$\bar{I} \text{ ou } I \neq f(y)$$

Qualquer que seja o nível de renda, o investimento agregado não se altera. Trata-se de uma hipótese simplificadora, que removeremos mais adiante. Graficamente, temos o apresentado na Figura 10.9.

Figura 10.9 Investimento agregado independente da renda nacional.

Se supuséssemos que o investimento fosse induzido pela renda, ou dependente da renda, teríamos a Figura 10.10.

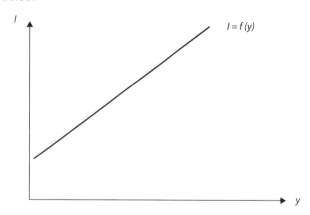

Figura 10.10 Investimento agregado induzido pela renda nacional.

Assim, supõe-se, no modelo básico, que o investimento não dependa da renda nacional. Depende de outras variáveis, como taxas de juros, rentabilidade esperada, rentabilidade passada, disponibilidade de crédito etc., que por enquanto não estão sendo consideradas no modelo. Na Seção 10 deste capítulo, discutiremos mais detidamente outros fatores que determinam a taxa de investimento agregado.

4.4 Função gastos do governo

Também se supõe que os gastos do governo são autônomos em relação à renda nacional:

$$\overline{G} \text{ ou } G \neq f(y)$$

Na teoria macroeconômica, os gastos públicos (bem como a oferta de moeda) são considerados uma variável determinada institucionalmente (exógena), ou seja, dependem dos objetivos de política econômica escolhidos pelas autoridades (se decidirem, por exemplo, que a política será recessiva ou expansionista). Os gastos públicos não são determinados por outras variáveis econômicas, mas são eles que determinam as demais variáveis.

4.5 Função impostos (ou tributação)

No modelo simplificado, a tributação também é suposta autônoma, não induzida pela renda nacional:

$$\overline{T} \text{ ou } T \neq f(y)$$

Evidentemente, é outra hipótese simplificadora, distante da realidade, que será removida logo adiante neste capítulo.

A introdução do governo, e particularmente da tributação, altera as funções consumo e poupança, que passam a ser funções da **renda disponível do setor privado y_d (renda menos tributos)** $(y - T)$, e não da renda nacional y. Assim:

$$C = a + b(y - T) \quad \text{ou} \quad \boldsymbol{C = a + by_d}$$

$$S = -a + [(1-b)(y-T)] \quad \text{ou} \quad \boldsymbol{S = -a + (1-b)y_d}$$

4.6 Função exportação

No modelo básico, as exportações também são autônomas em relação à renda nacional:

$$\overline{X} \text{ ou } X \neq f(y)$$

É uma hipótese realista, dado que as exportações realmente não são afetadas pela renda nacional, mas pela renda dos outros países (renda mundial), taxa de câmbio, entre outros fatores. Cabe observar que as exportações não dependem da renda nacional, mas a renda nacional depende evidentemente do que exportamos, ou seja, $y = f(X)$.

4.7 Função importação

Nesse modelo simplificado, as importações também são consideradas autônomas, independentes da renda nacional:

$$\overline{M} \text{ ou } M \neq f(y)$$

Essa hipótese também será posteriormente removida neste capítulo.

4.8 Demanda agregada completa

Estabelecidas as hipóteses sobre as variáveis C, S, I, G, T, X e M, sabemos então como a demanda agregada se comporta no modelo keynesiano básico de curto prazo. Portanto, dado

$$DA = C + I + G + X - M$$

como apenas o consumo C é uma função crescente da renda nacional e as demais são supostas constantes em relação à renda, segue, então, que a função DA é crescente em relação à renda nacional y, como mostra a Figura 10.11.

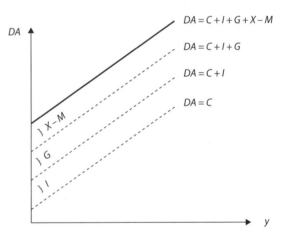

Figura 10.11 A demanda agregada completa.

5 EQUILÍBRIO AGREGATIVO DE CURTO PRAZO NO MODELO KEYNESIANO BÁSICO

Vejamos como se dá o equilíbrio neste modelo simplificado. Por equilíbrio, entende-se um ponto em que tanto os produtores como os consumidores estejam satisfeitos e não existam pressões para sair desse ponto: os estoques são normais, não existem filas etc.

Três observações devem ser feitas nesta parte:

a) **a renda de equilíbrio é aquela em que $OA = DA$ e não necessariamente é a renda de pleno emprego.** Ou seja, a economia pode estar em equilíbrio (a produção é suficiente para atender a toda a demanda, mesmo que esta esteja relativamente baixa), mas com desemprego, abaixo do pleno emprego. Essa é uma das principais contribuições de Keynes: *a economia pode estar em equilíbrio entre OA e DA, mas com recursos desempregados;*

b) decorre do exposto em (a) que o equilíbrio não indica necessariamente algo desejável, pois pode estar existindo um grande volume de recursos não empregados, como capacidade ociosa e mão de obra desocupada. Na verdade, o que se busca é o equilíbrio com pleno emprego de recursos. E é esse o objetivo do modelo keynesiano: como atuar sobre as variáveis macroeconômicas para levar a economia ao equilíbrio de pleno emprego, ao produto potencial de pleno emprego;

c) é sempre oportuno enfatizar que se trata do equilíbrio macroeconômico esperado, planejado (*ex ante*), e não o equilíbrio efetivo (*ex post*). É o que pode ser esperado, quando se avaliam os dados disponíveis, que deva ocorrer até o final do período em análise.

A renda ou produto de equilíbrio pode ser determinada de duas maneiras:

- igualando a oferta e a demanda agregada de bens e serviços; e
- igualando vazamentos e injeções ao fluxo de renda.

Vejamos as duas formas, apresentando, para cada uma delas, a determinação em termos gráficos e em termos algébricos.

5.1 Determinação da renda nacional de equilíbrio, igualando *OA = DA* de bens e serviços

Para verificarmos o equilíbrio entre OA e DA, vamos desenhar uma reta inclinada em 45 graus que representa os pontos possíveis de equilíbrio entre DA (eixo das ordenadas) e OA (renda nacional, eixo das abscissas). Ou seja, em qualquer ponto em cima dessa reta, a OA e a DA têm o mesmo valor.

De acordo com o princípio da demanda efetiva, supondo oferta agregada fixada a curto prazo, o ponto de equilíbrio da renda nacional será determinado pela demanda agregada. Como o equilíbrio se dá abaixo da renda de pleno emprego y_{pe}, temos um **equilíbrio com desemprego**, como mostra a Figura 10.12.

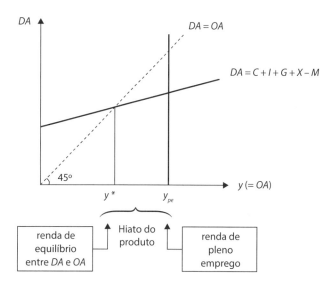

Figura 10.12 Equilíbrio macroeconômico de curto prazo, em termos de oferta e demanda agregadas.

A diferença entre a renda de pleno emprego y_{pe} e a renda de equilíbrio é o hiato do produto. Numa economia em desemprego, representa quanto o produto precisa crescer, para que a economia atinja seu produto potencial de pleno emprego.

Algebricamente, a determinação do equilíbrio, com $OA = DA$, pode ser assim elaborada:

condição de equilíbrio: $\quad OA = DA$
como: oferta agregada: $\quad OA = y$
demanda agregada: $\quad DA = C + I + G + X - M$
a condição de equilíbrio $\quad OA = DA$ fica:
$$y = C + I + G + X - M$$

Vejamos a posição de equilíbrio da renda nacional por meio de um exemplo numérico:

Suponhamos os seguintes, em $ bilhões:

C	=	$20 + 0{,}75\,(y - T)$
I	=	20
G	=	25
T	=	25
X	=	30
M	=	15

Vamos determinar a renda ou produto nacional de equilíbrio y, e o consumo C e a poupança S, ao nível de equilíbrio da renda. Assim:

$OA = y$

$DA = C + I + G + X - M = 20 + 0{,}75\,(y - 25) + 20 + 25 + 30 - 15$

Pela condição de equilíbrio $OA = DA$, tem-se

$y = 20 + 0{,}75\,(y - 25) + 20 + 25 + 30 - 15$

e resolvendo

- renda de equilíbrio: $y^* = 245$
- consumo no equilíbrio: $C^* = 185$ (basta substituir $y^* = 245$ na função consumo)
- poupança no equilíbrio: $S^* = 35$ (substituir $y^* = 245$ na função poupança)

Supondo que a renda de pleno emprego seja $Y_{pe} = 300$, o hiato do produto seria igual a

$Y_{pe} = 300 - 245 = 55$

5.2 Determinação da renda nacional de equilíbrio, igualando vazamentos com injeções

Trata-se de uma maneira alternativa de determinarmos a renda nacional de equilíbrio.

Se as famílias, ao receberem a renda, gastassem tudo com bens de consumo (não poupassem) e se, por sua vez, as empresas só produzissem bens de consumo, o crescimento da economia seria nulo: a cada período, a renda nacional permaneceria a mesma.

Chamando de **fluxo básico** esse fluxo entre empresas e famílias, a renda nacional só será alterada se ocorrerem vazamentos ou injeções nesse fluxo:

- **vazamentos**: todo recurso que é retirado do fluxo básico, ou seja, toda renda recebida pelas famílias, que não é dirigida às empresas nacionais na compra de bens de consumo. São a poupança, os impostos e as importações:

$$\boxed{Vaz = S + T + M}$$

- **injeções**: todo recurso que é injetado no fluxo básico e que não é originado da venda de bens de consumo às famílias. São os novos investimentos, gastos públicos e exportações:[9]

$$\boxed{Inj = I + G + X}$$

Assim, tem-se que, quando:

Vazamentos < *Injeções* → *a renda nacional está crescendo.*

Vazamentos < *Injeções* → *a renda nacional está em queda.*

Vazamentos = *Injeções* → *a renda nacional está em equilíbrio estacionário (estado de repouso).*

Graficamente, supondo uma função poupança crescente, em relação à renda nacional, com impostos e importações autônomas, bem como os investimentos, gastos do governo e exportações, e a renda de equilíbrio abaixo da renda de pleno emprego, tem-se a Figura 10.13.

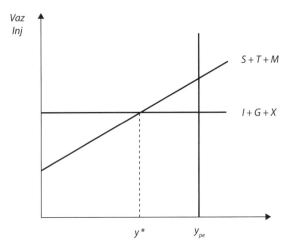

Figura 10.13 Equilíbrio macroeconômico de curto prazo, em termos de vazamentos e injeções.

Abaixo da renda de equilíbrio, as injeções superam os vazamentos, ocorrendo o inverso após a renda de equilíbrio.

Em termos algébricos, agora com referência a vazamentos e injeções ao fluxo de renda, e utilizando os mesmos dados do exercício anterior, a renda de equilíbrio pode ser calculada como se segue.

- condição de equilíbrio: Vazamentos = Injeções

$$S + T + M = I + G + X$$

Como

vazamentos: $S = -20 + 0{,}25\,(y - T)$
[complemento de $C = 20 + 0{,}75\,(y - T)$]
e injeções: $T = 25$
$M = 15$
$I = 20$
$G = 25$
$X = 30$

Temos o equilíbrio dado por:

$$S + T + M = I + G + X$$
$$20 + 0{,}25\,(y - 25) + 25 + 15 = 20 + 25 + 30$$

Chegamos, então, aos mesmos valores de equilíbrio anteriores, entre oferta e demanda agregadas:

- renda de equilíbrio: $y^* = 245$
- poupança de equilíbrio: $S^* = 35$
- consumo de equilíbrio: $C^* = 185$

O Paradoxo da Parcimônia

Os conceitos de vazamentos e injeções remetem a um curioso paradoxo, assinalado por Keynes. Se uma pessoa poupa, isso certamente é bom para ela. No entanto, se toda a coletividade poupasse, sem que essa poupança fosse investida, provocaria uma queda no nível de investimento e da renda nacional. Afinal, poupança é um vazamento do fluxo de renda (as pessoas deixam de comprar produtos das empresas nacionais) e, se não reinjetada no fluxo de renda, provocará queda no nível de atividades. Depreende-se desse paradoxo o papel dos investimentos e da demanda agregada para o crescimento econômico do país.

5.3 Síntese da análise gráfica

Podemos juntar os três tipos de representações gráficas (Figura 10.14), que mostram maneiras alternativas de observarmos o equilíbrio no modelo keynesiano básico; supondo uma economia em desemprego:

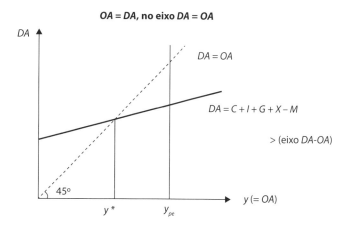

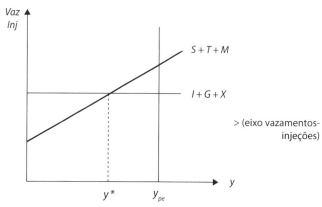

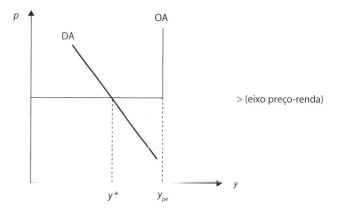

Figura 10.14 Equilíbrio macroeconômico de curto prazo: três representações gráficas.

6 MODELO BÁSICO SUPONDO INVESTIMENTOS, IMPOSTOS E IMPORTAÇÕES INDUZIDOS PELA RENDA NACIONAL

Para maior clareza, foi suposto que os investimentos, os tributos e as importações não dependem da renda nacional, o que evidentemente não é realista. Nesta seção, vamos removê-la, e veremos que essa alteração não altera fundamentalmente o modelo básico de determinação da renda de equilíbrio.

É de se esperar que essas três variáveis tenham relação direta com a renda nacional: quanto maior o nível de renda nacional, melhoram as expectativas empresariais, com o que os empresários serão estimulados a aumentar seus investimentos, aumenta a arrecadação tributária, e os consumidores serão estimulados a comprar produtos importados, bem como as empresas devem demandar mais insumos e equipamentos importados. Os gastos do governo e as exportações, como vimos, não dependem da renda nacional. Podemos, então, supor que o investimento I, a tributação T e a importação M sejam funções da renda nacional y e, por simplificação, funções lineares:

- $I = i_0 + i_1\,y$ sendo i_1 a **propensão marginal a investir**

- $T = t_0 + t_1\,y$ sendo t_1 a **propensão marginal a tributar** ou alíquota (%) do imposto

- $M = m_0 + m_1\,y$ sendo m_1 a **propensão marginal a importar**

Como pode ser observado, permanece como única incógnita a ser determinada justamente a renda nacional y. Um exemplo numérico torna isso claro:

Dados, em $ bilhões

$C\ = 20 + 0,8\,(y - T)$

$I\ = 20 + 0,2\,y$

$T\ = 25 + 0,1\,y$

$M = 25 + 0,2\,y$

$G\ = 25$

$X\ = 30$

determinar a renda de equilíbrio e o valor dos demais agregados macroeconômicos.

Solução:

condição de equilíbrio: $OA = DA$

demanda agregada: $DA = C + I + G + X - M$

$$y = C + I + G + X - M$$

$$y = 20 + 0,8\,[y - (25 + 0,1y)] + (20 + 0,2y) + 25 + 30 - (25 + 0,2y)$$

Chegamos, então, aos seguintes valores de equilíbrio:

- renda de equilíbrio: $y^* = 178,6$
- consumo de equilíbrio: $C^* = 128,6$
- poupança de equilíbrio: $S^* = 7,1$
- investimento de equilíbrio: $I^* = 55,7$
- impostos de equilíbrio: $T^* = 42,9$
- importações de equilíbrio: $M^* = 60,7$

O conceito de estabilizador automático

Quando introduzimos a hipótese de que os tributos dependem da renda nacional e, adicionalmente, que ela é progressiva, isto é,

$$T = f(y)$$

tem-se o chamado **estabilizador automático (ou *built in*)**: quando a renda nacional aumenta, os impostos aumentam mais que proporcionalmente; quando a renda nacional cai, os impostos caem menos que proporcionalmente. Com isso, a renda disponível (diferença entre a renda nacional e o total de impostos) oscila menos que a renda nacional total. Como consumo e poupança são funções da renda disponível, eles sofrem menos o impacto das oscilações devidas aos ciclos econômicos, com o que o efeito sobre a demanda agregada é amortizado.

Ou seja, a estrutura tributária funciona como um estabilizador contracíclico, amortizando a amplitude de flutuações econômicas bruscas. Quanto mais progressiva a estrutura de impostos, maior o efeito desse estabilizador.

7 MULTIPLICADOR KEYNESIANO DE GASTOS

Se tomamos o exemplo do tópico 5 e se o gasto do governo G passar de 25 para 35, a renda de equilíbrio passa de 245 para 285. Ou seja, $\Delta G = 10$ levou a $\Delta y = 40$: o acréscimo do gasto do governo provocou um aumento de renda quatro vezes maior. O valor 4 é, nesse exemplo, o chamado **multiplicador keynesiano do gasto**, que é a variação do nível de renda nacional, dada uma variação autônoma em qualquer dos elementos da demanda agregada (no caso, no gasto do governo, poderia ser um outro elemento que afetasse a demanda agregada). Genericamente,

$$\Delta y = k \, \Delta DA \quad \text{ou}$$

$$k = \frac{\Delta y}{\Delta DA} \quad (\text{ou} = \frac{dy}{dDA}, \text{em termos de derivada})$$

No exemplo do exercício $\quad k_G = \dfrac{\Delta y}{\Delta G} = \dfrac{40}{10} = 4$

Um exemplo simples e intuitivo mostra como opera o mecanismo do multiplicador. Suponhamos, inicialmente, que o governo resolva comprar 100 milhões de reais em bens de capital ($\Delta G = 100$). Admitindo que a indústria de bens de capital tenha recursos ociosos, isso provocará um aumento de produção de bens de capital de 100. Esses 100 vão transformar-se em renda nacional, na forma de salários, lucros, aluguéis dentro do setor de bens de capital.

Trabalhadores e empresários (como pessoas físicas) desse setor receberão essa renda adicional (100) e, supondo que sua propensão marginal a consumir seja 0,75, consumirão 75 e pouparão 25. Os 75 milhões serão consumidos em alimentos, vestuário, lazer, provocando um aumento de renda adicional nesses setores de 75.

As pessoas que receberam essa renda (75), do setor de alimentos, vestuários etc., gastarão 75% dela (56,25 milhões). Esses 56,25 milhões se transformarão em renda de outros setores e o processo continua, até que a renda cesse de crescer.

Essa sequência (100; 75; 56; 25;...) constitui-se numa progressão geométrica (P.G.) cujo primeiro elemento é 100 (a variação inicial nos gastos) com razão igual a 0,75, que é a propensão marginal a consumir. Para sabermos o total de gastos, basta realizarmos a soma dos termos de uma P.G. ilimitada, que é igual ao primeiro termo (100), dividido por 1 menos a razão 0,75. Nesse caso, será:

$$S = \frac{100}{(1 - 0,75)} = 400$$

Percebe-se que o gasto inicial foi multiplicado por 4, valor este que é o chamado multiplicador de gastos.

Seu valor corresponde ao inverso da propensão marginal a poupar $(1 - b)$:

$$k_G = \frac{1}{1 - b}$$

Assim, sempre que o gasto variar, a renda se alterará em valor igual à variação inicial do gasto vezes o multiplicador.

Como se observa, o componente básico do multiplicador dos gastos é a propensão marginal a consumir (b): quanto maior a propensão a consumir, maior o multiplicador. Por exemplo:

$$b = 0,75 \;\rightarrow\; k_G = 4$$

$$b = 0,8 \;\rightarrow\; k_G = 5$$

Isso porque, quanto maior a propensão a consumir, maiores os gastos, maior o estímulo à atividade econômica e, se a economia estiver com recursos desempregados, provoca uma elevação do nível de produção e de renda. Agora, quanto maior a propensão a poupar, maiores os vazamentos de renda e o efeito multiplicador é menor. Assim, o multiplicador guarda relação direta com a *PMgC* e inversa com a *PMgS*.

7.1 Hipóteses de multiplicador keynesiano

1. o processo é iniciado por uma **variação autônoma da DA**, isto é, um deslocamento da *DA* devido à variação autônoma de algum de seus elementos (C, I, T, G, X, M), ou seja, devido a alguma injeção ou vazamento do fluxo de renda. Após uma variação autônoma, os efeitos subsequentes são derivados de variações induzidas do consumo em cada etapa, em função do aumento de renda de cada setor;[10]

2. o funcionamento do multiplicador **supõe economia em desemprego**. Afinal, se a economia estiver em pleno emprego, um aumento da *DA* apenas provocará mais inflação, e não crescimento de renda. Cresce apenas a renda nominal, mas não a real;

3. neste modelo simplificado, **supõe lado monetário invariável** (veremos, no Capítulo 15, que o lado monetário pode amortecer o efeito multiplicador de gastos, via taxa de juros, que afeta o investimento privado e os gastos públicos);

4. o multiplicador keynesiano também tem um **efeito perverso**: assim como a renda aumenta num valor múltiplo para aumentos de demanda agregada, ela também cai num múltiplo, quando a demanda agregada cai.

7.2 Determinação do multiplicador no modelo simplificado

Demonstramos, por meio do exemplo anterior, que o multiplicador keynesiano de gastos do governo é dado pela expressão

$$k_G = \frac{1}{1 - b}$$

Podemos generalizar o conceito de multiplicador para os demais elementos da demanda agregada, a partir da condição de equilíbrio entre oferta e demanda agregadas, como se segue:

1. Supondo I, G, X, M e T autônomos em relação a y:

$$y = C + I + G + X - M$$

$$y = a + b\,(y - T) + I + G + X - M = a + by - bT + I + G + X - M$$

$$y - by = a - bT + I + G + X - M$$

$$y\,(1 - b) = a - bT + I + G + X - M$$

$$y = \left(\frac{1}{1-b}\right) a - \left(\frac{b}{1-b}\right) T + \left(\frac{1}{1-b}\right) I +$$

$$+ \left(\frac{1}{1-b}\right) G + \left(\frac{1}{1-b}\right) X - \left(\frac{1}{1-b}\right) M$$

Obtêm-se os multiplicadores derivando parcialmente a função apresentada em relação a cada elemento da Demanda Agregada.

Assim:

Multiplicador de consumo autônomo: $k_a = \dfrac{\partial y}{\partial a} = \dfrac{b}{1 - b}$

Multiplicador de investimentos: $k_r = \dfrac{\partial y}{\partial I} = \dfrac{1}{1 - b}$

Multiplicador de impostos: $k_T = \dfrac{\partial y}{\partial T} = \dfrac{-b}{1 - b}$

Multiplicador de gastos do governo: $k_G = \dfrac{\partial y}{\partial G} = \dfrac{b}{1 - b}$

Multiplicador de exportações: $k_X = \dfrac{\partial y}{\partial X} = \dfrac{1}{1 - b}$

Multiplicador de importações: $k_M = \dfrac{\partial y}{\partial M} = \dfrac{-1}{1 - b}$

2. Supondo I, T e M como função de y.

Substituindo as funções

$$I = i_0 + i_1\, y$$

$$T = t_0 + t_1\, y \text{ e}$$

$$M = m_0 + m_1\, y$$

na condição de equilíbrio $y = C + I + G + X - M$, pode-se chegar facilmente às fórmulas dos multiplicadores, derivando parcialmente em relação aos elementos da DA. O leitor pode fazer esse exercício. Genericamente, para os investimentos, gastos do governo, consumo autônomo e exportações, a fórmula do multiplicador fica:

$$k = \frac{1}{1 - b\,(1 - t_1) + m_1 - i_1}$$

No exercício da Seção 6, onde:

$$C = 20 + 0{,}8\, y_d$$

$$I = 20 + 0{,}2\, y$$

$$T = 25 + 0{,}1\, y$$

$$M = 25 + 0{,}2\, y$$

o multiplicador de gastos é igual a

$$k = \frac{1}{1 - 0{,}8\,(1 - 0{,}1) + 0{,}2 - 0{,}2} = \frac{1}{0{,}28} \cong 3{,}57$$

Deve-se observar que os componentes t_1 (propensão a tributar) e m_1 (propensão a importar) reduzem o valor do multiplicador, por representarem vazamentos de renda. O primeiro reduz a renda pessoal disponível, e, portanto, o efeito induzido sobre o consumo. Com relação ao segundo, o maior gasto em produtos importados significa reduzir a compra de similares nacionais, reduzindo o efeito multiplicador. O componente i_1 (propensão a investir) aumenta o efeito multiplicador, porque é uma injeção (a cada aumento de renda, uma parcela é destinada ao aumento de investimentos, reforçando o multiplicador).

Com base nesse multiplicador genérico, podemos remover algumas hipóteses e derivar outros multiplicadores. Por exemplo, se supomos I como função da renda e T e M autônomos, desaparecem na fórmula apresentada t_1 e m_1 e a fórmula do multiplicador fica:

$$k = \frac{1}{1 - b - i_1}$$

7.3 Teorema do orçamento equilibrado (ou teorema de Haavelmo)

O conceito de multiplicador deu origem a um interessante teorema, que mostra que uma economia pode aumentar a renda e o emprego, e manter ao mesmo tempo o equilíbrio orçamentário. O teorema de Haavelmo diz que *se o governo efetuar gastos no mesmo montante dos tributos recolhidos (isto é, se o orçamento estiver equilibrado), a renda, em vez de permanecer constante, como se poderia supor, aumentará de um montante igual ao aumento de G e T*.

Isso se explica pela diferença entre os multiplicadores dos gastos do governo G (positivo) e da tributação T (negativo). Tomando os multiplicadores simplificados

$$k = \frac{1}{1-b} = \frac{\Delta y}{\Delta G} \quad \text{e} \quad k_T = \frac{-b}{1-b} = \frac{\Delta y}{\Delta T}$$

podemos observar que:

a) k_G é maior que k_T, em módulo, isto é, $\left|\dfrac{1}{1-b}\right| > \left|\dfrac{-b}{1-b}\right|$ o que mostra que a renda aumentará quando $\Delta G = \Delta T$;

b) $k_G + k_T = 1$, pois

$$\frac{1}{1-b} + \frac{-b}{1-b} = \frac{1-b}{1-b} = 1$$

Isso significa que o efeito multiplicador conjunto de T e G provocará um aumento na renda igual ao aumento de T e G. Por exemplo: se $\Delta G = \Delta T = 20$, então a renda deve aumentar 20. Se $\Delta G = \Delta T = 100$, a renda deve aumentar 100.

Esse teorema ilustra ainda a importância do conhecimento dos valores dos multiplicadores de gastos e tributos, para a utilização da política fiscal.[11]

8 HIATOS INFLACIONÁRIO E RECESSIVO E A POLÍTICA FISCAL

A análise dos hiatos permite sinalizar qual a política econômica adequada para combater problemas como inflação e desemprego. Nesta parte, destacamos como a política fiscal pode ser utilizada para estabilizar preços, emprego e nível de atividade. Denominamos **política fiscal pura** quando a atuação do governo se dá apenas por meio de instrumentos fiscais, sem alterar a política monetária. Analogamente, entende-se por **política monetária pura** aquela que é implementada sem mudanças na política fiscal.

Hiato recessivo

O hiato recessivo refere-se à insuficiência de demanda agregada, em relação à oferta agregada de pleno emprego. Revela qual deve ser o aumento da demanda agregada para que a economia atinja o equilíbrio de pleno emprego. Graficamente, temos o apresentado na Figura 10.15.

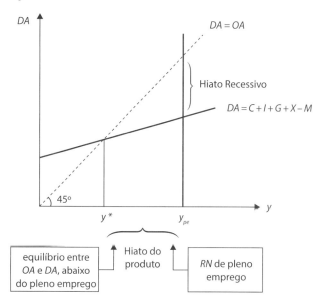

Figura 10.15 Hiato recessivo.

O equilíbrio da economia dá-se a um ponto abaixo do pleno emprego (equilíbrio em subemprego, ou keynesiano). Ou seja, o fato de estar em equilíbrio significa que $OA = DA$, mas com muitos recursos desempregados, abaixo de seu produto potencial. Como vimos anteriormente, essa diferença entre renda de equilíbrio e renda de pleno emprego (no eixo horizontal) é chamada de **hiato do produto**.

Um exemplo ilustra esse ponto. Dada a renda de equilíbrio de 150, a renda de pleno emprego 200, e dada a função consumo $C = 30 + 0,8y_d$, qual deve ser o aumento dos gastos para atingir o pleno emprego?

O hiato do produto, dado pela diferença entre a renda de pleno emprego 200 e a renda de equilíbrio 150, é igual a 50. O multiplicador de gastos é igual a

$$k_G = \frac{1}{1 - 0,8} = 5$$

Assim, para eliminar esse hiato, e levando ao produto potencial da economia, basta elevar os gastos em 10, para obter um aumento de renda de 50.

O mesmo resultado pode ser obtido pela redução da carga tributária. Como o multiplicar de tributos é igual a

$$k_T = \frac{-0,8}{1 - 0,8} = -4$$

a política fiscal alternativa para eliminar o hiato recessivo seria reduzir a carga tributária tributária em 12,5 (12,5 . 4 = 50).

Graficamente, temos o apresentado na Figura 10.16.

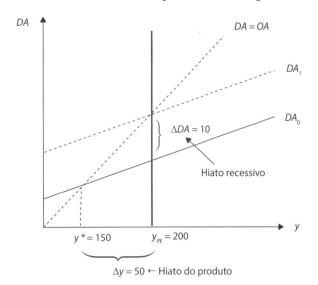

Figura 10.16 Eliminação do hiato deflacionário, elevando a demanda agregada.

Assim, no caso de um hiato recessivo, as autoridades devem procurar levar a economia em direção ao pleno emprego, ou seja, eliminar o hiato do produto. Considerando uma política fiscal pura, a política a ser encetada deve buscar o aumento da demanda agregada até o pleno emprego, ou aumentar os gastos públicos, ou via redução de impostos, estimulando o consumo, os investimentos e as exportações.

Hiato inflacionário

O hiato inflacionário é dado pelo excesso de demanda agregada em relação à oferta agregada de pleno emprego.

Nessa situação, ocorre uma **inflação de demanda**, em que a procura global de bens e serviços supera a capacidade produtiva da economia.

Uma situação desse tipo, não controlada, leva à chamada **espiral de preços e salários**: os preços aumentam, o que fará com que os salários também aumentem posteriormente, já que os dissídios são calculados com base na taxa de inflação. Com os salários aumentando, o consumo deve aumentar, a demanda agregada eleva-se; como a oferta agregada não pode responder (pois está em pleno emprego de fatores), ocorre novo aumento de preços, e o processo perpetua-se, se o governo não intervir, com uma política de estabilização de preços, como mostra a Figura 10.17.

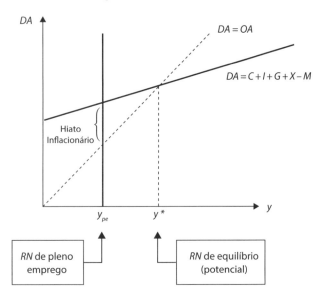

Figura 10.17 Hiato inflacionário: inflação de demanda.

Utilizando os instrumentos fiscais, o governo deve atuar sobre as variáveis reais da economia, procurando diminuir a demanda agregada, até atingir o pleno emprego, principalmente pela diminuição de seus gastos, ou elevação da carga tributária sobre o consumo. Para diminuir a demanda agregada, e diminuir a inflação, teoricamente poder-se-ia também diminuir as exportações, ou aumentar as importações, mas geraria problemas de balanço de pagamentos (*déficit* da balança comercial).

Como os gráficos revelaram, tanto o hiato recessivo como o inflacionário são medidos no nível de pleno emprego. É a diferença na vertical entre a demanda agregada efetiva e a demanda agregada que iguala a oferta agregada de pleno emprego. Ou seja, apenas o hiato do produto é medido no eixo horizontal, pela diferença entre a renda de equilíbrio e a renda de pleno emprego.

9 OBSERVAÇÕES ADICIONAIS SOBRE O MODELO KEYNESIANO BÁSICO

Fechando o modelo keynesiano básico, cabem algumas observações adicionais:

a) Quando falamos em renda nacional, referimo-nos à renda **real**, deflacionada. Assim, a renda nacional de pleno emprego é constante em termos reais. Todavia, se considerarmos a renda **nominal** e ocorrer hiato inflacionário, a renda nominal, a preços correntes aumenta, pois, dada a renda nominal

$$Y = P \cdot y$$

como a renda real y está fixada ao nível de pleno emprego, e o nível de preços P aumenta, a renda nacional nominal Y aumenta. E, como já sabemos, para medir o crescimento da economia, interessa a renda (o PIB) real, não nominal.

b) Alguns autores supõem a possibilidade da **deflação** no modelo simplificado, isto é, queda de preços, quando no hiato recessivo, já que há escassez de demanda agregada. Apesar de ser uma possibilidade real, no entanto, o modelo keynesiano básico descarta a hipótese da deflação. Supõe-se que os preços se mantêm constantes, devido ao desemprego e capacidade ociosa, e que as empresas fazem o ajuste por meio das quantidades físicas e não pelos preços. A isso se chama **ajuste pela política de estoques**.

Então, no modelo que apresentamos, no hiato recessivo, o ajuste dá-se pela quantidade física e, no inflacionário, como a produção está fixada ao nível de pleno emprego, o ajuste dá-se pelos preços.

c) Neste tópico, analisamos como os hiatos podem ser eliminados ou minimizados por meio de políticas fiscais sobre a demanda agregada. Evidentemente, esses hiatos podem ser eliminados também pela aplicação de outros instrumentos de política econômica sobre a demanda agregada, como políticas monetária, cambial e comercial, como veremos nos próximos capítulos.

d) Seguindo a tradição keynesiana, enfatizou-se a utilização de instrumentos de política fiscal para o combate ao desemprego e à inflação (ou seja, políticas de estabilização). Entretanto, embora não tenha sido o foco do modelo keynesiano básico, a política fiscal constitui-se também em um potente instrumento para minimizar as disparidades observadas na **distribuição de renda**, tanto em nível pessoal como setorial e regional. No âmbito pessoal e no setorial, o instrumento mais utilizado é a política tributária, mediante uma estrutura progressiva de impostos (maior a renda, maior a alíquota do tributo) e de incentivos fiscais a setores localizados (alíquotas menores ou mesmo isenção total de imposto). No âmbito regional, além de incentivos fiscais, uma distribuição mais equânime do nível de renda pode ser obtida por meio de uma política de gastos públicos em regiões mais atrasadas.

10 FUNÇÃO DEMANDA DE INVESTIMENTOS

Vamos explorar um pouco mais a natureza da função investimento, já que, no modelo elementar anterior, o investimento foi relacionado apenas como um elemento da demanda agregada, na determinação da renda nacional a curto prazo. Vamos considerar duas teorias de investimento:

a) o **investimento como dependente de taxa de juros,** que desempenhará um papel importante na interligação entre lados real e monetário, que veremos mais adiante;

b) o **princípio do acelerador**, quando o investimento depende de **variações da renda**, e não do **nível de renda**.

O conceito de acelerador normalmente é discutido na parte de crescimento econômico, a longo prazo, quando se supõe que a oferta agregada também possa variar. Foge, portanto, do modelo keynesiano que estamos tratando neste capítulo, que tem como premissa básica a análise de curto prazo. Julgamos, entretanto, mais pertinente do ponto de vista didático a apresentação desse princípio dentro da Teoria de Investimentos já neste capítulo. Voltaremos a ele no Capítulo 16, sobre crescimento e desenvolvimento econômico.

10.1 Relação entre investimento e taxas de juros

A primeira questão que podemos levantar é: o que determina a decisão de investir?

Não é uma resposta tão fácil como no caso da função consumo, devido tanto ao caráter multiforme dos investimentos, que podem ser de vários tipos (imóveis, máquinas, estradas, estoques), como também a fatores não perfeitamente previsíveis, que afetam as expectativas dos investidores.

A rigor, podemos dizer, numa primeira abordagem, que a decisão de investir, de comprar um bem de capital, dependerá da rentabilidade esperada e da taxa de juros de mercado:

$$I = f(\text{taxa de retorno esperada; taxa de juros})$$

Define-se como **Eficiência Marginal do Capital** (***EMC***) a taxa de retorno esperada sobre o investimento. Essa taxa é aquela que iguala o preço de aquisição do equipamento, ao valor presente (atual) dos retornos líquidos que se espera obter com o investimento:

$$\text{Preço de aquisição} \doteq \frac{\text{valor dos retornos líquidos esperados no período } t}{(1+r)^t}$$

sendo r a taxa de retorno esperada e t o número de anos previstos para a duração do equipamento. O lado direito dessa expressão é valor presente dos rendimentos líquidos esperados, que são os rendimentos futuros descontados pela taxa de retorno esperada. Na área de Matemática Financeira e de Engenharia Econômica, a *EMC* é mais conhecida como **Taxa Interna de Retorno** (***TIR***).

Keynes chamou o preço de aquisição de **preço de oferta** (por refletir o custo) e o valor presente dos retornos líquidos esperados de **preço de demanda** (por refletir o retorno do investimento para a empresa que demanda o bem de capital).

A *EMC* não deve ser confundida com a produtividade marginal do capital (*PMgk*), pois este último conceito refere-se à produtividade corrente, sendo o conceito relevante para a teoria do investimento no chamado modelo clássico. A teoria de investimentos keynesiana já envolve expectativas, incertezas sobre o futuro, implícitas no cálculo da *EMC*.

A Eficiência Marginal do Capital (EMC) para uma firma isolada

Imaginemos que o programa de investimentos futuros de uma firma qualquer seja composto por um conjunto de projetos individuais, os quais, obviamente, devem ter diferentes taxas de retorno. Se ordenássemos tais projetos de forma decrescente, de acordo com a taxa de retorno, poderíamos ter algo semelhante à Figura 10.18.

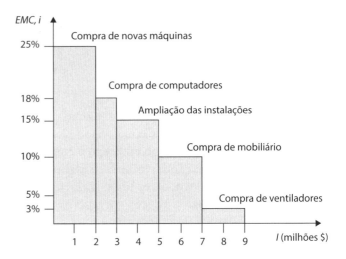

Figura 10.18 Demanda de projetos de investimento para uma firma isolada.

De todos esses projetos, é racional que a firma deseje realizar aqueles investimentos em que a *EMC* seja superior à taxa de juros do mercado (*i*), que representa o custo do empréstimo para a compra de bem de capital. Caso a firma tenha recursos próprios, a taxa de juros pode ser medida pelo que a firma ganharia se aplicasse o dinheiro no mercado financeiro. Nesse caso, a taxa de juros *i* representa o custo de oportunidade de usar os recursos para financiar os investimentos dos projetos.

Dessa forma, quando:

EMC > *i*, é vantajoso a firma investir (compra o bem de capital);

EMC < *i*, não é vantajoso a firma investir.

Mais especificamente, quando a taxa de juros *i* for superior à taxa de retorno do projeto (*EMC*), é muito mais rentável para a firma aplicar os recursos no mercado financeiro do que aplicá-los em investimentos físicos. No gráfico anterior, se a taxa de juros de mercado fosse 10%, a firma investiria nos três primeiros projetos, com taxas de retorno de 25%, 18% e 15%, respectivamente. Quanto à compra de mobiliário, cuja taxa de retorno seria de 10%, é indiferente investir nessa compra ou aplicar no mercado financeiro, que paga juros de 10%.

A EMC para todas as firmas em conjunto

Ao somarmos horizontalmente a *EMC* das firmas individuais, obteremos uma linha declinante que mostra o total dos investimentos privados (*I*) a serem realizados às diversas taxas de juros do mercado *i*, conforme mostra a Figura 10.19.

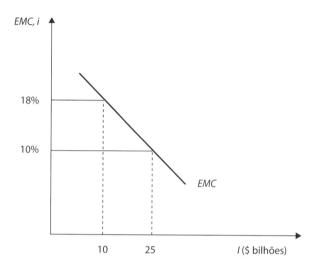

Figura 10.19 Demanda de investimentos agregados.

Dessa forma, a curva acima representa um conjunto de pontos de equilíbrio entre *EMC* e *i*.

Observamos, assim, que, dada a *EMC*, existe uma relação inversa entre a demanda de investimentos *I* e a taxa de juros de mercado *i*, que pode ser assim resumida:

$$I = f(i), \text{ sendo } \frac{\Delta I}{\Delta i} < 0$$

Fatores determinantes da decisão de investir

Uma vez apresentadas as variáveis que condicionam a decisão de investir das empresas, podemos sintetizar a discussão por meio da representação esquematizada na Figura 10.20.

Assim, a decisão de investir, por parte da empresa, depende das informações disponíveis sobre todas essas variáveis. Ela deve estimar o faturamento esperado, bem como os custos de operação e manutenção, descontá-los a valor presente, e compará-los com o preço de aquisição do bem de capital.

Com isso, a empresa obtém a taxa de retorno líquido esperado, ou *EMC*, e a compara com a taxa de juros de mercado, decidindo-se pela aquisição ou não do equipamento.

10.2 Princípio do acelerador

Trata-se de outra teoria sobre o comportamento do Investimento Agregado, muito utilizada em modelos de ciclos econômicos e de crescimento econômico, pois destaca o duplo papel do Investimento sobre a Demanda e sobre a Oferta Agregada. Supõe que:

> O investimento é influenciado, basicamente, pela taxa de crescimento do produto, não pelo nível do produto.

Baseia-se no fato observado pelo economista inglês Colin Clark (1905-1989), em 1937, que verificou que os investimentos em novos vagões estavam mais relacionados às **flutuações** do tráfego ferroviário do que ao **nível** do tráfego.

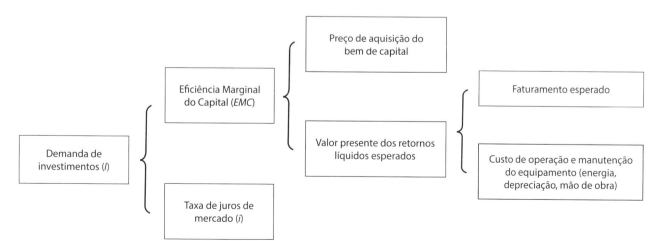

Figura 10.20 Fatores determinantes da decisão de investir.

Supõe-se, então, que o Investimento é uma proporção v do acréscimo de renda:

$$I_t = v\,(Y_t - Y_{t-1}) \quad \text{ou} \quad \boxed{I_t = v\Delta y}$$

sendo v chamado de **acelerador** e igual a

$$v = \frac{I_t}{\Delta y}$$

Como o investimento I_t é a variação do estoque de capital K, isto é

$$I_t = K_t - K_{t-1} = \Delta K$$

segue que

$$v = \frac{\Delta K}{\Delta y}$$

O acelerador v é também chamado de **relação capital-produto**, ou **relação marginal capital-produto**.

É interessante observar que há uma interação entre os conceitos de multiplicador de gastos e o princípio do acelerador.

$$\left. \begin{array}{l} \text{multiplicador: } k = \dfrac{\Delta y}{\Delta I} \;\therefore\; \Delta y = k\Delta I \\[2ex] \text{acelerador: } I = v\Delta y \end{array} \right\} \; I = v(k\Delta I)$$

Ou seja, pelo efeito multiplicador, o aumento dos investimentos eleva a renda. Pelo efeito acelerador, esse aumento de renda leva a novo aumento de investimentos, reforçando o efeito multiplicador.

Matematicamente, tem-se uma equação a diferenças finitas (pela presença dos termos Δy e ΔI). Deve ser observado que modelos que envolvem equações diferenciais ou diferenças finitas apresentam flutuações cíclicas, que podem levar a economia a instabilidades. Essa questão é discutida amplamente em textos mais específicos, dentro da Teoria de Ciclos Econômicos.

11 TEORIAS MODERNAS SOBRE A FUNÇÃO CONSUMO

A teoria tradicional relaciona o consumo agregado ao nível de renda pessoal disponível, que é a chamada **função consumo keynesiana**. Contudo, o consumo agregado pode ser determinado por outros fatores, tais como:

- taxa de juros;
- disponibilidade de crédito;
- expectativas sobre a renda futura;
- estoque de riqueza (patrimônio).

Na Teoria Macroeconômica, existem inúmeros modelos específicos sobre os determinantes da decisão de consumir da coletividade. Vamos apresentar um resumo dos mais destacados:

- Efeito Riqueza (ou Efeito Pigou) (de A. C. Pigou);[12]
- Modelo de Escolha Intertemporal (de Irving Fisher);[13]
- Teoria da Renda Permanente (de Milton Friedman);[14]
- Teoria do Ciclo de Vida do Consumo (de Modigliani);[15]
- Efeito "Catraca" (de Duesenberry).[16]

- ***Efeito Riqueza (ou Efeito Pigou)***: o consumo depende da riqueza ou patrimônio físico e financeiro. Ou seja, além do nível de renda (y), que é um fluxo mensal, trimestral, anual etc., o consumo agregado depende também do estoque de riqueza.

- ***Modelo de Escolha Intertemporal***: o consumo agregado depende da taxa de juros, aqui interpretada como taxa de rendimento de aplicações financeiras. Aumentos na taxa de juros fazem aumentar os custos de oportunidade do consumo presente, podendo ser mais vantajoso sacrificar o consumo presente, em prol de maior consumo no futuro; ou seja, poupar no presente, visando consumir no futuro.

- ***Teoria da Renda Permanente***: o consumo não depende apenas da renda pessoal disponível corrente, mas também da renda pessoal disponível futura. Essa teoria também postula que o consumo agregado reagiria mais fortemente à chamada renda permanente, que é uma espécie de média do somatório de todas as rendas futuras esperadas. Assim, em face de variações na renda consideradas temporárias, os indivíduos utilizariam a poupança (ou despoupança) para manter seu padrão de consumo.

- **Teoria do Ciclo de Vida do Consumo**: o consumo de determinado indivíduo dependerá da etapa do ciclo de vida em que ele se encontre. Assim, na primeira etapa ("juventude"), a renda do indivíduo não permite cobrir suas necessidades de consumo; na segunda etapa ("maturidade"), sua renda é mais do que suficiente para manter seu padrão de vida; finalmente, na terceira ("velhice"), sua renda novamente não será suficiente para cobrir as necessidades de consumo do indivíduo. Dessa forma, como as pessoas sabem que, na velhice, terão uma queda de renda, ao longo dos anos em que estão trabalhando, devem economizar uma parcela da renda, acumulando uma poupança que permita manter o padrão de consumo a partir do momento em que se aposentem. Do ponto de vista macroeconômico, fatores demográficos, como a proporção de jovens e de idosos da população, passam a ser relevantes para explicar o Consumo Agregado de um país.

- **Efeito "Catraca"**: mantém a hipótese keynesiana de que o consumo é função da renda nacional, mas supõe que as propensões a consumir e a poupar seriam diferentes para aumentos de renda e para quedas na renda. Na queda da renda, as pessoas tentam manter o padrão de consumo, para o que sacrificam parte de sua poupança; ou seja, aumenta a parcela do consumo na renda (a propensão a consumir), e reduz a parte da poupança (a propensão a poupar). Também chamado de **Efeito Demonstração** ou **Efeito Imitação**: depois que se atinge um nível de renda mais alto, as pessoas querem manter-se nesse padrão mais alto, mesmo que sua renda sofra uma queda. É como se existisse uma função consumo para aumentos de renda, e outra para quedas de renda, o que altera as propensões a poupar e a consumir, ou seja, com declividades diferentes.

SAIBA MAIS

A Grande Depressão e a macroeconomia keynesiana

A crise de 1929, que resultou na Grande Depressão dos anos 1930, foi uma das piores catástrofes econômicas da história mundial. Também serviu para o desenvolvimento de novas teorias econômicas, entre elas, a denominada macroeconomia keynesiana.

A Grande Depressão revela-se pelos números. Entre 1929 e 1933, o *PIB* norte-americano caiu mais de 25% em termos reais. Percentual semelhante também foi observado nas principais economias do mundo, onde as crises se situaram não apenas na produção e renda, mas também nos mercados financeiros. As taxas de desemprego explodiram durante o período e foi acompanhado pelo processo de deflação. O evento estimulou várias interpretações econômicas, dentre elas, a do economista britânico John Maynard Keynes, a partir de sua obra célebre *A teoria geral do emprego, do juro e da moeda*, publicada originalmente em 1936. Segundo Keynes, a depressão teria sido causada pela forte contração no consumo das famílias e nos investimentos agregados (ou pela queda da conhecida soma $C + I$, intensificada pela piora nas expectativas). Keynes sugeriu, como remédio para a crise, a utilização da política fiscal expansionista. O governo, ao elevar os seus gastos, injetaria demanda na economia, estimulando, assim, a recuperação do *PIB*. Segundo ele, os economistas clássicos, ao acreditar no ajuste automático dos mercados, não tinham desenvolvido uma teoria adequada para explicar a persistência do desemprego ao longo do tempo. Para esses economistas, a economia sempre estaria no pleno emprego e, segundo a denominada *lei de Say*, que dizia que a oferta criava sua própria procura, não havia espaço para o desemprego provocado pela insuficiência da demanda agregada. Keynes desconstrói essa visão afirmando que o pleno emprego seria apenas uma situação particular, não havendo qualquer lógica na *lei de Say*.

Com sua *Teoria Geral*, Keynes buscou explicações para crises como a da Grande Depressão de 1930, o que nas décadas seguintes teria influência nos governos de vários países. Também estimulou novas abordagens econômicas que dariam origem à macroeconomia como grande área de estudo. Seus modelos ainda hoje são estudados nos livros de Economia. O mais interessante neste exemplo é a possibilidade de se poder entender a crise de 1930 e a solução proposta por Keynes em seus aspectos gerais a partir dos conceitos básicos estudados neste capítulo.

ENTENDA NA PRÁTICA

Celso Furtado e a formação econômica do Brasil sob uma perspectiva keynesiana

No final da década de 1920, a produção de café no Brasil seguia em plena expansão. Tratava-se, naquele momento, da principal atividade produtiva e exportadora da economia brasileira, cujo desempenho determinava em grande parte a geração de emprego e renda no país. Com o advento da Grande Depressão, a demanda e o preço do café no mercado internacional sofreram fortes quedas. Naquele momento, o Governo Brasileiro se deparou com duas alternativas: deixar a lavoura apodrecer nos campos ou comprar e estocar a produção. Na primeira possibilidade, a economia poderia sofrer com a recessão. Para evitar isso, o Governo optou pela segunda alternativa, implementando a conhecida política de valorização do café. Essa política foi efetivada pela compra e a queima do produto, algo aparentemente sem sentido sob o ponto de vista da eficiência econômica. Porém, ao realizar tais ações, o Governo sustentou o preço e a renda dos cafeicultores e, em termos mais amplos, o PIB da economia brasileira. Essa história foi contada pelo economista e historiador brasileiro Celso Furtado (1920 – 2004) em sua obra clássica *Formação Econômica do Brasil*, publicada originalmente em 1959 e um dos livros brasileiros mais traduzidos de todos os tempos. Segundo Furtado, com a política de valorização do café, o Brasil teria adotado a política keynesiana. Ou seja, teríamos sido keynesianos antes de Keynes, já que a *Teoria Geral* somente seria publicada em 1936, anos depois das intervenções do governo brasileiro no mercado de café. Essa interpretação demonstra que existe grande afinidade entre a História e a Teoria Econômica. Mais do que isso, mostra que o modelo keynesiano, mesmo sendo inadequado para alguns economistas, pode ser útil na compreensão da nossa história econômica.

QUESTÕES DE MÚLTIPLA ESCOLHA

1. **No modelo keynesiano básico de determinação da renda, assinale a alternativa errada:**

   a) Para que haja equilíbrio, a soma dos vazamentos deve ser igual à das injeções.

   b) Para que haja equilíbrio, a oferta agregada deve igualar a demanda agregada.

   c) Renda de equilíbrio não é o mesmo que renda de pleno emprego.

   d) No equilíbrio da renda, numa economia fechada e sem governo, os investimentos planejados devem igualar as poupanças planejadas.

   e) Todas as alternativas anteriores estão incorretas.

2. **Suponha um aumento dos investimentos. Considerando investimentos autônomos em relação à renda nacional, se os indivíduos desejarem poupar mais nos diversos níveis de renda planejada, no novo equilíbrio ter-se-á:**

   a) O nível de renda e de poupança aumentará.

   b) O nível de investimento realizado excederá o da poupança realizada.

   c) O nível de investimento realizado será menor que o da poupança realizada.

   d) O nível de poupança será constante e o da renda diminuirá.

   e) O nível de poupança se elevará e o de consumo se reduzirá, mas a renda permanecerá constante.

3. **São fatores que contribuem para a elevação do produto real na economia, de acordo com o pensamento keynesiano:**

   a) Redução do *déficit* governamental, tudo o mais constante.

   b) Maiores exportações e menores importações de bens e serviços, menor tributação, enquanto a economia se encontrar em nível abaixo do pleno emprego dos fatores.

   c) Maiores gastos do governo, maior poupança interna e menores níveis de tributação, por induzirem a maior demanda agregada.

   d) Redução de barreiras alfandegárias às importações de bens e serviços.

   e) Redução das exportações de bens e serviços, em razão de provocar aumento na disponibilidade interna de bens e serviços.

4. **Em um modelo keynesiano simples de determinação da renda de equilíbrio, toda vez que o investimento autônomo sofrer um aumento, a renda nacional subirá por um múltiplo desse aumento. Essa expansão da renda variará:**

   a) Em relação direta com a propensão marginal a consumir.

   b) Em relação direta com a propensão marginal a poupar.

   c) De acordo com a taxa de juros de longo prazo.

Cap. 10 • Determinação do Nível de Renda e Produto Nacionais   195

d) Em relação inversa com a propensão marginal a consumir.

e) Em relação direta com a soma das propensões marginais a consumir e a poupar.

5. Considere duas economias, numa das quais as importações são uma função crescente do nível de renda real, enquanto na segunda as importações são autônomas em relação ao nível de renda. O valor do multiplicador:

a) Da primeira será maior que o da segunda.

b) Da segunda será maior que o da primeira.

c) Da primeira será igual ao da segunda.

d) Da primeira não depende do valor da propensão marginal a consumir.

e) Da segunda é função do nível de importação.

6. Em um modelo keynesiano simples, se a propensão marginal a poupar for 20% e houver um aumento de $ 100 milhões na demanda por investimento, a expansão no produto nacional:

a) Será de $ 200 milhões.

b) Será de $ 500 milhões.

c) Não pode ser calculada, pois não se sabe qual a propensão marginal a consumir.

d) Não ocorrerá.

e) Será de $ 2 milhões.

7. Aponte a afirmativa falsa:

a) O mecanismo do estabilizador automático amortece o efeito dos ciclos econômicos.

b) O teorema do orçamento equilibrado mostra que, se aumentarmos os gastos públicos na mesma proporção do aumento da tributação, o nível de renda aumentará no mesmo montante do aumento dos gastos e da tributação.

c) No mecanismo do estabilizador automático, a tributação é suposta independentemente do nível de renda nacional.

d) Com a inclusão da tributação no modelo básico, o consumo é suposto dependente da renda disponível.

e) No hiato deflacionário, a renda de equilíbrio está aquém da renda de pleno emprego.

8. Segundo Keynes, três elementos básicos estão envolvidos nas decisões para investir:

a) Disponibilidade de capital de giro, taxa de juros e nível de lucros esperados.

b) Custo do investimento, fluxo de renda líquida a ser gerado pelo investimento e taxa de juros.

c) Taxa de juros do mercado, custo de produção dos bens de capital e taxa de salários.

d) Custos variáveis de produção, taxa de salários vigente e lucro esperado.

e) Fluxo de renda a ser gerado pelo investimento, disponibilidade de capital de giro e taxa de juros.

9. O princípio do acelerador de investimento baseia-se na relação existente entre:

a) A taxa corrente de investimento e a taxa de juros.

b) O nível corrente de investimentos e o nível de renda.

c) O nível corrente de investimentos e a variação do nível de renda.

d) O nível corrente de investimentos e o nível de gastos do governo.

e) O nível de investimentos e o nível de poupança.

10. Numa economia fechada e sem governo, são dados:

I – a função consumo, pela equação: $C = 20 + 3/4y$, sendo y o nível de renda; e

II – o nível de investimento (autônomo) = 40.

Se o produto de pleno emprego for 300, o aumento do nível de investimento necessário para que a economia esteja equilibrada com pleno emprego será:

a) 80.

b) 60.

c) 45.

d) 15.

e) 30.

11. Conhecidas, para uma economia fechada e sem governo (e supondo que não haja lucros retidos pelas empresas):

Função poupança: $S = -10 + 0,2y_d$, onde: y_d = renda pessoal disponível

Função investimento: $I = 20 + 0,1y$, onde: y = renda (produto) nacional,

Assinale a alternativa correta:

a) O nível de equilíbrio do produto é, aproximadamente, 14,3.

b) A função consumo é $C = 10 + 0,2y_d$.

c) É impossível conhecer o produto de equilíbrio, pois não foi dada a função renda pessoal disponível.

d) O nível de equilíbrio do produto é 300.

e) O multiplicador dos investimentos autônomos é 5.

12. Dados, para uma economia hipotética aberta e com governo:

$$C = 10 + 0{,}8y_d$$
$$I = 5 + 0{,}1y$$
$$G = 50$$
$$X = 100$$
$$M = 10 + 0{,}14y$$
$$T = 12 + 0{,}2y,$$

onde: C = consumo das famílias

y_d = renda disponível

G = gastos do governo

X = exportação de bens e serviços

M = importação de bens e serviços

y = produto nacional

T = tributação

um aumento de 100 unidades monetárias nos gastos do governo, tudo o mais mantido constante, provocaria acréscimo do produto nacional igual a:

a) 100 unidades monetárias.

b) Menos que 100 unidades monetárias, porque a tributação também aumentaria.

c) 250 unidades monetárias.

d) 500 unidades monetárias.

e) 1.000 unidades monetárias.

Notas

1   Devida ao economista francês Jean Baptiste Say (1767-1832).

2   Há uma diferença entre os conceitos de Demanda Agregada (*DA*) e de Despesa Nacional (*DN*), vistos na Contabilidade Social. A *DA* é um conceito *ex ante*, planejada, enquanto a *DN* é um conceito *ex post*, já realizada.

3   Ou seja, "**Y maiúsculo**" **é a renda ou produto nacional nominal, a preços correntes, e "y minúsculo" a renda ou produto nacional real**, deflacionado por um índice geral de preços (também chamado de **deflator implícito da renda**).

4   No Capítulo 11, detalharemos a relação inversa entre preço dos títulos e taxa de juros: quando o preço dos títulos cai, as taxas de juros sobem, e quando o preço dos títulos sobe, as taxas de juros caem.

5   Existem vários modelos de oferta agregada na literatura econômica. Nas últimas décadas, destacam-se os modelos com **preços passados (preços defasados),** e outro, mais difundido, relacionando a oferta com **preços esperados**, com base na expectativa dos agentes em relação ao comportamento futuro da demanda agregada, conhecido como Curva de oferta de Lucas. Uma discussão mais completa pode ser encontrada em LOPES, L. M. *et al. Macroeconomia*: teoria e aplicações de política econômica. 4. ed. São Paulo: Atlas, 2018. cap. 7.

6   Para uma apresentação detalhada do modelo clássico, ver LOPES, L. M. *et al. Macroeconomia*: teoria e aplicações de política econômica. 4. ed. São Paulo: Atlas, 2018. cap. 3.

7   Além do desemprego conjuntural ou keynesiano, podemos ter outros conceitos de desemprego:

–   **desemprego friccional**: devido à mobilidade transitória da mão de obra (por exemplo, trabalhador que vem do interior para a capital, à procura de emprego). É também chamado de **Taxa Natural de Desemprego**;

–   **desemprego estrutural ou tecnológico**: o desenvolvimento tecnológico do capitalismo é capital intensivo e tende a marginalizar a mão de obra. É também chamado de **Desemprego Marxista** ("a mão de obra desempregada criará um exército de reserva, que levará à revolução do proletariado");

–   **desemprego disfarçado**: a produtividade marginal da mão de obra é zero. Por exemplo, como vimos no Capítulo 5 (Produção), pode ocorrer uma situação em que, numa agricultura de subsistência, a retirada de trabalhadores praticamente não altera o produto agrícola.

8   Segundo a síntese neoclássica, o desemprego seria causado em grande medida pelo que se chamou de **rigidez de salários nominais**. Contrariamente à teoria clássica, que pressupunha **flexibilidade de preços e salários**, esta abordagem mostra que os salários nominais, devido à atuação dos sindicatos, seriam rígidos para baixo, encarecendo o custo da mão de obra e fazendo com que as empresas demandem menos trabalhadores, gerando desemprego.

9   Evidentemente, quedas de investimentos, gastos públicos e de exportações representam vazamentos, enquanto quedas de poupança, impostos e importações representam injeções ao fluxo de renda.

10   Ou seja, num primeiro momento há um **deslocamento da curva** de demanda agregada (variação autônoma); os passos seguintes representam **movimentos ao longo da curva** de demanda agregada, e mais especificamente da função consumo, induzidos pelas variações da renda nacional.

11   Uma crítica a esse Teorema é que implica um montante excessivo de gastos e tributos, quando poder-se-ia obter o mesmo aumento de renda apenas com um aumento menor de gastos ou, alternativamente, com diminuição da tributação, embora com desequilíbrio orçamentário. Isso porque os multiplicadores isolados de G e T provocam variações de renda mais fortes do que quando atuam conjuntamente (no orçamento equilibrado). Por exemplo, se $k_G = 5$ e $k_T = -4$, e queremos $\Delta y = 100$, em vez de fazer $\Delta G = \Delta T = 100$, no orçamento equilibrado, poderíamos considerar ou $\Delta G = 20$, ou então $\Delta T = -25$, que, isoladamente, levariam a $\Delta y = 100$. Outra crítica é que os acréscimos de renda só serão exatamente iguais aos acréscimos de gastos e tributos quando se supõem impostos autônomos em relação à renda. Entretanto, como foi dito, esse teorema destaca como é importante, para avaliar os resultados da política fiscal, ter-se conhecimento dos valores dos multiplicadores de gastos e tributos.

12   A.C. Pigou (1877-1959), economista inglês.

13   Irving Fisher (1867-1947), economista norte-americano.

14   Milton Friedman (1912-2006), economista norte-americano, Prêmio Nobel de Economia de 1976.

15   Franco Modigliani (1918-2003), economista italiano, naturalizado norte-americano, Prêmio Nobel de Economia 1985.

16   James Duesenberry (1918-2009), economista norte-americano.

O LADO MONETÁRIO DA ECONOMIA

1 MOEDA: CONCEITO E FUNÇÕES

No Capítulo 10, foi apresentado o modelo keynesiano básico, no qual se destacam os elementos da política fiscal para determinação da renda nacional de equilíbrio. Neste capítulo, serão discutidos elementos e conceitos associados à política monetária, a qual consiste na atuação da Autoridade Monetária (Banco Central)[1] para definir a quantidade ofertada de moeda no mercado, a taxa de juros e o crédito. Enquanto a política fiscal afeta diretamente a demanda agregada e o nível de produto e renda da economia, por meio dos gastos públicos e da arrecadação tributária, a política monetária afeta a demanda agregada e o produto de forma indireta, mediante intervenções no mercado monetário e financeiro, que afetam as taxas de juros.

Para entendermos como atua a política monetária, precisamos primeiro entender o conceito de moeda, e para que serve.

No senso comum, moeda seriam aquelas notas e peças metálicas utilizadas em todas as transações de compra e venda e transações financeiras. No contexto da teoria econômica, o termo **moeda** será empregado num sentido mais geral.

Moeda pode ser definida como tudo aquilo que seja aceito na troca de bens e serviços e para pagar obrigações, e que tenha poder liberatório (capacidade de pagamento) instantâneo. Sua aceitação é **garantida por lei**; ou seja, a moeda tem "**curso forçado**" e sua única garantia é a legal. Deve ter liquidez imediata, entendendo-se **liquidez** como a facilidade de um ativo converter-se rapidamente em meio de troca para efetuar transações, aplicações financeiras e liquidar obrigações.

Mas a melhor forma para se entender com mais clareza o conceito de moeda é por meio de suas funções. As **funções da moeda** são as seguintes:

a) **meio ou instrumento de troca**: num sistema econômico baseado na especialização e divisão do trabalho, é imprescindível que exista um instrumento que facilite as trocas de mercadorias. Se não houvesse esse instrumento, as trocas teriam que ser diretas (**economia de trocas ou de escambo**), trocando-se bens por bens. Isso exigiria **dupla coincidência de desejos** (um criador de galinhas que desejasse comprar roupas deveria encontrar um alfaiate que desejasse comer galinhas). Ademais, ocorreria um **problema de indivisibilidade** (se um fabricante de móveis quisesse tomar um cafezinho, como ele faria?). Acrescente-se que se perderia muito **tempo** para viabilizar essas trocas diretas (até o criador de galinhas encontrar um alfaiate que queira comprar galinha). A moeda permite que as trocas sejam indiretas, proporcionando a separação temporal entre o ato de compra e o de venda, reduzindo os chamados **custos de transação**;

b) **unidade de medida (ou unidade de conta)**: a moeda serve para comparar e agregar o valor de mercadorias diferentes: podemos somar o valor de um caminhão com o valor de uma bola de futebol. Ela serve como medida do valor de troca das mercadorias, sendo que o **preço de um bem** é a expressão monetária do valor de troca desse bem (por exemplo, se uma maçã vale R$ 5,00 e uma banana R$ 0,50, uma maçã pode ser trocada por 10 bananas);

c) **reserva de valor**: a moeda representa um direito que seu possuidor tem sobre outras mercadorias. Ela pode ser guardada para uso posterior, pelo que ela serve como reserva de valor ou **forma de poupança**. A moeda serve de reserva de valor para uma pessoa, mas não para toda a sociedade (o que é chamado de **falácia ou sofisma da composição**): o que vale para o indivíduo não vale para a sociedade, pois o que determina a riqueza de um país é sua produção global e não o montante de moeda existente.

Formas de moeda

Ao longo da história, tivemos várias formas de moeda. A moeda evoluiu da chamada **moeda mercadoria** (sal, gado e até escravos), para a **moeda metálica** (ouro, prata e outros metais preciosos), passando para a **moeda-papel** (notas que possuíam lastro em ouro). A moeda passou então a ser lastreada em ouro (**moeda lastreada**), o chamado **padrão-ouro**. Com o desenvolvimento do comércio internacional, não foi mais possível fazer a conversão de moeda em ouro. Nas economias contemporâneas, a moeda hegemônica passou a ser a **moeda fiduciária** (de *fidere*, confiança), ou **papel-moeda**, que não tem lastro, sendo sua aceitação garantida por lei, e, por isso, é dita **moeda de curso forçado**.

Com a passagem do padrão ouro para a moeda fiduciária, a moeda não é mais função do estoque de ouro, o que deu às autoridades monetárias maior capacidade de afetar a quantidade de moeda, de acordo com os objetivos da política monetária.

Ainda sobre a questão do lastro da moeda, alguns países com problemas inflacionários adotaram o *Currency Board*. Nesse caso, fixa-se a taxa de câmbio da moeda do país em relação a uma moeda internacional, principalmente o dólar, e lastreia-se a oferta de moeda do país ao montante de dólares que o país possui em reservas – a oferta de moeda varia com a entrada e saída de dólares. Retornaremos a esse conceito nos Capítulos 13, sobre inflação, e 14, sobre setor externo.

Como as mercadorias e os serviços em geral, a moeda também tem uma oferta e uma demanda. Veremos inicialmente como se compõe a oferta de moeda; depois, analisaremos os determinantes da demanda de moeda; em seguida, verificaremos como se dá o equilíbrio do lado monetário da economia, e estabeleceremos as relações entre o lado real e monetário, incluindo uma comparação de eficácia entre ambas as políticas. Incluímos ainda uma seção específica sobre a taxa de juros.

2 OFERTA DE MOEDA

2.1 Conceito e composição dos meios de pagamento

A oferta da moeda é sinônimo de **meios de pagamento**, definidos como o **estoque de moeda à disposição do público e do setor privado não bancário, de liquidez imediata, e que não rende juros**.

Trata-se da moeda que o setor privado (pessoas físicas e empresas não financeiras) tem disponível, de imediato, seja em mãos das famílias, nos cofres das empresas ou depositadas em conta-corrente (depósitos à vista) nos bancos comerciais, para satisfazer as suas transações. Como esse conceito visa medir liquidez do setor produtivo privado não bancário, **o dinheiro em poder dos bancos (no caixa ou em reservas) e do governo não é considerado como meio de pagamento**.

Assim, o saldo dos meios de pagamento é composto pelo saldo da moeda em poder do público (PP), mais o saldo dos depósitos a vista (DV):

$$M = PP + DV \qquad (1)$$

O saldo de **moeda em poder do público (ou moeda manual)** é obtido retirando-se do total de moeda emitida o montante que fica no Caixa do Banco Central (originando o conceito de **moeda em circulação**), e no Caixa dos Bancos Comerciais

Como a quase totalidade dos meios de pagamento constitui-se de moeda em papel, e uma pequena parcela de moeda metálica, convencionou-se usar genericamente o conceito de **papel-moeda em poder do público** incluindo a moeda metálica.

Os **depósitos à vista ou em conta-corrente** também são chamados de **moeda escritural, ou moeda bancária**, já que são movimentados por simples contabilização bancária.

Os depósitos à vista não devem ser confundidos com o caixa dos bancos comerciais. Embora contabilmente, o ato do público efetuar um depósito em dinheiro aumente, nesse exato momento, o caixa dos bancos, o banco utilizará posteriormente os recursos em seu caixa para outras transações, o que diferencia os saldos das contas "Caixa" e "Depósitos em conta-corrente" no balancete dos bancos.

Conceitos alternativos de meios de pagamento: quase moeda

Na realidade, existem, na literatura econômica, várias formas de conceituar meios de pagamento. O conceito utilizado até agora é o chamado de **M1,** que é o total de moeda que não rende juros e é de liquidez imediata, constituído da moeda com o público mais depósitos à vista. Esses ativos possuem **liquidez absoluta**, isto é, não necessitam de transformação para serem poder de compra. Contudo, o avanço do sistema financeiro e das inovações financeiras, como fundos de aplicação financeira, certificados de depósitos bancários etc., apresenta elevado grau de liquidez, embora não absoluta. Desenvolveram-se, então, novas medidas de meios de pagamento, originando os conceitos de *M2, M3* e *M4*, que incluem ativos financeiros que rendem juros e são de alta liquidez (embora não imediata).

Esses ativos que rendem juros são também chamados de **quase moeda**, ou **haveres ou ativos não monetários**, sendo que *M1* são chamados de **haveres** ou **ativos monetários**. Temos, então, na teoria econômica os seguintes conceitos de moeda:

- $M1$ = Moeda em poder do público + depósitos a vista nos bancos comerciais.
- $M2$ = $M1$ + depósitos de poupança + títulos privados (depósitos a prazo, letras cambiais, hipotecárias e imobiliárias).
- $M3$ = $M2$ + quotas de fundos de renda fixa + operações compromissadas lastreadas com títulos federais e títulos privados.[2]
- $M4$ = $M3$ + títulos públicos de alta liquidez.

Cada um desses diferentes agregados tem liquidez diferente, ou seja, capacidade diferente para transformar-se em moeda para realizar transações, e tem um prêmio (rendimento) pela perda de liquidez.

$M1$ é também chamado de **Meios de Pagamento Restritos**. Somando-se à quase moeda, chega-se aos **Meios de Pagamento Amplos *M*4**. A Tabela 11.1 apresenta os valores desses agregados em dezembro de 2021.

Em processos inflacionários, a relação entre $M1$ e outros meios de pagamentos costuma diminuir, pois as pessoas procurarão ficar com pouca moeda que não rende juros ($M1$) e utilizá-la em aplicações financeiras. Isso é chamado de **desmonetização**. Quando a inflação diminui, essa relação aumenta (**monetização**). Essa relação entre $M1$ e $M4$ é chamada de grau de monetização, ou seja,

$$\text{Grau de monetização} = \frac{M1}{M4}$$

Por exemplo, após a implantação do Plano Real em 30 de junho de 1994: enquanto a média do grau de monetização entre janeiro e junho daquele ano era de 0,05 ($M1$ era 5% de $M4$), a média do 2º semestre dobrou para 0,10 ou 10% de $M4$. O **grau de monetização**, também costuma elevar-se no mês de dezembro, em função da necessidade de liquidez do mercado para as festas de fim de ano.

No restante do capítulo, o conceito de moeda a ser utilizado é o de meios de pagamento restrito ($M1$).

"Criação" e "destruição" de moeda

Ocorre criação ou destruição de moeda quando se altera o saldo dos meios de pagamento, no conceito $M1$ (moeda com o público + depósitos à vista). Corresponde a um aumento ("criação") ou diminuição ("destruição")[3] da oferta de moeda colocada à disposição da coletividade.

Vejamos alguns casos:

a) exportadores trocam dólares por reais no Banco Central: criação de moeda (ou de meios de pagamento);

b) Banco Central vende dólares aos importadores, recebendo reais em troca: destruição de moeda;

Tabela 11.1 Meios de pagamentos e seus componentes 31/dez./2021

	(R$ milhões)
Papel-Moeda em Poder do Público (*PP*)	R$ 287.294
+ Depósitos à Vista (*DV*) =	R$ 313.505
M1 = *Meios de Pagamento Restritos*	**R$ 630.799**
+ Depósitos de Poupança + títulos privados (depósitos a prazo, letras cambiais, hipotecárias e imobiliárias) =	R$ 3.666.748
M2	**R$ 4.297.547**
+ Quotas de fundo de renda fixa + operações compromissadas =	R$ 4.494.797
M3	**R$ 8.792.344**
+ Títulos públicos federais =	R$ 740.270
M4 = *Meios de Pagamento Amplos*	**R$ 9.532.614**

Fonte: Banco Central do Brasil.

c) empréstimo dos bancos comerciais ao setor privado: criação de moeda;

d) resgate de um empréstimo bancário: destruição de moeda;

e) depósito à vista: apenas transfere moeda do público para depósitos à vista, não alterando o total dos meios de pagamento; não há criação nem destruição de moeda;

f) saque por meio de cheque: não representa criação e nem destruição de moeda, representando apenas uma transferência de moeda escritural para moeda manual, sem alterar o saldo total dos meios de pagamento;

g) uma pessoa que efetua um depósito a longo prazo destrói moeda, pois depósito a prazo não é considerado meio de pagamento de acordo com o conceito $M1$.

Importante salientar que, embora os atos de depositar dinheiro no banco ou saque por meio de cheques não alterem o saldo dos meios de pagamento do ponto de vista contábil, provocarão posteriormente alterações nesse saldo, pois alteram a disponibilidade dos bancos comerciais efetuarem empréstimos ao público e empresas.

Dadas essas definições, vamos analisar a seguir o funcionamento do mercado monetário. A oferta de moeda pode ser dividida em oferta de moeda pelo Banco Central e oferta de moeda pelos bancos comerciais. Deve-se observar que os intermediários financeiros do tipo banco de investimentos, sociedades de crédito e financiamento, chamados de **intermediários financeiros não bancários**, **não criam moeda**, pois não são autorizados a manter depósitos, apenas transferem dinheiro dos emprestadores para os tomadores. Assim, não alteram o saldo dos meios de pagamento, o numerário, disponibilizados ao público e empresas pelo Banco Central. Os bancos comerciais, por sua vez, têm carta patente que lhes permite manter depósitos do público e emprestar uma quantia superior a suas reservas monetárias (ou seja, podem emprestar parte de suas obrigações, que são os depósitos a vista, o que altera a disponibilidade de moeda, ou seja, dos meios de pagamento).

2.2 Oferta de moeda pelo Banco Central

O objetivo do Banco Central é regular a moeda e o crédito, em níveis compatíveis com a meta inflacionária estabelecida pela autoridade monetária.

As **funções do Banco Central** são:

a) **banco emissor**: é o responsável e tem o monopólio das emissões de moeda;

b) **banco dos bancos**: é o órgão em que os bancos depositam seus fundos e transferem fundos de um banco para outro (pela câmara de compensação de cheques). Além disso, o Banco Central também empresta aos bancos (o chamado **redesconto bancário**).

c) **banco do governo**: é o canal que o governo tem para implementar a política monetária. Grande parte dos fundos do governo é depositada no Banco Central. De outra parte, quando o governo necessita de recursos, o Tesouro Nacional normalmente emite títulos (obrigações), e os vende ao público via Banco Central;

d) **banco depositário das reservas internacionais**: é o responsável pela defesa da moeda nacional, e da administração do câmbio e das reservas de divisas internacionais do país.

No Brasil, devido à estrutura híbrida do Banco Central, uma parte de suas funções é executada pelo Banco do Brasil. Assim, a câmara de compensação de cheques fica no Banco do Brasil. Além disso, o Banco Central não recebe depósitos do governo, e sim o Banco do Brasil. Na realidade, o Banco Central é um órgão executor das normas estabelecidas pelo Conselho Monetário Nacional, presidido pelo Ministro da Fazenda.[4] O Banco do Brasil, além dessas funções, executa a política de preços mínimos na agricultura, e funciona como típico banco comercial.

No Apêndice, ao final deste capítulo, são descritas com mais detalhes as funções dos vários agentes do sistema financeiro no Brasil.

Instrumentos de política monetária

A principal função do Banco Central é controlar a oferta de moeda, ou seja, sobre o numerário colocado à disposição da coletividade. Para tanto, ele dispõe dos seguintes instrumentos de controle:

- emissões;
- reservas obrigatórias dos bancos comerciais;
- operações de mercado aberto;
- política de redescontos; e
- regulamentação da moeda e do crédito.

Controle das emissões de moeda

O Banco Central tem o monopólio das emissões e deve colocar em circulação o volume de notas e moedas metálicas necessárias ao bom desempenho da economia.

Esse poder de monopólio permite ao Banco Central auferir uma receita conhecida como **Senhoriagem** ou *Seignoriage*, dada pela diferença entre o valor de face do dinheiro, pelo qual o Bacen coloca moeda no mercado monetário, e seu custo de impressão e de distribuição para o Bacen.[5] O problema ocorre quando as emissões superem as necessidades da demanda de moeda, e provoca o imposto inflacionário. É como se o Governo se apropriasse de parte da renda das pessoas, financiando seus gastos via emissão de moeda.

Reservas obrigatórias (ou depósitos compulsórios)

Os bancos guardam certa parcela de seus depósitos no Banco Central para atender a seu movimento de caixa e compensação de cheques. Essas são as contas de **caixa** e de **reservas ou depósitos voluntários**. Todavia, o Banco Central obriga os bancos comerciais a reter uma parcela dos depósitos como depósitos obrigatórios, que não poderão ser utilizados pelos bancos para empréstimos ou outras aplicações.[6] Tem-se, então, que

Reservas dos Bancos Comerciais
- Caixa (ou Encaixes)
- Depósitos (Reservas) Voluntários
- Depósitos (Reservas) Compulsórios ou obrigatórios

As reservas obrigatórias representam importante instrumento de política monetária: um aumento dessa taxa de reservas representará uma diminuição dos meios de pagamento, dado que os bancos emprestarão menos ao público (eles criarão menos moeda, como veremos mais adiante). Nesse sentido, se o governo optar por uma política de crescimento do emprego, por meio de uma política monetária expansionista, ele deve diminuir a taxa de reservas compulsórias (obrigatórias); por outro lado, numa política restritiva, anti-inflacionária, ele costuma aumentar essa taxa.

Operações de mercado aberto (open market)

Essas operações consistem em vendas ou compras, por parte do Banco Central, de títulos governamentais no mercado de capitais. Quando o governo vende esses títulos ao público, por meio do Banco Central, ele "enxuga" moeda do sistema; quando recompra esses títulos, o dinheiro dado em troca do título representa um aumento dos meios de pagamento. Em muitos países, é o mais importante instrumento; no Brasil, sua utilização é relativamente recente (início dos anos 1970), e os títulos utilizados mudaram ao longo do tempo. Atualmente, os principais títulos utilizados são as Notas do Tesouro Nacional (NTN).

Política de redescontos

Vimos que o Banco Central também é o banco dos bancos, que, inclusive, empresta a eles. São dois os tipos de redescontos: o redesconto de liquidez e o redesconto especial. O **redesconto de liquidez** visa socorrer os bancos quando de eventual saldo negativo na conta de depósitos voluntários, ou seja, quando o banco comercial está com problemas de liquidez. O **redesconto especial ou seletivo** é aquele utilizado pelas autoridades monetárias para incentivar alguns setores específicos da economia; ou seja, o Banco Central abre uma linha de crédito aos bancos comerciais, desde que estes utilizem essa verba adicional em setores específicos (por exemplo, para a compra de fertilizantes, para exportação etc.).

O Banco Central cobra uma taxa de juros sobre esses empréstimos, chamada **taxa de juros do redesconto**. Evidentemente, se essa taxa for baixa e o montante de redesconto elevado, representa um estímulo ao aumento de empréstimos por parte dos bancos comerciais, que poderão repassá-los ao setor privado, aumentando o volume de meios de pagamentos.

Regulamentação e controle de crédito

Embora os instrumentos anteriores tenham efeitos mais diretos sobre a oferta de moeda, o Banco Central também pode afetar o sistema financeiro via regulamentação sobre o volume do crédito e distribuição das linhas de crédito, impondo taxas, condições e prazos para sua concessão pelos bancos e demais instituições financeiras.

2.3 Oferta de moeda pelos bancos comerciais

Os bancos comerciais também podem alterar a oferta de moeda, pelo fato de terem uma carta patente que lhes permite emprestar mais do que têm em depósitos. A utilização generalizada de cheques faz com que a maior parte do volume de moeda do sistema permaneça no sistema bancário, gerando o chamado *float*, e apenas uma pequena parcela desse total é representada por saques de numerário. Dessa forma, apesar de não poder emitir moeda, o banco comercial cria meios de pagamento pelo fato de poder fazer promessas de pagamento com os recursos depositados por seus clientes. Isso cria um mecanismo multiplicador dos saldos monetários, e expansão da oferta de moeda.

Multiplicador monetário

Ao conceder empréstimos, o tomador do empréstimo realizará gastos com o dinheiro recebido. Uma parte desse dinheiro deverá retornar ao sistema bancário na forma de depósitos daqueles que receberam dinheiro do primeiro tomador. Esses novos depósitos terão o mesmo destino. Uma parte ficará como reserva do banco, e a outra será emprestada a novos tomadores. Observa-se, então, que há uma multiplicação do depósito inicial em uma série de novos depósitos. Assim, o sistema bancário pode criar moeda num valor múltiplo de uma injeção monetária inicial. Vejamos como isso ocorre, por meio de um exemplo numérico hipotético.

Suponha que um cliente (José) deposite R$ 10.000,00 no Banco A, e que a razão dos depósitos que os bancos devem manter como reservas é 40%. Por simplificação didática, vamos também supor que o público não mantenha dinheiro em mãos, depositando tudo nos bancos. Teremos, então, inicialmente os meios de pagamentos constituindo-se apenas de depósitos nos bancos comerciais:

$$M_0 = 10.000,00$$

Destes R$ 10.000,00, o Banco A destina R$ 4.000,00 para reservas e empresta R$ 6.000,00 para o Antonio. Temos, então

$$M_1 = 10.000,00 + 6.000,00$$

Suponhamos que o Antonio deposite esses R$ 6.000,00 no Banco B; destes, R$ 2.400,00 viram reservas, e o Banco B empresta R$ 3.600,00 para a Maria, ficando

$$M_2 = 10.000,00 + 6.000,00 + 3.600,00$$

Maria deposita no banco onde tem conta, e reinicia-se o ciclo. Percebe-se que os R$ 10.000,00 iniciais de depósitos multiplicaram-se, gerando uma sequência de depósitos nos valores: R$ 6.000,00; R$ 3.600,00; R$ 2.160,00; R$ 1.296,00;..., que vai diminuindo a cada passo. Essa sequência constitui uma progressão geométrica (*PG*) decrescente de razão 0,6, que corresponde à fração livre dos depósitos bancários, isto é, o depósito adicional menos as reservas que devem ser compostas (1 menos a porcentagem de reservas: 1 − 0,4 = 0,6).

Para avaliarmos o total de depósitos do banco com base no depósito inicial, basta realizarmos a soma dos termos da *PG* com razão menor que 1.

$$\Sigma PG = a\ \frac{1}{1-q}$$

onde:

ΣPG = soma dos termos de uma progressão geométrica

a = primeiro termo da progressão geométrica

q = razão da *PG*

Note-se que nesse exemplo teríamos:

$$D = R\$\ 10.000,00\ \frac{1}{1-0,6} = R\$\ 2.500,00.$$

Ou seja, um depósito inicial de R$ 10.000,00 gerou um total de depósitos no banco de R$ 2.500,00, isto é, foi multiplicado por 2,5. Como (1 − 0,6) é exatamente a parcela de reservas, isto é, 0,4 (40%), notamos que há uma relação inversa entre o multiplicador bancário e a **taxa de reservas**. Assim, quanto menor a taxa de reservas, maior o volume disponibilizado para empréstimos, maior o poder de multiplicação de moeda pelo sistema bancário.

Como o nível de reservas dos bancos comerciais depende fundamentalmente dos depósitos compulsórios, a determinação da taxa de reservas compulsórias é uma forma de o Banco Central controlar a oferta de moeda.

O valor do multiplicador depende também, além da taxa de reservas dos bancos, da **taxa de retenção do público**, que é a razão entre a moeda que fica em mãos do público (e não depositada nos bancos) e o saldo dos depósitos à vista.

Se o público, por algum motivo, decide aumentar a quantidade de moeda em seu poder e deixar menos nos bancos, diminui a capacidade de os bancos emprestarem e, portanto, o volume de meios de pagamento. Ou seja, os bancos terão menos dinheiro para aplicar em empréstimos.

Observa-se, então, que o **valor do multiplicador varia na razão inversa da taxa de reservas dos bancos comerciais e da taxa de retenção de moeda pelo público**.

Existem vários tipos de multiplicadores monetários.[7] Por exemplo, temos o multiplicador de depósitos, que se refere ao aumento múltiplo dos meios de pagamento, derivado de um aumento nos depósitos à vista. O multiplicador mais geral, entretanto, é o chamado **multiplicador da base monetária**.

Por **base monetária** entende-se o total de papel moeda com o público (*PP*) mais as reservas dos bancos comerciais (*R*), isto é:[8]

$$\boxed{B = PP + R} \qquad (2)$$

As **reservas dos bancos comerciais** são a soma do caixa dos bancos comerciais, dos depósitos voluntários e dos depósitos obrigatórios dos bancos comerciais junto ao Banco Central.

Assim, a base monetária consiste em todo o montante de moeda emitida em mãos do setor privado, inclusive bancos. É todo o estoque de moeda primária, também chamada **moeda de alta potência (*high power money*)**, ou, ainda, **passivo monetário das autoridades monetárias**.[9]

Pelo mecanismo de multiplicação, via empréstimos bancários, essa moeda primária dá origem ao aumento dos meios de pagamento. Existe uma relação bastante estável e previsível entre base monetária e meios de pagamento, assim:

$$\boxed{\frac{M}{B} = m} \quad \text{ou} \quad \boxed{M = mB} \quad (3)$$

sendo M o saldo dos meios de pagamento, B a base monetária e m o multiplicador da base monetária.

Vamos discriminar um pouco mais os parâmetros que determinam esse mecanismo de expansão ou contração monetária da economia e chegar a uma fórmula mais geral, baseada nesses parâmetros. Vamos fazer isso passo a passo.

Chamemos:

$r = \dfrac{R}{DV} =$ **taxa de reservas bancárias**, que é o total de encaixes e reservas em relação aos depósitos à vista.[7]

$c = \dfrac{PP}{M} =$ **taxa de retenção de moeda pelo público**, que é a proporção de moeda retida pelo público no total dos meios de pagamento.

$d = \dfrac{DV}{M} =$ **taxa de depósitos bancários**, que é a proporção entre os depósitos à vista no total dos meios de pagamento.

Retomando-se a definição de meios de pagamento (1)

$$M = PP + DV \quad (1)$$

e dividindo-se por M, segue que

$$\frac{M}{M} = \frac{PP}{M} + \frac{DV}{M} \quad (5)$$

segue que

$$c + d = 1 \quad (6)$$

Ou seja, c e d são complementares.

Retomando-se as definições de meios de pagamentos (1), base monetária (2) e multiplicador (3), tem-se:

$$m = \frac{M}{B} = \frac{PP + DV}{PP + R} \quad (7)$$

A partir das definições dos coeficientes de comportamento c, r e d acima, podemos fazer

$$c = \frac{PP}{M} \quad \text{vem que} \quad PP = cM \quad (8)$$

$$r = \frac{R}{DV} \quad \text{vem que} \quad DV = rR \quad (9)$$

$$d = \frac{DV}{M} \quad \text{vem que} \quad DV = dM \text{ ou, como, por} \quad (10)$$
$$(6), \, d = (1 - c) \text{ tem-se}$$
$$\text{então } DV = (1 - c)M$$

Substituindo (8), (9) e (10) em (7), vem

$$m = \frac{cM + (1 - c)M}{cM + rdM} = \frac{M(c + 1 - c)}{M(c + dr)} \quad (11)$$

e finalmente

$$m = \frac{M}{B} = \frac{1}{c + dr} \quad (12)[10]$$

Dessa forma, as expansões e contrações dos meios de pagamento dependem de quatro parâmetros básicos:

a) de variações na base monetária B (maior B, maior M);

b) de variações na taxa de retenção do público c (maior c, menor m e, portanto, menor M);

c) de variações na proporção de depósitos à vista (maior d, maior m, e maior M);

d) de variações na taxa de reservas bancárias r (maior r, menor m e, portanto, menor M).

A atuação maior das autoridades dá-se diretamente sobre a taxa de reservas bancárias e sobre a base monetária. A taxa de retenção pelo público depende mais dos hábitos da população, mas pode ser afetada indiretamente a partir das variações da taxa de juros induzidas pela política monetária.

Tomando os dados para o Brasil, relativos a dezembro de 2021, temos:

Saldo dos meios de pagamento ($M1$):	R$ 630,8 bilhões
Saldo da base monetária (B):	R$ 409,2 bilhões
Saldo do papel-moeda com o público (PP):	R$ 287,3 bilhões
Saldo dos depósitos a vista (DV):	R$ 343,5 bilhões
Saldo das reservas bancos comerciais (R):	R$ 121,9 bilhões

O multiplicador da base monetária pode ser obtido simplesmente a partir dos saldos, dividindo-se M por B. Assim:

$$m = \frac{M}{B} = \frac{630,8}{409,2} \cong 1,54$$

Ou seja, uma expansão primária de moeda de 10%, por exemplo, leva a um total de meios de pagamento superior em cerca de 54%.

O multiplicador também pode ser obtido a partir dos parâmetros de comportamento c, d e r:

$$c = \frac{PP}{M} = \frac{287,3}{630,8} \cong 0,455$$

$$d = \frac{DV}{M} = \frac{343,5}{630,8} \cong 0,545$$

$$r = \frac{R}{DV} = \frac{121,9}{343,5} \cong 0,355$$

$$m = \frac{1}{c + dr} = \frac{1}{0,455 + 0,545 \cdot 0,355} \cong \frac{1}{0,648} \cong 1,54$$

3 DEMANDA DE MOEDA

Nesta parte, estamos interessados em saber os motivos que fazem com que famílias e empresas retenham moeda, mantenham moeda, em vez de aplicá-la, por exemplo, em títulos ou imóveis, que proporcionam rendimentos. Se existem essas possibilidades, por que se retém moeda que não rende nada? Enfim, porque demandam, procuram moeda pela moeda ($M1$).

Com base nas funções da moeda como meio de troca, unidade de conta e reserva de valor, podemos começar a analisar o que leva famílias e empresas a demandarem moeda.

Teoricamente, existiriam três motivos para demandar moeda, isto é, para reter encaixes monetários:

- motivo transação;
- motivo precaução;
- motivo especulação (ou portfólio).

3.1 Demanda de moeda por motivo de transações

As pessoas retêm moeda para efetuar pagamentos pelos bens e serviços. Nesse sentido, as pessoas não reteriam moeda por ela mesma, mas pelos bens e serviços que ela pode adquirir. Em geral, os indivíduos não recebem renda diariamente, mas realizam gastos diários com transporte, alimentação etc. Essa defasagem entre pagamentos e recebimentos faz com que famílias e empresas mantenham moeda para realizar as transações necessárias.

Claramente, a demanda de moeda por transação depende do nível de renda: quando a renda aumenta, o padrão de gastos também aumenta e os saldos de moeda mantidos para realizar transações também devem aumentar. Como o padrão de gastos depende do nível de renda, segue-se que a demanda de moeda por transações depende do nível de renda.

Chamando

Md_T = quantidade média de moeda retida (demandada)

Y = renda monetária (nominal)

a relação entre Md_T e Y, ou seja:

$$k_T = \frac{Md_T}{Y}$$

é chamada **de coeficiente marshalliano ou coeficiente de Cambridge** e é definida como a retenção média de moeda pela coletividade, em proporção à renda nacional, em determinado período de tempo.

Por exemplo, se Md_T = 60.000 e Y = 1.440.000 segue que:

$$k_T = \frac{Md_T}{Y} = 4$$

ou seja, a coletividade costuma demandar, reter em moeda cerca de 1/24 avos da renda nacional, com o objetivo de atender às transações diárias.

A função demanda de moeda para transações fica:

$$Md_r = k_T Y$$

Como Y é a renda monetária, igual a $Y = Py$, sendo P o nível geral dos preços e y a renda ou produto real, podemos reescrever essa equação da seguinte forma:

$$Md_T = k_T Py \quad \text{ou} \quad \frac{Md_T}{P} = k_T y$$

3.2 Demanda de moeda por motivo de precaução

A segunda razão para empresas e indivíduos reterem (demandarem) moeda nos cofres ou no banco, em depósitos que não rendem juros, sem aplicá-la, é a incerteza quanto ao futuro. Por exemplo, pagamentos inesperados ou recebimentos atrasados fazem com que as pessoas retenham uma parcela de moeda como precaução. Claramente, esses saldos monetários (encaixes monetários) de segurança ou precaução também devem depender da renda do indivíduo ou da empresa. Quanto maior a empresa, ou mais rica a pessoa, maior a necessidade de moeda para precaução. Dessa forma, assim como a demanda por transações, a demanda de moeda por precaução também pode ser escrita como uma proporção da renda monetária, assim:

$$Md_p = k_p Y = k_p Py$$

Como Md_T e Md_P dependem de Y, podemos juntá-las:

$$Md_{T+P} = kY = kPy$$

3.3 Demanda de moeda por motivo de especulação (ou motivo portfólio)

Keynes deu nova dimensão à moeda ao colocá-la também como uma forma de poupança de acumular patrimônio. Segundo Keynes, as pessoas demandam moeda não apenas para satisfazer a transações correntes, mas também para especular com títulos, imóveis etc.

A moeda não apresenta rendimentos, mas também não apresenta riscos, especialmente quando a inflação é baixa. As pessoas, para reduzir os riscos, podem diversificar sua carteira de títulos (seu "portfólio") em vários títulos e aplicações, inclusive guardando certa quantidade de moeda. Dessa forma, essa quantidade de moeda também dependerá da rentabilidade dos títulos, ou seja, da taxa de juros.

Do ponto de vista de quem retém moeda, a taxa de juros representa o rendimento que esse indivíduo teria se comprasse títulos. Ou seja, a taxa de juros é o "preço implícito" ou custo de oportunidade de reter moeda.

Podemos, então, estabelecer uma relação entre demanda de moeda por especulação e taxa de juros de mercado. É de se esperar que essa relação seja inversa: quanto maior a taxa de juros, os agentes reterão menos moeda (que não rende juros) em seu poder.

Assim, quanto maior a taxa de juros, maior a compra de títulos e menor a demanda de moeda para especulação.

Chamando

Md_E = demanda de moeda por especulação (ou portfólio)

i = taxa de juros de mercado

temos que:

$$Md_E = f(i), \text{ sendo } \frac{\Delta i Md_E}{\Delta i} < 0$$

Graficamente, temos o apresentado na Figura 11.1.

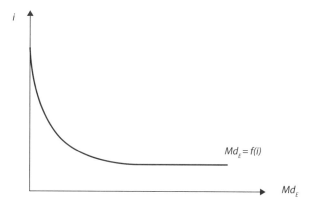

Figura 11.1 Demanda de moeda por especulação.

3.4 Função demanda de moeda total

Juntando as três razões para se manter encaixes monetários, vem

$$Md = Md_{T+P} + Md_E$$
$$Md = kY + f(i)$$

ou simplesmente: $\quad Md = f(Y,i)$, sendo

$$\frac{\Delta Md}{\Delta Y} > 0 \quad \text{e} \quad \frac{\Delta Md}{\Delta i} < 0$$

ou seja, a função demanda de moeda é afetada pelas variáveis renda nominal e taxa de juros, tendo uma relação direta com a renda e inversa com a taxa de juros.

Graficamente, temos o apresentado na Figura 11.2.

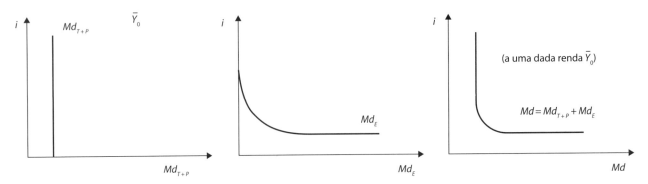

Figura 11.2 Demanda de moeda total.

O primeiro gráfico mostra a demanda de moeda por transações e precaução como invariável em relação à taxa de juros, já que depende da renda monetária Y, e não de i. Quando o nível de renda monetária Y se eleva, a curva da demanda de moeda desloca-se para a direita, indicando que, em um dado nível de taxas de juros, as pessoas demandam mais moeda, porque a renda aumentou. O segundo é uma repetição da Figura 11.1 e o terceiro mostra a demanda de moeda total.

4 EQUILÍBRIO DO LADO MONETÁRIO DA ECONOMIA

Para analisar o equilíbrio do lado monetário, existem várias teorias. Neste texto básico, vamos destacar as duas mais tradicionais: a visão clássica e a visão keynesiana (que introduz o motivo especulação), pelas quais se originou todo o debate que, em última análise, persiste até hoje, com as correntes originais rebatizadas como novos clássicos, novos keynesianos, pós-keynesianos etc.

Em ambos os casos, supõe-se normalmente que oferta de moeda (M_s) é constante (ou inelástica) em relação à taxa de juros. Ou seja, a oferta de moeda é fixada institucionalmente, o que significa que ela depende da política do Banco Central e do governo (por exemplo, se adota políticas recessivas ou de crescimento). Isto é, ela é fixada pelo governo e não é afetada pela taxa de juros i. Graficamente, temos o apresentado na Figura 11.3.

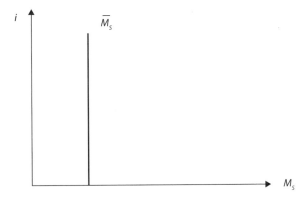

Figura 11.3 Oferta de moeda.

4.1 Equilíbrio do lado monetário pela teoria clássica: a teoria quantitativa da moeda

- oferta de moeda: $M_s = M^0$
- demanda de moeda: $Md = kPy$
- equilíbrio: $M^0 = M_s = Md$ e $M^0 = kPy$

A equação $M^0 = kPy$ também pode ser escrita como:

$$M^0 = \frac{1}{V} \cdot Py \quad \text{ou} \quad \mathbf{MV = Py}$$

que é a equação quantitativa da moeda, ou **teoria quantitativa da moeda**, sendo **V a velocidade-renda da moeda**, que é o número de "giros" que uma unidade monetária dá, criando renda durante certo período de tempo. É o inverso do coeficiente marshalliano (k é a retenção de moeda, enquanto V é a utilização da moeda, em relação à renda nacional).

Como $M^0V = Py$, podemos escrever:

$$V = \frac{Py}{M^0} = \frac{\text{fluxo de renda nacional nominal}}{\text{estoque de moeda}}$$

Então, se, por exemplo, $M^0 = 60.000$

$$Py = Y = 1.440.000$$

segue que

$$V = \frac{1.440.000}{60.000} = 24$$

Significa que a moeda circulou 24 vezes no decorrer de um ano para criar 1.440.000 de renda. Isso mostra que, para gerar uma renda de 1.440.000 num ano, não são necessários 1.440.000 em moeda (ou meios de pagamento), dado que o estoque de dinheiro circula, passando de mão em mão, gerando renda nesse processo.

No Brasil, em dezembro de 2020, a velocidade-renda da moeda foi igual a

$$V = \frac{PIB}{M1} = \frac{R\$ 7.701,0 \text{ bilhões}}{R\$ 641,1 \text{ bilhões}} = 12,01$$

ou seja, os meios de pagamento giraram 12,01 vezes em 2020, criando renda.

Na teoria clássica, V é considerado relativamente estável ou constante a curto prazo, já que depende de fatores institucionais que se alteram lentamente ao longo do tempo, tais como hábitos da coletividade (quanto maior a utilização de cheques e cartões de crédito, menor a necessidade de reter moeda) e o grau de verticalização entre empresas. Por exemplo, quando a Fiat comprou a Pirelli, diminuiu sua necessidade de manter moeda, dado que as operações entre Fiat e Pirelli passaram a ser meramente contábeis, no âmbito do próprio grupo. Por raciocínio análogo, a terceirização também afeta a velocidade da moeda.[11]

A equação quantitativa $MV = Py$ revela simplesmente que, ao multiplicar a quantidade de moeda M pela velocidade V com que ela cria renda, teremos a própria renda nominal Py. Nesse sentido, é uma **tautologia** ou **truísmo** (uma verdade em si mesma), que decorre simplesmente da maneira como a definimos. Ou seja, uma identidade contábil. Passa a ser uma teoria monetária, quando estabelecemos hipóteses sobre o comportamento das variáveis no contexto de uma relação de causa e efeito (se V é ou não constante, se y está ou não a pleno emprego etc.).[12]

4.2 Equilíbrio do lado monetário na visão keynesiana

- oferta de moeda: $M_s = M^0$
- demanda de moeda: $M_d = f(Y, i)$
- equilíbrio: $M^0 = M_s = M_d$ e $M^0 = f(Y, i)$

Graficamente, temos o apresentado na Figura 11.4.

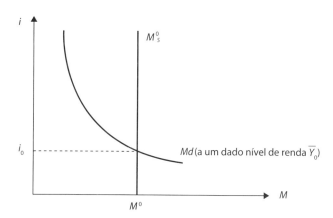

Figura 11.4 Equilíbrio do lado monetário pela Teoria Keynesiana.

Como se observa, a teoria keynesiana da moeda depende da elasticidade ou sensibilidade da demanda de moeda em relação à taxa de juros. Na teoria clássica, a demanda de moeda seria completamente inelástica em relação à taxa de juros (ou seja, simplesmente a taxa de juros não seria relevante para explicar o comportamento da demanda de moeda). Por esse motivo, na concepção keynesiana, a taxa de juros é o resultado do equilíbrio entre a oferta e a demanda de moeda.

5 EFEITOS DA POLÍTICA MONETÁRIA SOBRE NÍVEL DE RENDA E DE PREÇOS

Fechando a análise do lado monetário da economia, cabe relacioná-lo com o lado real. Nesta parte, mostraremos como a política monetária afeta o nível de renda e os preços. Veremos como políticas monetárias podem ser utilizadas para aumentar o nível de emprego e controlar a inflação.

5.1 Teoria quantitativa da moeda clássica

Supondo uma política monetária expansionista, com um aumento na oferta de moeda M_s, teremos, graficamente, o apresentado na Figura 11.5.

Supondo que a velocidade-renda da moeda permaneça constante a curto prazo (ou seja, supondo que dependa de fatores que variam mais a longo prazo, como hábitos da coletividade e grau de verticalização), o efeito sobre inflação ou emprego dependerá de a economia estar ou não com recursos desempregados.

Se a economia estiver com recursos plenamente empregados, o aumento de M provocará apenas um aumento no nível geral de preços, pois, dado

$$MV = Py,$$

com V constante e y constante em nível de pleno emprego, o aumento em M provocará um aumento proporcional em P. A renda nominal Y passa de:

$$Y_0 = P_0 y_0 \text{ para } Y_1 = P_1 y_0$$

Esta é a versão original da teoria quantitativa da moeda.

Se a economia estiver com recursos desempregados, então é possível que a expansão monetária estimule a produção agregada y, sem necessariamente aumentar os preços, posto que existem recursos ociosos. A renda nominal Y passa de:

$$Y_0 = P_0 y_0 \text{ para } Y_1 = P_0 y_1$$

A teoria quantitativa da moeda pode ser utilizada para previsões de meios de pagamentos. Por exemplo, se o governo prevê que a renda real y deva aumentar 6% e que os preços aumentem 20%, e supondo adicionalmente que a velocidade-renda da moeda permaneça constante a curto prazo, pode ser feita uma estimativa para os meios de pagamento da seguinte forma:

$$M_0 V_0 = P_0 y_0 \quad (1)$$

$$M_1 V_1 = P_1 y_1 \quad (2)$$

Dividindo (2) por (1), vem:

$$\frac{M_1 V_1}{M_0 V_0} = \frac{P_1 y_1}{P_0 y_0}$$

como:

$$\frac{V_1}{V_0} = \frac{P_1}{P_0} = 1,2 \text{ e } \frac{y_1}{y_0} = 1,06$$

segue que:

$$\frac{M_1}{M_0} = 1,2 \cdot 1,06 = 1,272$$

ou seja, pode-se prever um crescimento dos meios de pagamento de 27,2%, supondo que a velocidade-renda da moeda se mantenha constante no período considerado.

5.2 O Efeito Keynes

A relação entre os aumentos na oferta monetária e os níveis de renda e de preços é mais indireta do que na teoria quantitativa, dado que "passa" pela taxa de juros, que é a principal variável na interligação entre os lados real e monetário, na concepção keynesiana.

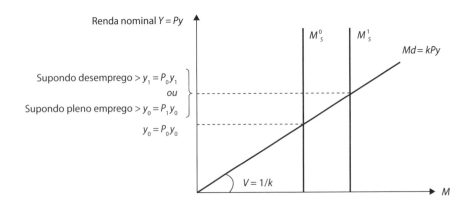

Figura 11.5 Efeito de um aumento da oferta de moeda na teoria clássica.

Como vimos no Capítulo 10, supõe-se que a demanda de investimento seja uma função inversa da taxa de juros, isto é:

sendo $I = f(i)$

ou seja,

$$\frac{\Delta I}{\Delta i} < 0$$

ou seja, quanto maior a taxa de juros do mercado, além de desestimular os empréstimos bancários, faz com que os empresários tendam a aplicar mais no mercado financeiro do que investir na compra de bens de capital.

O efeito da política monetária sobre o nível de renda também é conhecido como **efeito Keynes**. Passo a passo, o mecanismo detonado por uma expansão monetária age da seguinte forma:

a) com mais moeda, fica mais barato financiar investimentos, dado que o excesso de moeda provoca queda na taxa de juros (dinheiro mais barato); assim, a taxa de juros i_0 cai para i_1, o que provoca um aumento no investimento de I_0 para I_1;

b) a demanda de investimentos é um dos elementos da demanda agregada. Os reflexos sobre nível de renda ou de preços dependem de a economia estar ou não a pleno emprego. Como vimos anteriormente, Keynes supõe basicamente uma economia em desemprego; com isso, pode-se esperar que o nível de renda real y aumente de y_0 para y_1 e que o nível de preços permaneça constante.

Se a hipótese for de renda real a pleno emprego, então deve ocorrer aumento nos preços P, com y constante. Esquematicamente:

$$M_s \uparrow i \downarrow I \uparrow \text{Demanda Agregada} \uparrow \begin{cases} \text{com pleno emprego, } P \uparrow \bar{y} \\ \text{com desemprego, } \overline{P} y \uparrow \end{cases}$$

O efeito Keynes pode ser ilustrado (supondo economia abaixo do pleno emprego) conforme Figura 11.6.

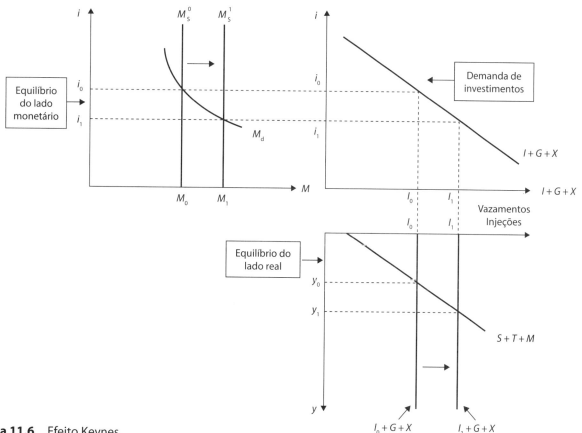

Figura 11.6 Efeito Keynes.

Armadilha da liquidez

Keynes aponta uma possibilidade em que a política monetária seria totalmente ineficaz para tirar uma economia de uma situação de desemprego. Se a economia estiver em depressão e com um nível de taxa de juros muito baixo (baixa rentabilidade dos títulos), toda a expansão monetária será retida para fins especulativos, não sendo aplicada na atividade produtiva, porque os especuladores julgam que a taxa de juros já está em seu limite mínimo, e só poderá subir no futuro.

Assim, na armadilha da liquidez o efeito Keynes não funciona, já que a taxa de juros não se altera.

Graficamente, temos o apresentado na Figura 11.7.

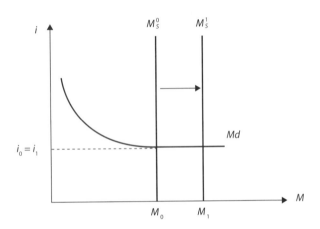

Figura 11.7 Armadilha da liquidez.

Na verdade, Keynes procurou mostrar, com esse conceito, uma situação na qual a política monetária seria totalmente ineficaz, para com isso valorizar a aplicação da política fiscal. Essa é uma das razões pelas quais os economistas fiscalistas são também chamados de keynesianos.

6 A IMPORTÂNCIA DA TAXA DE JUROS

A taxa de juros representa o preço do dinheiro no tempo. Como já observamos, é uma taxa de rentabilidade para os aplicadores de recursos, e o custo do empréstimo, para os tomadores de recursos.

Existe um espectro muito grande de fluxos monetários – o mercado interbancário, o de tomadores de recursos por um dia etc. e uma série de convenções em cada mercado, para representar a taxa de juros: taxa-*over*; taxa prefixada, taxa pós-fixada etc. Entretanto, todas essas taxas estão relacionadas com uma taxa básica da economia. No Brasil, a taxa básica é a **taxa Selic**,[13] que é fixada pelo Banco Central por meio do Comitê de Política Monetária (Copom), aproximadamente a cada 40 dias (oito vezes ao ano). O Copom, ao fixar a taxa, anuncia um **viés de baixa**, ou **viés de alta**, ou **viés neutro**, sinalizando ao mercado que o presidente do Banco Central pode alterar a taxa de juros, sem aguardar a próxima reunião. Esse sistema passou a ser adotado a partir de junho de 1999, quando se adotou a sistemática de fixar **metas de inflação** (*inflation targets*), como diretriz de política monetária.

A taxa à qual os bancos emprestam fundos depende basicamente da oferta e da demanda de dinheiro da economia. Como o Banco Central tem o monopólio de emissão de moeda, ele influencia de maneira decisiva essa taxa. O Banco Central atua especialmente no mercado de títulos, comprando e vendendo, de maneira que leve todo o espectro de taxas de juros para o nível desejado pelas autoridades monetárias. O Banco Central dispõe de outro instrumento de controle monetário, que é a **taxa de juros de redesconto** que ele cobra dos bancos comerciais sobre seus empréstimos de assistência à liquidez.

Quando muda o nível de juros, todos os mercados da economia são afetados. Quando sobe a taxa básica, sobe o custo para tomadores de fundos, bem como a remuneração dos aplicadores de recursos. Uma alta de juros também:

- aumenta o custo de oportunidade de estocar mercadorias, dada a atratividade de aplicar no mercado financeiro;
- incentiva o ingresso de recursos financeiros de outros países;
- é importante instrumento anti-inflacionário, ao controlar o consumo agregado, seja pelo encarecimento do custo do crédito, seja por estimular aplicações financeiras;
- pode desestimular o investimento produtivo, pois estimula aplicações especulativas no mercado financeiro;
- aumenta o custo da dívida pública interna.

Outras taxas de juros de mercado

Além da taxa básica Selic e da taxa de juros de redesconto, destinadas ao controle monetário, temos outras taxas de juros no mercado brasileiro:

- **Taxa Referencial de Juros (TR)**: calculada a partir da **Taxa Básica Financeira (TBF)**, que é uma média ponderada da taxa de juros dos títulos do Tesouro Nacional (LTNs), com base nos títulos em posse das 30 maiores instituições financeiras do país. Aplica-se um redutor definido pelo Banco Central para garantir a rentabilidade da poupança frente aos demais produtos financeiros. Utilizada como indexador de contratos e aplicações como o FGTS (Fundo de Garantia do Tempo de Serviço), para o reajuste da caderneta de poupança, dos financiamentos imobiliários.[14]

- **Taxa de Longo Prazo (TLP)**: utilizada principalmente pelo Banco Nacional de Desenvolvimento Econômico e Social (BNDES), para financiamento de projetos de longo prazo.

- **Taxa de juros interbancária ou Taxa DI**: taxa que os bancos pagam entre si, para manter seus respectivos fluxos de caixa no azul, em transações com depósitos interbancários (DI) lastreadas por títulos públicos.

Taxa de juros nominal e taxa de juros real

As diferenças entre taxas de juros nominais e taxas de juros reais merecem uma atenção especial, pois elas têm implicações nas decisões de investimento. As taxas de juros nominais constituem-se em um pagamento expresso em porcentagem, mensal, trimestral, anual etc., que um tomador de empréstimos faz ao emprestador, em troca do uso de determinada quantia de dinheiro. Se não houver inflação no período, a taxa de juros nominal será igual à taxa de juros real desse mesmo período de tempo. Contudo, quando há inflação, torna-se importante distinguir a taxa de juros nominal da taxa de juros em termos reais. Assim, enquanto a taxa de juros nominal mede o preço pago ao poupador por suas decisões de poupar, incluindo a perda que sofre por efeito da inflação, ou seja, de transferir o consumo presente para o consumo futuro, a taxa de juros real mede o retorno de uma aplicação em termos de quantidades de bens, isto é, já descontada a taxa de inflação. No entanto, como tratamos de rentabilidades futuras, costumamos usar a taxa de inflação esperada.

A relação entre a taxa nominal de juros, a taxa real e a inflação esperada são dadas pela **Equação de Fisher** ou **Paridade de Fisher**:[15]

$$(1 + i) = (1 + r)\,(1 + \pi^e)$$

onde: i = taxa nominal de juros; r = taxa real de juros; π^e = taxa de inflação esperada.

Tem-se, então, que:

$$(1 + r) = \frac{(1 + i)}{(1 + \pi^e)}$$

e:

$$r = \frac{(1 + i)}{(1 + \pi^e)} - 1$$

Como exemplo, vamos supor que a taxa de inflação esperada em certo ano seja igual a 6%. Se a taxa de juros nominal for de 4%, qual será a taxa real de juros? Aplicando-se a fórmula anterior, obtemos 0,0192 ou 1,92% de juros em termos reais.

Mecanismo de transmissão da política monetária

O **mecanismo de transmissão da política monetária** é a via pela qual as variações na oferta de moeda afetam o produto, o emprego e os preços; ou seja, o efeito de políticas monetárias sobre o lado real da economia.

Quando o Banco Central realiza uma política monetária expansionista, aumenta a oferta de moeda, e provoca uma redução na taxa de juros nominal. Supondo dadas as expectativas sobre inflação, a menor taxa de juros nominal implica uma menor taxa de juros real. Portanto, reduz-se o custo real do crédito, o que terá um impacto positivo sobre o consumo e o investimento agregado e, logo, da demanda agregada. O mesmo mecanismo opera no caso da política monetária contracionista, quando, por exemplo, o Banco Central aumenta a taxa Selic para desacelerar o crescimento da demanda agregada e alcançar determinada taxa de inflação.

O mecanismo de transmissão também pode estar relacionado com a forma pela qual o Banco Central afeta as decisões dos demandantes e ofertantes de crédito, a partir dos **canais de crédito**. Nesse sentido, quanto maior o acesso ao crédito, maior será o mecanismo de transmissão e, portanto, a eficácia da política monetária.

7 REGRAS, DISCRICIONARIEDADE E CONSISTÊNCIA DINÂMICA DA POLÍTICA MONETÁRIA

Uma questão muito discutida é se a política monetária deve ser realizada mediante determinada regra, independentemente do contexto econômico, ou se deve ser discricionária, adaptando-se à conjuntura macroeconômica existente.

Os ganhadores do Prêmio Nobel de Economia de 2004, Fynn Kydland e Edward Prescott, desenvolveram um argumento favorável à adoção de regras. A ideia central é que as regras diminuem a incerteza relativa à política monetária e aumentam sua credibilidade, o que ajuda a reduzir as expectativas de inflação, favorecendo o processo de estabilização. Assim, dizemos que a política monetária é dinâmica ou temporalmente consistente, ou seja, o Banco Central prefere seguir regras bem definidas, evitando "cair em tentação" de mudar a política monetária, em função do resultado de indicadores como desemprego, crescimento do *PIB* etc. Medidas erradas no curto prazo podem comprometer o comportamento da economia a médio e longo prazos.

Evidentemente, os críticos argumentam que a adoção estrita de regras pode fazer com que a autoridade monetária perca flexibilidade para fazer frente a flutuações importantes da atividade econômica.

No Brasil, a implementação do regime de metas de inflação tem como fundamento a supremacia das regras sobre as políticas monetárias discricionárias. Assim, o Banco Central anuncia previamente a meta para a taxa de inflação dos próximos anos, alterando a taxa Selic para alcançar esse objetivo, de acordo com a evolução esperada para a taxa de inflação e o nível de emprego.

8 EFICÁCIA DAS POLÍTICAS MONETÁRIA E FISCAL

A eficácia das políticas monetária e fiscal pode ser avaliada com base em sua velocidade de implementação, pelo grau de intervenção na economia e pela importância relativa das taxas de juros e do multiplicador keynesiano.

Quanto à **velocidade de implementação**, que a política monetária é mais eficaz que a política fiscal, pois as decisões das autoridades monetárias normalmente são aplicadas de imediato, enquanto as decisões na área fiscal, de acordo com a Constituição Federal, devem passar pelo Poder Legislativo e só serem implementadas no exercício fiscal seguinte, devido ao chamado **Princípio da Anterioridade**, pelo qual as alíquotas dos principais impostos, como Imposto de Renda, Imposto sobre Produtos Industriais (IPI), Imposto de Circulação de Mercadorias e Serviços (ICMS) tem que ser estabelecidas antes de 31 de dezembro do ano anterior à sua aplicação.[16] Não obstante, os efeitos da política monetária sobre a atividade econômica nem sempre são imediatos, pois as decisões de investimento não se alteram de forma instantânea com as mudanças na taxa de juros.

Quanto ao **grau de intervenção na economia**, a política fiscal é mais profunda que a política monetária. Uma alteração numa alíquota de impostos, ou a criação de novos impostos, por exemplo, representam praticamente aumento de custos e interferem mais diretamente no setor privado do que qualquer política monetária. A política fiscal tem impactos mais fortes sobre o grau de distribuição de renda e sobre a estrutura produtiva, enquanto a política monetária é mais difusa quanto a aspectos distributivos. Em resumo, a política fiscal trata mais de **questões estruturais**, **de médio e longo prazo**, enquanto a política monetária tem seu foco mais em **questões conjunturais**, **de curto prazo**, como inflação e emprego.

Como pudemos verificar na Figura 11.6 (Efeito Keynes), a discussão da eficácia das políticas econômicas também depende do **papel da taxa de juros** – em particular, na sensibilidade (elasticidade) dos investimentos privados e na demanda de moeda especulativa em relação à taxa de juros –, do **multiplicador keynesiano** e da **velocidade-renda da moeda**:

- quanto maior a elasticidade (sensibilidade) dos investimentos em relação à taxa de juros, maior será a eficácia da política monetária. Por exemplo, uma política monetária expansionista tende a diminuir o custo do dinheiro (e, portanto, da taxa de juros). Se os investidores forem sensíveis a essa queda dos juros, tenderão a aumentar seus investimentos, com o consequente aumento da demanda agregada e do nível de produto e renda;

- quanto maior a elasticidade da demanda de moeda especulativa relativamente à taxa de juros, menor será a eficácia da política monetária. Supondo novamente uma política monetária expansionista e a consequente queda dos juros, que pode fazer com que a maior parte da moeda fique nas mãos dos especuladores, já que a rentabilidade dos títulos está baixa (juros baixos), e eles esperam que deva melhorar no futuro (por isso guardam moeda para especulação). Keynes imaginou uma situação, inclusive, em que toda a moeda adicional iria para a especulação. A essa situação ele denominou, como vimos na seção anterior, **armadilha da liquidez**, em que a política monetária é totalmente ineficaz (e a única política econômica adequada seria a política fiscal);

- quanto maior o valor do multiplicador keynesiano de gastos, maior será a eficácia da política fiscal. Por exemplo, dada uma expansão dos gastos públicos, ou investimentos, ou redução da carga fiscal, o impacto sobre o nível de atividade e emprego seria mais poderoso, quanto maior o efeito multiplicador;

- quanto maior a velocidade-renda da moeda, maior será a eficácia da política monetária. Supondo uma política monetária expansionista, quanto mais rápida a circulação (o giro) monetária, maior o impacto sobre o nível de atividade e emprego.

No debate entre a eficácia das políticas monetária e fiscal, surgiu o conceito de **Crowding Out**, ou **Efeito Deslocamento**, que é uma crítica dos economistas de linha monetarista ou neoliberal, ao ativismo fiscal dos keynesianos. Para financiar seus gastos, mediante a venda de títulos públicos, o governo precisa elevar as taxas de juros desses títulos, o que reduziria os estímulos aos investimentos privados.

No Capítulo 12 (Interligação entre o Lado Real e o Lado Monetário: Análise *IS-LM*) apresentaremos um arcabouço teórico que permite comparar mais detalhadamente a eficácia de políticas econômicas alternativas.

SAIBA MAIS

As *criptomoedas* são moedas no sentido econômico?

As *criptomoedas* são ativos financeiros digitais que possuem a função de instrumento de troca no comércio e nas finanças eletrônicas internacionais, podendo ser transferidas sem a intermediação das instituições financeiras. Desde seu surgimento, há pouco mais de uma década, elas têm sido objeto de discussão não apenas entre investidores ou nos noticiários sobre Economia, mas também entre os economistas.(*)

Inicialmente, as *criptomoedas* foram recebidas com grande otimismo no mercado financeiro internacional, e a alta procura por parte de investidores resultou não apenas na valorização deste ativo, mas também na elevação da sua oferta. Atualmente, estima-se que existem mais de dez mil *criptomoedas* no mercado digital. Entretanto e apesar da euforia inicial, nos últimos anos elas vêm sendo vistas com desconfiança entre os economistas, particularmente em decorrência das fortes oscilações nas cotações desses ativos (dentre outros problemas relacionados com fraudes no mundo virtual).

Atualmente, uma das principais questões em torno das *criptomoedas* diz respeito à possibilidade ou não de elas se constituírem moeda do ponto de vista econômico. Conforme estudado neste capítulo, a moeda define-se como o ativo de maior liquidez em uma economia, devendo possuir não apenas a função de ser um instrumento de troca, mas também de unidade de conta e de reserva de valor. Aqui reside a primeira diferença entre as *criptomoedas* e a moeda. Por serem pouco utilizadas no mundo real, sua função como instrumento de troca e unidade de conta é extremamente limitada. Quanto à função de reserva de valor, a fragilidade tem sido grande em decorrência da forte instabilidade nas cotações. Ou seja, do ponto de vista das funções da moeda, as *criptomoedas* não podem ser elevadas ao *status* de meios de pagamentos.

Existe ainda outra questão em relação a este debate e que diz respeito à oferta das *criptomoedas*. Para a existência de um sistema monetário estável, é fundamental a existência de um Banco Central que cumpra pelo menos três funções: i) o controle da expansão monetária (política monetária); ii) a manutenção da taxa de câmbio estável (política cambial); e iii) a regulação do sistema bancário (regulação bancária prudencial). Esses requisitos, entretanto, inexistem no mundo das *criptomoedas*. Atualmente, vários economistas vêm argumentando que a inexistência de regulação no mercado de *criptomoedas* torna-as frágeis como investimento financeiro.(**)

Apesar das questões aqui consideradas, as *criptomoedas* constituem-se em uma importante inovação no mundo virtual da internet (e mesmo no mundo real, já que pelo virtual podemos comprar e vender bens e serviços). Ainda que a euforia e otimismo inicial tenham desaparecido, elas são realidade no sistema financeiro internacional. Espera-se, contudo, que os problemas em torno das atuais e futuras *criptomoedas* resultem em soluções que possam dar mais credibilidade às transações com esses ativos. De qualquer forma, ainda é cedo para considerá-las como moeda no sentido econômico.

(*) (**) Um desses críticos é o economista Paul Krugman, Prêmio Nobel em Economia no ano de 2008, que credita a instabilidade no mercado de criptomoedas à falta de regulação. Ver, por exemplo: https://www1.folha.uol.com.br/colunas/paulkrugman/2022/07/criptomoedas-estao-quebrando-onde-estavam-os-reguladores.shtml.

Acesso em: 21 jul. 2022.

ENTENDA NA PRÁTICA

A fiança solidária e as operações de microcrédito

O economista bengalês Muhammad Yunus (1940), Prêmio Nobel da paz em 2006, foi um dos pioneiros na concepção do que se conhece hoje como microcrédito. Motivado pelas dificuldades que as pessoas pobres tinham em conseguir empréstimos em uma pequena aldeia de Bangladesh, ele tomou a iniciativa emprestar pequenas quantias às populações carentes residentes em zonas rurais. Com esses empréstimos, ele percebeu que, mesmo sem a exigência de garantias ou fiadores, a inadimplência era baixa. A partir dessas experiências, Yunus fundou, em 1983, o *Grameen Bank*, também conhecido como banco do povo, dando início à utilização do conceito de microcrédito, que vem sendo adotado nos mercados de crédito em vários países, incluindo o Brasil. O microcrédito trabalha com o conceito de fiança solidária. Como as pessoas pobres não têm como oferecer garantias reais às operações de crédito, torna-se necessário criar outros incentivos que reduzam a inadimplência. Esse é o papel da fiança solidária. A ideia geral desse tipo de fiança pode ser expressa a partir de um simples exemplo. Suponha que o indivíduo necessite do crédito para determinada atividade produtiva. O credor estará disposto a concedê-lo, porém não de forma individual, mas para um grupo de pessoas da comunidade. Inicialmente, é dado o crédito para outro indivíduo do grupo. O retorno desse crédito é condição necessária para que o primeiro interessado receba os recursos. Com isso, criam-se incentivos para que o potencial devedor busque parceiros que se disponham a pagar o empréstimo. Por outro lado, se algum membro do grupo não pagar o empréstimo nos termos do contrato, toda a comunidade ficará sem os recursos. Criam-se, assim, mecanismos de autosseleção e automonitoração que reduzem os problemas de seleção adversa e risco moral. Esse exemplo mostra como determinados mecanismos de incentivos podem solucionar os problemas decorrentes da assimetria de informação.

Hoje, existem inúmeras operações de microcrédito no Brasil efetuadas por instituições sem fins lucrativos, associações e cooperativas de crédito ou mesmo por bancos comerciais, públicos e privados. O Banco Nacional de Desenvolvimento Econômico e Social, por exemplo, atua no setor desde 1996 e oferece amplo conjunto de ações e informações relacionadas com as operações nessa modalidade de empréstimo.

QUESTÕES DE MÚLTIPLA ESCOLHA

1. **O que define a moeda é sua liquidez, ou seja, a capacidade que possui de ser um ativo prontamente disponível e aceito para as mais diversas transações. Além disso, três outras características a definem:**
   a) Forma metálica, papel-moeda e moeda escritural.
   b) Instrumento de troca, unidade de conta e reserva de valor.
   c) Reserva de valor, credibilidade e aceitação no exterior.
   d) Instrumento de troca, curso forçado e lastro-ouro.
   e) Forma metálica, reserva de valor e curso forçado.

2. **As operações entre o público e o setor bancário, conforme o caso, podem criar meios de pagamento ou destruir meios de pagamento. Entre as operações a seguir relacionadas, qual delas é responsável pela criação de meios de pagamento?**
   a) Pessoas realizam depósitos a prazo nos bancos.
   b) Bancos vendem ao público, mediante pagamento à vista, em moeda, títulos de diversas espécies.
   c) A empresa resgata um grande empréstimo contraído no sistema bancário.
   d) Empresas levam aos bancos duplicatas para desconto, recebendo a inscrição de depósitos à vista ou moeda manual.
   e) Saque de cheques nos caixas dos bancos.

3. **O Banco Central do Brasil (Bacen) tem, entre suas responsabilidades, a de:**
   a) Emitir papel-moeda, fiscalizar e controlar os intermediários financeiros, supervisionar a compensação de cheques.
   b) Atuar como banco do governo federal e renegociar a dívida externa brasileira.
   c) Aceitar depósitos, conceder empréstimos ao público e controlar os meios de pagamento do país.
   d) Executar as políticas monetária e fiscal do país.
   e) Formular a política monetária e cambial do país.

4. **Entende-se por "operações de mercado aberto", especificamente:**
   a) Concessão de empréstimos, por parte dos bancos comerciais, a empresas e consumidores.
   b) Concessão de empréstimos, pelo Banco Central, a bancos comerciais.

Cap. 11 • O Lado Monetário da Economia **215**

c) Venda de ações, em bolsa, pelas empresas ao público em geral.

d) Atividade do Banco Central na compra ou venda de obrigações do governo.

e) N.r.a.

5. **A principal função da reserva compulsória sobre os depósitos bancários, como instrumento de política monetária, é:**

a) Permitir ao governo controlar a demanda de moeda.

b) Permitir às autoridades monetárias controlar o montante de moeda bancária que os bancos comerciais podem criar.

c) Impedir que os bancos comerciais obtenham lucros excessivos.

d) Impedir as "corridas bancárias".

e) Forçar os bancos a manter moeda ociosa no sentido de cobrir as suas necessidades de caixa.

6. **Constitui-se num instrumento de redução do efeito multiplicador dos meios de pagamentos:**

a) Um aumento dos depósitos compulsórios dos bancos comerciais às autoridades monetárias.

b) Uma diminuição dos depósitos compulsórios dos bancos comerciais às autoridades monetárias.

c) Um aumento da taxa de juros no mercado de capitais.

d) Uma diminuição da participação do papel-moeda em poder do público na composição dos meios de pagamento.

e) N.r.a.

7. **Numa economia em que as autoridades monetárias não recebem depósitos à vista do público, em que as reservas totais dos bancos comerciais constituem 30% dos depósitos à vista e o público, em média, guarda papel-moeda na razão de 20% dos depósitos à vista, o multiplicador da base monetária é igual a:**

a) 2,4.

b) 2,5.

c) 3,3.

d) 3,4.

e) 5.

8. **Para reduzir o volume de meios de pagamento, o Banco Central deve:**

a) Comprar títulos da dívida pública.

b) Elevar a emissão de papel-moeda.

c) Elevar a taxa de redesconto.

d) Reduzir a reserva compulsória dos bancos comerciais.

e) Reduzir a taxa de juros para desconto de duplicatas.

9. **A teoria quantitativa da moeda afirma que:**

a) Uma variação na quantidade de moeda, caso sua velocidade de circulação seja estável, causará uma variação na mesma direção no produto nacional em termos nominais.

b) A velocidade de circulação da moeda é instável.

c) Uma variação na quantidade de moeda causa aumentos nos gastos do governo.

d) A quantidade de moeda em circulação não afeta nem o nível de renda, nem o nível de preços.

e) A quantidade de moeda determina o nível da taxa de juros e, por conseguinte, a taxa corrente de investimento.

10. **Na hipótese de que um país esteja produzindo com plena utilização dos fatores de produção, um aumento da oferta monetária provocará:**

a) Aumento da renda real.

b) Diminuição da renda real.

c) Aumento do nível geral de preços.

d) Diminuição do nível geral de preços.

e) Aumento de emprego de mão de obra.

11. **Segundo a teoria quantitativa da moeda, a velocidade-renda da moeda é:**

a) Crescente com a taxa de juros.

b) Decrescente com a taxa de juros.

c) Crescente com o índice geral de preços.

d) Decrescente com o nível geral de preços.

e) Constante.

12. **Uma das medidas a seguir é inconsistente com uma política tipicamente monetarista de combate à inflação. Identifique-a:**

a) Restrições às operações de crédito ao consumidor.

b) Elevação das taxas de juros.

c) Diminuição dos depósitos compulsórios dos bancos comerciais no Banco Central.

d) Reajustes salariais abaixo da inflação do período.

e) Cortes em subsídios governamentais.

APÊNDICE

ESTRUTURA DO SISTEMA FINANCEIRO NACIONAL

1 Segmentação do Setor Financeiro

O **mercado financeiro** pode ser dividido em quatro setores essenciais: monetário, crédito, de capitais e cambial. Atuam nesse mercado as instituições financeiras bancárias (aquelas que operam com $M1$ (papel-moeda mais depósitos à vista) e as não bancárias (demais instituições que operam no mercado financeiro com os diferentes tipos de títulos que dão sustentação às operações que se realizam nos mercados de crédito e de capitais).

O **mercado monetário** é o segmento do mercado financeiro que tem as seguintes características:

- operações de curto e curtíssimo prazo;
- a função de suprir as necessidades de caixa dos agentes econômicos e dos próprios intermediários;
- sua liquidez é regulada pelas autoridades monetárias por meio de operações de mercado aberto.

O segmento do **mercado de crédito** tem a função precípua de atender às necessidades de crédito a curto e médio prazos. As operações mais frequentes estão relacionadas ao crédito ao consumidor para compra de bens duráveis e ao financiamento de capital de giro para as empresas. Atuam nesse segmento, principalmente, as instituições financeiras bancárias e, complementarmente, as instituições financeiras não bancárias.

O **mercado de capitais** atende às necessidades de financiamento de médio e, sobretudo, de longo prazo dos agentes econômicos produtivos. Esses financiamentos estão relacionados, essencialmente, em capital fixo e são supridos, em sua maior parte, por intermediários financeiros não bancários. Fazem parte desse segmento as operações com ações realizadas nas bolsas de valores.

O **mercado cambial** está sob a alçada do Banco Central e é onde se determina a taxa de câmbio, influenciada pela oferta e pela demanda de divisas (moedas estrangeiras) e pela política cambial que as autoridades têm em vista.

2 Sistema Financeiro Nacional

O sistema financeiro nacional possui dois subsistemas: o normativo (autoridades monetárias) e o da intermediação financeira.

2.1 Subsistema Normativo: Autoridades Monetárias

a) Conselho Monetário Nacional

O Conselho Monetário Nacional é o órgão máximo de todo o sistema financeiro nacional. Entre suas atribuições, destacam-se:

- a autorização da emissão de papel-moeda;
- a fixação dos coeficientes dos encaixes obrigatórios sobre os depósitos à vista e a prazo;
- a regulamentação das operações de redesconto;
- o estabelecimento de diretrizes ao Banco Central para operações com títulos públicos;
- a regulamentação das operações de câmbio e a política cambial;
- a aprovação do orçamento monetário elaborado pelo Banco Central.

b) Banco Central do Brasil

O Banco Central do Brasil é o órgão executor da política monetária, além de exercer a regulamentação e fiscalização de todas as atividades de intermediação financeira no país. Entre suas atribuições, destacam-se:

- a emissão de moeda;
- o recebimento dos depósitos obrigatórios dos bancos comerciais e dos depósitos voluntários das instituições financeiras em geral;
- a realização de operações de redesconto de liquidez e seletivo;
- as operações de *open market*;
- controle de crédito e das taxas de juros;
- a fiscalização das instituições financeiras e a concessão da autorização para seu funcionamento;
- a administração das reservas cambiais do país.

c) Comissão de Valores Mobiliários

Essa comissão possui caráter normativo. Sua principal atribuição é a de fiscalizar as Bolsas de Valores e a emissão de valores mobiliários negociados nessas instituições, principalmente ações e debêntures.

2.2 Subsistema de Intermediação Financeira

No subsistema da intermediação financeira, existem instituições bancárias e não bancárias. As primeiras são constituídas pelos bancos comerciais e atualmente também pelo Banco do Brasil, que deixou de ser autoridade monetária. As demais instituições de intermediação, além dos bancos comerciais, completam o sistema financeiro brasileiro.

a) Banco do Brasil

Após o Plano Cruzado, o Banco do Brasil deixou de ser Autoridade Monetária ao perder a conta "Movimento" que lhe permitia sacar, a custo zero, volumes monetários contra o Tesouro Nacional, e, com essa massa monetária, atender, notadamente, às demandas de crédito do setor estatal. Hoje, é fundamentalmente um Banco Comercial, embora ainda conserve algumas funções que não são próprias de um banco comercial comum, tais como operar a Câmara de Compensação de Cheques, além de executar a política dos preços mínimos de produtos agropecuários.

b) Bancos Comerciais

A atividade bancária compreende duas funções básicas: receber depósitos e efetuar empréstimos. Por lei, os bancos comerciais são obrigados a manter reservas obrigatórias iguais a um certo percentual dos depósitos à vista. Esse percentual é fixado pelo Banco Central do Brasil e faz parte dos instrumentos de que essa instituição dispõe para controlar os meios de pagamento.

Os bancos comerciais também mantêm substancial volume de títulos federais, estaduais e, em muitos casos, municipais. Mantêm também encaixes voluntários no Banco Central, com o intuito de atender a desequilíbrios momentâneos de caixa, em geral provocados pelo serviço de compensação de cheques.

c) Sistema Financeiro da Habitação

O Sistema Financeiro da Habitação, que, com a extinção do Banco Nacional da Habitação (criado em 1964), tem na Caixa Econômica Federal seu órgão máximo, estando, porém, atrelado às decisões do Conselho Monetário Nacional.

No Sistema Financeiro da Habitação, encontram-se também as demais caixas econômicas e as sociedades de crédito imobiliário.

d) Bancos de Desenvolvimento

Os bancos de desenvolvimento têm no BNDES sua principal instituição financeira de fomento. O BNDES foi criado na década de 1950, juntamente com o Banco do Nordeste do Brasil e o Banco da Amazônia. Antes da década de 1960, foi criado o Banco de Desenvolvimento do Extremo-Sul. Mais tarde, foram criados bancos estaduais de desenvolvimento, atuando para o fomento das atividades econômicas do país, e, em particular, do Estado-sede.

e) Bancos de Investimento e Companhias de Crédito, Financiamento e Investimento

Os bancos de investimento foram criados para canalizar recursos de médio e longo prazos para suprimento de capital fixo e de giro das empresas. Eles operam em um segmento específico do sistema da intermediação financeira. De maneira geral, são as seguintes as operações dos bancos de investimento:

- efetuar empréstimos, a prazo mínimo de um ano, para financiamento de capital fixo e de giro das empresas;

- adquirir ações, obrigações ou quaisquer outros títulos e valores mobiliários, para investimento ou revenda no mercado de capitais (operações de *underwriting*);

- repassar empréstimos obtidos no exterior;

- prestar garantias em empréstimos no país ou provenientes do exterior;

- repassar recursos de instituições oficiais no país, notadamente programas especiais, tais como Finame, Fipeme, PIS etc.

As companhias de crédito, financiamento e investimento começaram a surgir espontaneamente no pós-guerra, em função da mudança observada na estrutura de produção do país, que se tornou mais complexa notadamente após a década de 1960, em face dos novos prazos de produção e financiamento das vendas dos bens de consumo duráveis, exigidos pelas condições de mercado. Desse modo, a saída encontrada foi a expansão das financeiras, muitas delas pertencentes a grupos financeiros, que conseguiam ajustar-se à demanda de crédito, que exigia prazos mais dilatados do que os proporcionados pelo sistema bancário.

f) Instituições Auxiliares

Além das instituições anteriores, existe uma série de instituições auxiliares que complementam o sistema financeiro, tais como Bolsa de Valores, Corretoras, Distribuidoras de Valores etc.

O diagrama da figura seguinte sintetiza a estrutura do setor financeiro no Brasil.

Órgãos de Regulação e Fiscalização		Instituições Financeiras Captadoras de Depósitos à Vista	Bancos Múltiplos com Carteira Comercial	■
CMN Conselho Monetário Nacional	**BCB** Banco Central do Brasil		Bancos Comerciais	■
			Caixas Econômicas	■
			Cooperativas de Crédito	■
		Demais Instituições Financeiras	Bancos Múltiplos sem Carteira Comercial	■
			Bancos de Investimento	■ ▲
			Bancos de Desenvolvimento	■
			Sociedades de Crédito, Financiamento e Investimento	■
			Sociedades de Crédito Imobiliário	■
	CVM Comissão de Valores Mobiliários		Companhias Hipotecárias	■
			Associações de Poupança e de Empréstimo	■
			Agências de Fomento	■
			Sociedades de Crédito ao Microempreendedor	■
		Outros Intermediários ou Auxiliares Financeiros	Bolsas de Mercadorias e de Futuros	■ ▲
			Bolsas de Valores	▲
			Sociedades Corretoras de Títulos e Valores Mobiliários	■ ▲
			Sociedades Distribuidoras de Títulos e Valores Mobiliários	■ ▲
	Susep Superintendência de Seguros Privados		Sociedades de Arrendamento Mercantil	■
			Sociedades Corretoras de Câmbio	■
			Representações de Instituições Financeiras Estrangeiras	■
			Agentes Autônomos de Investimento	▲ ■
	SPC Secretaria de Previdência Complementar	Entidades Ligadas aos Sistemas de Previdência e Seguros	Entidades Fechadas de Previdência Privada	◆
			Entidades Abertas de Previdência Privada	⬭
			Sociedades Seguradoras	⬭
			Sociedade de Capitalização	⬭
			Sociedades Administradoras de Seguro-Saúde	⬭
		Administração de Recursos de Terceiros	Fundos Mútuos	■ ▲
			Clubes de Investimentos	▲
			Carteiras de Investidores Estrangeiros	▲ ■
			Administradoras de Consórcio	■
		Sistemas de Liquidação e Custódia	Sistema Especial de Liquidação e de Custódia (Selic)	■
			Central de Custódia e de Liquidação Financeira de Títulos (Cetip)	■
			Caixas de Liquidação e de Custódia	▲

Notas

1 No Apêndice, observamos que, no Brasil, o principal órgão normativo é o Conselho Monetário Nacional, sendo o Banco Central no Brasil uma entidade mais operacional e fiscalizadora do sistema financeiro. Neste capítulo, o termo Banco Central refere-se às autoridades monetárias em geral.

2 **Operações compromissadas** são operações de venda de haveres públicos já emitidos, com cláusula de recompra ou compra de haveres já emitidos com cláusula de revenda.

3 No mercado, utiliza-se a expressão "enxugar a liquidez", no caso da redução dos meios de pagamento.

4 Tradicionalmente, o Conselho Monetário Nacional tem sido presidido pelo Ministro da Fazenda, com a participação do Ministro do Planejamento, Desenvolvimento e Gestão, e do Presidente do Banco Central. No Governo Bolsonaro, desde 2019, o Conselho Monetário Nacional é presidido pelo Ministro da Economia, pelo Presidente do Banco Central e pelo Secretário da Fazenda do Ministério da Economia, uma vez que o Ministério da Fazenda foi transformado em uma Secretaria Especial.

5 A origem da palavra "senhoriagem" vem o feudalismo, que predominou na Idade Média, e significa "taxa paga pelos nobres ao Rei, para receber a concessão de cunhar moedas em seus feudos".

6 Parte das reservas obrigatórias pode ser feita com títulos federais que rendem juros.

7 Não devemos confundir esse **multiplicador monetário** (de meios de pagamento) com o **multiplicador keynesiano** de gastos, que se refere ao aumento da renda nacional (e não dos meios de pagamento) decorrente de uma injeção autônoma em algum componente da demanda agregada de bens e serviços.

8 O Banco Central do Brasil passou a utilizar o conceito de papel-moeda emitido, em vez de papel-moeda em poder do público, no cálculo da base monetária. Na definição de meios de pagamento, permanece o conceito de papel-moeda em poder do público.

9 A expressão Passivo monetário significa que o portador de moeda tem um direito sobre o Banco Central. Quando o Banco Central emite moeda e fornece à coletividade, tem uma obrigação com o público. O Passivo não monetário é constituído, basicamente, pelos títulos públicos.

10 A taxa de reservas bancárias r é a soma de duas parcelas:
– r_1: caixa dos bancos comerciais sobre depósitos à vista
– r_2: depósitos voluntários + depósitos obrigatórios dos bancos comerciais sobre depósitos à vista
Na fórmula adotada pelo Banco Central do Brasil, r_1 é a **taxa de encaixe** em moeda corrente, e r_2 a **taxa de reservas bancárias.**

11 Na moderna teoria monetária, mesmo a curto prazo, a velocidade renda pode ser afetada pela **taxa de juros**, pela **inflação corrente**, e pela **expectativa de inflação futura**, mantendo uma relação inversa com elas. Aumentos nessas três variáveis fazem com que a coletividade prefira manter menos moeda que não rende juros ($M1$), o que aumenta a velocidade da moeda.

12 Uma versão anterior da teoria quantitativa da moeda (a versão original) era apresentada da seguinte forma:

$$MV = PT$$

onde T é o volume total de transações (e não apenas as transações que criavam renda) e V a **velocidade de circulação** da moeda ou **velocidade de transações** da moeda. Evidentemente, como a velocidade de circulação envolve transações com todos os bens e serviços, inclusive intermediários, ela é maior que a velocidade-renda da moeda.

13 Selic – Sistema Especial de Liquidação e Custódia do Banco Central, exclusivo para instituições financeiras, para a compra e venda de títulos com os bancos e corretoras.

14 Para mais detalhes sobre o cálculo das TR e TBF, ver Banco Central do Brasil: *Estudo especial 40/2018: aperfeiçoamento da metodologia de cálculo da Taxa Preferencial Brasileira.*

15 Ver demonstração em VIEIRA SOBRINHO, J. D. *Matemática financeira.* 7. ed. São Paulo: Atlas, 2014. cap. 6.

16 Existe também o **Princípio da Noventena**, ou Princípio da Anterioridade Nonagesimal, pela qual alguns impostos, como impostos sobre o comércio exterior, o Imposto sobre Operações Financeiras (IOF) só podem ser aplicados após decorridos 90 dias da publicação legal.

12 INTERLIGAÇÃO ENTRE O LADO REAL E O LADO MONETÁRIO – ANÁLISE *IS-LM*

1 INTRODUÇÃO

No Capítulo 11, fizemos algumas incursões na discussão das relações entre o lado real (mercado de bens e serviços) e o lado monetário, via teoria quantitativa da moeda e teoria keynesiana. Vejamos agora um modelo mais completo, que permite incluir tanto hipóteses clássicas como keynesianas (razão pela qual também é conhecido como **Síntese Neoclássica – keynesiana**), mas inspirado em hipóteses keynesianas e formalizado pelo economista britânico Sir J. R. Hicks (1904-1989) e o norte-americano A. Hansen (1887-1975). Também é conhecido como modelo *IS-LM* ou análise Hicks-Hansen.

O modelo seguinte supõe desemprego de recursos (economia abaixo do pleno emprego). Assim, o nível de preços também é suposto constante (significa que todas as variáveis são consideradas em termos reais). Uma extensão mais completa do modelo, para uma economia aberta, conhecido como **Modelo Mundell Fleming**, é apresentado no Apêndice B do Capítulo 14 (Setor Externo).

2 A ANÁLISE *IS-LM*: UMA VISÃO GERAL

A análise *IS-LM* procura sintetizar, em um só esquema gráfico, muitas situações da política econômica, por meio de duas curvas: a **curva IS** e a **curva LM**. O esquema *IS-LM* resume os pontos de equilíbrio conjunto do lado monetário e do lado real da economia, entre a taxa de juros e o nível de renda nacional.

Supondo, no lado real da economia, uma dada função consumo, uma função poupança, uma função investimento e um dado nível de gastos do governo, teremos um conjunto de pares de taxas de juros e níveis de renda de equilíbrio. Para níveis de juros mais baixos, teremos níveis de investimento maiores e consequentemente níveis de renda mais elevados, e, para dado nível de juros mais elevados, observaremos uma queda no investimento e na renda. Esse conjunto de pares de taxas de juros e níveis de renda é conhecido como curva *IS*. O nome *IS* são as iniciais, em inglês, de investimento e poupança (*Investment-Saving*), pois o equilíbrio do mercado de bens e serviços, refletido na curva, pressupõe equilíbrio entre poupança e investimento, e vice-versa.

Veremos que, quando aumentam os gastos do governo, para uma dada taxa de juros, teremos um nível de renda de equilíbrio maior. Analogicamente, um aumento de impostos ou uma diminuição de gastos do governo têm o efeito inverso.

No lado monetário da economia, para um dado nível de renda, teremos uma demanda de moeda para transação e precaução. À medida que aumenta a renda, aumenta essa demanda. Se o estoque de moeda for fixo, o aumento de renda provocará um aumento da taxa de juros, pois, como aumentou a demanda de moeda, aumenta o "preço" da moeda (que é a própria taxa de juros). Dessa forma, níveis de renda maiores implicam uma taxa de juros maior ou igual. O conjunto de pares de taxas de juros e níveis de equilíbrio da renda é conhecido como curva *LM*. O nome vem das iniciais em inglês da demanda e oferta de moeda (*Liquidity-Money*), pois a curva *LM* reflete o equilíbrio entre a oferta e a demanda de moeda.

Evidentemente, tem que haver equilíbrio simultâneo e igual no lado real e no lado monetário da economia.

Portanto, o ponto onde as duas curvas, *IS* e *LM*, se cruzam é o ponto de equilíbrio da economia. A análise *IS-LM* permite analisar o resultado da combinação de políticas monetárias e fiscais e seus impactos sobre o lado real e o lado monetário, simultaneamente.

A seguir, esse modelo é formalizado, tanto algébrica como graficamente.

3 EQUILÍBRIO DO LADO REAL (MERCADO DE BENS E SERVIÇOS)

A CURVA *IS*

Apenas por simplificação, suporemos inicialmente uma economia apenas com dois agentes: empresas e famílias.

SOLUÇÃO ALGÉBRICA

- condição de equilíbrio:
  Vazamentos = Injeções $\quad S = I \quad$ (1)
- função poupança: $\qquad S = f(y)$ (2)
- função investimento: $\qquad I = f(i)$ (3)

Substituindo (2) e (3) em (1), tem-se:

$$S(y) = I(i)$$

Ou seja, o equilíbrio do lado real dependerá apenas dos valores da taxa de juros i e da renda real y.

Exemplificando numericamente:

- condição de equilíbrio: $\quad S = I \qquad$ (1)
- função poupança: $\qquad S = -20 + 0{,}2y \quad$ (2)
- função investimento: $\qquad I = 40 - 20i \qquad$ (3)

Substituindo (2) e (3) em (1), vem:

$$-20 + 0{,}2y = 40 - 20i$$

$$\boxed{i = 3 - 0{,}01y}$$

Assim, quando supomos o investimento como função da taxa de juros, adicionamos mais uma variável ao lado real, qual seja, a taxa de juros. Diferentemente do modelo simplificado, visto no Capítulo 10, agora o mercado de bens e serviços, isoladamente, não determina o nível de renda real de equilíbrio. O nível de renda real de equilíbrio e o nível de taxa de juros só serão determinados após conhecidas também as variáveis do lado monetário.

Essa relação algébrica entre taxas de juros e nível de renda real é chamada de curva *IS*.

A **curva *IS*** é o conjunto de pontos de equilíbrio no mercado de bens e serviços. Mais especificamente, a curva *IS* é o lugar geométrico das combinações de i e y que equilibram o mercado de bens e serviços (ou seja, onde vazamentos são iguais às injeções, ou onde oferta agregada iguala a demanda agregada de bens e serviços).

O gráfico da Figura 12.1 indica o que acontece no lado real. No 1º quadrante, temos a função investimento, negativamente relacionada com a taxa de juros; no 4º quadrante, temos a função poupança, em uma relação direta com a renda; no 3º quadrante, temos condição de equilíbrio no mercado de bens e serviços, em termos de vazamentos e injeções; e no 2º quadrante, a curva *IS*, resultante dos demais quadrantes.

SOLUÇÃO GRÁFICA:

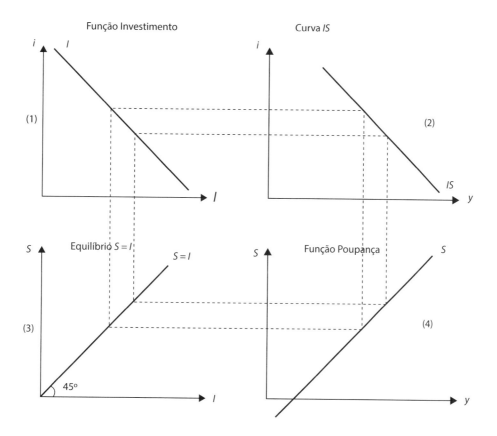

Figura 12.1 Determinação gráfica da curva *IS*.

Os diagramas das funções poupança e investimento foram vistos no Capítulo 10.

O equilíbrio (3º quadrante) tem os mesmos valores nos dois eixos, por tratar-se de uma linha de 45º. Para determinar a curva de IS, basta escolher dois pontos quaisquer da função poupança, "rebatê-los" nos diagramas de equilíbrio e da função investimento e determinar dois pontos isolados no eixo $i - y$, no 2º quadrante. Ligando esses pontos, teremos a curva IS.

Era de se esperar que a declividade da curva IS fosse negativa. Afinal, dado um aumento na taxa de juros i, a demanda de investimento I deve cair, com isso cai a demanda agregada (pois I é um componente de demanda agregada) e, finalmente, o nível de renda y deve cair. Ou seja:

$$\boxed{i \uparrow y \downarrow}$$

3.1 Fatores que afetam a inclinação da curva *IS*

A declividade da curva IS depende basicamente de dois parâmetros:

- declividade de função poupança (portanto, da propensão marginal a poupar, $PMgS$, e, assim, do multiplicador keynesiano k);
- declividade da função investimento (portanto, da elasticidade dos investimentos em relação às taxas de juros).

3.2 Fatores que deslocam a curva *IS*

A curva IS é deslocada por todas as variáveis exógenas (variações em G, T, X, M, C, I), que não são induzidas pela variação de renda (isto é, por outros fatores, que não variações de renda). Mais uma vez, não deve ser confundida uma **variação induzida** (que seria um movimento ao longo da curva *IS*, motivada por alterações de *i* e *y*) com uma **variação autônoma** ou **exógena** (que representa um deslocamento da curva *IS*). Assim, um aumento do consumo, devido a um aumento da renda, é uma variação induzida, ao longo da *IS*; todavia, um aumento do consumo, devido a um aumento de patrimônio, é uma variação exógena, deslocando a *IS*.

Uma política fiscal expansionista, aumentando os gastos do governo, desloca a curva *I* para a direita, significando que, em dados níveis da taxa de juros, aumentam os gastos do governo. O rebate na curva *IS* mostra um aumento dessa curva, significando que, às mesmas taxas de juros, o nível de demanda agregada é maior (devido ao aumento em *G*). O gráfico da Figura 12.2 ilustra isso.

4 EQUILÍBRIO DO LADO MONETÁRIO: A CURVA *LM*

SOLUÇÃO ALGÉBRICA

condição de equilíbrio:	$M_s = Md$	(1)
função oferta de moeda: (fixada institucionalmente):	$M_s = M$	(2)
função demanda de moeda:	$Md = ky + f(i)$	(3)

Substituindo (2) e (3) em (1), vem:

$$M = kY + f(i)$$

Numericamente:

condição de equilíbrio:	$M_s = Md$	(1)
função oferta de moeda:	$M_s = 130$	(2)
função demanda de moeda:	$Md = 0{,}25y + 155 - 25i$	(3)

sendo a demanda de moeda para transações e precaução (Md_{T+p}) igual a:

$$Md_{T+p} = 0{,}25y$$

e a demanda de moeda para especulação (Md_E) igual a:

$$Md_E = 155 - 25i$$

Substituindo (2) e (3) em (1), vem:

$$130 = 0{,}25y + 155 - 25i$$

$$i = 1 + 0{,}01y$$

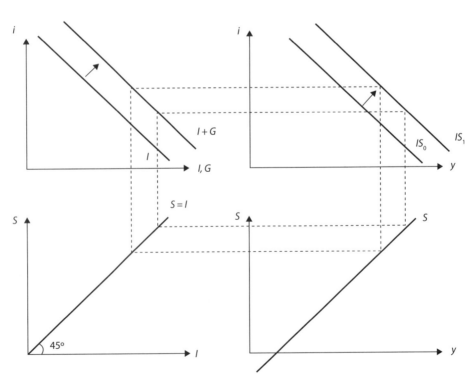

Figura 12.2 Deslocamento da curva *IS*, devido ao aumento nos gastos do governo (política fiscal expansionista).

Dessa equação deriva a **curva LM**, que é o conjunto de combinações de *i* e *y* que equilibram o mercado monetário (isto é, onde $M_s = Md$).

A inclinação da curva LM é positiva (relação direta entre *i* e *y*, ao contrário da curva IS). Por exemplo, dado um aumento na taxa de juros *i*, cai a demanda de moeda por especulação. Como a oferta de moeda é fixada, sobra mais moeda para transações, as pessoas gastam mais, a demanda agregada aumenta e cresce também o nível de renda *y*. Portanto:

$$i\uparrow \ y\uparrow$$

Os diagramas relativos às demandas de moeda por especulação e por transações e precaução foram vistos no Capítulo 11. Adicionamos agora a condição de equilíbrio $M_s = Md$.

Como M_s é fixada, a linha no gráfico representa meios possíveis de dividir uma dada oferta M_s, entre Md_E e Md_{T+p}.

Para obter a LM, basta tomar dois pontos quaisquer da demanda de transações, "rebatê-las" na condição de equilíbrio e de demanda especulativa. Teremos dois pontos no diagrama *i – y*. Para obter a curva LM, basta ligar esses pontos, mas seguindo o contorno da demanda especulativa.

O trecho da LM e da curva da demanda especulativa paralelo ao eixo das abscissas (completamente elástico) corresponde à armadilha da liquidez (ver final do Capítulo 11).

4.1 Fatores que afetam a inclinação da curva LM

A declividade da curva LM depende de dois parâmetros:

- declividade da demanda de moeda por transações e precaução (portanto, da velocidade-renda da moeda *V*, que é o inverso do coeficiente marshalliano *k*);

- declividade da demanda de moeda por especulação (portanto, da elasticidade da demanda de moeda em relação à taxa de juros *i*).

SOLUÇÃO GRÁFICA

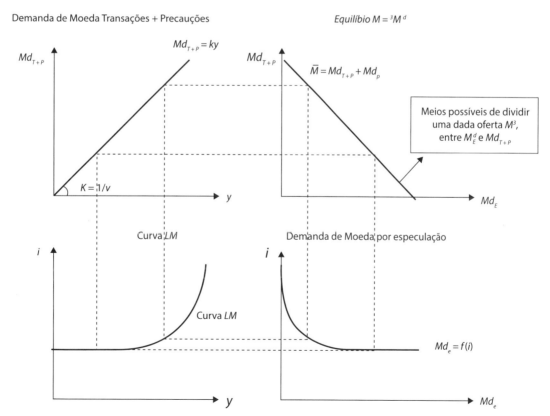

Figura 12.3 Determinação gráfica da curva LM.

4.2 Fatores que deslocam a curva LM

A curva LM é deslocada pelos fatores autônomos ou exógenos que venham a deslocar as curvas de oferta e demanda de moeda:

- **oferta de moeda M_s**: afetada por alterações de política monetária, como mudança na taxa de reservas obrigatórias, política de *open market*, redescontos;
- **demanda de moeda por transações e precaução**: afetada por variações nos hábitos da coletividade, no grau de verticalização ou expectativas sobre a inflação futura, que afetam a velocidade-renda da moeda;
- **demanda de moeda por especulação**: alterada por variação nas expectativas sobre a rentabilidade futura dos títulos.

Deve-se observar que uma alteração da demanda de moeda por transações e precaução, devida a um aumento da renda, é uma variação induzida, ao longo da curva LM, enquanto a alteração da demanda de transações e a precaução são devidas a mudanças em V ou nas expectativas deslocam a curva LM.

Uma política monetária expansionista desloca a oferta da moeda para a direita, bem como a curva LM, como mostra o gráfico da Figura 12.4.

5 INTERLIGAÇÃO ENTRE O LADO REAL E O LADO MONETÁRIO

SOLUÇÃO ALGÉBRICA

- equilíbrio lado real: $\quad i = 3 - 0{,}01y$ (IS)
- equilíbrio lado monetário: $\quad i = 1 + 0{,}01y$ (LM)
- taxa de juros e nível de renda real que equilibram simultaneamente o lado real e o lado monetário:

$$\boxed{i_0 = 2 \quad \text{e} \quad y_0 = 100}$$

Estabelecidos i_0 e y_0 de equilíbrio, podemos determinar os valores de equilíbrio de S, I, C, Md_E, Md_{T+p}, bastando substituir i_0 e y_0 nas funções anteriores.

SOLUÇÃO GRÁFICA

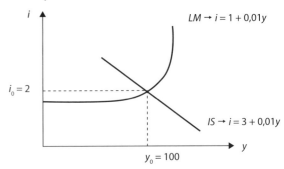

Figura 12.5 Equilíbrio simultâneo no mercado de bens e serviços e no mercado monetário.

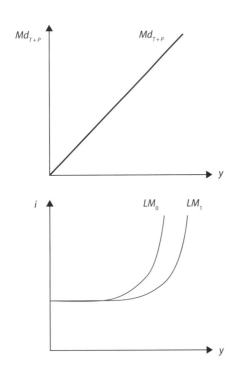

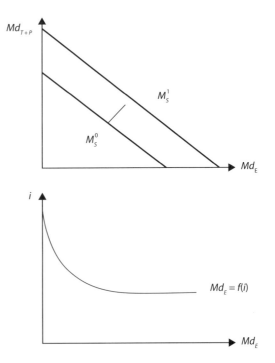

Figura 12.4 Deslocamento da curva LM, devido a aumento na oferta de moeda (política monetária expansionista).

5.1 Efeito de alterações na política fiscal sobre o equilíbrio

Suponhamos, por exemplo, uma política fiscal expansionista, mediante um aumento dos gastos do governo. Já vimos, na Seção 2, que isso provocará aumento da curva *IS*, isto é, um deslocamento para a direita. Suponhamos, adicionalmente, que esse aumento de gastos do governo tenha sido financiado por uma política de *open market*, ou seja, pela colocação de títulos públicos no mercado (assim, a quantidade de moeda do sistema – M_s – permanece inalterada).[1]

Observando o diagrama da Figura 12.6, o acréscimo em *G* provocou aumento da taxa de juros (para obter recursos no *open market*, o governo precisa aumentar a remuneração de seus títulos). Com o acréscimo em *i* e com oferta de moeda fixada, caiu a demanda de moeda por especulação e aumentou Md_{T+p}. Por outro lado, o acréscimo em *G* aumenta a demanda agregada. Supondo uma economia em desemprego, isso provoca aumento da renda real *y*, como mostra a Figura 12.6.

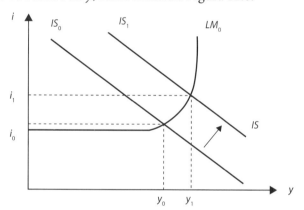

Figura 12.6 Efeito de um aumento dos gastos do governo sobre o equilíbrio.

Cabem duas observações acerca dos efeitos de um aumento dos gastos do governo.

Primeiramente, existe um fenômeno que definimos no Capítulo 12, conhecido como ***crowding out*** ou **efeito deslocamento**, devido ao aumento das taxas de juros, motivados pelo maior volume de *G*. O acréscimo em *G* aumenta as taxas de juros, e, com isso, diminui a demanda de investimentos privados *I* (afinal, *I* é uma função inversa de *i*). Ou seja, o governo ocupa um espaço antes ocupado pelo setor privado. Trata-se de uma das principais críticas dos monetaristas a políticas fiscalistas muito ativas.

Em segundo lugar, e derivado também da elevação da taxa de juros, observa-se que o efeito multiplicador keynesiano não é completo, como no modelo simplificado do Capítulo 10 desta parte. Ou seja, se, por exemplo, $\Delta G = 20$, $k = 4$, o aumento de renda não será igual a 80, mas inferior, pois a queda do investimento privado, provocada pela elevação dos juros, amortece o efeito multiplicador provocado por ΔG. Esse efeito multiplicador só seria completo na "armadilha da liquidez", em que um aumento em *G* não afeta as taxas de juros de mercado (elas estão tão baixas que o governo pode obter recursos, oferecendo letras com juros pouca coisa maior que os prevalecentes) e, portanto, não afeta a demanda de investimentos.

5.2 Efeito de alterações de política monetária sobre o equilíbrio

Suponhamos um aumento da oferta de moeda. Com M_s aumentando, o dinheiro abundante torna a taxa de juros mais barata, o que provoca três efeitos paralelos, conforme mostrado na Figura 12.7.

– aumenta *I*, aumenta Demanda Agregada (*DA*), aumenta renda (*y*);
– aumenta Md_E, devido à queda na taxa de juros;
– aumenta M_{T+p}, devido ao aumento da renda real.

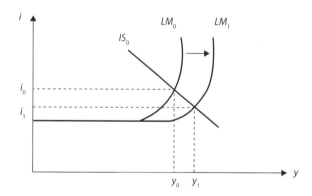

Figura 12.7 Efeito de um aumento da oferta de moeda sobre o equilíbrio.

6 EFICÁCIA DA POLÍTICA MONETÁRIA E DA POLÍTICA FISCAL

A eficácia ou poder de cada política, para aumentar o nível de renda, dependerá das elasticidades das curvas *IS* e *LM*. No fundo, isso depende da sensibilidade do nível de renda em relação a variações da taxa de juros.

Como se observa, esse modelo dá grande importância (exagerada para muitos) ao papel das taxas de juros na determinação do equilíbrio macroeconômico, o que é uma herança keynesiana. Empiricamente, são poucas as evidências de que a demanda de investimentos seja significativamente influenciada pela taxa de juros. Existem mais evidências da influência da taxa de juros sobre as variáveis monetárias (demanda de moeda). Ou seja, as taxas de juros parecem afetar mais a curva *LM* do que a *IS*.

Para a discussão que se segue, é interessante destacar três trechos da curva *LM*, como mostra a Figura 12.8.

- **trecho clássico**: *LM* não é sensível à taxa de juros. Portanto, a demanda especulativa é nula. No fundo, cai-se na teoria quantitativa da moeda, em que a demanda de moeda depende apenas do nível de renda nominal ($M_d = kY$). Ou seja, a elasticidade da demanda de moeda em relação à taxa de juros é zero. Nessas condições, a política monetária é eficaz e a política fiscal ineficaz para aumentar o nível de atividade;
- **trecho keynesiano**: é a **armadilha da liquidez**, em que a elasticidade da demanda de moeda em relação à taxa de juros é infinita. Significa que qualquer aumento na oferta de moeda será retido em encaixes especulativos ($Md_{T+p} = 0$). A política monetária é ineficaz e a política fiscal é eficaz, para promover aumentos de renda;
- **trecho intermediário**: rigorosamente, também um trecho keynesiano, dado que a *LM* é sensível à taxa de juros (lembrando que, na teoria clássica, não comparece a taxa de juros como elemento que afete a demanda de moeda). Nesse trecho, a eficácia das políticas fiscal e monetária depende da inclinação e da posição das curvas *IS* e *LM*.

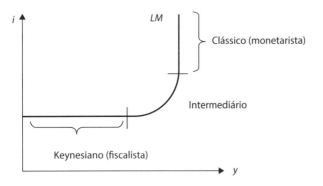

Figura 12.8 Significado dos trechos da curva *LM*.

Em síntese, podemos dizer que, *coeteris paribus*:

- a eficácia da política monetária:
  - diminui, quando a elasticidade da demanda de moeda em relação à taxa de juros aumenta (pois aumenta a tendência para manter muitos encaixes ociosos, para especulação);
  - aumenta, quanto mais *I* seja sensível a *i*;
  - aumenta, quando a velocidade-renda da moeda aumenta (a moeda gira rápido, criando renda);
- a eficácia da política fiscal:
  - diminui, quando a elasticidade dos investimentos em relação à taxa de juros se eleva (um efeito deslocamento *crowding out* muito elevado);
  - aumenta, quando a propensão marginal a consumir aumenta (efeito multiplicador keynesiano eleva-se).

7 EFICÁCIA DAS POLÍTICAS ECONÔMICAS E FORMAS DA OFERTA AGREGADA

O modelo *IS-LM*, em sua formulação original, supõe uma economia abaixo do preço-emprego, com preços e salários constantes, e destaca o papel da demanda agregada. Assume que os aumentos da demanda agregada induzidos pelas políticas econômicas expansionistas produzem aumentos da renda sem provocar alterações nos preços.

Contudo, o resultado anterior depende da forma que assume a oferta agregada. Até agora, supõe-se que esta é completamente elástica, devido a que os salários são rígidos, o que não altera os custos e, portanto, os preços. Assim, como mostra a Figura 12.9, qualquer política expansionista que aumente a demanda agregada é capaz de aumentar a renda, sem qualquer alteração nos preços. Essa é a formulação original do modelo básico de Hicks-Hansen.

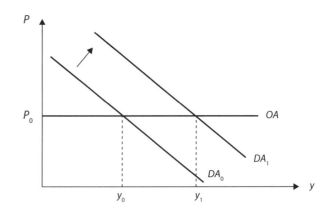

Figura 12.9 Efeitos das políticas econômicas com oferta agregada completamente elástica.

Se, por outro lado, supusermos que os salários podem variar livremente, isto é, são flexíveis, os aumentos da demanda agregada, além de produzir elevações na renda, também provocam aumentos de preço. Essa elevação de preços reduz a quantidade demandada em termos agregados, o que termina compensando, pelo menos parcialmente, o aumento inicial da renda. Eventualmente, se a oferta agregada for completamente inelástica, os preços aumentarão tanto que terminarão anulando completamente os efeitos positivos das políticas econômicas expansionistas. A Figura 12.10 ilustra essas duas possibilidades.

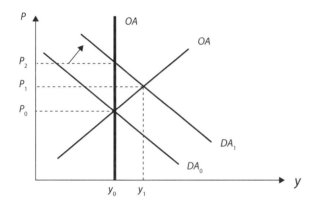

Figura 12.10 Efeitos das políticas econômicas com ofertas agregadas positivamente inclinadas e completamente inelásticas.

Na verdade, os debates entre as diversas escolas de pensamento macroeconômico terminam levando a diferentes suposições sobre a forma da oferta agregada.

Assim, os modelos de orientação keynesiana tendem a considerar a oferta agregada completamente elástica da Figura 12.9, enquanto os modelos de orientação neoclássica tendem a considerar alguma das curvas de oferta da Figura 12.10.

SAIBA MAIS

As interpretações monetaristas e keynesianas da Grande Depressão a partir do modelo IS-LM

No Capítulo 10, apresentamos, na seção Saiba Mais, uma interpretação keynesiana acerca da Grande Depressão. Vamos contrapô-la à visão monetarista do mesmo fenômeno, a partir do modelo IS-LM.

Inicialmente, vamos considerar a interpretação keynesiana, que considera a crise como causa da queda da demanda agregada. O gráfico a seguir contempla essa interpretação

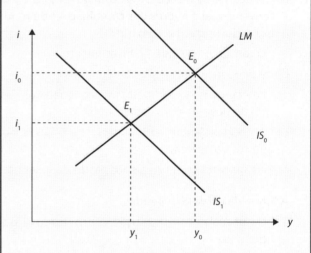

A partir do gráfico, percebe-se que a queda da demanda, representada pelo deslocamento da IS para a esquerda, resulta na mudança de equilíbrio de E_0 para E_1, ou na queda renda de Y_0 para Y_1, resultado este que traduz a interpretação keynesiana.

Podemos, agora, considerar a interpretação monetarista de que a Grande Depressão teria sido resultado da queda do multiplicador bancário que resultou na redução da liquidez na economia. Essa redução teria provocado o deslocamento da curva LM para a esquerda, conforme pode ser visualizado no gráfico a seguir:

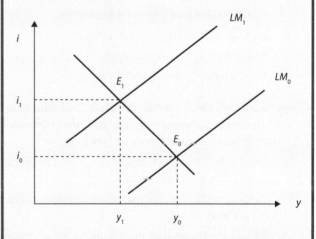

Pelo gráfico, a redução dos meios de pagamento tem como resultado a mudança do equilíbrio de E_0 para E_1. Do ponto de vista da renda, o resultado é o mesmo do gráfico anterior; porém a causa dessa redução encontra-se no deslocamento da LM, resultado que traduz a interpretação monetarista.

QUESTÕES DE MÚLTIPLA ESCOLHA

1. **Numa economia fechada, mas com governo, a curva *IS* convencional é o *locus* das combinações de renda e taxa de juros que faz com que:**
   a) O consumo seja igual ao investimento.
   b) A poupança seja igual ao investimento.
   c) Poupança mais os impostos sejam iguais aos gastos do governo mais os investimentos.
   d) A poupança mais os impostos sejam iguais aos gastos do governo.
   e) Os impostos sejam iguais aos gastos do governo.

2. **A forma da curva *IS* depende:**
   a) Da procura por precaução e especulativa por dinheiro.
   b) Do tamanho do multiplicador e da elasticidade do investimento em relação à taxa de juros.
   c) Do tamanho do multiplicador e dos requisitos de reserva monetária.
   d) Da procura especulativa para transações por dinheiro.
   e) Da posição do ramo da curva *LM* conhecida como "armadilha da liquidez".

3. **Das medidas de política econômica a seguir, indique aquela que provoca deslocamento para a direita da curva *IS*:**
   a) Redução da carga tributária autônoma.
   b) Aumento da carga tributária autônoma.
   c) Redução dos salários nominais.
   d) Aumento dos salários nominais.
   e) Redução dos gastos do governo.

4. **No modelo *IS-LM*, o conhecido "efeito multiplicador" das despesas governamentais, dos investimentos autônomos e das exportações é tanto maior:**
   a) Quanto maior for o efeito das taxas de juros sobre o consumo e o investimento.
   b) Quanto menor for a propensão marginal a consumir e a investir.
   c) Quanto menor for o efeito das taxas de juros sobre o consumo e o investimento.
   d) Quanto maior for o efeito da inflação sobre o consumo.
   e) Quanto menor for o efeito da inflação sobre o consumo.

5. **No que se refere ao equilíbrio do produto nacional e da taxa de juros em uma economia, é correto afirmar:**
   a) Uma política monetária contracionista levaria a uma redução na produção e na taxa de juros.
   b) Um aumento na tributação, tudo o mais constante, provocaria redução na produção e aumento na taxa de juros da economia.
   c) Uma política fiscal expansionista, de redução do *superávit* ou aumento do *déficit* do governo, provocaria aumento no produto nominal e na taxa de juros.
   d) Uma política fiscal conduzida para reduzir o *déficit* do governo, tudo o mais constante, provocaria aumento na taxa de juros de equilíbrio e redução no produto nominal.
   e) Uma política monetária expansionista levaria ao aumento de juros e redução na produção.

6. **Uma economia apresenta desemprego de mão de obra com equilíbrio ocorrendo em uma situação extrema de escassez de liquidez. Então, uma política econômica adequada para eliminar o desemprego será:**
   a) Diminuir o volume dos meios de pagamentos.
   b) Aumentar o volume dos meios de pagamentos.
   c) Diminuir os gastos do governo.
   d) Aumentar os gastos do governo.
   e) Diminuir a carga tributária.

7. **Se os investimentos forem absolutamente inelásticos com relação a variações na taxa de juros:**
   a) Aumentos no estoque de moeda, tudo o mais constante, acarretarão aumentos no produto nacional.
   b) Maiores gastos do governo acarretarão redução na taxa de juros da economia.
   c) Aumentos no estoque de moeda, tudo o mais constante, provocarão aumentos na taxa de juros de equilíbrio da economia.
   d) Aumentos de estoque de moeda, tudo o mais constante, não produzirão efeito sobre o produto nacional.
   e) A política fiscal será completamente ineficaz para promover modificações no produto nacional.

Cap. 12 • Interligação entre o Lado Real e o Lado Monetário – Análise *IS-LM* **231**

8. **Uma economia em que se aplica o modelo keynesiano generalizado apresenta desemprego de mão de obra e posição de equilíbrio no trecho intermediário da curva *LM*. A adoção de uma medida de política monetária pura, antirrecessiva, provocará:**

   a) Aumento das taxas de juros, da renda real e do emprego de mão de obra.

   b) Aumento da taxa de juros e da renda real e redução do emprego de mão de obra.

   c) Redução da taxa de juros e aumento da renda real e do emprego de mão de obra.

   d) Redução da taxa de juros e da renda real e aumento do emprego de mão de obra.

   e) Redução da taxa de juros, da renda real e do emprego da mão de obra.

9. **No ramo da "armadilha de liquidez" da curva *LM*, um acréscimo de gastos induz um aumento da renda que é:**

   a) Menor do que aquele dado pelo multiplicador keynesiano.

   b) Maior do que aquele dado pelo multiplicador keynesiano.

   c) Igual ao dado pelo multiplicador keynesiano.

   d) Igual ao supermultiplicador.

   e) N.r.a.

Nota

1 O aumento dos gastos do governo também poderia ter sido financiado por um aumento de emissões (aumento da oferta de moeda M_s), ou por um aumento de impostos (T), o que provocaria um deslocamento da função poupança (que depende de T). O leitor pode fazer esse exercício.

INFLAÇÃO

1 CONCEITO DE INFLAÇÃO

Define-se **inflação** como um aumento contínuo e generalizado no nível geral de preços. Ou seja, os movimentos inflacionários são processos dinâmicos e não podem ser confundidos com altas esporádicas de preços; devem também ser generalizados, disseminando-se para outros setores, com os preços numa escala altista.[1]

Portanto, o aumento do preço de algum bem ou serviço específico não constitui inflação, que ocorre apenas quando há um aumento generalizado de preços. O conceito inverso de inflação é a **deflação**: baixa contínua e generalizada de preços.

A inflação e o desemprego são considerados os problemas fundamentais da economia, pois definem a sustentabilidade do processo de crescimento econômico e da distribuição de renda do país. Pelo menos até o Plano Real, nos Governos Itamar Franco/Fernando Henrique Cardoso, o Brasil enfrentou durante décadas um processo inflacionário que trouxe graves problemas ao país.

Definido o conceito de inflação, vamos apresentar neste capítulo os tipos de inflação, as distorções que apresenta, a relação entre inflação e desemprego e seu comportamento no Brasil. Como complemento, ao final do capítulo, na primeira seção Entenda na Prática apresentamos uma síntese do Plano Real, que finalmente estabilizou as taxas de inflação do país, e na segunda o impacto econômico da pandemia do novo coronavírus (Covid-19), especificamente sobre as taxas de inflação em todo o mundo.

2 TIPOS DE INFLAÇÃO

Para propósitos de análise, torna-se útil classificarmos a inflação de acordo com seus fatores causais. Nesse sentido, a literatura econômica costuma distinguir a inflação em dois tipos básicos: inflação provocada pelo excesso de demanda agregada (inflação de demanda) da inflação causada pela escassez de oferta agregada (inflação de oferta).

2.1 Inflação de demanda

A inflação de demanda, considerada o tipo mais "clássico" de inflação, diz respeito ao excesso de demanda agregada em relação à produção disponível de bens e serviços.

Intuitivamente, ela pode ser entendida como "dinheiro demais à procura de poucos bens".

Parece claro que a probabilidade de inflação de demanda aumenta, quanto mais a economia estiver próxima do pleno emprego de recursos. Afinal, se houver desemprego em larga escala na economia, é de se esperar que um aumento de demanda agregada deva corresponder a um aumento na produção de bens e serviços, pela maior utilização de recursos antes desempregados, sem que necessariamente ocorra aumento generalizado de preços. Quanto mais nos aproximamos do pleno emprego, mais se reduz a possibilidade de expansão rápida da produção, caracterizando um excesso de demanda, que repercutirá sobre os preços.

O caso de inflação de demanda pode ser ilustrado graficamente em termos de curvas de oferta e demanda agregada. Em caso de inflação de demanda, a curva de oferta agregada OA permanece praticamente estável, enquanto a demanda agregada DA é elevada de DA_0 para DA_1, como mostra a Figura 13.1.

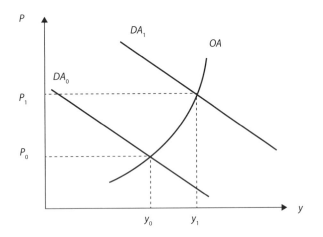

Figura 13.1 Inflação de demanda.

Como esse tipo de inflação está associado ao excesso de demanda agregada e tendo em vista que, a curto prazo, a demanda é mais sensível a alterações de política econômica que a oferta agregada (cujos ajustes normalmente se dão a prazos relativamente longos), a política preconizada para combatê-la assenta-se em instrumentos que provocam redução da procura agregada por bens e serviços, como elevação da taxa de juros, restrições de crédito, aumento de impostos, redução de gastos públicos etc.

2.2 Inflação de oferta

A inflação de oferta também pode ser ilustrada pelas curvas de oferta e demanda agregada. Aqui, quem permanece relativamente estável é a demanda agregada DA, enquanto a oferta agregada OA retrai-se de OA_0 para OA_1, como mostra a Figura 13.2.

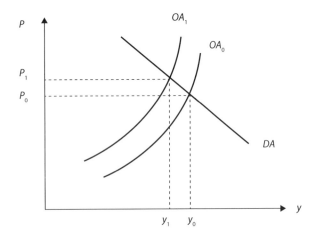

Figura 13.2 Inflação de oferta.

Menos discutida que a inflação de demanda, a inflação provocada pela escassez de oferta pode ser derivada de várias causas: aumento de custos de produção, mecanismos de indexação e expectativas empresariais. Particularmente na América Latina, deve-se destacar a chamada visão estruturalista. Essas abordagens são apresentadas a seguir.

2.3 Inflação de custos

É a forma mais conhecida de inflação de oferta: sua natureza geral é a seguinte: o preço de um bem ou serviço tende a ser bastante relacionado ao aumento dos custos de produção: se o último aumenta, mais cedo ou mais tarde o preço do bem provavelmente aumentará.

A **inflação de custos** decorre de aumentos de custos das empresas repassados para preços. As principais razões são o aumento do preço de matérias-primas e de insumos básicos, principalmente aqueles associados a quebras de safra agrícola, escassez de energia, crises financeiras internacionais, que costumam levar a desvalorizações cambiais, que aumentam o preço em reais das matérias-primas importadas.

Outra razão para um aumento de custos seriam os aumentos salariais, sem estarem ancorados em aumentos de produtividade dos trabalhadores; ou seja, se os aumentos salariais superarem a produtividade da mão de obra empregada. Por exemplo, se os salários reais médios aumentam 10% e o produto por trabalhador aumenta em 5%, então os custos unitários por unidade do produto aumentam, o que deve levar as empresas a repassar esses custos aos preços. Outro exemplo, se sindicatos com maior poder de barganha são capazes de forçar um aumento de salários em níveis acima dos índices de produtividade, os custos de produzir bens e serviços aumentam. Se os preços de produtos finais seguem os custos de produção, resulta uma inflação impulsionada pelos custos de produção (no caso, pelo aumento de salários).[2]

Mas a explicação mais frequente para a ocorrência da inflação de custos está realmente mais associada aos chamados **choques de oferta**. Por exemplo, nos anos 1970 a Organização dos Países Exportadores de Petróleo (OPEP) reduziu drasticamente a produção de petróleo, o que elevou consideravelmente seu preço no mercado internacional. Para os países importadores de petróleo, como o Brasil, isso significou um aumento importante dos custos de produção, o que terminou sendo repassado nos preços. Além disso, o racionamento de combustível reduziu a produção agregada e o emprego, gerando o fenômeno da **estagflação** (estagnação econômica com inflação).

No momento da elaboração desta edição do livro, vivenciamos um exemplo dramático de um choque de oferta, provocado pela pandemia do novo coronavírus. A necessidade de isolamento social, com os trabalhadores tendo que permanecer em casa, provocou uma suspensão da produção, e a paralização do comércio nacional e internacional, com a consequente escassez de matérias-primas, provocou uma suspensão da produção, desarticulando as cadeias produtivas nacionais e internacionais.[3]

Dessa forma, o que caracteriza, na realidade, a expressão **inflação de custos** é o aumento de preços devido a **pressões ou choques autônomos**.

Uma característica da inflação de custos é que é **menos previsível**, e, em muitos casos, ela tende a ser **transitória ou sazonal**, dado que os preços podem voltar, passado um certo tempo, aos patamares anteriores. Isso ocorre principalmente com os preços de produtos agrícolas, nos períodos de entressafra agrícola, e preços de energia, que dependem da estação do ano. Nesse caso, não se recomenda qualquer medida restritiva de política econômica – tipo aumento da taxa de juros –, bastando aguardar a provável queda dos preços. Mesmo no caso da pandemia do novo coronavírus, quando for finalmente atingida a vacinação em massa, a tendência é a de as taxas de inflação cederem, com a economia voltando a se normalizar.

Agora, se esse aumento de preços tende a ser permanente, a política usual, no caso de inflação de custos, é o que se denomina **política de rendas**: o controle direto de preços, o que pode ocorrer por meio do **tabelamento de preços e salários**, como foi feito nos planos de estabilização no Brasil (Planos Cruzado, Bresser, Collor). Não obstante isso, não se descarta a possibilidade de, pelo menos temporariamente, combater a inflação de custos com uma **política monetária contracionista**, que reduz a demanda agregada, como um aumento da taxa de juros, para compensar a elevação de preços devido às pressões de custos. Entretanto, além de que esse aumento de custos possa ser transitório, o que não justificaria medidas restritivas, tal medida deve provocar uma queda do nível de atividade e do emprego, como podemos ver no gráfico anterior (queda da curva de demanda agregada DA).

2.4 Inflação inercial e inflação de expectativas

Além dos fatores tradicionalmente considerados como os principais causadores do processo inflacionário, no Brasil tem-se associado esse processo também à inércia inflacionária e às expectativas de inflação futura.

De acordo com a visão **inercialista**, os mecanismos de **indexação formal** (contratos, aluguéis, salários) e **indexação informal** (reajustes de preços no comércio, indústria, tarifas públicas) provocam a perpetuação das taxas de inflação anteriores, que são sempre repassadas aos preços correntes. Ademais, mesmo sem terem apresentado aumentos significativos de seus custos, muitos setores simplesmente elevam os preços de bens e serviços pela inflação geral do país, divulgada pelas instituições de pesquisa. Por essa razão, nos planos anti-inflacionários adotados antes do Plano Real no Brasil, as autoridades adotaram o congelamento de preços e salários, para tentar eliminar a chamada **memória inflacionária**, ou seja, desindexar a economia. Outro recurso foi a troca da unidade monetária, em que durante algum tempo coexistem uma moeda inflacionada (como o cruzeiro real) e uma moeda teoricamente sem inflação (como o real), indexada ao dólar ou a uma cesta de moedas estrangeiras.

A **inflação de expectativas** estaria associada aos aumentos de preços provocados pelas expectativas dos agentes de que a inflação futura tende a crescer, e eles procuram resguardar suas margens de lucro. No Brasil, esses fatores foram muito presentes no passado, principalmente antes das mudanças de governo, com os empresários precavendo-se contra eventuais congelamentos de preços e salários, que foram uma estratégia frequente nos planos pós-1986 (chamados de **choques heterodoxos**).

2.5 A visão estruturalista da inflação

Na América Latina, a partir dos anos 1950, ganhou destaque uma corrente que pressupõe que a inflação no continente estaria associada estreitamente a tensões de custos, causados por deficiências na estrutura econômica. É a **corrente estruturalista ou cepalina** (por ter se originado na Comissão Econômica para a América Latina e o Caribe – CEPAL), organismo das Nações Unidas sediado no Chile.

De acordo com essa corrente, a inflação seria explicada por fatores estruturais, como a estrutura agrária, estrutura oligopólica de mercado e estrutura do comércio internacional. A agricultura não responderia ao crescimento da demanda de alimentos, devido à existência de latifúndios pouco preocupados com questões de produtividade (oferta de produtos agrícolas inelástica a estímulos de preços de mercado). Isso levaria ao aumento de preços dos alimentos. Por outro lado, grandes oligopólios têm condições de sempre manter suas margens de lucro, repassando todos os aumentos de custos a seus preços. Finalmente, a inflação seria provocada pelas desvalorizações cambiais que os países subdesenvolvidos são obrigados a promover, para compensar o *déficit* crônico da balança comercial, gerado pela deterioração dos termos de troca no comércio internacional, contra países subdesenvolvidos, por exportarem produtos primários e importarem produtos manufaturados.

No fundo, segundo essa visão, as causas da inflação estão associadas aos **conflitos distributivos**, que se resumem na tentativa de os agentes manterem ou aumentarem sua posição na distribuição do "bolo" econômico: empresários defendendo suas margens de lucro, trabalhadores tentando manter seus salários e o governo mantendo sua parcela por meio de impostos, preços e tarifas públicas, além de poder emitir moeda a qualquer momento, gerando imposto inflacionário, que discutiremos a seguir.

3 CONSEQUÊNCIAS DA INFLAÇÃO

Ao discutir o problema da inflação, deve ser observado que muitos economistas não creem que as distorções provocadas por uma inflação suave sejam sérias, mas pouca dúvida pode haver de que níveis elevados de inflação produzirão consequências desastrosas.

Os principais efeitos provocados por esse fenômeno são apontados a seguir.

3.1 Efeito sobre a distribuição de renda

A distorção mais séria provocada por elevadas taxas de inflação diz respeito à redução do poder aquisitivo das classes que dependem de rendimentos fixos, que possuem prazos legais de reajuste. Nesse caso, estão os assalariados que, com o passar do tempo, vão ficando com seus orçamentos cada vez mais reduzidos, até a chegada de um novo reajuste. Os que mais perdem são os trabalhadores de baixa renda, que não têm condições de manter alguma aplicação financeira, pois tudo o que ganham gastam com sua subsistência. Percebe-se que a inflação é, principalmente, um **imposto sobre os mais pobres**.

Os que auferem renda de aluguel também têm perda de rendimento real, ao longo do processo inflacionário, mas estes são compensados pela valorização de seus imóveis, que costuma caminhar junto com as taxas de inflação. Os proprietários de bens de raiz praticamente nada sofrem, já que suas propriedades normalmente são valorizadas no mesmo ritmo em que deteriora o valor do dinheiro. Nessa categoria, também estão os empresários, que têm mais condições de repassar os aumentos de custos provocados pela inflação, garantindo, assim, a manutenção de seus lucros, e o próprio governo, via correção de impostos e preços e tarifas públicas.

Dessa forma, quanto mais alta a taxa de inflação em determinado país, mais desigual é sua distribuição de renda.

3.2 Efeito sobre o balanço de pagamentos

Elevadas taxas de inflação, em níveis superiores ao aumento de preços internacionais, encarecem o produto nacional relativamente ao produzido no exterior. Assim, provocam estímulo às importações e desestímulo às exportações, diminuindo o saldo da balança comercial (exportações menos importações). Esse fato costuma, inclusive, provocar um verdadeiro círculo vicioso, se o país estiver enfrentando um *déficit* cambial. Nessas condições, as autoridades, na tentativa de minimizar o *déficit*, podem se ver obrigadas a permitir desvalorizações cambiais, as quais, depreciando a moeda nacional, podem estimular a colocação de nossos produtos no exterior, desestimulando as importações, e melhorando o saldo da balança comercial. Entretanto, as importações essenciais, das quais muitos países não podem prescindir, tais como petróleo e derivados, fertilizantes, equipamentos sem similar nacional, tornar-se-ão imediatamente mais caras, pressionando os custos de produção dos setores que utilizam mais largamente produtos importados. Ocorre nova elevação de preços, devida ao repasse do aumento dos custos aos preços dos produtos finais, recomeçando o processo.

3.3 Efeito sobre os investimentos empresariais

Outra distorção provocada por elevadas taxas de inflação prende-se à formação das expectativas sobre o futuro e, portanto, sobre a decisão de investir do setor privado. Particularmente, o setor empresarial é bastante sensível a esse tipo de situação, dadas a instabilidade e a imprevisibilidade de seus lucros. O empresário fica num compasso de espera enquanto a situação perdurar, e dificilmente tomará iniciativas para aumentar seus investimentos em expansão da capacidade produtiva. Assim, a própria capacidade de produção futura e, consequentemente, o nível de emprego, são afetados negativamente pelo processo inflacionário.

3.4 Efeito sobre o mercado de capitais

Tendo em vista o fato de que, num processo inflacionário intenso, o valor da moeda deteriora-se rapidamente, ocorre desestímulo à aplicação de recursos em aplicações de renda fixa, como a caderneta de poupança. Por outro lado, a inflação estimula a aplicação de recursos em bens de raiz, como terras e imóveis, que costumam valorizar-se durante o processo inflacionário.

No Brasil, essa distorção foi bastante minimizada durante um longo tempo, antes do Plano Real, pela instituição de mecanismo da correção monetária, pelo qual os papéis públicos, bem como as cadernetas de poupança, passaram a ser reajustados por um índice que reflete aproximadamente o crescimento da inflação.

Esses são os principais efeitos de um processo inflacionário.

Agora, embora alguns possam ganhar com a inflação a curto prazo, pode-se dizer que, a longo prazo, quase ninguém ganha com ela, porque seu processo, funcionando como um rolo compressor, desarticula todo o sistema econômico. Assim, embora a inflação onere principalmente os trabalhadores, ao corroer seus salários, é evidente que, com o empobrecimento dos trabalhadores, as empresas vão vender menos e o governo arrecadará menos.

4 POLÍTICA MONETÁRIA E INFLAÇÃO: O CONCEITO DE NÚCLEO DE INFLAÇÃO

São duas as principais estratégias adotadas de políticas monetárias, que objetivam manter a inflação sob controle: o estabelecimento de Metas de Inflação e o acompanhamento do chamado núcleo da inflação.

4.1 Sistema de metas de inflação

Trata-se uma política monetária criada na Nova Zelândia em 1990, e empregada na Inglaterra, no Chile e em outros países, em que se estabelece uma "âncora" nominal para orientar expectativas de mercado. São "bandas" fixadas para a inflação futura, controlada por meio da política monetária, principalmente taxa de juros.

No Brasil, esse sistema passou a ser adotado a partir de 1999. As autoridades monetárias fixam os limites de variação para os dois anos seguintes. Como observamos no Capítulo 11, sobre política monetária, fixada a meta, o Banco Central, por meio do Comitê de Política Monetária (Copom), em reuniões a cada 40 dias (oito reuniões anuais), controla a taxa de juros básica (Selic), de acordo com as expectativas de mercado, e anuncia a tendência ("viés") da taxa de juros até a próxima reunião:, que pode ser "**viés de alta**", "**viés de baixa**" ou "**viés neutro**"), indicando que o Banco Central pode alterar a taxa de juros a qualquer momento, antes da realização da próxima reunião.

4.2 Núcleo de inflação

Núcleo da inflação (*core inflation*) é um índice de preços em que são expurgadas, do índice geral, as variações transitórias, sazonais ou acidentais, que não provocam pressões persistentes sobre os preços. As variações transitórias ou sazonais estão normalmente associadas aos choques de oferta, tais como escassez de energia, elevação de preços do petróleo, geadas etc., que redundam em aumentos de custos de produção (inflação de custos).

No caso de um choque de oferta, como observamos anteriormente, após cessado o período crítico, a produção e os preços tendem posteriormente a voltar aos níveis anteriores. Nesse caso, o Banco Central, baseado na estimativa do núcleo da inflação, não deve alterar sua política monetária, elevando a taxa de juros, para controlar a inflação. O Banco Central deve atuar apenas se o núcleo se alterar, o que só ocorrerá se houver um excesso persistente de demanda agregada em relação à capacidade produtiva; ou seja, no caso de uma inflação de demanda.

Há várias metodologias de cálculo do núcleo de inflação. A mais comum, adotada, por exemplo, nos Estados Unidos, é o chamado **método da exclusão**, que consiste em expurgar dos índices de preços os componentes de maior volatilidade, sendo os mais comuns preços de energia e de alimentos. Alguns países também retiram do cálculo do índice os preços administrados. Existe ainda o **método de influência limitada**, no qual se inclui o **método das médias aparadas**, que reduz o peso de componentes que apresentem variações fora dos padrões, tanto positivas como negativas. Nesse caso, atribui-se um peso menor às extremidades da distribuição de preços. Finalmente, tem os **métodos econométricos**, baseado em séries temporais e interpretações econômicas.

O Banco Central do Brasil utiliza cerca de sete estimativas do núcleo de inflação, para acompanhar a evolução dos preços, e determinar sua política monetária, principalmente para a definição da taxa Selic pelo Copom.

5 INFLAÇÃO E DESEMPREGO: A CURVA DE PHILLIPS

Até os anos 1950, o modelo macroeconômico tradicional era baseado na síntese neoclássica (modelo *IS-LM*) e na ênfase keynesiana a políticas voltadas à demanda agregada. Entretanto, esse modelo apresentava uma dicotomia entre o comportamento da economia no pleno emprego e abaixo do pleno emprego. Abaixo do pleno emprego, seguia-se a tradição keynesiana de que os preços eram rígidos e que mudanças no sistema dadas exogenamente afetavam apenas as variáveis reais (emprego, produção). Por outro lado, no pleno emprego, as variáveis reais permaneciam inalteradas, e mudanças exógenas traduziam-se apenas num movimento dos preços. Ou seja, a curva de oferta agregada considerada tinha um formato do tipo apresentado na Figura 13.3.

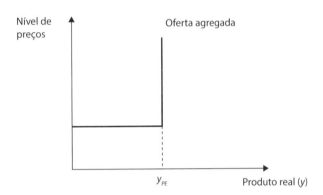

Figura 13.3 Curva de oferta agregada.

No entanto, a realidade não mostra uma dicotomia assim tão clara entre variações ou no preço ou na quantidade, observando-se em geral movimentos conjuntos das duas variáveis.

Uma luz importante nesse sentido, que procura resolver essa dicotomia, é a chamada **Curva de Phillips**, que mostra uma relação inversa (um *trade-off*) entre inflação[4] e desemprego. Considerando que o nível de produto está diretamente relacionado com o nível de emprego, ou inversamente ao de desemprego, e sabendo que a inflação corresponde a um aumento no nível geral de preços, a Curva de Phillips fornece-nos um guia sobre o que devemos buscar em termos de modelo de oferta agregada. Se quisermos ganhar mais produto (ou, nos termos da Curva de Phillips, reduzir o desemprego), poderemos obtê-lo, mas em troca teremos também preços mais elevados (mais inflação). Podemos expressar a curva de Phillips como se segue:

$$\pi = -\beta(\mu - \mu_N)$$

onde π é a taxa de inflação, β a elasticidade da inflação em relação aos desvios da taxa de desemprego, μ_a taxa de desemprego, e μ_N a taxa natural de desemprego (isto é, a taxa de desemprego compatível com o pleno-emprego). Graficamente, temos o apresentado na Figura 13.4.

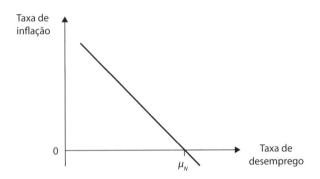

Figura 13.4 Curva de Phillips.

Note-se que, quando a taxa de desemprego μ for igual à taxa natural μ_N, a inflação será zero. Quando isso ocorre, significa que a economia está em seu produto potencial de pleno emprego; pode-se assumir uma igualdade entre oferta e demanda agregada, não existindo pressões para alterações de preços. Teremos inflação positiva se o desemprego estiver abaixo da taxa natural, e negativa (deflação) se o desemprego estiver acima.

Se essa relação for estável, abre-se a possibilidade para o governo manter a economia sempre com baixa taxa de inflação, ou seja, alto nível de emprego, com estabilidade de preços.

Note-se que, na curva de Phillips, a análise passa a ser considerada em termos de **taxas** (de inflação, desemprego), em vez dos **níveis** (preços, produto), como nos modelos que vimos anteriormente.

No fim dos anos 1960, começaram a surgir trabalhos enfatizando o papel das expectativas dos agentes, principalmente sobre a inflação esperada. Contestou-se a estabilidade da curva de Phillips, alegando-se que, quando se tem inflação recorrente, os agentes passam a se antecipar à inflação, remarcando seus preços, sem alterar a produção (e, portanto, o emprego). Essa visão deu origem à **versão aceleracionista da curva de Phillips**, que pode ser expressa como se segue:

$$\pi = \pi^e - \beta(\mu - \mu_N)$$

sendo π^e a taxa de inflação esperada. Graficamente, temos o apresentado na Figura 13.5.

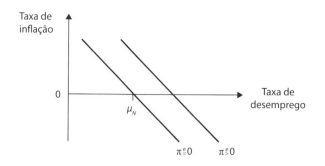

Figura 13.5 Curva de Phillips: versão aceleracionista.

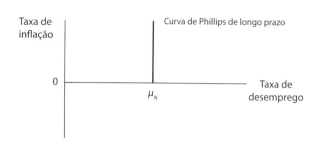

Figura 13.6 Curva de Phillips de longo prazo.

Nessa versão, a taxa de inflação em dado período depende de quanto os agentes esperam de inflação futura e do nível de atividade econômica. Ou seja, pode ocorrer inflação simplesmente porque os agentes acreditam que haverá inflação. Isso significa que já não existiria um *trade-off* estático entre inflação e desemprego.

Com a introdução das expectativas, um ponto importante a ser discutido é como os indivíduos a formam. São duas as correntes principais: as chamadas expectativas adaptadas e as expectativas racionais.

De acordo com as **expectativas adaptadas ou adaptativas**, a inflação esperada para o próximo período é uma média ponderada da inflação observada nos últimos períodos. Uma implicação importante da hipótese das expectativas adaptativas sobre a análise da curva de Phillips é que a taxa de desemprego sempre tenderia à taxa natural. Ou seja, os desvios decorrem de erros nas expectativas, que tendem a ser corrigidos. Assim, a curva de Phillips de longo prazo seria totalmente vertical, como mostra a Figura 13.6.

A escola das **expectativas racionais** considera que os agentes não olham somente o passado, mas também as informações disponíveis no presente. Para formar suas expectativas sobre a inflação futura, o indivíduo não incorre em erros sistemáticos, e aprende com os erros passados, incorporando essa informação a suas expectativas.

Implicação importante da hipótese das expectativas racionais sobre a análise da curva de Phillips é que a taxa de desemprego sempre tenderia à taxa natural, se os agentes podem antecipar a política monetária. Caso contrário, a inflação continuaria a relacionar-se negativamente com a taxa de desemprego, que seria diferente da taxa natural. Em outras palavras, teremos uma curva de Phillips típica para variações antecipadas da oferta monetária e uma completamente vertical para as variações não antecipadas da oferta monetária. Assim, teremos duas alternativas para a curva de Phillips, como mostra a Figura 13.7.

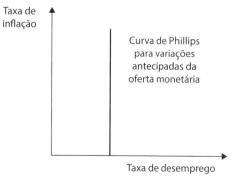

Figura 13.7 Curvas de Phillips com expectativas racionais.

Com as mudanças ocorridas após a crise do petróleo, nos anos 1970, e o fenômeno da estagflação (inflação com desemprego), consolida-se a tendência iniciada anteriormente de evidenciar o papel das expectativas no comportamento dos agentes econômicos. Particularmente, a escola das expectativas racionais revoluciona a teoria macroeconômica, desenvolvendo a noção de que os agentes econômicos não cometem erros sistemáticos de previsão, pois têm condições de perceber o provável impacto de alterações de política macroeconômica. Embora criada pelos economistas de linha neoclássica (chamados hoje **novos clássicos**), ela foi em parte incorporada pelos economistas da corrente keynesiana (os chamados **novos keynesianos**). Evidentemente, foge ao escopo deste texto básico de economia mergulhar mais nesse debate, que é aprofundado nos livros-textos de macroeconomia.

6 INFLAÇÃO E AS CORRENTES DE PENSAMENTO ECONÔMICO NO BRASIL

As escolas de teoria econômica no Brasil sempre estiveram integradas a outros centros de estudo de economia no mundo inteiro. Todavia, tivemos alguns aspectos de teoria econômica com aplicações práticas que foram muito estudadas aqui, principalmente sobre a questão da inflação. Podemos citar, como exemplos, a visão inercialista da inflação e o debate entre estruturalistas e neoliberais (ou monetaristas), em particular na América Latina.

Como já mostramos anteriormente, costuma-se associar a corrente estruturalista à Comissão Econômica para a América Latina e o Caribe (Cepal), influenciada principalmente pelas ideias do economista argentino Raúl Prebisch, mas também do brasileiro Celso Furtado. A corrente neoliberal, por sua vez, foi muito associada à política preconizada pelo Fundo Monetário Internacional (FMI), baseada, em grande parte, nas ideias de Milton Friedman, da Universidade de Chicago, e que foi aplicada no Chile na época da ditadura militar de Pinochet.

O diagnóstico **estruturalista** para o processo inflacionário em países subdesenvolvidos pressupõe que a inflação está associada estreitamente a **tensões de custos**, causadas por deficiências da estrutura econômica, a saber: a estrutura agrária, a estrutura oligopólica de mercado e a estrutura do comércio internacional. Hoje, os estruturalistas (ou neoestruturalistas) colocam-se essas questões de forma mais abrangente, ou seja, associadas a um **conflito distributivo**, que se estabelece entre os vários setores e agentes da sociedade. Segundo essa corrente, as causas da inflação no Brasil derivam da pressão desses agentes na defesa de sua parcela no produto da economia: os capitalistas, via margens de lucro, o governo, via impostos e preços de tarifas públicas, e os trabalhadores, por meio de seus salários.

As ideias estruturalistas também estiveram associadas à estratégia de industrialização na América Latina, mediante um processo de substituição de importações. Esse processo foi ancorado em uma política de proteção à indústria nacional, por meio de barreiras qualitativas e quantitativas à importação.

A **visão neoliberal ou monetarista**, no tocante à questão inflacionária, apresenta um diagnóstico que associa a inflação brasileira ao desequilíbrio crônico do setor público. A necessidade de financiar a dívida pública leva ao aumento das emissões e ao excesso de moeda, acima das necessidades reais da economia, levando às elevações de preços. Os economistas dessa corrente advogam por uma economia de mercado, com menor intervenção do Estado na atividade econômica. Nesse sentido, são os principais defensores da privatização de empresas estatais. Por essa razão, também são conhecidos como **neoliberais** ou **ortodoxos**.

A terceira corrente é a **inercialista**, segundo a qual a inflação no Brasil estaria associada aos mecanismos de indexação, que acabam perpetuando a inflação passada, numa espécie de inércia inflacionária. Os congelamentos de preços e salários, adotados nos planos econômicos, bem como a troca de moeda (o cruzeiro real inflacionado foi substituído pelo real, teoricamente livre da inflação), foram medidas adotadas justamente para tentar eliminar a "memória" inflacionária.

Praticamente restrito à América Latina e em particular no Brasil, há um intenso debate entre a corrente **desenvolvimentista** ou **heterodoxa** e os economistas ligados ao chamado *mainstream*, denominados **ortodoxos**, que inclui tanto os economistas neoliberais e monetaristas como os **keynesianos "fiscalistas"**.[5] A quase totalidade dos desenvolvimentistas ou são de esquerda e portanto estatizantes, ou fazem uma interpretação muito particular da teoria keynesiana, defendendo que estímulos de demanda seriam seguidos quase automaticamente por aumentos da produção e do emprego, mesmo que leve a um aumento da inflação. Podemos chamá-los de **keynesianos "desenvolvimentistas"**.[6] É a base do chamado **Modelo de Consumo de Massa**, que foi adotado no Brasil após a crise financeira internacional de 2008/2009, e denominado posteriormente de **Nova Matriz Macroeconômica** no primeiro mandato do Governo Dilma Rousseff.

O Quadro 13.1 procura sintetizar a discussão sobre inflação no Brasil.

Quadro 13.1 Inflação no Brasil e as correntes econômicas[7]

Corrente	Causas principais	Políticas anti-inflacionárias
Monetaristas (neoliberais, ortodoxos)(*)	• Desequilíbrio do setor público (o *déficit* e a dívida pública provocam descontrole monetário, causando inflação de demanda)	• Ajuste fiscal (para reduzir *déficit* e dívida pública, via reformas fiscal, previdenciária, privatização) • Controle monetário (juros e moeda) • Liberalização do comércio exterior (abertura comercial e valorização cambial)
Inercialistas	• Indexação generalizada (formal e informal)	• Desindexação (para apagar "memória ou inércia inflacionária", via congelamento de preços, salários e tarifas – Planos Cruzado, Bresser – ou troca de moeda – Plano Real)
Estruturalistas (cepalinos), marxistas, heterodoxos	• Conflitos distributivos (pressões de margens de lucro, pressões salariais, pressões de tarifas e preços públicos provocam inflação de custos)	• Controle de preços de oligopólios • Controle cambial • Reformas estruturais

(*) Especificamente quanto à questão da inflação, a posição dos economistas keynesianos "fiscalistas" guarda alguma semelhança com a visão ortodoxa. Embora favoráveis a políticas mais desenvolvimentistas, são, como os neoliberais, atentos ao equilíbrio fiscal.

ENTENDA NA PRÁTICA

O Plano Real[8]

O último plano de estabilização implantado no país, o chamado **Plano Real**, começou a ser gerado e implantado ainda no Governo Itamar Franco, com Fernando Henrique Cardoso como Ministro da Fazenda, que assumiu em maio de 1993.

O Plano Real foi um dos planos mais engenhosos de combate à inflação do Brasil, conseguindo reduzi-la de forma duradoura no país. Com inflação estabilizada, deu-se maior previsibilidade aos negócios, mas o impacto mais importante foi sobre a distribuição de renda, com a melhoria do poder aquisitivo da classe trabalhadora.

O Plano Real dividiu o ataque ao processo inflacionário em três fases: (i) ajuste fiscal; (ii) indexação completa da economia – Unidade Real de Valor (URV); e (iii) reforma monetária – transformação da URV em reais (R$).

O ajuste fiscal visava equacionar o desequilíbrio orçamentário para os próximos anos e impedir que daí decorressem pressões inflacionárias. Esse ajuste baseava-se em três elementos principais: corte de despesas, aumento dos impostos e diminuição nas transferências do governo federal. O aumento de arrecadação se daria, principalmente, pela criação do **Imposto Provisório sobre Movimentação Financeira** (IPMF). Era um imposto novo, de caráter temporário, sobre movimentações financeiras (conhecido por alguns como o **"imposto do cheque"**) com uma alíquota de 0,25% sobre o valor de toda operação.

Outro elemento do ajuste fiscal foi a aprovação do **Fundo Social de Emergência (FSE)**. O FSE seria alimentado por 15% da arrecadação de todos os impostos, sendo que, sob esses recursos, a União não teria que cumprir as vinculações de despesas determinadas na Constituição de 1988. Assim, o FSE ampliava os recursos livres à disposição do governo federal.

As medidas adotadas resultaram em uma forte elevação do ***superávit* primário**[9] em 1994, que superou os 5% do PIB.

A segunda fase começou no final de fevereiro de 1994, ainda no Governo Itamar Franco. Essa correspondia a um novo sistema de indexação, que visava simular os efeitos de uma hiperinflação, sem passar por seus efeitos, e corrigir os desequilíbrios de preços relativos. Para tal, o governo criou um novo indexador, a **Unidade Real de Valor (URV)**, cujo valor em cruzeiros reais seria corrigido diariamente pela taxa de inflação, que passaria a funcionar como unidade de conta no sistema. O valor da URV, nessa fase, manteria uma paridade fixa de um para um com o dólar, ou seja, seu valor seria a própria taxa de câmbio.

Uma série de preços e rendimentos foi convertida instantaneamente em URV – preços oficiais, contratos, salários, impostos etc. –, e os demais preços foram convertidos voluntariamente pelos agentes. Assim, instituiu-se um sistema bimonetário em que a URV funcionava como unidade de conta, expressando o preço das mercadorias, mas as transações eram liquidadas em cruzeiro real, que mantinha a função de meio de troca. Ou seja, no momento da transação convertia-se o preço da mercadoria expresso em URV em CR$ pela cotação do dia da URV. Com isso, a inflação persistia na moeda em circulação (CR$), mas não na unidade de conta, cujo valor era corrigido pela própria inflação da moeda ruim.

A terceira fase foi implementada quando praticamente todos os preços estavam expressos em URV. O governo introduziu a nova moeda, o Real (R$), em 1º de julho de 1994, cujo valor era igual ao da URV (e, por conseguinte, ao US$) do dia: CR$ 2.750,00. Assim, todos os preços em CR$ eram convertidos em R$, dividindo-se pelo valor da URV do "dia D". Diferentemente dos planos anteriores, não se recorreu a qualquer tipo de congelamento.

Além do ajuste fiscal, outro fator muito relevante para a estabilização foi a **valorização da taxa de câmbio**, em um contexto no qual o grau de abertura para o exterior tinha aumentado significativamente, e o país possuía um volume significativo de reservas (cerca de US$ 40 bilhões). Com a manutenção da taxa real de juros elevada e como permanecia o excesso de liquidez internacional, o fluxo de capitais externos se manteve. Em vez de continuar a acumular reservas, o que pressionaria a expansão monetária, o Banco Central deixou o câmbio flutuar, o que provocou profunda valorização da taxa de câmbio. Como as importações se tornavam atrativas em decorrência da valorização cambial, travavam-se os preços internos, rompendo a possibilidade de propagação dos choques (repasse aos preços, tentativa de elevações). Esta foi a chamada "**âncora cambial**" do Plano Real.

O impacto imediato do Plano Real foi a rápida queda da taxa de inflação, que anteriormente situava-se em quatro dígitos anuais, e dois dígitos mensais

(chegando a mais de 80% ao final do Governo Sarney), e passa desde então a um dígito anual.

Outra consequência imediata do Plano foi um grande crescimento da demanda e da atividade econômica, mesmo com a adoção de uma política monetária restritiva, mantendo as taxas reais de juros elevadas. Essas medidas, contudo, não impediram que ocorresse, como nos demais planos, uma grande expansão da demanda, devido à queda da inflação, e consequente aumento do poder aquisitivo da população.

Outro ponto positivo do Plano Real é que a queda da inflação e sua estabilidade permitiram recompor os mecanismos de crédito na economia. Ao diminuir a incerteza quanto à inflação futura, os concedentes podiam prever uma taxa nominal de juros compensatória com razoável grau de certeza e oferecer recursos com uma taxa nominal de juros fixa aos consumidores, isto é, prestações fixas.

Não obstante o sucesso do Plano, a estratégia de estabilização resultou em alguns desequilíbrios, com destaque para a situação externa, em função do amplo aumento das importações em relação às exportações, o que levou ao surgimento de *déficits* comerciais entre 1995 e 2000 (ver Tabela 14.2 do Capítulo 14). Dessa forma, a preservação da estabilização baseada na valorização cambial aumentou a dependência da obtenção de financiamento externo, como ocorreu em outros países que adotaram a mesma estratégia. Com as sucessivas crises financeiras do México em 1995, no sudeste da Ásia em 1997, da Rússia em 1998, aumentou o risco do capital financeiro para países emergentes, o que obrigou o Brasil a recorrer ao FMI em 1998.

Apesar desses problemas, a política de estabilização continuou sendo aprimorada, já no segundo mandato de Fernando Henrique Cardoso. Estabeleceu-se o chamado **tripé macroeconômico**: meta de inflação, câmbio flutuante e equilíbrio fiscal, com a obtenção de *superávits* **primários** e posterior criação da **Lei de Responsabilidade Fiscal** em 2000, que estabeleceu limites quantitativos para as despesas e endividamento da União, Estados e Municípios.

Esses fundamentos foram mantidos no Governo Lula. Com o *"boom* de *commodities"* e o crescimento da economia mundial após 2003, o Brasil atravessou um período de estabilidade econômica, crescimento da renda e do emprego e continuidade da melhoria do padrão de vida da população, iniciada com o Plano Real.

ENTENDA NA PRÁTICA

Os Efeitos Econômicos da Pandemia de Covid-19

A pandemia de Covid-19, que teve início no ano de 2020 e ainda permanece até o momento da elaboração desta nova edição do livro, tem ocupado posição central nas pesquisas no âmbito da Medicina, Biologia e Ciências Afins. O surgimento de vacinas em tempo recorde, além do melhor conhecimento sobre o comportamento do vírus que decorrem destas pesquisas, vem ajudando o mundo a conviver melhor com os efeitos da pandemia. Mas as discussões não se limitam a essas áreas. Também vem ocorrendo no âmbito da Ciência Econômica, particularmente em relação aos efeitos econômicos internos e globais da pandemia e as possíveis formas de superação.

No momento inicial da pandemia, quando não havia ainda a vacina e nem o conhecimento científico adequado em relação ao comportamento do vírus, o mundo adotou o isolamento social como estratégia para se evitar o agravamento da crise sanitária. Se por um lado o isolamento ajudou a retardar a contaminação, por outro teve impacto negativo direto sobre a economia mundial, tanto em termos de crescimento econômico como de inflação.

Do ponto de vista da análise econômica, os efeitos da pandemia têm sido analisados tanto pelo lado da demanda quanto da oferta agregada. Parece claro que a pandemia representou um **choque de demanda adverso** na economia global. Isso porque o isolamento provocou a interrupção de inúmeras atividades produtivas, particularmente nos setores de serviços, que mais empregam mão de obra. Esse processo foi acompanhado pela queda da renda e da demanda agregada, com impactos negativos sobre a produção agregada dos países (conforme previsto no modelo *IS-LM*). Segundo estimativas do Banco Mundial, como consequência dessa conjuntura, houve forte reversão do crescimento global, sendo que no ano de 2020 a média do PIB mundial apresentou variação percentual de – 3,3%.[10] No Brasil, a queda foi ainda maior: 3,9%, segundo estimativas do Instituto Brasileiro de Geografia e Estatística (IBGE). Existem também evidências acerca da existência de **choques de oferta adversos**, uma vez que as interrupções em determinados processos produtivos acabaram resultando no comprometimento de várias cadeias globais, provocando escassez e elevação de custo em inúmeros setores. Com a recuperação econômica em 2021, este quadro acabou por pressionar os índices de inflação dos países. Neste momento, permanecem as incertezas e preocupações em relação à inflação mundial, particularmente tendo em vista os efeitos da guerra entre a Rússia e a Ucrânia.

Importante destacar que as dúvidas em relação ao futuro da pandemia podem ser reduzidas a partir do surgimento de novas vacinas contra as variantes e de tratamentos que reduzam os efeitos do vírus sobre o organismo humano. Também é fundamental, neste momento, avaliar as ações dos governos em relação às políticas socioeconômicas durante a pandemia. Por fim, e não menos importante, devem-se considerar as oportunidades surgidas com a crise, particularmente no que diz respeito às tecnologias de comunicação e seus impactos sobre o comércio e serviços eletrônicos. Ou seja, estamos em um evento que certamente será analisado pelos historiadores e teóricos econômicos no sentido de buscar ações que possam contribuir para a superação de novas crises no futuro.

ENTENDA NA PRÁTICA

O Sistema de Metas de Inflação no Brasil

O **Sistema de Metas de Inflação** adotado no Brasil é uma das formas de manifestações da política monetária. Esse sistema estabelece uma meta para a inflação e um intervalo de variação para a taxa em torno da meta. Se a inflação sobe acima do limite superior do intervalo, o Banco Central, por meio do Comitê de Política Monetária (Copom), eleva a taxa básica de juros da economia, com o intuito de levar a inflação para perto da meta. Isso porque a elevação dos juros na economia, ao reduzir a demanda agregada e consequentemente o nível de atividade econômica, provoca um freio na escalada dos preços (existe ainda o efeito dos juros sobre a taxa de câmbio, que veremos no final do Capítulo 14, na segunda seção Entenda na Prática). Atualmente, a meta para inflação no Brasil é de 4,5% como o intervalo de 1,5% para mais e para menos.[11] A taxa juros, representada pela Selic, é determinada pelo Comitê de Política Monetária, o Copom, órgão formado pelo Presidente e diretores do Banco Central. O Copom se reúne a cada 45 dias e, após a avaliação e perspectivas em torno da inflação, define a taxa Selic que vigorará até pelo menos sua próxima reunião. Como referência para o Sistema, é utilizado o índice de preços medido pelo Índice de Preços ao Consumidor Amplo (IPCA), calculado pelo IBGE.

O caráter monetário do Sistema de Metas de Inflação no Brasil está justamente na utilização da taxa de juros como instrumento de controle da inflação. Não pelos seus resultados, que têm sido positivos em termos de controle da inflação, mas pelos seus custos, o Sistema tem sido criticado pelos economistas heterodoxos sob o argumento de que ele eleva o desemprego na economia. Entretanto, resta saber se existe outra alternativa de controle da inflação. A história econômica recente no Brasil demonstra que não. O fato é que a inflação brasileira somente foi por fim controlada quando o governo resolveu adotar de forma mais efetiva a política monetária. Mas o debate permanece, opondo monetaristas aos heterodoxos.

QUESTÕES DE MÚLTIPLA ESCOLHA

1. Se todos os preços subirem, pode-se ter certeza de que houve inflação?
    a) Sim.
    b) Sim, contanto que a taxa de juros real não se altere.
    c) Sim, contanto que a renda de equilíbrio esteja abaixo da renda de pleno emprego.
    d) Sim, contanto que a taxa de juros nominal não se altere.
    e) Sim, contanto que esse aumento faça parte de alta persistente no nível geral de preços.

2. Uma das consequências mais claras de todo processo inflacionário é:
    a) Que o PIB em termos reais permanece estacionário.
    b) Que a classe trabalhadora e, em geral, aqueles que percebem rendas fixas sofrem perda de poder aquisitivo.
    c) Que o multiplicador keynesiano tende a zero.
    d) Que a tecnologia da economia tende a mostrar rendimentos crescentes de escala (ou custos unitários decrescentes).
    e) Que a velocidade de circulação da moeda decresce.

3. A "Curva de Phillips" expressa uma relação entre:
    a) A taxa de crescimento do produto real e a taxa de crescimento dos gastos do setor público.
    b) O volume de desemprego e a taxa de salário nominal.
    c) A taxa de crescimento do nível geral de preços e a parcela do PIB apropriada pelos trabalhadores.
    d) A taxa de desemprego e a taxa de crescimento dos salários nominais.
    e) A taxa de crescimento do nível geral de preços e a taxa de crescimento dos gastos do setor público.

4. Considerando os dois gráficos a seguir, onde:
    OA = oferta agregada
    DA = demanda agregada
    P = nível geral de preços
    y = nível de renda real
    y^* = nível de renda real com pleno emprego

    Qual das seguintes assertivas é verdadeira?
    a) O Gráfico I representa alta de preços atribuível a uma inflação de custos.
    b) O Gráfico II representa alta de preços atribuível a uma inflação de demanda.
    c) Tanto o Gráfico I como o Gráfico II representam alta de preços atribuível a uma inflação de demanda.
    d) O Gráfico II representa alta de preços atribuível a uma inflação de custos.
    e) Nenhum dos gráficos está representando elevação dos preços.

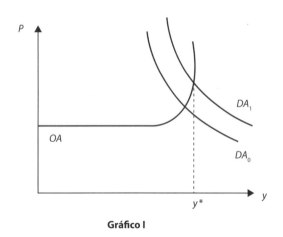

Gráfico I

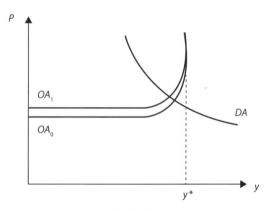

Gráfico II

5. Quando o governo possui *déficit* público excessivo e emite moeda para cobri-lo, é válido esperar que:

a) Gere inflação interna.

b) Gere *déficit* no balanço comercial do país e queda de preços internos.

c) Gere excesso de oferta de bens do setor privado.

d) Não tenha nenhum impacto sobre o sistema econômico.

e) Aumente a dívida externa do país e provoque deflação interna.

6. A essência das análises econômicas realizadas pelos ideólogos da reforma monetária que culminou no Plano Cruzado reside no fato de que "um determinante significativo da inflação corrente é a própria inflação passada" e que "o melhor previsor da inflação futura é a inflação passada". A esse fenômeno os analistas denominam:

a) Efeitos de preços relativos.

b) Inflação inercial.

c) Hiperinflação.

d) Inflação de demanda.

e) Inflação de custos ou de oferta.

7. Das assertivas a seguir, assinale aquela que é verdadeira:

a) Qualquer pressão inflacionária pode ser eliminada desde que os preços se tornem perfeitamente flexíveis para cima.

b) Segundo a teoria quantitativa da moeda, jamais poderá ocorrer inflação por excesso de demanda.

c) Em uma economia com desemprego de mão de obra não pode ocorrer inflação.

d) Não é possível eliminar um processo inflacionário se os salários estão crescendo.

e) O fenômeno da ilusão monetária pode originar um processo inflacionário por excesso de demanda.

8. Supondo que a economia se encontre a pleno emprego:

a) Um aumento nos gastos do governo, tudo o mais constante, provocaria aumento do produto real e redução do nível geral de preços.

b) Uma redução nos tributos, tudo o mais constante, levaria a uma redução no produto real da economia.

c) Uma expansão dos meios de pagamento, tudo o mais constante, provocaria inflação de oferta.

d) Um aumento nos níveis de investimento, tudo o mais constante, provocaria inflação de oferta.

e) Um aumento nos níveis de investimento, tudo o mais constante, provocaria inflação de demanda.

Notas

1   Baseado em LUQUE, C. A.; VASCONCELLOS, M. A. S. Considerações sobre o problema da inflação. *In*: PINHO, D. B.; VASCONCELLOS, M. A. S.; TONETO JR., R. *Manual de economia.* 6. ed. São Paulo: Saraiva, 2011.

2   A expressão **reajuste salarial** já denota tratar-se de uma recomposição do poder aquisitivo perdido com a inflação anterior. Nesse sentido, o aumento de salários seria uma **consequência** e não **causa** da inflação. Os aumentos de salários representam um fator causal autônomo de inflação apenas quando esses aumentos superam os índices de aumento da produtividade.

3   Na realidade, essa pandemia representou tanto um choque de oferta como também um **choque de demanda**, por efeito do isolamento social, com a redução dos gastos em consumo das famílias, que se viram impedidas de frequentarem *shoppings*, restaurantes, cinemas, teatros, parques, assim como de viajarem, prejudicando principalmente os setores de comércio e de serviços.

4   Na formulação original do economista neozelandês A.W. Phillips (1914-1975), a taxa de inflação é medida pela taxa de salários nominais, substituída nos estudos posteriores pela taxa de inflação.

5   O termo *mainstream* refere-se, na realidade, ao estágio atual da teoria econômica, contido nos tradicionais manuais de macroeconomia no mundo todo. Embora existam muitas correntes de pensamento econômico como mostramos no Apêndice ao Capítulo 8 (expectativas racionais, novos clássicos, pós-keynesianos, institucionalistas etc.), pode-se dizer, generalizando um pouco, o debate , nos Estados Unidos e Europa, dá-se quase exclusivamente entre os neoliberais, representados por escolas como Chicago, Princeton, e os keynesianos, representado pelo MIT, Harvard, Yale, Berkeley, sem praticamente a presença de correntes mais heterodoxas, mais influentes na América Latina.

6   Na linha keynesiana, destacam-se também no Brasil os chamados "**novos desenvolvimentistas**", que dão ênfase especial a políticas cambiais de estímulo à indústria nacional. São, como os economistas de esquerda, grandes críticos das políticas de valorização cambial adotada nos Governos FHC, Lula, Dilma e Temer.

7   No Brasil, muitos estruturalistas dizem-se keynesianos ou pós-keynesianos. Entretanto, a quase totalidade dos estruturalistas defende a estatização de empresas, contrariamente às posições originais de Keynes, que propunha aumentos de gastos públicos, para combater o desemprego, mas por meio da contratação de empresas privadas para realizarem os investimentos, e não mediante a estatização de empresas privadas.

8   Este apêndice é um resumo do Capítulo 18, Seção 18.1.1. Plano Real – diagnóstico, contexto e implantação. *In*: GREMAUD, A.; VASCONCELLOS, M. A. S.; TONETO JR. *Economia brasileira contemporânea*. 7. ed. São Paulo: Atlas, 2007. (8ª edição no prelo).

9   Tem-se um *superávit* **primário** quando o total da arrecadação supera os gastos do governo, quando são excluídos desses gastos os juros da dívida pública. Ver a Seção 5.1 do Capítulo 15.

10   Sobre este dado, consultar: https://www.worldbank.org/pt/publication/global-economic-prospects, Acesso em: 13 jul. 2022.

11   O histórico do Sistema de Metas de Inflação, além das suas principais características, pode ser encontrado no *site* do Banco Central do Brasil: https://www.bcb.gov.br/controleinflacao/historicometas.

14

O SETOR EXTERNO

1 INTRODUÇÃO

Atualmente, ao menos do ponto de vista econômico, o mundo apresenta-se crescentemente interligado, seja pelos fluxos comerciais, seja pelos fluxos financeiros. Com base nessa constatação, o estudo da chamada "Economia Internacional", como um ramo específico da Teoria Econômica, ganhou destaque. Dentro do ramo da Economia Internacional, costumam-se dividir as questões teóricas em dois grandes blocos: os **aspectos microeconômicos**, ou a teoria real do comércio internacional, que procura justificar os benefícios para cada país, advindos do comércio internacional; e os **aspectos macroeconômicos**, relativos à taxa de câmbio e ao Balanço de Pagamentos. Essas questões serão abordadas a seguir.

2 FUNDAMENTOS DO COMÉRCIO INTERNACIONAL: A TEORIA DAS VANTAGENS COMPARATIVAS

O que leva os países a comercializarem entre si? Essa é a questão básica a ser respondida. Muitas explicações podem ser levantadas, como a diversidade de condições de produção, ou a possibilidade de redução de custos (a obtenção de economias de escala) na produção de determinado bem vendido para um mercado global. Os economistas clássicos forneceram a explicação teórica básica para o comércio internacional por meio do chamado "**princípio das vantagens comparativas**".

O **Princípio das Vantagens Comparativas**, base da **Teoria Clássica do Comércio Internacional**, sugere que cada país deva especializar-se na produção daquela mercadoria em que é relativamente mais eficiente (ou

que tenha um custo relativamente menor). Essa será, portanto, a mercadoria a ser exportada. Por outro lado, esse mesmo país deverá importar aqueles bens cuja produção implicar um custo relativamente maior (cuja produção é relativamente menos eficiente). Desse modo, explica-se a especialização dos países na produção de bens diferentes, com base na qual se concretiza o processo de troca entre eles.

A Teoria das Vantagens Comparativas foi formulada pelo inglês David Ricardo, em 1817. No exemplo construído por esse autor, existem dois países (Inglaterra e Portugal), dois produtos (tecido e vinho) e apenas um fator de produção (mão de obra).

Com base na utilização do fator trabalho, obtém-se a produção dos bens mencionados, conforme a Tabela 14.1.

Tabela 14.1 Teoria das vantagens comparativas

Quantidade de homens/hora para a produção de uma unidade de mercadoria	Tecido	Vinho
Inglaterra	100	120
Portugal	90	80

Em termos absolutos, Portugal é mais eficiente na produção de ambas as mercadorias. Todavia, em termos relativos, o custo de produção de tecidos em Portugal é maior que o da produção de vinho e, na Inglaterra, o custo da produção de vinho é maior que o da produção de tecidos. Comparativamente, Portugal tem vantagem relativa na produção de vinho e a Inglaterra na produção de tecido. Segundo Ricardo, os dois países obterão benefícios ao especializarem-se na produção da mercadoria em que possuem vantagem comparativa, exportando-a e importando o outro bem. Não importa, aqui, o fato de que um país possa ter vantagem absoluta em ambas as linhas de produção, como é o caso de Portugal, no exemplo acima.

Os benefícios da especialização e do comércio podem ser observados ao se comparar a situação sem e com comércio internacional.

Sem comércio internacional, na Inglaterra são necessárias 100 horas de trabalho para a produção de 1 unidade de tecido e 120 horas para a produção de 1 unidade de vinho. Desse modo, uma unidade de vinho deve custar, 1,2 unidade de tecido (120/100). Por outro lado, em Portugal, essa unidade de vinho custará 0,89 unidade de tecido (80/90). Se houver comércio entre os países, a Inglaterra poderá importar uma unidade de vinho por um preço inferior a 1,2 unidade de tecido, e Portugal poderá comprar mais que 0,89 unidade de tecido vendendo seu vinho.

Assim, por exemplo, se a relação de troca entre o vinho e o tecido for de 1 para 1, ambos os países sairão beneficiados. A Inglaterra em autarquia gastará 120 horas de trabalho para obter 1 unidade de vinho; com o comércio com Portugal, poderá utilizar apenas 100 horas de trabalho, produzir uma unidade de tecido e trocá-la por uma unidade de vinho, poupando, portanto, 20 horas de trabalho, que poderiam ser utilizadas produzindo mais tecidos (obtendo, assim, um maior nível de consumo). O mesmo raciocínio vale para Portugal: em vez de gastar 90 horas produzindo uma unidade de tecido, poderia usar apenas 80 produzindo uma unidade de vinho e trocá-la no mercado internacional por uma unidade de tecido, também economizando 10 horas de trabalho.

Desse modo, a Inglaterra deverá especializar-se na produção de tecidos, exportando-os e importando vinho de Portugal, que se especializou em tal produção e passou a importar tecidos. Conclui-se, portanto, que dada certa quantidade de recursos, um país poderá obter ganhos por meio do comércio internacional, produzindo aqueles bens que gerarem comparativamente mais vantagens relativas.

A teoria desenvolvida por Ricardo fornece uma explicação para os movimentos de mercadorias no comércio internacional, baseada no lado da oferta ou dos custos de produção existentes nesses países. Logo, os países exportarão e se especializarão na produção dos bens cujo custo for comparativamente menor em relação àqueles existentes, para os mesmos bens, nos demais países exportadores.

Deve-se destacar que a Teoria das Vantagens Comparativas apresenta a limitação de ser relativamente estática, não levando em consideração a evolução das estruturas de oferta e da demanda, bem como das relações de preços entre produtos negociados no mercado internacional, à medida que as economias se desenvolvem e seu nível de renda cresce. Utilizando o exemplo anterior, à medida que crescesse o nível de renda e o volume do comércio internacional, a demanda por tecidos cresceria mais que proporcionalmente à demanda por vinho, e ocorreria uma tendência à deterioração da relação de trocas entre Portugal e Inglaterra, favorecendo este último país.

Como vimos no Capítulo 3, no tópico sobre elasticidade-renda, essa é uma crítica desenvolvida pelos economistas da **linha estruturalista** ou **cepalina**. Segundo essa corrente, os produtos manufaturados apresentam elasticidade-renda da demanda maior que um, e os produtos primários menor que um, significando que o crescimento da renda mundial provocaria um aumento relativamente maior no comércio de manufaturados, acarretando uma tendência crônica ao *déficit* no Balanço de Pagamentos dos países exportadores de produtos básicos ou primários (justamente os países periféricos ou em vias de desenvolvimento).

A **Teoria Moderna do Comércio Internacional** toma por base o modelo neoclássico de **Heckscher-Ohlin-Samuelson**. Enquanto o modelo clássico de Ricardo enfatiza apenas a diferença entre a produtividade relativa da mão de obra entre os países para explicar as vantagens comparativas, o modelo neoclássico justifica a existência do comércio internacional pela diferença relativa de dotação de fatores de produção (capital e trabalho) entre os países. Introduz, então, mais um fator de produção, o capital, e considera as diferentes funções de produção entre os países.

Assim, determinado país, como o Brasil, pode ter abundância relativa de mão de obra. Desse modo, o custo (preço) relativo da mão de obra será menor, o que assegurará que esse país tenha vantagem comparativa e, que, portanto, deverá especializar-se na produção (exportação) de bens intensivos no uso desse fator produtivo. O contrário ocorreria com os bens cuja produção é intensiva no uso do capital, devendo o país, portanto, deixar que sua produção seja realizada no exterior, importando a um custo relativamente menor.

Nas últimas décadas, desenvolveu-se uma série de modelos mais completos para justificar o comércio internacional, introduzindo-se questões relativas a economias de escala, às características da demanda, a estruturas de mercado não concorrenciais, incerteza etc. Por exemplo, o **Modelo Krugman-Linder** mostra que, de modo geral, além do comércio preconizado por Heckscher-Ohlin-Samuelson, envolvendo países com diferentes dotações de fatores, verifica-se também um comércio intenso entre países com igual dotação e a crescente troca de produtos razoavelmente parecidos, como automóveis, ou seja, o chamado **comércio intraindustrial**. Por um lado, isso se deve à existência de **economias de escala**. Mesmo países idênticos no que se refere a suas dotações de recursos podem ganhar com o comércio entre eles, em função de rendimentos crescentes de escala. Quanto maior a **similaridade da demanda**, maior seria o comércio entre eles, pois tenderão a produzir bens que mais facilmente atendam à demanda de potenciais importadores, pois seriam mercadorias que já seriam produzidas para atender ao mercado interno.

3 TAXA DE CÂMBIO

3.1 Conceito

Taxa de câmbio nominal é o preço da moeda (divisa) estrangeira, em termos da moeda nacional:

- cotação (preço) do dólar: 5,20 reais (cada dólar vale cinco reais e vinte centavos);
- cotação (preço) do euro: 6,20 reais (cada euro vale seis reais e vinte centavos).

Como todo preço, a taxa de câmbio é determinada pela oferta e pela demanda, no caso, de divisas. No que se segue, associaremos as divisas ao dólar norte-americano.

A **oferta de divisas** depende do volume de exportações e da entrada de turistas e capitais externos (agentes que querem trocar dólares por reais).

A **demanda de divisas** (agentes que querem trocar reais por dólares) depende do volume das importações e da saída de turistas e capitais externos (amortizações de empréstimos, remessa de lucros, pagamento de juros etc.).

Parece claro que, quanto maior a oferta de divisas (dada a demanda), menor a taxa de câmbio: aumenta a disponibilidade de moeda estrangeira, ela torna-se mais barata, isto é, o dólar fica mais barato, em termos reais. Há uma valorização da moeda nacional, uma desvalorização do dólar. Por outro lado, se aumentar a demanda de divisas, dada a oferta, maior a taxa de câmbio (teremos que dar mais reais por dólar, significando uma desvalorização do real e uma valorização do dólar).

Define-se então uma **valorização cambial** ou **apreciação cambial** como o aumento do poder de compra da moeda nacional, perante outras moedas (por exemplo, um real compra mais dólares). Como a taxa de câmbio é definida como o preço da moeda estrangeira, segue-se que **uma valorização cambial corresponde a uma queda na taxa de câmbio**. Suponhamos que, inicialmente, um dólar equivale a um real e que, num segundo momento, o dólar caia para 0,80 real. Raciocinando em termos de real por dólar, um real passou a comprar 1,25 dólares, em vez de um dólar. Isso ocorreu, por exemplo, no final de 1994, com a implantação do Plano Real.

Por raciocínio análogo, uma **desvalorização cambial** ou **depreciação cambial** representa uma perda do poder de compra da moeda nacional, o que corresponde a um **aumento da taxa de câmbio** (no preço do dólar, por exemplo).

Deve ser observado que a variação do dólar no paralelo representa um termômetro das incertezas e expectativas que o país atravessa, mas não depende nem influencia diretamente a taxa oficial de câmbio.

3.2 Regimes cambiais: taxas de câmbio fixas e taxas de câmbio flutuantes (flexíveis)

De modo geral, existem dois grandes tipos de regime cambial, o de taxas fixas e o de taxas flutuantes de câmbio:

- **taxas fixas de câmbio**: o Banco Central fixa antecipadamente a taxa de câmbio, e compromete-se a comprar divisas à taxa fixada. O que se ajusta é a oferta e a demanda de divisas, ao valor fixado. Se a taxa for fixada em um valor mais elevado, dizemos que houve uma desvalorização cambial, caso contrário, teremos uma valorização cambial;
- **taxas de câmbio flutuantes ou flexíveis**: a taxa de câmbio varia de acordo com a demanda e a oferta de divisas. Ou seja, o que se ajusta é a taxa de câmbio, e o Banco Central não tem o compromisso de comprar divisas no mercado. Se a taxa de câmbio sobe, tem-se uma depreciação cambial, ocorrendo uma apreciação cambial no caso inverso.

Dentro do regime de câmbio fixo, pode-se considerar o sistema de **bandas cambiais**, adotado por certo período no Plano Real (até janeiro de 1999), em que se admite flutuação dentro de limites fixados pelo

Banco Central. Enquadra-se nas regras do câmbio fixo, porque permanece a obrigação do Banco Central de disponibilizar reservas para atender ao mercado, se necessário.

Ainda dentro do regime de câmbio fixo há o chamado **currency board**, no qual, como vimos no Capítulo 11, sobre moeda, tem-se que, além do câmbio fixado, a quantidade de moeda local varia em função da entrada e da saída de divisas. Ou seja, a oferta de moeda fica ancorada ao volume de reservas cambiais.

No regime de câmbio flutuante ou flexível, temos a chamada **flutuação suja** ou **dirty floating**, na qual é adotado o regime de câmbio flutuante, com o mercado determinando a taxa, mas com intervenções do Banco Central, comprando e vendendo divisas, de forma a manter a taxa de câmbio em níveis adequados, sem grandes oscilações.

Uma vantagem frequentemente apontada para a manutenção de uma taxa de câmbio relativamente fixa refere-se ao fato de que, como o comércio exterior é relativamente instável, uma taxa estável dá maior previsibilidade para os agentes do mercado (principalmente exportadores, importadores e devedores em dólar). Além disso, evita aumentos de preços de produtos importados, sendo, portanto, útil para controle da inflação.

Entretanto, o regime de câmbio fixo apresenta algumas desvantagens importantes. Como o Banco Central é obrigado a disponibilizar suas reservas, estas ficam muito vulneráveis a ataques especulativos. Como defesa, seja para atrair capital financeiro externo, seja para manter divisas no país, o Banco Central precisa aumentar a taxa de juros. Ou seja, além de todas as implicações de aumento da taxa de juros sobre o setor produtivo (retração dos investimentos e, consequentemente, do nível de atividade e emprego), faz com que a política monetária se torne **passiva**, pois fica dependente da situação cambial. Em outras palavras, se o Banco Central fixa o câmbio, deixa de realizar política monetária.

Ademais, os países que adotam o câmbio fixo tendem a valorizar sua moeda, o que, como veremos em seguida, desestimula exportações e estimula importações, levando ao *déficit* na Balança Comercial.

Com relação ao regime de câmbio flutuante, sua principal vantagem é que o Banco Central não precisa disponibilizar suas reservas, o que as torna mais protegidas em face de ataques especulativos. Com isso, a política monetária torna-se mais independente da situação cambial.

As principais desvantagens do câmbio flutuante referem-se à maior dependência da volatilidade do mercado financeiro internacional e à maior dificuldade de controlar as pressões inflacionárias, devido ao aumento do custo dos produtos importados, como veremos mais adiante.

Hoje em dia, no Brasil, e em grande parte do mundo, vigora o sistema de taxa câmbio flutuante, com o Banco Central podendo realizar intervenções esporádicas no mercado cambial. Ou seja, o sistema mais frequente é o de flutuação suja.

O Quadro 14.1 resume as diferenças existentes entre os dois tipos principais de regimes cambiais.

Quadro 14.1 Regimes cambiais

	Câmbio fixo	Câmbio flutuante (flexível)
Características	• Banco Central fixa a taxa de câmbio • Banco Central é obrigado a disponibilizar as reservas cambiais	• O mercado (oferta e demanda de divisas) determina a taxa de câmbio • Banco Central não é obrigado a disponibilizar as reservas cambiais
Vantagens	• Maior controle da inflação (custo das importações)	• Política monetária mais independente do câmbio • Reservas cambiais mais protegidas de ataques especulativos
Desvantagens	• Reservas cambiais vulneráveis a ataques especulativos • A política monetária (taxa de juros) fica dependente do volume de reservas cambiais	• A taxa de câmbio fica muito dependente da volatilidade do mercado financeiro nacional e internacional • Maior dificuldade de controle das pressões inflacionárias, devido às desvalorizações cambiais

3.3 Efeito das variações na taxa de câmbio sobre exportações e importações

Com uma desvalorização cambial, a taxa de câmbio sobe (o preço do dólar sobe, em reais). Pelo lado da demanda, os compradores estrangeiros, com os mesmos dólares, compram mais produtos brasileiros e os exportadores tendem a exportar mais; os importadores pagarão mais reais por dólar e tendem a importar menos. Pelo lado da oferta, os exportadores brasileiros receberão mais reais por dólar exportado, enquanto os exportadores estrangeiros receberão menos dólares por real, vendendo menos ao Brasil. Assim, as desvalorizações cambiais tendem a estimular as exportações e a desestimular as importações.

A valorização cambial, por seu turno, torna a moeda nacional mais forte, o que estimulará a compra de produtos importados, mas desestimula a venda dos exportados.

3.4 Efeito das variações na taxa de câmbio sobre a taxa de inflação

Um dos mais importantes instrumentos utilizados para o controle da inflação tem sido a valorização cambial, chamada, nesse contexto, de **âncora cambial**. Isso porque, ao valorizar-se o câmbio, tornando a moeda nacional mais forte, estimula-se a compra de produtos importados, aumentando a concorrência com os nacionais, o que provoca pressão pela queda dos preços internos. Geralmente, essa política cambial está acoplada com uma política de abertura comercial, isto é, de liberalização de importações, com quedas acentuadas das tarifas sobre importações e das barreiras protecionistas.

Inequivocamente, a valorização da moeda nacional é um instrumento adequado para controlar a inflação, além de colaborar com a melhoria da eficiência produtiva, pelo aumento da competição externa, e pela modernização do parque produtivo propiciada pelas importações mais baratas. Entretanto, ela tem impactos negativos, tanto para o setor exportador, que perde mercado pelo maior valor relativo de seu produto, quanto para os setores que eram mais protegidos e passaram a sofrer a concorrência dos importados.

Tomando como referência o Plano Real, que utilizou uma política de valorização cambial até janeiro de 1999, muitos economistas criticaram tal política alegando que ela poderia levar a uma "**armadilha cambial**" com o seguinte argumento: quando o país cresce, as importações tendem a aumentar, mas isso não ocorre necessariamente com as exportações, que dependem do aumento da demanda externa, e não do crescimento da renda interna. Nesse sentido, uma política de valorização cambial tende a aumentar a dependência do país de financiamentos externos, o que representa restrição externa ao crescimento, constituindo-se numa verdadeira "armadilha" cambial.

Embora realmente uma desvalorização cambial possa proporcionar aumento nas exportações e queda na maior parcela dos produtos importados, leva certo tempo para essa resposta. Na verdade, o efeito mais imediato é o aumento no custo das importações, o que inclui muitos produtos essenciais, cuja demanda é inelástica, como, por exemplo, o petróleo. Isso traz uma pressão sobre os custos de produção e, consequentemente, sobre as taxas de inflação. O efeito da taxa de câmbio sobre as taxas de inflação é chamado de ***pass-through***.

Assim, o nível da taxa de câmbio deve ser relativamente alto para estimular as exportações e relativamente baixo para não encarecer demasiadamente as importações, e pressionar a inflação.

3.5 Variação nominal e variação real do câmbio

Suponhamos, por exemplo, uma desvalorização cambial de 10%. Se a taxa de inflação também for de 10%, na realidade não ocorreu uma desvalorização, em termos reais. Ou seja, a desvalorização nominal foi de 10%, mas a real é nula (supondo que os preços internacionais não se alteraram).

O conceito de desvalorização ou valorização em termos reais é muito utilizado para verificar a competitividade dos produtos nacionais, em face dos estrangeiros: se a desvalorização nominal superar a variação da inflação, significa que a competitividade de nossos produtos aumentou (ocorreu uma desvalorização real de nossa moeda, em face das moedas estrangeiras).

Pode também ocorrer uma situação em que tanto a variação cambial quanto a dos preços internos foram nulas, mas houve aumento da inflação externa, isto é, dos preços externos, particularmente de nossos parceiros comerciais. Isso altera os termos de troca internacionais, mudando o grau de competitividade de nossos produtos. No caso, como os preços externos aumentaram e os internos permaneceram constantes, houve uma desvalorização real da moeda nacional, melhorando o grau de competitividade de nossos produtos.

Portanto, para analisar a competitividade do país no comércio internacional, a taxa de câmbio a ser considerada é a taxa **real** de câmbio; para o impacto sobre a taxa de inflação, importa a taxa **nominal** de câmbio.

Existem duas formas de definir a taxa de câmbio real:

1. **Abordagem de demanda**: segundo essa abordagem, a taxa de câmbio real é a razão entre o nível geral de preços externos e o nível geral de preços internos. Contudo, como os preços externos estão expressos em moeda estrangeira, é necessário convertê-los em moeda nacional. Para isso, multiplicamos os preços externos pela taxa de câmbio nominal, resultando na seguinte expressão:

$$R = eP^*/P^i$$

onde R^1 é a taxa de câmbio real, e é a taxa de câmbio nominal, P^* é o nível de preços externos e P^i é o nível de preços internos ou domésticos.

Assim, um aumento da taxa de câmbio real ou uma depreciação real da moeda doméstica faz com que os preços externos se elevem em relação aos preços internos. Supondo que se trata dos mesmos bens, isso significa que, do ponto de vista do consumidor (nacional e estrangeiro), os bens produzidos internamente são mais baratos (mais competitivos) que os bens produzidos no exterior.

Portanto, a produção dos comercializáveis (*tradable*) beneficia-se, enquanto o setor não comercializável (*non tradable*) se prejudica. Deveríamos esperar, desse modo, que a balança comercial do país em questão apresente saldo mais favorável. O contrário ocorreria com uma diminuição da taxa de câmbio real ou uma apreciação real da moeda nacional.

Durante o Plano Real, por exemplo, a utilização da "âncora cambial" significou uma apreciação real da moeda brasileira (o real). Justamente os setores produtivos mais afetados foram a indústria e a agricultura (*tradable*), representantes típicos do setor comercializável, enquanto assistimos à expansão do setor serviços, tipicamente *non tradable*.

2. **Abordagem de oferta**: segundo essa abordagem, a taxa de câmbio real é a razão entre o preço dos bens comercializáveis e o preço dos bens não comercializáveis:

$$R = PT/PNT$$

onde R é a taxa de câmbio real, PT é o preço dos bens comercializáveis ou *tradable* e PNT é o preço dos bens não comercializáveis ou *non tradable*.

Assim, uma depreciação real significa que, do ponto de vista do produtor, é mais rentável produzir bens *tradable*, expandindo a produção do setor, ao mesmo tempo que reduz a produção dos *non tradable*. O contrário ocorreria se tivéssemos uma apreciação real.

Como se pode ver, as duas definições de taxa de câmbio real são totalmente equivalentes, apenas refletindo no primeiro caso a ótica do consumidor e no segundo a do produtor.

Finalmente, outra medida comumente utilizada para avaliar o grau de competitividade é a **relação câmbio-salários**, ou seja, comparar a variação cambial com a variação dos salários. Como o salário é normalmente o principal item de custos, uma desvalorização do câmbio, superior ao aumento de salários, representa um barateamento de nossos produtos relativamente aos estrangeiros.

3.6 Efeito das variações na taxa de câmbio sobre a dívida externa do país

De imediato, uma desvalorização cambial, por exemplo, aumenta o estoque da dívida externa em reais, não afetando seu saldo em dólares. A médio prazo, a desvalorização, ao estimular exportações e desestimular importações, pode aumentar a oferta de dólares, com consequente queda do preço do dólar (valorização cambial), e levar a uma queda da dívida externa em dólares.

Uma valorização cambial tem, evidentemente, efeito inverso: diminui o valor da dívida em reais imediatamente, mas pode aumentar no futuro, ao estimular importações, relativamente às exportações, e levar à desvalorização cambial, elevando a dívida em reais.

3.7 Relações entre taxa de câmbio, taxa de juros e inflação[2]

Alterações das taxas de juros internas, relativamente às externas, provocam movimentações de capitais financeiros, que afetam diretamente a taxa de câmbio:

- quando as taxas reais de juros internas aumentam em relação às externas, há uma tendência a um aumento do fluxo de capitais financeiros internacionais para o país, aumentando, portanto, a oferta de divisas estrangeiras (dólar, por exemplo), e promovendo uma queda da taxa de câmbio, e consequentemente uma valorização da moeda nacional. Paralelamente, os nacionais ficam atraídos a investir no mercado interno de capitais, diminuindo a saída de divisas do país e, assim, a demanda de divisas, o que também redunda em valorização da moeda nacional;

- quando as taxas reais de juros internas diminuem, em relação às internacionais, tem-se um efeito contrário: uma queda na oferta e um aumento da demanda de divisas, provocando uma desvalorização da moeda nacional.

No sentido inverso, isto é, os efeitos da política cambial sobre as taxas de juros internas, vimos anteriormente que dependerá principalmente do regime cambial adotado pelo país. No câmbio fixo, se houver um excesso de demanda de divisas, como no caso de um ataque especulativo, o Banco Central pode ser obrigado a elevar a taxa de juros, para atrair ou evitar a saída de dólares no país, a fim de manter suas reservas. No câmbio flutuante, o efeito sobre os juros é menor, já que o Banco Central não é obrigado a disponibilizar suas reservas.

A paridade da taxa de juros

O fluxo de capitais financeiros que entra e sai de um país continuará até que se cumpra a chamada **paridade da taxa de juros**, que propõe que a diferença ou *spread* entre a taxa de juros interna e externa iguale a variação esperada da taxa de câmbio nominal. Assim, a paridade implica que

$$(i - i^*) = (\Delta e/e)$$

ou, ainda,

$$i = (\Delta e/e) + i^*$$

onde i é a taxa de juros interna, i^* é a taxa de juros externa e $(\Delta e/e)$ é a taxa esperada de variação percentual da taxa de câmbio nominal.

A ideia por trás dessa paridade é que o fluxo de capitais financeiros entre países terminará na medida em que o ganho que o investidor internacional possa realizar a partir do *spread* fique totalmente compensado pela depreciação nominal da moeda nacional. Inicialmente, esse *spread* atrairá capitais financeiros internacionais, produzindo uma diminuição na taxa de câmbio nominal. Contudo, posteriormente, esse investidor deverá retornar os capitais financeiros ao país de origem, aumentando a demanda por divisas, o que provocará uma depreciação da moeda local. À medida que esse aumento, que significa que os reais ganhos podem ser convertidos em menos dólares, por exemplo, iguale o ganho por depositar no Brasil a

juros mais elevados, já não haverá entradas ou saídas de capitais financeiros.

Ou seja, a paridade da taxa de juros é uma condição de equilíbrio, garantida pela própria **arbitragem financeira**. O cumprimento dessa paridade pressupõe que não existe nenhuma barreira à entrada ou saída de capitais do país.

Outro ponto importante é que até agora não consideramos nessa análise o chamado **risco-país**, que está relacionado com a probabilidade de não pagamento dos passivos adquiridos com o exterior (*default* ou "calote"). Assim, se no exemplo anterior existisse alguma probabilidade de que os recursos aplicados no Brasil fossem impedidos de ser convertidos em dólares ou sair do país, seguramente o investidor exigiria uma rentabilidade adicional sobre o *spread* anterior, o que chamamos de **prêmio por risco**.

4 VARIÁVEIS QUE AFETAM AS EXPORTAÇÕES E AS IMPORTAÇÕES AGREGADAS

Para objetivos de política econômica e do estabelecimento de previsões acerca do comportamento do comércio exterior do país, é importante que conheçamos quais os fatores ou variáveis que afetam as exportações e as importações.

Por simplificação, continuamos considerando como divisa ou moeda estrangeira exclusivamente o dólar.

4.1 Exportações

As exportações agregadas de um país dependem fundamentalmente das seguintes variáveis:

- **preços externos em dólares (P^*)**: se os preços de nossos produtos se elevarem no exterior, as exportações nacionais devem elevar-se;
- **preços internos (domésticos) em reais (P^i)**: uma elevação dos preços internos de produtos exportáveis pode desestimular as exportações e incentivar a venda no mercado interno;
- **taxa de câmbio nominal (reais por dólar) (e)**: como já salientamos, o aumento da taxa de câmbio nominal (isto é, uma desvalorização cambial) deve estimular as exportações, seja porque nossos exportadores receberão mais reais pelos mesmos dólares anteriores, seja porque os compradores externos, com os mesmos dólares anteriores, poderão comprar mais produtos nacionais;

- **renda mundial (*Yw*)**: um aumento da renda mundial certamente estimulará o comércio internacional e, em consequência, as exportações nacionais;
- **subsídios e incentivos às exportações (*Sub*)**: subsídios e incentivos às exportações, sejam de ordem fiscal (isenções de impostos), sejam financeiros (taxas de juros subsidiadas, disponibilidade de financiamentos etc.), sempre representam um fator de estímulo às exportações.

Colocando em termos de equação, podemos apresentar a função exportação como se segue:

$$X = f(P^*, \ P^i, \ e, \ Yw, \ Sub)$$
$$(+) \ (-) \ (+) \ (+) \ (+)$$

sendo que os sinais abaixo das variáveis indicam se o seu efeito é direto (+) ou inverso (–) sobre as exportações.

4.2 Importações

Os principais fatores determinantes do comportamento das importações agregadas são os seguintes:

- **preços externos em dólares (*P**)**: se os preços dos produtos importados se elevarem no exterior em dólares, haverá uma retração das importações brasileiras;
- **preços internos (domésticos) em reais (*P^i*)**: um aumento dos preços dos produtos internamente incentivará a compra dos similares no mercado externo, elevando as importações;
- **taxa de câmbio nominal (reais por dólar) (*e*)**: uma elevação da taxa de câmbio nominal (desvalorização cambial) acarretará maior despesa aos importadores, pois pagarão mais reais pelos mesmos produtos antes importados, os quais, embora mantenham seus preços em dólares, exigirão mais moeda nacional por dólar;
- **renda e produto nacional (*y*)**: enquanto as exportações são mais afetadas pelo que ocorre com a renda mundial, as importações estão mais relacionadas à renda nacional. Um aumento da produção e da renda nacional significa que o país está crescendo e que demandará mais produtos importados, seja na forma de matérias-primas, seja na de bens de capital ou bens de consumo;
- **tarifas e barreiras às importações (*Tm*)**: a imposição de barreiras quantitativas (elevação das

tarifas sobre importações), ou qualitativas (proibição da importação de certos produtos, estabelecimento de quotas, ou entraves burocráticos) ocasiona uma inibição nas compras de produtos importados.

Em forma de equações:

$$M = f(P^*, \ P, \ e, \ y, \ Tm)$$
$$(-) \ (+) \ (-) \ (+) \ (-)$$

Observamos que as exportações estão mais relacionadas às variações da renda mundial do que à renda nacional. As importações, por outro lado, dependem fundamentalmente da renda nacional.

Com base nas séries dessas variáveis, as equações anteriores podem ser calculadas econometricamente, o que permite estimar a importância relativa de cada uma das variáveis sobre a Balança Comercial e orientar a política econômica. Por exemplo, estimativas das elasticidades das exportações e das importações em relação às variações na taxa de câmbio são importantes parâmetros para a tomada de decisões na área cambial.

5 POLÍTICAS EXTERNAS

A atuação econômica do governo na área externa pode dar-se por meio da política cambial ou da política comercial. A **política cambial** diz respeito a alterações na taxa de câmbio, enquanto a **política comercial** constitui-se de mecanismos que interferem no fluxo de mercadorias e serviços.

Como vimos anteriormente, as **políticas cambiais** mais frequentes são as seguintes: regime de taxas fixas de câmbio, tendo como variante o regime de bandas cambiais, e o regime de taxas flutuantes ou flexíveis de câmbio, que tem como variante a chamada flutuação suja.

Entre as políticas comerciais externas, podemos destacar as que se seguem:

- **tarifas sobre importações**: se a política adotada visar proteger a produção interna, como, por exemplo, no processo de substituição de importações adotado pela maior parte dos países em desenvolvimento até os anos 1970, isso normalmente é feito por elevação do Imposto de Importação e de outros tributos e taxas sobre os produtos importados. No caso oposto, com a abertura comercial, ou liberalização das importações, as tarifas sobre produtos importados são diminuídas;

- **regulamentação do comércio exterior**: entraves burocráticos, dificultando as transações com o exterior, bem como o estabelecimento de cotas ou proibições às importações de determinados produtos representam barreiras qualitativas às importações;
- **subsídios fiscais e/ou monetários** para exportações.

As políticas comerciais estão sujeitas às normas estabelecidas pela **Organização Mundial do Comércio (OMC)**, órgão que substituiu o *General Agreement on Tariffs and Trade* (GATT). A função desse órgão é tentar coibir políticas protecionistas e práticas de *dumping*, ou seja, que um país venda a preços de mercado inferiores a seus custos de produção, que é uma forma de aumentar a participação nos mercados mundiais.

Interessante observar que, além de práticas protecionistas por uma série de países, a atuação da OMC tem sido dificultada por um fenômeno relativamente recente, o chamado ***dumping* social**, praticado principalmente por países do Sudeste Asiático, antes pela China Continental, e hoje mais pelo Vietnã, onde o custo da mão de obra é extremamente baixo (chega a 25 dólares por mês), o que lhes dá vantagens competitivas no comércio internacional.

6 BALANÇO DE PAGAMENTOS

6.1 Conceito

É o registro contábil de todas as transações de um país com o resto do mundo. Envolve tanto transações com bens e serviços como transações com capitais físicos e financeiros.

Portanto, o balanço de pagamentos registra tanto o comércio de mercadorias (exportações, importações), os serviços (pagamentos de juros, *royalties*, remessa de lucros, turismo, pagamentos de fretes etc.), como o movimento de capitais (investimentos diretos estrangeiros, empréstimos e financiamentos, capitais especulativos etc.).

A contabilidade dessas transações segue as normas gerais de contabilidade, utilizando-se o **método das partidas dobradas**. Todavia, no caso das transações externas, não existe propriamente uma conta Caixa, utilizando-se uma conta compensatória denominada **Ativos de Reservas**.[3]

É oportuno salientar que as contas do Balanço de Pagamentos referem-se apenas ao **fluxo** ao longo de um mês, ou ano etc., e não inclui o total do endividamento externo do país, que é um estoque. Todavia, é possível saber a **variação da dívida**, obtida pela diferença entre a entrada de empréstimos e financiamentos e os pagamentos efetuados (amortizações e liquidação de atrasados comerciais).

6.2 Estrutura do balanço de pagamentos

De acordo com sexta edição do *Manual de Balanço de Pagamentos e Posição Internacional de Investimentos* (denominado BPM6), publicada em 2009 pelo Fundo Monetário Internacional, e aplicada no Brasil e partir de 2015, o Balanço de Pagamentos compreende quatro grandes contas:

I)   a Conta Transações Correntes;

II) a Conta Capital;

III) a Conta Financeira; e

IV) a Conta de Erros e Omissões.

A Conta Transações Correntes, por sua vez, é subdividida em quatro contas: a) balança comercial (bens); b) serviços; c) rendas primárias; d) rendas secundárias.

Transações Correntes

O somatório da balança comercial, das contas de serviços, de rendas primárias e secundárias resulta no **Saldo em Conta-Corrente** e/ou **Transações Correntes**. Se o saldo de Transações Correntes for negativo, ou seja, o país comprou mais que vendeu bens e serviços, gerou menos divisas do que utilizou, significa que teve que ser financiado.

Balança Comercial (Bens) e Serviços

Esta conta compreende basicamente o comércio de mercadorias. Se as exportações FOB (*Free on board*, isto é, isentas de fretes e seguros) excedem as importações FOB, temos um *superávit* no balanço de comércio; se ocorrer o inverso, um *déficit*.[4]

Serviços

Registram-se todos os serviços pagos e/ou recebidos pelo Brasil, tais como fretes, seguros, viagens internacionais, despesas de transporte etc.

Renda Primária

Apresenta os serviços que representam a remuneração a fatores de produção, como juros, lucros, *royalties* e assistência técnica, e outras rendas decorrentes de diferentes tipos de investimentos.

Renda Secundária

Anteriormente denominada Transferências Unilaterais Correntes, registra as doações interpaíses. Essas doações podem ser em divisas (como os que os "*dekasseguis*" enviam do Japão ao Brasil) ou em mercadorias.

Conta Capital

Nessa conta, são registradas transações envolvendo compra e venda de ativos não financeiros e não produzidos, como passes de jogadores de futebol e venda de patentes. Na versão anterior (BPM5), estava incluída na Conta Capital e Financeira.

Conta Financeira

Na conta Financeira, aparecem as transações que produzem variações no ativo e no passivo externos do país e que, portanto, modificam sua posição devedora ou credora perante o resto do mundo.

Nessa conta, são registrados os investimentos diretos de empresas multinacionais, de empréstimos e investimentos para projetos de desenvolvimento do país e de capitais financeiros de curto prazo, aplicados no mercado financeiro nacional. Inclui ainda transações financeiras puras, como ações e quota-parte do capital das empresas, derivativos, quotas de participação governamental em organismos internacionais, títulos de outros países, empréstimos de regularização do FMI[5] etc.

Na conta Financeira, há a entrada de recursos que financiam um possível desequilíbrio em Transações Correntes, como vimos no Capítulo 9 (Contabilidade Social). Indica nesse caso que temos uma **Poupança Externa** positiva, pois o país aumentou seu endividamento externo, em termos financeiros, mas absorveu bens e serviços em termos reais do exterior. Se o saldo em Transações Correntes for positivo, o que, como veremos, raramente ocorre no Brasil, é porque enviamos mais bens e serviços para o exterior do que recebemos, temos uma **Poupança Externa negativa**.[6]

A partir do BPM6, esta conta passa a incorporar os **Ativos de Reserva**, denominados **Variação de Reservas** nas versões anteriores, antes apresentado como uma conta à parte, e que representava o Saldo do Balanço de Pagamentos com o sinal trocado. Com essa internalização, o **Saldo do Balanço de Pagamentos é zero**.

Erros e Omissões

A rubrica "Erros e Omissões" é a diferença entre o saldo das Transações Correntes e as Contas Capital e Financeira, que surge quando se tenta compatibilizar transações físicas e financeiras e as várias fontes de informações (Banco Central, Departamento de Comércio Exterior, Receita Federal etc.). Como o Banco Central tem maior controle sobre as Contas Capital e Financeira, seu saldo está correto e joga-se a diferença entre esses itens e a soma de Transações Correntes em "Erros e Omissões". A recomendação do FMI é admitir para essa rubrica um valor de, no máximo, 5% da soma das exportações com as importações; se superar esse percentual, o Banco Central precisa apresentar uma justificativa.

No Quadro 14.2, apresentamos uma versão simplificada, com os grandes itens, do Balanço de Pagamentos, em sua versão atual (BPM6).

Quadro 14.2   Balanço de pagamentos – BMP6

BALANÇO DE PAGAMENTOS

I. TRANSAÇÕES CORRENTES (ou SALDO EM CONTA-CORRENTE DO BALANÇO DE PAGAMENTOS)

I.A. BALANÇA COMERCIAL
    Exportações FOB (*free on board*)
    Importações FOB (*free on board*)

I.B. SERVIÇOS E RENDAS
    Viagens internacionais
    Transportes (fretes)
    Seguros
    Serviços financeiros
    Serviços governamentais (embaixadas, consulados, representações no exterior)
    Outros serviços

I.C. RENDA PRIMÁRIA
    Juros
    Lucros e dividendos (inclusive lucros reinvestidos pelas multinacionais instaladas no país)
    Royalties (licenças, assistência técnica)
    Remuneração de trabalhadores
    Outras rendas

I.D. RENDA SECUNDÁRIA (antes chamada de Transferências Unilaterais Correntes)
    Doações

II. CONTA CAPITAL

III. CONTA FINANCEIRA
    Investimento direto no exterior
    Investimento direto no país
    Investimento em carteira – Ativo
    Investimento em carteira – Passivo
    Derivativos – Ativos
    Derivativos – Passivos
    Ativos de Reserva (RESULTADO DO BALANÇO DE PAGAMENTOS)
    Outros investimentos: empréstimos, financiamentos, créditos comerciais etc.

IV. ERROS E OMISSÕES

7 EXERCÍCIOS SOBRE BALANÇO DE PAGAMENTOS

Antes dos exercícios, além das diferenças que apontamos entre a versão anterior do balanço de pagamentos (BPM5), e a atual (BPM6), a forma de contabilização apresenta algumas divergências:

a) Na versão anterior, todas as entradas de dólares eram assinaladas com o sinal positivo (+), e as saídas com o sinal (–). Na versão atual, os itens que apresentam apenas saídas de dólares, sem entradas, como as importações, não têm mais o sinal negativo. O sinal negativo aparece apenas nos saldos das quatro grandes contas, e nos saldos daqueles itens que contemplam tanto entradas como saídas de dólares, como o item "lucro", que podem ser remetidos a empresas estrangeiras aqui localizadas, mas também lucros recebidos de nossas empresas localizadas no exterior. Os itens "juros", "fretes" e "seguros" também podem ter entrada de dólares.

b) Também na versão anterior, na Conta Capital e Financeira (que eram unificadas), sinais positivos sempre representavam entrada de dólares e negativos saídas de dólares; na atual versão, é o inverso. Isso porque nesta conta se considera quem são efetivamente os proprietários do capital. Assim, dólares que entram pertencem aos estrangeiros, e não aos nacionais. Quando há saída de dólares, é como estarmos quitando dívidas. Dessa forma, um saldo negativo da Conta Financeira indica que houve entrada de dólares no país.

Vamos, então, supor que sejam realizadas as transações a seguir, em US$ bilhões:

1. Numa economia, durante determinado ano, efetuaram-se as seguintes transações com o exterior (em dólares):

    a) Importação de mercadorias à vista: 350 milhões.

    b) Importação de equipamentos: 50 milhões, financiados a longo prazo.

    c) Ingresso de 20 milhões em equipamentos para firmas estrangeiras.

    d) Exportações à vista: 400 milhões.

    e) Pagamentos de fretes, à vista, no valor de 50 milhões.

    f) Lucros de companhias estrangeiras: 10 milhões.

    g) Amortizações de empréstimos no valor de 30 milhões.

    h) Pagamento de juros da dívida externa: 20 milhões.

    i) Recebimento de 10 milhões em donativos.

Pede-se construir o Balanço de Pagamentos desse país.

Lançamentos Necessários (entradas, saídas e contrapartida em dólares).

Apenas por questão didática, julgamos mais conveniente, quando dos lançamentos das transações específicas, considerar os sinais de (–) para saídas ou remessas de dólares, e (+) para entradas. Na composição final do Balanço, voltamos a obedecer à nova metodologia do BPM6, assinalada acima.

a) Saída: Importações	– 350
contrapartida: Ativos de Reserva	+ 350
b) Saída: Importações	– 50
contrapartida: Empréstimos e Financiamentos	+ 50
c) Saída: Importações	– 20
contrapartida: Investimentos Diretos	+ 20
d) Entrada: Exportações	+ 400
contrapartida: Ativos de Reserva	– 400
e) Saída: Fretes	– 50
contrapartida: Ativos de Reserva	+ 50
f) Saída: Lucros remetidos	– 10
contrapartida: Ativos de Reserva	+ 10
g) Saída: Amortizações	– 30
contrapartida: Ativos de Reserva	+30
h) Saída: Juros pagos	– 20
contrapartida: Ativos de Reserva	+ 20
i) Entrada: Renda Secundária	+ 10
contrapartida: Ativos de Reserva	– 10

Conforme o BPM6, os sinais (–) e (+) só serão utilizados no saldo das quatro Contas, e nas transações que apresentem saldos (entradas e saídas de dólares):

BALANÇO DE PAGAMENTOS

A. BALANÇA COMERCIAL

Exportações	400	
Importações (50 + 350 + 20)	420	– 20

B. SERVIÇOS

Fretes	– 50	– 50

C. RENDA PRIMÁRIA

Lucros remetidos	– 10	
Juros pagos	– 20	– 30

D. RENDA SECUNDÁRIA

Donativos	10	+ 10

E. TRANSAÇÕES CORRENTES (A + B + C + D) — – 90

F. CONTA CAPITAL E FINANCEIRA

Investimentos Diretos	– 20	
Empréstimos e financiamentos	– 50	
Amortizações	+ 30	
Ativos de Reserva (+ 350 – 400 + 50 + 10 + 30 + 20 – 10)	– 50	– 90

G. ERROS E OMISSÕES — 0

Quando a conta Ativos de Reserva aparece no Balanço de Pagamentos com saldo credor, como no exercício, significa DIMINUIÇÃO dos haveres monetários do país com relação ao resto do mundo, ou aumento de suas obrigações.

2. Numa economia em determinado ano, registram-se as seguintes transações de seus residentes com o exterior:

a.	Exportações FOB à vista	1.300 milhões de dólares
b.	Importações FOB à vista	1.100 milhões de dólares
c.	Remessa de juros	60 milhões de dólares
d.	Remessa de lucros	40 milhões de dólares
e.	Investimentos estrangeiros, sob a forma de equipamentos importados	100 milhões de dólares
f.	Liquidação de atrasados comerciais	50 milhões de dólares
g.	Donativos recebidos em mercadorias	20 milhões de dólares
h.	Pagamentos de *royalties* ao exterior	5 milhões de dólares
i.	Reinvestimentos de uma multinacional no país	2 milhões de dólares
j.	Fretes e seguros pagos	2 milhões de dólares
k.	Lucros recebidos de nossas empresas no exterior	1 milhão de dólares

Desenvolvendo-se o método anterior, pode-se chegar aos seguintes resultados:

BALANÇO DE PAGAMENTOS

A. BALANÇA COMERCIAL		
Exportações	1300	
Importações (1.100 + 100 + 20)	1.220	+ 80
B. SERVIÇOS		
Fretes e Seguros	– 2	– 2
C. RENDA PRIMÁRIA		
Juros pagos	– 60	
Lucros (– 40 – 2 + 1)	– 41	
Royalties pagos	– 5	– 106
D. RENDA SECUNDÁRIA		+ 20
D. TRANSAÇÕES CORRENTES (A + B + C + D)		– 8
E. CONTA CAPITAL E FINANCEIRA		
Investimentos Diretos	– 100	
Reinvestimentos	– 2	
Atrasados Comerciais	+ 50	
Ativos de Reserva (+ 1300 – 1100 – 60 – 40 – 50 – 5 –2 +1)	+ 44	– 8
F. ERROS E OMISSÕES		0

3. No exercício anterior, calcule:
   a) A poupança externa;
   b) A renda líquida de fatores externos;
   c) O total de serviços não fatores;
   d) Variação da dívida externa líquida.

Solução:

a) A poupança externa é o próprio saldo em conta-corrente do Balanço de Pagamentos (ou Transações Correntes) com o sinal trocado. Assim, a poupança externa é igual a 8 milhões (positiva), ou seja, houve entrada real de bens e serviços (e uma saída de divisas, em termos financeiros).

b) A RLFE, ou serviços de fatores, é igual a –106 milhões, correspondentes à Renda Primária.

c) O total de serviços não fatores é de –2 milhões, que corresponde à Conta Serviços.

d) A variação da dívida externa líquida é obtida pela diferença entre a entrada de Empréstimos e Financiamentos (autônomos e oficiais) e os pagamentos efetuados (amortizações pagas e liquidação de atrasados comerciais). No exer-cício, houve apenas liquidação de atrasados comerciais igual a 50, indicando uma queda de 50 no estoque da dívida externa líquida.

8 O BALANÇO DE PAGAMENTOS NO BRASIL

Como vimos anteriormente, um *déficit* em conta-corrente (isto é, em Transações Correntes) significa que o país absorveu poupanças externas no valor equivalente, em princípio, a esse excedente de importações sobre as exportações de mercadorias e serviços. Esse ingresso líquido de recursos é que permitiu ao país investir internamente, em termos reais, mais do que lhe era possível se não fosse esse *déficit*. Reciprocamente, um *superávit* quer dizer que o país investiu liquidamente no exterior, durante o período, quantia equivalente de recursos.

Em suma, o *déficit* em conta-corrente é a maneira que os países em desenvolvimento têm de captar poupança externa para manter seu nível interno de crescimento. Como vemos na Tabela 14.2, tem sido o caso do Brasil na maior parte do período; ela descreve o comportamento do Balanço de Pagamentos brasileiro desde 1994.

Tabela 14.2 Balanço de pagamentos: Brasil 1995-2021 (US$ bilhões)

Discriminação	1995	2000	2001	2002	2003	2005	2008	2010	2014	2015	2016	2017	2018	2019	2020	2021
BALANÇO DE PAGAMENTOS – BRASIL (1995/2021) — US$ bilhões																
I. TRANSAÇÕES CORRENTES (Saldo em C/C do Balanço de Pagamentos) (I.1 + I.2 + I.3 + I.4	−18,7	−24,8	−23,7	−8,1	3,8	13,5	−30,6	−75,8	−104,2	−59,4	−23,5	−7,2	−14,5	−50,8	−12,5	−27,9
I.1 BALANÇA COMERCIAL	−4,6	−1,6	1,5	12,0	23,7	43,4	23.8	18,5	−6,6	17,7	45,0	64,0	53,6	39,4	43,2	36,4
Exportações FOB	46,4	55,3	58,2	60,4	73,1	118,3	198,4	201,3	224,1	190,1	184,5	217,2	239,0	224,4	210,9	284,0
Importações FOB	51,0	56,4	56,7	48,4	49,4	74,8	174,6	182,8	230,7	172,4	139,4	153,2	185,4	185,0	167,7	247,6
I.2 SERVIÇOS	−7,0	−7,2	−7,6	−4,8	−4,7	−7,9	−16,9	−30,2	−48,1	−36,9	−30,4	−33,9	−34,0	−35,1	−19,9	−17,1
Viagens internacionais	−2,4	−2,1	−1,5	−0,4	0,2	−0,9	−5,2	−10,7	−18,7	−20,8	−8,5	−13,2	−12,3	−11,7	−2,4	−2,3
Outros Serviços (fretes, seguros etc.)	−4,6	−5,1	−6,1	−4,4	−4,9	−7,0	−11,7	−19,5	−29,4	−16,1	−21,9	−20,7	−21,7	−23,4	−17,5	−14,8
I.3 RENDA PRIMÁRIA	−10,8	−17,5	−19,3	−17,7	−18,1	−25,6	−41,8	−67,0	−52,2	−42,9	−41,1	−40,0	−36,7	−56,0	−38,2	−59,5
Lucros e Dividendos	−2,9	−3,3	−5,0	−5,2	−5,6	−12,7	−33,9	−55,6	−31,2	−20,8	−19,4	−15,8	−16,9	−31,1	−17,2	−29,9
Juros	−7,6	−14,3	−14,4	−12,6	−12,6	−13,1	−7,2	−12,0	−21,3	−21,9	−21,9	−28,3	−20,0	−20,0	−19,5	−20,7
Outras (salários, *royalties*)	−0,3	0,1	0,1	0,1	0,1	0,2	−0,7	0,6	0,3	−0,2	0,2	4,1	0,2	−0,5	−1,5	−8,9
I.4 RENDA SECUNDÁRIA (Transferências Unilaterais Correntes)	3,6	1,5	1,6	2,4	2,9	3,6	4,2	2,9	2,7	2,7	3,0	2,6	2,5	1,0	2,4	3,3
II.III CONTA CAPITAL E CONTA FINANCEIRA(*)	−29,4	−19,7	−27,5	−8,5	−5,6	8,5	−31,9	−125,4	−111,6	−57,2	−25,9	−0,1	−8,9	−52,7	−11,1	−35,6
Investimentos e Reinvestimentos Diretos	−3,3	−30,5	−24,7	−14,1	−9,9	−12,6	−24,6	−61,7	−70,9	−61,6	−71,2	−64,1	−74,3	−56,5	−16,4	−27,3
Empréstimos/Financiamentos/Tributos/Ações	−10,8	−15,0	−8,1	−6,5	−4,4	−29,5	−33,4	−85,3	−60,2	−50,9	−19,6	−15,1	−42,4	29,5	11,3	−18,7
Amortizações	9,8	13,2	32,5	16,4	38,0	54,4	20,6	30,6	30,7	56,2	52,1	48,2	51,1	48,8	49,1	44,7
ATIVOS DE RESERVA (RESULTADO BAL.PAGTOS.)	**12,9**	**−2,3**	**3,3**	**0,3**	**8,5**	**4,3**	**3,0**	**49,1**	**10,8**	**1,6**	**3,5**	**5,1**	**2,9**	**−26,1**	**14,2**	**−14,0**
Outros	−38,0	14,9	−30,5	−4,6	−37,8	−8,1	−2,5	−58,1	−22,0	−2,5	9,3	26,0	53,8	−48,4	47,1	−20,3
ERROS E OMISSÕES	2,2	2,7	−0,5	−0,1	−0,9	−0,7	1,7	−0,5	3,4	3,8	6,8	6,4	4,7	−1,9	2,0	−6,0
RESERVAS	14,1	40,1	35,8	41,3	49,5	53,8	206,8	288,6	374,0	368,7	372,2	382,0	374,7	356,9	355,6	367,8

Fonte: Banco Central do Brasil – www.bcb.gov.br "Tabelas especiais".

(*) Como a Conta Capital apresenta resultados extremamente baixos (cerca de 07% da Conta Financeira), seu saldo está somado na Conta Financeira.

Até 1993, o *déficit* em conta-corrente era devido, principalmente, ao *déficit* crônico das contas de serviços, como fretes e seguros, e rendas, mercê, essencialmente, dos pagamentos dos juros da dívida externa e da remessa de lucros. Entretanto, a partir de 1995, até o ano 2000, a Balança Comercial, que sempre teve uma tendência superavitária, também passa a apresentar *déficits*, em função da política de abertura comercial e da valorização da moeda nacional (âncora cambial), implementadas a partir do Plano Real, e mantida nos Governos de Lula e Dilma. Após a adoção do câmbio flutuante, em janeiro de 1999[7], o *déficit* da Balança Comercial começa a se reduzir e volta a apresentar *superávits* a partir de 2001. Inclusive, entre 2003 e 2007, como a Balança Comercial mais do que compensou o *déficit* das contas de Serviços e de Rendas, o Balanço de Pagamentos apresentou *superávits* em conta-corrente. Isso se deveu fundamentalmente ao crescimento das exportações, em especial de *commodities*, devido à expansão da economia mundial nesse período, liderada pela China e Estados Unidos, com taxas médias de 5% ao ano, as maiores das últimas décadas. A partir de 2012, nota-se uma grande queda do saldo da Balança Comercial, ficando, inclusive, negativo em 2014, em função da queda do nível de atividade no Governo Dilma, provocada tanto pela redução do ritmo de crescimento da economia mundial, ocorrido após a crise internacional de 2008 (ver Apêndice), com queda das exportações, como pelas razões de política econômica interna.[8]

9 ORGANISMOS FINANCEIROS INTERNACIONAIS

As grandes guerras mundiais, a recessão dos anos 1930 e o desenvolvimento da economia internacional provocaram perturbações nas economias de todos os países e, por conseguinte, nas relações econômicas internacionais. Isso exigiu a criação de várias instituições para o estabelecimento de regras e convenções que regulassem as relações comerciais e financeiras entre países.

Até 1914, o sistema monetário internacional era chamado padrão-ouro clássico, os países definiam suas moedas em termos de uma quantidade fixa de ouro, o que consagrava um regime de taxas fixas de câmbio, com base na cotação em ouro de cada uma das moedas nacionais. O padrão-ouro também impunha a existência de moedas conversíveis, ou seja, a moeda nacional poderia ser a qualquer hora e em qualquer montante convertida em ouro e, portanto, nas outras moedas nacionais, pelas taxas fixadas.

Esse sistema conteria, segundo alguns autores, um mecanismo automático de correção de possíveis desequilíbrios do balanço de pagamentos. Assim, quando houvesse um *déficit* no balanço de pagamentos, isso sinalizaria um excesso de demanda por divisas, forçando o governo a vender suas reservas cambiais (ouro). Ao vender suas reservas, porém, o governo estaria adotando uma política monetária contracionista, o que levaria a uma recessão e a uma deflação, as quais corrigiriam o *déficit* no balanço de pagamentos, pois ocorreria estímulo às exportações e um desestímulo às importações.

Entretanto, devido à redução do comércio internacional e dos fluxos internacionais de capitais, já ao final de Segunda Guerra mostrava-se necessária a existência de um novo sistema monetário internacional, para potencializar o desenvolvimento do mundo capitalista.

Dentro desse contexto, foram criadas as quatro principais instituições econômicas dos pós-guerra:

a) o sistema de taxas de câmbio de Bretton Woods;

b) o Fundo Monetário Internacional (FMI);

c) o Banco Mundial; e

d) Acordo Geral de Tarifas e Comércio (Gatt), atual Organização Mundial do Comércio (OMC).

9.1 Sistema de Bretton Woods

O Sistema de Bretton Woods, criado em 1944, consagrou um sistema de gestão de taxas de câmbio chamado **padrão dólar-ouro**, o qual procurava flexibilizar o padrão-ouro que era a base do sistema monetário internacional anterior à Primeira Guerra Mundial.

O sistema consagrado em Bretton Woods estabeleceu o dólar como moeda internacional e esta era a única moeda que manteria sua conversibilidade em relação ao ouro. As outras moedas nacionais eram livremente conversíveis em dólar a uma taxa de câmbio fixa (não havia limitações à mobilidade de capital); desse modo, o dólar tinha uma paridade com o ouro e as demais moedas com o dólar.

Nas três décadas que se seguiram ao fim da Segunda Guerra Mundial, a economia e o comércio internacional prosperaram com base no dólar e nesse sistema. Havia, porém, uma contradição básica entre as prosperidades do comércio internacional e a manutenção do acordo de Bretton Woods centrado na paridade dólar-ouro: para que a expansão ocorresse, era necessário o crescimento das reservas mundiais em dólares, a fim de não haver crises de liquidez internacional. Essa injeção de liquidez se fazia com base em *déficits* externos dos EUA; se esses *déficits* fossem sistemáticos, e se os ativos em ouro norte-americanos fossem constantes (na verdade eram cadentes), a confiança na conversibilidade do dólar e, por consequência, a base dos acordos de Bretton Woods, ruiria. Por outro lado, caso não houvesse injeção de liquidez, o crescimento também não ocorreria.

A questão acirrou-se com as guerras da Coreia e do Vietnã, com a política keynesiana (política de gastos públicos) da década de 1960 e os consequentes aumentos nos *déficits* americanos (público e comercial). A partir disso, o sistema montado em Bretton Woods foi sendo destruído e teve seu fim decretado por Nixon em 1971, com o rompimento da conversibilidade do dólar em relação ao ouro.

A partir de então, seguiu-se um período de forte instabilidade, baseada, depois de 1973, em taxas flutuantes de câmbio. Houve grande desvalorização do dólar, o qual, apesar de ainda ser a principal reserva internacional, perdeu importância, principalmente em relação ao iene e ao marco alemão.

9.2 Fundo Monetário Internacional (FMI)

O Fundo Monetário Internacional (FMI), fundado em 1944, tem como objetivo promover a cooperação monetária entre as nações e ajudar a resolver problemas conjunturais de balanço de pagamentos.

O FMI estimula a expansão e o desenvolvimento do comércio internacional; promove a estabilidade cambial; estabelece um sistema multilateral de pagamento; e permite a seus membros a utilização de recursos do Fundo para corrigir desequilíbrios temporários em seus balanços de pagamento.

O capital do Fundo é constituído por quotas de todos os países a ele filiados. Tais quotas são especificadas em **Direitos Especiais de Saque (DES)** e são determinadas pela renda nacional, magnitude e flutuação do balanço de pagamento, reservas em divisas fortes etc., sendo constituídas por moedas nacionais dos países-membros e ouro.

O DES é uma unidade puramente contábil, cujo valor flutuante é calculado diariamente pelo Fundo com base no valor das moedas de cinco países filiados, escolhidos por serem os de maior participação nas exportações mundiais.

O FMI é administrado por um Conselho de governadores, diretores executivos, um diretor-gerente e um corpo de auxiliares. O corpo técnico de economistas do FMI é considerado um dos melhores do mundo. Quando um país-membro do FMI sofre um desequilíbrio em seu balanço de pagamentos, pode recorrer ao Fundo para obter crédito em DES ou moeda estrangeira de que necessite, o que é feito sempre mediante um acordo. Embora criticados por algumas correntes de economistas, os acordos com o FMI têm uma importância ímpar para os países, porque sinalizam à comunidade financeira internacional uma avaliação técnica precisa do estado de contas de um país.

9.3 Banco Mundial

O Banco Mundial, ou **Banco Internacional de Reconstrução e Desenvolvimento (Bird)**, foi criado em 1944, junto com o FMI, e é um organismo fornecedor e captador de crédito para investimentos produtivos em países subdesenvolvidos a ele filiados, sem visar lucros. Os juros e comissões por ele cobrados destinam-se a cobrir suas despesas e constituir um fundo de reserva.

O Banco Mundial tem uma estrutura administrativa semelhante à do FMI. Para filiar-se ao Banco Mundial, é necessário ser membro do FMI e subscrever quotas de suas ações, em número estipulado de acordo com seus recursos econômicos, que vão constituir, juntamente com os resultados líquidos de suas operações, o capital do Banco, que é expresso em DES.

Para requerer recursos, o interessado apresenta o projeto detalhado do empreendimento (sua natureza, tempo de execução, prazo para saldar a dívida e seus devidos juros etc.) e, caso não seja o próprio governo, o requerente deverá obter antes a garantia do Banco Central ou outra instituição de seu país aceita pelo Bird. O projeto passa pelo Conselho Consultivo, que o encaminha a especialistas da área, para julgarem sua urgência, importância e viabilidade.

No caso de o pedido ser aprovado, a Comissão Consultiva do Banco indica de onde sairão os recursos, se do próprio banco ou se será necessário recorrer a capitais particulares, e, nesse caso, o Banco emite títulos e decide em que praça serão lançados, e também indica quais as taxas de juros e como deve ser efetuado o pagamento. Sobre os empréstimos concedidos, o Banco cobra 0,25% de despesas administrativas e 1% de comissão anual.

A execução do projeto financiado será fiscalizada pelo Bird, que vai liberando os recursos de acordo com seu andamento, e pode, sempre que julgar necessário, pedir informações sobre a aplicação desses recursos, ou sobre a própria execução do projeto.

9.4 Acordo Geral de Tarifas e Comércio (GATT), atual Organização Mundial do Comércio (OMC)

Alguns anos depois da Conferência de Bretton Woods, foi criado o Acordo Geral de Tarifas e Comércio

(GATT) (*General Agreement on Tariffs and Trade*), substituído a partir de 1995 pela Organização Mundial do Comércio (OMC), cujo objetivo básico é a redução das restrições ao comércio internacional e a liberalização do comércio multilateral.

A OMC é responsável pela estruturação de um conjunto de regras e instituições que regulem o comércio internacional e encaminhem a resolução de conflitos entre os países. Nesse sentido, a OMC herdou do GATT os seguintes princípios básicos: a redução das barreiras comerciais, a não discriminação comercial entre os países, a compensação aos países prejudicados por aumentos nas tarifas alfandegárias e a arbitragem dos conflitos comerciais. Foram promovidas, ainda no tempo do GATT, sucessivas rodadas de negociações entre os países envolvidos no comércio internacional, conseguindo-se, no pós-guerra, reduzir-se as barreiras impostas a esse comércio por meio de impostos alfandegários e quotas de importação.

10 A INTERNACIONALIZAÇÃO DA ECONOMIA: GLOBALIZAÇÃO PRODUTIVA E FINANCEIRA

Uma característica marcante das últimas décadas é a crescente integração econômica mundial em diversos aspectos: comercial, produtivo, financeiro. Essa questão ganhou mais destaque no período recente, tendo sido chamada de **globalização**. Deve-se notar que esse processo é antigo, com a evolução do comércio internacional. No final do século XIX, por exemplo, já se discutia a questão do imperialismo; após a Segunda Guerra ganha destaque a questão das multinacionais; nos anos 1960 e 1970, assiste-se à emergência e ao crescimento do Euromercado, nos anos 1980 o crescimento dos Tigres Asiáticos. Enfim, é uma sucessão de fatos que mostram a crescente internacionalização da economia, culminando na chamada globalização. Trata-se de um fenômeno complexo com diversos delineamentos possíveis, sendo impossível tratar de todos os seus aspectos no espaço aqui proposto.

Entende-se por **globalização produtiva** a produção e a distribuição de valores dentro de redes em escala mundial, com o acirramento da concorrência entre grandes grupos multinacionais. O crescimento notável das tecnologias de informação (telecomunicações e microeletrônica) e a difusão de novas tecnologias criaram novos produtos e novas oportunidades mercantis, e gerou maior eficiência produtiva e maiores condições de competitividade para aqueles que têm acesso a tais inovações.

A globalização vem certamente contribuindo para uma melhoria do padrão de vida em escala mundial. Desde os anos 1980, quando esse processo se acelerou, a taxa de crescimento mundial tem girado em torno de 4% ao ano. Particularmente, os chamados "**tigres asiáticos**" beneficiaram-se largamente desse processo, passando de países essencialmente agrícolas para exportadores de bens manufaturados de alta tecnologia (automóveis, computadores, eletrônicos em geral).

Mas a globalização também pode ter consequências perversas, como o aumento do desemprego estrutural em muitos países (já que o novo paradigma tecnológico requer mão de obra mais qualificada, marginalizando uma parcela significativa de trabalhadores), a tendência de desnacionalização do setor produtivo, principalmente nos países emergentes, além da concentração da produção e mesmo do comércio em grandes empresas, em sua maioria multinacionais, o que tem levado à tendência de desnacionalização do setor produtivo, principalmente nos países menos desenvolvidos.

Esse processo trouxe a necessidade de maior atuação do Estado na regulamentação e fiscalização do mercado, principalmente dos grandes grupos, no sentido de proteger os interesses dos consumidores, e das empresas de menor porte.

A partir dos anos 1980, ao lado da globalização produtiva, iniciou-se um processo de crescimento do fluxo financeiro internacional, baseado mais no mercado de capitais que no sistema de crédito. Esse processo, denominado **globalização financeira**, tem como característica inovações financeiras, como a securitização de títulos, proteção contra riscos (*hedge*), e a proliferação dos chamados **derivativos** (mercados futuros, opções e *swaps*).

Esses fluxos financeiros são afetados por expectativas e políticas cambiais e monetárias das diferentes economias. Quando as taxas de juros de um país forem superiores às taxas de juros de outro país, pode-se esperar um fluxo positivo de recursos.

Associados ao alto grau de informatização atual, esses capitais são transferidos de um dia para o outro para países que apresentem condições financeiras mais atrativas. Assim, a instabilidade em um dado mercado repercute rapidamente nos outros, o que hoje em dia é denominado "**efeito contágio**". São capitais especulativos de curto prazo, aplicados em Bolsas de Valores e no mercado financeiro local.

Embora a relativa abundância de capitais financeiros internacionais represente, principalmente para os países emergentes, um recurso importante para com-

Cap. 14 • O Setor Externo **265**

plementar sua poupança interna e promover o crescimento econômico, a excessiva liberdade desses capitais tornam esses países extremamente dependentes de alterações da política econômica dos países desenvolvidos (principalmente dos Estados Unidos), das oscilações das taxas de juros no mercado internacional e das crises políticas (oriente médio). Na verdade, o ideal é o crescimento econômico financiado preferencialmente com capitais de mais longo prazo, associados a investimentos diretos no país: que gera empregos e contribui para a expansão das possibilidades de crescimento econômico.

QUESTÕES DE MÚLTIPLA ESCOLHA

1. **Uma política econômica de valorização da moeda nacional em relação à moeda internacional visa:**
   a) Aumentar as exportações e reduzir as importações.
   b) Reduzir as exportações e aumentar as importações.
   c) Manter exportações e importações inalteradas.
   d) Facilitar a entrada de capitais oficiais compensatórios no país.
   e) Facilitar a entrada de capital estrangeiro de risco no país.

2. **Qual das seguintes situações caracteriza um *déficit* no Balanço de Pagamentos?**
   a) Saída líquida de capitais autônomos e transações correntes deficitárias.
   b) Aumento da dívida externa.
   c) Entrada líquida de capitais autônomos e transações correntes superavitárias.
   d) Exportações menores do que as importações de bens e serviços.
   e) Entrada líquida de capitais autônomos superior ao *déficit* das transações correntes.

3. **Um país paga juros sobre sua dívida externa para outro país credor. Essa transação será registrada no Balanço de Pagamentos do país devedor com valor:**
   a) Negativo na conta de Renda Primária.
   b) Positivo na conta de Renda Secundária.
   c) Negativo na conta Capital.
   d) Positivo na conta Financeira.
   e) Negativo em Ativos de Reserva.

4. **Numa economia aberta, um *déficit* no balanço de pagamentos em conta-corrente corresponde a:**
   a) Uma exportação de poupança doméstica, que se canaliza para investimento no exterior.
   b) Uma saída de capitais para o exterior.

   c) Uma elevação do nível de reservas internacionais do país.
   d) Uma importação de poupança externa, que se canaliza para investimentos domésticos.
   e) Um *superávit* no balanço de pagamentos.

5. **Quanto ao balanço de pagamentos de um país, sabe-se que:**
   a) O saldo total do balanço de pagamentos é igual à soma da balança comercial com as contas de serviços e de rendas, salvo erros e omissões.
   b) O saldo de transações correntes, se positivo (*superávit*), implica redução em igual medida do endividamento externo bruto, no período.
   c) A conta Financeira iguala (com o sinal trocado) o saldo de transações correntes, salvo erros e omissões.
   d) A conta Financeira iguala (com o sinal trocado) o saldo total do balanço de pagamentos.
   e) O saldo total do balanço de pagamentos é igual à soma da balança comercial com as contas de serviços e de rendas primária e secundária, salvo erros e omissões.

6. **Em determinada economia, o valor das exportações (FOB) é de 18 bilhões de dólares e o valor das importações (*CIF*) é de 19 bilhões de dólares, e os fretes e seguros sobre as importações correspondem a, respectivamente, 1 e 2 bilhões de dólares. O saldo da balança comercial é:**
   a) Um *superávit* de 2 bilhões de dólares.
   b) Um *déficit* de 1 bilhão de dólares.
   c) Um *superávit* de 1 bilhão de dólares.
   d) Um *déficit* de 4 bilhões de dólares.
   e) Nem *déficit* nem *superávit*.

7. **Uma economia apresentou, em determinado ano, o seguinte registro em suas transações com o exterior:**

   Exportações de mercadorias (FOB) = 100
   Importações de mercadorias (FOB) = 90
   Donativos (saldo líquido recebido) = 5
   Saldo do balanço de pagamentos em conta-corrente (*déficit*) = – 50
   Conta Financeira (entrada líquida) = 10

   Então, o saldo somado das contas de serviços e de rendas é igual a:
   a) –65 (*déficit*).
   b) –70 (*déficit*).
   c) –35 (*déficit*).
   d) +10 (*superávit*).
   e) –15 (*déficit*).

266 Economia: micro e macro • *Vasconcellos / Braga*

8. **Com os dados a seguir, para uma economia hipotética, responda às questões 8a e 8b.**

Produto Nacional Líquido a custo de fatores	1.500
Exportações de bens e serviços de não fatores	100
Importações de bens e serviços de não fatores	200
Tributos diretos	150
Tributos indiretos	200
Depreciação	60
Saldo do governo em conta-corrente	150
Subsídios governamentais	80
Saldo do balanço de pagamentos em conta-corrente (*déficit*)	40

8a) **O Produto Interno Bruto, a preços de mercado ($PIBpm$), é igual a:**
   a) 1.800.
   b) 1.620.
   c) 1.700.
   d) 1.660.
   e) 1.680.

8b) **Uma das alternativas a seguir é correta. Identifique-a:**
   a) A dívida externa cresceu 190, no período.
   b) O passivo externo líquido cresceu 40, no período.
   c) A disponibilidade interna de bens e serviços é igual a 1.820.
   d) A carga tributária bruta foi, aproximadamente, de 19% do PIB a preços de mercado.
   e) A economia remeteu ao exterior poupança líquida igual a 40.

9. **Uma das afirmações a seguir é correta. Identifique-a:**
   a) Define-se a taxa de câmbio como o preço, em moeda estrangeira, de uma unidade de moeda nacional.
   b) A redução da taxa interna de juros é instrumento de combate ao *déficit* do Balanço de Pagamentos.
   c) Em qualquer regime de taxa de câmbio, o Banco Central é forçado a manter um volume adequado de reservas cambiais para atender aos excessos de procura sobre oferta de moeda estrangeira.
   d) Um país, no curto prazo, conseguirá sustentar a paridade cambial, em regime de taxas de câmbio fixas, reduzindo os juros internos ou centralizando o câmbio.
   e) Restrições tarifárias ou quantitativas às importações e subsídios às exportações são alternativas tecnicamente inferiores às desvalorizações cambiais para melhorar o Balanço de Pagamentos, porque podem distorcer a alocação de recursos e ensejar medidas retaliatórias de outros países, que as neutralizem.

10. **O Brasil participa, ao lado de diversos outros países, de vários organismos internacionais cujos objetivos, em síntese, são o financiamento a longo prazo, a realização de empréstimos, a regulamentação do fluxo de comércio exterior entre os diversos países etc. Qual dentre esses organismos internacionais foi criado com a finalidade de socorrer seus associados nos desajustes de seus balanços de pagamentos e evitar a instabilidade cambial?**
   a) Banco Internacional de Reconstrução e Desenvolvimento (Bird) (Banco Mundial).
   b) Fundo Monetário Internacional (FMI).
   c) Corporação Financeira Internacional (CFI).
   d) Acordo Geral de Tarifas e Comércio (GATT) (*General Agreement on Tariffs and Trade*).
   e) Organização Mundial do Comércio (OMC).

SAIBA MAIS

A crise financeira internacional de 2008

A crise internacional que ocorreu a partir de 2008 teve origem nos EUA, primeiramente como uma crise de inadimplência no mercado de hipotecas imobiliárias, se transforma em uma crise financeira com várias quebras bancárias, e se espalha pela economia real, por meio da redução da demanda (queda das vendas), retração da produção e aumento do desemprego. Dos EUA, a crise rapidamente se espalhou para o resto do mundo por dois canais principais: retração do comércio internacional e restrição da oferta de crédito.

Para o melhor entendimento dessa crise, deve-se destacar que o amplo crescimento da economia mundial verificado nos anos anteriores, tanto em países emergentes (China, Índia, Rússia etc.), como no mundo desenvolvido, foi liderado pela expansão americana, centrada no crescimento do consumo das famílias e dos investimentos imobiliários. Esse processo decorreu de um forte rebaixamento das taxas de juros norte-americanas, de uma profunda desregulamentação e liberalização e várias inovações financeiras, tendo ganhado destaque as chamadas **hipotecas *subprime***. Esse fenômeno possibilitou a incorporação de ampla quantidade de famílias, com destaque para aquelas de maior risco, ao mercado financeiro, os chamados **créditos NINJA** (*No Income, No Job and No Assets*).

A possibilidade de aglutinação de vários títulos, hipotecas e a securitização dos recebíveis geravam novos títulos derivados dos instrumentos originais e forneciam a impressão de que os riscos eram eliminados pela junção das diversas hipotecas. Com isso, as instituições financeiras tinham interesse em buscar o maior número possível de tomadores, para poder gerar novos títulos e vendê-los em mercados secundários. O interesse por esses títulos decorria essencialmente das baixas taxas de juros vigentes.

Além da ampla liquidez e da baixa taxa de juros, resultando em crescimento do consumo das famílias e do investimento, a economia norte-americana cresceu em ritmo bastante acelerado no período 2002/2007, refletindo-se no crescimento econômico mundial.

Os primeiros sinais de esgotamento desse processo começam a aparecer em meados de 2006, com o aumento das taxas de inadimplência e estagnação nos Estados Unidos, com tendência de queda do preço dos imóveis. A reação natural do mercado a essa situação foi a elevação do custo dos empréstimos e maior seletividade na concessão de novos créditos ao longo de 2007 e 2008, resultando em ampliação da inadimplência e reforço na queda nos valores dos imóveis. Estava colocado o ambiente para a crise financeira e econômica, ou seja, para o estouro da **bolha especulativa**.

Instaura-se a crise de confiança em que os agentes passam a optar pela liquidez, retraindo a concessão de crédito e a demanda por títulos, cujos preços continuam a cair, afetando de modo importante os agentes (instituições financeiras especialmente) que carregavam estes títulos; as famílias, que tentam ampliar a sua poupança tanto para diminuir seus passivos como para se protegerem para o futuro; as empresas, que retraem seus investimentos. Ou seja, inicia-se um **círculo vicioso**.

Em situações como essa, os governos tentam recuperar a confiança, atuando como emprestadores em última instância e buscando manter a normalidade do funcionamento do mercado.

O ponto marcante da crise foi em **setembro de 2008**, quando o governo norte-americano não socorreu o **Lehmann Brothers**, uma importante instituição financeira, levando a sua falência. Nesse momento, a crise efetivamente se instaura e amplia o contágio pelas demais economias do planeta.

Com a repercussão da quebra do Lehmann Brothers e o risco de um **efeito cascata**, os governos (inclusive o do Brasil) passaram a adotar **políticas anticíclicas**, organizando pacotes de ajuda para a recuperação (salvação) dos respectivos sistemas financeiros. As medidas foram as mais diversas: amplas reduções das taxas de juros, aproximando-as de zero, disponibilização de empréstimos aos bancos em dificuldades, capitalização de instituições financeiras, aquisição de ativos podres, além de medidas fiscais de ampliação dos gastos públicos com assistência, seguro-desemprego, investimentos, entre outras.

Esse tipo de política foi generalizado tanto entre países desenvolvidos como nas economias emergentes e contribuiu para ter evitado que a crise assumisse maior magnitude, mas não impediu a falência de um grande número de instituições financeiras ao redor do mundo, as fusões/incorporações de várias outras, e uma profunda reversão do comportamento da atividade econômica com menor crescimento da economia mundial desde então, quando comparado ao período anterior à crise.

Evidentemente, a crise repercutiu no Brasil, com o PIB tendo uma queda de – 0,2% em 2009. Mas o Brasil recuperou-se rapidamente, devido à política anticíclica (políticas monetária e cambial expansionistas), adotada pelas autoridades econômicas, chegando, inclusive, a atingir uma taxa de crescimento do produto de 7,6% em 2010.

ENTENDA NA PRÁTICA

O câmbio flutuante no Brasil

O gráfico da Figura 14.1 mostra a evolução da taxa de câmbio no Brasil (R$/1Us$) desde o surgimento do Real como moeda no país.

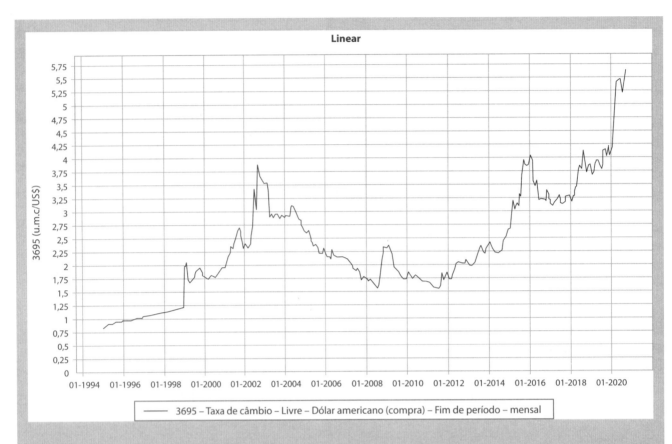

Figura 14.1 Evolução da taxa de câmbio no Brasil (R$/1Us$).

Fonte: Banco Central do Brasil.

Desde a criação do Plano Real, vimos que o Brasil viveu dois regimes de taxa de câmbio. De 1994 a 1998, adotou-se no país um regime de câmbio "controlado" denominado **sistema de bandas cambiais**. Nesse sistema, o Banco Central determinava um valor mínimo e um valor máximo para a taxa de câmbio, permitindo que a taxa variasse entre estes dois valores (as bandas). As bandas também poderiam variar de acordo como os objetivos da autoridade monetária. No gráfico da Figura 14.1, podemos constatar o sistema de bandas, que permitiu o controle da taxa de câmbio até 1998 (conforme trajetória estável percebida no gráfico).

Em decorrência da instabilidade financeira internacional decorrente das crises cambiais no México (1994), na Ásia (1997) e na Rússia (1998), o país abandonou o regime de bandas em 1999, adotando, a partir de então, o regime de câmbio flutuante. Nesse regime, a taxa de câmbio flutua de acordo com a oferta e demanda de dólares no mercado interno e externo. Mais uma vez, conforme podemos visualizar no gráfico, o comportamento da taxa de câmbio passa a apresentar grande volatilidade, como muitas vezes fortes movimentos de alta e baixa. Tais movimentos refletem tanto as condições econômicas e financeiras internas quanto externas. Por exemplo, a queda verificada de 2003 até 2013 reflete a entrada de dólares no país, tanto em decorrência da elevação das exportações brasileiras quanto pela redução do risco país. Em 2008, houve pequena elevação da taxa em decorrência da denominada crise do *subprime* nos EUA. Já no período recente, a taxa tem se elevado como reversão do ambiente econômico nacional e internacional.

Deve-se destacar que em um regime de câmbio flutuante, o Banco Central pode atuar no mercado comprando ou vendendo divisas no mercado interno (via sistema bancário). Esta atuação não se constitui em regra (ou seja, o Bacen pode ou não intervir no mercado), pois, se assim fosse, não teríamos mais um regime de câmbio flutuante. Tais intervenções ocorrem para tentar estabilizar os movimentos da taxa em momentos de instabilidade financeira. Entretanto, o gráfico demonstra que a estabilidade cambial em um regime de câmbio flutuante constitui-se em exceção.

ENTENDA NA PRÁTICA

Taxa de câmbio e o controle da inflação no Brasil

Conforme estudamos no Capítulo 13, o sistema de metas de inflação adotado no Brasil utiliza a taxa de juros como forma de controle da inflação. De forma esquemática, o mecanismo de transmissão da taxa de juros sobre a inflação ocorre da seguinte forma:

Elevação na taxa de Inflação => reação do Banco Central: elevação da taxa de juros => redução da demanda agregada => tendência de redução da inflação.

Mas existe, entretanto, outro mecanismo de transmissão presente no sistema: os efeitos da taxa de juros sobre a taxa de câmbio. Para entendermos esse mecanismo, devemos considerar os determinantes financeiros da taxa de câmbio.

Em um regime de câmbio flutuante, a taxa de câmbio reflete a entrada e a saída de dólares (ou divisas) do país. Parte deste fluxo decorre dos denominados movimentos financeiros internacionais. Trata-se de um fluxo de recursos monetários que buscam, nos diversos países, ganhos financeiros, dentre estes a taxa de juros. Quando o Banco Central eleva a taxa de juros, o país tende a atrair dólares para o mercado interno. Essa entrada tende a reduzir o preço do dólar ou a taxa de câmbio, o que pode provocar queda nos bens denominados *tradable* ou comercializáveis internacionalmente, contribuindo assim para a redução da inflação. Temos, assim, outro mecanismo de transmissão da taxa de juros sobre a inflação:

Elevação na taxa de Inflação => reação do Banco Central: elevação da taxa de juros => tendência de entrada de dólares no país => tendência de queda da taxa de câmbio => tendência de redução da inflação.

Deve-se destacar que a taxa de câmbio também reflete outras condições econômicas nacionais e internacionais, como o risco-país e a taxa de juros internacional (tendo como referência a taxa básica de juros nos EUA). De qualquer forma, além das intervenções do Bacen com a compra e venda de dólares no mercado interno, existe mais um instrumento para o controle da volatilidade cambial em um regime de câmbio flutuante e que pode beneficiar o controle da inflação.

APÊNDICE

MODELO MUNDELL-FLEMING

A abertura econômica e financeira de uma economia também pode exercer influência sobre a efetividade das políticas econômicas anteriormente estudadas, no contexto do modelo *IS-LM*. Assim, estenderemos esse modelo, incluindo o setor externo, gerando uma abordagem mais geral, conhecida por **Modelo Mundell Fleming**, em homenagem aos economistas Marcus Fleming e Robert Mundell, que desenvolveram essa abordagem durante os anos 1960.

Esse modelo considera várias hipóteses sobre o mercado financeiro internacional, no que se refere à mobilidade de capitais e à participação do país nesse mercado. Para os objetivos deste Manual, discutiremos o caso de um **país "pequeno"**,[9] e **perfeita mobilidade de capitais**.[10]

Primeiro, veremos o efeito da introdução do setor externo sobre o equilíbrio do mercado de bens e serviços, representado pela **curva IS**. Assim, a equação de demanda agregada anterior passa a incluir a demanda externa por produtos nacionais (**exportações**) e a descontar a demanda interna por produtos estrangeiros (**importações**):

$$DA = C + I + G + X - M$$

onde DA é demanda agregada, C é consumo, I é investimento, G é gasto público, X são exportações e M importações, ambas em termos CIF (ou seja, incluem fretes e seguros).

Nesse caso, $(X - M)$ representa o saldo em conta-corrente. Como vimos, um aumento da taxa de câmbio real incentiva as exportações e reduz as importações, melhorando, portanto, o saldo das transações correntes, e vice-versa. Com relação à renda, um aumento dessa variável produz uma elevação na despesa com produtos importados, deteriorando o saldo das transações correntes.

Ao igualarmos a oferta (y) com a demanda agregada (DA), teremos a seguinte equação de equilíbrio do mercado de bens e serviços:

$$y = DA = C + I + G + X - M,$$

o que implica que o nível de equilíbrio da renda dependerá, como antes, do nível de gasto autônomo (incluindo o gasto fiscal) e do nível de oferta monetária. Contudo, devido à presença do saldo da conta-corrente, a taxa de câmbio real também passa a ser um dos determinantes da renda.

Assim, como vimos no Capítulo 12, um aumento dos gastos autônomos, via gasto fiscal, por exemplo, elevará a demanda agregada e, dados os preços, a produção agregada e o emprego, e vice-versa. Também vimos que o mesmo ocorreria se a autoridade monetária realiza uma política monetária expansionista, aumentando a quantidade de moeda (via redução da taxa Selic, por exemplo). Por sua vez, um aumento na taxa de câmbio real tenderia a produzir os mesmos efeitos anteriores, pois melhora o saldo da balança comercial.

Portanto, poderíamos dizer que a curva *IS* continua apresentando uma relação inversa entre juros e renda, com sua inclinação dependendo do efeito marginal da renda sobre as importações, a chamada **propensão marginal a importar**.

Por sua vez, a curva *LM* não sofre nenhuma alteração, exceto pelo fato de que a taxa de juros de equilíbrio já não mais depende somente da interação entre o setor real e monetário domésticos, pois, como veremos, o equilíbrio do balanço de pagamentos também concorrerá para determiná-la.

Nesse sentido, também teremos uma equação de equilíbrio (saldo zero) para o balanço de pagamentos:

$$SBP = 0 = SCC + CCF$$

onde *SBP* é o saldo do balanço de pagamentos, *SCC* é o saldo em conta-corrente e *CCF* é o saldo da conta capital e financeira.

O saldo em conta-corrente, evidentemente, dependerá da diferença entre as exportações e importações e, portanto, será função direta (inversa) das variáveis que aumentam (diminuem) as exportações e função inversa (direta) das variáveis que aumentam (diminuem) as importações.

Com relação à conta capital e financeira, poderíamos dizer que seu saldo depende positivamente do *spread* entre as taxas nominais de juros interna e externa:

$$CCF = f(i - i^*)$$

O Modelo Mundell-Fleming assume **perfeita mobilidade de capitais**, ou seja, não existe nenhuma barreira para a entrada ou saída de capitais financeiros no país. Assim, passa a prevalecer a paridade da taxa de juros, e, como foi visto,

$$i = i^*$$

Além disso, como o modelo assume **preços rígidos**, a taxa de inflação é nula, fazendo com que a taxa nominal de juros interna seja igual à externa, o que, no caso de um país "**pequeno**" no mercado financeiro internacional (como o Brasil, por exemplo), significa que a taxa nominal de juros estará dada pela taxa de juros externa.

Assim, qualquer desequilíbrio no saldo da conta-corrente será totalmente equilibrado por importantes entradas e saídas de capitais financeiros. Portanto, o equilíbrio do saldo do balanço de pagamentos estará determinado totalmente pela taxa de juros internacional, independentemente do nível de renda (e, logo, de importações), como mostra a Figura 14.2.

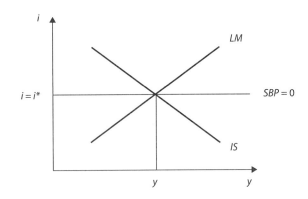

Figura 14.2 Equilíbrio do saldo de balanço de pagamentos com perfeita mobilidade de capitais.

Posto isso, poderemos verificar novamente os efeitos das políticas econômicas sobre o nível de renda da economia. Entretanto, como a renda de equilíbrio também depende da taxa de câmbio real, será importante considerar o regime cambial adotado: câmbio fixo ou câmbio flutuante.

Taxa fixa de câmbio

Se a taxa de câmbio nominal é fixa (com preços dados, a real também será fixa), o Banco Central não controla a oferta monetária, pois deve intervir a cada momento no mercado de divisas para manter a cotação da divisa.

Com relação à política fiscal, uma política fiscal expansionista, como foi visto, expande a produção e, portanto, a renda, o que eleva a taxa de juros doméstica. Com perfeita mobilidade de capitais, o aumento da taxa de juros doméstica provoca uma entrada importante de capitais financeiros, pressionando a taxa de câmbio para baixo.

Se o Banco Central quer evitar a valorização da moeda nacional, deverá intervir no mercado cambial comprando divisas. Ao fazer isso, troca moeda estrangeira por moeda local, o que aumenta a oferta monetária. A maior disponibilidade de moeda aumenta a oferta de crédito, fazendo com que a taxa de juros (o preço do crédito) volte ao nível inicial (ou seja, $i = i^*$).

Esse aumento involuntário da oferta monetária, com a consequente queda na taxa de juros, também aumenta a produção, a renda e o emprego da economia. Na Figura 14.3, podemos visualizar os níveis iniciais (i_0, Y_0) e finais (i_1, Y_1) da taxa de juros e da renda.

Portanto, no caso de câmbio fixo, pode-se dizer que, embora a **política monetária** seja totalmente **ineficaz** nesse contexto, a **política fiscal** é totalmente **eficaz**.

determinada pela demanda e oferta de divisas, a moeda nacional deprecia-se em relação à moeda estrangeira. Consequentemente, a taxa de câmbio real se elevará, aumentando as exportações e reduzindo as importações, provocando um *superávit* na balança comercial. A redução da taxa de juros e o aumento das exportações líquidas provocam aumento na renda (e no emprego), como mostra a Figura 14.4.

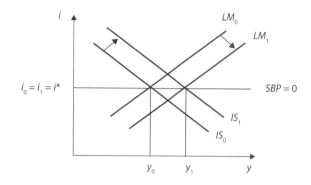

Figura 14.4 Política monetária expansionista com taxa de câmbio flutuante.

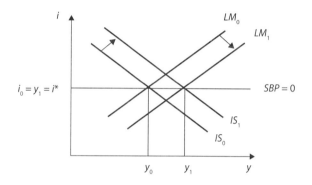

Figura 14.3 Política fiscal expansionista com taxa fixa de câmbio.

Taxa de câmbio flutuante

Um aumento da oferta monetária reduz a taxa de juros doméstica, que passa a ser menor que a taxa de juros internacional. Dado que é menos rentável investir dentro do país e existe perfeita mobilidade de capitais, haverá importante saída (menor entrada) de capitais financeiros, o que pressionará a taxa de câmbio para cima.

Como nesse caso o Banco Central não realiza nenhuma intervenção para afetar a taxa de câmbio, que é

Com relação à política fiscal, um aumento do gasto público produz inicialmente um aumento na renda, como vimos anteriormente. Contudo, esse aumento também provoca elevação da taxa de juros doméstica, o que aumenta fortemente a entrada de capitais. Essa entrada de capitais faz com que a taxa de câmbio real caia, reduzindo a competitividade das exportações e dos produtos que substituem importações. No final, a valorização real da moeda nacional termina compensando o aumento inicial da renda, fazendo com que a IS volte ao ponto de partida, restabelecendo a igualdade $i = i^*$.

Assim, num contexto de taxa de câmbio flutuante, os resultados são inversos ao que vimos quando a taxa de câmbio estava fixa: a **política monetária** é totalmente **eficaz** e a **política fiscal** é totalmente **ineficaz**.

Notas

1 Em termos de taxas, fica:
Variação câmbio real $R =$

$$\left\{ \frac{\begin{array}{c}(1 + \text{variação câmbio nominal e}) \times \\ (1 + \text{variação preços externos } P^*)\end{array}}{(1 + \text{variação preços domésticos})} \right\} - 1$$

2 Por detrás das relações entre taxas de juros, taxa de câmbio e taxa de inflação, estão envolvidas praticamente todas as variáveis relevantes de política econômica. Um modelo que sintetiza razoavelmente todas essas relações é o **Modelo Mundell-Fleming**, que sintetizamos no Apêndice a este capítulo.

3 Trata-se da nova nomenclatura da conta Variação de Reservas, que, que por sua vez, originalmente era chamada de Haveres e Obrigações no Exterior.

4 As exportações e importações também podem ser medidas em termos *Cost, Insurance and Freight* (*CIF*), quando incluem os custos de fretes e seguros. Nas Contas Nacionais do IBGE, exportações e importações são medidas em termos *CIF*, incorporando, portanto, o custo de fretes e seguros.

5 Os **empréstimos de regularização do FMI** são destinados a países com problemas de liquidez externa. São financiamentos a longo prazo, com taxas de juros relativamente baixas. O Brasil utilizou largamente esses recursos. O último Acordo com o FMI foi realizado em 1999, no Governo Fernando Henrique Cardoso, e quitado em 2008, no Governo Lula.

6 Tem-se também da Contabilidade Social o conceito de **Transferência Líquida de Recursos para o Exterior** (ou **Hiato de Recursos**), que corresponde ao saldo das exportações de bens e serviços não fatores sobre as importações de bens e serviços não fatores. Essa definição deriva do fato de que as exportações de bens e serviços não fatores indicam a produção do país que sai para o exterior; e as importações indicam o que entra no país do que foi produzido no resto do mundo. A diferença indica a

transferência de recursos para o exterior, em termos reais. Nessa mesma linha, tem-se ainda o conceito de **Passivo Externo Líquido**, relativo ao total da Dívida Externa, somada aos Investimentos Diretos estrangeiros no país. Quanto maior esse passivo, maior a pressão sobre o Balanço de Serviços, na forma de remessa de lucros e pagamento de juros.

7 Como vimos no Capítulo 13 (Inflação), o câmbio flutuante (ou flexível) fez parte do chamado **Tripé Macroeconômico** implantado no segundo mandato do Governo Fernando Henrique Cardoso. O tripé consistia, além do câmbio flutuante, na adoção de uma **meta de inflação** para dois anos, e *superávit primário*, sendo acrescentado em 2000 com a **Lei de Responsabilidade Fiscal**.

8 Desde 2006, com a ascensão de Dilma Rousseff como Ministra-Chefe da Casa Civil e Guido Mantega como Ministro da Fazendo no Governo Lula, implementou-se uma política de grandes estímulos ao consumo da população, que foi relativamente bem-sucedida para enfrentar a crise internacional de 2008. Entretanto, a partir de 2011, já no Governo Dilma, quando essa política passou a ser denominada "nova matriz macroeconômica", os aumentos da Demanda Agregada não foram mais acompanhados por elevações da produção nacional, redundando em baixas taxas de crescimento do PIB (média de 2,1% entre 2011/2014, bem abaixo da média da economia mundial (3,5%) e dos emergentes (5,1%) no mesmo período, segundo dados do Fundo Monetária Internacional). Para mais detalhes, ver: GREMAUD, A; VASCONCELLOS, M. A. S.; TONETO JR., R. *Economia brasileira contemporânea*. 8. ed. São Paulo: Atlas, 2014. cap. 24-25.

9 Um país **pequeno** no mercado internacional é aquele cuja participação não é suficiente para alterar significativamente preços e juros no exterior, quando ocorrem variações no volume de suas transações externas.

10 Para uma discussão mais completa sobre o modelo Mundell-Fleming, ver LOPES, L. M. et al. *Macroeconomia*: teoria e aplicações de política econômica. 4. ed. São Paulo: Atlas, 2018. cap. 6.

POLÍTICA FISCAL E SETOR PÚBLICO

1 INTRODUÇÃO

Em vários capítulos anteriores, tivemos a oportunidade de discutir os aspectos da atuação do setor público sobre a atividade econômica. Especificamente, foi enfatizado, a partir do Capítulo 10, o papel dos instrumentos de política fiscal, monetária, cambial, comercial e de rendas, para minimizar as flutuações econômicas relativas ao nível de atividade, de emprego e de preços. No Capítulo 4, na parte da análise microeconômica, discutiu-se como o governo pode atuar no equilíbrio de mercados específicos, por meio do estabelecimento de impostos e preços mínimos na agricultura.

Neste capítulo, discutiremos mais detidamente o papel do Estado, destacando alguns aspectos institucionais que delimitam sua atuação e alguns outros efeitos provocados por ela.

2 O CRESCIMENTO DA PARTICIPAÇÃO DO SETOR PÚBLICO NA ATIVIDADE ECONÔMICA

Ao longo da história e principalmente neste século, a participação do Estado na economia vem crescendo pelas seguintes razões:

- crescimento da renda *per capita*: o aumento da renda *per capita* gera um aumento da demanda de bens e serviços públicos (lazer, educação superior, medicina etc.);
- mudanças tecnológicas: a invenção do motor de combustão significou maior demanda por rodovias e infraestrutura (bens de competência do Estado);
- mudanças populacionais: alterações na taxa de crescimento populacional fazem com que o Estado aumente sua despesa com educação, saúde etc.;
- efeitos de guerra: durante períodos de guerra, a participação do Estado na economia aumenta (portanto aumenta o gasto público). Todavia, o interessante é que, quando a guerra acaba, o gasto público cai, mas não ao nível anterior ao da guerra;
- fatores políticos e sociais: novos grupos sociais passaram a ter maior presença política, demandando assim novos empreendimentos públicos;
- mudanças da Previdência Social: inicialmente, a Previdência Social foi concebida como um meio de o indivíduo autofinanciar sua aposentadoria. Posteriormente, essa instituição constituiu-se como um instrumento de distribuição de renda. Isso levou a uma participação maior do Estado (logo, do gasto público) no mecanismo previdenciário.

Aliada a esses fatores, a própria evolução das economias mundiais no século XX levou ao desenvolvimento dos mercados financeiros, do comércio internacional, que tornaram mais complexas as relações econômicas, adicionando elementos de incerteza, especulação, que praticamente não existiam anteriormente.

Com todos esses fatores, a economia não tinha mais condições de regular-se automaticamente e promover a estabilidade do nível de atividade, do emprego e dos preços. Isso ficou claramente demonstrado com o *crack* da Bolsa de Nova York, em 1929, e a posterior Grande

Depressão dos anos 1930. Como foi enfatizado anteriormente, ficou evidente a necessidade de maior atuação do Estado por meio de políticas econômicas.

3 FUNÇÕES ECONÔMICAS DO SETOR PÚBLICO

A necessidade da atuação econômica do setor público prende-se à constatação de que o sistema de mercado não consegue cumprir adequadamente algumas tarefas ou funções.

Como vimos, existem alguns bens que o mercado não consegue fornecer (bens públicos) e, por outro lado, existem externalidades associadas ao consumo ou produção de alguns bens e serviços. Logo, a presença do Estado é necessária (é a **função alocativa**). O sistema de mercado não leva a uma justa distribuição de renda, sendo necessária a intervenção do Estado (**função distributiva**). Finalmente, a economia de mercado não consegue autorregular-se, sendo necessária a **função estabilizadora** do Estado.

3.1 Função alocativa

A **função alocativa** do governo está associada ao fornecimento de bens e serviços não oferecidos adequadamente pelo sistema de mercado e à correção de externalidades (positivas ou negativas) na produção ou consumo de alguns bens e serviços.

Como vimos no Capítulo 4, esses bens são denominados **bens públicos**, que são bens de consumo coletivo, que têm como principal característica a impossibilidade de excluir determinados indivíduos de seu consumo (consumo não exclusivo), e não disputável ou não rival. Diferenciam-se dos bens e serviços privados, que não são exclusivos, e são disputáveis ou rivais.

3.2 Função distributiva

A distribuição de renda depende da produtividade do trabalho e dos demais fatores de produção do mercado. Ou seja, ela dependerá da oferta de fatores e do preço que eles atingem no mercado. Assim, se deixarmos o mercado funcionar livremente, teremos uma distribuição de renda que dependerá da produtividade de cada indivíduo no mercado de fatores, mas que sofrerá a influência das diferentes dotações iniciais de patrimônio.

O governo funciona como um agente redistribuidor de renda à medida que, por meio da tributação, retira recursos dos segmentos mais ricos da sociedade (pessoas, setores ou regiões) e os transfere para os segmentos menos favorecidos.

Em termos da distribuição pessoal de renda, a redistribuição pode ser implementada mediante uma estrutura tarifária progressiva, em que os indivíduos mais ricos pagam uma alíquota maior de imposto. Ainda, a redistribuição pode ser feita combinando impostos sobre produtos adquiridos por pessoas ricas com subsídios para produtos adquiridos por consumidores de baixa renda.

Paralelamente, o governo deve preocupar-se com o investimento em capital humano, que aumenta a produtividade marginal do trabalho a partir da educação e da capacitação da mão de obra.

Em termos de distribuição setorial ou regional, o instrumento governamental mais adequado seria uma política de gastos públicos e subsídios direcionados para as áreas mais pobres.

3.3 Função estabilizadora

A função estabilizadora do governo está relacionada com a intervenção do Estado na economia, por meio dos instrumentos de políticas fiscal, monetária, comercial e cambial, para alterar o comportamento dos níveis de preços e emprego, pois o pleno emprego e a estabilidade de preços não ocorrem de maneira automática na economia.

Alguns estudos da área de Finanças Públicas destacam uma quarta função do setor público: a **Função de Crescimento Econômico**, que diz respeito às políticas acerca da formação de capital. Ou seja, refere-se à atuação do Estado, tanto no tocante aos investimentos públicos (fornecimento de bens públicos, infraestrutura básica), quanto no tocante aos incentivos e financiamentos para estimular os investimentos do setor privado, ambos visando ao crescimento econômico de longo prazo.

4 ESTRUTURA TRIBUTÁRIA

4.1 Princípios de tributação

O financiamento para que o Estado cumpra suas funções com a sociedade é feito por meio da arrecadação tributária, ou receita fiscal. Para isso, existe uma série de princípios que a Teoria da Tributação deve seguir. Entre esses princípios, dois são fundamentais: o **princípio da neutralidade** e o **princípio da equidade**.

Princípio da neutralidade

Sobre o **princípio da neutralidade**, sabemos que as decisões sobre alocação de recursos baseiam-se nos preços relativos determinados pelo mercado. A neutralidade dos tributos seria obtida quando esses não alterassem os preços relativos, minimizando sua interferência nas decisões econômicas dos agentes de mercado. Assim, um dos objetivos do sistema tributário é não ter impactos negativos sobre a eficiência econômica. Sendo adequados, os impostos podem ser utilizados na correção de ineficiências do setor privado.

Princípio da equidade

Pelo **princípio da equidade**, um imposto, além de ser neutro, deve ser equânime, no sentido de distribuir o seu ônus de maneira justa entre os indivíduos. A equidade pode ser avaliada sob outros dois princípios: **princípio do benefício** e **princípio da capacidade de pagamento**.

Princípio do benefício

De acordo com o **princípio do benefício**, um tributo justo é aquele em que cada contribuinte paga ao Estado um montante diretamente relacionado com os benefícios que recebe do governo. De outra forma, o indivíduo paga o tributo de maneira a igualar o preço do serviço recebido ao benefício marginal que ele recebe com sua produção.

Esse princípio determina simultaneamente o total da contribuição tributária e sua vinculação ao gasto (isto é, como a tributação foi distribuída).

O princípio do benefício possui alguns problemas de implementação. O principal é que existe uma dificuldade em identificar os benefícios que cada indivíduo atribui a diferentes quantidades do bem ou serviço público. Ou seja, não é possível obter as curvas de demanda individuais pelo bem público, que beneficiam toda a sociedade. Além disso, como o consumo do bem público é coletivo, não haveria motivo para as pessoas revelarem suas preferências, pois isso poderia aumentar sua contribuição.

Como aplicação desse princípio, temos os serviços públicos que utilizam taxas específicas para seu financiamento (transportes, energia).

Princípio da capacidade de pagamento

Segundo este princípio, os agentes (famílias, firmas) deveriam contribuir com impostos de acordo com sua capacidade de pagamento. O imposto de renda seria um típico exemplo. As medidas utilizadas para auferir a capacidade de pagamento são: renda, consumo e patrimônio. Sobre essas medidas de capacidade de pagamento, existem algumas controvérsias.

Os argumentos favoráveis à utilização da renda como capacidade de pagamento baseiam-se na abrangência dessa medida. Utilizando a renda, incluem-se consumo e poupança. Uma pessoa com renda de R$ 5.000 e consumo de R$ 2.000 seria tributada da mesma forma que uma pessoa que tivesse os mesmos R$ 5.000 de renda e os gastasse integralmente.

Por outro lado, os defensores da utilização do consumo como base tributária argumentam que a capacidade de pagamento deve ser definida em função do que o indivíduo consome ("retira do pote") e não em termos do que ele poupa ("põe no pote"). O argumento que existe por trás disso é que o ato de poupar e o de investir são atos que beneficiam outros indivíduos, e o consumo seria um ato individualista e, logo, antissocial. No entanto, os defensores da renda como capacidade de pagamento afirmam que esse acúmulo de poupança é feito com base em uma dada taxa de juros (atraente para o poupador) e, mais, o acúmulo de poupança traz aos indivíduos *status* e poder econômico. Ainda, mesmo sendo a poupança uma renúncia ao consumo presente, se o indivíduo optasse por acumular indefinidamente, este jamais seria tributado.

Ademais, os defensores da utilização do consumo como base tributária argumentam que isso evitaria a tributação da poupança. Ou seja, a poupança vista como renúncia ao consumo somente seria tributada quando fosse utilizada para consumo. Todavia, se a renda fosse utilizada como indicador de capacidade de pagamento, a poupança seria tributada inicialmente quando o agente a recebesse e, no futuro, quando esta fosse convertida em consumo.

Na prática, o que ocorre é que os impostos sobre a renda são aplicados de maneira diferenciada para cada agente (são utilizadas alíquotas diferenciadas e isenções), enquanto o imposto sobre consumo tem uma abrangência global (alíquotas constantes). Logo, os defensores de um sistema progressivo de tributação preferem os impostos sobre a renda.

Quanto ao patrimônio (riqueza), há o problema de ser formado por fluxos de renda acumulados do passado, que já foram anteriormente tributados.

4.2 Efeitos da política tributária sobre a atividade econômica

Vimos anteriormente que os impostos são divididos em **diretos** (que incidem diretamente sobre a renda das pessoas) e **indiretos** (que incidem sobre o preço das mercadorias). Os impostos indiretos, por sua vez, podem ser **específicos** (valor fixo em $, independentemente do valor do bem) ou *ad valorem* (alíquota fixa sobre o preço do bem).

Uma estrutura tributária é considerada progressiva quando a alíquota cobrada aumenta, quando a renda do contribuinte aumenta. A estrutura tributária é considerada **regressiva** quando, quanto maior a renda do contribuinte, menor a tributação, em proporção a sua renda. Finalmente, uma estrutura tributária é considerada **proporcional ou neutra** quando todos os contribuintes pagam uma mesma parcela de imposto, em relação a sua renda.

Claramente, os impostos de renda são progressivos e, portanto, mais justos ou equânimes do ponto de vista fiscal. Os impostos sobre vendas podem ser considerados regressivos, já que, como todos pagam o mesmo valor (em $) de imposto sobre os bens adquiridos, esse valor representa proporção maior da renda dos contribuintes com menor rendimento. Entretanto, deve-se considerar o fato de que os contribuintes de maior renda, ao consumirem relativamente menos e pouparem mais, podem aumentar seu consumo futuro, o que redundaria no pagamento de impostos futuros. Assim, do ponto de vista intertemporal, os impostos sobre vendas não seriam tão regressivos, como sugere a análise estática.

Posto isso, vamos avaliar qual o impacto dos tributos sobre o nível da atividade econômica, particularmente sobre a demanda agregada.

Um imposto proporcional sobre a renda seria neutro do ponto de vista do controle da demanda agregada, pois a renda total, a renda disponível (renda total menos impostos) e o gasto em consumo crescem às mesmas taxas.

Um imposto progressivo exerce um controle quase automático sobre a demanda, pois, num cenário inflacionário, a receita fiscal cresceria de maneira mais rápida que a renda nominal, freando assim o consumo. Por outro lado, na recessão, o contribuinte, que teria sua renda diminuída, cairia de alíquota e seria beneficiado por uma redução da carga tributária. Ou seja, o tributo progressivo tem efeito anticíclico sobre a renda disponível. Esse efeito, que já apresentamos no Capítulo 10, é também chamado de **estabilizador automático**.

Ainda com relação aos efeitos da estrutura tributária sobre o nível de atividade, e particularmente sobre a competitividade de produtos no comércio internacional, destaque-se a diferença entre impostos sobre valor adicionado e os impostos em cascata.

Enquanto os **impostos sobre valor adicionado** descontam o valor cobrado nas etapas anteriores do processo produtivo, os **impostos em cascata** são cobrados indistintamente de todos os agentes, nas transações intermediárias, somando-se ao preço dos insumos e do produto final. Por exemplo, os impostos sobre movimentação financeira, como a Contribuição Provisória sobre Movimentação Financeira (CPMF), que incide sobre todas as transações bancárias.

Existe uma relação interessante entre o total da arrecadação tributária e a taxa (alíquota) de impostos, conhecida como **curva de Laffer**. A curva recebeu esse nome porque Arthur B. Laffer, membro do conselho econômico do Governo Reagan, lançou a ideia de que cortes de impostos poderiam aumentar a receita tributária. A relação entre alíquota do imposto e a receita tributária seria a seguinte: quando a alíquota é relativamente baixa, há uma relação direta entre a alíquota e a arrecadação. De acordo com esta, existe uma alíquota ótima de arrecadação. Entretanto, a partir de determinado nível da alíquota, qualquer elevação da taxa resultaria numa redução da arrecadação global, devido à provável **evasão fiscal** (sonegação), à **elisão fiscal** (redução da carga mediante expedientes tributários legais) e ao desestímulo provocado sobre os negócios em geral. O gráfico da Figura 15.1 ilustra a curva de Laffer.

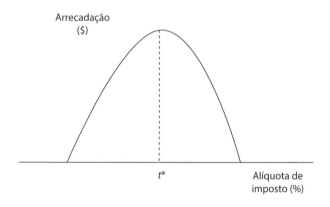

Figura 15.1 Curva de Laffer.

Chamando t^* de **alíquota tributária ótima**, para alíquotas abaixo de t^*, aumentos da alíquota aumentam a arrecadação: acima de t^*, aumentos de alíquotas reduziriam a arrecadação. Dessa forma, de acordo com a curva de Laffer, haveria a possibilidade de que cortes de impostos poderiam aumentar a arrecadação. Entretanto, essa tese não foi comprovada empiricamente: houve uma redução de alíquotas de impostos no governo Reagan, mas a arrecadação caiu.

5 *DÉFICIT* E DÍVIDA PÚBLICA

A **arrecadação pública** é a diferença entre a arrecadação e o gasto total do setor público. Ou seja, é o estoque ou saldo acumulado até um dado momento do tempo. Quando os gastos superam a arrecadação, temos a **dívida pública (interna e externa)**.

Os conceitos de *déficit* ou *superávit* **do setor público** representam a variação da dívida ao longo de um dado período de tempo (mês, trimestre, ano), sendo, portanto, um **fluxo**.

Esses conceitos incluem as três esferas de governo: Federal, Estadual e Municipal, Empresas Estatais e Previdência Social.

5.1 Conceitos de *déficit* ou *superávit* público

Ocorre *superávit* das contas públicas quando a arrecadação supera os gastos; quando os gastos superam a arrecadação, temos o *déficit* público. Existem várias conceituações de *superávit* ou *déficit* público, que discutiremos a seguir.

- **Resultado Nominal ou Total** (também chamado de **Necessidades de Financiamento do Setor Público (NFSP) – Conceito Nominal**)

Essa medida indica o fluxo líquido de novos financiamentos, obtidos ao longo de um ano pelo setor público não financeiro em suas várias esferas: União, governos estaduais e municipais, empresas estatais e Previdência Social.

- **Resultado Primário** (ou **NFSP – Conceito Primário**)

É medido pelo resultado total, excluindo a correção monetária e os juros reais da dívida contraída anteriormente. No fundo, é a diferença entre a arrecadação tributária e os gastos públicos no exercício, independentemente de juros e correções da dívida passada.

- **Resultado Operacional** (ou **NFSP – Conceito Operacional**)

É medido pelo resultado primário acrescido dos juros reais da dívida passada. Colocando de outra forma, é o resultado total ou nominal, excluindo a correção monetária e a cambial. É considerada a medida mais adequada para refletir as necessidades reais de financiamento do setor público.

Resumindo:[1]

É normalmente aceito que, quanto maior o *superávit* primário do país, mesmo apresentando *déficit* nominal (total), mais equilibrada a situação das contas públicas desse país. Seria uma indicação de que o governo, mesmo que a dívida esteja aumentando (ou seja, com *déficit* total), estaria economizando parte da arrecadação para pagamento de seus compromissos financeiros com os credores internacionais. Sobre o comportamento desses indicadores no Brasil, ver, ao final do capítulo, a seção Entenda na Prática.

5.2 Financiamento do *déficit*

Numa situação de *déficit*, além das medidas tradicionais de política fiscal (aumento de impostos ou corte de gastos), o governo pode financiar seu *déficit* por meio de recursos extrafiscais. Existem duas fontes de recursos:

- emitir moeda: o Tesouro Nacional (União) pede emprestado ao Banco Central;
- vender títulos da dívida pública ao setor privado (interno e externo).

Na primeira possibilidade, trata-se de uma forma eminentemente inflacionária (cria o imposto inflacionário), mas que não aumenta o endividamento público no setor privado. Isso também é conhecido como **monetização da dívida**, significando que o Banco Central cria moeda (base monetária) para financiar a dívida do Tesouro. No Brasil, porém, o Banco Central está proibido, por Constituição, de financiar excesso de gasto público.

Na segunda possibilidade, o governo troca títulos (ativo financeiro não monetário) por moeda que já está em circulação, o que, a princípio, não traria qualquer pressão inflacionária. No entanto, esse tipo de financiamento provoca elevação da dívida pública. Ademais, o governo, para colocar esses títulos, precisa oferecer juros mais atraentes, o que representa uma elevação adicional no endividamento.

Isso foi exatamente o que ocorreu a partir do Plano Real, no qual o fim da **monetização** deu lugar ao crescimento da razão dívida pública/PIB.

5.3 Sustentabilidade da dívida pública: equivalência ricardiana

Associado ao ponto anterior, existe o conceito de **equivalência ricardiana**. Trata-se de um conceito pos-

Resultado Nominal ou Total	= Receita Fiscal Corrente (T) – Gastos Públicos Correntes (G) = $T - G$
Resultado Primário	= ($T - G$) – juros nominais da dívida pública
Resultado Operacional	= ($T - G$) – juros reais da dívida pública

tulado durante os anos 1980 pelo economista norte-americano Robert Barro, a partir da obra de David Ricardo, daí o nome. A ideia central é bastante simples: o governo, como qualquer agente, enfrenta uma restrição orçamentária. A única diferença é que o horizonte por meio do qual o governo financia seu excesso de gastos pode ser muito mais extenso que o disponível para consumidores e empresas.

Assim, mesmo que no período atual o governo tenha *déficit* fiscal, ele será solvente se pode, em períodos futuros, gerar um *superávit* proporcionalmente equivalente. Se a política fiscal e tributária são consequentes, dizemos que se cumpre a equivalência ricardiana ou que o governo está seguindo uma **política fiscal sustentável**. Caso contrário, dizemos que a **política fiscal não é sustentável**.

Trata-se, enfim, de avaliar a chamada **consistência dinâmica ou intertemporal de políticas públicas**. Ou seja, medidas de curto prazo devem sempre considerar seus efeitos sobre a trajetória de longo prazo das variáveis macroeconômicas, buscando sempre o crescimento econômico contínuo e sustentável.

SAIBA MAIS

O Estado e a Economia

Deve o Estado atuar em uma economia de mercado? Essa pergunta tem estado presente desde o aparecimento da Economia como ciência, e permanece até os dias atuais. Os liberais clássicos, ancorados na ideia da *mão invisível* de Adam Smith, consideravam as livres forças do mercado como a única forma eficiente de organização produtiva. Essa defesa permaneceu entre liberais neoclássicos, ao considerar o equilíbrio de mercado livre como ótimo em relação a qualquer outro equilíbrio. Já os keynesianos, inspirados pela macroeconomia surgida com a *Teoria Geral* de Keynes, defendem o Estado como agente coordenador das decisões econômicas, particularmente em situações de alto desemprego e incertezas em relação ao futuro. Trata-se de um debate ainda não resolvido, mas que pode ser devidamente colocado em termos teóricos, tanto do ponto de vista da Micro quanto da Macroeconomia.

Do ponto de vista da Microeconomia, existem as denominadas imperfeições de mercado, como a existência de concorrência desleal, problemas de informação assimétrica e externalidades negativas na produção, como os danos ao meio ambiente. Além disso, existem os bens públicos, como a segurança e a iluminação pública, entre outros, em que a precificação de mercado e a oferta privada não são possíveis. A Microeconomia neoclássica reconhece tais imperfeições e considera, nesses casos, a atuação do Estado como **agente regulador** dos mercados. Esse reconhecimento, aliás, aproxima a Economia do Direito, particularmente o denominado Direito da Concorrência.

Já do ponto de vista macroeconômico, tem-se a influência da Macroeconomia keynesiana, na qual se destaca a importância das políticas fiscais e monetárias expansionistas (políticas keynesianas) em situações em que a produção agregada ou o PIB encontra-se abaixo do seu nível de pleno emprego. Essa importância, entretanto, é minimizada pelos economistas neoclássicos por pelo menos dois motivos. O primeiro refere-se às causas do desemprego que, segundo os neoclássicos, estaria nas imperfeições do mercado de trabalho. Como solução, propõem medidas de liberalização deste mercado, além de outras reformas ditas liberais, como as privatizações e abertura comercial como forma de elevar a eficiência na economia. Segundo, existe o problema do endividamento público, cujo descontrole causa inúmeros problemas para a economia. Apesar desse debate, a abordagem keynesiana ainda é respeitada pelos economistas, particularmente em situações de recessão.

Se olharmos para a história, veremos que, apesar das inúmeras críticas que os liberais fazem aos intervencionistas do mercado, a participação do Estado dos países, incluindo os desenvolvidos, constitui-se muito mais em regra do que em exceção. Na história da industrialização dos Estados Unidos, por exemplo, é possível perceber a importância do protecionismo baseado na indústria nascente e patrocinada pelo governo daquele país. Na história da Europa, é possível perceber a atuação dos governos em diversas situações, e hoje temos o conhecido Estado de bem-estar social ou as políticas de proteção à agricultura defendidas pela União Europeia. Também devemos lembrar que a industrialização da América Latina foi patrocinada pelos Estados Nacionais. Entretanto, a história também demonstra que o descontrole das contas públicas pode gerar graves crises econômicas.

ENTENDA NA PRÁTICA

Considerações acerca do *déficit* e a dívida pública no Brasil

A Tabela 15.1 apresenta o resumo dos principais indicadores de *déficit* e dívida pública do Brasil, como percentual do PIB na última década, considerando 2002 para efeitos de comparação.

Tabela 15.1 *Déficit* e dívida pública do Brasil

(% do PIB)

Ano	2002	2010	2013	2014	2015	2016	2017	2018	2019	2020	2021
Déficit nominal (ou total)	–4,3	–2,5	–3,3	–6,0	–10,2	–9,0	–7,8	–7,0	–5,8	–13,7	–4,4
Juros da dívida pública	–7,1	–5,3	–5,2	–5,4	–8,3	–6,5	–6,1	–5,4	–5,0	–4,2	–5,2
Superávit/déficit primário	2,8	2,8	1,9	–0,6	–1,9	–2,5	–1,7	–1,6	–0,8	–9,5	0,8
Relação dívida pública bruta/PIB (saldo final do ano)	76,1	62,4	62,5	62,6	65,8	69,9	73,7	75,3	74,3	89,3	80,3

Fonte: Banco Central do Brasil.

Podemos observar, pelos dados, que o Brasil vem apresentando altos e crescentes percentuais de *déficit* nominal ou total. Por outro lado, também é possível perceber que, na maior parte do período, o governo apresentou *déficit* primário em suas contas. Constituindo-se os altos percentuais de pagamento dos juros sobre a dívida pública, os valores negativos para estes dois indicadores demonstram uma situação desconfortável no que diz respeito às finanças públicas.

O quadro também apresenta os valores para a dívida pública como percentual do PIB (= Dívida Pública ÷ PIB). Este último indicador, aliás, constitui-se em importante referência para análise da situação econômica de um país. Ele permite não apenas avaliar as condições financeiras do governo, mas também o comportamento de determinadas variáveis macroeconômicas. Isso porque seu valor percentual e, principalmente, sua trajetória, podem ter impactos significativos sobre variáveis como a taxa de câmbio, a taxa de juros e risco-país. Uma trajetória crescente do indicador, por exemplo, pode resultar na elevação do risco dos títulos públicos, com impactos sobre o fluxo de entrada e saída de dólares do país e, consequentemente, sobre a taxa de câmbio. Além disso, a elevação do risco de insolvência da dívida pode exigir altas taxas de juros para o financiamento do governo. Tais impactos negativos costumam ser mais intensos em economias menos desenvolvidas como a do Brasil onde, além dos problemas sociais que demandam políticas públicas, as fragilidades do sistema fiscal criam dificuldades no financiamento da dívida pública. O gráfico da Figura 15.2 apresenta o comportamento da dívida pública total no Brasil, nos últimos 20 anos.

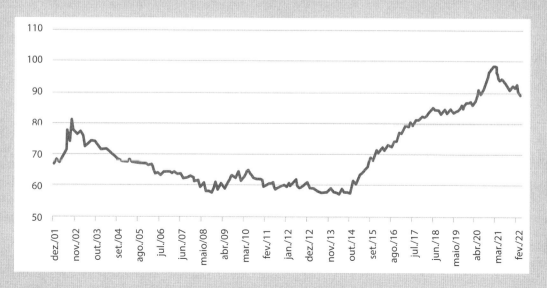

Figura 15.2 Dívida bruta do Governo Geral, % PIB.

Fonte: Banco Central do Brasil.

A trajetória vista no gráfico permite algumas conclusões importantes. No período que vai de 2002 a 2013, a queda no indicador refletiu tanto na melhora nas avaliações do **risco-país**, como na redução da taxa de câmbio, em grande parte provocada pela entrada de dólares no mercado financeiro nacional.[2] As causas dessa trajetória são várias. Entretanto, é certo dizer que a queda da dívida pública como percentual do PIB deve-se muito mais ao crescimento do PIB (o denominador do indicador) do que na efetiva redução da dívida pública (o numerador do indicador); e talvez este **desempenho** tenha **mascarado** a necessidade de uma reforma fiscal no período. Já a partir de 2014, com a redução das taxas de crescimento do PIB, a trajetória se inverte. Também se inverte a tendência de queda do **risco-país** e da taxa de câmbio no período. A situação mais grave ocorre a partir de 2020, em decorrência tanto da elevação dos gastos públicos como forma de compensar os efeitos econômicos da pandemia como pela redução do nível de atividade econômica que se manifestou pela queda no PIB no período.

A análise aqui realizada, ainda que breve, demonstra a importância do comportamento das finanças públicas para o bom desempenho macroeconômico de uma economia. No caso brasileiro, onde os graves problemas sociais demandam ações do Governo, os dados de *déficit* e dívida pública aqui apresentados revelam a importância do debate em relação a adequabilidade ou não da atual estrutura tributária e de gastos públicos, e mesmo acerca das formas de atuação do Estado na economia.

QUESTÕES DE MÚLTIPLA ESCOLHA

1. **Em matéria de tributação, o "princípio do benefício" afirma que:**
   a) Os impostos devem ser distribuídos proporcionalmente ao nível de renda dos indivíduos.
   b) Os impostos devem ser distribuídos de modo que o encargo suportado seja igual para todos os indivíduos.
   c) As pessoas devem ser tributadas de acordo com a vantagem que recebem das despesas governamentais.

   d) Os tributos devem incidir principalmente sobre os mais ricos.
   e) Os impostos devem ser iguais para todos.

2. **A carga tributária de um país é considerada progressiva quando:**
   a) É realizada, principalmente, por meio de impostos incidentes sobre a produção industrial.
   b) Onera todos os segmentos sociais na mesma proporção.
   c) Onera proporcionalmente mais os segmentos sociais de menor poder aquisitivo.
   d) Onera proporcionalmente mais os segmentos sociais de maior poder aquisitivo.
   e) É realizada, principalmente, por meio de impostos incidentes sobre a comercialização da produção.

3. **Nas discussões sobre tributos, faz-se distinção entre impostos progressivos, regressivos e proporcionais. Define-se que um imposto é:**
   a) Progressivo, quando se retira uma proporção decrescente da renda do contribuinte à medida que a renda deste aumenta.
   b) Proporcional, quando se retira uma proporção constante da renda do contribuinte, independentemente da renda que este aufere.
   c) Regressivo, quando se retira uma proporção crescente da renda do contribuinte à medida que sua renda aumenta.
   d) Regressivo, quando se retira uma proporção decrescente da renda do contribuinte à medida que sua renda decresce.
   e) Proporcional, quando a alíquota cresce proporcionalmente com o nível de renda do contribuinte.

4. **O Imposto sobre a Circulação de Mercadorias e Serviços (ICMS) é:**
   a) Um imposto progressivo, porque se aplica tanto sobre artigos de luxo como sobre gêneros de primeira necessidade.
   b) Um imposto regressivo, porque os ricos gastam menor porcentagem de sua renda total em mercadorias tributadas e, daí, a proporção dos pagamentos de impostos em relação à renda é maior para as pessoas pobres.
   c) Um imposto progressivo, porque os ricos gastam mais do que os pobres.
   d) Um imposto regressivo, porque há mais dinheiro arrecadado de um homem pobre do que de um rico.

5. Em relação às finanças públicas, uma das afirmativas a seguir é falsa. Identifique-a:

a) O conceito de *déficit* primário inclui os juros reais da dívida passada.

b) O Imposto sobre Produtos Industrializados (IPI) pode ser caracterizado como imposto indireto.

c) Em períodos de inflação, um imposto progressivo sobre a renda contribuiria para frear a expansão da renda disponível e, em consequência, do consumo do setor privado.

d) Se a alíquota de um imposto sobre vendas não variar segundo o produto vendido, esse imposto será regressivo, do ponto de vista da renda do consumidor.

e) No cálculo do *déficit* público, segundo o conceito operacional, excluem-se as despesas com correção monetária.

Notas

1 Existe ainda o conceito de **Resultado de Caixa do setor público**, onde são omitidas as parcelas do financiamento do setor público externo e do resto do sistema bancário, bem como de fornecedores e empreiteiros. É a parcela do *déficit* público que é financiada pelas autoridades monetárias. Trata-se do conceito de menor utilidade para efeitos de avaliação de política econômica, já que podemos até encontrar um *superávit* de caixa, mas devido à postergação de dívidas para o período seguinte (o que, aliás, é uma prática comum no setor público brasileiro).

2 Se tomarmos, por exemplo, a classificação realizada pela agência Standard & Poor's, o Brasil alcançou a nota A – entre 2011 e 2013, sendo a melhor classificação da série para o país. A partir de 2014, a situação se inverte, e hoje o Brasil possui a classificação BB –, segundo a agência. Essa tendência também pode ser verificada nos dados de outras agências de classificação de risco.

NOÇÕES DE CRESCIMENTO E DESENVOLVIMENTO ECONÔMICO

16

1 CRESCIMENTO E DESENVOLVIMENTO

Na quase totalidade dos livros introdutórios de Economia, o estudo da Macroeconomia dá ênfase a questões de curto prazo ou conjunturais, relacionadas com o nível de atividade, o emprego e preços (as chamadas políticas de estabilização).

A Teoria do Crescimento e do Desenvolvimento Econômico, entretanto, concentra-se na discussão de estratégias de longo prazo, isto é, quais as medidas que devem ser adotadas, para um crescimento econômico equilibrado e autossustentado. Nessa teoria, a oferta ou produção agregada joga um papel importante na trajetória de crescimento de longo prazo, ao contrário da análise de curto prazo, que se concentra mais no curto prazo.

Geralmente, supõe-se na teoria do crescimento que os recursos estejam plenamente empregados. Assim, concentra-se em analisar o comportamento do produto potencial, ou de pleno emprego, da economia.

Crescimento e desenvolvimento econômico são dois conceitos diferentes. **Crescimento econômico** é o crescimento contínuo da renda *per capita* ao longo do tempo. O **desenvolvimento econômico** é um conceito mais qualitativo, incluindo as alterações da composição do produto e a alocação dos recursos pelos diferentes setores da economia, de forma a melhorar os indicadores de bem-estar econômico e social (pobreza, desemprego, desigualdade, condições de saúde, nutrição, educação e moradia).

Os dados internacionais indicam as amplas diferenças de renda entre os países em desenvolvimento. Os níveis de renda médios em muitos desses países, especifi-camente na América Latina, são semelhantes aos níveis de renda americanos do século passado. No entanto, em outros países em desenvolvimento, na Ásia e na África, as rendas *per capita* são ainda menores. Além disso, existem grandes disparidades na distribuição de renda de cada país, com uma pequena parcela da população vivendo realmente muito bem, e a maioria com rendas bem abaixo do nível de renda médio.

Que respostas seriam dadas para essas diferenças de desempenho econômico? Quais são as fontes de crescimento econômico? É o que discutiremos a seguir.

2 FONTES DE CRESCIMENTO

Um caminho para analisar as diferenças de desenvolvimento é partir dos elementos que constituem a função de produção agregada do país. O crescimento da produção e da renda decorre de variações na quantidade e na qualidade de dois insumos básicos: capital e mão de obra. Nesse sentido, as fontes de crescimento são as seguintes:

a) aumento na força de trabalho (quantidade de mão de obra), derivado do crescimento demográfico e da imigração;

b) aumento do estoque de capital, ou da capacidade produtiva;

c) melhoria na qualidade da mão de obra, por meio de programas de educação, treinamento e especialização;

d) melhoria tecnológica, que aumenta a eficiência na utilização do estoque de capital;

e) eficiência organizacional, ou seja, eficiência na forma como os insumos interagem.

Evidentemente, o desenvolvimento é um fenômeno global da sociedade, que atinge toda a estrutura social, política e econômica. Para efeito de análise, estamos enfatizando aqui apenas os fatores econômicos estratégicos para o crescimento.

2.1 Capital humano

No estudo das fontes do crescimento, muita ênfase é dada ao capital físico. Todavia, o **capital humano** é muito importante. O capital humano é o valor do ganho de renda potencial incorporado nos indivíduos. O capital humano inclui a habilidade inerente à pessoa e o talento, assim como a educação e as habilidades adquiridas.

O trabalhador médio em países industrializados é muito mais produtivo do que o trabalhador médio em países em desenvolvimento. Em parte, isso se explica porque ele trabalha com mais capital físico. No entanto, também se explica pelo fato de ele ser mais qualificado.

O capital humano é adquirido por meio da educação formal e do treinamento informal e pela experiência. O problema para os países em desenvolvimento é que é extremamente difícil acumular fatores de produção, capital humano ou físico, com baixos níveis de renda. O mínimo que sobra, após a provisão da subsistência, não permite investir muito em educação ou em capital físico. Decidir se a criança deve começar a trabalhar ou ir para a escola é crítico para as famílias com níveis de renda muito baixos. Da mesma forma, é difícil para o governo decidir como usar os recursos muito limitados que ele tem sob seu comando. E mesmo que os recursos financeiros estejam disponíveis, ainda leva anos para que se eleve o nível de educação e de treinamento.

Portanto, os países não podem saltar de um nível de renda para outro muito mais alto. Assim, alguns economistas, inclusive, utilizam para descrever esse caso a expressão **círculo vicioso da pobreza**. O crescimento está limitado ao tempo que os fatores de produção levam para se acumularem; a educação é fator de crescimento mais lento, mas também é um dos mais poderosos, além de contribuir para a redução das desigualdades.

2.2 Capital físico

O **capital físico** tem sido sempre o centro das explicações para o progresso econômico, simplesmente por causa da presença notável de maquinário e de equipamentos sofisticados e abundantes em países ricos e de sua escassez e ausência em países pobres.

Um conceito muito utilizado, para realçar o papel do capital físico no processo de desenvolvimento econômico, é o da relação **produto-capital**, que é a razão entre a variação do produto nacional (Δy) e a variação da capacidade produtiva (ou estoque de capital) ΔK, assim:

$$v = \frac{\Delta y}{\Delta K}$$

sendo v a relação **produto-capital** (ou relação **marginal** ou **incremental** produto-capital, porque se refere às variações ou acréscimos). Ou seja, é a produtividade do capital físico (quanto ele aumenta o produto).

Por exemplo, uma relação **produto-capital** igual a 0,33 (aproximadamente à brasileira) indica que, para aumentar o produto em 33 bilhões de reais, precisamos aumentar os investimentos em 100 bilhões de reais.

Portanto, esse conceito revela que é possível aumentar a taxa de crescimento econômico quando ocorrer um aumento da taxa de investimento e/ou deslocamento dos investimentos para os setores em que a relação produto-capital seja mais elevada.

Deve ser observado que a relação produto-capital se refere ao impacto do aumento do estoque de capital sobre a produção agregada de pleno emprego. Por essa razão, a produção varia menos que proporcionalmente ao aumento do capital físico. É bastante diferente do efeito do multiplicador keynesiano, visto anteriormente. O multiplicador keynesiano de gastos considera as despesas em investimento, em uma economia com capacidade ociosa e desemprego, quando, então, é possível que a produção aumente mais que proporcionalmente aos gastos em investimentos. O conceito de relação produto-capital, na teoria do desenvolvimento, supõe pleno emprego, e preocupa-se com o efeito dos investimentos, após sua maturação, sobre a oferta agregada.

A relação **produto-capital** também é chamada **produtividade marginal do capital**. Algumas vezes, essa relação aparece como **capital-produto**, e não produto-capital. Uma relação produto-capital de 0,33 corresponde a uma relação capital-produto de 3: três unidades de capital produzem uma unidade do produto.

3 FINANCIAMENTO DO DESENVOLVIMENTO ECONÔMICO

Para investir, um país pode tanto utilizar sua poupança interna como ainda ter acesso à poupança estrangeira por meio de empréstimos ou ajuda financeira. Se a poupança doméstica é o pré-requisito para a acumulação de capital, então, a atenção deve ficar voltada para as políticas que incentivem as pessoas a se absterem de parte do consumo presente. Um mercado financeiro e de capitais razoavelmente desenvolvido é um fator importante na mobilização de recursos para a formação de capital e na canalização destes recursos das famílias, via intermediários financeiros, para o investimento das empresas.

Em economias socialistas, a poupança **obrigatória** tem sido uma maneira poderosa de limitar o consumo e aumentar o nível da poupança. Uma taxa de poupança extremamente alta é uma demonstração desse processo e está na base do crescimento bem-sucedido dos últimos 20 anos na China.

Em economias de mercado ou economias capitalistas, uma política equivalente pode ser alcançada via orçamento: se o governo coletar mais em impostos do que ele gasta em bens correntes e serviços, os recursos deixados podem ser investidos pelo governo na infraestrutura e podem ser canalizados para empresas, via bancos de desenvolvimento ou de fomento. Contudo, nem sempre a alocação de recursos públicos é realizada de acordo com critérios de eficiência, e, além disso, o aumento da carga tributária pode reduzir os investimentos privados, podendo, então, constituir-se em fator inibidor do crescimento econômico.

Um país em desenvolvimento pode atrair poupança estrangeira de três maneiras. Uma possibilidade é a de que empresas estrangeiras invistam **diretamente** no país. Por exemplo, no século XIX, companhias europeias construíram estradas de ferro na América Latina; hoje, empresas japonesas constroem fábricas na Indonésia. A segunda maneira de um país atrair recursos estrangeiros é tomar emprestado nos mercados mundiais de capitais ou de instituições como o Bird – Banco Mundial. A terceira forma é por meio da ajuda externa.

A importância dessas três fontes de poupança externa tem variado ao longo do tempo e entre os países. Há, porém, pouca dúvida quanto ao fato de a poupança externa sempre ter sido importante na suplementação da poupança doméstica. É claro, contudo, que a poupança estrangeira é mais importante quanto menor for a renda *per capita,* pois suprir internamente as necessidades mais básicas absorve quase totalmente a renda doméstica.

4 MODELOS DE CRESCIMENTO E DESENVOLVIMENTO ECONÔMICO

Historicamente, a teoria econômica sempre colocou a preocupação com o crescimento econômico e o desenvolvimento como uma das mais importantes questões. As obras dos economistas clássicos, como Adam Smith, Ricardo, Malthus, Stuart Mill eram voltadas para identificar quais fatores e em que condições se obteria o maior crescimento da produção. Já no século XX, destaca-se o trabalho de J. Schumpeter, escrito em 1911, a Teoria do Desenvolvimento Econômico, que destacou o papel da inovação como elemento central para o desenvolvimento, e o agente central era o empresário inovador, ou empresário schumpeteriano.

Com a evolução da Teoria Macroeconômica no século XX, principalmente após o trabalho de Keynes, mais centrado no curto prazo, especialmente após a Segunda Guerra Mundial, acentuaram-se as preocupações com a capacidade de recuperação e crescimento da economia mundial. Nesse momento, começaram a crescer dois campos de estudo, as **teorias neoclássicas de crescimento econômico** (especialmente Harrod-Domar e Solow) e a chamada "**Escola do Desenvolvimento**", destacando-se os trabalhos de W. W. Rostow, Colin Clark, Arthur Lewis, entre outros. Enquanto as modernas teorias neoclássicas do crescimento buscam identificar as variáveis que determinam o crescimento da renda *per capita* ao longo do tempo, a "Escola do Desenvolvimento", uma abordagem mais histórica, identificando o desenvolvimento como a passagem de uma sociedade atrasada (tradicional, agrária) para uma economia moderna, industrial.

Destacaremos neste capítulo dois dos modelos pioneiros, o de Rostow, na linha das Escolas de Desenvolvimento, e o de Harrod-Domar e o de Solow, dentro dos modelos neoclássicos.

4.1 Modelo de etapas de crescimento de Rostow

Vários economistas desenvolveram teorias que mostram que a economia de qualquer sociedade deve necessariamente passar por estágios sucessivos. Uma das primeiras formulações nessa área é a chamada **Teoria de Etapas de Rostow**, que, analisando a evolução histórica dos países desenvolvidos, detectou cinco estágios de desenvolvimento:

a) sociedade tradicional;

b) pré-requisitos para o arranco;

c) arranco ou decolagem (*take off*);

d) crescimento autossustentável (marcha para o amadurecimento); e

e) idade do consumo de massa.

A **sociedade tradicional**, normalmente, é predominantemente agrária, com pouca tecnologia e baixa renda *per capita.*

Na segunda etapa, são criadas as **condições prévias para o arranco**, a partir de importantes mudanças econômicas e não econômicas. Há um aumento da taxa de acumulação de capital, em relação à taxa de crescimento demográfico, e uma melhoria no grau de qualificação da mão de obra, habilitada para a produção especializada em grande escala. Ocorre um aumento da produtividade agrícola, o que permite criar um excedente de recursos que vai financiar a expansão industrial (começando com a produção de bens de consumo básicos, como alimentos, vestuário, calçados etc.). Paralelamente, durante esse período, empreendem-se grandes investimentos em infraestrutura básica (transportes, comunicações, energia, saneamento).

O período crucial é o **arranco ou decolagem** (*take off*) (terceira etapa do processo). Nessa etapa, o processo de crescimento contínuo institucionaliza-se na sociedade. Isso porque, na segunda etapa, ainda há certa resistência, porque a sociedade se caracteriza ainda por atitudes e técnicas produtivas tradicionais. Mais precisamente, Rostow define a etapa do arranco com base nas seguintes mudanças:

a) a taxa de investimento líquida eleva-se de 5% para mais de 10% da renda nacional;

b) surgem novos segmentos industriais, de rápido crescimento, associados, principalmente, a bens de consumo duráveis (TV, geladeira etc.);

c) emerge uma estrutura política social e institucional, que é bastante favorável ao crescimento sustentado.

Com base na experiência histórica da Grã-Bretanha, Japão, Estados Unidos e Rússia, Rostow conclui que só esse período dura cerca de 20 anos.

A quarta etapa, a da "**marcha para o amadurecimento**", leva cerca de 40 anos. Em seu transcurso, a moderna tecnologia estende-se dos setores líderes, que impulsionaram o arranco, para outros setores. A economia demonstra que tem a habilidade tecnológica e empresarial para produzir qualquer coisa que decida.

Finalmente, a economia atinge a quinta etapa, a "**era do alto consumo de massa**", quando os setores líderes se voltam para a produção de bens de consumo duráveis de alta tecnologia e serviços. Nessa fase, a renda ascendeu a níveis onde os principais objetivos de consumo dos trabalhadores não são mais a alimentação básica e a moradia, mas, automóveis, microcomputadores etc. Além disso, a economia, por meio de seu processo político, expressa um desejo de destinar recursos ao bem-estar e à seguridade social.

Segundo Rostow, os Estados Unidos, o Japão e a maior parte das nações da Europa Ocidental já alcançaram a última etapa.

Existem algumas críticas à teoria formulada por Rostow. Tratar-se-ia mais de uma análise empírica, *ad hoc*, pela observação do que ocorreu historicamente com os países desenvolvidos, do que uma análise científica. Não existiria clara distinção entre a segunda e a terceira etapas (período de condições prévias e o *take off*). Ainda, Rostow parece dar a entender que a evolução industrial só pode dar-se após a melhoria da produtividade agrícola, e não ocorrerem simultaneamente. Finalmente, não enfatiza o papel representado pelo comércio internacional.

De qualquer modo, a essência da chamada Teoria de Etapas, de Rostow, ilustra o fato de que o desenvolvimento econômico é um processo que deve avançar em determinada sequência de passos claramente definidos.

4.2 Modelo Harrod-Domar

O modelo de crescimento de Harrod-Domar considera que o desenvolvimento econômico é um processo gradual, contínuo e equilibrado. Embora sua aplicação à realidade dos países subdesenvolvidos seja muito questionada e apresente uma visão excessivamente mecânica, ele destaca a importância de três variáveis básicas para o crescimento: a taxa de investimento, a taxa de poupança e a relação produto-capital.

Em síntese, no modelo de Harrod-Domar, a taxa de crescimento do produto y, conforme demonstrado no Apêndice Matemático, é determinada por:

$$y = s \cdot v$$

sendo: s = taxa de poupança

e y = (propensão a poupar)

$$\frac{s}{y}$$

v = relação marginal produto-capital =

$$\frac{\Delta y}{\Delta K} = \frac{\Delta y}{I}$$

S é a poupança agregada, y a renda nacional, ΔK o aumento do estoque de capital e I a taxa de investimento agregado, todas as variáveis definidas em dado período de tempo.

A taxa de poupança S é a parcela da renda nacional y não consumida (também chamada propensão média a poupar). No modelo, representa a fonte de financiamento do investimento. É composto da poupança interna e poupança externa.

A relação produto-capital, como definimos anteriormente, representa quantas unidades do produto podem ser produzidas por unidade de capital. É a produtividade do capital, que depende do nível de tecnologia e de qualificação da mão de obra. **Uma hipótese do modelo Harrod-Domar é que a relação produto-capital é constante ou invariável.**

Assim, se tivermos, por exemplo, uma taxa de poupança de 20% e relação produto-capital de 0,3, a taxa de crescimento será

$$y = 0,20 \cdot 0,3 = 0,06 = 6\%$$

significando que um crescimento potencial de 6,0% é possível, a partir de uma taxa de poupança de 20% da renda e de uma relação produto-capital de 0,3 (ou inversamente de uma relação capital-produto de 3,3).

Se considerarmos a taxa de crescimento da renda em termos *per capita*, devemos descontar a taxa de crescimento da população. Por exemplo, se essa taxa for de 1,5% ao ano, utilizando os dados apresentados, o crescimento da renda real *per capita* pode atingir 4,5% ao ano.

Esse modelo, muito utilizado em planejamento econômico, apresenta duas dificuldades. Primeiro, é muito agregado, não permitindo estudar questões estruturais e regionais de cada país. Em segundo lugar, apresenta uma contradição básica, conhecida como "**equilíbrio em fio de navalha**": se um país sair da trajetória de equilíbrio de longo prazo, ele não consegue voltar mais para a trajetória do crescimento equilibrado.[1]

4.3 Modelo de Solow

Um modelo mais geral para explicar o crescimento econômico é o desenvolvido pelo economista Robert Solow (Prêmio Nobel 1987).

O modelo parte das mesmas ideias de Harrod e Domar, ou seja, a poupança financia o investimento, e o crescimento depende do investimento, mas avança ao permitir a **substituição de fatores**, ao contrário da hipótese de coeficientes fixos, e evitando cair em resultados extremos como o "equilíbrio em fio da navalha".

Assim, Solow propõe que o crescimento econômico pode ser explicado por uma função de produção agregada similar à que foi vista no Capítulo 5:

$$Y = f(K, N)$$

onde Y é a produção agregada, K é o estoque agregado de capital físico e N é a mão de obra agregada.

Supondo que o crescimento da força de trabalho coincide com o crescimento da população, podemos expressar a função anterior em termos *per capita*:

$$Y/N = y = f(K/N = k; N/N = 1) = f(k) \text{ ou } y = f(k)$$

Em outras palavras, a produção *per capita* é função direta do capital *per capita*, como mostra a Figura 16.1.

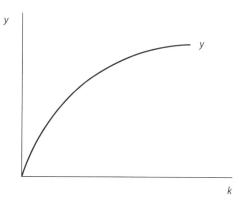

Figura 16.1 Função de produção *per capita* agregada.

Adicionalmente, supomos que o investimento agregado é completamente financiado pela poupança agregada, e que esta é uma fração s da renda (como em Harrod-Domar):

$$I = S = sY$$

Por outro lado, Solow assume que a taxa de depreciação física do capital (d) e a taxa de crescimento da população (n) são constantes. Assim, a partir de alguma manipulação algébrica (ver Apêndice), chegamos à equação de **equilíbrio de estado estacionário** ou *steady state* a longo prazo do modelo de Solow:

$$sy = (n + d)k$$

O sentido da expressão anterior é bastante intuitivo: no longo prazo ou estado estacionário (ponto A da Figura 16.2), a poupança *per capita* (sy) é suficiente para fazer frente tanto à depreciação física (d) quanto ao aumento da força de trabalho (n). Assim, esse é o nível de poupança que permite uma quantidade de investimento mínima para manter o nível de capital *per capita* constante (estado estacionário).

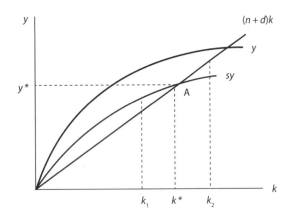

Figura 16.2 Equilíbrio de estado estacionário.

A diferença entre y e sy é a parcela do consumo agregado.

Como o capital *per capita* mantém-se constante no longo prazo (k^*), e a renda *per capita* depende exclusivamente dele, a renda *per capita* será constante no longo prazo, no nível y^*. Isso, evidentemente, não quer dizer que o PIB real total dessa economia não esteja crescendo, apenas que sua expansão é exatamente igual à taxa de crescimento da força de trabalho n.

Outro ponto importante é que esse equilíbrio de estado estacionário é estável. Por exemplo, partimos de k_1 (Figura 16.2), como a poupança *per capita* supera as necessidades de investimento capazes de manter o capital *per capita* constante, ou seja, $sy > (n + d)k$, teremos um aumento dessa variável e, portanto, da renda *per capita*, pois durante a transição a renda total é capaz de crescer mais do que a população. Contudo, como o requerimento mínimo de capital é crescente em relação ao estoque de capital (mais capital gera mais depreciação econômica e aumenta a quantidade de "máquinas" que requerem os novos habitantes para serem tão produtivos como os anteriores) e existem **rendimentos decrescentes do capital**, os aumentos de renda e, portanto, de poupança serão cada vez menores, levando a economia novamente ao nível de capital e renda (consumo) *per capita* de estado estacionário (k^*, y^*). Nesse ponto, a renda total voltará a crescer tanto quanto a população. O mesmo ocorreria, porém, em sentido inverso, para um nível inicial de capital *per capita* k_2, como também vemos na Figura 16.2.

Embora considerasse o progresso tecnológico neutro em seu modelo, assim como a taxa de crescimento da força de trabalho, Solow enfatizou que a acumulação de capital físico explica apenas parte do crescimento econômico, existindo outras fontes de crescimento econômico, as quais foram denominadas **Resíduo de Solow**. Solow subtraiu do crescimento do produto as contribuições do capital e do trabalho, e a parcela não explicada foi considerada como devida ao progresso tecnológico. Na verdade, é a parte do crescimento que não é explicada pelos fatores observáveis (capital e mão de obra).

O interessante da dinâmica anterior é que, segundo ela, as economias tenderiam a uma situação de convergência: as economias menos desenvolvidas com baixo nível inicial de capital *per capita*, chegariam com o tempo ao mesmo nível de renda *per capita* dos países desenvolvidos, que possuem níveis iniciais de capital *per capita* muito elevados. Devido à hipótese de rendimentos decrescentes, uma economia não pode crescer indefinidamente acumulando capital, pois, à medida que aumenta o estoque de capital, a taxa de crescimento diminui.

Em meados dos anos 1980, a partir dos trabalhos de R. Lucas e P. Romer, iniciou-se uma nova vertente, dentro da tradição neoclássica, a dos chamados **Modelos de Crescimento Endógeno**. Esses modelos procuram explicar o progresso técnico levantado pelos modelos anteriores, mas que eram considerados exógenos pelos teóricos de meados do século XX. Especificamente, esses modelos enfatizam que o processo de crescimento gerado tende a se realimentar, de forma endógena, pois supõe rendimentos constantes ou crescentes do capital, provocados pelo avanço da tecnologia e à existência de externalidades associadas à acumulação de capital humano (um indivíduo mais produtivo ou instruído termina contribuindo para aumentar a produtividade dos seus colegas e familiares). A teoria do crescimento endógeno busca, assim, construir explicações e políticas justamente para incremento da produtividade e do progresso técnico, tidos como a principal fonte de crescimento sustentado no longo prazo.

Dessa forma, os principais determinantes do crescimento econômico são os incentivos ao investimento em educação e em inovação. Esses são os principais aspectos a serem considerados em políticas voltadas para o desenvolvimento econômico.[2]

ENTENDA NA PRÁTICA

O milagre chinês e sua continuidade

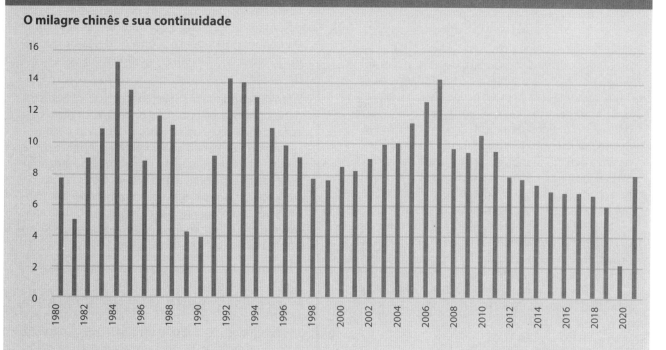

Figura 16.3 China – Taxa de crescimento do *PIB* real (% ao ano).

Diferentemente do caso brasileiro, o **milagre chinês** vem se caracterizando por altas e persistentes taxas de crescimento econômico. As causas desse milagre têm sido amplamente debatidas pelos economistas, particularmente pela contradição existente naquele país, que mesmo sendo conduzida por um único partido, o partido comunista chinês, adota a economia de mercado.

País de cultura rica e milenar, em 1949 a China tornou-se um país socialista, substituindo o mercado pela intervenção absoluta do Estado. Na década seguinte, o governo da então República Popular da China, liderado por Mao Tsé-Tung, implementou inúmeras medidas econômicas e culturais com o objetivo de implantar o modo de produção comunista no país. Mas os resultados não foram os esperados, levando ao colapso da produção agrícola e da frágil atividade industrial do país. Milhões de chineses viram-se diante da fome. As causas desses resultados são complexas e escapam dos objetivos deste breve texto, mas revelam o quão difícil pode ser organizar a produção para atender às inúmeras demandas de uma grande população. Mas podemos destacar um aspecto positivo no período: a popularização da educação, que antes era privilégio apenas das elites econômicas e políticas.

Com a morte de Mao Tsé-Tung, o país deu início, a partir de 1976 e agora liderado por Deng Xiaoping, a um amplo conjunto de reformas para a recuperação da economia e redução do atraso tecnológico. Tais reformas incluíam o incentivo a atividades privadas e o desenvolvimento de uma economia de mercado no país, além de abrir a economia chinesa ao comércio internacional. Tratava-se de abandonar o comunismo, pelo menos na economia, e levar a China a adotar o mercado como critério de alocação de recursos e organização produtiva; e foi o que aconteceu. A partir da década de 1980, a economia chinesa passou a experimentar taxas de crescimento do PIB acima de 10%, mantendo o ritmo até a primeira década do século XXI, quando o país se consolidou como a segunda maior potência econômica do mundo pelo critério do PIB, perdendo apenas para os Estados Unidos. Como exportador de manufaturas, a China ocupa a primeira posição no *ranking* mundial. Hoje, carros, aparelhos celulares, televisões e computadores chineses, somente para citar alguns exemplos, estão em praticamente todos os países. A China também esbanja sucesso no quesito das inovações tecnológicas. Comparando com as outras economias socialistas, incluindo a Rússia da época soviética, o desempenho da economia chinesa revela-se extraordinário.

Atualmente, a China coloca-se como a maior exportadora de bens industrializados e a maior importadora de bens primários do mundo. Apesar de inúmeras polêmicas em torno da democracia, do socialismo político, da exploração da mão de obra, poluição e direitos de propriedade, sua estratégia nos moldes de um país capitalista, com mais de 1 bilhão e 400 milhões de pessoas, mostra que o mercado pode ser um grande catalizador do crescimento econômico. Mas não apenas. O milagre chinês também se beneficiou das inovações tecnológicas e das melhorias no sistema educacional chinês, o que permitiu torná-la uma grande exportadora de produtos industrializados de alta tecnologia. Trata-se de uma experiência que serve de contraponto ao caso do Brasil, que não sustentou o seu milagre econômico dos anos de 1960 e 1970.

SAIBA MAIS

Instituições e desenvolvimento econômico

No início do século XX, a partir dos estudos realizados pelo economista e sociólogo norte-americano Thorstein Veblen (1857-1929), a Economia passou a considerar as instituições no estudo do desempenho econômico das nações. A nova abordagem considera que a relações econômicas não é regida apenas pelas leis de mercado, mas também pelas normas que regem as sociedades. A partir de então, iniciaram-se, dentro da Ciência Econômica, inúmeras pesquisas em torno do papel das instituições e que se consolidou na Nova Economia Institucional, que tem como um dos principais fundadores o economista também norte-americano Douglass North (1920-2015), Prêmio Nobel em economia no ano de 1993. Trata-se da área da Economia que transcende a divisão tradicional entre a Microeconomia e a Macroeconomia, levando a Ciência para o âmbito da interdisciplinaridade, utilizando-se de conceitos presentes na Sociologia, na Ciência Política ou mesmo na Antropologia.

Pode-se definir "instituições" como as regras, formais e informais, que regem as relações econômicas e políticas na sociedade. Trata-se de leis, costumes, crenças, ideologias e outras formas presentes na interação entre os indivíduos. Do ponto de vista econômico, referem-se às normas que regem os contratos, os direitos de propriedade e as formas de organização política que interferem nas regras de conduta econômica. Convém destacar que as instituições não devem ser confundidas com as organizações.

A **Nova Economia Institucional** considera que a organização institucional da economia é fundamental para a eficiência nas relações produtivas e, consequentemente, para o crescimento econômico. Uma dessas novas abordagens consiste em encontrar arranjos que possibilitem a redução dos custos de transação, dos problemas de informação e dos conflitos em torno dos contratos. Busca, em última análise, encontrar formas mais eficientes de negociação entre diversos grupos econômicos.

Existem inúmeros exemplos que atestam a importância das instituições para o crescimento econômico. Podem-se considerar, como exemplo, as regras que a economia possui em relação aos investimentos produtivos. Conforme estudado no Capítulo 9, os empresários, ao decidirem pela realização do investimento, levam em conta as expectativas em torno das condições que podem influir sobre as vendas no futuro. Dentre essas condições, destacam-se não apenas as regras, mas também a estabilidade delas. Isso porque, uma vez iniciada a construção de uma fábrica, o custo de se voltar atrás é grande. Nesse sentido, o investidor deve estar seguro de que todas as ações legais foram tomadas e que as regras do jogo serão mantidas. Caso contrário, o investimento pode não ser realizado, o que compromete a acumulação de capital e o crescimento econômico. No caso do investimento direto estrangeiro, o país deixa de receber recursos e fatores que podem ser fundamentais ao seu crescimento. O problema é ainda maior quando as legislações dos países são significativamente diferentes. Nesse caso, o capital produtivo tenderá a ir para aqueles países onde as regras são mais adequadas e estáveis aos interesses do investidor externo. O mesmo vale para a regulação dos mercados. Se elas são necessárias, erros de interpretação podem prejudicar a concorrência ao criar barreiras artificiais à entrada de novas firmas no mercado.

As instituições também regem a organização das relações macroeconômicas e as formas de intervenção do governo. O padrão monetário, por exemplo, pode ser considerado uma instituição sob o ponto de vista macroeconômico. Esse padrão determina a força e a aceitação da moeda e a estabilidade de preços. As dificuldades que determinados países têm em manter a inflação sob controle ou mesmo em criar uma moeda estável refletem o modo como as instituições atuam sobre o comportamento dos agentes ou grupos que se preocupam com a inflação. A independência do Banco Central, por exemplo, é considerada como condição necessária para se evitar a inflação. Há também aspectos relacionados com o controle dos gastos do governo. A ausência de regras em relação a esses gastos pode levar a economia a situações de crise que se manifestam em altas taxas de inflação e baixos percentuais de crescimento econômico. Muitos países adotam leis de responsabilidade fiscal que limitam os gastos públicos não para dificultar a adoção da política fiscal, mas para torná-la mais eficiente, reduzindo a possibilidade de emissão de moeda ou mesmo a corrupção.

Muitos economistas institucionalistas alegam que, nos países pobres, as instituições são menos inadequadas ao crescimento econômico. Em geral, nesses países, os governos estabelecem compensações para comportamentos econômicos e políticos que prejudicam as populações de baixa renda. Os economistas argumentam que essas compensações produzem resultados adversos por elevar os gastos públicos e inibir os incentivos pela busca da eficiência produtiva. Já nos países desenvolvidos, alegam eles, as instituições privilegiam muito mais aspectos que explicam o crescimento econômico como a cultura da educação, da concorrência e das inovações tecnológicas.

Uma questão sensível em relação às instituições diz respeito ao direito de propriedade. As empresas argumentam que o incentivo de lançar um produto novo no mercado depende da garantia do retorno das vendas. Se o país não tiver uma legislação clara do que representa esse direito, pode não desenvolver atividades que agregam processos produtivos de alta tecnologia. Por outro lado, conforme estudado no Capítulo 4, a existência de patentes representa uma possibilidade de barreira à entrada de firmas em determinado mercado. Esse é o caso do setor de medicamentos, que, em países de renda baixa, pode excluir parcela importante da população no acesso a determinadas drogas. Ou seja, a legislação em torno das patentes e, de uma forma geral, do direito de propriedade, é tema de grande complexidade institucional e demanda diálogo entre a Economia e o Direito.

Deve-se destacar que as instituições são criadas por fatores que vão além daqueles que são estudados pela Economia. Elas podem ser influenciadas pelos costumes ou mesmo pelas práticas religiosas. Muitas dessas práticas podem prejudicar o progresso

material por se opor ao lucro ou à produção de determinados bens e serviços. As instituições também são construções históricas, ou seja, dependem da trajetória seguida pela sociedade ao longo do tempo. Essas observações indicam que o estudo em torno das instituições deve ser interdisciplinar. Como afirmado no parágrafo anterior, tais estudos demandam a aproximação entre a Ciência Econômica e o Direito. Mas não apenas. Também indicam a necessidade de abordagens históricas, sociológicas ou mesmo antropológicas. As experiências internacionais também podem servir como referência para as políticas em torno da construção do aparato institucional favorável ao crescimento econômico.

QUESTÕES DE MÚLTIPLA ESCOLHA

1. **Com determinada propensão a consumir, uma redução na relação y/K (produto-capital):**
   a) Diminui a taxa de crescimento da economia.
   b) Aumenta a taxa de crescimento da economia.
   c) Não teria efeito sobre a taxa de crescimento da economia.
   d) As alternativas a, b, e c estão corretas.
   e) N.r.a.

2. **No modelo Harrod-Domar, se a função poupança é $S = 0,2y$ e a relação capital-produto é 4, então, em equilíbrio, a taxa de crescimento da renda é:**
   a) 2%.
   b) 5%.
   c) 12%.
   d) 3,2%.
   e) 8%.

3. **Sobre o modelo Harrod-Domar, assinale a alternativa errada:**
   a) Se a propensão a poupar for 0,3 e a relação produto-capital 0,4, a taxa de crescimento da renda é de 12%.
   b) Equilíbrio em "fio de navalha" significa que, uma vez saindo da trajetória de crescimento, não é possível mais voltar a ela.
   c) A principal crítica ao modelo é a relação produto-capital constante.
   d) O investimento é visto como elemento de oferta e de demanda agregada.
   e) N.r.a.

4. Aponte a alternativa incorreta: Um aumento da taxa de crescimento econômico é possível quando ocorrer:

a) Aumento da taxa de investimento.

b) Deslocamento dos investimentos para os setores em que a relação K/y (capital-produto) seja a mais elevada.

c) Aumento da quantidade de produto por unidade de capital.

d) Todas as alternativas anteriores.

e) N.r.a.

5. Na análise de crescimento econômico segundo Harrod-Domar, uma das hipóteses básicas é que a função de produção agregada possui:

a) Coeficientes fixos.

b) Coeficientes variáveis.

c) Coeficientes fixos e uma relação capital/produto maior do que um.

d) Coeficientes variáveis e uma relação capital/produto menor do que um.

e) Coeficientes fixos e uma relação capital/produto menor do que um.

6. Uma economia com taxa interna de poupança de 20%, com uma relação y/K de 0,4 e com uma poupança externa de 5% do Produto Nacional, terá uma taxa potencial de crescimento da economia de:

a) 8,00%.

b) 6,00%.

c) 10,00%.

d) 6,25%.

e) Entre 6,00% e 9,00%.

7. Numa economia em desenvolvimento, a relação incremental capital-produto é igual a 3; a propensão interna a poupar é de 17% do PIB; a depreciação do capital fixo equivale a 5% do PIB e a taxa de crescimento populacional é de 2,8% a.a. O governo, para manter elevado o nível de emprego, decide fazer crescer a economia à taxa de 3,2% a.a. em termos *per capita*. Nessas condições, a poupança a ser obtida no exterior (*déficit* do Balanço de Pagamentos em conta-corrente) deverá ser, como proporção do PIB, de:

a) 6,0%.

b) 12,0%.

c) 14,2%.

d) 3,2%.

e) 3,5%.

APÊNDICE MATEMÁTICO

A. DEDUÇÃO DA FÓRMULA BÁSICA DO MODELO HARROD-DOMAR

Vamos demonstrar que a taxa de crescimento do produto $\dot{y}$ é dada pelo produto da taxa de poupança pela relação produto-capital:

$$\dot{y} = s \cdot v$$

a) CRESCIMENTO DA DEMANDA AGREGADA $(DA = y^d)$

Considera-se o modelo keynesiano do multiplicador:

$$k_I = \frac{\Delta y^d}{\Delta I} = \frac{1}{1 - PMgC} = \frac{1}{PMgS} = \frac{1}{s}$$

sendo: y^d = Demanda Agregada

$PMgC$ = Propensão marginal a consumir

$PMgS$ = Propensão marginal a poupar = s

Temos, então, que a demanda agregada cresce segundo a equação:

$$\Delta y^d = \frac{1}{s} \Delta I$$

b) CRESCIMENTO DA OFERTA AGREGADA $(OA = y^s)$

O crescimento da OA a partir de uma relação produto-capital constante:

$$\alpha = \frac{\Delta y^s}{\Delta K} \Rightarrow \Delta y^s = \alpha \Delta K$$

sendo: y^s = Oferta Agregada

ΔK = Aumento do estoque de capital K = taxa de investimentos I

Tem-se, então:

$$\Delta y^s = \alpha I$$

c) TAXA GARANTIDA DE CRESCIMENTO (g_w)

Taxa garantida de crescimento é a taxa de crescimento do investimento que faz com que haja o equilíbrio entre OA e DA, supondo plena utilização do estoque de capital existente.

$$g_w = \Delta y^s = \Delta y^d$$

$$\alpha I = \frac{1}{s} \Delta I$$

$$\underset{\substack{\text{efeito do} \\ I \text{ s/ } OA}}{\uparrow} \qquad \underset{\substack{\text{efeito do} \\ I \text{ s/ } DA}}{\underbrace{}}$$

e, finalmente:

$$g_w = \frac{\Delta I}{I} = \alpha s$$

Ressalta-se aqui o que é considerada a **principal contribuição** do modelo de Harrod-Domar: a ênfase no **duplo papel do investimento**, que atua tanto como elemento de demanda (gastos) como de oferta (ampliação da capacidade).

d) TAXA EFETIVA DE CRESCIMENTO (g_t)

É a taxa de crescimento do produto, onde $OA = DA$ (mas não necessariamente a pleno emprego do capital, como a taxa garantida). Supondo uma economia fechada, e sem interferência do governo, da condição de equilíbrio $OA = DA$, vem:

$$y = C + I$$

Como: $C = (1 - s)y$ (complemento da função poupança $S = sy$)

$$y = (1 - s)\, y + I$$

$$y = \frac{1}{s}\, I$$

Como, pelo multiplicador:

$$\Delta y = \frac{1}{s}\, \Delta I$$

dividindo-se essa expressão pela imediatamente anterior, temos:

$$\frac{\Delta y}{y} = \frac{\dfrac{1}{s}}{\dfrac{1}{s}} \cdot \frac{\Delta I}{I}$$

e

$$\boxed{g_t = \frac{\Delta I}{y} = \frac{\Delta I}{I}}$$

Como no item *c* encontramos que a taxa garantida é igual a

$$g_W = \frac{\Delta I}{I} = \alpha s$$

temos a *condição de equilíbrio balanceado*, com plena utilização do estoque de capital, dada por:

$$g_t = g_w$$

ou

$$\boxed{y = \frac{\Delta y}{y} = \frac{\Delta I}{I} = \alpha s}$$

Ou seja, a taxa de crescimento do produto *y* (onde $OA = DA$) deve ser igual à taxa de investimentos (ou taxa de acumulação de capital), que é igual ao produto da propensão a poupar *s* pela relação produto-capital α.

e) *STEADY STATE OF GROWTH*
(Crescimento em estado estacionário)

Até agora, determinou-se a taxa de crescimento que equilibra a Oferta e a Demanda Agregada, com plena utilização do estoque de capital, mas não se garantiu o **crescimento com pleno emprego da mão de obra**. Para tanto, devemos adicionar exogenamente a **taxa natural de crescimento** (g_n), que é a taxa de crescimento da mão de obra.

$$\underset{\textbf{taxa efetiva}}{g_t} = \underset{\textbf{taxa garantida}}{g_w} = \underset{\textbf{taxa natural}}{g_n} = \alpha s$$

ou seja, é a taxa de crescimento que garante um crescimento estável do produto, onde $OA = DA$, e com pleno emprego da mão de obra e do capital.

f) ALGUMAS HIPÓTESES DE CRESCIMENTO

a) $g_t > g_w$ (Taxa efetiva > Taxa garantida pelo estoque de capital → tem-se **escassez de capital**.)

b) $g_t < g_w$ (Taxa efetiva < Taxa garantida > tem-se **excesso de capacidade instalada**, excesso de *K*; ou seja, capacidade ociosa.)

c) $g_w > g_n$ (Taxa garantida > Taxa natural (taxa de crescimento da mão de obra) → tem-se **escassez de mão de obra**.)

d) $g_w < g_n$ (Taxa garantida < Taxa natural → tem-se **desemprego de mão de obra**; a mão de obra cresce a taxas superiores à permitida pela capacidade instalada existente na economia.)

B DEDUÇÃO DA FÓRMULA DO EQUILÍBRIO DE ESTADO ESTACIONÁRIO (*STEADY STATE*) DO MODELO DE SOLOW

Para chegar à condição de equilíbrio de estado estacionário, necessitamos analisar a variação do capital *per capita* $k = K/N$. Assim, poderíamos dizer que a variação percentual dessa variável é, por definição:

$$\Delta k/k = \Delta K/K - \Delta N/N = \Delta K/K - n \qquad (1)$$

que pode ser rearranjada como:

$$\Delta k = (\Delta K/K)k - nk \qquad (2)$$

Como $k = K/N$, vem

$$\Delta K/N = (\Delta K/K)k - nk \qquad (3)$$

Por outra parte, sabemos que, também por definição, a variação do estoque de capital K é igual ao investimento bruto I menos o investimento de reposição dk:

$$\Delta K = I - dK \qquad (4)$$

Portanto, se expressamos a equação anterior em termos *per capita*, e consideramos que o investimento é totalmente financiado pela poupança interna, que é uma fração s da renda, obtemos:

$$\Delta K/N = sy - dk \qquad (5)$$

O equilíbrio estável exige que uma variação positiva da relação capital por trabalhador ($k = K/N$) seja acompanhada por uma variação superior do estoque de capital (K) em relação ao crescimento demográfico (n), ou seja:

$$\Delta k/k = \Delta K/K - n \qquad (6)$$

Dividindo-se (6) por N, chega-se a

$$\Delta k = \Delta K + nK \qquad (7)$$

Substituindo o segundo membro em (5), chega-se à equação fundamental de Solow

$$\Delta k = sy - (n + d)k \qquad (8)$$

Assim, o aumento do capital por trabalhador (Δk) precisa ser igual à procura *per capita*, (sy) menos a ampliação do capital ($n + d$)k.

Lembrando que no equilíbrio de longo prazo o capital *per capita* se mantém constante (ou seja, $\Delta k = 0$), chegamos à **condição de equilíbrio em estado estacionário**

$$sy = (n + d)K \qquad (9)$$

Nesse caso, a poupança agregada é suficiente para fornecer capital à população que cresce à taxa n e para a depreciação do capital existente d.

Notas

1   Isso se deve justamente à hipótese da relação produto-capital constante (ou coeficientes fixos de produção). De acordo com esse modelo, se o país tiver excesso de capital, ele precisa investir mais ainda: se tiver escassez de capital, ele precisa diminuir a taxa de investimento. Essa contradição explica por que, uma vez saindo da trajetória de equilíbrio, nunca se retornaria ao crescimento equilibrado. O modelo de Solow, no tópico seguinte, corrige essa contradição, ao supor coeficientes variáveis (ou seja, relação produto-capital e capital-mão de obra variáveis). Para maiores detalhes, ver: LOPES, L. M.; VASCONCELLOS M. A. S. *Manual de macroeconomia*: básico e intermediário. 3. ed. São Paulo: Atlas, 2008.

2   Para mais detalhes sobre os modelos de crescimento econômico, veja GREMAUD, A. P. *et al. Introdução à economia*. São Paulo: Atlas, 2007. cap. 23.

GABARITO DAS QUESTÕES DE MÚLTIPLA ESCOLHA

Capítulo 1

1. c
2. c
3. d
4. d
5. e
6. d

Capítulo 2

1. e
2. c
3. c
4. b
5. b
6. d
7. d

Capítulo 3

1. c
2. d
3. d
4. e
5. e
6. b
7. a
8. e
9. b
10. c

Capítulo 4

1. c
2. d
3. d
4. c
5. b
6. a
7. e
8. a
9. e

Capítulo 5

1. d
2. d
3. c
4. c
5. c

Capítulo 6

1. b
2. c
3. e
4. c
5. e
6. c
7. d
8. b
9. b
10. b

Capítulo 7

1. b
2. d
3. b
4. c
5. b
6. b
7. e
8. d
9. e
10. b
11. b
12. c
13. c
14. c

Capítulo 8

1. e
2. c
3. c
4. b

Capítulo 9

1. b
2. b
3. a
4. e
5. e
6. e
7. a

8a.	e
8b.	c
9.	d
10.	b
11.	c
12.	d
13.	d
14.	c

Capítulo 10

1.	e
2.	a
3.	b
4.	a
5.	b
6.	b
7.	c
8.	b
9.	c
10.	d
11.	d
12.	c

Capítulo 11

1.	b
2.	d
3.	a
4.	d
5.	b

6.	a
7.	a
8.	c
9.	a
10.	c
11.	e
12.	c

Capítulo 12

1.	c
2.	b
3.	a
4.	c
5.	c
6.	b
7.	d
8.	c
9.	c

Capítulo 13

1.	e
2.	b
3.	d
4.	d
5.	a
6.	b
7.	e
8.	e

Capítulo 14

1.	b
2.	a
3.	a
4.	d
5.	c
6.	a
7.	a
8a.	b
8b.	b
9.	e
10.	b

Capítulo 15

1.	c
2.	d
3.	b
4.	b
5.	a

Capítulo 16

1.	a
2.	b
3.	e
4.	e
5.	a
6.	c
7.	a

GLOSSÁRIO

Âncora cambial: valorização da taxa de câmbio e abertura comercial, com o objetivo de aumentar as importações, que, ao concorrer com os produtos nacionais, permitem estabilizar os preços internos.

Âncora monetária: política monetária contracionista (por exemplo, juros elevados, crédito restrito), utilizada com o objetivo de controlar a inflação.

Armadilha da liquidez: se a economia estiver em desemprego, e com um nível de taxa de juros muito baixo, toda eventual expansão monetária será retida, para fins especulativos, não sendo aplicada na atividade produtiva. Trata-se de uma situação, apontada por Keynes, na qual a política monetária seria totalmente ineficaz para promover aumento da renda e do emprego.

Avaliação privada: avaliação financeira dos custos e rendimentos de uma empresa específica.

Avaliação social: avaliação de custos (e benefícios) para toda a sociedade, derivada da produção das empresas. Ou seja, inclui as externalidades positivas e negativas decorrentes da atividade produtiva das empresas.

Balança comercial: item do balanço de pagamentos em que são lançadas as exportações e importações de mercadorias, em termos FOB (*free on board*).

Balanço de pagamentos: registro contábil de todas as transações de um país com o resto do mundo.

Envolve transações com mercadorias, com serviços e com capitais (monetários e físicos).

Balanço de transações correntes: parte do balanço de pagamentos relativa à soma da balança comercial, balanço de serviços e transferências unilaterais.

Também chamado de saldo em conta-corrente do balanço de pagamentos.

Base monetária: o total de moeda em poder do setor privado, somado às reservas dos bancos comerciais. Também chamada de moeda de alta potência (*high-power money*) ou passivo monetário das autoridades monetárias.

Bem de consumo saciado: dada uma variação na renda do consumidor, a quantidade demandada não se altera, *coeteris paribus*. A elasticidade-renda da demanda é nula. Exemplo: alimentos como arroz, sal etc.

Bem de Giffen: trata-se da única exceção à Lei Geral da Procura. A quantidade demandada de um bem varia diretamente com o preço do bem, *coeteris paribus* (curva de procura positivamente inclinada). É um tipo de bem inferior.

Bem inferior: tipo de bem em que a quantidade demandada varia inversamente com o nível de renda do consumidor, *coeteris paribus*. Assim, se a renda aumenta, a quantidade procurada diminui, se a renda cai, a quantidade procurada aumenta. A elasticidade-renda da demanda é negativa.

Bem semipúblico ou meritório: bem de consumo coletivo, que satisfaz o princípio da exclusão (o consumo pelo indivíduo A exclui o consumo pelo indivíduo B), produzido pelo Estado (saúde, saneamento, nutrição).

Bem normal: tipo de bem em que a quantidade demandada varia diretamente com o nível de renda do consumidor, *coeteris paribus*. Assim, se a renda aumenta, a quantidade procurada aumenta, se a renda cai, a quantidade demandada também cai. A elasticidade-renda da demanda é positiva e menor que 1.

Bem (ou **serviço**) **final:** bem destinado ao consumo ou investimento final, não sofrendo nenhuma transformação ao longo do processo produtivo.

Bem (ou **serviço**) **intermediário:** bem que entra na composição de outro bem. É transformado ao longo do processo produtivo (matérias-primas e componentes).

Bem superior ou de luxo: a quantidade demandada varia mais que proporcionalmente a variações na renda do consumidor, *coeteris paribus*. A elasticidade-renda da procura é maior que 1.

Bens complementares: bens consumidos conjuntamente.

Bens públicos: referem-se ao conjunto de bens gerais fornecidos pelo setor público, que apresentam duas características: são **não rivais (disputáveis)**, quando o custo marginal (adicional) de produzir uma nova unidade é zero, e **não exclusivos**, quando não existe a possibilidade de excluir determinados indivíduos de seu consumo.

Bens substitutos (ou **concorrentes**): o consumo de um bem substitui o consumo de outro.

***Break-even point* (ponto de equilíbrio):** quantidade da produção que iguala receitas a despesas, a partir da qual a empresa passa a auferir lucros.

Cartel: organização (formal ou informal) de produtores dentro de um setor, que determina a política para todas as empresas desse setor. O cartel fixa os preços e as quotas de cada empresa.

Cartel imperfeito (ou **modelo de liderança de preços**): cartel em que existem empresas líderes, que têm maior tamanho e/ou custos menores e que fixam os preços no mercado, ficando com a maior quota. A empresa (ou empresas) líder(es) fixa(m) um preço que lhe(s) garante um lucro de monopólio, e as demais empresas do mercado consideram esse preço dado (como em concorrência perfeita).

Cartel perfeito: cartel no qual todas as empresas têm a mesma participação ou quota de produção. A administração do cartel fixa um preço comum, agindo como um bloco monopolista. É a chamada solução de monopólio do cartel.

Coeficiente técnico de produção: mede o que determinado setor de atividade adquire de outro setor como insumo de produção, em relação ao valor total de sua produção. É obtido a partir da matriz insumo-produto.

***Coeteris paribus*:** expressão latina que significa *tudo o mais constante*.

Concorrência monopolística (ou **imperfeita**): estrutura de mercado com inúmeras empresas, produto diferenciado, livre acesso de firmas ao mercado.

Concorrência perfeita: estrutura de mercado com número infinito de firmas, produto homogêneo, não existindo barreiras à entrada de firmas.

Consistência dinâmica da política monetária: refere-se à situação em que a política monetária é realizada de acordo com regras e metas, não cedendo à tentação de adaptar-se à conjuntura econômica de curto prazo. Assim sendo, se o objetivo é reduzir de forma permanente a inflação, esse comportamento é consistente na medida em que aumenta a credibilidade de política monetária, o que reduz as expectativas de inflação, auxiliando a política de estabilização.

Conta Capital e Financeira: item do Balanço de Pagamentos, que inclui as entradas e saídas de capitais, na forma de Investimentos Diretos, Empréstimos e Financiamentos. Antes denominada **Balanço** ou **Movimento de Capitais**.

Conta de serviços e rendas: item do balanço de pagamentos em que são lançadas as transações com serviços, como fretes, seguros, viagens internacionais e rendas (juros, lucros, *royalties*, assistência técnica etc.).

Contabilidade Social: registro contábil da atividade econômica de um país, num dado período (normalmente um ano). Preocupa-se com a definição e os métodos de quantificação dos principais agregados macroeconômicos, como Produto Nacional, Consumo Global, Investimentos, Exportações etc.

Controles de preços e salários (ou **política de rendas**): situam-se em categoria própria de política econômica. A característica especial é que, nesses controles, os agentes econômicos ficam proibidos de levar a cabo o que fariam, em resposta a influências econômicas normais do mercado (tabelamentos e congelamentos, fixação da política salarial).

Crescimento econômico: crescimento contínuo da renda *per capita* ao longo do tempo.

Curto prazo: período de tempo no qual existe pelo menos um fator de produção fixo.

Curva de Laffer: a partir de certo nível da alíquota do imposto, a elevação da alíquota resulta numa queda da arrecadação global, devido tanto ao desestímulo sobre os negócios, como pela provável **evasão fiscal**, provocada tanto por sonegação, como pela **elisão**

fiscal (redução da carga tributária, mediante expedientes tributários legais).

Curva de Phillips: curva que revela que há uma relação inversa entre taxas de inflação e taxas de desemprego (versão original). Em sua **versão aceleracionista**, enfatiza também o papel das expectativas.

Curva (fronteira) de Possibilidades de Produção (CPP): representa a fronteira máxima que a economia pode produzir, dados os recursos produtivos limitados. Mostra as alternativas de produção da sociedade, supondo os recursos plenamente empregados.

Curva IS: curva que representa o conjunto de pontos de equilíbrio da taxa de juros e do nível de renda no mercado de bens e serviços.

Curva LM: curva que representa o conjunto de pontos de equilíbrio da taxa de juros e do nível de renda no mercado monetário.

Custo de longo prazo: a longo prazo, só existem custos variáveis. O longo prazo é um **horizonte de planejamento:** as empresas têm um elenco de alternativas, com diferentes escalas (tamanhos) de planta, e escolhem uma delas.

Custo de oportunidade: grau de sacrifício que se faz ao optar pela produção de um bem, em termos da produção alternativa sacrificada. Também chamado de custo alternativo ou custo implícito (por não envolver desembolso monetário).

Custo Fixo Médio (CFMe): custo fixo total dividido pela quantidade produzida.

Custo Fixo Total (CFT): parcela do custo que se mantém fixa, quando a produção varia (por exemplo, aluguéis); ou seja, são os gastos com fatores fixos de produção.

Custo Irrecuperável (ou Custo Irreversível): custo já incorrido no passado, e que não pode ser recuperado. Pertence ao passado, e não afeta as decisões de curto prazo da empresa. Do inglês *sunk cost* (custo "afundado").

Custo Marginal (CMg): variação do custo total, dada uma variação na quantidade produzida.

Custo Total (CT): o gasto total da empresa com fatores de produção. Compõe-se de custos variáveis e custos fixos.

Custo Total Médio (CTMe ou CMe): custo total dividido pela quantidade produzida. Também chamado de custo unitário.

Custo Variável Médio (CVMe): custo variável total dividido pela quantidade produzida.

Custo Variável Total (CVT): parcela do custo que varia, quando a produção varia (salários e matérias-primas). Depende da quantidade produzida.

Custos contábeis: envolvem dispêndio monetário. É o custo explícito, considerado na contabilidade privada.

***Déficit* de Caixa** ou **Execução Financeira do Tesouro Nacional:** parcela do *déficit* público financiada pelas autoridades.

***Déficit* Nominal** (ou **Necessidades Financeiras do Setor Público – conceito nominal**): conceito mais abrangente de *déficit*, incluindo os juros e as correções monetária e cambial da dívida passada.

***Déficit* Operacional** (ou **Necessidades de Financiamento do Setor Público – Conceito operacional**): inclui os juros reais da dívida pública, não considerando a correção monetária e cambial.

***Déficit* Primário** ou **Fiscal:** gastos da administração direta menos o total da arrecadação tributária do período corrente. Não inclui juros e correção da dívida passada.

Deflação: ocorre quando retiramos o efeito da inflação das séries monetárias ou nominais. É calculada baseada na divisão da série monetária por um índice de preços (chamado de deflator).

Demanda de moeda para transações: parcela da demanda de moeda que o público retém com o objetivo de satisfazer a suas transações normais do dia a dia. Depende do nível de renda: maior o nível de renda, maior a necessidade de moeda para transações.

Demanda de moeda por especulação: parcela da demanda de moeda que o público retém, com o objetivo de auferir algum ganho futuro na compra de ativos (títulos, imóveis etc.). Depende do nível das taxas de juros de mercado: maior a taxa de juros, mais as pessoas aplicarão em ativos, e menor a retenção de moeda para especulação.

Demanda de moeda por precaução: parcela da demanda de moeda que as pessoas retêm para fazer face a imprevistos, como pagamentos inesperados ou recebimentos atrasados. Depende do nível de renda: maior a empresa, ou mais ricos os indivíduos, maior a necessidade de guardar moeda por precaução.

Demanda total de moeda: soma da demanda por transações, da demanda por precaução e da demanda especulativa de moeda.

Depreciação: consumo do estoque de capital físico, em determinado período.

Desemprego disfarçado: ocorre quando a produtividade marginal da mão de obra é nula. Se diminuir a mão de obra empregada, o produto não cai. Por exemplo, numa agricultura de subsistência, a retirada de um trabalhador da roça não afeta o produto agrícola.

Desemprego estrutural ou **tecnológico:** o desenvolvimento tecnológico do capitalismo, por ser capital-intensivo, marginaliza a mão de obra. Também chamado de desemprego marxista.

Desemprego friccional (ou **taxa natural de desemprego**): dá-se em virtude da mobilidade transitória da mão de obra, entre regiões e setores da atividade. Por exemplo, o trabalhador que veio recentemente do interior e está procurando emprego na capital.

Desemprego involuntário: ocorre quando os sindicatos fixam salários acima do salário de equilíbrio, o que faz com que uma parcela de trabalhadores, querendo trabalhar, não encontre vagas disponíveis. Também é um tipo de desemprego keynesiano.

Desemprego keynesiano ou **conjuntural:** ocorre quando a demanda agregada é insuficiente para absorver a produção de pleno-emprego.

Desenvolvimento econômico: estuda estratégias de desenvolvimento que levem à elevação do padrão de vida (bem-estar) da coletividade.

Despesa nacional: total dos gastos dos vários agentes econômicos, em termos agregados. Compõe-se das Despesas de Consumo, Despesas de Investimento, Despesas Correntes do Governo e Despesas Líquidas do Setor Externo (Exportações menos Importações).

Desvalorização nominal do câmbio: aumento da taxa cambial (reais por dólares, por exemplo).

Desvalorização real do câmbio: ocorre quando a desvalorização nominal supera a taxa de inflação interna. Pode ser medida pela relação entre a variação da taxa de câmbio sobre a variação da relação inflação interna – inflação externa. Também costuma ser medida pela **relação câmbio – salários** (que é a variação da taxa de câmbio sobre a variação da taxa de salários).

Discriminação de preços: ato de cobrar preços diferenciados pelo mesmo bem ou serviço, sem que exista diferença proporcional nos custos de produção. Ocorre basicamente em mercados monopolísticos.

Dumping: prática na qual uma empresa ou país vende abaixo dos custos de produção, com o objetivo de ganhar mercado.

Dumping social: termo que se aplica a países cujos custos de mão de obra são muito baixos (como na China Continental), o que lhes dá vantagens no comércio internacional.

Economia: pode ser definida como a ciência social que estuda a maneira pela qual os homens decidem empregar recursos escassos, a fim de produzir diferentes bens e serviços e atender às necessidades de consumo.

Economia a dois setores sem formação de capital: numa economia simplificada, supõe-se que os únicos agentes são as empresas (que produzem bens e serviços) e as famílias (que auferem rendimentos pela prestação de serviços).

Economia centralizada (ou **economia planificada**): sistema econômico em que as questões econômicas fundamentais são resolvidas por um Órgão Central de Planejamento, e não pelo mercado. Tem também como característica a propriedade pública dos recursos produtivos.

Economia de escala pecuniária: acontece quando a produtividade dos fatores varia, com a variação do custo por unidade produzida.

Economia de escala técnica ou tecnológica: acontece quando a produtividade varia, com a variação da quantidade física de todos os fatores de produção.

Economia de mercado: sistema econômico em que as questões econômicas fundamentais são resolvidas pelo mercado. Caracteriza-se também pela propriedade privada dos recursos produtivos. Pode ser uma economia de mercado pura (sistema de concorrência pura) ou com a interferência do governo (sistema de economia mista).

Economia informal: caracteriza-se como desobediência civil de atividades normais de mercado. Basicamente, não registro de trabalhadores em carteira, sonegação fiscal, ambulantes sem registro etc. Quando são incluídas as atividades ilegais (contrabando, jogo do bicho, tráfico de drogas), o conceito amplia-se para **economia marginal** ou **subterrânea**.

Economia internacional: estuda as relações de troca entre países, o que inclui transações de bens e serviços e de capitais físicos e financeiros. Trata da política cambial (controle da taxa de câmbio), da política comercial (barreiras ou estímulos a exportações e importações) e das relações financeiras internacionais.

Economia (Teoria) da informação: trabalha-se com a probabilidade de que alguns agentes detêm mais informações que outros, conferindo-lhes uma posição diferenciada no mercado, o que pode fazer com que não seja possível encontrar uma posição de equilíbrio como nos modelos microeconômicos tradicionais.

Efeito-deslocamento (ou *crowding out*): crítica dos monetaristas aos fiscalistas, segundo a qual a interferência do governo, via política fiscal (por exemplo, aumento dos gastos públicos), retira recursos do setor privado, diminuindo a participação dos investimentos desse setor.

Efeito-preço total: variação da quantidade demandada, quando varia o preço do bem, *coeteris paribus*. Divide-se em efeito-renda e efeito-substituição.

Efeito-renda: dada uma variação no preço de um bem, é o efeito sobre a quantidade demandada desse bem, derivado de uma mudança na renda real (ou poder aquisitivo) do consumidor, supondo a renda nominal e os preços dos outros bens constantes. Por exemplo, se o preço do bem x aumenta, a quantidade demandada de x cai, porque o poder aquisitivo do consumidor diminui, *coeteris paribus*.

Efeito-substituição: dada uma variação no preço de um bem, é o efeito sobre a quantidade demandada desse bem, derivado de uma alteração nos preços relativos dos bens, supondo a renda nominal e os preços dos outros bens constantes. Por exemplo, se o preço do bem x aumenta, a quantidade demandada de x cai, porque o bem x fica relativamente mais caro que os outros bens, *coeteris paribus*.

Efeito Oliveira-Tanzi: aumento do *déficit* fiscal produzido pela desvalorização real da arrecadação. Geralmente, ocorre em situações de inflação alta, deteriorando a situação fiscal, e levando o governo a aumentar suas necessidades de financiamento. Nome devido ao economista inglês Alfred C. Pigou.

Eficiência alocativa: refere-se à escolha do conjunto de bens, de forma a empregar, da melhor maneira, os recursos produtivos juntamente com aqueles processos técnicos de produção que utilizem mais adequadamente os recursos que a sociedade tem em maior abundância.

Eficiência econômica: entre dois ou mais processos de produção, é aquela que permite produzir uma mesma quantidade de produto com menor custo de produção.

Eficiência Marginal do Capital (ou **eficiência marginal do investimento**): taxa de retorno esperada sobre a compra de um bem de capital. É a taxa que iguala o valor dos retornos líquidos que se espera obter com o investimento, com o preço de aquisição do equipamento.

Eficiência técnica (ou **tecnológica**): entre dois ou mais processos, é aquela que permite produzir uma mesma quantidade de produto utilizando menor quantidade de fatores de produção.

Elasticidade: alteração percentual em uma variável, dada uma variação percentual em outra, *coeteris paribus*.

Elasticidade da demanda de moeda em relação à taxa de juros: variação percentual da procura de moeda, dada a variação percentual da taxa de juros, *coeteris paribus*.

Elasticidade das exportações em relação à taxa de câmbio: variação percentual nas exportações, dada a variação percentual da taxa de câmbio, *coeteris paribus*.

Elasticidade no ponto: calculada em um ponto específico. Por exemplo, a elasticidade-preço a um dado nível de preço e quantidade.

Elasticidade no ponto médio (ou **no arco**): calculada com base nos pontos médios, e não em um ponto específico.

Elasticidade-preço cruzada da demanda: a variação percentual na quantidade demandada, dada a variação percentual no preço de outro bem, *coeteris paribus*. Quando for positiva, os bens são substitutos; quando negativa, os bens são complementares.

Elasticidade-preço da demanda: variação percentual na quantidade demandada, dada a variação percentual no preço do bem, *coeteris paribus*. Quando for maior que um (em módulo), o bem tem demanda **elástica**; quando menor que um (em módulo), o bem tem demanda **inelástica**; quando igual a um, o bem tem demanda de **elasticidade unitária**.

Elasticidade-preço da oferta: variação percentual na quantidade ofertada, dada a variação percentual no preço do bem, *coeteris paribus*. Quando for maior que um, o bem tem oferta **elástica**; quando menor que um, o bem tem oferta **inelástica**; quando igual a um, o bem tem oferta de **elasticidade unitária**.

Elasticidade-renda da demanda: variação percentual na quantidade demandada, dada uma variação percentual na renda, *coeteris paribus*. Quando maior que um, é um bem superior ou de luxo; quando menor que um e maior que zero, é um bem normal; quando menor que zero, é um bem inferior; quando igual a zero, é um **bem de consumo saciado**.

EMBI (*Emerging Markets Bonds Index*): indicador criado pela consultoria J. P. Morgan que reflete o risco-país de países emergentes.

Equação (Paridade) de Fisher: relação entre a taxa de juros real (r), a taxa de juros nominal (i) e a taxa de inflação π, dada por $(1 + i) = (1 + r)(1 + \pi)$.

Equilíbrio de Nash: dentro da Teoria dos Jogos, onde cada jogador (agente) está adotando a estratégia ótima, dada a estratégia adotada pelo outro jogador.

Equivalência ricardiana: uma política fiscal é sustentável ou consistente se, mesmo que o governo tenha um *déficit* fiscal no período atual, em períodos futuros venha a gerar um *superávit* proporcionalmente equivalente.

Escala de procura: mostra quanto o consumidor deseja consumir de dado bem ou serviço, a vários preços alternativos.

Estabilizador automático (*built-in*): ocorre quando os impostos são progressivos e a tributação é uma função do nível de renda nacional. Tem uma característica anticíclica, ou seja, de amortecedor dos ciclos econômicos: quando a renda aumenta, os impostos aumentam mais que proporcionalmente; quando a renda cai, os impostos caem menos que proporcionalmente. Assim, a renda disponível varia bem menos que a renda nacional total.

Estagflação: situação que ocorre quando há paralelamente taxas significativas de inflação, associadas com recessão econômica.

Estratégia *maximin*: dentro da Teoria dos Jogos, situação em que os agentes adotam a estratégia de maximizar a probabilidade de perda mínima, ou minimizar a perda esperada.

Estruturalismo: corrente econômica surgida na América Latina, que supõe que a inflação em países subdesenvolvidos está associada a tensões de custos, causadas por deficiências estruturais e por conflitos distributivos. Também chamada de corrente cepalina, devido à Comissão Econômica para a América Latina (Cepal), organismo da ONU sediado no Chile.

***Ex ante*:** refere-se a valores programados, planejados, previstos. A Teoria Econômica lida fundamentalmente com valores *ex ante*.

***Ex post*:** refere-se a valores *a posteriori*, efetivos, realizados. A Contabilidade Social trata apenas de valores *ex post*.

Excedente do consumidor: ganho em bem-estar pelo fato de o consumidor pagar por determinado bem ou serviço um preço menor que uma disposição máxima a pagar (preço de reserva).

Excedente do produtor: ganho em bem-estar pelo fato de o produtor receber por um determinado bem ou serviço um preço maior que sua disposição mínima a receber.

Excedente Operacional Bruto: nas contas nacionais, é a diferença entre o PIB a custo de fatores e o total de salários, ou seja, é o total de juros, aluguéis e lucros.

Externalidades (ou economias externas): representam influências de fatores externos nos custos e receitas das firmas. Por exemplo, uma indústria química poluidora dos rios impõe externalidades negativas à indústria pesqueira; os comerciantes de lustres têm externalidades positivas, por se localizarem próximos um ao outro.

Financiamento oficial compensatório: item do balanço de pagamentos que mostra como o saldo foi financiado ou alocado. É composto dos itens Haveres e Obrigações no Exterior, Operações de Regularização com o FMI e Atrasados Comerciais. Também chamado de Movimento de Capitais Oficiais.

Fiscalismo: corrente econômica que considera os instrumentos de política fiscal mais eficazes no combate ao desemprego e à inflação do que os instrumentos de política monetária. Os fiscalistas são também chamados de neokeynesianos ou ativistas.

Fluxo circular de renda: fluxo que se estabelece entre as unidades produtoras e unidades apropriadoras de renda, no mercado de bens e serviços e no mercado de fatores de produção.

Função de produção: relação técnica entre a quantidade física de fatores de produção e a quantidade física do produto, em determinado período de tempo.

Funções da moeda: as seguintes: meio ou instrumento de troca, unidade de medida (ou unidade de conta), reserva de valor.

Funções do Banco Central: banco emissor, banco dos bancos, banco do governo, banco depositário das reservas internacionais.

Globalização financeira: processo iniciado principalmente a partir dos anos 1980, com o crescimento do fluxo financeiro internacional baseado no mercado de capitais, por meio de inovações como a securitização de dívidas, e do desenvolvimento dos mecanismos de diminuição de risco (derivativos, *hedge*, opções etc.). Representou uma queda do poder do sistema bancário internacional, e crescimento dos chamados investidores institucionais, como os fundos de pensões.

Globalização produtiva: representada pela produção e distribuição de valores dentro de redes em escala mundial, com o acirramento da concorrência entre grupos multinacionais. O crescimento tecnológico acelerado gerou maior eficiência produtiva e maiores condições de competitividade.

Grau de verticalização: quando uma empresa passa também a produzir componentes que antes comprava no mercado. Quanto maior o grau de verticalização da economia, menor a necessidade de moeda, já que as transações são fechadas apenas contabilmente.

Hiato recessivo: insuficiência da demanda agregada, em relação à oferta agregada de pleno emprego. Tem-se uma situação de desemprego de recursos. Mostra de quanto a demanda agregada deve ser aumentada para que possa atingir o equilíbrio de pleno emprego.

Hiato inflacionário: excesso de demanda agregada, em relação à oferta agregada de pleno emprego. Tem-se aqui uma inflação de demanda. Mostra de quanto a demanda deve diminuir, para restabelecer o equilíbrio de pleno emprego.

Hiato do produto: diferença entre a renda de equilíbrio (quando a oferta agregada é igual à demanda agregada) e a renda de pleno emprego.

Hipótese de ciclo de vida do consumo: modelo que relaciona o comportamento de consumo e poupança de um agente com a etapa do ciclo de vida na qual este se encontra. Assim, na primeira etapa (juventude), as necessidades de consumo deverão superar a renda, o que levará à despoupança. Já na segunda etapa (maturidade), ocorreria poupança; por último, na última etapa (velhice), o agente também despoupará, pois sua renda voltará a ser inferior a suas necessidades de consumo.

Homogeneidade (produto homogêneo): acontece quando todas as firmas oferecem um produto semelhante, homogêneo. Não há diferenças de embalagem ou qualidade nesse mercado.

Ilusão monetária: segundo Keynes, dado um aumento de preços e salários, os trabalhadores não "sentem" o aumento de preços, percebem melhor seus salários e pensam que estão em situação melhor do que realmente estão. Isso faz com que aumentem a oferta de mão de obra. Os trabalhadores percebem mais o salário nominal que o salário real.

Imposto *ad valorem*: imposto indireto, com alíquota (percentual) fixada e com valor (em R$) variando de acordo com o preço da mercadoria.

Imposto direto: incide diretamente sobre a renda das pessoas (por exemplo, o imposto de renda).

Imposto específico: imposto indireto, com valor (em R$) fixado, independente do preço da mercadoria.

Imposto indireto: incide sobre o preço das mercadorias (por exemplo, o ICMS, IPI). Pode ser *específico* e *ad valorem*.

Imposto "pigouvianos" (ou **impostos de Pigou**): impostos aplicados à produção ou ao consumo de algum bem ou serviço, que têm por objetivo reduzir seu impacto social negativo. Assim, a autoridade pode cobrar um imposto de uma fábrica que polui a atmosfera, reduzindo sua produção, e, portanto, a poluição.

Imposto progressivo: quanto maior o nível de renda, maior a proporção paga do imposto em relação à renda.

Imposto proporcional: a proporção arrecadada do imposto é a mesma para todos os níveis de renda.

Imposto regressivo: quanto maior o nível de renda, menor a proporção paga do imposto relativamente à renda.

Índice da carga tributária bruta: porcentagem do total da arrecadação tributária sobre o PIB a preços de mercado.

Índice da carga tributária líquida: porcentagem do total da arrecadação tributária, excluídas as transferências e subsídios ao setor privado, em relação ao PIB a preços de mercado.

Índice de preços: número que reflete o crescimento dos preços de um conjunto de bens, servindo para medir a taxa de inflação e deflacionar séries monetárias ou nominais.

Inflação: pode ser definida como um aumento contínuo e generalizado no nível geral de preços.

Inflação de custos: ocorre quando o nível de demanda agregada permanece o mesmo, mas os custos de produção aumentam, diminuindo a oferta agregada. Também chamada de **inflação de oferta**.

Inflação de demanda: diz respeito ao excesso de demanda agregada, em relação à produção disponível (oferta agregada) de bens e serviços.

Inflação inercial: inflação decorrente dos reajustes de preços e salários provocada pelo mecanismo de indexação ou de correção monetária.

Informação assimétrica: numa relação contratual, uma das partes detém informação não disponível para a outra. Isso pode implicar custos adicionais nas transações (exigência de garantias), elevando os custos de transação (ver **Seleção adversa** e **Risco moral**).

Injeções ao fluxo circular de renda: referem-se a todo recurso adicionado ao fluxo de renda, que não tenha saído do próprio fluxo, no período. São os investimentos, gastos do governo e exportações.

Instrumentos de política monetária: são emissões, redescontos, reservas compulsórias (obrigatórias), *open market* e regulamentação do mercado.

Investimento: gasto em bens que representam aumento da capacidade produtiva da economia, isto é, a capacidade de gerar rendas futuras. Seus componentes são o investimento em bens de capital (ou formação bruta de capital fixo) e a variação de estoques. Também chamado de taxa de acumulação de capital.

Investimento líquido: investimento bruto menos a depreciação.

Isocusto: curva que representa infinitas combinações dos fatores de produção, todas com igual custo total de produção.

Isoquanta: curva que representa infinitas combinações de fatores de produção, que propiciam a mesma quantidade produzida.

Lei de Say: a oferta cria sua própria procura. Ou seja, tudo o que é produzido é automaticamente comprado, o que garante o equilíbrio entre a oferta e a procura agregada. É devida ao francês Jean Baptiste Say, um dos pilares da Teoria Clássica.

Lei dos rendimentos decrescentes: "ao aumentar-se o fator variável (mão de obra), sendo dada a quantidade de um fator fixo, a produtividade marginal do fator variável cresce até certo ponto e, a partir daí, decresce, até tornar-se negativa". Vale apenas se se mantiver um fator fixo (portanto, só vale a curto prazo).

Lei geral da oferta: a quantidade ofertada de um bem (ou serviço) varia na relação direta com o preço do próprio bem, *coeteris paribus*.

Lei geral da procura: a quantidade demandada de um bem (ou serviço) varia inversamente ao preço do próprio bem, *coeteris paribus*.

Longo prazo: período de tempo no qual todos os fatores de produção variam, ou seja, não existem mais fatores fixos.

Lucro extraordinário: uma vez que os custos totais já incluem os lucros normais (a remuneração do empresário, ou seu custo de oportunidade), ocorrerão lucros extraordinários quando as receitas totais forem superiores aos custos totais.

Lucro normal: remuneração do empresário, medida pelo custo de oportunidade de se estar empregando seus recursos em dada atividade, e não numa alternativa. Os lucros normais estão incorporados nas curvas de custos consideradas pelos economistas. Dessa forma, quando as receitas igualam os custos totais, o lucro extraordinário ou extra é zero, mas existem lucros normais (embutidos nos custos).

Macroeconomia: estuda a determinação e o comportamento dos grandes agregados, como PIB, consumo nacional, exportação, nível geral dos preços etc., com o objetivo de delinear uma política econômica.

Mark-up: margem da receita de vendas (faturamento) sobre os custos diretos de produção. Essa margem deve ser tal que permita à empresa cobrir os custos diretos (ou variáveis), os custos fixos e a parcela desejada de lucro da empresa.

Matriz insumo-produto ou de relações intersetoriais: sistema de contabilidade social criado por Leontief, que mostra todas as transações agregadas de bens intermediários e de bens finais da economia, em determinado período.

Maximização do lucro total: corresponde à produção em que Receita Marginal (RMg) = Custo Marginal (CMg), com CMg crescente.

Mecanismo de transmissão da política monetária: meio pelo qual a política monetária afeta o comportamento dos agentes econômicos (setor real). Geralmente, esse mecanismo está relacionado com a taxa de juros e o mercado de crédito.

Meios de pagamento: estoque de moeda disponível para uso do setor privado não bancário, a qualquer momento (ou seja, de liquidez imediata). É composto pela moeda em poder do público (moeda manual) e pelos depósitos a vista nos bancos comerciais (moeda escritural). Também chamado de *Haveres Monetários*.

Esse é o conceito mais utilizado e é chamado de $M1$, que é o total de moeda que não rende juros e é de liquidez imediata. Dependendo do objetivo, são utilizados os conceitos de:

$M2 = M1$ + depósitos especiais remunerados + depósitos de poupança + títulos emitidos por instituições depositárias

$M3 = M2$ + quotas de fundos de renda fixa + operações compromissadas registradas no Selic

$M4 = M3$ + títulos públicos de alta liquidez

$M2$, $M3$ e $M4$ incluem ativos que rendem juros e são de alta liquidez, diferentemente de $M1$.

Mercado atomizado: aquele com infinitos vendedores e compradores (como "átomos"), de forma que um agente isolado não tem condições de afetar o preço de mercado. Assim, o preço de mercado é um dado fixado para empresas e consumidores.

Metas de política macroeconômica: alto nível de emprego, estabilidade de preços, distribuição de renda socialmente justa, e crescimento econômico.

Microeconomia: estuda o comportamento de consumidores e produtores e o mercado no qual interagem. Preocupa-se com a determinação dos preços e quantidades em mercados específicos.

Modelo clássico de oligopólio (ou **modelo neoclássico**): o objetivo da empresa é maximizar o lucro total (ou seja, igualar a receita marginal ao custo marginal).

Modelo de consumo de massa: políticas de estímulos à Demanda Agregada costumam ser seguidos por elevações posteriores da oferta agregada da economia.

Modelo de *mark-up*: trata-se de um modelo de oligopólio, em que o objetivo da firma é maximizar o *mark-up*, e não lucros. Esse modelo parte do pressuposto de que as firmas conhecem melhor seus custos de produção do que a demanda do produto, razão pela qual o preço do produto é fixado baseado em uma margem sobre os custos diretos de produção (*mark-up*).

Modelo intertemporal de consumo: modelo que vincula o consumo e a poupança à taxa de juros. Assim, um aumento dessa variável aumenta o custo de oportunidade do consumo presente, o que faz aumentar a poupança, e, portanto, o consumo futuro.

Moeda: objeto de aceitação geral, utilizado na troca de bens e serviços. Sua aceitação é garantida por lei (ou seja, a moeda tem "curso forçado", e sua única garantia é a legal).

Moeda escritural: total de depósitos à vista nos bancos comerciais. Também chamada de moeda bancária.

Moeda manual: total de moeda em poder do público (empresas privadas e pessoas físicas).

Monetarismo: corrente que considera que a atividade econômica é mais sensível à política monetária que à política fiscal. Os monetaristas pregam a não intervenção no mercado, e são também chamados de ortodoxos, liberais, neoclássicos, neoliberais.

Monetização: ocorre quando há elevação dos meios de pagamento (que não rendem juros) sobre o total de ativos financeiros que rendem juros. Pode também ser medida pelo saldo dos meios de pagamentos em relação ao PIB. Depende da taxa de inflação: quanto mais elevadas as taxas de inflação, menor a monetização da economia.

Monopólio: estrutura de mercado com uma única empresa, com um produto sem substitutos próximos e com barreiras à entrada de novas firmas.

Monopólio bilateral: forma de mercado em que um monopsonista, na compra de um insumo, defronta-se com um monopolista, na venda desse insumo. Por exemplo, uma única fábrica, numa cidade do interior (monopsonista), que se defronta com um único sindicato de trabalhadores (monopolista na venda).

Monopólio puro ou **natural:** mercado em que as empresas apresentam elevadas economias de escala, o que lhes permite produzir a custos unitários de produção muito baixos, e vender seu produto a preços que representam uma barreira à entrada de novas firmas no mercado.

Monopsônio/oligopsônio: monopólio/oligopólio na compra de fatores de produção. Por exemplo, a indústria automobilística, na compra de pneus.

Movimento de capitais: parte do balanço de pagamentos relativa às transações com capitais internacionais, físicos ou monetários. Compõe-se dos seguintes itens: investimentos diretos, reinvestimentos, empréstimos e financiamentos autônomos, e amortizações.

Multiplicador da base monetária: variação dos meios de pagamento, dada uma mudança no saldo da base monetária. A variação dos meios de pagamento é um múltiplo da variação da base monetária. É também chamado simplesmente de multiplicador monetário.

Multiplicador keynesiano de gastos: variação da renda nacional, dada uma variação autônoma em algum dos componentes da demanda agregada (consumo, investimento, gastos do governo, tributação, exportações ou importações). A renda nacional varia num múltiplo da variação de algum elemento autônomo da demanda agregada.

Nova matriz macroeconômica: implantada no primeiro mandato do Governo Dilma Rousseff. Ver **Modelo de consumo de massa**.

Núcleo de inflação: índice de preços, em que são expurgadas, do índice geral, as variações transitórias, sazonais ou acidentais, que não provocam pressões persistentes sobre os preços, que são normalmente associadas a choques de oferta. Como são depurados esses choques, supõe-se que a inflação residual esteja associada à inflação de demanda. Trata-se de um indicador importante para a política monetária, dado que o Banco Central deve atuar sobre a taxa de juros apenas se houver alteração do núcleo, que indica mais claramente se está ou não existindo pressão persistente da demanda agregada sobre a capacidade produtiva da economia.

Oferta: quantidade de determinado bem ou serviço que os produtores desejam vender, em determinado período de tempo.

Oligopólio: estrutura de mercado com pequeno número de empresas que dominam o mercado, e na qual existem barreiras à entrada de novas empresas.

Open-market ou mercado aberto: mercado de compra e venda de títulos públicos.

Outras receitas correntes do governo: receitas não tributárias, como aluguéis de prédios públicos, taxas, multas etc.

Paradigma estrutura-conduta-desempenho: contribuição da Teoria da Organização Industrial, pela qual se analisa em que medida as imperfeições de mercado limitam a capacidade deste em atender às aspirações e demanda da sociedade por bens e serviços.

Paradoxo da parcimônia (ou da poupança): como a poupança agregada é um vazamento de renda, se ela não for reinjetada no fluxo de renda, provocará queda da renda nacional. Mostra que o que é bom para o indivíduo não é necessariamente bom para o conjunto da coletividade.

Paridade da taxa de juros: a diferença ou *spread* entre a taxa de juros doméstica e a taxa de juros internacional deve igualar a variação esperada da taxa de câmbio nominal.

Pass-through: efeito de variações cambiais sobre a taxa de inflação.

Passivo/ativo externo líquido (ou poupança externa): é o saldo das transações correntes (TC), com sinal trocado. Se o saldo da (TC) é negativo, indica que o país aumentou seu endividamento externo, em termos financeiros (tem um passivo externo líquido), mas tem poupança externa positiva, pois absorveu bens e serviços em termos reais do exterior. Se o saldo da TC é positivo, indica um ativo externo líquido, ou uma poupança externa negativa.

"Peso morto": é o custo social devido à redução da quantidade produzida, devido ao preço de mercado estar acima do preço que seria cobrado em concorrência perfeita. Ocorre tanto em mercados não competitivos (monopólio, oligopólio), como pela cobrança de impostos e tarifas pelo governo.

PIBppp: conceito do PIB, considerando a paridade do poder de compra (*purchasing power parity*), onde se supõe que o dólar tenha o mesmo poder de compra em todos os países. Na medição do PIB de cada país, ao invés dos preços na moeda do país, consideram-se os preços das mercadorias e serviços nos Estados Unidos, em dólares, e as quantidades produzidas de cada país. Com essa metodologia, a ONU procura aferir mais adequadamente o grau de desenvolvimento econômico de cada país, independentemente da política cambial adotada.

Pleno emprego de recursos: ocorre quando todos os recursos produtivos da economia estão totalmente utilizados, ou seja, não existe capacidade ociosa nem trabalhadores desempregados.

Política cambial: refere-se à política do governo acerca da taxa de câmbio.

Política comercial: diz respeito aos instrumentos de estímulo às exportações e/ou estímulo/desestímulo às importações.

Política de rendas (ou controle de preços e salários): os agentes econômicos ficam impedidos de levar a cabo o que fariam em resposta a influências normais de mercado, por exemplo, congelamentos de preços, fixação da política salarial. Esses controles afetam diretamente a formação de preços e as rendas de salários, juros, aluguéis e lucros.

Política fiscal: refere-se aos instrumentos de que o governo dispõe para a arrecadação de tributos (política tributária) e controle de suas despesas (política de gastos).

Política macroeconômica: envolve a atuação do governo sobre a capacidade produtiva (produção agregada) e despesas planejadas (demanda agregada), com o objetivo de permitir à economia operar a pleno emprego, baixas taxas de inflação e distribuição justa de renda.

Política monetária: refere-se à atuação do governo sobre a quantidade de moeda, crédito e taxa de juros.

Poupança: parcela da renda nacional não consumida no período, isto é, da renda gerada, parte não é gasta em bens de consumo.

Poupança externa: o mesmo que passivo/ativo externo líquido.

Preço de um bem: expressão monetária do valor de troca de um bem ou serviço.

Preços relativos: relação entre os preços dos vários bens. Na análise microeconômica, os preços relativos são mais relevantes do que os preços absolutos (específicos) das mercadorias.

Princípio da capacidade de pagamento: princípio tributário pelo qual cada indivíduo deve pagar proporcionalmente à sua condição econômica.

Princípio da demanda efetiva: como a oferta agregada é constante a curto prazo, as alterações do nível de emprego e de renda dependem apenas da demanda agregada, ou seja, o principal papel para a estabilização da economia cabe à demanda e não à oferta agregada.

Princípio do acelerador: mostra que o nível de investimentos é influenciado pela taxa de crescimento do produto e não pelo nível do produto. Por exemplo, a encomenda de novos vagões está mais relacionada às flutuações do tráfego ferroviário do que ao nível do tráfego.

Princípio do benefício: princípio de tributação no qual os indivíduos devem pagar impostos proporcionalmente aos benefícios que auferem dos gastos públicos.

Princípio da exclusão: diz que, quando o consumo do indivíduo A de determinado bem implica que ele tenha pagado o preço do bem, o indivíduo B, que não pagou por esse bem, será excluído do consumo do mesmo. O consumo desse bem é rival.

Problema do "carona" (*"free rider"*): dificuldade manifestada pelos agentes econômicos em revelar sua disposição a pagar por bens públicos que não são rivais (ver **bens públicos**).

Processo de produção (ou **método de produção**): caracteriza-se como diferentes combinações dos fatores de produção a dado nível de tecnologia.

Procura (ou **demanda**): quantidade de determinado bem ou serviço que o consumidor deseja adquirir, em dado período de tempo.

Produção: processo pelo qual uma firma transforma os fatores de produção adquiridos em produtos ou serviços, para a venda no mercado.

Produtividade marginal: variação do produto, dada uma variação no fator de produção. Por exemplo, a produtividade marginal da mão de obra é a variação da quantidade produzida, dada uma alteração na quantidade de mão de obra utilizada.

Produtividade média: relação entre o nível do produto e a quantidade do fator de produção. Por exemplo, a produtividade média da mão de obra (ou produto por trabalhador) é a relação entre a quantidade produzida e o número de trabalhadores empregados.

Produto Interno Bruto (*PIB*): renda devida à produção dentro dos limites territoriais do país.

Produto Nacional (*PN*): valor de todos os bens e serviços finais produzidos em determinado período de tempo.

Produto Nacional Bruto (*PNB*): renda que pertence efetivamente aos nacionais. É o PIB mais a renda líquida dos fatores externos (dada pela diferença entre a renda recebida e a renda enviada, na forma de juros, lucros, *royalties* e assistência técnica).

Produto nacional líquido: produto nacional bruto menos a depreciação.

Produto (renda) nominal: produto medido a preços correntes do período. O mesmo que produto (renda) monetário.

Produto (renda) real: produto medido a preços constantes de determinado ano (chamado ano-base), ou seja, é o produto deflacionado, após retirado o efeito da inflação.

Produto Total (*PT*): quantidade total produzida, em dado período de tempo.

Propensão marginal a consumir: variação do consumo agregado, dada uma variação da renda nacional.

Propensão marginal a poupar: variação da poupança agregada, dada uma variação da renda nacional.

Propensão média a consumir: relação entre o nível de consumo agregado e a renda nacional.

Propensão média a poupar: relação entre o nível de poupança agregada e a renda nacional.

Quase moeda: ativos financeiros de alta liquidez e que rendem juros, como títulos públicos, cadernetas de poupança, depósitos a prazo. Também chamados de Haveres não Monetários.

Receita marginal: variação da receita total, dada uma variação na quantidade vendida.

Receita média: receita por quantidade vendida, isto é, a receita total dividida pela quantidade vendida. Também chamada receita unitária.

Receita total: preço unitário vezes a quantidade vendida do bem.

Recursos comuns (ou **bens comuns**): bens rivais, mas não excludentes. Não pertencem a ninguém, mas são utilizados por todos.

Redesconto de liquidez (ou **comum**): empréstimo do Banco Central aos bancos comerciais, normalmente para cobrir problemas de liquidez.

Redesconto especial: montante de recursos que o Banco Central coloca à disposição dos bancos comerciais, com o objetivo de incentivar setores específicos da economia.

Remuneração dos fatores: constitui-se da renda dos fatores de produção: salários, juros, aluguéis e lucros.

Renda disponível do setor privado: renda efetivamente disponível para o setor privado gastar ou poupar. É igual à renda disponível total mais as transferências e subsídios do governo ao setor privado (pensões), e menos os impostos diretos e indiretos pagos pelas famílias e outras receitas correntes do governo.

Renda disponível do setor público: renda disponível para o governo utilizar para seus gastos ou poupar. É dada pela diferença entre o total de receitas correntes do governo e as transferências e subsídios ao setor privado.

Renda enviada ao exterior (RE): parte do que foi produzido internamente não pertence aos nacionais, principalmente capital (físico e financeiro) e a tecnologia. A remuneração desses fatores vai para fora, na forma de remessa de lucros, *royalties*, juros, assistência técnica.

Renda líquida de fatores externos: remuneração dos ativos, de acordo com o país de origem. É a diferença entre a renda recebida do exterior e a renda enviada ao exterior, na forma de lucros, juros, *royalties* e assistência técnica. Também chamada de serviços de fatores.

Renda nacional: soma dos rendimentos pagos aos fatores de produção (salários, juros, aluguéis e lucros), em dado período.

Renda recebida do exterior (RR): renda recebida em virtude da produção de nossas empresas no exterior.

Rendimentos constantes de escala: se todos os fatores de produção crescem em dada proporção, a produção cresce na mesma proporção. As produtividades médias dos fatores de produção permanecem constantes.

Rendimentos crescentes de escala (ou **economias de escala**): se todos os fatores de produção crescerem numa mesma proporção, a produção cresce numa proporção maior. Isso ocorre porque empresas com maiores plantas permitem maior especialização de tarefas (melhor divisão do trabalho) e porque certas unidades de produção só podem ser operadas com base em um nível mínimo de produção (as chamadas **indivisibilidades na produção**).

Rendimentos decrescentes de escala (ou **deseconomias de escala**): se todos os fatores de produção crescem numa mesma proporção, a produção cresce numa proporção menor. A expansão da empresa pode provocar descentralização, que pode acarretar problemas de comunicação entre a direção e as linhas de produção.

Reservas compulsórias (ou **obrigatórias**): é a parcela dos depósitos à vista que os bancos comerciais são obrigados legalmente a reter no Banco Central. Também chamadas depósitos ou encaixes compulsórios.

Reservas totais dos bancos comerciais: é a soma do caixa (encaixes), reservas obrigatórias e reservas voluntárias dos bancos comerciais junto ao Banco Central.

Reservas voluntárias (ou **livres**): conta dos bancos comerciais com o Banco Central, para atender a seu movimento de caixa e compensação de cheques. Também chamadas depósitos ou encaixes voluntários.

Risco moral (*moral hazard*): dada a assimetria de informações, uma vez formalizado um contrato, uma das partes passa a tomar ações indesejáveis, que não são observadas pela outra parte, ações essas que comprometem o cumprimento do contrato.

Risco-país: relativo à probabilidade de não pagamento dos passivos adquiridos por um país no exterior (ou seja, *default* ou calote).

Seleção adversa: existindo assimetria de informações, quando pode estar sendo um erro de decisão. Por exemplo, ocorre quando num empréstimo o credor seleciona maus pagadores, por falta de informação adequada.

Selic: Sistema Especial de Liquidação e Custódia.

Senhoriagem (*Seignoriage*): ganho implícito auferido pelo emissor de moeda, pelo fato de que o valor impresso da moeda (papel-moeda ou moeda metálica) é muito superior a seu custo de produção.

Serviços de fatores: itens do balanço de serviços que representam remuneração a fatores de produção externos, ou seja, é a própria renda líquida de fatores externos, que corresponde à soma de lucros, juros, *royalties* e assistência pagos e recebidos do exterior.

Serviços de não fatores: itens do balanço de serviços que se referem a pagamentos a empresas estrangeiras, na forma de fretes, seguros, transporte, viagens etc.

Sistema de concorrência pura: o mercado, sem a interferência do governo, resolve encontrar seu ponto de equilíbrio, por meio do mecanismo de preços.

Prevalece o *laissez-faire*: milhares de produtores e de consumidores têm condições de resolver os problemas econômicos fundamentais (o que e quanto, como e para quem produzir), como que guiados por uma mão invisível.

Sistema de Contas Nacionais: sistema de contabilidade social criado por Richard Stone, que considera apenas as transações com bens e serviços finais. Utiliza o método contábil das partidas dobradas e consiste em quatro contas básicas (*PIB*, Renda Nacional Disponível, Capital e Transações com o Resto do Mundo) e uma conta complementar (Conta-Corrente das Administrações Públicas).

Sistema de economia mista: trata-se de um sistema predominantemente de economia de mercado, mas com a participação direta do governo, com o objetivo de eliminar distorções alocativas e distributivas, que o mercado sozinho não tem condições de resolver.

Sistema de metas de inflação: estratégia de política monetária na qual se adotam como âncora nominal as taxas de inflação esperadas, para orientar expectativas de mercado. No Brasil, as metas de inflação para os dois próximos anos são fixadas pelo Conselho Monetário Nacional. O Banco Central, por meio do **Copom (Cômite de Política Monetária)**, em reuniões a cada 45 dias, controla a taxa de juros básica (Selic), de acordo com as expectativas de mercado, e anuncia a tendência (**viés**) da taxa de juros até a próxima reunião.

***Steady State of Growth* (crescimento em Estado Estável):** taxa de crescimento econômico, com equilíbrio entre oferta e demanda agregada, com pleno emprego de mão de obra e do estoque de capital.

Substituição de importações: estratégia de crescimento econômico baseada no estabelecimento de barreiras às importações de produtos que a indústria nacional tem condições de produzir.

***Take-off* (arranco ou decolagem):** segundo Rostow, etapa do desenvolvimento econômico na qual o país consolida o processo de industrialização, com o surgimento de novos segmentos, principalmente no setor de bens de consumo duráveis.

Tarifa em duas partes: estratégia de discriminação de preços, em que se cobra um preço de entrada e um preço de utilização. Por exemplo, em parques de diversão, onde se cobra um preço de entrada reduzido, garantindo grande afluência de consumidores, e um preço de utilização dos brinquedos elevado. No caso de impressoras, eletrônicos etc., pode ser mais vantajoso cobrar um elevado preço de aquisição, já que o preço de utilização é relativamente baixo.

Taxa de câmbio: preço da moeda (ou divisa) estrangeira (reais por dólares, reais por iens etc.).

Taxa de câmbio fixa: ocorre quando o Banco Central mantém a taxa fixada por certo período, independentemente da oferta e da demanda de divisas.

Taxa de câmbio flutuante (ou **flexível**): taxa de câmbio que varia, conforme variam a oferta e a demanda de divisas. É a taxa de equilíbrio do mercado de divisas.

Taxa de câmbio real: mede a competitividade dos produtos nacionais no comércio exterior, e é dada pela relação entre preços externos e preços domésticos, ambos medidos na moeda nacional (reais).

Taxa de reservas bancárias: relação entre as reservas totais dos bancos comerciais e os depósitos à vista.

Taxa de retenção do público: relação entre o total da moeda em poder do público e os depósitos à vista. Também pode ser medida pela razão entre a moeda com o público e o total dos meios de pagamento.

Taxa efetiva de crescimento: taxa de crescimento do produto, em que a oferta agregada iguala a demanda agregada, não necessariamente com pleno emprego do estoque de capital.

Taxa garantida de crescimento: taxa de crescimento do investimento, em que a oferta agregada iguala a demanda agregada, supondo o estoque de capital plenamente utilizado.

Tecnologia: inventário dos métodos de produção conhecidos. É o "estado-das-artes".

Teorema de Coase: no caso de externalidades negativas, os impostos pigouvianos podem não ser a melhor solução, desde que haja a possibilidade de negociação entre as partes envolvidas, e que os custos de transação sejam baixos. Assim: "Na ausência de custos de transação, e independentemente dos direitos de propriedade, o resultado da negociação será eficiente." Nome devido ao economista Ronald Coase, Prêmio Nobel de Economia de 1991.

Teorema do orçamento equilibrado: se o governo efetuar gastos no mesmo montante dos impostos recolhidos (isto é, se o orçamento estiver equilibrado), o nível de renda nacional aumentará no mesmo montante do aumento nos gastos e nos impostos. Também chamado de teorema do multiplicador unitário, ou ainda teorema de Haavelmo.

Teoria da organização industrial: teoria que analisa mais detidamente mercados não competitivos, como monopólios e oligopólios, partindo de pressupostos diferentes da teoria tradicional. Baseada em estudos empíricos, mostra que a hipótese de maximização de lucro da teoria neoclássica está distante do que ocorre no mundo real. Analisa mais detidamente as imperfeições de mercado, e como estas limitam a capacidade de atuação da firma (ver **Paradigma Estrutura-Conduta-Desempenho**).

Teoria da produção: refere-se às relações tecnológicas e físicas entre a quantidade produzida e as quantidades de insumos utilizados na produção.

Teoria da renda permanente: modelo que relaciona o consumo e a poupança com a renda futura esperada, que também pode ser chamada de renda permanente. Nesse sentido, não havendo restrições ao crédito, o agente econômico reagiria mais às variações dessa renda futura, e não tanto às mudanças de renda corrente.

Teoria real do ciclo econômico: teoria que explica as flutuações econômicas a partir dos chamados choques de oferta.

Teoria dos custos: parte da teoria microeconômica que analisa as relações entre os preços dos insumos e a produção física.

Teoria quantitativa da moeda: dada pela expressão $MV = Py$, em que M é a quantidade de moeda, V a velocidade-renda da moeda, P o nível geral de preços e y a renda nacional real (sendo Py a renda nominal). Ela mostra que, multiplicando o estoque de moeda pela velocidade com que a moeda cria renda, tem-se o total da renda nacional nominal.

Teoria do valor trabalho: considera que o valor de um bem ou serviço se forma a partir dos custos da mão de obra incorporados ao bem; ou seja, o valor do bem se forma pelo lado da oferta.

Teoria do valor utilidade: supõe que o valor de um bem ou serviço se forma pela satisfação que o produto representa para o consumidor; ou seja, o valor é determinado pela demanda.

Trajetória de expansão (ou **caminho de expansão**): pontos de equilíbrio do produtor, quando aumenta a escala da empresa. Corresponde aos pontos onde as curvas de isoquanta tangenciam as curvas de isocustos.

Transferência líquida de recursos externos (ou **hiato de recursos**): diferença entre as exportações de bens e serviços não fatores e as importações de bens e serviços não fatores. Significa quanto o país transferiu ao exterior em termos reais, não financeiros.

Transferências unilaterais correntes: item do balanço de pagamentos em que são lançados os donativos recebidos e enviados a outros países, seja em mercadorias, seja em donativos financeiros. Também chamadas de donativos.

Transparência do mercado: acontece quando consumidores e vendedores conhecem tudo sobre o mercado, como em estruturas de mercado de concorrência perfeita.

Utilidade marginal: grau de satisfação adicional (na margem) que os consumidores podem obter pelo consumo de mais uma unidade de um bem ou serviço.

Utilidade total: grau de satisfação que os consumidores atribuem aos bens e serviços que podem adquirir no mercado.

Valor adicionado: consiste em calcular o que cada ramo de atividade adicionou ao valor do produto final, em cada etapa do processo produtivo. É dado pela diferença entre as receitas de vendas e as compras de insumos intermediários (como matérias-primas e componentes).

Valor de troca: de um bem ou serviço, forma-se pelo encontro entre a oferta e a demanda no mercado; ou seja, é o próprio preço de mercado.

Valor de uso: utilidade ou satisfação que o bem representa para o consumidor.

Variação da demanda: deslocamento da curva da demanda, em virtude de alterações no preço de outros bens (substitutos ou complementares), na renda ou nas preferências do consumidor.

Variação na oferta: deslocamento da curva de oferta, em virtude de alterações no preço de outros bens (substitutos na produção), no custo dos fatores de produção ou nos objetivos empresariais.

Variação na quantidade demandada: movimento ao longo da própria curva de demanda, em virtude da variação do preço do próprio bem, supondo todas as demais variáveis constantes.

Variação na quantidade ofertada: movimento ao longo da própria curva de oferta, em virtude da variação do preço do próprio bem, supondo todas as demais variáveis constantes.

Vazamentos do fluxo circular de renda: referem-se a toda renda que não permanece no fluxo ("vazam"). Constitui-se de poupança, tributação e importações.

Velocidade-renda da moeda: é o número de giros que a moeda realiza, em certo período, criando renda nacional. É dada pela relação entre a renda nominal (PIB nominal) e o saldo dos meios de pagamento.

ÍNDICE ALFABÉTICO

A

Abordagem econômica do custo-benefício, 13

Agregados macroeconômicos, 140

Agricultura

    fixação de preços mínimos, 65

Análise

    da oferta de mercado, 35

    da produção, 77, 79

    das estruturas de mercado, 24

    demanda de mercado, 24

    gráfica – síntese, 183

    macroeconômica – estrutura, 132

    microeconômica – aplicações em políticas públicas, 59

    normativa, 10

    positiva, 10

    IS-LM, 221

Argumentos

    normativos, 10

    positivos, 10

Armadilha da liquidez, 210

Atividades

    econômicas, 156

    gerais do cotidiano, 156

    ilegais, 156

    produtivas, 156

Ativos

    valorização e desenvolvimento, 156

Autoconsumo pelo produtor, 156

B

Balanço de pagamentos

    conceito, 255

    estrutura, 255

    no Brasil, 255

Banco Mundial, 263

Bens

    comuns, 70

    duráveis, 157

    públicos, 6, 69

Break-even point, 104

C

Caminho de expansão, 91

Capital

    físico, 284

    humano, 284

Capitalismo de Estado, 7

Coase

    Teorema, 69

Coeficiente de importação, 162

Comércio exterior

    regulamentação, 254

Comércio internacional

    fundamentos, 247

Comparações internacionais, 154

Concorrência

    imperfeita, 95

    monopolística, 95, 112

    perfeita, 95

    perfeita – funcionamento a curto prazo, 97

    perfeita – hipótese da atomicidade, 97

    perfeita – hipótese da divisibilidade, 97

    perfeita – hipótese da homogeneidade, 97

    perfeita – hipótese da mobilidade de bens, 97

    perfeita – hipótese da mobilidade de firmas, 97

    perfeita – hipótese da racionalidade, 97

    perfeita – hipóteses do modelo, 96

    perfeita – inexistência de externalidades, 97

    perfeita – transparência de mercado, 97

Condição *coeteris paribus*, 23

Consumo de bens duráveis, 157

Contabilidade Nacional

    e teoria econômica, 173

    Identidades Básicas, 150

Contabilidade social, 139

    pressupostos básicos, 139

Controle de crédito, 201

CPP

    conceito, 9

    mudanças, 9

Crédito

    controle, 201

    regulamentação, 201

Crescimento econômico

    noções, 283

Curva

    CPP – conceito, 8

    CPP – formato, 9

    CPP – mudanças, 9

    de custo médio a longo prazo, 89

    de custos a curto prazo, 99

    de demanda – formato, 34

    de demanda agregada, 174

    de demanda da firma individual, 97

    de demanda de mercado, 32, 97

    de indiferença, 26

    de oferta, 37

    de oferta agregada, 238

    de oferta agregada de bens e serviços, 175

    de oferta da firma, 101

    de oferta de uma firma monopolista, 110

    de Phillips, 237

    de Possibilidades de Produção (CPP), 8

    de receita da firma em concorrência perfeita, 98

    de receita marginal, 107

    de receita média, 107

    envoltória de longo prazo, 89

    IS, 223

    LM, 224

Custo

    alternativo, 8

    de oportunidade – zero, 9

    de oportunidade, 42

    implícito, 8

    marginal, 88

Custos

    a curto prazo, 86

    a longo prazo, 88

    de oportunidade – conceito, 8

    de produção, 85

    médios, 87

    privados – *versus* custos sociais, 86

    totais, 87

    versus despesas, 86

D

Déficit

    conceito, 276

    financiamento, 277

Índice Alfabético 313

Demanda
  agregada completa, 180
  Agregada de Bens e Serviços, 174, 177
  de mercado – variáveis que afetam, 27
  definição, 24
  de moeda, 204
  excesso, 4
  formato da curva, 34
  individual, 24
  variação, 33
Depósitos compulsórios, 201
Depreciação
  conceito, 145
Desenvolvimento econômico
  crescimento de Rostow, 285
  financiamento, 284
  modelos, 285
  noções, 283
Despesa Nacional, 142
  fórmula completa, 150
Determinação do nível de renda, 173
Diferenciação de produtos, 113
Distribuição do produto, 7
Distribuição equitativa de renda, 130
Dívida pública, 276
Divisão do estudo econômico, 12

E

Economia
  a dois setores com formação de capital, 144
  a dois setores sem formação de capital, 140
  a quatro setores, 148
  a três setores, 146
  centralizada, 7
  conceito, 3
  da informação, 118
  de escala pecuniária, 80
  de escala técnica, 80
  definição, 3

  de mercado, 4
  de planejamento central, 157
  de planejamento central, 7
  divisão do estudo econômico, 12
  e demais ciências, 10
  evolução da teoria econômica, 15
  informal, 158
  lado monetário, 197
  organização econômica, 4
  setor público, 146
  sistema capitalista, 4
  Sistemas econômicos, 4
  Teoria de Preços, 12
  Teoria Macroeconômica, 12
Economias de escopo, 90
Efeito
  Catraca, 193
  Keynes, 208
  renda, 28
  Riqueza Real, 174, 192
  substituição, 28
  Taxa de Câmbio, 175
  Taxa de Juros, 174
Eficácia Marginal do Capital, 190
Eficiência
  econômica, 76
  técnica, 76
  tecnológica, 76
Elasticidade-preço cruzada da demanda, 45, 52
Elasticidade-preço da demanda, 45, 46
  conceito, 45, 46
  demanda infinitamente elástica, 51
  disponibilidade de bens substitutos, 46
  essencialidade do bem, 47
  fatores que afetam, 46
  formas de cálculo, 47
  horizonte de tempo, 47
  interpretação geométrica, 49

Elasticidade-preço da oferta, 53

Elasticidade-renda da demanda, 45, 52

Elasticidades

 conceito, 45

 oferta inelástica dos imóveis no curto prazo, 45

Emprego

 crescimento contínuo, 130

Equilíbrio

 agregativo de curto prazo, 180

 da firma, 90

 de curto prazo, 99

 de curto prazo de uma empresa monopolista, 109

 de longo prazo, 103

 de longo prazo de uma empresa monopolista, 110

 de mercado, 38

 do consumidor, 27

 do produtor, 91

 eterno, 130

Escassez, 3

 de demanda, 4

Estabilidade de preços, 130

Estrutura tributária, 274

Estruturas de mercado, 95

Estudo econômico

 divisão, 12

Excedente do consumidor, 33

Excedente do produtor, 38

Excesso de oferta, 4

Externalidades, 6

 conceito, 67

 do consumo, 67

 na produção, 68

F

Fatores de produção

 fixos, 76

 variáveis, 76

Fluxo circular de renda, 140, 141

Fluxo de rendimentos, 141

FMI, 263

Fontes de crescimento, 283

Formação Bruta de Capital Fixo, 145

Formação de preços, 6

Formas de moeda, 198

Função

 consumo, 177

 consumo – teorias modernas, 192

 de produção, 76

 demanda de investimentos, 189

 demanda de moeda total, 205

 exportação, 180

 gastos dos governos, 180

 importação, 180

 impostos, 180

 investimento, 179

 poupança, 178

 tributação, 180

Fundo Monetário Internacional, 263

G

Gastos do governo, 147

GATT, 263

Giffen

 Paradoxo, 34

Globalização

 financeira, 264

 produtiva, 264

H

Hiato

 inflacionário, 187

 recessivo, 187

I

Identidade Básicas de Contabilidade Nacional, 150

IDH, 155

Índice Alfabético **315**

Imposto

ad valorem, 61

incidência sobre cigarros, 70

incidência sobre vendas, 59, 73

peso morto, 64

sobre vendas – ad valorem, 59

sobre vendas – específico, 59

sobre vendas – tipos, 59

Índice de concentração econômica, 120

Índice de Desenvolvimento Humano, 155

Inflação

conceito, 233

conceito de núcleo, 237

consequências, 236

de custos, 234

de demanda, 233

de expectativas, 235

de oferta, 234

e as correntes de pensamento econômico no Brasil, 240

efeito sobre a distribuição de renda, 236

efeito sobre o balanço de pagamentos, 236

efeito sobre o mercado de capitais, 236

efeito sobre os investimentos empresariais, 236

inercial, 235

no Brasil, 241

núcleo, 237

sistema de metas, 237

tipos, 233

visão estruturalista, 235

Inflação e desemprego, 237

Instituições e desenvolvimento econômico, 290

Instrumentos de política monetária, 200

Internacionalização da economia, 264

Investimento

conceito, 144

e taxas de juros, 190

Isocusto

linha, 90

Isoquantas de produção, 79

L

Lado monetário

e lado real, 221

Lado monetário da economia, 197

equilíbrio, 206

Lado real e lado monetário, 221

Lei da Utilidade Marginal Decrescente, 25

Lei dos Rendimentos Decrescentes do Fator, 79

Linha de isocusto, 90

Liquidez

absoluta, 199

armadilha, 210

Lucro

contábil, 95

econômico, 95

maximização, 95

normal, 95

papel, 141

M

Macroeconomia, 12, 127

conceito, 129

Mapa de indiferença, 26

Mark-up, 114

Matriz dos Coeficientes Técnicos de Produção, 162

Matriz insumo-produto, 160, 161

Maximização

da produção, 90

do lucro, 95

Meios de pagamento, 198

Meios de produção, 7

Meios de sobrevivência, 7

Mercado

análise da oferta, 35

concorrência perfeita, 96

de bens e serviços, 173, 222

de commodities, 122

de fatores de produção, 95

de títulos, 133

estruturas, 95

financeiro, 133

Mercados

perfeitamente competitivos, 4

Microeconomia, 12

divisão dos tópicos, 23, 24

fundamentos, 23

tópicos, 23

Minimização dos custos, 90

Modelo

de escolha intertemporal, 192

de *mark-up*, 114

Harrod-Domar, 286

hipóteses, 174, 176, 189

Keynesiano básico

Solow, 287

Modelos de Crescimento Endógeno, 288

Moeda

como meio de troca, 197

como reserva de valor, 198

como unidade de medida, 197

conceito, 197

demanda por motivo de precaução, 205

demanda por motivo de transações, 204

formas, 198

função demanda de moeda total, 205

funções, 197

meios de pagamento, 198

oferta pelo Banco Central, 200

oferta pelos bancos comerciais, 201

oferta, 198

Monopólio, 95, 107

bilateral, 115

custo social, 111

custo social, 112

dilema de Mickey Mouse, 112

discriminação de preços, 112

e concorrência, 111

hipóteses do modelo, 107

natural, 107

proteção de patentes, 107

puro, 107

tarifa em duas partes, 112

tradição no mercado, 107

vendas casadas, 112

Monopsônio, 115

Multiplicador

Keynesiano de gastos, 184

monetário, 202

N

Nível de renda

determinação, 173

Números-índices, 168

O

Oferta

de divisas, 249

de mercado – análise, 35, 97

de moeda, 198

de moeda pelo Banco Central, 200

e objetivos dos proprietários da empresa, 37

e preço dos fatores de produção, 36

e tecnologia, 36

excesso, 4

Oligopólio, 95

com produto diferenciado, 113

com produto homogêneo, 113

competitivo, 113

conceito, 113

concentrado, 113

modelo de *mark-up*, 114

Oligopsônio, 115

OMC, 263

Operações de mercado aberto, 201

Organismos financeiros internacionais, 262

Organização econômica, 4

Organização Mundial do Comércio, 264

P

Papel do lucro, 141

Papel econômico do governo, 6

Paradoxo de Giffen, 34

Peso morto do imposto, 64

PIB

    conceito, 154

    nominal, 152

    real, 152

Política

    cambial, 133

    comercial, 133

    de redescontos, 201

    de rendas, 133

    econômica – eficácia, 228

    fiscal, 133

    fiscal – eficácia, 212, 227

    fiscal – e setor público, 273

    Macroeconômica, 133

    Macroeconômica – fundamentos, 129

    Macroeconômica – objetivos, 129

Política monetária

    consistência dinâmica, 211

    discricionariedade, 211

    efeitos no nível de preços, 207

    efeitos no nível de renda, 207

    eficácia, 212, 227

    instrumentos, 200

    mecanismo de transmissão, 211

    monetária – regras, 211

    monetária, 133

Políticas

    externas, 254

    públicas – aplicações da análise microeconômica, 59

Ponto de equilíbrio – 39

Poupança Agregada, 144

Preço

    de mercado, 97

Preços mínimos

    fixação na agricultura, 65

Princípio

    das Vantagens Comparativas, 247

    do acelerador, 191

Problemas econômicos fundamentais, 3, 5

Processo produtivo, 7

Produção

    análise a curto prazo, 77

    análise a longo prazo, 79

    conceito, 75

    crescimento contínuo, 130

    curva de possibilidades, 8

    função, 76

    isoquantas, 79

    processo, 76

Produtividade

    marginal, 77

    média, 77

Produto

    final, 157

    intermediário, 157

    Interno Bruto, 148

Produto nacional, 142

    a custo dos fatores, 147

    a preços de mercado, 147

    aspectos conceituais, 154

    atividades computadas, 156

    bruto, 145, 148

    como medida de bem-estar, 154

    problemas de mensuração, 154

Produto total, 77

Q

Quantidade demandada

    e preço do próprio bem, 28

    e preços de outros bens, 29

    variação, 33

Quase-moeda, 198

R

Receita
  fiscal do governo, 147
  marginal, 96
  média, 96
  total, 96
Recursos comuns, 69, 70
Regimes cambiais, 249, 250
Regulamentação de crédito, 201
Renda
  distribuição equitativa, 130
  Líquida dos Fatores Externos, 148
  Nacional, 143
Rendimentos
  fluxo, 141
Reservas
  dos bancos comerciais, 203
  obrigatórias, 201
Restrição orçamentária, 26

S

Setor externo, 148, 247
  Modelo Mundell-Fleming, 269
Setor público
  função alocativa, 274
  função distributiva, 274
  função estabilizadora, 274
  funções econômicas, 274
  participação na atividade econômica, 273
Sistema
  capitalista, 4
  de concorrência pura, 4, 5
  de concorrência pura – imperfeições, 6
  de Contas Nacionais, 158
  de mercado misto, 6
  de metas de inflação, 237
  Financeiro Nacional – estrutura, 216

Sistemas
  de contabilidade social, 158
  econômicos, 4
  econômicos – síntese, 7
Socialismo de mercado, 7
Sociedade tradicional, 285
Superávit público, 277

T

Tarifas sobre importações, 254
Taxa de Acumulação de Capital, 144
Taxa de câmbio
  conceito, 249
  demanda de divisas, 249
  efeito das variações sobre a dívida externa do país, 252
  efeito das variações sobre exportações, 251
  efeito das variações sobre importações, 251
  e taxa de juros, 252
  fixa, 249, 271
  flexível, 249, 271
  oferta de divisas, 249
  regimes cambiais, 249
  variação nominal, 251
  variação real, 251
Taxa de juros
  importância, 210
  nominal, 211
  real, 211
Taxa Marginal de Substituição Técnica, 91
Taxa Marginal de Substituição, 26
Teorema
  de Coase, 69
  de Haavelmo, 187
  do orçamento equilibrado, 187
Teoria da Demanda, 25
Teoria da Firma, 75
  conceitos básicos, 75

custos de produção, 85

produção, 75

Teoria da Oferta, 24

Teoria da organização Industrial, 119

Teoria da Produção, 24

Teoria da Renda Permanente, 192

Teoria das Vantagens Comparativas, 247

Teoria de Preços, 12

Teoria do Ciclo de Vida do consumo, 193

Teoria do Consumidor, 25

Teoria do Valor Trabalho, 25

Teoria do Valor Utilidade, 25

Teoria dos Custos de Produção, 24

Teoria dos Jogos, 115, 122

Teoria Econômica

abordagens alternativas, 17

evolução, 15

os clássicos, 15

teoria keynesiana, 16

teoria marginalista, 16

teoria neoclássica, 16

Teoria Macroeconômica

fundamentos, 129

objetivos, 129

Teoria Moderna do Comércio Internacional, 248

Teoria Quantitativa da Moeda Clássica, 208

Trajetória de expansão, 91

Tributação

princípio da capacidade de pagamento, 275

princípio da equidade, 275

princípio da neutralidade, 274

princípios, 274

U

Utilidade Marginal, 25

Utilidade Total, 25

V

Valor

de troca, 25

de uso, 25